國家“雙一流”擬建設學科“南京大學中國語言文學藝術”資助項目

江蘇省2011協同創新中心“中國文學與東亞文明”資助項目

國家社科基金重大項目“東亞古代漢文學史”（19ZDA260）階段性成果

南京大學文科卓越研究計劃“十層次”資助項目

第二十二輯 ｜ 卞東波　編

域外漢籍研究集刊

東亞古代漢文學史專號

中華書局
北京 2021

圖書在版編目（CIP）數據

域外漢籍研究集刊. 第 22 輯/卞東波編. —北京：中華書局，
2021. 12
  ISBN 978-7-101-15545-7

  Ⅰ. 域…　Ⅱ. 卞…　Ⅲ. 漢學-研究-國外-叢刊
Ⅳ. K207. 8-55

中國版本圖書館 CIP 數據核字（2021）第 279197 號

書　　名	域外漢籍研究集刊　第二十二輯
編　　者	卞東波
責任編輯	吳愛蘭
出版發行	中華書局
	（北京市豐臺區太平橋西里 38 號　100073）
	http：//www. zhbc. com. cn
	E-mail：zhbc@ zhbc. com. cn
印　　刷	三河市宏盛印務有限公司
版　　次	2021 年 12 月北京第 1 版
	2021 年 12 月第 1 次印刷
規　　格	開本/710×1000 毫米　1/16
	印張 27½　插頁 2　字數 459 千字
國際書號	ISBN 978-7-101-15545-7
定　　價	138. 00 元

目　次

韓國漢文學研究

高麗文壇"東坡風"成因考論

鄭墡謨 撰　高　卓 譯

　　從韓國漢文學接受史的角度來看,高麗文壇毋庸置疑地受到北宋文壇的強烈影響。以高麗文宗二十五年(熙寧四年,1071)爲起點,宋麗重新恢復外交關係,並定期互派使臣。當時的北宋文壇上,歐陽修(1007—1072)等人主張復興唐代韓愈的古文運動,後隨着詩文革新運動的展開,北宋文壇一掃晚唐風氣,"宋詩風"開始流行。加之這一時期北宋的出版文化發展迅速,以文人詩文集爲代表的文學類書籍得以立即刊印並流行。此時,高麗的使臣在宋活動過程中,自然而然地將北宋文壇的新動向和當時流行的詩文集一同帶入高麗。

　　得益於兩國之間日益頻繁的使臣來往、宋商的海上貿易,以及部分歸化高麗的北宋知識份子,北宋中期以來的文壇新風和出版物極大地刺激了當時高麗知識份子在文學上的好奇心,從而導致高麗文壇發生了質的變化。但是在這其中,像蘇軾(1036—1101)一般,給高麗文壇帶來如此巨大影響的文人只此一人。高麗中葉,李奎報(1168—1241)在《答全履之論文書》中對當時的文壇風氣就曾做出如下描述:

　　　　且世之學者,初習場屋科舉之文,不暇事風月,及得科第然後方學爲詩,則尤嗜讀東坡詩。故每歲榜出之後,人人以爲今年又三十東坡出矣。[1]

　　同樣,朝鮮前期文人徐居正(1420—1488),在論述高麗文學的發展時,也曾有"三十三東坡出矣"(《東人詩話》卷上)的説法。同時期的金宗直

---

[1] 李奎報《東國李相國文集》卷二十六《答全履之論文書》,《韓國文集叢刊》第 1 册,民族文化促進會,1990 年,頁 558。

（1431—1492）在編纂歷代詩選集《青丘風雅》時，在序文中將之概括爲“麗之中葉，專學東坡”八字。由此，直到現代韓國文學史上，高麗中葉到朝鮮前期的文壇風貌，依舊被評價爲“東坡崇尚（東坡風）”。

那麼，專學東坡文學的風尚，即“東坡風”是何時在高麗文壇形成，又爲何盛行就成爲了當前需要討論的關鍵問題。基於此，本文將探討東坡文學在高麗文壇最初的接受過程，以及對“東坡風”的成因展開論述。

一　高麗金氏兄弟“命名説”新探

在高麗文學，乃至韓國漢文學史上，東坡文學的影響和接受研究的重要性不言而喻。然而，從目前的研究來看，大多引用金富軾（1075—1151）和金富轍（金富儀，1079—1136）兩兄弟的名字，並以此論證東坡詩文的接受時間和過程，從而簡單得出蘇軾其人在生前便已被高麗文人所熟知、其文集也早已傳入高麗的結論[1]。

從“命名説”的角度論證蘇軾兄弟聞名海外，主要是根據北宋徐兢（1091—1152）所作《宣和奉使高麗圖經》（以下簡稱《高麗圖經》）。仁宗元年（宣和五年，1123），北宋派遣路允迪一行入高麗[2]，回國後，同行的徐兢整理了在麗朝一個月左右的記録，作《高麗圖經》，並於次年（1124）八月提交朝廷[3]。在該

---

[1] 韓國學界目前對蘇軾在朝鮮半島接受的專門研究有孫八洲《申緯의 學蘇研究》（《睡蓮語文論集》第 11 輯，1984 年），洪瑀欽《蘇軾文學이 李奎報文學에 미친 影響》（《民族文化論叢》，1984 年），尹浩鎮《韓國漢文學의 東坡受容樣相》（《中國語文學》第 12 輯，1986年），許捲洙《蘇東坡詩文의 韓國의 受容》（《中國語文學》第 14 輯，1988 年）等。此外，在一些高麗前期漢文學的研究論著中，如李慧淳《高麗前期漢文學史》（梨花女子大學校出版部，2004 年），卞鍾鉉《高麗朝漢詩研究——唐宋詩受容樣相과 韓國的 變容》（太學社，1994 年），李鍾文《高麗前期漢文學研究——文藝意識과 詩世界를 中心으로》（高麗大學 1991 年博士學位論文）中，也有提及蘇軾接受研究重要性的部分，但綜合來看，這些研究還有值得完善和補充的地方。

[2] 鄭麟趾等編《高麗史》卷十五《仁宗世家》：“仁宗元年六月甲午，宋國信使禮部侍郎路允迪，中書舍人傅墨卿來……秋七月辛酉，宋使路允迪等還，王附表以謝。”亞細亞文化社，1990 年，頁 300—301。

[3] 徐兢《高麗圖經》，《宣和奉使高麗圖經序》：“宣和六年八月日，奉議郎·充奉使高麗國信所提轄人船禮物，賜緋魚袋臣徐兢謹序。”亞細亞文化社，1972 年，頁 3。

書中,徐兢多次提及高麗的重要人物,其中就包括金富軾。記録如下:

> 金氏,世爲高麗大族,自前史已載。其與朴氏,族望相埒,故其子孫多
> 以文學進。富軾,豐貌碩體,面黑目露。然博學强識,善屬文,知古今,爲
> 其學士所信服,無能出其右者。其弟富轍,亦有時譽。嘗密訪其兄弟命名
> 之意,蓋有所慕云。①

金氏兄弟共5人,除一人出家外,其餘4人分別是富弼、富佾(1071—1132)、富軾和富轍,且皆於《高麗史》中有記載②。尤其因兄弟4人皆科舉及第,不僅其母受到國王嘉賜,也在當時高麗知識界引起了轟動,進一步擴大了家門在高麗當朝的影響力,而其中金富佾和金富軾更是揚名海外。金富佾曾作爲書狀官,於肅宗五年(1100)跟隨王蝦、吳延寵一行入宋,當時他代正使所作的表文受到了徽宗(1100—1125)的大力贊揚③。金富轍也在睿宗六年(1111)又以書狀官的身份,隨金緣、林有文一行入宋,所作《乞赴璧雍觀講表》亦受到徽宗的稱贊④。金富佾又於睿宗十年(1115)在八關會宴會上作《八關致語》,該口號後傳入北宋,受到了徽宗的極大關注⑤。之後睿宗十一年(1116),爲了答謝北宋所賜大晟樂,高麗派遣了李資諒、李永一行入宋⑥,金富軾則作爲

---

① 徐兢《高麗圖經》卷八《人物‧同接伴通奉大夫尚書禮部侍郎上護軍賜紫金魚袋金富軾》,亞細亞文化社,1972年,頁45。

② 關於金氏兄弟的具體人數,《高麗史》卷九十七《金富佾富儀列傳》中記載爲:"兄弟四人,長富弼,次富佾,次富軾,次富轍。"頁158。但根據仁宗三年(1125)金富軾爲大覺國師義天(1055—1101)所作墓志銘中的記載,其分明還有一兄,即釋玄湛。參見《大覺國師文集‧外集》卷十二《靈通寺大覺國師碑》:"師嘗召臣先兄釋玄湛,與之遊甚歡,相知之分非期牙,臣由是得以一謁……他日數稱之曰,湛師弟亦才士也。"建國大學校出版部,1974年,頁137。

③《高麗史》卷九十七《金富佾富儀列傳》:"富佾,少力學登第直翰林院,隨樞密院使王蝦入宋,爲蝦作表辭雅麗,帝再遣内臣獎諭。"頁158。

④ 金宗瑞編《高麗史節要》卷七:"秋七月,遣樞密院副使金緣少府監林有文如宋。書狀官直翰林院金富轍上表,乞赴璧雍觀講。帝答詔,有覿觀重席往詣橫經誠悃備陳文詞兼麗之語。使還,擢富轍監察御史。"明文堂影印本,頁180。

⑤《高麗史》卷九十七《金富佾富儀列傳》:"嘗製八關致語口號,睿宗覽之大悦,詔常用勿易。宋樂人夔中立,來投爲樂官。及歸,誦其辭於帝前。後李資諒入朝,帝問八關致語口號,誰之所製,雖有傝語,誠嘉章也。"頁158。

⑥《高麗史》卷十四《睿宗世家》:"己酉,遣李資諒李永如宋,謝賜大晟樂。"頁284。

書狀官同行①。在這次使行途中，金富軾代表使節團創作了大量的表、狀文書（見《東人之文四六》），展現出極高的文學才能，並爲北宋知識界所熟識。因此當仁宗元年（1123），北宋使臣路允迪一行訪問高麗時，金富軾作爲同接伴使，直接接待了北宋使節團②。

綜上，在當時的高麗，金富軾兄弟三人在對北宋外交來往中，充當着相當重要的角色。而北宋使節團也自然在此過程中，認識到金氏兄弟在高麗政治和文化上的地位。尤其金富軾和金富轍二人的姓名，很容易讓時人聯想到北宋政界和文壇的名人，即蘇軾、蘇轍兄弟。所以徐兢趁此機會，當面向金氏兄弟確認他們名字中的"軾"和"轍"是否有所用意，並非突發奇想。雖然徐兢並未明確，僅以"蓋有所慕云"一句帶過，但我們可以確定，其所慕對象分明就是指蘇軾、蘇轍兩兄弟③。

根據徐兢的記錄，我們可知蘇軾兄弟的名聲在金富軾兄弟出生前便已經傳入高麗，目前學界也多以此論證蘇軾詩文集傳入高麗的大體時間。但是，在引用《高麗圖經》之前，有幾個問題還需再加以討論。

首先就是徐兢稱金富儀爲金富轍這一點。《高麗史·金富儀列傳》中記載，金富儀初名富轍，字子由④。如此可知，金富轍後來改名爲金富儀，但其改名的具體時間卻不明確。通過《高麗史》我們可以找到相關線索。

徐兢一行到達高麗的後一年，即仁宗二年（1124），高麗向北宋派遣了以李資德爲首的答謝使節團，此時金富轍也作爲副使同行，《高麗史》中記載爲"御史中丞金富轍"。《高麗史·選舉志》仁宗六年（1127）條，記爲"金富轍同知

---

① 《三國史記》卷十二《新羅本紀·敬順王》："論曰……政和中，我朝遣尚書李資諒，入宋朝貢，臣富軾以文翰之任輔行，詣佑神館，見一堂設女仙像。"學習院大學東洋文化研究所，1986年，頁104。

② 《高麗史》卷九十八《金富軾列傳》："宋使路允迪來，富軾爲館伴。其介徐兢，見富軾善屬文，通古今……"頁180。

③ 此處徐兢並未直接提及蘇軾的名字，是考慮到徽宗年間（1100—1125）政壇在政治上對蘇軾爲代表的舊法黨施壓，王士禎就曾對此有過詳細解釋："余昔閱高麗史，愛其臣金富軾之文，又兄弟一名軾，一名轍，疑其當宣和時，去元祐未遠，何以已竊取眉山二公之名。讀《遊宦紀聞》云，徐兢以宣和六年使高麗，密訪其兄弟命名之意，蓋有所慕，'文章動蠻貊'，語不虛云。"見王士禎《香祖筆記》卷九，齊魯書社，2007年，頁4668。

④ 《高麗史》卷九十七《金富佾富儀列傳》："富儀，初名富轍，字子由。"頁158。

貢舉”；仁宗七年亦記爲“令大司成金富轍”。綜上，至少在此時，金富轍還未改名。但在仁宗十一年，其名稱便改爲“使翰林學士承旨金富儀”。之後，同年8月《選舉志》中亦爲“禮部尚書金富儀知貢舉”。如此可見，在《高麗史》中從仁宗十一年五月開始，便以金富儀指稱金富轍了。值得注意的是，仁宗十一年二月，册封王子“徹”爲王太子①。所以，可以推定金富轍因與太子名字發音相同，出於避諱的目的，將“轍”改爲了“儀”。這樣，在徐兢訪麗之時金富轍還未改名的背景之下，他才據此提出了該問題。

其次，如果説金富軾兄弟的名字來源於蘇軾兄弟，金富軾於文宗二十九年（1075）出生，當時蘇軾爲40歲，金富轍於文宗三十三年（1079）出生，蘇軾爲44歲，蘇轍爲40歲。那麼金氏兄弟的父親金覲又是何時、通過怎樣的方式得知蘇軾兄弟二人的大名聲後，爲自己的兒子二人起名呢？針對該問題，前人的根據大體一致，即如下文所示的《高麗史·朴寅亮列傳》中的一段文字：

　　　寅亮……三十四年，與户部尚書柳洪，奉使如宋……有金覲者，亦在
　　是行。宋人見寅亮及覲所著尺牘、表狀、題詠，稱嘆不置，至刊二人詩文，
　　號《小華集》。②

金氏兄弟之父金覲於文宗三十四年（1080）隨户部尚書柳洪等人一同入宋，他與朴寅亮二人在途中所作的詩文等受到了北宋時人的極高評價，後來甚至被合編爲《小華集》。然而，在金覲入宋的文宗三十四年，金富軾已經5歲，金富轍也已1歲。所以，金覲在入宋期間聽聞蘇軾兄弟名聲，回國後爲兒子起名，並不符合古人“子生三月，父親名之”的邏輯。换言之，將《高麗圖經》中的“來源”和《朴寅亮列傳》中的“背景”直接結合是不恰當的。

綜上所述，蘇軾兄弟的名聲應當是在金覲入宋之前，便已經通過某種方式傳入高麗，並爲文人所熟知了。也就是説，至少在文宗二十九年（1075）金富軾出生時，蘇軾兄弟已經揚名於高麗文壇了。那麼，蘇軾兄弟其人其事到底是何時、以怎樣的方式傳入高麗文壇的呢？下一部分將對高麗文人接觸和認識蘇軾的過程展開詳細考察。

----

① 《高麗史》卷十六《仁宗世家》：“癸卯，臨軒册封元子徹爲王太子。”頁332。
② 《高麗史》卷九十五《朴寅亮列傳》，頁125。

二　杭州通判蘇軾與高麗使節團

嘉祐二年（1057），歐陽修（1007—1072）任知貢舉掌進士科，時年22歲的蘇軾和18歲的蘇轍兄弟二人皆進士及第，從而名動京師。那麼，高麗文壇又是從何而知蘇軾兄弟之名聲的呢？

關於這一問題，則要從宋麗兩國恢復外交後，也就是文宗二十五年（1071）之後說起。宋麗正式恢復外交往來之前，非正式的國際貿易也是相當頻繁的。得益於此，北宋中央政治和文壇的相關近況，也在貿易往來過程中傳入高麗。而蘇軾作爲當時政界和文壇的名人，與其相關的信息傳入高麗的可能性很大。此外，還有一群值得注意的人物，那就是歸化高麗的北宋知識分子。

《高麗史》中記載，文宗十四年（1060），北宋進士盧寅歸化高麗，並被任命爲秘書校書郎[①]；文宗十五年（1061），陳渭、蕭鼎、蕭遷、葉盛等人又歸化高麗[②]；文宗二十二年（1068），慎修、陳潛古、儲元賓等人自稱北宋進士，欲歸化高麗，文宗爲了測試他們的實際水準，命太子以詩賦試之[③]。如此，即使通過以上不見於北宋文獻中的記載，我們很難把握到他們在當時信息傳播上的實際作用，但考慮到當時蘇軾的身份地位，也足以判斷出，北宋政界和文壇的核心人物——蘇軾其人其事很可能已經通過這些北宋歸化文人傳入高麗。下文將結合宋麗正式外交來往的史料，分析高麗文人是如何接觸蘇軾及其詩文作品的。

北宋建國之初，高麗便與之積極建交，但顯宗二十一年（1030），以民官侍郎元穎一行最後一次入宋之後爲標誌，宋麗之間斷交長達40餘年。北宋神宗（1067—1085）繼位，開始嘗試改變對麗外交政策，並於熙寧元年（1068）及三年（1070）兩次派遣黃慎入麗，詢問兩國復交事宜[④]。高麗則積極回應，並於文

---

① 《高麗史》卷八《文宗世家》："癸卯，以宋進士盧寅有文才，授秘書省校書郎。"頁169。
② 《高麗史》卷八《文宗世家》："丁巳，以宋進士陳渭爲秘書校書郎，蕭鼎、蕭遷爲閤門承旨，葉盛爲殿前丞旨。渭有文藝，鼎等三人曉音律。"頁169—170。
③ 《高麗史》卷八《文宗世家》："八月丁巳，命太子召宋進士慎修、陳潛古、儲元賓等，試詩賦於玉燭亭。"頁177。
④ 《高麗史》卷八《文宗世家》："秋七月辛巳，宋人黃慎來見言，皇帝召江淮兩浙荊湖南北路都大制置發運使羅拯曰……（二十四年八月）宋湖南荊湖兩浙發運使羅拯，復遣黃慎來。"頁177—179。

宗二十五年(1071),派遣金悌一行入宋①,從而兩國關係邁入正常化,國家層面上的互派使臣也步入正軌。

使臣互派則直接促成了宋麗上層知識分子之間的接觸和交流,正因如此,高麗也能更快掌握北宋文壇的動向。對於回國的高麗使節團來説,整理出使中所收集到的信息和經驗是必須的;而對於即將出使的高麗使節團而言,了解以往使臣入宋時所收集到的信息則是使行的基礎。尤其是,高麗使節團訪宋時經常購買北宋書籍,其中就包括大量的文人文集。這樣我們就可以從另一個角度推測,當時以文聞名於世的蘇軾蘇轍兄弟,其人其事其文早已在當時傳入高麗。實際上,在蘇軾本人的文集中,也留存有不少其與高麗使節團來往的事實記録。

元祐八年(1093),蘇軾在《論高麗買書利害劄子三首》中極力主張禁止高麗在宋購買書籍。在第一篇中,他首先提到了自己第一次與高麗使節團接觸的經歷。

> 元祐八年二月初一日……臣心知此五害,所以熙寧中通判杭州日,因其餽送書中不稟朝廷正朔,却退其物。待其改書稱用年號,然後受之,却仍催促進發,不令住滯。②

蘇軾任杭州通判期間,高麗使節團曾經經過杭州,但因高麗所遞交文書中未使用當時的北宋年號,蘇軾便將其退還給高麗,直到高麗修改使用了北宋年號,才予以通過③。自熙寧年(1068—1077)以來,高麗使節團因國事訪宋時,一般都是從明州登陸,然後利用運河北上汴京(大致線路爲明州→越州→杭州→秀州→蘇州→常州→潤州→揚州→泗州→宿州→南京(應天府)→汴京),歸途則反之南行。在此期間,高麗使節團所經過區域的地方長官都有接待義務,高麗使節團也會備禮相贈以示感謝,如蘇軾的文集中就收録有大量該過程中

---

① 《高麗史》卷八《文宗世家》:"三月庚寅,遣民官侍郎金悌,奉表禮物如宋。"頁179。

② 蘇軾《蘇軾文集》卷三十五,孔凡禮點校,中華書局,1986年,頁995。

③ 蘇轍曾在《亡兄子瞻端明墓誌銘》中對此有更爲詳細的記載:"乞外任避之,通判杭州……高麗入貢,使者淩蔑州郡,押伴使臣皆本路管庫,乘勢驕橫,至與鈐轄亢禮。公使人謂之曰:'遠夷慕化而來,理必恭順。今乃爾暴恣,非汝導之,不至是也。不悛,當奏之。'押伴者懼,爲之小戢。使者發幣於官吏,書稱甲子,公却之曰:'高麗於本朝稱臣,而不稟正朔,吾安敢受!'使者亟易書,稱熙寧,然後受之,時以爲得體。"《蘇轍集》卷二十二《亡兄子瞻端明墓誌銘》,中華書局,1990年,頁1119。

所作的文章①。綜上,我們可以確定,蘇軾在擔任杭州通判期間,也就是熙寧四年(1071)十一月至熙寧七年(1074)九月之間②,曾親自接待過高麗使節團,而這也是文獻記載中,蘇軾首次接觸高麗使節團。

同時,考慮到高麗層面,在此期間曾派出 2 次使節團,分別是文宗二十五年(1071)三月從高麗出發,次年六月二十六日返麗的金悌一行③;文宗二十七年(1073)八月十六日出發,次年回國的金良鑑一行④。但金悌一行三月出發,同年五月二十二日從通州登陆,八月便已經到達首都汴京⑤,也就是説當時蘇軾還未上任杭州通判。但金悌在回國時,則是通過"南路"(指經過長江以南的路線)返回,關於這一點,《陳輔之詩話》中有如下記載:

> 熙寧中,三韓使人朴寅亮作金山詩,其叙舊云前後詩云:"人不見山之爲金。"云:"萬疊咆岑天倚杵,一竿斜日水浮金。"⑥

朴寅亮當時是作爲書狀官與金悌同時入宋。通過以上記録,我們可以得知,金悌一行在當時有參觀過潤州金山寺,而潤州正是"南路"上的必經站點。前面説,金悌一行從長江以北的通州登陆,那麼他們在上京途中經過潤州的可能性則相當低,因此可以證明,朴寅亮的這條逸話是發生在高麗使臣的回國路上。

此外,熙寧五年(1072)日本僧侶成尋(1011— 1081)入宋,在巡禮天台山和五臺山的過程中,留下了《參天台五臺山記》一書,其中偶然記録了高麗使

---

① 《蘇軾文集》卷四十六中收録有《謝諸秀才啓》(據注底本原作《謝管設大使啓》)、《謝高麗大使遠迎啓》《謝副使啓》《謝高麗大使土物啓》《謝副使啓》《謝管設副使啓》,此外《文集》卷五十八中有《與引伴高麗練承議三首》。

② 孔凡禮撰《蘇軾年譜》卷十:"(熙寧四年十一月)二十八日,到杭州通判任。"中華書局,1998 年,頁 214。又《蘇軾年譜》卷十三:"(熙寧七年)九月,移知密州。"頁 284。

③ 《高麗史》卷九《文宗世家》:"甲戌,金悌還自宋,帝附勑五道。"頁 181。

④ 《高麗史》卷九《文宗世家》:"丁亥,遣太僕卿金良鑑,中書舍人盧旦,如宋謝恩,兼獻方物。"頁 185。

⑤ 李燾《續資治通鑑長編》卷二百二十三:"通州言高麗使民官侍郎金悌等入貢至海門縣。"中華書局,2004 年,頁 5432。又《續資治通鑑長編》卷二百二十六:"八月癸丑朔,御文德殿視朝。高麗使民官侍郎金悌至自通州。"頁 5500。

⑥ 郭紹虞輯《宋詩話輯佚》卷上《陳輔之詩話》"三韓使人金山詩" 條,中華書局,1980 年,頁 293。

節團的路徑和成員構成：

　　　　廿三日（壬申），天晴。陳詠來，與上紙三帖了，高麗船人來，告知日本言語。①

　　這是一條熙寧五年（1072）四月二十三日的記録，當時成尋一行入宋登録不久，剛到達杭州約 10 日，在此期間準備參拜天台山的相關手續。從前後時間上來看，這裏的"高麗船人"無疑正是金悌一行。這樣，可以判斷金悌一行是通過"南路"經由杭州，從明州出發回國的。

　　杭州是當時北宋相當繁榮的商業城市，又有大量的佛教寺院和名勝，因此高麗使節團在此停留，一面參觀遊覽，一面置備回國的必需品。尤其，作爲當時出版文化的中心②，杭州書肆發達，高麗使節團購買了大量的書籍。據史書記載，高麗使節團於六月二十六日回到高麗，那麽從時間上可以推測，四月二十三日正是高麗使節團在杭州準備回國物資之時。

　　而當金悌一行利用"南路"到達杭州之時，蘇軾已被任命爲杭州通判，所以他務必需要接待金悌一行，這樣也就才會發生之前蘇軾退還高麗文書那一幕。此外，《參天台五臺山記》中，記載有熙寧五年五月三日杭州官府發佈的牒案文書，其中就有"常博士真史館通判軍州事蘇□"字樣，通過這些記録，再加之蘇軾文集中有答謝當時高麗使節團的相關記録③，我們便能斷定，當時蘇軾已經擔任杭州通判一職了。

　　綜上，熙寧五年四月至五月，金悌一行回國途經杭州，與時任杭州通判的蘇軾有了直接的接觸，但由於高麗使節團年號使用不當，反而在兩者之間形成了一個小插曲。作爲舊法黨的核心人物之一，蘇軾極力反對新法黨的對外政策。面對受新法黨邀請訪宋的高麗使節團，蘇軾也自然持否定態度。但是有趣的是，與北宋文豪蘇軾初次接觸的高麗文人，也就是那份被退還的文書的作者，正是時任書狀官一職、且因訪宋期間所作詩文而聞名於宋朝的朴寅亮④。

①《新校參天台五臺山記》卷一，汪麗萍校點，上海古籍出版社，2009 年，頁 28。

②葉夢得《石林燕語》卷八："今天下印書，以杭州爲上，蜀本次之，福建最下。京師比歲印板，殆不減杭州，但紙不佳。"中華書局，1984 年，頁 116。

③《蘇軾文集》卷四十六《謝高麗大使土物啓》："伏審揚舲造朝，弭節就舍。歸時事於宰旅，方勞遠勤；發私幣於公卿，亦蒙見及。莫遑辭避，但切感銘。"頁 1341。

④參考鄭墡謨《北宋使行을 통해서 본 朴寅亮의 문학사적 위상》一文，載《韓國漢文學研究》第 46 輯，2010 年。

　　次年（1073）八月，金良鑑一行從高麗出發，十月二十三日從明州上陸，之後也是利用“南路”一路向北，同年十一月十七日過汴口入汴京，再次年（1074）正月入朝拜見①。春夏之交，金良鑑一行又從汴京出發，沿“南路”一路南下，經明州出海回國。因此，以金良鑑爲代表的使節團也分明經過了杭州，並與蘇軾有過直接的接觸。

　　以上以金悌一行在熙寧五年（1072）回國時經過杭州，與時任杭州通判的蘇軾之間發生的“年號”事件爲例，論證了在金富軾出生之前，以金悌、朴寅亮和金良鑑爲代表的高麗文人已經與蘇軾有過不可避免的直接接觸。換言之，從歷史記載的角度看，金悌一行入宋已經打開了高麗文人了解蘇軾的先例。因此，金覲於文宗三十四年（1080）入宋之前，已經通過 8 年前金悌一行的使行，充分了解到了蘇軾其人其事，甚至也不排除金覲參與其中。可以説，相比於金覲入宋，金悌一行入宋能夠更爲合理地説明金富軾名字來源於蘇軾。通過以往的使節團，金覲得知北宋蘇軾蘇轍兄弟之事，因此爲日後出生的兩個兒子分別起名爲“軾”和“轍”，無不包含着對於兒子的期待。而面對徐兢的提問，金富軾回答道“蓋有所慕”，大概也是知曉其父金覲的用意的。然而，通過高麗使節團與蘇軾的直接接觸，就判定蘇軾的詩文集也傳入高麗，這是不嚴謹的。下一節將詳細考察蘇軾詩文集的東傳過程。

三　蘇軾《錢塘集》的東傳

　　如前文所言，通過徐兢在《高麗圖經》中的記載，基本可以判定蘇軾的名聲在其生前便已爲高麗耳熟能詳已經成爲學界共識，亦有學者以此推測蘇軾詩文集在其生前亦已傳入高麗。但從目前的文獻資料來看，未有確切的證據可以證明蘇軾文集的東傳樣相，所以先行研究中也未就蘇軾詩文集的東傳問題展開過具體詳細的考證。但筆者還是在資料的收集整理過程中，發現了一些材料，可以對這一問題有所解答。

---

① 《續資治通鑑長編》卷二百四十七：“明州言高麗入貢，上批：‘本州遣諳識海道人接引，轉運司委官用新式迎勞。’”頁 6029。又《續資治通鑑長編》卷二百四十八：“時高麗遣使入貢，令自汴泝流赴闕。”頁 6039。又《續資治通鑑長編》卷二百四十九：“乙丑，高麗國進奉使金良鑑、副使盧旦見於垂拱殿。”頁 6076。

　　首先,元豐二年(1079),受"烏台詩案"的連累,舊法黨的蘇頌(1019—1101)亦遭受御史台的調查。當時,蘇頌作《己未九月,予赴鞫御史,聞子瞻先已被繫。予書居三院東閣,而子瞻在知雜南廡。才隔一垣,不得通音息。因作詩四篇,以爲異日相遇一噱之資耳》説明當時的情況,並向蘇軾吐露自己的感情。其中第二首如下:

　　　　詞源遠遠蜀江流,風韻琅琅舜廟球。

　　　　擬策進歸中御府,文章傳過帶方州。(前年,高麗使者過餘杭,求市子瞻集以歸。)①

　　在這首詩的第四句中,蘇頌提到蘇軾的詩文已經傳到了帶方州(今朝鮮半島)。此外,在自注中他還提到,自己在杭州時曾親眼目睹了高麗使臣在集市上尋求、購買蘇軾詩文集。那麼,蘇頌在這裏提到的"前年"到底是何時呢?

　　根據歷史記載,蘇頌曾於熙寧九年(1076)正月到次年五月就任杭州知事,而其在詩歌中所提到的"前年"當指此時②。也就是説,高麗使臣在杭州購買蘇軾詩文集也發生在這一時期內。對照《高麗史》,可以發現,這一時期高麗派遣的使臣,唯有文宗三十年(1076)工部侍郎崔思諒(又名崔思訓,?—1092)一行③。

　　崔思諒,初名崔思訓,文宗三十七年(1083)七月文宗駕崩,順宗王勳繼位④,爲避諱"勳"字,改"訓"字爲"諒"字⑤。因此,中國文獻中記載此次使行,

①　蘇頌《蘇魏公文集》卷十,中華書局,1988年,頁130。
②　周淙《乾道臨安志》卷三:"熙寧九年正月丙寅,以秘書監集賢院學士蘇頌知杭州……熙寧十年五月庚申,以知湖州右正言知制誥章惇知杭州,未行爲翰林學士。熙寧十年五月癸亥,以知越州資政殿大學士右諫議大夫趙抃知杭州。"商務印書館,1935年,頁76—77。
③　《高麗史》卷九《文宗世家》:"秋八月丁亥,遣工部侍郎崔思諒,如宋謝恩,兼獻方物。"頁188。
④　《高麗史》卷八十六《年表一·文宗·順宗》:"文宗三十七年,七月,文宗薨,太子勳即位,是爲順宗。"頁890。
⑤　《高麗史》卷九十五《崔思諒列傳》記載:"崔思諒,字益甫,海州人。"但未説明其改名經過。《高麗史》卷九《文宗世家》"文宗三十二年五月庚子"記載:"遣工部尚書文晃、戶部侍郎崔思訓,迎宋使于安興亭。"又"文宗三十五年十二月庚辰"條記載:"崔思訓爲中樞院知奏事。"如此可知崔思訓在文宗三十七年(1083)改名一事。此外《高麗史》卷九十五《李資諒列傳》中有"資諒,初名資訓"的記錄,同理推測,李資諒在此時爲避諱而改名的可能性很大。

仍稱其爲“崔思訓”。崔思訓一行自文宗三十年（1076）八月四日出發，九月便已到達明州並完成入宋手續。但由於引伴使臣對高麗使節團的沿途遊覽觀光行爲並不加以管制，以至於耽誤了上京路程。爲了防止日後使節團阻閉汴口，北宋朝廷於十月下令，催促其加快進程。高麗使節團一行則不得不加速，花費一個半月到達汴京，並於十一月二十一日入貢①。如此推算，高麗使臣大約是在十月上旬經過杭州。

又據蘇頌之孫蘇象先記載，早在與崔思訓在杭州見面之前，熙寧元年（1068）十月蘇頌入遼祝壽之時，已與崔思訓有一面之緣②。這樣我們就可以確認，蘇、崔二人在杭州確實有過見面，同時也能證明蘇頌之注是真實可信的。但無法確認的一點是，崔思訓是在上京途中還是在歸國路上購買的蘇軾詩文集。

通過考察以上中國文獻，可以發現，在崔思訓一行歸國之時（1077），蘇軾的部分詩文集已經傳入高麗了。如前文所言，通過 5 年前（1072）從北宋返回的金悌一行，以及 3 年前（1074）回國金良鑑一行，高麗文人之間已經知曉蘇軾其人。次年（1075），金覲的四子出生，並爲其起名爲“軾”。由此可知，蘇軾在當時的高麗文人中已經具有相當的名氣。更者，崔思訓在宋朝購買蘇軾的詩文集，説明當時的高麗文壇對蘇軾詩文是有需要的，而崔思訓所做的，正是根據國内需求有計劃地購入其書③。

---

① 《續資治通鑑長編》卷二百七十八：“冬十月甲申朔，上批：‘高麗使至明州已久，慮引伴使臣縱其國人所過遊觀，以致留滯，將來阻閉汴口。宜密指揮依前來所在住留日數，毋得稽程。’”頁 6793。

② 蘇頌《蘇魏公文集》附録一《丞相魏公譚訓》卷二《家世》：“祖父知杭州，高麗貢使崔思訓過郡相見。謂接伴（忘其名）曰：‘蘇公誰之後？’高以實對。崔歎曰：‘府公厚德重望，大儒之後。昨奉使北朝，常見其風采，令人仰歎不已也。’”頁 1129。又《蘇頌年表》記載：“宋神宗熙寧元年（戊申），公元一〇六八年、四十九歲，送契丹使回，入奏，特蒙神宗訪問北遼事，稱善久之。命爲淮南轉運使。”頁 1261。同時《文集》卷三十收録有《前使遼詩》《和國信張宗益少卿過潭州朝拜信武殿》等使行詩歌 30 餘首。

③ 郭若虚《圖畫見聞誌》卷六《高麗國》：“熙寧甲寅（1074）歲，遣使金良鑒入貢，訪求中國圖畫，鋭意購求，稍精者十無一二，然猶費三百餘緡。丙辰（1076）冬，復遣使崔思訓入貢，因將帶畫工數人，奏請摹寫相國寺壁畫歸國，詔許之。於是盡模之持歸，其模畫人頗有精於工法者。”人民美術出版社，2016 年，頁 156—157。該引文中描述了高麗使節團在北宋有意圖地購買各類畫作的景象，甚至爲了描繪北宋的風物，而有專門的畫家同行。由此推測，很大程度上，崔思訓一行購買蘇軾詩文集也是有意之舉。

那麼崔思訓一行購入的蘇軾詩文集,到底是哪個版本呢? 針對這一問題,我們作如下探討。

蘇軾詩文集在其生前便已有多個版本流行,其中除蘇軾本人親自編纂的版本以外,書坊或其追慕者也編有數種風格迥異的詩文集[1]。前面已經提到,崔思訓一行在北宋的停留時間是熙寧九年(1076)至熙寧十年之間,那麼首先需要考察這期間蘇軾的詩文集版本的流傳情況。

據《蘇軾年譜》記載,熙寧九年已經編成的詩文集有《南行前集》《南行後集》《應詔集》《岐梁唱和詩集》和《錢塘集》等。前後《南行集》是嘉祐四年(1059),即蘇軾 24 歲時編纂的詩文集,《應詔集》是 25 歲時的作品集,《岐梁唱和詩集》是 29 歲時與其弟蘇轍的唱和集,《錢塘集》則是蘇軾在任杭州通判時,即熙寧七年(1074)前後,某書商爲營利而編纂而成的坊刻本[2]。這裏我們著重來看《錢塘集》[3]。

從《宋史·藝文志》中並未收錄《錢塘集》,可見該本在刊刻不久後便已不傳,尤其元豐二年(1079)"烏台詩案"的直接導火索就是《錢塘集》。通過記錄當時事件經過的《東坡烏台詩案》,我們可以知道該書的大概內容:

> 軾所爲譏諷文字,傳於人者甚衆。今猶取鏤板而鬻於市者進呈。(《監察御史裏行何大正劄子》)

> 其他觸物即事,應口所言,無一不以譏謗爲主。小則鏤板,大則刻石,傳播中外。(《監察御史裏行舒亶劄子》)[4]

通過上述記錄可以看到當時蘇軾詩文集早已被刊行,並流傳甚廣。尤其御史台將廣泛流傳於街坊的"《元豐續添蘇子瞻學士錢塘集》三卷"作爲重要的證據錄入《御史臺檢會送到册子》[5]。從該版本的詳細名稱來看,是以熙寧七

---

[1] 詳見村上哲見《蘇東坡書簡の傳來と東坡集諸本の系譜について》,《中國文學報》第 27 册,1977 年。

[2] 《蘇軾文集》卷五十三《答陳傳道五首》其二:"錢塘詩皆率然信筆,一一煩收錄,祇以暴其短爾。某方病市人逐於利,好刊某拙文,欲毀其板,矧欲更令人刊耶!"頁 1574。

[3] 關於《錢塘集》的東傳問題,王水照先生較早在《蘇軾文集初傳高麗考》一文中有所論及,載《蘇軾研究》,上海人民出版社,2019 年,頁 264—265。

[4] 朋九萬《東坡烏台詩案》,《叢書集成初編》第 785 册,商務印書館,1939 年,頁 1—2。

[5] 《御史臺檢會送到册子》:"檢會送到册子,題名是《元豐續添蘇子瞻學士錢塘集》。全册內,除目錄更不抄寫外,其三卷並錄付中書門下。奏,據審刑院尚書刑部狀,御(轉下頁)

年前後刊印的《錢塘集》爲基礎,添加了蘇軾元豐年間的作品①。

　　作爲"烏台詩案"重要證據,《錢塘集》早在崔思訓一行入宋之前便已流行於市。出版僅三四年便又加以增補再版,可見其人氣之旺盛。與之相比,其他四種詩文集,即《南行前集》《南行後集》《應詔集》和《岐梁唱和詩集》卻反而未引起更多的關注。從它們的出版情況來看,應該不是當時的易見本。但與這些版本不同的是,《錢塘集》完全是書賈爲營利而利用蘇軾的名聲所編選的通行本。因此,結合崔思訓一行的購買時間、地點,以及市場的流通程度來看,他們所購買的版本是《錢塘集》的可能性很高。

　　經過以上的考察,首先可以確定在蘇頌任杭州知事期間(1076—1077),高麗使節崔思訓一行在杭州有過購買蘇軾詩文集的經歷。同時,根據《烏台詩案》中所收錄的上疏文,可以推測出當時所購詩文集應當是收集了蘇軾在擔任杭州通判期間所作詩文的《錢塘集》。蘇軾在 40 歲左右的時候,其詩文作品便早已傳入高麗,如此也就可知後世其詩文東傳之盛況。

四　餘論

　　綜上,隨着 11 世紀後期北宋新黨政權與高麗恢復外交關係,高麗使節團再次往返北宋,更加準確地把握北宋文壇的動向。使臣在往返途中直接接觸蘇東坡本人,並購置其詩文集歸國。12 世紀初開始,高麗文壇逐漸形成了"東坡風"。李仁老(1152—1220)在《破閑集》卷下中,曾引用權適(1094—1146)詩文,對東坡詩文的東傳情況作了如下論述:

　　　雞林人金生筆法奇妙,非晋魏時人所跂望。至本朝,唯大鑑國師、學
　　士洪灌擅其名……宋人有以精嫌妙墨,求國師筆跡者,請學士權適作二

―――――――――

（接上頁）史臺根勘到祠部員外郎・直史館蘇軾,爲作詩賦并諸般文字,謗訕朝廷及中外臣僚。絳州團練使・駙馬都尉王銑,爲留蘇軾譏諷文字,及上書奏事不實按并劄子二道者。"商務印書館,1939 年,頁 4。此外《蘇軾年譜》卷十八中亦有相關記載,如"二十八日,中使皇甫遵到湖州勾攝蘇軾前來御史臺。罷湖州。先是御史中丞李定、御史舒亶、何正臣等言蘇軾謗訕朝政,御史臺檢會送到《錢唐集》,乃詔知諫院張璪及李定推治以聞"。頁 446。

①《蘇軾年譜》卷十三:"倅杭近三年,人爲編、刻蘇軾所作,曰《錢塘集》。入元豐後,有所增益。傳世甚衆。"頁 291。

絶,寫以附之,"蘇子文章海外聞,宋朝天子火其文。文章可使爲灰燼,落落雄名安可焚。"亡其一篇。

　　大鑑國師坦然(1070—1159)以書藝聞名高麗,宋人向他求書之前請權適作詩一首。權適應之,並作七言絶句二首。在第一句中,權適用"蘇子文章海外聞",叙述了東坡詩文東傳高麗的事實。緊接着以"宋朝天子火其文",提及北宋禁毀東坡詩文一事的發生。實際上,在睿宗十年(政和五年,1115),權適曾作爲高麗選拔的五名留學生之一,入北宋太學留學一年半①。從政和五年秋到七年(1117)春,北宋政治上對元祐黨派的清算還在持續,而作爲元祐黨的核心人物之一,蘇軾更是如此,甚至其詩集和詩文刻板也皆被燒毀。而此時正在北宋太學留學的權適,自然能夠瞭解北宋政治上的動態,因此才能在詩中提及"天子火其文"的時代之相。但即使徽宗下令禁毀東坡詩文,已經傳入高麗的東坡詩文集也並未因此消失,而是成爲了高麗文壇"東坡風"的先兆之一。權適的詩,從内容上看,當作於欽宗上位、重新起用舊法一派的靖康元年(1126)之後。同時,考慮到權適的生卒年代,最晚不過仁宗二十四年(1146)。

　　實際上,從仁宗年間(1123—1146)開始,高麗文人頻繁引用東坡詩文,或是學習東坡文學的情況已相當常見。如金富軾在《惠陰寺新創記》以及《三國史記》"論贊"中,尹彦頤(?—1149)在《廣州謝上表》中均有引用東坡詩文②。此外,金永錫(1089—1166)於仁宗二十四年(1146),爲金龜符(1089—1146)所作墓誌銘中,也提到"自童卯手不釋卷,該博善屬文,得蘇子瞻體,詩

---

① 《高麗史》卷十四《睿宗世家》:"(睿宗十年,七月)戊子,遣吏部尚書王字之,户部侍郎文公美,如宋謝恩兼進奉,仍遣進士金端、甄惟底、趙奭、康就正、權適等五人,赴太學……(睿宗十二年,五月)丁巳,李資諒還自宋,進士權適、趙奭、金端等,偕資諒還。"頁278—287。

② 《東文選》卷六十四《惠陰寺新創記》:"宋熙寧中,陳述古知杭州,問民之所病,皆曰,'六井不治,民不給於水。'乃命僧仲文子珪辨其事,蘇子瞻記之。"民族文化促進會,頁399—400。又《三國史記》卷十二《新羅本紀·敬順王》:"論曰……昔錢氏以吴越入宋,蘇子瞻謂之忠臣。"頁104。又《東人之文四六》卷十二《廣州謝上表》(《高麗名賢集》第5册,大東文化研究院,1980年,頁143):"臣伏讀蘇軾受貶時表曰,'臣先任徐州日,河水浸城,幾至淪陷,日夜守捍,偶獲安全。又嘗選用沂州百姓程棐,令購捕凶黨,致獲謀反妖賊李鐸、郭進等十七人,庶幾因緣僥倖,功過相除。'以子瞻豪邁之才,尚謭謭之若此,況彦頤孤危之跡,遂默默而已乎。"

尤奇麗”①。如此可見,在仁宗二十四年,高麗文壇已經存在“東坡體”這一概念。尤其金龜符作爲高麗有名的文人,誇贊蘇軾詩文有“奇麗”之感,可見當時文壇已經相當地把握了“東坡體”的具體特徵,進而也能看出,在當時的高麗,文人認識和學習東坡詩文的程度已經相當之高。

　　12 世紀中葉以後,在各種詩文集中,以東坡的詩語爲典,或引用他的批評用語,或次韻東坡詩等行爲愈發常見,顯示出高麗文壇從内到外受到東坡影響之深刻。尤其毅宗二十四年(1170)的武臣之亂前後,東坡的詩文作品成爲了高麗文壇最重要的作詩學習對象,其詩文流行也日漸高漲。然而在此過程中,高麗文人的詩文創作中開始大量充斥着嚴重的模仿和剽竊問題。林椿(1148—1186)就曾提到“僕觀近世,東坡之文大行於時,學者誰不伏膺呻吟,然徒翫其文而已。就令有掎摭竄竊,自得其風骨者,不亦遠乎”②。李奎報也曾指出“雖詩鳴如某某輩數四君者,皆未免效東坡,非特盜其語,兼攘取其意,以自爲工”③。甚至這種風氣已經蔓延到科舉考試中,形成了“今年又三十東坡出”④ 的局面。

(作者單位:南京大學外國語學院;譯者單位:成均館大學漢文學系)

---

① 《續高麗墓誌銘集成》,《金龜符墓誌銘》,翰林大學校出版部,2016 年,頁 46。
② 林椿《西河集》卷四《與眉叟論東坡文書》,《韓國文集叢刊》第 1 册,民族文化促進會,1990 年,頁 242。
③ 李奎報《東國李相國文集》卷二十六《答全履之論文書》,頁 557。
④ 李奎報《東國李相國文集》卷二十六《答全履之論文書》,頁 558。

《遊天台山賦》接受與朝鮮朝遊山賦創作

權赫子

　　孫綽以高情遠致、文才冠英而著稱於世,《遂初賦》《遊天台山賦》二作最
體現其情遠辭工[①]。《遂初賦》正文雖佚,但其賦題及其内涵呈現的基於老莊思
想的“止足之分”與“歸隱之意”,對後世影響頗大。海東文人多用“興公賦遂
初”來表示歸隱之意,將歸鄉與歸隱並提。大儒宋時烈尤喜《遂初賦》,多次提
及,其身爲朝廷重臣而常有歸隱之意,但儒家的積極入世及修身、治國的責任
意識又使他猶豫猶疑於出處之間,而這種苦惱只有在與友人的書信中傾吐寫
到,如“遂初之賦,日夜上口默思,以爲當去不去,必有後悔。且念不悦者林立
出入追陪之際,人必指笑,此苦如何忍耐耶”[②]、“當初竊不勝憤鬱願忠之心,而
他有所不可恤,實有首鼠之意。旋有多少曲折,竟尋遂初之賦”[③]“仍審解脱職
名,將賦遂初。快適則可想,而不免爲明時憮然耳”[④]。《遂初賦》的“隱逸之趣”
已具有“君子之出處,視時與道”的儒家内涵[⑤],因而體現了理學家的“遂初”
認識。

　　相對於《遂初賦》,孫綽《遊天台山賦》作爲最早的名山賦之典範,得到朝

[①] 房玄齡《晋書》卷五十六,中華書局,1986 年,頁 1544。

[②] 宋時烈《宋子大全》卷二十九《答李士深》,《韓國文集叢刊》第 109 册,民族文化推進會
（下所引《韓國文集叢刊》皆爲民族文化推進會出版,以下僅注出版年份及頁碼）,1993
年,頁 59。

[③] 宋時烈《宋子大全》卷三十九《與權思誠》,頁 254。

[④] 宋時烈《宋子大全》卷四十三《答洪子晦》,頁 348。

[⑤] 曹虹《“遂初”系譜的形成——孫綽〈遂初賦〉影響力探原》,《中國辭賦源流綜論》,中華書
局,2005 年,頁 116。

鮮朝文人的普遍關注,對其遊山賦乃至名山文學創作都起到深遠影響。孫綽《遊天台山賦》是《文選》所載唯一的遊山賦,也是先唐名山賦之佳作。"興公賦"或"天台賦"屢見於海東文集中,被視爲名山賦以及神遊名山作之典範,天台山也成爲名山仙境之象徵,隨之出現了寫景賦句的引用、化用和高士情懷與哲理意蘊的營造等多種接受表徵。海東山岳賦中有多篇遊覽名山而遊心、遊仙者,從用韻、謀篇、寓意等多角度學習《遊天台山賦》的創作經驗,李珥《遊伽倻山賦》、趙纘韓《遊楓岳賦》尤具特色。

一　朝鮮朝接受孫綽《遊天台山賦》之表徵

孫綽《遊天台山賦》是《文選》所載唯一的遊山賦,以遊蹤爲線書寫而收於"遊覽"類中,但麗藻壯采描寫天台山神秀勝景,又被指先唐名山賦之最[①]。《文選》在海東的刊刻之多、爲士子學習之普及,爲其提供了廣泛流傳和接受的文獻前提。《文選》賦類之單行本及删補本如《選賦抄評注解删補》《賦選》《選賦》等刊本,以及衆多手抄本均收錄了孫綽的《遊天台山賦》。

"興公賦"或"天台賦"屢見於海東文集中,《遊天台山賦》作爲辭賦名篇,被指代擅長辭賦文體創作,如"行草須君王右軍,作賦讓我孫興公"[②]、"詞傳郢路陽春唱,賦有天台擲地聲"[③]。"擲地金聲"的典故,常用來形容優秀的賦篇乃至文學作品,進而延伸到其他領域,如用以形容朱熹、李滉之學問文章之高深:"兩賢有徽音,朗詠發深情。豈但天台賦,擲地金石鏗。"[④]

朝鮮朝文人遊山遇奇景而"如入天台山,詠興公之賦"[⑤],反映了對文本的

---

① 許東海《山岳·文體·隱逸——〈遊天台山賦〉與〈北山移文〉山岳書寫及其文化意蘊之對讀》,《勵耘學刊》(文學卷)2010 年第 2 期。
② 趙正萬《寤齋集》卷二《和聾齋上元吟》,《韓國文集叢刊續》第 51 册,韓國古典翻譯院(下所引《韓國文集叢刊續編》皆爲民族文化推進會出版,以下僅注出版年份及頁碼),2008 年,頁 485。
③ 鄭百昌《玄谷集》卷四《敬次使相贈鄭白衣(斗卿)韻》,《韓國文集叢刊》第 93 册,1992年,頁 452。
④ 申益愰《克齋集》卷一《次來卿讀陶山徽音有感詩韻并序》,《韓國文集叢刊》第 185 册,1997 年,頁 320。
⑤ 宋秉璿《淵齋集》卷十九《西遊記》,《韓國文集叢刊》第 329 册,2004 年,頁 322。

熟悉。他們援引《遊天台山賦》中描寫名山勝景、仙界以及遊蹤、遊興的經典物象及賦句，如"奇挺""赤城""霞標""懸磴""琪樹""迅征""躡虛""福庭""凝思幽岩，朗詠長川"等，或直接引用或化用。如果説李宜顯的"我吟興公賦語，解道赤城霞起"①是直接引用，那麼李埈寫立岩村之詩句"千回石磴緣青壁，萬仞霞標對赤城"②，以及黃俊良頭流山遊記中"天台已度石橋雲，靈源忽泛桃花紅"③，顯然是化用了"跨穹窿之懸磴""赤城霞起而建標"二句。

朝鮮朝文人因閱讀《遊天台山賦》而産生共鳴，或嚮往之或遊覽之，如"一日讀孫興公天台賦，忽發山水之興，飄然出門，遍觀楓岳諸勝而歸"④。在他們的意識中天台山已成爲名山仙境之象徵，李植的"仕不必執金吾，遊不必天台岳"⑤，可謂直截了當。進而，他們將朝鮮半島的名山與天台山並提，或示海東山川之美，或冀摹景佳文之出現，或贊已有之美文。韓章錫以《遊天台山賦》爲准，盛贊李舜命《蓬萊唱酬録》中對金剛山勝景的刻畫："雖孫綽賦天台，淵材累布囊，不足喻其多且美也。"⑥對金剛山的描寫超過《遊天台山賦》，那麼其實景之美則不言而喻。任弘亮將天磨、朴淵之瀑布之美，聯繫到孫綽、李白筆下的天台、廬岳之瀑布："世稱瀑布之勝者，中國則稱天台、廬岳，我東則稱天磨、朴淵。余未嘗目擊其勝，未知比此如何，而孫興公賦天台之辭曰：'赤城霞起而建標，瀑布泉流而界道。'李青蓮詠廬山之詩曰：'飛流直下三千尺，疑是銀河落九天'，若使兩人覽此勝而賦此景，則未知當作何辭耶？"⑦對於本國勝景之贊美之中，内含對孫綽、李白善寫景之肯定與羨慕，客觀上又反映了江山與文人相助的文學現象。金錫胄認爲孫綽《天台》、蘇軾《赤壁》乃山水書寫

① 李宜顯《陶谷集》卷一《送茂朱洪使君（萬恢）》，《韓國文集叢刊》第180册，1996年，頁324。
② 李埈《蒼石集》卷二《立岩村，謝諸公遠來》，《韓國文集叢刊》第64册，1992年，頁243。
③ 黃俊良《錦溪集·外集》卷一《遊頭流山紀行篇》，《韓國文集叢刊》第37册，1990年，頁58。
④ 金昌翕《三淵集·拾遺》卷三十二附録《行狀（金亮行撰）》，《韓國文集叢刊》第167册，1996年，頁296。
⑤ 李植《澤堂集·續集》卷四《送忠清水使宋子真（英望）》，《韓國文集叢刊》第88册，1992年，頁231。
⑥ 韓章錫《眉山集》卷四《與李舜命（傁）書》，《韓國文集叢刊》第322册，2004年，頁225。
⑦ 任弘亮《敝帚遺稿》卷三《關東記行》，《韓國文集叢刊續》第40册，2007年，頁597。

中最佳者,而二景遇二人而益奇,進而指出山川與文學之相待,由此襯托了二賦之影響力。其《送徐兄道潤(文重)東遊楓岳序》中提及:因慕孫綽"夢天台",自己亦"夢遊楓岳",進而希望友人遊楓岳後效《遊天台山賦》而作賦,使名山更奇①。他直接與本國名山楓岳山(金剛山)、瑞石山等並論,從而彰顯本國勝景。現韓國廣尚南道陽山市有天台山,據傳因山貌之近孫綽賦中天台山而取同名,這種現象與"赤壁""瀟湘八景""武夷九曲"等勝景被"移植"東國相同。

　　徐宗泰將楓岳山與天台山並舉,指出孫綽賦之"模寫之工",進而贊譽赤谷金益廉楓岳遊覽諸作,謂其摹狀較之前者有過之而無不及②。徐氏用"善模狀"之寫法,將不同題材和體裁歸爲一類,可謂別具慧眼。具體而言,司馬遷《史記》的人物描寫和謝靈運、謝朓、孫綽詩賦的山水描寫,屬於紀實與詠物的不同題材,又有叙事文和詩賦體裁之別,然而就"善模狀"而言,皆出類拔萃、脱穎而出,有異曲同工之處。總之,對於山岳奇景之高超描寫的肯定與需要是海東文人欣賞《遊天台山賦》的重要原因。

　　金昌緝遍覽古今名山記後編輯《澄懷録》(1682),因以詩文爲主,未載賦類,故孫綽《遊天台山賦》未入其中,然而在序文中提及:山水遊覽所産生的審美愉悦對人心之陶冶功能即"江山之在助",每使高士名人流連忘返,如"向子遺宅而高蹈,許掾挺身而獨詣,謝客鑿重嶂而幽造,陶公望高岩而孤邁。茲寔升頓之極致,林澤之偉舉也",至於不能身臨其境而遊賞者,可學"興公賦(天台)"的神遊,"少文(畫)壁"以卧遊③。這裏所舉名士皆魏晋及南朝山水書寫高手,正是"山水方滋"時期的代表性人物,孫綽及其《遊天台山賦》作爲神遊名山之典範而爲海東文人記憶,此又是接受表徵之一。或者直言"孫興公未嘗跡於天台,而凝思遐想,神遊於赤城瀑布之中,至今讀其賦,無異於足蹈而目擊"④,或者用"天台夢""夢遊天台",代指遊覽名勝或遥想而未實現之遺憾。僅趙綱一人用多次,如《內延山龍湫》中的"茲遊定勝天台夢,顧笑興公擲地

---

① 金錫胄《息庵遺稿》卷八,《韓國文集叢刊》第 145 册,1995 年,頁 239。
② 徐宗泰《晚静堂集》卷十一《跋赤谷楓岳録後》,《韓國文集叢刊》第 163 册,1996 年,頁 231。
③ 金昌緝《圃陰集》卷六《澄懷録序》,《韓國文集叢刊》第 176 册,1996 年,頁 450。
④ 朴而章《龍潭集》卷四《山海關詩序》,《韓國文集叢刊》第 56 册,1991 年,頁 200。

金"①，《奉別嶺東按使姜學士（柏年）之行》中的"此行舉舉吾難羨，白首天台賦夢中"②等。一人而多次引用相同賦作，反映趙綱對《遊天台山賦》的熟悉、喜愛和肯定。

《遊天台山賦》鋪排描繪天台山之神秀，展示托懷玄遠之境，又於字裏行間感悟玄理，體現出高士情懷。高超的山岳描寫和玄遠的哲理意蘊水乳交融，是此賦脫穎於衆多先唐山岳賦中的原因之一③。隱逸高士情懷、玄遠意境也成爲接受史的一大内容，因而往往與王子喬、葛洪、許掾、阮籍等人並提。洪柱國《贈俞晦伯出宰茂朱》吟詠："病妨仙漏午門朝，强折南州傲吏腰。葛令藥成丹灶術，與公霞賦赤城標。"④趙門淳《西將臺》吟道："天台一賦擬孫興，更憶蘇門倚嘯登。駐景共傾金屑水，會心留照玉壺冰。"⑤趙泰億《送淮陽俞使君》："官事但須治蠟屐，吏人皆解鍊丹砂。仙遊浩蕩興公賦，道氣熏濃許掾家。"⑥《遊天台山賦》常與李白《廬山瀑布》、蘇軾《赤壁賦》並提，如金友伋《聖源以詩請同遊》詩："逸士從來無俗氣，每於山水愛清奇。孫公興入天台賦，李白名留瀑布詩。只願乘風遊碧落，不關斜日對丹墀。隨君倘踏三清路，綺皓猶堪詠紫芝。"⑦這大抵因諸作所體現的"暢超然之高情"，亦可稱之爲"超然之仙氣"。

徐榮輔《冠岳》爲五言古詩，有賦之篇幅，通篇展現出《遊天台山賦》之意韻。較明顯的詩句如"兹山何奇挺，岡巒沓連延。結根彌五界，直指凌九天……晨策共冥搜，登頓指絶顛。凌縆倚丹梯，屬深渡清漣……幽賞足逶巡，仄磴身孤懸。傍摶削立屏，俯臨絶冥淵……振衣展遐眺，決眥無際邊。表裏窮形勝，修坰帶長川……雖乏伯昏分，庶追許掾便。高興一以盡，塵慮一以捐。平生獨往願，寄意徒空筌。攬物懷昭曠，委化屢醒然。豈充俄頃用，已輕

① 趙綱《龍洲遺稿》卷三，《韓國文集叢刊》第 90 册，1992 年，頁 38。

② 趙綱《龍洲遺稿》卷四，頁 60。

③ 曹虹《"遂初"系譜的形成——孫綽〈遂初賦〉影響力探原》，《中國辭賦源流綜論》，頁 119。

④ 洪柱國《泛翁集》卷四《贈俞晦伯出宰茂朱》，《韓國文集叢刊續》第 36 册，2007 年，頁 238。

⑤ 趙門淳《心庵遺稿》卷七《西將臺》，《韓國文集叢刊》第 307 册，2003 年，頁 177。

⑥ 趙泰億《謙齋集》卷十一，《韓國文集叢刊》第 189 册，1997 年，頁 167。

⑦ 金友伋《秋潭集》卷七，《韓國文集叢刊續》第 18 册，2006 年，頁 147。

區中緣。披雲嘯一聲,繼以招隱篇”①。此詩因遊蹤而步步升高,從不同高度和角度寫幽深奇險的山景,至頂後的如入超凡之界、塵慮盡除之興致,感悟自然之委化,滋生歸隱之志,是一篇山水之景、遊覽之樂、歸隱之道融爲一體的佳構。

二　朝鮮朝遊山賦对孫綽《遊天台山賦》的接受

《遊天台山賦》作爲典範之作,對海東文壇尤其是遊览类山岳賦的創作起到了直接影響。其中,影響較爲明顯的作品有文敬仝《遊清涼山賦》“用孫興公遊天台賦韻”②,賦文第一段交代遊山之動機,第二段寫遊歷過程及所見實景,第三、四段夾叙夾議,写遊至山頂後入仙之感受。孫綽原作有 106 句 53韻,文氏用騷體而依次次韻,用“赤城”“危磴”“靈真”等詞和一些句式的模仿外,對麗景而抒逸懷,使得賦篇充滿仙韻,且多次流露東國清涼山不逊於中土名山的比较意识。朝鮮半島的清涼山古稱“水山”,朝鮮朝改名,位於廣尚北道奉化、安東地區,風景秀麗,素有“小金剛(山)”之稱,又因奇岩怪石而列爲三大“奇岳”之一。賦文中的“金生舊窟”即金生窟,“孤雲芳蹤”則指崔致遠所居風穴台,他如桌筆鋒、“聰明水”都是山中景點。

李珥《遊伽倻山賦》在謀篇結構、寫景佳句、山水仙氣融會的意境方面,極近孫綽《遊天台山賦》。在前半部分,賦文直接提到孫綽賦之經典句和幽深明麗的景象,以及置身其中的暢情狀態。句式亦騷體間夾以六言、四言句,靈動而流麗,茲引如下:

> 遡元化而玄覽兮,求融結之攸始。寓至理於太虛兮,運玄機兮不已。伊開闔之孰尸,莫高卑而流峙。惟伽倻之奇挺,作雄鎮於火維。淑氣之所磅礴,神明之所扶持。齊維岳之峻極,等赤城之建標。蟠坤軸兮倚巇,没層霄兮嶕嶢。望秩之虞封不及,隨山之禹跡未履。雖闕載於常典,乃標名於奇紀。既遼隔於塵界兮,寔靈仙之所宅。非遥想而冥搜,孰超然而登陟。

> 嗟余之好奇兮,夙馳神於靈岳。掃塵累而高舉兮,整輕翮而迅征。際

───────────────

① 徐榮輔《竹石館遺集》册一,《韓國文集叢刊》第 269 册,2001 年,頁 323。
② 文敬仝《滄溪集》卷一,《韓國文集叢刊續》第 1 册,2005 年,頁 391。

玄冥之司節兮，遭天地之閉塞。埋千峰於積雪，絶萬徑之人跡。爾乃履攙
天之鳥道兮，扣洞門之石扃。誠已契於異境，冒垂堂而猶平。尋幽壑之窈
窕，陟高岡之崔嵬。天台之瀑布界道，衡岳之雲霧初開。若其奇巖環列，
翠屏四回，石題朱篆，波殷晴雷，此所謂紅流洞者也。疊石成峰，高出雲
閑，巖梯削立，猿狄難攀，此所謂吹笛峰者也。

　　方丈接乎蓬萊兮，慌三島之鼎立。毗盧秀乎衆峰兮，若朝宗而拱揖。
渡石橋而直進兮，歷九折而始休。沿松柏之修徑兮，散余步而遨遊。琳宮
聳於高隅兮，露彩甍於林隙。五雲翼乎珠閣兮，掩中天之日色。攀層階而
未半，目眩轉而神迷。憑危欄而四顧兮，氣颯爽而欲飛。窺十尋之深谷，
俯萬仞之高陵。木葉盡脱，山骨稜稜。纖翳既絶，天真始露。層崖垂練，
峻嶺戴縞。①

此賦結構上，先是導入部分，或總述山水之理或交代動機；繼而實寫遊山，
寫遊蹤而摹景觀，漸入佳境至遊仙界；最後曲終奏雅，悟道而終篇。這種結構
於遊山賦和遊仙賦是典型模式之一，既是《遊天台山賦》爲代表的“早期山岳
賦與遊仙主題相結合後的一種結構模式”②，也爲多篇朝鮮遊山賦或遊仙賦所
繼承。所不同者，李珥專寫伽倻山之冬景“際玄冥之司節兮，遭天地之閉塞。
埋千峰於積雪，絶萬徑之人跡”“木葉盡脱，山骨稜稜。纖翳既絶，天真始露。
層崖垂練，峻嶺戴縞”，且寫景簡略，側重賦家之嚮往、遊蹤和心境。賦文後半
部分通過夢境，與“上界散人，新羅學士，世稱儒仙者”崔致遠對話，得到指點
和贈歌，謀篇似《後赤壁賦》，氣象意境卻接近《遊天台山賦》。結尾處，通過崔
致遠贈歌中等待心上人的“山鬼”形象及心境，體現出追慕之或與之爲友的意
願，實爲賦家追求的“超越現實，發現淡泊無欲的境界”③，是對孫綽“山水以形
媚道”④之發揚，這種意境與前面對伽倻山靈秀景色呼應，使得全篇意趣超逸，
景與情與理渾融一體。

　　李珥多篇詩賦呈現出這一特徵。觀山水之景而得其趣而入道體，是性理

① 李珥《栗谷全書·拾遺》卷一，《韓國文集叢刊》第 45 册，1990 年，頁 464。
② 葉曄《遊與居：地理觀看與山岳賦書寫體制的近世轉變》，《復旦學報》2018 年第 2 期。
③ 鄭珉《朝鮮前期遊仙辭賦研究》，《道教文化研究》第 10 輯，1996 年。
④ 許東海《山岳·文體·隱逸——〈遊天台山賦〉與〈北山移文〉山嶽書寫及其文化意蘊之
　　對讀》。

學家李珥的山水觀,其《洪恥齋(仁祐)遊楓岳録跋(丙子)》云:目見佳景,深知山水之趣,知道體①。在遊觀松崖之後,又議論到:山水之真樂,非所有人所能得,古之聖賢"一内外"之故能得之,今人通過慎獨而禁人欲,則可得天理流行之妙,以此觀自然山水則可與之成爲一體,達到真樂之境界②。這仿佛孫綽"遊覽既周,體静心閑。害馬既去,世事多捐。投刃皆虚,目牛無全"之狀態。

　　趙纘韓《遊楓岳賦》前半部分交代遊蹤、鋪寫楓岳山景之幽勝,山岳描寫集中且典型,突出的風格是色彩繽紛、想像豐富、瑰麗虚誇,有氣勢,受《離騷》的影響更多。用"蒙、襲、佩、掇、擷、車、衣、駕"等動詞,寫遊者之行裝,借"蘭芳""若英""薜荔""神馬""泠飆"等修飾,體現遊者之品質與内修,繼而用"超、越、涉、跨、出、入、屆、臻、宿、戒、涉、厲、逾、攀"等動詞寫遊蹤,急促而有氣勢,所歷形勝亦瑰奇。專意摹景部分,亦用"琪林""瑶葉""金蓮""玉筍""白虹""神龍"等綺麗意象進行暗喻、借喻,呈現山中之奇景,營造瑰奇之境,宛若仙界。半部分則隨山靈而遊歷仙界,叙寫仙界景象、三教聖人之告誡,以賦家儒者之自省告終。寫景、謀篇、意境兼容《離騷》《遠遊》《遊天台山賦》之特點,主旨則是越釋、道二教而服膺儒家"反初服"之道,即歸乎初心。

　　吴以翼《卧遊名山賦》則專門議論神遊、夢遊山岳之現象及體悟③,顯然已領略孫綽寫《遊天台山賦》之意。《卧遊名山賦》曾是光海君元年(1608)進士試賦題,崔有淵作有兩篇,均不見正文,僅餘序文,云:"昔李太白有《白頭吟》二篇,蘇子瞻有《赤壁賦》二篇,吁,此何傷乎? 余少赴科場,有《卧遊名山賦》。辛巳初夏,内省滯直,甚無聊,更述一篇。觀者恕之。"④ 周世鵬《毗盧峰賦》⑤,亦擬《赤壁賦》謀篇結構而隨處見《遊天台山賦》之痕跡。

①　李珥《栗谷全書》卷十三,《韓國文集叢刊》第44册,1990年,頁273。
②　李珥《栗谷全書》卷十三,《韓國文集叢刊》第44册,頁281。
③　吴以翼《石門集》卷三,《韓國文集叢刊續》第33册,2007年,頁580。
④　崔有淵《玄巖遺稿·别集》,《韓國文集叢刊續》第22册,2006年,頁561。
⑤　周世鵬《武陵雜稿》卷一,《韓國文集叢刊》第26册,1989年,頁467。

三　附論:朝鮮朝山岳賦創作概況

　　“辭賦是詞章的藝術,以摹寫見功力,所以賦家形象地書寫名山已有的記憶,尤爲擅長”①,《韓國文集叢刊》所載以山爲題的賦作共有 30 餘篇,就數量而言,在高麗—朝鮮朝辭賦創作中的佔比較大,更因所寫多爲本土山岳,寫法各異、風格多樣而頗具價值。這些賦分遊山、紀行、詠史、論道四類。申叔舟《捷雲峰賦》、孫昭《金烏山賦》、金時習和李魯的《胥山賦》、成倪《駐蹕山賦》、金誠一《首陽山賦》、梁彭孫《崖山賦》、申混《驪山賦》、黄汝一《鵌述嶺賦》等以詠史議論爲主;成倪《石假山賦》所寫非自然界名山,是人工假山;周世鵬《毗盧峰賦》以文賦體式寫海邊沙峰;李宜茂《雨霽遊山賦》寫日常祖墳所在無名小山;李裕元《萬二千峰賦》藉以闡理;吳益升《登老誡山賦》側重登覽,仿王粲《登樓賦》之構思、語句;李瑞雨《磨天嶺賦》、張維《鳥嶺賦》寫紀行經由,以山勢之險峻、山景之凄涼,抒發行役之艱難,寄寓賦家不平、不幸、憂患、頌德等思想感情;趙彭年《木覓山賦》應試之作,以山喻國、歸旨歌頌。這些都不屬於真正意義上的遊覽山岳之作。他如金麟厚《武夷山賦》、吳以翼《卧遊名山賦》,当属梦遊、神遊類,但有山景之描写和遊兴。《武夷山賦》夢遊武夷山且得到朱子教誨,遂生“耿吾既得此中正兮,乃斂神而反觀。寂靈襟而完養兮,審所行之無難”②。

　　留有正文而真正描寫山岳之形勝或遊覽情形的賦作大致有:李珥《遊伽倻山賦》、趙纘韓《遊楓岳賦》、鄭弘溟《瑞石山賦》、洪敬謨《葱秀山賦》、文敬全《遊清涼山賦》、成倪《踰大嶺賦》等篇。其中,鄭弘溟《瑞石山賦》专寫山景之作,以長篇四六形式鋪陳山岳形勝與衆遊人之態,以摹寫實景爲基調,爲金錫胄《海東辭賦》選録。此賦前半部分寫瑞石山(即無等山)之全貌、山中之動植物、山峰之奇峻,突出了雄偉險怪,被譽爲“閎奇踔厲,氣焰可畏”③。申惟翰《富士山賦》通過媧皇、神靈之語多角度刻畫此異域仙山,篇首對山之遠景的擬人化描寫極具特色:“崔巍聿兀兮,嶔碅崒硊,顝偃塞軋。忽而參九霄兮,彼雲霞霳霽,渺溶溶其在下。夫誰斯琳瑰以爲笄兮,素娥之膚皚皚而婀娜。若望舒傞

---

① 許結《名山記憶與辭賦書寫》,《古典文學知識》2018 年第 5 期。
② 金麟厚《河西全集》卷一,《韓國文集叢刊》第 33 册,1990 年,頁 21。
③ 張維《溪谷集》卷三《題瑞石山賦後》,《韓國文集叢刊》第 92 册,1992 年,頁 70。

傞而逞媚兮,逴秋輪曷曒於長夜。"①其餘賦篇均由遊覽名山而寫遊心、遊仙,賦題中無"遊"字者如《葱秀山賦》也做到寫景、遊蹤、遊興兼顧,這些遊覽類山岳賦或多或少受孫綽《遊天台山賦》的影響。因其數量相對他文體如遊山詩、遊山記少,相關研究也極少。

(作者單位:山東理工大學文學與新聞傳播學院)

---

① 申惟翰《青泉集·續集》卷五《海槎東遊録》第三,《韓國文集叢刊》第 200 册, 1997 年,頁 472。

次韻李白《潯陽紫極宮感秋》：一個朝鮮文苑故事的形成[①]

蘇　岑

隨着朝鮮半島古代漢文文獻越來越容易接觸到，關於中國文學作品在朝鮮半島的傳播，相關研究成果漸多。一般來説，越是經典的作家和作品，其在異域的傳播會越廣泛，受到關注和喜愛的程度也會越深。比如《詩經》《楚辭》、陶淵明、杜甫、蘇軾、朱熹等經典作家作品在朝鮮半島的傳播就尤其深入。但是也有一些作品，它在中國本土本身並不特別出名，獲得的關注和研究也較少，但卻引起了海東文人特別的注意，這種巨大的反差形成了接受史上的獨特風景，也成爲卞東波所謂"東亞的世界文學"[②]的一個活例，本文所討論的就是這樣一首作品。

李白作品很早就傳入朝鮮半島，受到半島學人的喜愛，出現了大量次韻之作，其中朝鮮文人對《潯陽紫極宮感秋》一詩的次韻之作就多達三百多首，顯得非常突出。衆所周知，朝鮮半島和陶詩創作形成風潮，次韻之作特別多，據金甫暻統計不下千首[③]，數量確實巨大，但就次韻單篇作品的數量來看，卻沒有超過次韻《潯陽紫極宮感秋》的。對這首詩綿延幾百年的次韻行動最終形成了朝鮮半島的一個文苑故事。次韻之作往往顯示出次韻者對原詩的喜愛和崇尚，但《潯陽紫極宮感秋》一詩並非李白代表作，歷來也不是選家所重，在朝鮮

[①] 本文爲陝西省社科基金項目（2016J052）階段性成果。

[②] 卞東波《域外漢籍與宋代文學研究》，中華書局，2017年，頁247。

[③] 金甫暻《蘇軾和陶詩考論》附錄二《韓國古代和陶詩創作情況表》，復旦大學出版社，2013年，頁279。

半島最流行的文學選本《古文真寶》也未選録,它爲何能在李白衆多作品中獨得朝鮮文人的特别關注,並進而形成朝鮮半島的一個文苑故事呢?

一　中國本土次韻《潯陽紫極宫感秋》的情況

李白《潯陽紫極宫感秋》一詩如下:

何處聞秋聲,翛翛北窗竹。回薄萬古心,攬之不盈掬。
静坐觀衆妙,浩然媚幽獨。白雲南山來,就我簷下宿。
懶從唐生决,羞訪季主卜。四十九年非,一往不可復。
野情轉蕭散,世道有翻覆。陶令歸去來,田家酒應熟。①

本詩郁賢皓《李太白全集校注》認爲詩中只是使用了"四十九年非"的典故,並非實指,故系年不確定②。但詹瑛《李白詩文系年》③和安旗《李白全集編年箋注》④,都認爲本詩作於天寶九載(750)秋,李白五十歲遊歷潯陽時,紫極宫即江州道觀天慶觀。從蘇軾等後人的次韻詩來看,則多認爲此詩作於李白四十九歲時。詩中李白不僅抒發了感秋之意,也寫出了人到晚年的困惑和思考、對人生的回顧與期望。尤其是其中"四十九年非,一往不可復"一句將這個反思的節點定在了四十九歲上。四十九歲,年近半百,對古人來說,已到人生暮年,正是生命的秋季,在悲秋之時自然而然帶出身世感慨,巧妙地把"知非"之意融入其中,在悲慨中增加了理性思考的色彩。最後由反思人生之虚度、世道之無常而歸結於歸隱之趣。最早次韻《潯陽紫極宫感秋》的是蘇軾,後世對李白此詩的依韻效體以蘇軾爲發端。元豐七年(1084),蘇軾遊覽江州紫極宫,作《和李太白並叙》一篇,如下:

寄卧虚寂堂,月明浸疏竹。泠然洗我心,欲飲不可掬。
流光發永歎,自昔非余獨。行年四十九,還此北窗宿。
緬懷卓道人,白首寓醫卜。謫仙固遠矣,此士亦難復。
世道如弈棋,變化不容覆。惟應玉芝老,待得蟠桃熟。

---

① 郁賢皓《李太白全集校注》第 6 册,鳳凰出版社,2015 年,頁 3094。
② 郁賢皓《李太白全集校注》第 6 册,頁 3094。
③ 詹鍈《李白詩文系年》,作家出版社,1958 年,頁 75—77。
④ 安旗《李白全集編年箋注》,中華書局,2015 年,頁 882。

　　在前叙中，蘇軾説明了和詩的原由，正是李詩中"四十九年非，一往不可復"的知非之意，引起了年當四十九的自己的感觸："李太白有《潯陽紫極宮感秋》詩，紫極宮今天慶觀也，道士胡洞微以石本示余，蓋其師卓玘之所刻。玘有道術，節義過人，今亡矣。太白詩云'四十九年非，一往不可復'，予亦四十九，感之次其韻。"①

　　蘇軾的次韻之作，回應並强化了李詩中原有的人生感慨和歸隱之趣。其後黄庭堅承東坡之意，又對東坡之作有所唱和，作《次蘇子瞻和李太白〈潯陽紫極宮感秋〉詩韻，追懷太白、子瞻》②。因爲蘇、黄對李詩的唱和，以及對知非之年的强調，後世不少詩人受他們影響，年至四十九歲之際，則唱和李詩作爲紀念，如劉克莊年已至五十九，仍次韻而和："十一月二日至紫極宮，誦李白詩及坡谷和篇，因念蘇、李聽竹時各年四十九，予今五十九矣，遂次其韻。"③其後南宋謝坊得亦有和作。劉謝二人的次韻之作因襲蘇、李、黄三人，在悲慨身世之餘也歸結到歸隱之趣上，如劉詩説："山中采芝去，舍下炊粱熟。"④謝詩説："問信安期生，何年棗當熟。"⑤蘇軾、黄庭堅、劉克莊、謝坊得作爲文學史上的著名作家，四人的次韻作品情景交融，不下李作，胡仔《苕溪漁隱叢話》認爲蘇詩"東坡起語清拔，優於太白"⑥，蔡正孫《詩林廣記》則認爲謝坊得"疊翁此詩清峭典雅，與諸老作真可齊驅並駕也"⑦。可以説這幾人的次韻行爲爲後人樹立了很好的榜樣，加上李白詩仙之名，本該引起後世仿效，但自謝坊得之後，次韻唱和李詩在中土幾乎戛然而止，没有再産生有力回響，中國古代的知名文人無人再有次韻。据筆者利用中國基本古籍庫和四庫全書系列電子版檢索，只有明代薛章憲（1454—1514），清代陳大章（1659—1727）、何紹基（1799—1873）、吳銘道（1671—1738）、黄宅中（1796—1863）等零星幾位不太知名之人的幾篇次韻作品，數量實在太少。這些次韻者中，有人因承蘇、李等人，由悲秋而

① 蘇軾《蘇軾詩集》第 4 册，中華書局，1982 年，頁 1232—1233。
② 黄庭堅撰，任淵注《黄庭堅詩集注》第 2 册，中華書局，2003 年，頁 598—599。
③ 蔡正孫編《詩林廣記》，中華書局，1982 年，頁 59。
④ 蔡正孫編《詩林廣記》，頁 60。
⑤ 蔡正孫編《詩林廣記》，頁 60。
⑥ 蔡正孫編《詩林廣記》，頁 59。
⑦ 蔡正孫編《詩林廣記》，頁 59。

起隱逸之情,如吴銘道:"歸掃黄公壚,種秫田應熟。"① 有人則能延承李白原詩中静觀宇宙自然、體會天道的一面,如何紹基《小園秋色用太白〈尋陽紫極宫感秋〉原韵兼效其體》:"仰看天宇高,自抱幽柯宿。時運有代更,榮瘁不襲卜。晚花寒始秀,流水往而復。畦蔬正盈把,杯渌亦堪覆。白雲曰卷舒,静者觀已熟。"② 一反蘇、黄次韵之作的感傷色彩,頗有積極勁健之氣。陳大章次韵詩結尾"寵辱亦何爲,思之已爛熟"③ 與何詩類似。明代薛章憲的次韵之作則在最後有"願言桑榆收,□比黄稗熟"④ 之句,"黄稗熟"的典故出自《孟子》,薛章憲是最早且唯一一位在次韵詩中結合《孟子》植入理學思想的中土作者,而這一行爲在朝鮮半島則得到了極大展開。總的來説,中國本土次韵李白《潯陽紫極宫感秋》的作品數量實在太少,没有形成風潮。

　　《潯陽紫極宫感秋》雖然在李白集中算不得耳熟能詳的名作,常見選本如《古文真寶》《唐詩三百首》等未選該詩,但鍾惺《唐詩歸》、周珽《唐詩選脈箋釋會通評林》、黄叔燦《唐詩箋注》入選了該詩,且評價不低。黄叔燦《唐詩箋注》説:"飄然之思,直覺不群。"⑤《唐詩品匯》卷六引劉辰翁評曰:"其自然不可及矣。東坡和此有餘,終涉擬議。"⑥ 可見,本詩絶非平庸之作,並非因爲詩歌本身藝術問題而被次韵者忽略。明代前後七子的文學復古運動,號稱"詩必盛唐",主張學習盛唐詩歌,在社會上掀起了學習盛唐詩歌的浪潮,如李夢陽學習李白,就創作有大量次韵之作,但其中没有一首是次韵《潯陽紫極宫感秋》的。可見,即使有蘇軾强大的模範作用,以及文學思潮對盛唐詩歌的推崇,李白的《潯陽紫極宫感秋》仍然没有激起中土文人的次韵興趣。與這種落寞的命運相比,在一江之隔的朝鮮半島卻得到了意料之外的接續,次韵唱和之人極多,衆多朝鮮著名文人都參與進來,並最終形成了一個朝鮮半島的文苑故事。

---

① 吴銘道《古雪山民詩後》卷二,《四庫未收書輯刊》第 9 輯第 27 册,北京出版社,1997 年,頁 308。

② 何紹基《東洲草堂詩鈔》卷四,《續修四庫全書》第 1528 册,上海古籍出版社,2002 年,頁 605。

③ 陈大章《玉照亭詩鈔》卷十一,《四庫未收書輯刊》第 8 輯第 18 册,頁 756。

④ 薛章憲《鴻泥堂續稿》卷之四,《四庫全書存目叢書》集部第 78 册,齊魯書社,1997 年,頁 546。

⑤ 郁賢皓《李太白全集校注》第 6 册《評箋》所引,頁 3079。

⑥ 郁賢皓《李太白全集校注》第 6 册,頁 3079。

二　朝鮮文人次韻李白《潯陽紫極宮感秋》概況

　　李白作品很早就傳入了朝鮮半島，到了朝鮮朝時期已經成爲文人們學習的典範之一①。朝鮮朝文士對李白作品非常熟悉，在作品中化用李白詩文，使用李白典故更爲普遍。和高麗朝文士零星的幾篇唱和次韻李白之作比起來，朝鮮朝文士對李白詩文的唱和趨於繁盛，成爲朝鮮朝李白接受上的一大特點。這些次韻之作，數量頗可觀，據筆者檢索統計，數量超過 400 首，所涉及的李白原作約在 60 首左右，而其中僅對《潯陽紫極宮感秋》一詩的次韻之作則在約 300 首，極爲突出。追和是東亞漢文學傳播與接受的重要維度之一，《潯陽紫極宮感秋》可能是朝鮮文人次韻次數最多的單篇作品，可以看出朝鮮文人對李白這首詩有非同一般的熱情。

　　那麼朝鮮文人是如何接觸到李白本詩的呢？首先，可以通過閱讀李白文集。據《高麗史》記載，高麗文宗十年（1056），“請分賜秘閣所藏九經、《漢》《晋》《唐書》《論語》《孝經》、子、史、諸家文集、醫卜、地理、律算諸書，置於諸學院，命有司各印一本送之”②。這裏“諸家文集”或當包括李杜等文集在内。據《高麗史·崔惟清傳》，崔惟清曾撰寫李白文集的注本並得到刊印：“（明宗）四年卒，卒年八十……嘗奉詔撰《李翰林集注》《柳文事實》，王覽之嘉賞，鏤板以傳。”③如果這則記載可信，那麼這就是朝鮮歷史上第一次刊印李白文集。高麗明宗四年，爲公元 1174 年，當南宋孝宗淳熙元年，崔惟清卒於是年，編撰刊刻《李翰林集注》當在此之前，在整個東亞歷史上都是非常早的。可惜這一版本未曾流傳下來。《高麗史》中所收録的俗樂《翰林別曲》中也提到了《李杜集》：“《唐漢書》《莊老子》《韓柳文集》《李杜集》《蘭臺集》《白樂天集》《毛詩》《尚書》《周易》《春秋》《周戴禮記》云云。”④由這些記載來看高麗中後期的文人是能看到李白文集的。高麗後期李奎報等人對李白的詩歌相當熟悉。高麗末、朝鮮初期《分類補注李太白詩》傳入朝鮮半島，遂成爲流行的李白讀本。1434 年朝鮮王朝鑄造了新的銅活字，被稱爲甲寅字，1435 年就用該活字

---

① 參看蘇岑《李白作品在韓國的傳播》，《文史知識》2016 年第 2 期。
② 《高麗史》卷七，《世家》第七，靖宗十一年，亞細亞文化社，上册，1972 年，頁 159。
③ 《高麗史》卷九十九，《列傳》第十二，《崔惟清傳》，下册，頁 194。
④ 《高麗史》卷七十一，《志》二十五，《樂》二，中册，頁 556。

刊印了《分類補注李太白詩》,據《朝鮮王朝實錄》記載,隨即被頒發給大臣和宗親:"頒鑄字所印《李白詩集》於宗親及文臣五品以上。"① 此後,朝鮮中宗後期用甲寅字再次刊刻過本書,光海君八年(1616),用木活字訓練都監字也曾刊刻本書。各個地方的官府機構還有覆刻甲寅字本的雕版出現。這樣朝鮮朝文人通過閱讀李白文集而接觸到《紫極宮感秋》還是比較便利的。比如朝鮮文人朴準源(1739—1807)受到秋景感發,想要次韻李詩,順手就找到了李白詩集:"方在考工直廬,聽秋聲於窗竹,則又一紫極宮也。急索白集,支枕一讀,遂步其韻。"②

其次,可通過蘇軾和黃庭堅的文集接觸到本詩。因爲蘇、黃各自的文集中都收錄了他們次韻《紫極宮感秋》的作品,並附錄《紫極宮感秋》原文,所以通過閱讀蘇、黃的文集,朝鮮半島的文人也可以接觸到該詩。而蘇、黃在朝鮮半島的影響非常大,作品也傳入得很早。特別是蘇軾,非常受歡迎,徐居正《東人詩話》卷上載:"高麗文士專尚東坡,每及第榜出,則人曰'三十三東坡出矣'。"③ 在朝鮮朝,蘇軾和黃庭堅的詩文集都有過多次刊印,如世宗朝刊印有《增刊校正王狀元集注分類東坡先生詩》,光海君八年(1616)活字刊印《增删校正東坡先生詩集》,中宗朝活字刊印了《蘇詩抄》《蘇詩摘律》等等。世宗朝、中宗朝和光海君時期多次刊印過《山谷詩集注》,現存版本很多,成宗十四年(1682)還命徐居正(1420—1488)等人用諺文翻譯《黃山谷詩集》④。可見文人可以方便接觸到二人詩集。如李福源(1719—1792)說"偶看東坡和李白《紫極宮感秋》詩"⑤,遂次韻李詩,應該就是看了東坡詩集。

第三,可通過詩歌選本或總集接觸到該詩。據《增補文獻備考·藝文考》

① 《世宗實錄》卷七十一,世宗十八年一月二十九日條,《朝鮮王朝實錄》,太白山史庫本,國史編纂委員會影印出版,1986 年,第 3 册,頁 665。

② 朴準源《錦石集》卷三《次李白紫極宮感秋詩叙》,《韓國文集叢刊》第 255 册,民族文化推進會(下所引《韓國文集叢刊》皆爲民族文化推進會出版,以下僅注出版年份及頁碼),2000 年,頁 63。

③ 趙鍾業編《韓國詩話叢編》第一卷,東西文化院,1989 年,頁 204。

④ 《成宗實錄》卷一百五十六,成宗十四年七月二十九日條:"命徐居正、盧思慎、許琮、魚世謙、柳洵、柳允謙以諺文翻譯《聯珠詩格》及《黃山谷詩集》。"《朝鮮王朝實錄》第 10 册,頁 491。

⑤ 李福源《雙溪遺稿》卷一,《韓國文集叢刊》第 237 册,1999 年,頁 16。

的記載，高麗宣宗二年（1085），宋哲宗即位，向高麗賜《文苑英華》一書，而
《文苑英華》收録李白詩文兩百六十餘首①。《增補文獻備考·藝文考》初成於
朝鮮正祖二十年（1796），最終成書於李太王十年（1906）②，固然爲時甚晚，但
《高麗史·宣宗世家》和《宋史·高麗傳》都記載此事，可知確有所本。且據
《清芬室書目》記載，朝鮮中宗三十一年（1536），朝鮮王朝還曾刊印過《文苑
英華》③，可見高麗和朝鮮時期，朝鮮半島的文人都可通過《文苑英華》這本詩
歌總集接觸到李白詩，而《文苑英華》中收録了李白的《紫極宮感秋》。但《文
苑英華》茲體龐大，恐怕一般文人很難接觸到。再如《詩林廣記》是宋末蔡正
孫所選評詩集，傳入朝鮮甚早，並得到多次刊行，如《朝鮮王朝實録》記載燕山
君十一年（1505）就曾下令刊印本書④。其前集第三卷收入了李白原詩及東坡、
山谷、後村、疊山四人的次韻之作。朝鮮初期文人申叔舟（1417—1475）在詩
前小叙中說：“閱《詩林廣記》，見東坡、山谷、後村、疊山和李太白《紫極宮感秋
詩》，依韻書懷。”⑤ 正是通過《詩林廣記》而接觸到李白原詩的。明代張鼎序本
《詩林廣記》傳世甚廣，但張鼎序作於1497年，申叔舟無法閱讀本版，結合申
叔舟的生卒年，他閱讀的本子或爲元刊本，或爲明正統十一年（1446）的王瑛
刻本⑥。其後《唐詩歸》等唐詩選本漸次傳入朝鮮半島，也爲學者提供了更多接
觸李詩的機會。

　　第四，可以通過其他人的次韻詩而間接接觸了解到李詩。朝鮮朝時期朝
鮮文人的別集刊刻相當繁盛，兩班階層的士人掌控和壟斷文化學術，對於整
理、編纂傳承和出版家族先人的文集特別熱心，許多文人的別集在身後能很快

---

① 《增補文獻備考》卷二百四十二，《藝文考》一，明文堂，下册，2000年，頁842：“宣宗二
　　年，宋哲宗立，遣兩使奉慰致賀，請市刑法之書：《太平御覽》《開寶通禮》《文苑英華》，惟
　　賜《文苑英華》一書。”
② 張伯偉編《朝鮮時代書目叢刊》第6册《增補文獻備考·藝文考》題解，中華書局，2004
　　年，頁2857—2859。
③ 張伯偉編《朝鮮時代書目叢刊》第8册，頁4815。
④ 《燕山君日記》卷五十八，燕山君十一年五月十九日條：“傳曰：《唐詩鼓吹》《續鼓吹》《三
　　體詩》《唐音詩》《詩林廣記》《唐賢詩》《宋賢詩》《瀛奎律髓》《元詩體要》，令校書館
　　印進。”《朝鮮王朝實録》第14册，頁3。
⑤ 申叔舟《保閑齋集》卷十，《韓國文集叢刊》第10册，1988年，頁87。
⑥ 參考馬婧《〈詩林廣記〉版本系統述略》，《古籍整理研究學刊》2009年第6期。

得到整理出版。比如周世鵬卒於 1554 年, 1581 年其子周博(1524—？)就出版了他的文集。李滉卒於 1570 年,其弟子趙穆(1524—1606)等人在 30 年后的 1600 年就刊行了李滉文集,其後李滉的後人仍不斷校勘出版。宋時烈卒於 1689 年, 1717 年朝鮮王朝就編纂出版了他的全集,後來他的後世子孫還曾有過兩次大的校勘整理。再如金壽恒 1689 年去世,僅 10 年后他的兒子金昌集(1648—1722)和金昌協(1651—1708)就出版了他的文集。周世鵬、李滉、宋時烈等人次韻《潯陽紫極宮感秋》的詩作保存在文集中,許多朝鮮學者正是通過閱讀他們的文集從而接觸了解到李白詩並進而次韻的,有人也許根本就未曾親讀李詩。如柳成龍(1542—1607)是閱讀《退溪集》而次韻:"《退陶先生集》中有〈次李白紫極宮詩〉,謹步韻寄懷。"[1] 許愈(1833—1904)也是通過閱讀《退溪集》而次韻李詩:"偶閱《退溪集》,有《次紫極宮詩》,蓋先生年四十九也。鄙年適與之合,歎息續和。"[2]

總之,朝鮮學者可以通過各種渠道較爲方便的接觸閱讀到李白的《潯陽紫極宮感秋》本詩或其他人的次韻詩,這爲次韻提供了基本的條件。

根據目前搜集到的資料來看,高麗時期流傳資料甚少,雖然有次韻李白其他詩歌的,但沒有次韻《潯陽紫極宮感秋》詩的。最早次韻李白《潯陽紫極宮感秋》詩的是朝鮮初期文人申叔舟(1417—1475)。申叔舟是通過閱讀《詩林廣記》接觸到蘇、黃等人的次韻之作而有感次韻的。申叔舟,字泛翁,號保閑齋,作爲朝鮮初期的重要政治家,在朝鮮世宗朝前後影響極大,參與了韓文的創制,且身居高位,去世僅 6 年後的 1481 年朝鮮王朝就由官方刊行了他的文集。但奇怪的是他的次韻之作雖然最早,卻並未受到朝鮮文人的重視,幾乎沒有產生任何影響,後世甚至無人提及,這可能和他本人並非性理學家有很大關係。直到比申叔舟晚生近 80 年的詩人周世鵬(1495—1554),才有人繼申叔舟之後再次次韻李詩。周世鵬在詩尾小注說明自己創作緣由,提到了蘇、黃的影響:"李太白四十九,作《紫極宮感秋詩》,其後蘇黃皆效之。余亦不覺其已到此也。今以省柏入石崟寺,阻雨三日,不得下山。夜誦三仙詩,便懷多少感慨,乃次其韻。"[3]周世鵬,字景遊,號慎齋,是朝鮮早期的著名性理學

---

① 柳成龍《西厓先生文集》卷一,《韓國文集叢刊》第 52 册, 1990 年,頁 28。
② 許愈《後山先生文集》卷五,《韓國文集叢刊》第 327 册, 2004 年,頁 132。
③ 周世鵬《武陵雜稿》卷一,《韓國文集叢刊》第 26 册, 1988 年,頁 480。

者，他對李詩的次韻，拉開了朝鮮次韻本詩的大幕，具有重要的開端作用，得到了朝鮮文人的關注和回應，直接影響到了另一位文人李滉（1501—1570）。李滉有《石崙寺效周景遊次〈紫極宮感秋〉詩韻》，他在詩前小叙中寫道：“景遊詩叙云，李太白四十九，作〈紫極感秋〉詩，其後蘇、黃皆效之，余夜誦三賢詩，多少感慨，乃次其韻云云。蓋景遊時年四十九矣，滉今犬馬之齒，亦不多不少，適與相值，然則其所感，寧有異於昔之數君子耶？敢用元韻，遣懷云。”[1] 特別強調了周世鵬對自己的影響和重要的導先之功。李滉，字景浩，號退溪、退陶等，是朝鮮歷史上最著名的性理學者之一，人稱海東朱子，影響極大。他的次韻之作，給後世朝鮮文人樹立了新的榜樣，引起後人瘋狂仿效。比李滉稍晚的具鳳齡（1526—1586）首先注意到了周世鵬和李滉對蘇、李的次韻，但他未有次作。李滉的弟子柳成龍緊隨乃師步伐而次韻：“退陶先生集中有《次李白紫極宮詩》，謹步韻寄懷。”[2] 柳成龍是李滉四大弟子之一，退溪學派的重要傳人，文治武功皆有成就。此後，在蘇、黃、李、柳等中韓先賢的影響下，海東次韻李詩的風潮漸高，比柳城龍稍晚的金圻（1547—1603）和李民宬（1570—1629）次韻詩結尾“夫仁亦在熟”和“爲仁亦在熟”，幾乎複製了李滉詩結尾“夫仁亦在熟”，在內容上緊隨李滉。朝鮮漢文四大家中的申欽（1566—1628）、張維（1587—1638）和李植（1584—1647）等隨後也都參與次韻，也是較早次韻的著名學者。其他的作者還有李慶全（1567—1644）、金尚憲（1570—1652）等人。

　　16世紀可稱得上次韻詩的發展期，參與的學者前後近20人，樹立了李滉這樣的典範，也奠定了次韻風潮的基礎和方向。許多文人逐漸每至49歲時則次李詩。如申欽次韻詩前小叙寫道：“李謫仙年四十九，有紫極宮之作，東坡亦於四十九和之，余今適丁是年，感兩仙之致，步韻口占。”[3] 李安訥（1571—1637）說：“太白、蘇子瞻，俱作此詩，年皆四十九。余今亦四十九，因竊有感，遂次其韻以自志。”[4] 申翊聖（1588—1644）在次韻詩的前叙中說：“《紫極宮詩》，即太白四十九歲作也，東坡諸賢和之，我東方先達亦多繼和之者。年前張新豐持國次韻以屬諸不佞，而不敢當者，自惟非其人，而且嫌年未滿也。”[5] 由

----

① 李滉《退溪先生文集》卷一，《韓國文集叢刊》第29册，1990年，頁69。
② 柳成龍《西厓先生文集》卷一，《韓國文集叢刊》第52册，1990年，頁28。
③ 申欽《象村稿》卷六，《韓國文集叢刊》第71册，1991年，頁352。
④ 李安訥《東岳先生集》卷十二，《韓國文集叢刊》第78册，1991年，頁223。
⑤ 申翊聖《樂全堂集》卷一，《韓國文集叢刊》第93册，1992年，頁153。

"我東方先達亦多繼和之者"來看,其時朝鮮半島已經有很多人次韻,説明已經引起後人仿效,另一方面也强調了需要在 49 歲這個關鍵年紀時唱和。再比如尹宣舉(1610—1669)説:"偶閲《石室稿》,得見其《次李白紫極宮韻》。韻本白也四十九年作,余年適當是數,感歎而吟成一篇。"[1] 李福源説:"月夜獨坐無聊,偶看東坡和李白《紫極宮感秋詩》。李白詩曰'四十九年非,一往不可復'。東坡次韻之年,亦四十九。古人志氣文章如彼卓然。而余之所同於古人者,其年而已。"[2] 黄胤錫(1729—1791)説:"白有此作,而蘇長公步之,蓋皆四十九歲。余既早年慕古,白首無成,偶兹秋夜,百感交集。屈指馬牛齒適符古人,輒繼聲以志其慨。"[3] 宋秉璿(1836—1905)説:"白年四十九,作此詩。其後蘇黄及諸老先生,亦皆效之。今余賤齒適與相值,故敢忘僭猥,謹次述懷。"[4] 這些人都特别强調了 49 歲這個節點以及先賢的導引作用。

隨着唱和風潮的流行,時間限制被突破,變得不那麼重要和嚴格。這其中宋時烈是一位關鍵人物,當時宋時烈(1607—1689)年已近 70,仍受人請求而次韻爲詩,他在詩前小叙中寫道:

> 晦翁《與陳同甫書》曰:"《抱膝吟》,久做不成,蓋不合先寄陳葉二詩。田地都被占,卻教人無下手處也。"夫以晦翁之海闊天高,被二詩先占,猶尚如此,況以十三篇見示。以此伎倆,寧有下手處也。然屢勤徵督,不敢終孤,故敢此寫呈,第有所告。此詩自青蓮以下,皆作於四十九,而延之乃見徵於已過二十年者,何也?既徵於已過者,則宜徵於不及者。未可以長公之嚴,屬之於文谷父子,畢以見示耶?至懇至懇,小孫以不及廿三歲者,前日率爾塵浼,而甚有愧色矣。[5]

由此可見,次韻之風甚盛,年紀限制已被打破,"既徵於已過者,則宜徵於不及者",不僅有年過 49 歲之人的次韻,也有不足 23 歲之人的次韻。且從"況以十三篇見示"看來,竟有一人就次韻十三篇,其流行可見一斑。宋時烈,字英甫,號尤庵、尤齋,他是朝鮮中期又一位著名的性理學家,作爲在黨争中長

① 尹宣舉《魯西先生遺稿》卷二,《韓國文集叢刊》第 120 册,1993 年,頁 36。
② 李福源《雙溪遺稿》卷一,《韓國文集叢刊》第 237 册,1999 年,頁 16。
③ 黄胤錫《頤齋遺稿》卷四,《韓國文集叢刊》第 246 册,2000 年,頁 79。
④ 宋秉璿《淵齋先生文集》卷二,《韓國文集叢刊》第 329 册,2004 年,頁 30。
⑤ 宋時烈《宋子大全隨劄》卷一,《韓國文集叢刊》第 108 册,1993 年,頁 99。

期主導政局的西人的領袖，他的地位和影響舉足輕重，且又高壽，可想而知，他的參與必然又給後學許多鼓勵。再如柳健休（1768—1834）叙自己次韻原由："獨坐無聊，忽憶前秋公晦以所和《紫極宮詩》見示。余謂君年適滿四十九，余已差過五歲，不必追賦。今更思之，昔李季章年未衰暮，而猶愛沈隱侯同衰暮之句，況余年過四十九，摧頹已甚，尤有感於斯也，因次韻寄謝。"① 可見其年紀已超過五歲仍次韻作詩。在宋時烈之後，尹宣舉、朴長遠（1612—1671）、李殷相（1617—1678）、李端夏（1625—1689）、蘇斗山（1627—1693）、南龍翼（1628—1692）、李栽（1657—1730）、李象靖（1711—1781）、李瀷（1681—1763）、俞漢雋（1732—1811）等多人仍有次作。整個 17 和 18 世紀是次韻風潮的高峰期，次韻人數達 60 多人，作品超過百首，風格多樣，在悲秋和歸隱主題之外，李滉的理學影響在此階段被廣泛接受，產生了衆多理學次韻詩。這麼多人的不斷參與，逐漸形成朝鮮文苑的一個詩家傳統。早在 18 世紀初，權斗經（1654—1725）就認識到了這一傳統的形成："昔太白四十九歲，有《紫極宮感秋》之作。其後黃太史、蘇長公諸君子追而和之。時年皆四十有九，遂成詩家一故事。余秋夕病，起坐待月樓，屈指流年，視古人不多不少。感歎之餘，次太白韻，留題樓面。"② 與他同時期的李栽也認同這一點："供奉之爲此詩，適年四十九。以故後之人，其年紀相當，而一有所感於心，率多追次其韻，遂爲騷家名言故事。今吾兄和韻，意蓋出此。"③ 俞漢雋説："李白《潯陽紫極宮感秋》詩，年四十九歲時作也，自其後東坡以下宋諸文士，至我朝道德文章諸老先生，皆以四十九和此詩，遂爲文苑故事。余今年亦四十九，和韻續貂，托名附驥，以示凡親戚知舊，做此續和云爾。"④ 其他如李象靖和金道和（1825—1912）都有過類似的表達。可見，這是當時朝鮮文壇的共識，49 歲時次韻李詩的傳統已經形成，成爲"文苑故事"，對許多文人形成了無形的壓力，促使其在年齡相合時次韻相和。甚至有人本已戒詩，不再寫作，但到了 49 歲仍爲了響應潮流，次韻

① 柳健休《大埜文集》卷一，《韓國文集叢刊續編》第 110 册，韓國古典翻譯院（下所引《韓國文集叢刊續編》皆爲韓國古典翻譯院出版，以下僅注出版年份及頁碼），2010 年，頁346。

② 權斗經《蒼雪齋先生文集》卷三，《韓國文集叢刊》第 169 册，1996 年，頁 53。

③ 李栽《密庵先生文集》卷一，《韓國文集叢刊》第 173 册，1996 年，頁 34。

④ 俞漢雋《自著》卷七，《韓國文集叢刊》第 249 册，2000 年，頁 119。

李白而破戒,如任憲晦(1811—1876)在次韻詩前小叙中説明寫作緣由即云:
"愚自甲寅冬以後,絕不作詩。今爲六年,年適四十九,不得已破戒。蓋以青
蓮此詩平生所欲一次者也。"① 一些文人49 歲時偶然錯過了次韻本詩,以後就
要追次李詩,以彌補遺憾,李野淳(1775—1831)、柳健休(1768—1834)、李漢
膺(1778—1864)等人都年過 49 而追次李詩。一些人平時爲詩不多,仍然受
潮流影響而次韻李詩,如曹兢燮(1873—1922)記載他在校正金興洛(1827—
1899)的文集時,"見有《次紫極宮感秋詩》二首,爲之斂袵三復。蓋先生平日
爲詩不多,而獨此爲疊韻,豈其憂深思遠,不自覺其言之溢歟?"② 足見次韻風
潮的推動力。

　　隨着唱和漸多,出現了群體次韻。如宋焕箕(1728—1807)在 1787 年左
右爲其先祖宋時烈編纂文集後,參與編纂的衆人就群起次韻李白本詩,並把
作品編輯成册,命名《掃塵軸》:"先祖全集,余嘗編摩。而近者校讎之役,開
設於京城公廨,搢紳章甫會參者甚衆。及其訖工,金台善之詠其事,而乃次集
中所載《紫極宮》韻。同志諸人和者相續,成一大沓,名之曰《掃塵軸》。亦盛
事也。"③ 這些編纂者,顯然不可能都是 49 歲,他們卻獨次李白本詩,這頗可玩
味,至少説明在文人群體中,次韻本詩已經成爲一種風尚。約百年後,宋時烈
的后孫爲其再次修正文集後,仿照前《掃塵軸》例,再次群體次韻李白,如宋秉
璿(1836—1905)記載:"乙丑仲夏,叔父爲修先書隨劄,約會丹台舅氏於南澗
精舍。潭皋、翊洙、枕泉、膺洙諸叔及金仲見、龍赫,先後來到。余亦與金弟聖
禮、永膺參席,首尾凡一個月而罷歸。舅氏出《大全》所次《紫極宮》韻,請各
和之。蓋做刊出大全時校正諸公步是韻,爲《掃塵軸》故事也。敢次呈上,仰
冀斤教。"④ 兩次群體次韻,顯然已打破了 49 歲之年的限制,參加人數衆多,聲
勢浩大。更有甚者,有人主動把社會上的文人次韻之作搜集成册,用來學習
閱讀,並流通於文人之間,如朴準源記載:"《紫極宮感秋》,李白四十九年之作
也。詞垣先達之至是年者,莫不續而和之。俞汝成裒集爲一册,余嘗得閱於蒼

---

① 任憲晦《鼓山先生文集》卷一,《韓國文集叢刊》第 314 册,2003 年,頁 21。
② 曹兢燮《崖棲先生文集》卷五,《韓國文集叢刊》第 350 册,2005 年,頁 61。
③ 宋焕箕《性潭先生文集》卷二《和掃塵軸韻》,《韓國文集叢刊》第 244 册,2000 年,頁 31。
④ 宋秉璿《淵齋先生文集》卷一,《韓國文集叢刊》第 329 册,2004 年,頁 16。

下。"① 俞汝成即俞漢雋，主要生活在 18 世紀後期，他編纂册子不僅供自己閱讀，還借給他人觀看。柳徽文（1773—1827）則把蘇、黄以來名家次韻之作哀集成册，加上自己的作品，命名爲《感秋之什》："李太白四十九作感秋詩。後來蘇、黄和之，遂作故事。又有慎齋、退陶、密庵、霽山、大山諸賢詩。今余年四十九，謹哀聚諸詩，匯爲一卷，凡九篇。敢不揆謬妄，附以拙詩，名曰《感秋之什》。如有繼之者，雖十什亦何妨之有。"② 如果不是數量可觀，是無法哀集成册的，而這種民間自發搜集流通的單行本，充分説明次韻李白本詩至此已經非常流行。由這種盛况足可見其時參與的文人數量之衆多，不僅有知名學者，較多普通文人也加入了次韻之列。更有甚者，如朴性陽（1809—1890），一人就次韻 49 首，命名爲《紫極宮詩軸》而流傳後世："且以篇數象其年齒，聊作四十九首。"③

在這個過程中，次韻李白《紫極宮感秋》還曾經作爲考試題目出現，如蘇斗山和洪柱國（1623—1680）的作品都是他們參加月課時留下來的。根據李瀷《星湖僿説》："國朝有月課之法，必揀選文臣，以詩、律、表、箋、奏、議之類，試其優劣爲課。"④ 次韻李白《紫極宮感秋》被作爲考察文臣的考試題目，亦可見其流行程度。

19 世紀次韻李詩仍然興盛，一人次韻 49 首的朴性陽就是這一時期的文人，參與次韻的文名不顯的普通文人更多，但也有像金澤榮（1850—1927）、曹兢燮這樣朝鮮漢文學史上的大家。從目前資料來看，1878 年出生的曹兢燮是最後一位次韻的作者，進入 20 世紀，隨着現代韓文逐漸取代漢文成爲主流的書寫語言，次韻李白《紫極宮感秋》終於落幕。

總之，朝鮮半島次韻李白《紫極宮感秋》的行動聲勢浩大，從 15 世紀晚期到 19 世紀，綿延四百多年，到了 19 世紀末期才逐漸消歇。不僅參與的人數衆多，許多著名作家都參與進來，而且留下的作品數量巨大，形成了朝鮮半島的一個文苑傳統。

---

① 朴準源《錦石集》卷三《次李白紫極宮感秋詩叙》，《韓國文集叢刊》第 255 册，2000 年，頁 63。
② 柳徽文《好古窩文集》卷一，《韓國文集叢刊續編》第 112 册，2011 年，頁 202。
③ 朴性陽《芸窗先生文集》卷一，《韓國文集叢刊續編》第 129 册，2011 年，頁 200。
④ 李瀷《星湖僿説》卷十四，《人事門》八，《館課》，景仁文化社，1970 年，頁 98。

三　朝鮮文人次韻之作的內容

　　朝鮮文人的次韻李白《紫極宮感秋》詩,有很多受李白原詩和蘇、黃次韻詩的影響,延續和繼承了悲秋、反省人生以及歸隱的主題,表達人生無常、世事變幻的感慨。尤其是其中的“知非”之意,引起了很多人的共鳴。如洪直弼(1776—1852)說:“今年甲申,即余四十九歲也。誦李白《紫極宮詞》‘四十九年非,一往不可復’一句,彌令人興感。遂步韻敘懷,仍呈沈仲賢。”①

　　但有很多詩則基於朝鮮獨特的文化環境,發展和強化了原詩中蘊含的理趣色彩,以之來討論理學問題。李滉首次在次作中融入了自己的性理學思想,以詩來說理,闡發自己的理學認識:

　　　　鳳鳥去不返,空山無舊竹。寒溪空紀名,一源誰挹掬。古人不可見,吾生亦云獨。幽尋遂高陟,感歎梵宮宿。四十九年非,知之莫再卜。世患累牽掣,時光迭往復。門有打鐵作,羹有掞手覆。寡過胡不勉,夫仁亦在熟。②

　　在人生變幻的感慨之後,李滉沒有像很多次韻者那樣延續李白蘇軾的思路,把人生歸結到隱逸之思上,而是提出了“寡過胡不勉,夫仁亦在熟”的鮮明主張。“寡過”的典故來自蘧伯玉,而“夫仁亦在熟”則出自《孟子·告子上》。孟子曰:“五穀者,種之美者也;苟爲不熟,不如荑稗。夫仁亦在乎熟之而已矣。”朱熹《四書集注》對此解釋道:“荑稗,草之似穀者,其實亦可食,然不能如五穀之美也。但五穀不熟,則反不如荑稗之熟;猶爲仁而不熟,則反不如爲他道之有成。是以爲仁必貴乎熟,而不可徒恃其種之美,又不可以仁之難熟,而甘爲他道之有成也。尹氏曰:‘日新而不已則熟。’”③ 所以在寡過知非之外,李滉又增加了仁熟這一理學觀念,要求面對人生無常,要積極進取,不斷提升自己的理學修養和道德素質。對於李滉詩中的這一發揮,朝鮮後學有清醒認識,如金宗燮在《和李白紫極宮感秋詩叙》中說“李白四十九作此詩,蘇、黃皆和之,至退陶先生,轉及進修意”④,就已經指出這一點。李象靖在《次李白紫極宮感秋詩叙》中就闡述得更爲明白:“李白四十九作《紫極感秋詩》,其後蘇、

---

① 洪直弼《梅山先生文集》卷二,《韓國文集叢刊》第 295 冊,2002 年,頁 76。
② 李滉《退溪先生文集》卷一,《韓國文集叢刊》第 29 冊,1990 年,頁 69。
③ 朱熹《四書章句集注》,中華書局,2015 年,頁 343。
④ 金宗燮《濟庵集》卷二,《韓國文集叢刊》第 99 冊,1992 年,頁 148。

黄皆和之，遂爲騷家口實。然率皆馳騁於詞華之末，至退陶先生，獨致意於寡過熟仁之功，則與伯玉知非之意，千載而一致，其所感又不既深矣乎？”①不僅認爲李、蘇、黄等人的詩作都是徒有詞華，更是充分肯定了李滉詩中“獨致意於寡過熟仁之功”。金道和稱：“《紫極宫感秋詩》者，李供奉四十九年之作也。後來蘇、黄家和之，爲千古騷家之口實。而率皆馳騁詞藻，了無反躬修省之意，則又何足尚哉。惟我退陶夫子因石崙之役，撫景興感發之詠歎，而其寡過熟仁之功，實有不可已者。”②同樣以許多次韻之作徒有詞藻，來襯托和強調李滉的反躬修省之意和寡過熟仁之功。李滉的這一發揮具有畫龍點睛的效果，引起了朝鮮文人極大興趣，他們紛紛在自己的次韻詩中將《孟子》仁熟之説嵌入作品中，以表達自己的理學認識。如最早在作品中體現這一點的是金圻（1547—1603），他次韻詩末尾“吾聞亞聖言，夫仁亦在熟”③完全襲自李滉，稍後的李民宬（1570—1629）“君看蓬瑗化，爲仁亦在熟”④，也幾乎因襲了李滉的觀點。朝鮮文人因襲李滉，大量將《孟子》和朱熹集注中言及的稊稗、仁熟、日用等詞匯寫進次韻詩中，表達不斷修養提高道德水平的期望。

　　此外還有一些則完全跳出了原詩的框架，變成了自由隨意書寫表達的一種樣式。這些次韻之作擺脱了李白原詩影響，僅是借用次韻的形式，而自由書寫作者對歷史人生的思考和認識。這方面的代表則是朝鮮晚期文人朴性陽。朴性陽一人就創作了49首次韻詩，這些次韻詩僅僅是韻腳和李白原作一樣，此外和李白原作没有任何關聯。用次韻的這種形式，朴性陽自由地歌詠議論朝鮮的山川、地理、人文、歷史，還包括中朝理學史上的重要學者，表達自己的看法，成爲單純詠懷的工具。

　　從申叔舟開始，在400多年的時間裏，次韻李詩的風潮貫穿了整個朝鮮朝，幾乎未曾間斷，此起彼伏，蔚爲壯觀。不僅留下的作品數量衆多，未曾傳世的作品當更不在少數，許多重要的作家都參與了次韻，如申叔舟、李滉、柳成龍、李瀷、申欽、李植、張維、宋時烈、金澤榮、曹兢燮等人都是朝鮮時代第一流的文人和學者，他們的參與無疑推進了次韻風潮的發展。雖然大部分是一人

---

① 李象靖《大山先生文集》卷二，《韓國文集叢刊》第226册，1999年，頁65。
② 金道和《拓庵集》卷一，《韓國文集叢刊續編》第138册，2012年，頁40。
③ 金圻《北厓先生文集》卷二，《韓國文集叢刊續》第2册，2005年，頁520。
④ 李民宬《敬亭先生集》卷九，《韓國文集叢刊》第76册，1991年，頁333。

次作一首,但也有人次作多首。年齡也不完全局限在 49 歲,而是多有突破。從這場次韻風潮的規模來看,不易找到其他詩可與之相媲美,那麼到底是什麼原因讓這一首在李白作品中並不占突出地位的詩獲得這一禮遇? 這恐怕不能僅僅從悲秋來解釋。

四　朝鮮文人次韻李白《潯陽紫極宮感秋》詩興盛的原因

朝鮮文人次韻李白《紫極宮感秋》一詩,借以抒發自己的悲秋情懷,這當然是基於人類共同的情感體驗,以及漢文化對朝鮮的深刻影響。但如果深入具體地探究朝鮮文人如此大規模次韻的原因,則還可從以下幾個方面來認識:

首先,名家次韻的典範和榜樣作用。

在李白《紫極宮感秋》一詩的次韻歷史上,蘇軾顯然具有非同一般的意義,他不僅是第一位次韻李詩的詩人,同時也是他別具慧眼地特別強調申發了李詩中的知非之旨,奠定了後世次韻本詩的基調,他以自己的次韻詩實現了對李白原作之美的繼承和光大,對後世產生了極大影響,具有鮮明的範式意義。而蘇軾本人又是一位在韓國古代影響極大的詩人,受到海東文人的普遍尊崇。高麗時代文壇的最高典範就是蘇軾。朝鮮以儒學立國,杜甫成爲最受贊賞的詩人,但自高麗延續而來的崇宋的風氣直到朝鮮朝中期才稍有衰歇,其間蘇軾的影響仍然非常巨大,對其文集的刊刻雖不及杜甫,亦有多種。在這種崇蘇的風氣下,東坡對朝鮮文人次韻李白《紫極宮感秋》無疑起了極大的引導作用。我們從衆多朝鮮詩人所次詩的叙文中都能看到這種影響。從朝鮮朝第一個次韻本詩的申叔舟,到其後的周世鵬、李滉、申欽、申翊聖、權斗經、李瀷、黃胤錫、俞漢雋等許多詩人都提到了蘇軾次韻詩的先導作用。除了蘇軾,黃庭堅也是一位在朝鮮影響頗大的詩人,風靡一時的海東江西詩派就標榜專學蘇、黃,所以不少詩人在次韻詩叙中説到寫作緣起時都是蘇、黃並提。但顯然光有蘇、黃的典範是不夠的,因爲蘇、黃在中國影響也很大,但並未曾引起後人仿效他們次韻李詩。

除了中國詩人,朝鮮朝第三個次韻李詩的李滉,同樣具有很強的典範作用。作爲一位有極大影響力的性理學家,他的次韻之作同樣影響深遠,可以説是在蘇軾的典範之外,提供了一個朝鮮朝本地的鮮活範例,如柳成龍在詩題中就説是步韻李滉集中的次韻李詩,尹光紹(1708—1786)、金鎮東、崔象龍

（1786—1849）等人甚至在題目中就直接標出是次韻李滉的感秋詩，而不是次韻李白。在李滉之前次韻本詩的不過兩人，而李滉之後次韻本詩的則呈爆發式增長。因此，朝鮮文人在叙文中談及自己作詩原由時，多提及李滉等前賢影響，如李宗洙（1722—1797）、李漢膺等人直言是受李滉影響，另一些人則强調是受到李滉爲首的前賢集體的影響，如李瀷説："李白四十九作感秋詩，後來蘇、黄皆有和篇，我東如周慎齋，李退溪，柳西厓諸先生亦莫不抆次其韻以寓感。余今年適四十九矣，遂賦以述懷。"[①] 李滉將理思想融入次韻詩中，同樣激發和引導了後世朝鮮文人的次韻之作，約有 30 餘位詩人在詩尾將《孟子》仁熟思想嵌入，這都是受到李滉的啓發。比起蘇軾，可能李滉對朝鮮文人次韻行動所起的推動作用更大。此外，宋時烈是另一位具有深遠影響的理學家，他也曾次韻本詩，他的族人後學兩次整理刊刻其文集之後都群體次韻李白本詩作爲紀念，也可見典範之作用。特別是宋時烈年歲已過 49 歲，他追次的行爲，爲後來很多年歲已過或不及 49 歲的人次韻李詩提供了支持和理由，爲次韻行爲的興盛推波助瀾。如任憲晦向年過 49 歲之人求和李詩，理由就是宋時烈的 69 歲時的追次行爲；韓運聖追次李詩，舉出的理由也是宋時烈的先例。

其次，性理學的影響

高麗末期性理學由安珦（1243—1306）、白頤正（1247—1323）等學者傳入韓國，朝鮮建國後，以儒學立國，性理學得到長足發展，成爲壟斷性的學説和國家意識形態，朱子的學説成爲最高學術典範，幾乎成爲衡量一切的標准。在理學家看來，萬物皆各具其理而同出於天道，要把握理，就必須格物，程頤所謂"隨事觀理，而天下之理得"，鳶飛魚躍，目擊道存。道非山水、草木、蟲魚鳥獸，而山水、草木、蟲魚鳥獸可以見道，所以理學家都對萬物自然别具身心，興趣極濃，就是因爲自然萬物，山水景物中都包含天道，他們特別注重從中體會涵養，主張在活潑的大自然中體驗天道和天理，參悟人生的道理[②]。李白《潯陽紫極宮感秋》一詩，在這一點上又恰巧正契合了朝鮮朝性理學家的脾性，爲性理學家闡發性理提供了言説的新空間。

在朝鮮朝這樣一個性理學占據壟斷地位的時代，不習性理學往往被視爲離經叛道，甚至有性命之憂，因此幾乎所有文人都有一定的理學修養，受朱子

---

① 李瀷《星湖先生全集》卷二，《韓國文集叢刊》第 198 册，1997 年，頁 80。
② 參考張鳴《誠齋體與理學》，《文學遺産》1987 年第 3 期。

等理學宗師的影響,從大自然中悟道的理趣詩之創作頗爲繁盛。從朝鮮早期的理學五賢開始,理學詩的創作就不曾中斷,而且獲得極高評價。衆多理學家紛紛以詩歌表達自己對性理的認識和體會。具體到本詩,我們可以從朝鮮文人的次韻詩看到,許多詩人的次韻之作中,滲透着對自然的體悟,闡發自己對人生的看法,甚至不少人赤裸裸地以之來説理,闡發自己對理學的認識和體會。而次韻李詩的文人中,性理學家爲數甚多,如周世鵬、李滉、柳成龍、李象靖、柳健休、宋時烈、李端夏等人都是非常著名的理學家。李白原詩中那份獨特的理趣,顯然正好契合了他們的詩歌口味,從形式到題材,都給他們闡發理趣留下了巨大的空間。正因爲哲理的滲透,大部分次韻詩悲而不傷,透出作者冷靜理智的態度,一改宋玉以來悲秋詩的傷感情緒。

第三,文人之間的互相唱和推動了次韻行動走上高潮

詩詞唱和在東亞古代源遠流長,是文人間交流應酬的一種形式,鞏本棟就認爲"文人才士在社會生活中交往的日益廣泛、頻繁,是唐宋唱和詩詞發展繁榮的又一重要原因"[1]。朝鮮文人之間詩歌唱和活動非常興盛,本來是次韻李白的作品,實際上卻成爲他們之間交流、應酬、競争的一種方式,成爲了文人之間廣泛頻繁交往的一種鮮活樣本。我們發現很多次韻詩都不是作者主動,而是在其他人的要求下寫出的作品。從現存資料來看,張維最早將自己的作品寄給他人求次,他把作品分別寄給申翊聖和金尚憲,申翊聖以年齡未到不願意回應,但張維屢次來信催促,申翊聖不得已也創作了一首。金祖淳則將自己次韻之詩分別寄給沈象奎(1766—1838)、徐榮輔(1759—1816)、鄭元榮(1783—1873)三人求次。任憲晦、柳始秀、韓運聖(1802—1863)、趙秉德(1800—1870)四人之間互相往復唱和。宋時烈已經年近70,金壽增(1624—1701)將自己創作的十三首《次紫極宮感秋詩》寄給他求次,宋時烈不得已打破年齡限制作兩首回應。可見就是這樣的互動交流,讓更多的文人被迫參與進來,共同推進了次韻高潮的出現。

第四,書籍刊刻流通的影響

朝鮮王朝注重文化事業的發展,活字印刷術相當發達,鑄造了多種活字,刊印書籍極多[2]。中國的許多重要典籍傳入朝鮮後,都能很快得到重印,書籍

---

① 鞏本棟《唱和詩詞研究》,中華書局,2013年,頁16。
② 參考千惠鳳《韓國書志學》,民音社,2006年。

的流通和刊刻也在朝鮮文人次韻行動的發展中發揮了重要作用。在周世鵬之前，朝鮮半島只有申叔舟一人次韻，他是通過《詩林廣記》而次韻的，而《詩林廣記》一書同時收錄了李白原作及蘇軾、黃庭堅等四人的次韻之作，最爲便利。申叔舟所閱讀的《詩林廣記》並不是朝鮮本土出版的本子，説明那個時期朝鮮文人還並不能輕易接觸到《詩林廣記》。可是 1505 年朝鮮刊刻《詩林廣記》後，朝鮮文人就可便利接觸到蘇李等人的作品，比如周世鵬在次韻詩叙中提到“蘇、黃皆效之”，很可能也是閱讀了《詩林廣記》。在 16 世紀後，李白、蘇軾、黃庭堅等人的文集在朝鮮半島廣泛刊刻，17 世紀以後周世鵬、李滉、宋時烈等人的文集也不斷出版，這些書籍的刊刻和閱讀爲次韻風潮的發展推波助瀾。

第五，陶淵明的影響

陶淵明是一位在韓國古代影響極大的詩人，和陶詩創作在朝鮮半島極爲繁盛。陶淵明對隱逸的傾心，能在他的許多作品中找到，以至於隱逸成爲陶淵明精神取向的一種標志。而李白的《紫極宮感秋》一詩同樣和陶淵明有緊密關聯。《紫極宮感秋》“白雲南山來，就我簷下宿”兩句下，清代王琦注本引陶淵明《擬古》其五“白雲宿簷端”[①]，而實際上，這兩句和“回薄萬古心”二句也融匯了陶淵明《和郭主薄二首》其一“遙遙望白雲，懷古一何深”的詩意。不僅如此，“四十九年非”二句也與《歸去來兮辭》“悟已往之不諫，知來者之可追”有關，而“陶令歸去來，田家酒應熟”二句則直接脱胎於《問來使》的末二句“歸去來山中，山中酒應熟”。從全詩的内容和結構來看，和傳世陶集中《問來使》一詩關係密切，有學者甚至指出，李詩就是對陶詩的擬作[②]。總之，李白這樣一首融匯了衆多陶詩意象和詩意的作品，自然帶上了非常濃厚的淵明氣息，尤其是最後二句所透露出的隱逸之情和與淵明的關聯，更是一目了然，如李福源在次韻詩叙中就説“尤有感於‘陶令歸去來，田家酒應熟’之語，漫次二首”[③]，特別強調了最後兩句對自己的感發。那麼，李白本詩則巧妙地契合了朝鮮文人對淵明的欣賞和愛慕之心，在他們和淵明之間也架起了連接的橋梁，一定程度上，對李白本詩的唱和可算是間接對陶淵明的唱和，從而可以納入到朝鮮文人聲勢浩大的和陶洪流中。

---

① 王琦《李太白全集》，中華書局，2004 年，頁 1114。

② 范子燁《李白的慕陶情與傳世的僞陶詩》，《文史知識》2004 年第 12 期。

③ 李福源《雙溪遺稿》卷一，《韓國文集叢刊》第 237 册，1999 年，頁 16。

五　結語

　　與中國國內極爲廖落的次韻情況相比,朝鮮文人次韻李白《潯陽紫極宮感秋》詩的創作確實可稱興盛,在 400 多年的時間裏吸引了衆多文人參與唱和,留下了大量的作品。不僅延續了悲秋知非的主題,而且在性理因素的融入與開拓上更爲深入,有些次韻作品則成爲文人交流和自由表達思想情感的工具。而次韻繁盛的原因則是多方面的。中國自宋以後,雖然理學取得正統地位,但理趣詩的創作仍然衰落,也許這正是李白《紫極宮感秋》一詩的次韻在宋以後的中國得不到繼承的原因,而在理學壟斷的朝鮮,理趣詩的創作卻極爲繁盛,理學的深化也爲朝鮮文人次韻李詩留下了足夠大的言説空間和話語正當性,最後加上蘇軾和李滉等人的榜樣示範,以及朝鮮文人通過本詩對淵明隱逸情懷的追慕、書籍刊刻的繁榮與文人頻繁的唱和交流共同促成了次韻《紫極宮感秋》創作行爲的繁盛。

　　朝鮮學者對李白這首小詩的次韻運動,受到了不僅僅是李白原詩的影響,而是數位中國學者參與和融匯而成的整體文學傳統的影響,顯示了中國文化在向海東傳播的過程中,並不是單一的,而是多元和豐富的。同時,在這個過程中,朝鮮文人的選擇也不是被動的,也有基於他們文化和學術傳統而作出的改變。《潯陽紫極宮感秋》,在中國宋代以後很少有人次韻的詩,在海東卻得到了那麼多人的關注和次韻,最終形成了朝鮮的文苑故事,確實有趣。2009 年張伯偉先生提出"作爲方法的漢文化圈"的學術理念,即將研究的問題放在東亞漢文化圈的整體中加以把握,從而向國際學術界提供不同於西方的新的學術理念和方法 [①]。考察中韓次韻《紫極宮感秋》詩正是這一理念的一次實踐。可惜筆者學力有限無法考察日本、越南、琉球相關的次韻情況,不然會更全面。

(作者單位:西北大學文學院)

---

① 張伯偉《作爲方法的漢文化圈》,《中國文化》2009 年第 2 期。

相聚與流散：勢道政治下的墨莊雅集

左　江

　　朝鮮純祖三十二年（1832）壬辰暮秋的一天，本是一個尋常的日子，卻因九個人的一時起意成爲朝鮮漢文學史上的閃光時刻，他們一起次作了杜甫的《秋興八首》，這也是朝鮮文學史上最大規模的一次文人同和《秋興八首》。

　　此次酬唱的發起人是趙萬永（1776—1846），字胤卿，號石厓。參加者有八人：趙寅永（1782—1850），字羲卿，號雲石，爲萬永之弟；李止淵（1777—1841），字景進，號希谷；李紀淵（1783—？），字景國，號海谷，爲止淵之弟；趙秀三（1762—1849），字芝園，號秋齋，一號經畹；權敦仁（1783—1859），字景羲，號彝齋；趙秉鉉（1791—1849），字景吉，號羽堂；李復鉉（1767—1853），字見心，號石見樓；姜溍（1807—1858），字進汝、進如，號對山。

　　由趙秀三的詩題《壬辰暮秋，雲石相公與諸公作餞酒之會於東巖，會者八人，而石厓公時不能從焉，庸老杜秋興八首韵賦詩分屬，各要和章。秀三名亦在其中，故雖不敢辭，然狂妄忝踰，愧懼實深》[①] 來看，此次本是九人的聚會，趙萬永因事未能參加，但他捎來了次杜《秋興八首》，八首詩是爲座中八人而作，並且要求大家都寫作和詩。此次文人雅集後被編成《秋興唱酬》[②]，申緯

---

① 趙秀三《秋齋集》卷五此詩題爲《壬辰暮秋，和雲石相公與諸公作餞酒之會於東嶽，時在座八人，而石厓公不能從焉，庸老杜秋興八首韻賦詩分屬，各要和章》，《韓國文集叢刊》第271冊，民族文化推進會（下所引《韓國文集叢刊》皆爲民族文化推進會出版，以下僅注出版年份及頁碼），2001年，頁450。

② 《秋興唱酬》，筆寫本，半郭20.5×13.1cm，有界，6行15字，現藏高麗大學圖書館。下文所引衆人次《秋興八首》之作未特別注明者都出自此集。

（1769—1845，字漢叟，號紫霞、警修堂、淵泉）序云：

> 其詩皆用老杜《秋興八首》韻，互相贈答，準八而止，故曰《秋興唱
> 酬》。是唱也，始自石厓，酬遍諸公，人各以一獲八，如連環，如旋官。凡友
> 于之樂，交好之篤，期勉之深，與夫出處所係，志業所在，一開卷而瞭然具
> 在，是豈但一時興會之繁而止哉？①

次作的特點是“互相贈答，準八而止”。酬唱始於趙萬永，他選擇《秋
興》的原因大概有二：一來因爲此次聚會時間是暮秋時節，二來座中聚會者是八人。詩
作第一首“屬雲石胞弟”，其他七首同此，每一韻次作一首，每一首贈一人。另
八人也依照趙萬永的體例次作，同樣每一首寫一人，分贈八人。略有不同的
是李復鉉，他寫了兩組次《秋興八首》，一組分呈在座雅集的八人，其中一首是
“自屬”，沒有贈送趙萬永之作；第二組詩題爲《又賦，全屬石厓先生，恭請郢
政》，八首全部贈送趙萬永。

　　參加此次雅集的九人身份差別較大，有世家子弟，有王室後裔，亦有閭巷
中人，不同身份的人走到一起需要一些契機，本文將對此進行梳理，以探討政
治與文學的關係，分析勢道政治、政局變化如何影響各階層文人的人生及命
運，從中亦可略窺朝鮮後期文人交遊網絡的形成、發展及變遷。

一　唱酬九人之關係

　　壬辰雅集的主人是趙寅永，次作《秋興八首》的發起人是趙萬永，趙秉鉉
與萬永兄弟同祖不同宗，是二人的子姪輩，三人都出自豐壤趙氏。趙萬永於純
祖十三年（1813）增廣文科乙科及第，純祖十八年（1818）曾以問安使書狀官
出使瀋陽；純祖十九年（1819），其長女（1808—1890）嫁王世子李旲（1809—
1830，字德寅，號敬軒，謚號孝明，追封翼宗）爲世子妃，趙氏一族成爲外戚
之家。

　　純祖二十七年（1827）二月，孝明世子“代理庶務”②，開始重用豐壤趙氏。

---

① 申緯《警修堂全稿》册二十《題秋興唱酬卷并序》，《韓國文集叢刊》第 291 册，2002 年，頁
446。
② 《純祖實錄》卷二十八純祖二十七年二月乙卯（9 日）：“命王世子代理庶務。”《朝鮮王朝
實錄》第 48 册，國史編纂委員會，1986 年，頁 271。

在此不得不提及安東金氏的"勢道政治"。"所謂'勢道政治'，就是因爲受國王信任得掌握政權而擅自運用之謂，如任免官吏、執行王命、上奏、建議乃至處理軍國機務，都可專斷擅行"①，也就是權臣當道把持朝政，尤其是外戚專權的狀況。1800 年，純祖即位時年僅十一歲，正祖遺命令兵曹兼吏曹判書金祖淳（1765—1832）輔政，次年，金祖淳將女兒嫁與純祖，自己一躍而爲"國丈"。因純祖年幼，且性格軟弱，金祖淳及金氏一族逐漸把控了朝政，開始了安東金氏長達六十年的勢道政治。孝明世子此時重用豐壤趙氏以對抗安東金氏，也是朝廷政治鬥爭、權力平衡的選擇。是年，趙萬永任吏曹判書，兼訓練大將、宣惠廳提調；純祖二十九年（1829）八月至三十二年（1832）九月，又任户曹判書，將人事權、兵權、財權都掌握在手中，權力極盛。同一時期，趙氏一族的趙寅永、趙秉鉉，及萬永之子趙秉龜（1801—1845，字景寶，號游荷）也被大力提拔，宦途順利，逐漸形成趙氏"勢道政治"權力核心。其後的二十多年間，朝鮮朝政就是豐壤趙氏與安東金氏明爭暗鬥、此消彼長的過程，很多人的命運包括秋興唱酬的九人都被牽扯其間。

　　趙萬永"自弱冠工於詩"②，喜出遊，喜呼朋引伴，此時他有"國丈"的身份加持，響應者更衆。如純祖二十九年（1829），趙萬永歷省先人墓，李台升（1767—？，字斗臣，號黃庭）、成曾憲（生平不詳）二人相從，有詩成軸；同年，萬永又與李止淵、李晦淵（1779—？，字景養，號白潤，李止淵之弟、李紀淵之兄）、李台升有酬唱詩卷③。無論這是趙萬永愛交遊的個人喜好，還是趙氏招攬人才的需要，在他身邊都很容易形成文人群體。

　　參與秋興唱酬的九人，趙、李兩家兄弟年齡相仿，且是少年友人，有通家之好。早在壬戌（1802）七月，他們就曾共遊清潭，趙寅永有詩題云《七月既望，陪伯氏石厓先生遊於清潭，李景進止淵、景養晦淵、景國紀淵、全士進就行、安

---

① 李丙燾著，許宇成譯《韓國史大觀》第十一章《"勢道政治"和洪景來之亂》，中正書局，1979 年，頁 397。

②《秋齋集》卷八《石厓趙公週甲壽序》，頁 518。

③ 趙寅永《雲石遺稿》卷二《伯氏歷省先楸，仍覽谷雲而歸，李斗臣、成稚文憲曾二客從之，有詩成軸，謹次首篇韻》《伯氏石厓公寄示與李希谷止淵留相、白潤倉部、黃庭詞伯酬唱詩卷，謹次郵呈，用博諸公一粲（李公止淵時爲南漢留守，其仲氏晦淵時爲太倉官）》，《韓國文集叢刊》第 299 册，2002 年，頁 41、46。

大汝光集、明汝光永偕焉》①；次年癸亥（1803）九月，趙寅永、李止淵、安光永
（1771—？，字明汝）還同遊金剛山一帶，三人有詩集《雲雪録》，李晦淵序首句
即云：“余與羲卿遊久矣。”②

　　李止淵於純祖五年（1805）文科別試及第，但一直任兵曹佐郎、持平、禮曹
參判等低階職位。純祖二十五年（1825）丁憂，1827 年七月重返政壇，即任吏
曹參判；是年秋，世子妃趙氏（後封神貞王后）産子，李止淵任安胎使。此後他
歷任漢城府判尹、禮曹判書、工曹判書等職，重權在握，酬和《秋興八首》之時，
他任吏曹判書。李止淵職位之變化，似與趙氏諸人的推薦、扶持密不可分。

　　就現有資料很難判斷權敦仁與趙氏一族的交往始於何時，現最早的有據
可循的記載見於趙寅永《秋興唱酬》中的一條自注：“公於十年前北竄，時余在
館寮，屢疏請寢之。”此是指純祖二十二年（1822）純祖生母綏嬪朴氏嘉順宮去
世一事，純祖欲以歡慶殿爲殯宮，權敦仁認爲逾越禮制③。權敦仁之疏觸犯了想
爲生母盡孝的純祖的逆鱗，被貶謫甲山，四個月後才蒙恩放還。當權敦仁被貶
謫時，趙寅永曾上疏申救，雖於事無補，亦可見同僚之情誼。趙氏另一成員趙
秉鉉與權敦仁也有較多交往，其寫於純祖二十八年（1828）的詩作，有《與希谷
李止淵、碧谷金蘭淳、彝齋權敦仁、健翁金陽淳、梨坨洪稚圭、鶴山尹濟弘共賦》
《七夕訪黃山金逌根，與彝齋權敦仁賦》等④。

　　權敦仁在純祖朝仕途平平，壬辰六月他由刑曹參判罷職，十月被任命爲咸
鏡道觀察使，次和《秋興》之時他正被罷職賦閑。但至憲宗（1835—1849 在
位）朝即神貞王后趙氏之子即位後，他的仕途卻極爲順暢，憲宗元年（1835）以
進賀兼謝恩正使出使清，回國後，任漢城府判尹、兵曹判書、吏曹判書、刑曹判
書等職，憲宗八年（1842）更官至右議政，至憲宗十一年（1845）已是領議政。
1832 年秋天似乎是其仕途上升的一個轉折點，由權敦仁的仕履經歷來看，他

①《雲石遺稿》卷一，頁 9。
②《雲雪録》現藏韓國國立中央圖書館，前有李晦淵序。
③《純祖實録》卷二十五純祖二十二年十二月己巳（29 日），《朝鮮王朝實録》第 48 册，頁
　214。丁若鏞（1762—1836）曾解釋此處關涉的禮制：“蓋殿者，古之所謂適寢也。薨於
　適寢，因以爲殯宮，非正妃則不可也。況不卒於適寢，而移奉於適寢，尤不可也。”（《與猶
　堂全書》第三集《禮集》卷二十三《嘉順宮喪禮問答》，《韓國文集叢刊》第 284 册，2002
　年，頁 513）適寢乃正屋，綏嬪非正妃，又非薨逝於此，所以不能以歡慶殿爲殯宮。
④趙秉鉉《成齋集》卷五，《韓國文集叢刊》第 301 册，2003 年，頁 305。

應該也是趙氏權力集團中的一員。

　　李復鉉爲王室後裔，是綾原大君李俌（1592—1656）的五代孫，但他並未能享受王室的尊榮與富貴，反而沉淪下僚，生活較困頓。他曾任高城郡守、清風府使等職，壬辰二月出任穀城，但在職僅一百三十天就因考績下等，被罷黜歸京 ①。就李復鉉《石見樓詩鈔》來看，他與趙氏兄弟並無太多交集，詩集中甚至沒有一首與趙氏兄弟或子侄相關的作品。他交往較多的是李氏三兄弟，又與李止淵關係最密切，詩集中相關詩作達十三首 ②。李氏以廣平大君李璵（1425—1444）爲始祖，也是王室後裔，這也許是李復鉉與李氏兄弟更爲親近，而李氏也對李復鉉較多關照的原因之一。壬辰六月當他從穀城罷歸時，時任潭陽府使的李晦淵就給了他頗多幫助 ③。

　　李復鉉去趙寅永東巖別墅參加雅集，當是由希谷攜同前往。此次酬和《秋興》聲勢頗大，趙氏又是外戚之家，權勢正蒸蒸日上，對一般人而言，這次聚會都是榮耀之事，現已發現的趙寅永、趙秉鉉、趙秀三、姜溍詩文集都收入了酬和詩作，唯李復鉉《石見樓詩鈔》未收入他的十六首作品。

　　上文我們分析了趙氏一族與李氏兄弟以及權敦仁的關係，看似普通的文

---

① 申緯集《警修堂全稿》冊十八《養硯山房稿二》之《穀城守李見心殿於考績，黜於京察，在官纔滿百日也，即用別詩原韻以慰之》，《韓國文集叢刊》第 291 冊，2002 年，頁 406。李復鉉《石見樓詩鈔》卷下《解官日潭陽伯袖詩來宿而別率書歸興》其二云："馬首鞭鳴渡水飛，亂蟬噪急夕陽暉。爲官一百三十日，悔負陶令早賦歸。" 頁 11b。

② 李復鉉與李止淵的交往可能開始於純祖二十八年戊子（1828），是年，李止淵 "拜弘文提學，授廣州留守"（趙斗淳《心庵遺稿》卷二十三《右議政希谷李公墓表》，《韓國文集叢刊》第 307 冊，2003 年，頁 475），李復鉉亦前往廣州，二人詩文唱和，將友誼持續至李止淵去世。李止淵宦途中的大事件，李復鉉都有詩記錄。如庚寅（1830），止淵被謫羅州牧使，復鉉有《贈希谷出補羅州牧伯》；癸巳（1833），止淵以陳慰進香正使出使清，復鉉有贐行之作《次北社別希谷上使行次韻》；庚子（1840），止淵被貶，待罪明川，復鉉有《希谷相國北遷明川》安慰之語；次年，止淵於明川去世，歸葬故里，復鉉有《希谷靈櫬自明川爲殯》的哀悼之作。

③ 李復鉉《石見樓詩鈔》卷下有《潭陽伯李景陽枉宿》《和潭陽伯寄來韻》《解官日潭陽伯袖詩來宿而別率書歸興》等詩題，可見李復鉉在任期間與李晦淵交往密切，關係亦親厚。趙秉鉉《雲石遺稿》卷三《東巖餞秋，伯氏石厓先生未之與，用秋興八韻分屬，敬次以呈》，其中給李復鉉的一首注云："公於今夏南邑罷歸日，白澗李公方任潭陽，委往治送云。"《韓國文集叢刊》第 299 冊，頁 57。

字交往背後,實際是政治勢力、權力集團的組合與鞏固,李復鉉雖身處下僚,也不能脫離這樣的政治氛圍。李復鉉與安東金氏的核心人物金祖淳是友人,他們留存於文集中的最早互動見於純祖二年壬戌(1802),是年,李復鉉任高城郡守,寄了一擔山泉水給金祖淳①。路途遥遥,以泉水相贈,足見二人情誼深厚。李復鉉詩集中與金祖淳相關詩作有七首,有詩云"童年遊學今猶昨,忽漫相逢髯各斑"②,可知二人也是少年友人,曾同窗學習,由此也就能理解他與金祖淳的友誼了。李復鉉與金祖淳相厚,政治上就可能偏向於安東金氏集團,所以除此次酬唱再無與趙氏的交往,並且《石見樓詩鈔》由其曾孫慶平君晧編輯校刊於哲宗八年(1857),這正是安東金氏重新得勢,權勢如日中天的時候,也可能李晧在編選是集時將與豐壤趙氏相關的内容都剔除了。

　　參加此次聚會的還有兩位,他們是趙秀三與姜溍,二人都屬於朝鮮的中人階層。趙秀三人生中最值得驕傲的事是曾六次隨朝鮮使團進入中國,五次到達北京,一次前往瀋陽,時間分别是1789年、1800年、1803年、1806年、1818年、1829年。

　　趙秀三與趙氏的淵源可以上溯至萬永之父趙鎮寬(1739—1808,字裕叔,號柯汀),其自道云:"粤昔柯汀老大人,三言呼我幕中賓。"③因此他與萬永、寅永很早就相識並結交。純祖十八年(1818),趙萬永以書狀官出使瀋陽,趙秀三隨同前往。趙秀三與趙寅永的交往也很密切。早在純祖十五年(1815),趙寅永曾跟隨副使趙鍾永(1771—1829)前往北京,與劉喜海交往尤密,二人一直保持着書信聯繫。純祖二十五年(1825),趙寅永任嶺南觀察史,不方便與劉喜然通信,就將回信的任務交給了任記室參軍的趙秀三④。純祖二十九年(1829),趙秉龜以冬至行書狀官出使清朝,趙秀三也隨行,完成了他的第六次

①金祖淳《金陵郡治之南有泉,飲者已百病,四方遷至。村人苦之,塞而廢之且百年。李侯見心復鉉爲宰之周歲壬戌大雨,山澗汰而泉復焉,飲者又如初而多神效。李侯爲寄一擔,且貽示得新泉詩。合浦之還珠,零陵之復乳,其事異而其跡同,堪補昭代雅史,遂步其韻,兼謝珍重之意》(《楓皋集》卷二,《韓國文集叢刊》第289册,2002年,頁32),詩題詳細交待了事情的原委。
②《石見樓詩鈔》卷下《廣州路猝遇楓皋太史,欣紆阻褒,即席命韻同作》,頁1a。
③《秋齋集》卷六《輓豐恩府院君石厓趙忠敬公十二首》其一,頁484。
④《秋齋集》卷八《寄劉燕亭喜海書》,頁528。

中國之行。這次他在北京得與劉喜然見面，二人開始了真正的交往①。趙秀三與趙氏兄弟乃至子侄的交誼都很深厚，也就常常出入趙家。趙萬永有墨溪山莊，趙秀三也是常客。當壬辰秋，趙氏兄弟發起餞秋之聚時，趙秀三自然成爲其中的一員。

　　參加聚會的最後一人是姜潛，他是豹庵姜世晃（1713—1791）的曾孫，因其父姜彝大爲庶出，他也就成爲庶出子孫。朝鮮朝明確嫡庶差別，對庶孽的限制非常嚴格，根據《經國大典》的相關條文，庶孽子孫不得由科舉進入仕途，爲官不得任高官歷清顯，並只能擁有極少的財産②，這就使得庶孽中大量優秀人才沉滯困頓，淪爲中人階層。

　　姜世晃“書畫雙絕，尤工墨竹”，姜潛承家學，“書畫酷類豹翁，長於詩詞”③，可謂“詩書畫三絕”，但因爲是庶出，也就失去了參加科舉步入仕途的可能。所幸他的才華吸引了趙氏兄弟，爲他開啟了一扇命運之門，“弱冠受知於石厓趙忠敬公，石厓奇其才，待以席上之珍。石厓季弟雲石文忠公以詞林宗匠，於詩文少許可，獨於對山獎與之不置，評其詩曰：錦帔霞珮，鳳管鸞笙，殆非烟火人口氣”④。姜潛在二十歲左右得到趙氏兄弟的賞識，純祖三十一年（1831），趙萬永有度支點漕之行，就攜姜潛、趙秀三同行，姜潛有詩作《雨中陪石厓趙公萬永度支點漕之行，乘流拈韻，李黄庭台升、趙秋齋秀三偕焉》⑤，趙秀三亦有同韻之作記此事《陪石厓趙尚書點漕之行，泛船拈韻三首》⑥。

　　時間來到次和《秋興八首》的1832年秋天，這正是豐壤趙氏權力的上升期，趙萬永爲户曹判書，正二品，又兼訓練大將、宣惠提調等職；趙寅永爲議政府右參贊，正二品；趙秉鉉爲吏曹參議，正三品；未參加聚會的趙秉龜爲左副承旨，在次年一月就升任成均館大司成，正三品，離他步入仕途的1822年只用了十年的時間。

---

① 《秋齋集》卷八《與劉燕亭書》，頁528。
② 參見《經國大典》卷一《吏典・限品叙用》、卷二《禮典・諸科》、卷五《刑典・私賤》相關條目，亞細亞文化社，1983年，頁157、208、491、494。
③ 姜潛《對山集》金學性序，《韓國文集叢刊續》第128册，韓國古典翻譯院，2011年，頁282。
④ 《對山集》朴承輝序，頁283。
⑤ 《對山集》卷一，頁286。
⑥ 《秋齋集》卷五，頁459。

　　參加聚會的另外六人,身份各異,與趙氏的關係也不盡相同。李止淵、紀淵兄弟與趙氏兄弟是知交好友,也是政壇上的夥伴,李止淵此時爲吏曹判書,正二品;趙萬永及李復鉉稱海谷爲"知申",則李紀淵此時任承政院都承旨①一職,正二品,都手握實權。權敦仁剛由吏曹參判罷職賦閑,頗爲失落,也許需要通過結交趙氏獲得政治上的支持,爲再次進入官場進行鋪墊。李復鉉爲王室後裔,與同出璿源的李氏兄弟關係深厚,但因他與安東金氏集團的金祖淳較親近,在此次聚會中處境就較爲尷尬。趙秀三與姜溍都屬於中人階層,生活較困頓,需要依附權勢之家獲得更多機會,能得到趙氏兄弟的賞識與幫助對他們的人生大有助益。雖然他們的身份地位與趙氏兄弟相去甚遠,但因爲遠離權力中心,遠離政治,反而在與趙氏兄弟的交往過程中顯得更爲輕鬆自在。

二　墨溪山莊之雅集

　　此次《秋興酬唱》是一次偶發的文人雅集,還是他們較爲固定的有組織的文學社團活動,也是值得討論的問題。趙萬永在贈李止淵的詩作中提到"北社無人同秉燭",北社是否是詩社之稱呢?

　　在數人文集中,趙秀三有詩云《余將作南行,北社諸公餞於墨莊》②,《輓豐恩府院君石厓趙忠敬公十二首》其五又云:"是時北社猶全盛,耆老康强賦遂初。"③趙寅永《小春一日登老人亭》其一云:"今夜雲箋邀北社,一秋霜葉謝西峰。"④三人在詩題或詩作中都提到了"北社",而"北社"是與墨莊、老人亭、趙萬永緊密相聯的。

　　李復鉉有《次北社別希谷上使行人》,李止淵又有《以進香使將赴燕與諸公會石厓宅飲餞》⑤,二人詩題相應,可見在石厓趙萬永家爲李止淵餞行是"北社"成員一起舉行的活動。趙秉鉉《寄芝園老人趙秀三(甲午)》詩云:"詩社當

① 《宣祖實錄》卷十九宣祖十八年四月己巳(28日):"都承旨,乃一院之長,即古之知申事也。"《朝鮮王朝實錄》第21册,國史編纂委員會,1986年,頁419。
② 《秋齋集》卷五,頁452。
③ 《秋齋集》卷六,頁484。
④ 《雲石遺稿》卷三,頁54。
⑤ 李止淵《希谷燕行詩》,林基中編《燕行錄續集》第132册,尚書院,2008年,頁173。

年結交敦，墨莊岩墅酒留痕。"① 甲午是 1834 年，詩中明確提到詩社，墨溪山莊
正是詩社的活動地點。由以上作品可以推知，"北社" 應是詩社的指稱，主要
活動地點是趙萬永的墨溪山莊。

　　據趙寅永寫於憲宗三年丁酉（1837）的《墨莊分韻詩帖跋》所云："莊在紫
閣峰下，即吾宗歸鹿相公刻詩處。近吾伯氏石厓公得之荒蕪之餘，疏淤剔翳，
環以嘉植，儼成一名園。而舊名老人之塲，故仍以老人顏其亭，蓋寓佚老之義
也。"② 墨莊在紫閣峰下，原屬歸鹿趙顯命（1691—1752），趙萬永對墨莊進行了
修繕整理、綠化改造，使之成爲一代名園，内有老人亭、儵魚閣、多種樓等亭台
樓榭 ③。墨溪山莊又有墨莊、墨溪、老溪等別稱，又或者以老人亭指代，趙秀三
所云 "南園" 也指墨莊。趙寅永文集中第一次提到墨莊是寫於純祖二十九年
（1829）的《墨莊春夜》，墨溪山莊大概就重修於是年前後。由於趙萬永的身份
地位以及豐壤趙氏在朝政上的影響力，墨溪山莊也就成爲文人雅集、政客聚會
的名所。

　　現可追溯的第一次墨莊雅集是在純祖三十一年（1831）十月。由趙秉鉉
《墨溪山莊，石厓、雲石兩叔、希谷李景進、黄庭李台升、芝園趙秀三共賦》④ 來
看，參加此次聚會的有趙萬永、趙寅永、李止淵、趙秉鉉、李台升、趙秀三六人。
此次雅集趙寅永有《小春一日登老人亭》⑤ 三首七律，分押 "重、霄、歸" 三韻；
趙秀三有《小春一日遊南園三首》⑥，與趙寅永之作同韻同字；趙秉鉉《墨溪山
莊，石厓、雲石兩叔、希谷李景進、黄庭李台升、芝園趙秀三共賦》一首韻字爲
"霄"。陰曆十月因天氣温暖如春又名 "小春"，趙寅永云："山空碧澗留餘響，
秋盡黄花剩幾條。" 趙秀三云："向曉繁星争北拱，經秋一雁後南飛。" 無論是菊
花零落，還是大雁南飛，都是秋冬之交的物象。

---

① 《成齋集》卷五，頁 311。
② 《雲石遺稿》卷十，頁 208。
③ 《對山集》卷二《宿玉山浦，卧念趙忠敬公平昔眷愛，淚潸潸漬席，遂起走筆，可謂長歌之
　甚也》其五云："池臺如舊夕流螢，多種樓前草滿庭。聽雨看花渾漫想，今年不到老人亭。
　（多種樓、老人亭，俱公榭名）"（頁 319）。《雲石遺稿》卷十《儵魚閣記》云："伯氏石厓先
　生，近於墨溪山莊跨水爲閣，懸其額曰 '儵魚'，蓋濠梁意也。"（頁 199）
④ 《成齋集》卷五，頁 308。
⑤ 《雲石遺稿》卷三，頁 54。
⑥ 《秋齋集》卷五，頁 446。

　　寅永之作主要抒發流連山水的樂趣及對歸隱的向往，"歸"一首云："白首可從方外去，紅塵不向此間飛。"將"方外"與"紅塵"相對，隱含其中的是仕與隱的矛盾。趙秀三則更關注詩文本身，如"盛世文章藏木石，暮年奇氣托芝松""千首詩篇雙鬢雪，種苽無地可東歸"，自己雖已人到暮年，人生困頓，但還有詩文可以寄興，有美景可以欣賞，也足慰生平了。

　　壬辰秋興唱酬後，大概是第二年（1833）的春天，墨溪山莊再次進行雅集，姜溍詩題云《老溪赴石厓趙公、雲石趙公寅永雅集，同希谷李公止淵、海谷李公紀淵、彝齋權公敦仁、石見李丈復鉉、李黄庭、李怡雲在絅拈韻》①，則此次聚會有趙萬永、趙寅永、李止淵、李紀淵、權敦仁、李復鉉、李台升、李在絅（生平不詳）、姜溍，與秋興唱酬相比少了趙秉鉉、趙秀三二人，增加了李台升與李在絅，都是九人。實際上趙秀三應該也參加了雅集，姜溍一詩韻字爲"泥、低、西、齊"，趙秀三《老溪春日二首》②其一與此韻同字同，應是同一次雅集的唱和之作，詩云"山遊經歲又南溪，賓主相忘醉似泥"，似非想象之辭，酒席上觥籌交錯、賓主盡歡的景象如在目前。

　　趙秀三與姜溍文集的編排看似按時間排列，實際上時間軸並不準確，此次雅集之作在姜溍《對山集》中放在明確標出 1831、1832 年的詩作之間，趙秀三之作則放在 1831 年的詩作之前。但在壬辰暮秋酬唱時，李復鉉贈趙秀三詩作稱"嗟吾於世本相忘，七十之年初見翁"，則二人當時是初次見面，所以此次二人共同參加的雅集必然在 1832 年暮秋之後。同一次雅集的九人有八人能再次聚首，兩次聚會的時間相隔應不會太久，最大的可能就是 1833 年的春天。

　　是年夏天，墨溪山莊又迎來一次較大型的雅集，姜溍有詩題《老溪流夏，赴石厓、雲石兩公避暑小集。共淵泉金公履陽、希谷李公、小華李公光文、李黄庭、李怡雲、姜陽齋在應、任鏡湖百淵拈韻》③，詩歌韻字爲"言、痕、門、存"。趙寅永集有《墨莊雨後，陪伯氏與金淵泉先生、李白澗遺暑》④三首，第一首與姜溍之作韻同字同，可以推知這是二人的唱和之作。趙寅永《雲石遺稿》按時間編排，則此次雅集發生在純祖三十三年（1833）的夏天，結合二人詩題可知參

①《對山集》卷一，頁 286。
②《秋齋集》卷五，頁 447。
③《對山集》卷一，頁 295。
④《雲石遺稿》卷三，頁 58。

加雅集者有趙萬永、趙寅永、金履陽、李止淵、李晦淵、李光文、李台升、李在絅、姜在應、任百淵、姜潛 11 人。其中金履陽(1755—1845)，字而剛、命汝，號淵泉，出自安東金氏，時年 79 歲，是座中最年長者。李光文(1778—1838)，字景博，號小華；姜在應(1794—？)，字子鍾，號陽齋；任百淵(1802—？)，字溥卿，號鏡湖。參與者的身份與秋興唱酬時一樣都比較複雜，有致仕的官員，如金履陽；有位高權重者，如趙氏、李氏兄弟；有沉淪下僚者，如李台升；還有尚未入仕者，如姜在應、任百淵；還有庶孽出身的姜潛。

　　就趙寅永的三首詩來看，主要寫忙裏偷閑逍遙山水的樂趣；姜潛詩作將此次雅集與蘭亭之會相比，聚會衆人雖身份各異，最大年齡差爲一甲子，但景美人佳，皆可入詩入畫。金履陽《風月集》中有《流夏下浣，會於老人亭，積雨新晴，泉石清涼，可忘暑也》[①] 三首，與趙寅永、姜潛之作同韻同字，也是同一場合下的唱和之作。由其詩題可以更清楚地知道此次雅集發生在一個雨過天晴的日子，他的三首詩第一首講營造山莊之不易，第二首寫山莊之景及山莊內的活動，第三首則是寫雅集的人，其中“每嘆黃庭棲下邑，又將希谷出邊門”一聯，一是感慨黃庭李台升一直沉淪下僚，二是爲希谷李止淵不久之後的七月即將出使清朝而悵然。

　　1833 年是墨莊雅集非常活躍的一年，上文提及的趙秀三《余將作南行，北社諸公餞於墨莊》約寫於是年；李止淵是年七月以謝恩進香正使出使清朝，北社衆人也是在墨莊聚會爲他餞行。其後，在墨溪山莊進行雅集已是一種常態，由趙秀三文集來看，除上文提到的《小春一日遊南園三首》《老溪春日二首》，還有卷三《春仲遊老人亭，五宿而歸》(頁 412)，卷五《墨莊夏日二首》(頁 448)、《墨庄再會》(頁 448)、《余將作南行，北社諸公餞於墨莊》(頁 452)、《秋雨南園》(頁 458)，卷六《石厓宅守歲》(頁 466)、《南園初夏》(頁 467)、《墨莊避暑十韻》(頁 467)、《老人亭夏日二首》(頁 469)、《墨莊漫詠三首》(頁 469)、《墨庄雅課》(頁 469)、《墨庄再會》(頁 470)、《老人亭》(頁 470)、《墨溪春日，與尚玄沈大受同賦四首》(頁 470)、《老溪夏日二首》(頁 472)、《七月五日，老溪銷暑六首》(頁 472)、《老溪秋後，和對山韻》(頁 473)、《老人亭避暑十一首》(頁 474)、《老溪銷夏三首》(頁 475)、《墨谿銷夏四首》

---

① 金履陽《風月集》,《韓國歷代文集叢書》第 3061 册,韓國文集編纂委員會、景仁文化社, 2016 年,頁 99。

（頁 475 頁）、《甲辰（1844）新春，墨庄雅課二首》（頁 479）、《老溪秋詠二首》（頁 480）、《南園早起，步入山中偶作》（頁 481）、《六月既望，聽雨南園三首》（頁 482）、《送春日，又疊南園舊遊韻》（頁 484）等作品，一直到憲宗十一年（1845）左右，他都經常流連在墨溪山莊，避暑消夏，迎春送秋，雅集宴飲，甚至會在趙萬永家守歲迎新年。由趙秀三詩作可見墨莊雅集之頻繁，但因其詩題過簡，又未有任何注解説明，且未能從他人詩作中找到對應作品，也就不能確定都有哪些人在什麼時間參與了聚會，實屬遺憾。

　　另有兩次雅集可以找到清晰證據。一是憲宗三年（1837）丁酉孟夏，趙寅永《墨莊分韻詩帖跋》云：

　　　　上之三年丁酉孟夏，致政相國金陵南公、原任相國玄圃李公、斗室沈公相國、荳溪朴公、致政尚書淵泉金公同會於此。惟朴公今年六十有五，諸公皆七十以上。而金公年最尊，爲八十有三。吾伯氏雖最少，亦六十有二。遂以年叙分韻而識之。①

參加雅集的有南公轍（1760—1840，字元平，號思穎、金陵）、李相璜（1763—1841，字周玉，號漁桐、玄圃）、沈象奎（1766—1838，字可權、穉教，號斗室、彝下）、朴宗薰（1773—1841，字舜可，號荳溪）、金履陽及主人趙萬永。此次雅集與前三次大不相同，參與者都是位高權重、身名顯赫之人。金履陽、趙萬永爲王室外戚，金履陽之孫取純祖之女，趙萬永之女嫁純祖之子；南公轍爲正祖、純祖朝重臣；另三人都是《純祖實録》的編纂者，众人很可能是为討論《純祖實録》的編寫事宜才聚在一起的。

　　此次雅集的六人分韻賦诗，金履陽的詩題爲《石厓別墅在墨溪上，金陵、玄圃、斗室、荳溪諸公來會，分韻“桃花源裏人家”，以年爲序，余得“桃”字》②，由詩題可知，六人以“桃花源裏人家”爲韻，按年齡由長到幼各選一字。趙寅永因病未能參與雅集，有詩記事，《墨莊雅集，病未能與，聞諸公分韻，欲各成一律，而只得金淵泉、南金陵公轍兩公詩云》③，二詩韻字分別爲“毛、勞、桃、毫”“加、霞、嘉、花”，與金履陽、南公轍二詩韻同，詩歌内容也是分贈二人，誇贊二人的人生歷程。

---

① 《雲石遺稿》卷十，頁 208。
② 《風月集》，頁 9。
③ 《雲石遺稿》卷三，頁 65。

　　參加此次雅集的六人坐到一起，很可能是面和心不和。南公轍與沈象奎都有文集存世，但遍檢二人作品，與李復鉉集一樣，並無與趙氏兄弟及子姪相關的任何詩文。就他們現留存的作品來看，二人明顯與金祖淳及安東金氏其他諸人交往密切，關係親厚。朴宗薰任實録總裁官時在右議政之位，憲宗三年（1837）十月升左議政，下一步就應是領議政了。但差不多同時，李相璜復拜領議政，李止淵任右議政，朴氏領相之路被阻。次年（1838）一月，朴宗薰辭相職，任判中樞府事；四月，李相璜亦辭相職，任領中樞府事。相位三人只剩右議政李止淵，豐壤趙氏集團把控了朝廷中樞。由這一時期朝中相位的變更來看，朴宗薰亦非趙氏集團中人，政治集團權力角逐與平衡的結果是豐壤趙氏略佔上風。

　　此次聚會後不久，墨溪山莊再次迎來雅集，趙寅永《伯氏墨莊雅集，分韻得於字》云："谷中車盖九尚書，恰是清朝洗沐餘。"[①]可知這又是一次位高權重者的聚會。可惜未能找到其他相關記載，已不能確知參與者有哪些人。

　　到憲宗九年癸卯（1843）季夏，墨溪山莊還有一次重要雅集，趙寅永有詩記事，詩題云《病卧墨莊，伯氏約淵泉、經山、彝齋諸公來會，以"山水有清音"分韻，得有字》[②]，參加此次雅集的有五人：金履陽、鄭元容（1783—1873，字善之，號經山）、權敦仁、趙萬永、趙寅永。關於此次雅集，鄭元容也有詩作《季夏日，與石厓、雲石、彝齋、金淵泉尚書履陽諸公，會墨溪老人亭，分韻得清字》[③]。趙秀三未能參加雅集，但他根據五人的韻字分別有贈送之作，《呈淵泉金公》爲"山"韻，《呈石厓趙尚書萬永》爲"水"韻，《呈彝齋權尚書敦仁》爲"音"韻，由此我們可以確定與會五人所分韻字。

　　趙寅永與鄭元容寫作的都是五言長詩，可能是當時分韻賦詩的要求。寅永自注中再次提到了丁酉（1837）的孟夏雅集，那時來墨莊作客的有金履陽、南公轍、李相璜、沈象奎、朴宗薰五人，六年後仍健在者唯有金履陽，讓人無比感慨。寅永詩作重在寫雅集的衆人，這應是一個夏日雨後，在座最年長者已八十九歲，自己也已是六十二歲的"中叟"，詩中有兄弟友愛、友朋相聚的愉悦，也有時光流逝、朋輩零落的惆悵。

---

① 《雲石遺稿》卷三，頁65。
② 《雲石遺稿》卷四，頁78。
③ 鄭元容《經山集》卷三，《韓國文集叢刊》第300册，2002年，頁73。

　　鄭元容之作與寅永不同,重在寫景記事,頗有六朝餘韻,結構層次清晰,第一層從"葱蒨茂林色"到"喬年有畢卿",交待事件的緣起;從"嘉賓羅杏梅"到"勝緣何可輕"描寫大家於山莊中的行事;最後一層是感懷抒情,將閑適時光與政治清明相聯繫,感慨衆人的吏治政績。

　　此次雅集並未就此結束,五人詩作還被製作成詩帖,現留存的有鄭元容一首(見下圖),詩帖上的詩題爲《季夏墨溪山莊陪淵泉大老、石厓、雲石、彝齋諸閣老遊,分韻得清字》,正文部分,詩帖中的"杏莓"在文集中作"杏梅",其他均相同。詩帖上有鄭元容印章,可見是其本人書寫,字跡清俊,趙秀三稱贊他"詩是唐詩字宋字"[1]並非過譽。其他四人可能當時也書寫了詩帖,但尚未發現,頗爲遺憾。

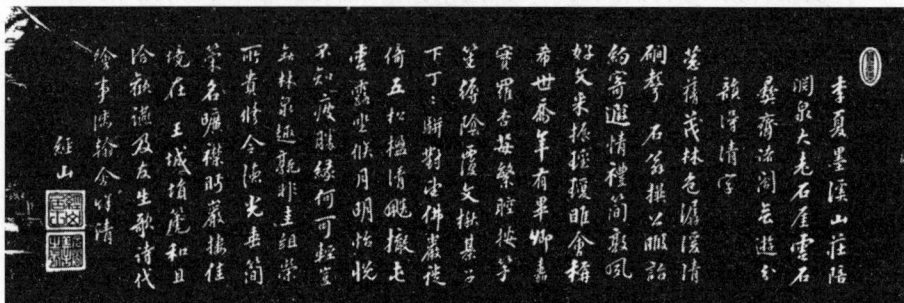

癸卯季夏,鄭元容墨莊雅集詩帖

　　墨溪山莊的雅集還在繼續,憲宗十年甲辰(1844),趙秀三還有詩作《甲辰新春,墨莊雅課二首》。當參加秋興唱酬的趙氏三人都離世後,墨溪山莊、老人亭仍是趙氏後人與友朋雅集的場所。約在哲宗五年(1854)秋,姜溍還曾在墨莊與趙萬永的後人雅集,有詩云《赴小石趙侍郎秉夔墨溪山莊雅集,與趙秋水秉璿、李夢坡孝敏共賦》[2]三首,詩韻分別爲"軀、圍、圍"。由詩題來看,此次雅集共四人:趙秉夔、趙秉璿、李孝敏、姜溍;此時的墨莊主人爲趙秉夔。趙秉夔(1821—1858),字景曾,號小石,其《墨莊雨中》云"老人亭上臥,此地即吾

---

① 《秋齋集》卷五《呈經山鄭尚書元容》,頁448。
② 《對山集》卷四,頁355。

居"①,可見其主人的姿態。此次聚會趙秉夔也有唱和之作,題爲《秋夜墨莊與對山諸人共賦》三首,用韻爲"軀、圍、疏"。

大約二十五年後,墨莊還有一次有記載的雅集,李建昌(1852—1898)有詩云《小荷尚書見枉,以詩代謝。是夕,小荷陪其伯氏侍郎及南社諸公讌於老人亭》②。趙成夏(1845—1881),字舜韶,號小荷,原爲趙秉駿之子,出繼趙秉龜,爲趙萬永之孫。李建昌此詩約寫於高宗十六年(1879),與壬辰唱酬已相去47年的時光,無論是人還是朝鮮政局,乃至世界局勢都發生了巨大變化。雖然李建昌在詩中稱"名園翰墨遺風在,小隊壺觴樂事兼",實際上墨溪山莊曾經的風光曾經的輝煌已與朝鮮一樣已是日薄西山,景況堪憂。

三　唱酬九人之命運

《秋興唱酬》之後,與會九人仍活躍在政治與文學舞台上,屬於他們的人生還在繼續。趙秀三與姜溍都屬中人階層,很難在仕途上發展,生活也較困頓,更加依附趙氏家族,他們的人生也就與豐壤趙氏捆綁在了一起。

先看最年輕的姜溍,由其文集來看,其人生中的重要事件都與壬辰雅集中的趙氏一家及李氏兄弟相關。純祖三十三年(1833)七月,李止淵以進香正使出使清朝,姜溍也隨同前往,與清人朱善旂等結交。現《對山集》中收録姜溍燕行詩37題45首,清人與他的往還書信收入《華人魚雁集》中③。

純祖三十四年(1834)春,姜溍客於成川,時趙秉龜任成川府使④,二人交往繁密,姜溍有《成都客中,簡府伯游荷趙公秉龜》二首、《重簡府伯趙公》《又簡一絶》《降仙樓雨中,與府伯趙公、洪石湖共賦》數詩記事⑤。此時趙秉龜三十四歲,姜溍二十八歲,二人都很年輕。姜溍不比在萬永、寅永兄弟面前的拘謹謙恭,更爲瀟灑自在。由姜溍詩作來看,二人這時可謂縱情聲色竭盡享樂

---

① 趙秉夔《小石遺稿》卷一,韓國國立中央圖書館所藏本。
② 李建昌《明美堂集》卷三,《韓國文集叢刊》第 349 册,2005 年,頁 39。
③《華人魚雁集》,現藏於韓國國立中央圖書館。感謝徐毅教授複印贈送此珍貴資料。
④ 洪淳穆撰《有明朝鮮兵曹判書贈謚文蕭趙公游荷神道碑銘》:"甲午出爲成川府使。"見
　　"韓國金石文綜合影像情報系統"http ://gsm.nricp.go.kr/_third/user/main.jsp。
⑤ 以上數詩見姜溍《對山集》卷一,頁 291—292。

之能事。

姜潛自弱冠就受知於趙氏兄弟，憲宗三年（1837），他們推薦姜潛出任奎章閣檢書官，“雲石趙公一見而深愛，亟稱以當世絶調，朝夕於左右爲之吹噓，遂選入秘閣爲檢書官”①。此可謂姜潛人生的高光時刻，尹定鉉（1793—1874）云：“正宗戊戌（1778）奎章閣置檢書官，青莊李懋官、古芸柳惠風、貞蕤朴次修首膺是選。三家之詩皆卓然成家，世號爲‘檢書體’。後六十年，姜對山進如官檢書而攻詩，始續三家之絶響。”②世人將他與正祖時期同爲庶孽出身的檢書官李德懋（1741—1793）、柳得恭（1748—1807）、朴齊家（1750—1805）相比，褒獎備至。

憲宗八年（1842）壬寅秋，趙萬永已67歲，仍有出遊金剛山的興致，此次姜潛也同行，由姜潛《金剛歸後，謹次石厓趙公韻示同社諸公并序》③來看，同行者共有趙萬永、李審榘（1784—？，字聖七）、任翼常（1789—？，字稚殷）、姜潛、趙秉夔、洪羲福（生平不詳）六人，衆人都有詩歌創作，多少各異，集成四卷。由現存《對山集》來看，姜潛此次楓岳之行詩作始於《永平道中》，終於《金剛歸後，謹次石厓趙公韻示同社諸公并序》，共29題43首，與序中所言“七十餘首”有較大差距，可見其詩作散佚較多。

姜潛是有情有義之人，憲宗六年（1840），李止淵、紀淵兄弟在政治鬥争中落敗，止淵配竄明川府，並於次年（1841）在配所去世；紀淵則安置古今島，至憲宗十五年（1849）才被放還。憲宗九年（1843）姜潛特意前往古今島探望李紀淵，寫下《歷拜海谷李公古今島謫居，臨發》《入島呈海谷》《又呈一絶》等詩作④。詩中有對往日交遊的追憶，有對當下遠隔天涯、生死殊途的哀婉，亦有對失意之人的寬慰紓解。

同年秋，萬永、寅永之侄趙秉駿（1814—1858）前往五臺山曝晒史書。五臺山在江原道的江陵，從都城前往要途經金剛山。趙秉駿在完成職守後，將前往一遊，姜潛此次也同行，有序云：“壬寅秋，石厓趙公作海嶽遊，余幸得御矣。松澗内翰秉駿，公之從子也，今秋承命往曝五臺藏史，將復踰嶺，躡公前

①《對山集》載金學性《對山詩集序》，頁282。
②《對山集》載尹定鉉《對山詩集序》，頁281。
③《對山集》卷一《金剛歸後，謹次石厓趙公韻示同社諸公并序》，頁301。
④《對山集》卷二，頁304—305。

轍,以余曾遊要與之伴。公又命之,辭不獲。人或有齎粮願遊而竟未就者,余之連年辦此行,亦奇緣也。"① 叙述源委很清楚。此次遊金剛山他也有詩作,從《澄岳李寮鏞有贈詩,走筆以謝并序》到《以五律一首答問金剛者》,共 38 首 39 題。

　　憲宗十年(1844)至憲宗十二年(1846),姜潛再次出任奎章閣檢書官,與同僚尹定鉉、洪淳穆、李河錫、李豐翼、朴承輝等都有詩作唱和,但與趙氏相關的消息很少。憲宗十一年(1845)隨着趙秉龜的去世,趙氏政治集團漸露頹勢;憲宗十二年(1846)趙氏集團的核心人物萬永亦去逝,姜潛有《輓豐恩府院君石厓趙忠敬公》② 八首。次年(1847),姜潛外放爲安峽縣監,一直到哲宗二年(1851)四月,姜潛仍任此職③。姜潛外放期間,趙寅永對姜潛仍頗爲關照,應常有饋贈之物④。哲宗元年(1850),趙寅永也去世,姜潛有《輓雲石趙文忠公》⑤ 十六首。在給趙氏兄弟的輓詩中,姜潛贊頌了他們的文學才能、政治功績,特別是他們汲引人才提攜後進的功德,説趙萬永:"悃愊無華樂任真,憐才恤困藹然仁。珠履不讓三千客,管庫何論七十人。"他自己也以趙氏門客自居,在給趙寅永的輓詩中稱:"招賢樂士接平津,我亦公家管庫人。欲説深恩難舉數,而今自想或前因。"

　　姜潛一直爲趙氏兄弟庇護,受惠良多,趙氏兄弟的離世對他影響很大,正如朴承輝所言:"中年,石厓、雲石捐館,對山亦蹭蹬鬱悒。"⑥ 每當夜深人静,想起趙氏兄弟對自己的提攜幫助,他不免淚水漣漣,如《宿玉山浦,卧念趙忠敬公平昔眷愛,淚潸潸漬席,遂起走筆,可謂長歌之甚也》五首其二云:"一回哭

---

① 《對山集》卷二《澄岳李寮鏞有贈詩,走筆以謝并序》,頁 309。
② 《對山集》卷二,頁 316。
③ 《哲宗實録》卷三哲宗二年四月戊辰(12 日):"晝講,召見江原道暗行御史李啟善,書啟:⋯⋯安峽縣監姜潛並襃施陞叙。"(《朝鮮王朝實録》第 48 册,頁 561)可見姜潛至此時仍在安峽縣監任上。
④ 如姜潛《對山集》卷二《呈雲石趙公謝贈柑子》云:"摘來日域千頭岸,載泊南風萬里航。"(頁 325)可見此時二人所處之地相距遥遥,應是姜潛外放時的事,亦見千里鵝毛之情深意厚。
⑤ 《對山集》卷三,頁 342。
⑥ 《對山集》載朴承輝《對山詩集序》,頁 283。

拜一回哀,誰復如公惜我才。若説泉臺無便已,有應此淚徹泉臺。"①《宿奉安店,是日即故趙忠敬公忌日》又云:"中宵偶灑西州淚,霄漢同舟已十年。"②趙氏兄弟離世後,世間再没有人像他們一樣惜才愛才,自己只能落拓江湖,詩中抒發了姜潛的感激之情以及現在的落寞與悲涼。

雖然墨溪山莊的雅集還在繼續,但屬於壬辰唱酬的風流韻致已消散於時光中,正如姜潛《懷老溪舊遊有感》所云:"謝傅終南别墅開,如雲車馬共追陪。金蟬玉麈看碁局,嫩柳濃花送酒杯。往日風流俱夢境,十年消息隔泉臺。傷心舊客羊曇在,泣聽空山杜宇哀。"③曾經車水馬龍的熱鬧,曾經金蟬玉麈的奢華,曾經尋花賞柳的優雅,曾經鬥棋飲酒的閑適,是參與者人生中濃墨重彩的一筆,那樣活潑潑的圖景是歷史上、文壇上的精美畫面,讓後人也不由得暢想當時的人物風流。但俱往矣,一切如夢如幻,從此繁華蕩盡,從此生死殊途,唯有活着的人傷心落淚,唯留讀書人一聲嘆息。

與姜潛一樣,趙秀三人生中的很多事件也是與豐壤趙氏捆綁在一起的,純祖十八年(1818),他跟隨問安使書狀官趙萬永出使瀋陽;純祖二十五年(1825),他作爲嶺南觀察使趙寅永的記室參軍前往嶺南,並幫他處理與清朝人的書信往還;純祖二十九年(1829),他又跟隨書狀官趙秉龜第六次進入中國,此時他已68歲;純祖三十一年(1831),趙萬永以户曹判書度支點漕,趙秀三也隨行在側,同行的還有姜潛。七十歲以後,他較少跟隨趙氏成員四處奔走,憲宗八年(1842),趙萬永遊金剛山,他未能同行,深表遺憾,有詩云《壬寅仲秋,石厓相公作楓嶽之遊,秀三老不能從,謹賦七言絕句八章,仰獻贐語,俯紓悵懷》,其中一首云:"諺言悲老不悲死,送客今朝方信然。使十餘年前我在,猶堪濯足九龍淵。"④爲自己年老不能同行感到失落。

趙秀三與豐壤趙氏關係密切,文集中與趙氏相關的作品極多;自墨溪山莊修繕完成後,他更是山莊常客。除了積極參加墨溪山莊的各類雅集、詩文唱和外,他與趙氏各人的私下交往也很多,有詩作往還,如《山寺謹次石厓公寄示韵》(頁459)、《喜雨詩,奉呈雲石趙公》(頁468)、《謹次雲石相公竹芳韵》

---

① 《對山集》卷二,頁319。
② 《對山集》卷三,頁337。
③ 《對山集》卷三,頁330。
④ 《秋齋集》卷六,頁478。

（頁 474）、《謹次石厓閣下寄示韵》（頁 482）、《次石厓相公寄示韵》（頁 482）、《又庸原韵奉懷雲石相公》（頁 482）。當他生病時，還作詩分呈趙萬永、趙寅永、趙秉龜，感謝他們對自己的關心照顧①。趙氏對趙秀三的幫助也體現在禮物饋贈上，如趙萬永曾送他白羽扇，趙寅永在除夕夜送他三千錢，幫他過個好年②。

趙秀三還主動地進入豐壤趙氏眾人的生活，一是寫作較多送別感懷之作，如《至松京，留別雲石趙尚書寅永》（卷三，頁 396）、《奉送按使羽堂趙公秉鉉》（卷四，頁 425）、《途中聞游荷趙上舍秉龜遊萊館》（卷四，頁 428）、《游荷上舍將歸京第，書此奉別》（卷四，頁 428）、《送趙羽堂侍郎副价之行二首》（卷五，頁 459），送別對象有趙寅永、趙秉鉉、趙秉龜等人。趙秀三與趙秉龜相差 40歲，二人可謂忘年交，他在《游荷上舍將歸京第，書此奉別》三、四兩聯中云："客裏逢迎頻解榻，老年離別久牽裾。相思異夜知何處，明月高樓酒醒初。"有客裏相逢的驚喜愉悦，更有面對離別時的不舍。人至老境，分別後是否還能重逢便成未知數，這就使離別多了份不安凄惶。一別之後該如何熬過最初的寂寞？只能登樓賞月懷人，只能借酒澆愁，最後一句有"楊柳岸曉風殘月"的意境，忘年之情誼也蘊含其中。

二是喜慶之事定要用詩或文表達自己的祝福，如《雲石相公六十壽詩》（卷六，頁 473）、《三月一日，雲石相公晬日也》（卷六，頁 481）、《歲乙巳月正元日，豐恩府院君石厓趙公以年七十入耆社，上遣史官敦諭，特賜几杖食物衣資，公賦詩識感，遍求和章，敢用原韻謹奉郢教》（卷六，頁 481）、《石厓趙公週甲壽序》（卷八，頁 518）、《雲石趙公五十壽序》（卷八，頁 518）。此類作品多贊譽之詞，趙秀三與趙氏兄弟關係親近，所言即使略有誇張，也不會感覺太過分。憲宗十一年（1845）三月初一是趙寅永六十四歲生日，趙秀三有詩云：

> 今日今年之暮春，相公六十四弧辰。賜筇伯氏光前輩，折桂賢郎躡後塵。併世知音難一介，餘生拭目覩完人。歸家亦用金丹術，大鼎三調驗壽民。（公於前月引章乞遞）（《三月一日，雲石相公晬日也》）

在趙秀三眼中，趙寅永的一生可謂完美。正月間，兄長趙萬永年七十入耆社，

---

① 《秋齋集》卷六《病中述懷，敬呈石厓相公》《敬呈雲石相公》《敬呈游荷相公》，頁 473。
② 《秋齋集》卷六《謝石厓公白羽扇》："惟公憫余喝，贈以白羽扇。"（頁 482），《秋齋集》卷六《甲辰除夕》自注云："雲石相公饋錢三千。"（頁 479）

憲宗賜几杖、食物、衣資，榮耀備至。其子趙秉虁^①於憲宗十年（1844）黃柑製試中居次，直赴殿試^②；庭試丙科合格，步入仕途，家族後繼有人。自己官至領議政，此後修道煉丹得長壽，人生就毫無缺憾了。

　可是盛極必衰，豐壤趙氏也未能逃過這一規律，正是從憲宗十一年（1845）開始，趙氏快速走向衰落。是年十一月十一日，趙萬永長子趙秉龜忽然去世，萬永深受打擊，次年（1846）十月十四日也離開了人世。趙氏父子相繼離世令趙秀三傷痛不已，先後寫下多首詩作，如《哭游荷相公》五首（卷六，頁 483）、《輓豐恩府院君石厓趙忠敬公十二首》（卷六，頁 484）、《游荷趙公改葬日識感》（卷六，頁 485）、《石厓公小祥夜識感》（卷六，頁 486）、《游荷公大祥夜》（卷六，頁 486）。趙秀三與趙秉龜爲忘年交，可以説是看着他長大的，在《哭游荷相公》中，我們可以看到這樣的親切，也能看到作者深重的哀傷。趙秉龜去世兩年後，趙秀三都難以接受他已棄世的事實，《游荷公大祥夜》云：“不見公三祀，猶疑待遠行。幾何回我夢，萬一報他生。”總感覺他只是出門遠行，説不定哪天就回來了；他一次次出現在夢中，説不定哪天就生還了。趙秉龜之死與殘酷的政治鬥爭有着絲絲縷縷的聯繫，趙秀三毫不避諱對其死亡的痛切之感，甚至在《哭游荷相公》中有“千古抱哀冤”的不平之語，大膽表達自己的哀悼思念，足見其忠厚俠義。

　其他諸人，從現有文獻來看，李復鉉再未與豐壤趙氏成員有任何聯繫，而李止淵、紀淵兄弟與權敦仁則同爲趙氏勢道政治的重要成員，他們之間更多的還是政治上的牽連，在此要先梳理一下當時的政局。前已言及，孝明世子代理政務時，重用豐壤趙氏對抗安東金氏的勢道政治，此後兩大集團一直明爭暗鬥、此消彼長。本來安東金氏勢力强大，孝明世子又於純祖三十年（1830）忽然去世，豐壤趙氏明顯處於劣勢，但純祖二十三年（1832）因金祖淳去世，安東金氏内部群龍無首内鬥激烈，就給了豐壤趙氏壯大的機會。1834 年純祖去世，翼宗與神貞王后趙氏所生子李烉繼承王位，是爲憲宗。憲宗時年八歲，由

---

① 趙秉虁爲趙萬永次子，後過繼給趙寅永。趙斗淳《心庵遺稿》卷二十四《領議政文忠趙公寅永神道碑并序》云：“無男，取忠敬公第二子秉虁爲嗣。”《韓國文集叢刊》第 307 册，2003 年，頁 491。

② 《憲宗實録》卷十一憲宗十年十一月丁亥（24 日）：“上御崇政殿，設柑製，賦居首宋廷和，之次趙秉虁，並直赴殿試。”《朝鮮王朝實録》第 48 册，頁 504。

大王大妃即純祖之后純元王后金氏垂簾聽政，金氏爲金祖淳之女、純祖之妃。此時趙氏雖爲憲宗之母，但垂簾聽政的是金氏，兩方勢力較均衡。憲宗三年（1837），安東金祖根（1793—1844）之女被册封爲憲宗王妃，是爲孝顯王后，看似安東金氏又多了一重砝碼，但實際情況並非如此。朝鮮的勢道政治是與黨爭混雜在一起的，安東金氏内部就存在着你死我活的黨爭，由金氏内部的分裂，也就能理解爲何金履陽出身安東金氏，卻與趙萬永交好了。到金氏勢道政治的第二代，金祖根與金祖淳之子金左根（1797—1869）因爭奪族長之位結怨甚深，純元王后又爲金左根之妹，所以金祖根雖身爲“國丈”，也很難快速發展壓制豐壤趙氏，兩派一直處於膠着狀態。

爲了打破僵局，進一步鞏固權勢，憲宗五年（1839）趙氏集團發動了一場大肆鎮壓天主教的運動，史稱“己亥邪獄”。趙寅永等人打起“衛正斥邪”的大旗，從是年春開始搜捕各地天主教徒，處决了三名法國傳教士與三十多名教徒。同年十月，趙寅永還撰寫《斥邪綸音》，並由憲宗頒布，三天後，趙寅永拜相，官議政府右議政。領議政與左議政之位長期空缺，右議政也就成爲唯一宰相。因爲安東金氏對天主教較寬容，通過“己亥邪獄”，豐壤趙氏就可以排除異己，最終壓倒安東金氏，確立起自己的權勢地位。在此過程中，參加壬辰唱酬的趙秉鉉、李止淵、李紀淵等都積極參與其中。

壬辰（1832）之後，李氏兄弟的宦途一直很平順，李止淵歷任吏曹判書、户曹判書、刑曹判書等重要的把握財權、人事權的職務，至憲宗三年（1837）十月，更官至右議政，在任時間兩年整，一直到憲宗五年（1839）十月辭職止。李紀淵同樣平步青雲，先後任工曹判書、右參贊、平安道觀察使、禮曹判書、司憲府大司憲、户曹判書、吏曹判書等職。“己亥邪獄”暴發後，李氏兄弟大力支持，李止淵還奏請嚴查[1]。

“己亥邪獄”後，豐壤趙氏得勢，安東金氏必然要反撲。大司憲金弘根（1788—1842）首先發難，憲宗六年（1840）七月重提純祖三十年（1830）司果尹尚度（1768—1840）彈劾户曹判書朴宗薰、前留守申緯、御營大將柳相亮一事。是年，孝明世子五月初六去世，八月尹尚度彈劾上述三人，三人都與安東金氏掌門人金祖淳親近，此舉看似豐壤趙氏先下手爲强壓制安東金氏的行爲。

---

[1]《憲宗實録》卷六憲宗五年三月辛丑（5日）：“右議政李止淵，以邪學事奏請窮覈，從之。”《朝鮮王朝實録》第48册，頁464。

但純祖以尹尚度"其論三人,語極陰慘,至曰爲人所不忍爲者",將其定配楸子島。純祖在批語中有"如渠鄉谷愚蠢之類豈能自辦？必有叵測指使之人欲爲乘時煽亂之計,固當嚴鞫得情,以正人心,以息邪説"①,此時舊事重提就是要尋找"叵測指使之人",以至牽連甚廣。尹尚度及其子尹翰模被凌遲處死,許晟被誅,金陽淳屢被刑訊不服而死,金正喜(1786—1856)於大静島圍籬安置。此數人的關係,趙寅永在《請鞫囚金正喜酌處劄》②中所言甚詳,大概尹尚度之疏是金正喜授意,由金陽淳傳給許晟,再由許晟指使尹尚度出頭。不管事情的是非曲折,涉事四人三死一流配,足見政治鬥爭之殘酷。其中金陽淳屬安東金氏,金正喜爲慶州金氏,慶州金氏是勳戚家門的代表,與安東金氏、豐壤趙氏共同形成了朝鮮後期的望族階層,其勢力雖不及安東金氏與豐壤趙氏,亦不容小覷,所以同樣成爲兩個勢道政治集團打擊的目標。

趙寅永與金正喜二人年歲相當,都是海東金石大家,志趣相投,關係也亲密,二人曾於純祖十七年(1817)一同前往僧伽寺尋訪新羅真興王巡狩碑,還曾就碑文内容書信往還進行討論③。此時爲了鞏固集團利益,打擊對手,趙寅永首先上疏論金正喜之罪④,最終金正喜被流配達十三年之久。正如李丙燾在《韓國史大觀》中所概括的:"朝鮮近世史的大部分,便以這種内部的相剋相害爲主要内容,尤其純祖一朝歷史,幾幾乎全以中傷、讒誣、傾軋、排擠、陰謀、虛構、殺戮等黑暗慘酷記録爲其主流。"⑤實際上純祖之後的幾朝,包括憲宗、哲宗、高宗朝,都充滿了血腥與黑暗。

金弘根首先發難,受影響更大的反而是安東金氏與慶州金氏,安東金氏再次反彈,趙氏樹大難撼,就要先砍斷他們的臂膀。有官員先後上疏彈劾李止

① 《純祖實録》卷三十一純祖三十年八月癸丑(28日),《朝鮮王朝實録》第48册,頁357。
② 《雲石遺稿》卷六,頁124。
③ 《雲石遺稿》卷十《僧伽寺訪碑記》云:"歲丙子(1816)秋,秋史金元春語余曰:吾上碑峰,碑有殘字,實新羅真興王碑也。余聞之狂喜,約與之共尋。越明年六月八日始踐之,工執墨拓具以從。"(頁191)金正喜《阮堂全集》卷二《與趙雲石寅永》:"再取碑峰古碑反覆細閲,第一行'真興太王'下二字,初以爲'九年'矣,非九年,乃'巡狩'二字……"《韓國文集叢刊》第301册,2003年,頁48。
④ 《憲宗實録》卷七憲宗六年九月辛卯(4日):"右議政趙寅永,劄請金正喜裁處。"《朝鮮王朝實録》第48册,頁477。
⑤ 《韓國史大觀》第十一章《"勢道政治"和洪景來之亂》,頁398。

淵、紀淵兄弟結黨營私等種種罪惡，並以李氏兄弟爲尹氏父子的同謀①。尹氏
父子以謀逆之罪被凌遲處死，李氏兄弟又怎會安然無事？很快，李止淵被流
配咸鏡北道的明川，第二年即客死異鄉；李紀淵則安置古今島，至憲宗十五年
（1849）才被放還。李氏兄弟成爲權力鬥爭的犧牲品，他們的遭遇也是豐壤趙
氏的損失，而這同樣是政局平衡的需要。

　　此番鬥争，豐壤趙氏還是取得了較大優勢，憲宗七年（1841）正月，大王大
妃金氏撤簾歸政，安東金氏的力量略減。四月，趙寅永升任領議政，趙萬永爲
扈衛大將，趙秉龜、趙秉鉉分別爲禁衛大將、總護使和户曹判書、吏曹判書，掌
握兵權、財權和人事權，豐壤趙氏的勢道政治進入全盛期。

　　同樣好景不長，戰争從不會止息，朝政從不會風平浪静。憲宗九年（1843）
正月，孝顯王后金氏去世；次年（1844）八月，金祖根又去世。金左根成爲金氏
族長，其與趙氏奪權的態度與手段都極爲强硬。而趙寅永於憲宗十年（1844）
九月辭領相之職，正好給了安東金氏壯大的機會。

　　首當其沖被攻擊的是趙氏年輕一輩的趙秉鉉與趙秉龜，先是趙秉鉉因科
舉舞弊被彈劾，左遷外放爲平安道觀察使，離開了中央權力核心。接着趙秉
龜又因不法事件被彈劾，竟於憲宗十一年（1845）十一月十一日憂懼而亡。長
子暴亡，趙萬永深受打擊，於憲宗十二年（1846）十月去世，豐壤趙氏開始走向
衰落。

　　趙秉鉉後來雖重回中央，權力卻已被削弱，安東金氏乘勝追擊，憲宗十三
年（1847）十月有官員再次彈劾趙秉鉉，到十七日就有“巨濟府島置之命”②。
憲宗十四年（1848）十二月，憲宗曾下旨放還趙秉鉉等人。但次年（1849）六
月，憲宗薨，哲宗即位。哲宗是由安東金氏扶持登上王位的，加上他學識不足，
純元王后金氏被封大王大妃，再次垂簾聽政，安東金氏勢力如日中天，豐壤趙
氏進一步被打壓，趙秉鉉也岌岌可危。哲宗即位一個月之後的七月二十三日，
大王大妃有島置之命，將趙秉鉉流放至全羅道智島；八月二十三日，又有賜死
之命；二十九日，趙秉鉉被賜服毒而亡，享年五十九歲③。

---

① 見《憲宗實録》卷七憲宗六年九月甲寅（27日）、丙辰（29日）李在鶴、沈承澤等人上疏，
　《朝鮮王朝實録》第48册，頁478。
②《成齋集》附録《成齋年譜》，頁569。
③《成齋集》附録《成齋年譜》：“（八月）甲午二十九日戌時，卒於謫所。”（頁571）

至此,豐壤趙氏唯剩趙寅永一人苦苦支撐,甚至在哲宗元年(1850)十月,趙寅永還第四次出任領議政,但他已是無力回天,兩個月後的十二月六日,趙寅永也去世了①,享年六十九歲。

壬辰酬唱身居高位的數人唯餘權敦仁一人了,趙寅永去世後,權敦仁繼任領議政一職。他作爲豐壤趙氏集團的一員,在安東金氏當權時,仕途自然不可能一帆風順。哲宗二年(1851),他就因在真宗祧遷禮上的不同聲音被罪,七月先付處狼川縣,十月又被流配至順興府。哲宗七年(1856)權敦仁重回政壇,任判府事。十年(1859)一月,有官員再次聲討權敦仁之罪,權敦仁被付處連山縣,四月即卒於禮山付處所②。

在此之前,李復鉉於哲宗四年(1853)去世,姜溍於哲宗九年(1858)去世,李紀淵最後一次在史書中出現是在哲宗四年(1853)一月③,此時大概亦已作古。俱往矣,風流人物都成笑談。

結　語

純祖三十二年壬辰(1832)暮秋的雅集是現在已知的中朝歷史上最大規模的一次酬唱《秋興八首》,共九人參加,寫作八十首詩,形成《秋興唱酬》集。這八十首作品都是贈人之作,已遠離悲秋感懷的主題,是酬和《秋興八首》的變奏。此次雅集,以及《秋興唱酬》的完成,牽涉很多人與事,可以進一步探討朝鮮後期的王朝政治、勢道集團、黨爭狀況,也可以借此分析文人團體的形成與運作,以及他們的人生與政治的關係。簡單概括如下:

一、此次雅集並不是一次單純的詩酒唱和的文字之交,因爲九人的不同身份,也就決定了他們在雅集中不同的角色,以及不同的心思。唱和的發起人趙萬永爲外戚,趙氏此時正處在權力的上升期及勢道政治的形成期;李氏兄弟

---

① 《哲宗實錄》卷二哲宗元年十二月癸亥(6日):"領議政趙寅永卒。"《朝鮮王朝實錄》第48冊,頁559。

② 《哲宗實錄》卷十一哲宗十年四月戊午(18日):"命前判府事權敦仁蕩滌叙用,先是甲寅,卒逝於禮山付處所。"《朝鮮王朝實錄》第48冊,頁633。

③ 《哲宗實錄》卷五哲宗四年一月壬申(27日):"日講,召見奉朝賀李紀淵。"《朝鮮王朝實錄》第48冊,頁580。

與趙氏兄弟是少年友人，有通家之好，也是政治上的親密伙伴；權敦仁與李復鉉都因罷職賦閑，都有得到趙氏兄弟提攜的願望，李復鉉地位較低，干謁企盼之意表現得更爲明顯。趙秀三與姜溍是中人階層，於仕途無望，只能依附於趙氏，趙秀三較年長，是看着趙氏兄弟長大的，詩句中透出親切；姜溍作爲晚生後輩，則更爲拘謹謙恭。

二、因爲九人不同的身份地位以及彼此間親疏遠近甚至不同陣營的關係，他們在酬和《秋興》時也表現出不同的寫作特點。趙萬永、趙寅永身居高位，又是豐壤趙氏的核心力量，身處政治鬥爭的峰頭浪尖，難免會有厭倦之感，所以較多仕隱的掙扎、矛盾，但嘗到了權力的甜頭就很難割捨，政治鬥爭的殘酷性又決定了非生即死，注定没有退路，只能在"會心何必在江湖"中平衡自己的焦慮與不甘。這種仕隱矛盾在李氏兄弟作品中也有較多表現，而位階較低或遠離官場的幾人作品中更多的是對他人的誇贊，以及表達自己的一些訴求。

三、當《秋興唱酬》集輯成册後，提請申緯寫序的不是趙氏兄弟，而是李紀淵；申緯序也極爲簡單，介紹了唱酬九人的身份，説明唱酬的規則及内容，並無誇贊之語或對此次唱和意義的分析；我們現在所見到的《秋興唱酬》集也未收入申緯序。其間每個環節都略有異常，仔細翻閲趙寅永、趙秉鉉、申緯三人文集，他們之間的交集很少，寅永、秉鉉各提到一次申緯，申緯文集中除《秋興唱酬》序以外，各提到兩次寅永、一次萬永、一次秉鉉①。純祖三十年（1830）的尹尚度之疏，申緯也在被彈劾之列，此次事件很明顯是趙氏與金氏的權力鬥爭，由此可見，申緯也被納入了金氏勢道集團，雖然他與豐壤趙氏保持着表面的和

---

① 趙寅永《二月十三日，爲參賀班，少坐騎省，省有申紫霞緯所書王右丞櫻桃詩屏，因步其韻，以識慶祝之忱》（《雲石遺稿》卷四，頁76），寫於憲宗七年（1841），與申緯無直接關係；趙秉鉉《送申紫霞緯充節使行臺》（《成齋集》卷二，頁228）寫於純祖十二年（1812），這是早期的交往。申緯有《十一月二十五日，洪澹寧尚書、趙北海樞密、趙雲石主事，同過曹來鶴水部宅，是日即諸公去年過鴨之日也，以余曾有是役見招，拈韻共賦》（《警修堂全稿》册三，頁56），這是純祖十六年（1816）的事；《寒食記事》云："舟中邂逅得佳士，謁者僕射趙雲石（余以靖陵獻官來，趙羲卿以謁者來）。"（《警修堂全稿》册三，頁61）寫於純祖十七年（1817），這兩次同樣是早期的交往，還曾一起宴飲雅集。此後有《五月五日，趙石崖國舅萬永回甲壽詩二首》（《警修堂全稿》册二十四，頁524），寫於憲宗二年（1836）；《送趙羽堂副使奏請之行二首》（《警修堂全稿》册二十四，頁536），寫於憲宗三年（1837），兩組作品都充滿頌揚之辭，並無太多私人情感。

睦,實際上屬於不同的陣營。這也是李復鉉、南公轍、沈象奎等人文集中無從尋找趙氏蹤跡的原因,歷史的表象與背後的真實之間總有很遠的距離,也有着很多的故事。

四、因爲豐壤趙氏處於權力核心,又與安東金氏間是你死我活的鬥争,圍繞在趙氏周圍就不再是單純的個人喜好,而成爲一種政治選擇,這樣的選擇必然會隨着趙氏家族的興盛衰落而發生變化,這在文中身居高位的數人身上表現得尤爲明顯。像姜溍這樣庶孽出身的中人階層,並無任顯官的可能,也就不會對政敵産生太大威脅,但因爲與權勢集團走得太近,也會被卷入政局之中,當趙氏掌權時他可以任檢書官,非常榮耀;當趙氏衰落時,他只能外放出任縣監這樣的低級官職。唯趙秀三在壬辰唱和時已71歲,遠離了政治遠離了官場,也就能毫無顧忌地與趙氏家族交往,並且不會因他們的盛衰受影響。

五、由墨溪山莊的數次雅集來看,趙氏兄弟交往的人群比較複雜,有高官厚禄者,他們雅集的同時也許也在討論着政事,關係到官員的升降、政局的變化。同樣,圍繞在趙氏周圍的低階官員以及閭巷平民也不在少數,這可能是豐壤趙氏收買人心的需要,但也可能是他們真的愛惜人才。比如在與金履陽的交往中,趙萬永就時時不忘將身邊的這些人推薦介紹給他,如趙秀三有《華藏寺》八首[1],趙萬永次作後又提請金履陽唱和,金履陽因此寫作了《次石厓丈用趙老華陽八疊韻》及《再疊前韻》[2]十六首詩。憲宗二年(1836)春,李台升有詩十首,趙萬永唱和後同樣提請金履陽次作,金氏有《還家數日,石厓趙公送示李斗臣寄詩十篇並所次,依其數者強拙和上》十首[3]。從趙秀三、李台升到趙萬永再到金履陽的過程,是一次文學的流動,也是爲趙秀三、李台升揚名的過程。

六、當文人成爲政客,進入權力核心越深,也就越難擺脱政治的束縛,即使有退隱的願望,也是騎虎難下,很難有真正的自由,甚至爲了集團的利益,手段會變得越來越殘忍卑劣,如趙寅永上疏論金正喜之罪就可見一斑。又如趙秉鉉,其父趙得永(1762—1824)自純祖十二年(1812)至純祖十八年(1818)被流配金甲島,他每年往返探視,至誠至孝,詩作也恬淡雅致,如寫於純祖六

---

① 《秋齋集》卷五,頁458。
② 《風月集》,頁11—14。
③ 《風月集》,頁45—48。

年（1806）的《閣夜即事》云："夜深草閣雨聲寒，笑倚瑤琴整葛冠。三疊畫欄呼酒坐，數叢疏菊捲簾看。翩翩眾鳥歸園樹，兩兩輕鳬浴沼湍。自笑紅塵無事客，青燈黃卷百年安。"① 十六歲的少年，卻有一副從容自在的氣象。在他人生的最後兩年，在流配巨濟島、智島給兒孫的書信中，每一封都在告誡他們要多讀書，好好做人，如戊申（1848）十一月初一寫給孫子鳳甲的信中説："切勿浪遊，切勿爲無益之事，切勿作亂，切勿爲與人相鬥。日日習字，每日所讀之書必爲善誦。"② 但在歷史上，彈劾他的人稱他"賦性狡愿，宅心憸毒"③；現當代學者也説他"最爲弄權"④。無論是恬淡從容，還是機狡弄權，都是趙秉鉉，如此複雜的面相才是一個真正的人，而不同的立場看到的是不同的面相，要接近歷史的真實，還原歷史人物，就要綜合各種面相，以客觀審慎的態度分析其不同面相出現的原因，從而在歷史中更好地理解人物，理解其行事，理解其作品。

　　總之，無論是《秋興唱酬》還是墨莊雅集都不是單純的文學行爲，而是朝鮮後期文學與政治交織的特殊現象，離開政治談文學會架空文學產生的背景，也就失去其特殊時空下的意義；離開文學談政治，政治也就缺少了與日常生活的牽連，也就很難看清政治的複雜性與事情的來龍去脈。要分析特殊時空下的文學現象，就應該充分考慮其方方面面的聯繫，以及生活其間的形形色色的人、充斥其間的各種各樣的關係。

（作者單位：深圳大學人文學院）

---

① 《成齋集》卷一，頁 209。
② 《成齋集》卷十三《寄孫鳳甲（戊申至月初一日）》，頁 489。
③ 《憲宗實錄》卷十四憲宗十三年十月庚申（14 日），李穆淵疏中語。《朝鮮王朝實錄》第 48 册，頁 526。
④ 《韓國史大觀》第十一章《"勢道政治"和洪景來之亂》，頁 401。

政治、學術與儒家倫理：
李瀷《詩經疾書》研究 *

付星星

一　引言

　　李瀷（1681—1763），字子新，號星湖，祖籍驪州。其家族是科舉人才輩出的南人名門，曾祖父李尚毅是議政府左贊成，祖父李志安爲司憲府持平，父親李夏鎮曾任司憲府大司憲。李夏鎮在"庚申大黜陟"中被削奪官職，流放至平安道雲山。李瀷於第二年（1681）出生於父親的貶謫之地，翌年（1682）其父去世，李瀷隨母親權氏夫人移居京畿道廣州瞻星里星湖莊。

　　李瀷"天資穎悟，挺拔絕人，稍長知學，不待課督，刻意自奮，群居講學，衆或在傍喧戲，而常默坐手卷，終日不撤"[1]，自幼跟隨仲兄李潛學習。肅宗三十一年，李瀷應試增廣文科，初試合格，但不符合録名的形式要求，以致不能覆試。次年，仲兄李潛上書忤旨，慘遭杖殺之禍。李瀷在《答息山李先生》書中云："瀷念昔年迫有立，未嘗知有此邊一事。只奔走於應俗求名，中罹禍難，隕穫失圖。便無意於舉業文字，則其勢將杜門跧伏，日與世齟齬，家有藏書數千，以時繙閲，爲消遣之資。"[2] 遂決意於仕途，隱居草野，專研學問。李瀷所研

---

* 本文係孔學堂簽約入駐學者研究成果。

[1] 尹東奎《星湖先生行狀》，《星湖先生全集附録》卷一，《韓國文集叢刊》第 200 册，民族文化推進會，1997 年，頁 187。

[2] 李瀷《答息山李先生》，《星湖先生全集》卷九，《韓國文集叢刊》第 198 册，頁 199。

習的書籍是其父於肅宗四年（康熙十七年，1678）作爲燕行使自清朝購買的數
千卷藏書①。

　　李瀷學問的根本在性理學，在學統上屬於李滉（1501—1570）一脈的南人
系統，他常自言：“退翁（1501—1570），吾師也。”②李瀷在性理學上的著作主要
有收録李退溪言行的《李子粹語》，爲李滉四端七情論辯護的《四七新編》，還
編撰了《李先生禮説類編》。李瀷在吸收與繼承李滉性理學説的基礎上，還接
受了自中國而傳入的西學，研讀了西學書籍如《職方外紀》《天問略》《天主實
義》等。李瀷吸收并研究了西學中的天文、曆算、地理、醫藥。此外，李瀷還接
受朝鮮17世紀以李睟光、柳馨遠爲代表的實學思想家的影響。在中西學術思
想與本國學術思潮的影響下，李瀷創立了以經世致用爲本的星湖學派，培養了
安鼎福、蔡濟恭、尹東奎、李秉休、權哲身等實學思想家，成爲朝鮮實學思想鼎
盛期的重要代表③。

　　李瀷將其學問主張與思想新見熔鑄於著述當中，著作有《星湖先生全集》
《藿憂録》《星湖僿説》，涵括經史子集四部之學，涉及典章制度、天文曆法、地
理、人事、軍事、農工、醫藥等諸領域，研究經世致用之術與經濟及時弊。李瀷
還著有《諸經疾書》，如其侄李秉休《家狀》云：“其曰《疾書》，取《橫渠畫像贊》
妙契疾書之義也。先生之學，不喜依樣，要以自得，經文注説之間，有疑必思，
思而得之則疾書之，不得則後復思之，必得乃已。故《疾書》中概多前儒未發
之旨。”④李瀷著有《四書疾書》⑤、《家禮疾書》《近思録疾書》《心經疾書》《易
經疾書》《尚書疾書》，最後著《詩經疾書》。“疾書”者，蓋取朱熹《橫渠畫像
贊》之“妙契疾書”之意，李瀷曾自謙語學者曰：“妙契，則吾豈敢，疾其書之
義，則吾竊有取焉。”⑥又李瀷序《孟子疾書》曰：“疾書者何？思起便書，蓋恐其
旋忘也。不熟則忘，忘則思不復起，是以熟之爲貴，疾書其次也。亦所以待乎

①　李瀷《先考司憲府大司憲府君行狀》載：“（戊午康熙17年，1678）三月始辭朝赴燕……及
　　將還，例有饋賜銀段，乃舉以買古書數千卷以歸。”《韓國文集叢刊》第200册，頁152—
　　153。
②　蔡濟恭《星湖先生墓碣銘》，《星湖全集》，景仁文化社，1999年，頁194。
③　邢麗菊《韓國儒學思想史》，人民出版社，2015年，頁317。
④　李秉休《家狀》，《星湖先生全集附録》卷一，《韓國文集叢刊》第200册，頁180。
⑤　按：李瀷首先著《孟子疾書》，次著《大學疾書》《小學疾書》《論語疾書》《中庸疾書》。
⑥　尹東奎《星湖先生行狀》，《星湖先生全集附録》卷一，《韓國文集叢刊》第200册，頁189。

熟也。"① "疾書"乃快速記録當下的讀書心得,多爲先儒未發之旨。

　　韓國當代學者關於李瀷《詩經疾書》的研究有崔錫起的博士學位論文《星湖 李瀷의 詩經學》②,期刊論文有白承錫的《李瀷及其〈詩經疾書〉》③。本文在這些研究成果的基礎之上研究李瀷的學問態度與思想世界。李瀷《詩經疾書》與同時代獨尊朱熹《詩集傳》的研究態勢相區別,他破除朱子學獨尊的觀念,但并不全盤否定朱子學説,而是以文本爲依據,從關注現實的立場上來解釋《詩經》,呈現出四個方面的《詩》學特徵:一是被開拓的《詩》學世界,主要表現在以《詩》解《詩》與本經内證、以《孟》解《詩》與人性探索、以《春秋》解《詩》與懲戒功能、以禮解《詩》與禮樂規範、經學與文學的互動;二是學術與政治的糾葛,主要表現在考據、科技與實學傾向、鄭風新闡與理想政治模式的建構;三是儒家身份與倫理建構,主要表現在修身與個人倫理建構,父子、兄弟、夫婦與家庭倫理建構、安人與社會倫理建構。

二　被開拓的《詩》學世界

　　李瀷在《詩經疾書》中引用經、史、子、集四部之書五十餘種④,融匯貫通,包羅群言,而不囿於一家之言,開拓了朝鮮《詩經》研究的方法。李瀷大量引用《詩經》内證闡釋詩旨,訓詁字詞,使《詩經》各篇成爲相互貫通又内在統一的詩篇文本。此外,李瀷還大量引用《孟子》,以《孟》解《詩》的具體運用促進《詩經》研究與朝鮮人性論的聯繫與相互印證;李瀷以《春秋》解《詩》,闡發出《詩經》與歷史、現實的關係,從而申發《詩經》的懲戒精神;李瀷引《禮》解《詩》,以詩禮互證的方式促進朝鮮禮樂規範的建立。此外,李瀷還在《詩經》詮釋中關注《詩經》與後世文學創作的關係,詮釋出《詩經》所内蘊的抒情傳統,呈現出經學與文學的互動。兹分述如下:

(一)以《詩》解《詩》與本經内證

　　李瀷運用本經内證的方法闡釋《詩經》,是朝鮮以《詩》解《詩》的開創者,

---

① 尹東奎《星湖先生行狀》,《星湖先生全集附録》卷一,《韓國文集叢刊》第 200 册,頁 189。
② 崔錫起《星湖 李瀷의 詩經學》,成均館大學校大學院 1993 年博士學位論文。
③ 白承錫《李瀷及其〈詩經疾書〉》,《古典文學知識》1998 年第 1 期。
④ 李瀷著,白承錫校注《詩經疾書校注》,江蘇教育出版社,1999 年,頁 11。

他通過詩篇的互相訓釋來獲得詩旨與訓詁釋義[①]。如《周南·卷耳》與《葛覃》，李瀷通過詩篇互釋的方法得出了區别於傳統解釋的新釋義。

《周南·卷耳》，《詩序》以后妃輔佐君子求賢審官的角度加以解釋[②]。李瀷《詩經疾書》解釋云：

> 《卷耳》或謂求賢之作者近是，非后妃之作也。卷耳生於道旁，宜若易求猶不能多得，况賢人在遠者耶？……兕觥、金罍，非賤者之器，富貴如此，寧有躬自采拾之理？此與《葛覃》相照，宫闈之内，必有時出親取之規，欲知物物皆因勞苦而得也……《卷耳》之詩，其義遠矣。[③]

李瀷認爲《卷耳》乃是國君求賢之詩，非后妃求賢之詩。原因在於《詩》中所言之器具，如"金罍"者，"后妃豈有飲用金罍之理？謂我若酌彼，則猶可以免其懷傷也，非真有是事，金罍取酒多也"[④]。他認爲此詩乃是國君躬親採摘卷耳之詩，在採摘道旁易求而猶不能多得之卷耳時反思遠方的賢人獲得之艱難。李瀷於此運用《葛覃》詩來印證國君有躬自採拾之事。國君在躬親實踐中感受物物皆因勞苦而得。在此意義上，《詩經疾書》中關於《卷耳》與《葛覃》的理解是一致的，均是國君與后妃躬親辛苦之詩，一爲求賢，一爲親織。如《葛覃》，李瀷側重從后妃躬親婦功的層面加以闡發[⑤]。李瀷對於《葛覃》詩的解釋與傳統《詩經》學的解釋不同，他强調具體的實踐勞作對於國君與后妃固本的重要性，認爲"凡人情久則必厭，厭則必廢"的原因"皆由於不自勞苦故也"，并從詩篇文本中萃取出更直接、更易於把握的政治經驗，將詩篇的教化精神重新安置在國君與后妃的實踐本體之中。

（二）以《孟》解《詩》與人性政治探索

李瀷以《孟子》解《詩》，涉及《詩經》二十七篇。李瀷以《孟》解《詩》充分發揮了以意逆志的闡釋傳統，在《詩經》詮釋中探索理想的人性政治。

如《小雅·大田》，這是一首祭祀田祖以祈求來年穀物豐收的詩。《詩序》

---

① 按：李瀷解釋《小雅·裳裳者華》云："子曰：不學詩，無以言。言之不盡，非詩不達，故古人之言，必引詩爲證也。"李瀷著，白承錫校注《詩經疾書校注》，頁350。
② 孔穎達《毛詩正義》，北京大學出版社，1999年，頁36。
③ 李瀷著，白承錫校注《詩經疾書校注》，頁9—10。
④ 李瀷著，白承錫校注《詩經疾書校注》，頁10。
⑤ 李瀷著，白承錫校注《詩經疾書校注》，頁7—8。

解釋云："刺幽王也。言矜寡不能自存焉。"① 李瀷在《大田》詩之播種的欣欣向榮之景與收穫時的一片繁盛景致中，提出了他對於此詩的思考，其云：

> 雨未有先於公田之理，民之望之也。欲其為公田而雨，得被其餘澤也。聖人之政，不過鰥寡孤獨有養也。倉廩雖實，何可人人而贍之。必使風淳俗厚，使天下交相養也。然己若不饒，未可以及人，故其要又不過不奪農時，輕徭薄賦，使人人樂業而財用自裕矣。《孟子》曰："昏暮叩人之門戶，求水火無不與者，至足矣。使菽粟如水火，而民焉有不仁者？"②

李瀷根據詩中所包蘊的年谷豐登之意與"彼有不穫稚，此有不斂穧；彼有遺秉，此有滯穗"之惠及矜寡之利，提出"聖人之政，不過鰥寡孤獨有養也"的社會理想。李瀷以充裕的物質生活條件作為風俗淳厚的基礎與保證，以不奪農時、輕徭薄賦、使人人樂業而財用自裕作為人性論的基礎。李瀷所引用的《孟子·盡心上》原文為"孟子曰：'易其田疇，薄其稅斂，民可使富也。食之以時，用之以禮，財不可勝用也。民非水火不生活，昏暮叩人之門戶求水火，無弗與者，至足矣。聖人治天下，使有菽粟如水火。菽粟如水火，而民焉有不仁者乎？'"③ 孟子認為昏暮叩人之門戶求水火而沒有不給予的，原因在於水火之多；假使百姓生活所必需的菽粟如水火一樣地多，百姓就會有仁之心了。孟子關於道德與人性的構建是立足於物質基礎的，《孟子·滕文公上》："孟子曰：民事不可緩也。詩云：'晝爾于茅，宵爾索綯；亟其乘屋，其始播百穀。'民之為道也，有恒產者有恒心，無恒產者無恒心。苟無恒心，放辟邪侈，無不為己。"④ "有恒產"即是有恒定的物質基礎，"有恒心"則是有恒定的道德操守。《孟子》將"有恒心"建立在"有恒產"的基礎上。李瀷運用《孟子》的這一思想闡釋出《大田》詩所包含的聖人之政，即理想的社會政治要素包含了不奪農時、輕徭薄賦、鰥寡孤獨有養、倉廩充實天下交相養，遂以達到風淳俗厚的理想形態。李瀷將人性道德建立在百姓生活所必需的物質條件之上，這是他實學思想與《孟子》交相影響的一個典型。朝鮮時代占主流的朱子《詩經》學由義理而義理、由道德而道德的抽象研究方式，此種思維方式是將道德、義理抽

---

① 孔穎達《毛詩正義》，頁 846。
② 李瀷著，白承錫校注《詩經疾書校注》，頁 347—348。
③ 楊伯峻《孟子譯注》，中華書局，2010 年，頁 287—288。
④ 楊伯峻《孟子譯注》，頁 107。

離於日常生活的道德嚴苛主義,李瀷則將詩篇的闡釋歸結到日用生活之基本物質保障上。李瀷通過以《孟》解《詩》呈現出他關於現實人性政治建構的思考,顯示出他區別於朱子學由內在義理闡發建立理想政治秩序的途徑轉向,並以外在物質基礎爲條件的社會政治形態建構傾向。

(三)以《春秋》解《詩》與懲戒功能

李瀷運用《春秋》解釋《詩經》,通過詩篇與歷史相互印證以探究詩旨,突出《詩經》的懲戒功能。下以《齊風》爲例:

《齊風·還》《著》《東方之日》《南山》《敝笱》《載驅》《猗嗟》諸詩,《詩序》《詩集傳》將《敝笱》《載驅》《南山》《猗嗟》四首詩解釋爲諷刺齊襄公與魯桓夫人私通的詩。李瀷根據《春秋》的記載將此七首詩均解釋爲諷刺魯桓公夫人與齊侯的詩。《春秋·桓公十八年》載:"十有八年春,王正月,公會齊侯於濼。公與夫人姜氏遂如齊。夏四月丙子,公薨於齊。"①根據《左傳》"十八年春,公將有行,遂與姜氏如齊。申繻曰:'女有家,男有室,無相瀆也。謂之有禮,易此,必敗。'公會齊侯於濼,遂及文姜如齊。齊侯通焉。夏四月丙子,享公。使公子彭生乘公,公薨於車"②,可知魯桓公與姜氏如齊,姜氏與齊侯通,后以力士彭生乘公,齊侯薨於車內。李瀷根據《春秋》的記載,解釋《還》詩云:

> 此詩恐齊人刺文姜也。猺山恐濼水旁山名。其行也,申繻曰:"女有家,男有室,無相瀆也,謂之有禮,易此必敗。"其言果驗。我者,齊人指其君也,所遭者文姜也。齊侯之通文姜非一日,魯桓猶不覺,載而如齊。於是文姜以一女身從兩夫而行。狼者狽之牡,與下雄狐相照,狼是牡狼,肩者如數獸曰首也。儇、好、臧皆歡悅之意,即文姜謂齊侯也。③

《還》,《詩序》云:"刺荒也。哀公好田獵,從禽獸而無厭。國人化之,遂成風俗,習於田獵謂之賢,閑於馳逐謂之好焉。"④《詩集傳》:"獵者交錯於道路,且以便捷輕利相稱譽如此,而不自知其非也,則其俗之不美可見,而其來亦必有

---

① 楊伯峻編著《春秋左傳注》修訂本,中華書局,1995年,頁151。

② 楊伯峻編著《春秋左傳注》修訂本,頁152—153。

③ 李瀷著,白承錫校注《詩經疾書校注》,頁149。

④ 孔穎達《毛詩正義》,頁331。

所自矣。"① 李瀷的解釋與《詩序》《詩集傳》不同,他從《春秋》魯桓公十八年的歷史背景來解釋此詩,認爲《還》是齊人諷刺文姜的詩。

(四)以《禮》解《詩》與禮樂規範

《詩經》代表了中國早期社會禮樂文化的根本精神②,正如聞一多先生所云:"詩似乎也沒有在第二國度里,像它在這裏發揮過的那樣大的社會功能。在我們這裏,一出世,它就是宗教,是政治,是教育,是社交,它是全面的生活。維繫封建精神的是禮樂,闡發禮樂意義的是詩,所以詩支持了那整個封建時代的文化。"③《詩》是周代禮樂社會的重要内容,呈現出"詩禮相成,哀樂相生"④的共生文學與思想的觀念。同時《詩》又是生長在周代禮樂文化的土壤里的,以"《詩》可以觀""賦詩言志"的方式傳達出對禮樂精神與價值的遵循,"周代詩學精神是生長在禮樂文化土壤上的,因此對周代詩學理論和詩學精神的分析,離不開對禮樂文化的理解與闡釋。周代詩歌是結合周代禮典活動在社會生活中傳播的,風雅精神也在詩樂活動中浸入周人的精神世界,形成了周代君子人格的基本内容……觀禮就是觀詩,詩包含了周代社會生活的各個方面,'詩可以觀'本身就是禮樂文化背景下的詩學命題"⑤。《詩》與作爲禮樂文明載體的《禮》具有密切的聯繫。鄭玄、孔穎達已大量徵引《周禮》《儀禮》《禮記》來解釋《詩經》,中國歷代《詩經》研究者亦從禮樂文明與禮樂精神的角度對《詩經》做了多面向的研究。

朱子學自高麗末期傳入,在朝鮮時代得到了深入的發展,朱子學的發展也促進了朱子《禮》學在朝鮮的發展,《禮》成爲朝鮮王朝重要的禮儀規範。儒學在朝鮮王朝的制度化,《禮》在朝鮮王朝整秩倫理綱常、規範行爲標準上都起到了重要的作用。在這樣的文化思想背景下,李瀷在《詩經疾書》中以《禮》解《詩》正是在此歷史文化思想背景下產生的。李瀷以燕禮、婚禮、祭禮、喪禮解釋《詩經》。

燕禮與宴飲相關,是古代天子諸侯與群臣宴飲之禮。在宴飲的"分享中,

---

① 朱熹《詩集傳》,上海古籍出版社,1959 年,頁 58。
② 傅道彬《詩可以觀:禮樂文化與周代詩學精神》,中華書局,2010 年,頁 22。
③ 聞一多《神話與詩》,古籍出版社,1957 年,頁 202。
④ 楊朝明、宋立林《孔子家語通解》,齊魯書社,2013 年,頁 324。
⑤ 傅道彬《詩可以觀:禮樂文化與周代詩學精神》,頁 23。

血緣的親疏遠近，化爲等級的高低貴賤，原始的自然關係，化爲制度的倫理綱常”。故燕禮具有極强的政治性。李瀷以燕禮解釋《詩經》。如《小雅·鹿鳴》，這是一首君臣宴會的詩。《詩序》從王權的角度指出國君以宴飲恩賜於群臣，群臣并以衷心回報國君，突出了宴飲的政治意義。朱熹《诗集传》以“嚴”“敬”之狀態概括君臣之分、朝廷之禮。“嚴”“敬”一方面可以確定君臣的等級關係，另一方面也阻礙了君臣情感的交流與“忠告之益”的上達。燕饗之禮可以調和處於嚴敬狀態無法進行情感溝通的君臣關係，通上下之情，賦予了燕饗以政治倫理、政治道德与飲食的馨香及人情的温度。李瀷在此基礎上解釋《鹿鳴》云：

　　《鹿鳴》興於獸而君子大之，取其得食而相呼，此蓋飲食燕享之事，故取以爲喻。燕以至於旅酬，无鸞爵則易以怠荒，故旅也而語者，振別其無節也。示之以周行，乃所以好我，即愛人以德之義……子曰：“私惠不歸德，君子不自留焉。”……鼓瑟吹笙，樂既和矣，承筐是將，禮既誠矣……先王之禮，事事求益，雖燕樂之間，非無端而爲此也。故群樂以通其和，忠告以盡其情，旨酒以馨其歡，於《鹿鳴》可見。[1]

李瀷以《儀禮·燕禮》《禮記·緇衣》來解釋《鹿鳴》詩。李瀷雖然以《禮》的規則來解釋宴飲詩，但是却不局限在禮的規定下作詩篇的詮釋，他極力顯揚詩中所包蕴的由禮而樂而和的禮樂精神，茲分述如下：

　　第一，李瀷指出《鹿鳴》詩是自然與人倫的統一。以宴飲方式促進君王與大臣的交流與溝通是呦鹿得食而相呼的自然情感、自然原則在人類社會中的呈現。

　　第二，李瀷根據《儀禮·燕禮》“與卿燕，則大夫爲賓。與大夫燕，亦大夫爲賓”[2]的禮儀記載，指出《鹿鳴》诗中的宴飲上下有序，其云“雖燕群臣而所謂賓者，有大夫在爲賓，降再拜，稽首升成拜，明臣禮也”旨在表示在禮的强制規定下，君臣不得違禮。

　　第三，李瀷運用《禮記·緇衣》“子曰：私惠不歸德，君子不自留焉”[3]，指出《鹿鳴》詩是公德與私惠的統一。“人之好我，示我周行”，有宴飲之私惠，而

①　李瀷著，白承錫校注《詩經疾書校注》，頁248—249。
②　楊天宇《儀禮譯注》，上海古籍出版社，2004年，頁165。
③　楊天宇《禮記譯注》，上海古籍出版社，2004年，頁743。

這私惠全由德來統攝，如李漢所云："此言愛人以德，不以姑息，故惠而不德，非好我者也，周行無所往而不爲善，天下之公也。公之反則私，私則惠於我而不周於人人也。"

第四，作爲燕饗詩代表的《鹿鳴》是禮、樂的統一。《鹿鳴》詩超越了宴飲詩，諸如《小雅·伐木》《常棣》《肜弓》《蓼蕭》等宴飲詩所具有的具體燕禮形式，《鹿鳴》沒有具體的燕禮的規範。"在《鹿鳴》一詩中，我們已看不到任何具體綱紀的内容表現了，雖然《詩序》稱其爲'燕群臣、嘉賓'之詩，但從詩歌内容本身已經看不出它具體出現在何種禮儀上，也看不出它是在對某種具體原則的申述與誡命"[1]。《鹿鳴》詩所有的禮儀都融合在"我有嘉賓，鼓瑟吹笙""我有旨酒，嘉賓式燕以敖""鼓瑟鼓琴，合樂且湛""我有旨酒，以燕樂嘉賓之心"，統一在禮樂的精神里。李漢以《禮》解詩，但是突破了禮儀規範的束縛，將《鹿鳴》詩中君臣宴飲的精神追求呈現出來，即《鹿鳴》詩突破了早期宴飲詩"坎坎鼓我，蹲蹲舞我""一朝饗之""酌以大斗""無醉無歸""曰既醉止，威儀幡幡。舍其坐遷，屢舞仙仙""載號載呶"的酒後狂歡，這種突破君臣等級禮制限制的宴飲，其上下合和的交流狀態是通過酒精的麻醉來實現的，"這是一種缺少文明價值的'酒徒'似的'合好'，顯示不出飲酒燕享的精神意義"[2]。李漢指出《鹿鳴》詩中的"鼓瑟吹笙"包蘊了禮樂合一的精神，這是君臣"在'鼓瑟吹笙'的音樂對人的精神的振奮中，在適度的酒液對神經的松緩會放中，與會的人們消除着平日等級的隔閡，感受着精神的同一；個體溶解於群體，和諧使人沉醉在精神的共鳴之中"[3]。李漢的詮釋是對《鹿鳴》詩中禮樂合和的精神的揭示，由禮的規範性上升到禮的自由精神層面的追求。

第五，《鹿鳴》是燕禮功能的集中體現。李漢一方面强調《鹿鳴》突破禮儀的具體規範、對君臣之間同根共命的同一精神世界的追求，但同時，他也强調燕禮的功能性。李漢指出《鹿鳴》所代表的燕禮是樂以和、忠以情、酒以歡的禮樂情合一的最佳呈現樣態。李漢以燕禮解《詩》，將君臣等級秩序、人倫道德、禮樂精神消融在宴飲的馨香里。

再如祭禮。《禮記·禮運》："夫禮之初始諸飲食。其燔黍捭豚，污尊而抔

---

[1] 李山《詩經的文化精神》，東方出版社，1997年，頁90。
[2] 李山《詩經的文化精神》，頁90。
[3] 李山《詩經的文化精神》，頁91。

飲,蕢桴而土鼓,猶若可以致其敬於鬼神。"[1] 可見"禮"源於飲食,"禮"與樂相隨,"禮"的目的在於祭祀鬼神。據王國維《釋禮》,可知"禮"本是"盛玉以奉神之器",後用來指代"奉神人之事"。同時"'禮'不能獨行,必須和'樂'配合在一起。這就因爲祭祀必須娛神,娛神必須有歌舞和樂無。在禮的進行當中,如果没有樂相配,不僅將失去禮的那種莊嚴肅穆的氣氛,而且禮的節奏和順序,也將無法控制。正因爲這樣,所以有禮的地方,必須同時有樂"[2]。祭祀是禮樂合和的統一。祭祀在古代中國具有重要的意義,如《左傳·成公十三年》:"國之大事,在祀與戎。"《禮記·祭統》:"故祭人之道,莫急於禮;禮有五經,莫重於祭。"祭禮在周代禮制社會具有重要地位。《詩經》中具有諸多关於祭祀的詩,此是與中國早期詩歌所負載的價值、情感與使命相聯繫的,正如美國學者 Mark Edward Lewis(陸威儀)在 *Writing and Authority in Early China*(《早期中國的書寫與威權》)中寫道的:

Emerging in cult practices and court entertainments, verse was generated and transmitted within small social groups that thereby gave form to their shared communal code of values. Although an isolated self figured in some Zhou lyrics, it was an anonymous self still nested in and giving expression to "the ceremonies and the habits of feeling of small, closed communities".[3]

雖然我們并不完全同意陸威儀所謂中國早期詩歌"所表達的也僅只是狹小封閉社群中的某些感情習慣"的説法,但是他關於早期中國詩歌透過禮儀所代表的群體及觀念意義還是可取的。陸威儀指出中國早期詩歌的產生與傳播都是建立在特定的占統治地位的群體之中的,這個群體具有共同的價值觀念、道德信仰,并通過一系列的禮樂形式加以呈現,所以群體中每一次禮儀活動的表演,詩歌的選擇與淘汰都與這個群體的社會結構原則有密切的關係。作爲周代早期詩歌代表的《詩經》雖然有個體及個體精神的存在,但在一次次的禮儀歌舞中演示着個體對於整體的依附,整體是個體得以存在的前提,故"個體也往往栖身於(群體化的)禮儀之中"。《詩經》中的祭祀詩反映了周代的祭祀

---

[1] 楊天宇《禮記譯注》,頁 268。

[2] 蔣孔陽《談談先秦時代的"禮樂"制度》,《復旦學報》(社會科學版)1984 年第 2 期。

[3] Mark Edward Lewis, *Writing and Authority in Early China*, Albany: State University of New York Press, 1999, P. 147.

制度、祭祀行爲、祭祀觀念、祭祀文化①，承載了祭祀的禮儀與精神。

（五）經學與文學的互動

1.《詩》作爲後世文學的濫觴

《小雅·魚麗》是一首叙寫貴族宴饗賓客的詩②。以"魚"與"酒"作爲詩中燕饗的主要食物，如詩首章云："魚麗於罶，鱨鯊。君子有酒，旨且多。"李潚解釋云：

> 偕，據上三章，乃魚與酒偕有也。蘇氏得之爲《赤壁賦》，其所謂"有客無酒，有酒無肴"及"携酒與魚"者一出於此。③

《魚麗》詩回環往復地吟唱着"魚麗於罶，鱨鯊。君子有酒，旨且多。魚麗於罶，魴鱧。君子有酒，多且旨。魚麗於罶，鰋鯉。君子有酒，旨且有"的美好。《魚麗》詩以魚與酒所組合的宴飲之歡是後世燕饗類詩歌創作的典範。李潚指出《魚麗》詩對後世的影響，他認爲蘇軾《後赤壁賦》"有客无酒，有酒无肴，月白风清，如此良夜何"是對《魚麗》詩"魚麗於罶""君子有酒"的詩意想象與期待。"携酒与鱼"是對《魚麗》詩"魚麗於罶""君子有酒""物其多矣，維其嘉矣"的詩意踐行。李潚指出《後赤壁賦》中所呈現的酒食之樂在文化精神上與《詩經》一脈相續，所不同的是，《魚麗》詩是貴族宗族之間的宴飲，故常成爲宴飲禮儀中歌唱的名篇，具有宗族主義與實用主義的功能，而《後赤壁賦》則將此局限在貴族階層的具有實用理性的酒魚之樂轉換爲文人與山水相融合的自然之樂。

2.《詩》言志與《詩》言情的和融論述

詩言志與詩言情，是對《詩經》功能的論述。張伯偉教授曾從宋人寫詩"言用勿言體"的方法推導出："而在對某種現象、某一事物作概括、下定義時，中國人似乎也傾向於使用這一方式，不言其本體，而言其作用。"④如《尚書·堯典》所言"詩言志"，《論語·陽貨》所載《詩》可以"興觀群怨"，"'詩言志'没有説詩是什麼，而是從詩有何用的角度來回答——詩是用來表達志意的"⑤。

---

① 江林《〈詩經〉與宗周禮樂文明》，浙江大學 2004 年博士學位論文。

② 程俊英《詩經譯注》，上海古籍出版社，1985 年，頁 267。

③ 李潚著，白承錫校注《詩經疾書校注》，頁 265。

④ 張伯偉《中國文學批評的抒情性傳統》，《文學評論》2009 年第 1 期。

⑤ 張伯偉《中國文學批評的抒情性傳統》，《文學評論》2009 年第 1 期。

《詩大序》論述《詩經》的“言志”“言情”功能。張伯偉教授在《中國文學批評的抒情性傳統》中有關於《詩》與“志”“情”的精闢論述：

> 這裏，“詩”既是“志”的停蓄（“在心爲志”），又是“志”的表現（“發言爲詩”）……從“志”到“詩”，其基本動力和相伴相隨者則爲“情”（“情動於中而形於言”）。同時，詩還是和音樂、舞蹈同源的藝術形式。這段話，既展示了詩的觀念的演變痕跡，又標誌着中國早期詩歌概念的成熟，更重要的是，它奠定了中國文學批評抒情性傳統的基礎。從本體論意義上説，情是文學的本質之所在；從創作論的角度看，情是文學發生的動因；從作品論的方面看，情又是文學內容的基本構成。①

可見“情”與“志”是《詩經》的基本要素。“情”從本體論意義上説是《詩經》作爲文學性的詩的本質，是詩得以生成的動因，同時是詩的基本元素。但是《詩經》作爲經學的特徵和功能在《詩經》學史上占統治地位，傳統經典《詩經》學論著大多從經學意義的層面加以闡發而忽略其文學抒情功能的闡釋。故陳世驤、高友工先生在中國文學的經學傳統基礎上，提出中國文學的抒情傳統，均將中國文學的抒情性特徵上溯到《詩經》②。海東李瀷在《詩經》詮釋的時候注重《詩經》文本的文學性特徵，亦常常從經學與文學互動的角度來闡釋詩篇。

如《王風·君子於役》，此是室家思念久役於外的丈夫的詩。李瀷從人情深處解釋此詩云：

> 以文勢求之，恐是戍申大夫之妻所作……塒雞牛羊放散於山野，至期莫不完歸無失，此不獨日夕爲驗，見物益有感懷也。讀詩至此，心爲之不怡者良久。③

李瀷以詩中徐徐而來的情感爲依據，判定該詩爲婦人思念久役於外的丈夫的詩，與《詩集傳》同，與《詩序》“刺平王也。君子行役無期度，大夫思其危難以風焉”判然不同。可見李瀷重視了詩篇中“情”的表達與功用，他亦將“情”作爲詩篇內容的基本構成要素。《君子于役》末章“君子于役，不日不月，曷其有

---

① 張伯偉《中國文學批評的抒情性傳統》，《文學評論》2009 年第 1 期。
② 陳世驤《陳世驤文存·中國的抒情傳統》。高友工《中國抒情美學》，載樂黛雲編選《北美中國古典文學研究名家十年文選》，江蘇人民出版社，1996 年。
③ 李瀷著，白承錫校注《詩經疾書校注》，頁 109—110。

佸。雞棲于桀,日之夕矣,羊牛下括。君子于役,苟無飢渴"[1],李瀷以 "見物益有感懷也"之睹物思情的角度感受詩中亘古而邈遠的思念之情。"夕陽銜山,羊牛銜尾的恒常中原來是無常,於是一片暖色的親切中泛起無限傷心"[2]。至 "苟無饑渴",乃不忍舉那實有的關於疾疫、關於死亡的焦慮,而仍以那最平常的 "苟無饑渴"着眼,此是最家常之處,亦是關於生存的最根本之處,道出了深深的憂思與懷念。李瀷將讀者之情帶入了詩中,遂有了 "讀詩至此,心爲之不怡者良久"的悲傷情懷。讀詩至此與解詩至此,均是以情入詩的情感體驗與和融境界。

三　學術與政治的糾葛

《鄭風》二十一篇,詩篇多涉男女之情,《詩序》多以美刺釋之,《詩集傳》多以淫詩戀歌釋之。以男女之情爲書寫對象的《鄭詩》給後世《詩經》詮釋留下了多重的闡釋空間。李瀷是朝鮮王朝實學派鼎盛時期的代表人物,他以在野的身份著述、講學,并建立了一個以經世致用爲理論體系的星湖學派[3]。李瀷以經世致用的實學思想對《鄭風》做了創造性的闡釋,顯示出在野之士人對於政治的參與與對抗、理想的君臣關係的建構、君子之道的堅守,呈現出極爲豐富的《詩經》學內涵。茲從求賢與規諫、治道與治世、君臣之際遇、君子之道四個方面加以論述。

(一) 求賢與規諫

李瀷將《鄭風》中的諸多詩篇,如《緇衣》《有女同車》《豐》《東門之墠》《子衿》等詩解釋爲求賢人以治國的詩。如《東門之墠》詩,《詩序》和《詩集傳》都解釋爲男女爾汝之詩,不同的是:一釋爲 "男女有不待禮而相奔"[4],一釋爲 "室邇人遠者,思之而未得見之詞也"[5]。詩中室邇人遠成爲一種象徵,《詩序》《詩集傳》將其理解爲男女之思,久處草野之中的李瀷却將它看作賢人與

---

[1] 朱熹《詩集傳》,頁 43。

[2] 揚之水《詩經別裁》,中華書局,2019 年,頁 83。

[3] 葛榮晉主編《韓國實學思想史》,首都師範大學出版社,1998 年,頁 195。

[4] 孔穎達《毛詩正義》,頁 310。

[5] 朱熹《詩集傳》,頁 54。

朝臣的阻隔，其云：

> "東門之墠"，賢者所居也。君大夫欲見而遠避，故識其所居之地，庶幾其或還也。愛之之至，不但其人，至於所居之地，草木之微，耿耿不忘，則豈無可致之道？玉帛可走也，威尊可屈也，如是而不諧者，蓋寡矣。[①]

李瀷將此詩理解爲君大夫求取賢人，而賢人遠而避之之詩。君大夫面對賢人所居之所，吟唱出"其室則邇，其人甚遠"的惋惜，并以其"愛之之至，不但其人，至於所居之地，草木之微，耿耿不忘"，於是吟唱出"東門之栗，有踐家室。豈不爾思？子不我即"的渴望。李瀷將傳統作爲男女之思的《東門之墠》詩轉換爲朝臣求取賢人之詩，他以注《詩》的方式所傳達出的政治理念，即求取賢人以治國，以"玉帛可走也，威尊可屈也"的尊賢態度促進國家的和諧昌盛；也是久處草野之際的李瀷對於愛賢、求賢之朝臣的深深期待。

規諫是中國早期政治文化的重要元素，如陳來先生所云："西周開始，在政治文化中出現一種制度化的'規諫'傳統，既使得'規諫'成爲統治者正己、防民的重要理念，也構成士大夫規諫君主、疏導民情的正當資源。這也是政德的一個重要方面。"[②]《詩經》作爲西周文化智慧的詩意呈現，其具有重要的規諫功能，故漢代王式以《詩》三百篇爲諫書[③]。李瀷從"規諫"的角度來闡釋《叔于田》《大叔于田》《山有扶蘇》，發掘《鄭風》托言男女之情所包含的規諷勸諫功能。

如《鄭風·叔于田》，《詩序》云："刺莊公也。叔處於京，繕甲治兵，以出于田，國人説而歸之。"[④]《詩序》的解釋是根據《左傳·隱公三年》的記載而來的。李瀷同意《詩序》以《左傳》所記載的鄭莊公與共叔段的歷史解釋該詩，但其對於詩篇的旨意與《詩序》《詩集傳》刺莊公、美共叔段不同，而是發掘出詩中所蘊涵的多重規諫內涵，其云：

> 叔段恣胸黨與排布，不復知有君，故以飲酒爲婍好，以服馬爲武毅，則可見無賴之聚謀，而非國人之公頌也。又謂有人而不如叔，則可見無君之萌也。人情大抵古今皆同。段有才智，濟之以武姜之威勢，時人皆知鄭國

① 李瀷著，白承錫校注《詩經疾書校注》，頁 139。
② 陳來《古代思想文化的世界》，生活·讀書·新知三聯書店，2002 年，頁 297。
③ 班固《漢書·儒林傳》，中華書局，1964 年，頁 3610。
④ 孔穎達《毛詩正義》，頁 282。

將爲段之有，而莊公特一寄公耳。當時必有貴剛大夫，趨勢希旨倡説爲圖利者，故其俗之奔波如此，聖人取此詩者，即垂戒之義也。君子處世或不能擇義獨立，因循乎衆口之所附，以至失身喪節者，甚可懼也。子曰：爲人臣不識《春秋》之義，必陷篡弑之名。於鄭詩可鑒。①

李瀷從“於鄭詩可鑒”的立場闡釋出《叔于田》詩中的規諫內涵：一是規諫叔段不復知有君，以飲酒服馬作無賴之聚謀，國人規諷之。二是从垂戒的层面讽谏圖利趨勢的大夫。三是規諫不能擇義獨立因循衆口之附以致失身喪節的君子。李瀷從規諫的角度闡釋《叔于田》，突破了傳統《詩經》學局限於鄭莊公與共叔段的歷史評價，闡釋出《叔于田》所蘊涵的多重規諫內涵。

（二）治道與治世

李瀷上承李滉所開啟的朝鮮性理學，下啟朝鮮經世致用的實學②。李瀷的學術研究體現出治道與治世相融合的特點，他提出窮經將以致用的主張，開啟了朝鮮通經致用的先河③。

如《羔裘》，這是一首贊美大夫正直不阿的詩。李瀷的解釋與《詩序》《詩集傳》所代表的傳統闡釋不同，其云：

夫人養身者忘家，養心者忘身。家要富厚，身便不好。心主於理，身要完全，心便不直。時平人和，直道何難？苟在危難險阻，若不先以死生置在度外，臨事必有回互逃避而失其正。故君子常自矜持而預待之，所以能不渝者，以素定言也。所謂直兵推之，曲兵鉤之而不革。鄭國雖衰，賢者在位，守正不諱，如公孫僑之類是也。④

李瀷認爲《羔裘》詩是君子治道與治世的典範結合。他闡釋《羔裘》詩中君子治道是通過養身以忘家、養心以忘身與矜持自守之心的方式而達到的，強調這種內治其道的修養是應對困窘危難之境的心靈基礎，對內在之道的持守可以呈現出“洵直且侯”“舍命不渝”的君子品格與治世效果。李瀷從“如濡”“豹飾”“晏兮”之羔裘里，闡釋出其衣着羔裘的大夫所包含的洵直柔和、孔武有力與三英如粲的美好品格，這種品格是大夫內修其道的具體體現，是大夫處亂世

---

① 李瀷著，白承錫校注《詩經疾書校注》，頁124。
② 崔錫起《星湖 李瀷의 詩經學》，成均館大學校大學院1993年博士學位論文。
③ 葛榮晋主編《韓國實學思想史》，頁198。
④ 李瀷著，白承錫校注《詩經疾書校注》，頁129。

可以"舍命不渝",成爲邦之司直的基礎。李瀷從經世的角度,詮釋出《羔裘》詩篇所内蘊的治道與治世相融合的精神,具有現實意義。

(三)明良遇合的君臣理想

李瀷所處的朝鮮時代性理學盛行,儒者們固守朱熹的學説體系,强調思辨的形而上學化,導致了空疏的學風,并逐漸脱離現實世界。李瀷從經世致用的角度出發希冀打破學術與現實相區隔的二元對立局面,提出窮經以致用的觀點,通過闡釋經典以參與并解決現實問題,其云:

> 窮經將以致用也,説經而不措於天下萬事,是徒能讀耳。子所雅言,
> 《詩》《書》、執《禮》。《詩》以道志,《書》以道事,《禮》以道行,皆相爲用
> 而不可闕者也。①

李瀷認爲以《詩經》爲代表的經典著作是與現實世界、天下萬物密切相關的,即"皆相爲用而不可闕者也",他在此理論基礎上從經世的角度詮釋經典。《鄭風》多言男女之思,他將此男女之思轉化爲關於政治的、現世的、明良遇合的理想君臣關係,具體體現爲君臣遇合的期盼與君臣不遇的哀怨。

"'君主''君臣'是士大夫的'傳統論題'。士夫在這一題目下,通常表達的,是他們關於'明君'的想象,對'明良遇合'的期待;也借諸這一題目爲時政批評,直接的或隱蔽的當代君主批評"②。深受中國傳統文化影響的朝鮮儒者李瀷亦通過經典闡釋的方式來參與此一"傳統論題"的討論,傳達出深處草澤之中始終對理想君臣關係的期盼與嚮往。

如《有女同車》,這是一首讚美同車之女子具有美好容顏與品德的詩③。李瀷對《有女同車》詩的解釋不同於《詩序》刺忽之説與《詩集傳》淫詩之説,其云:

> 此以下,惟《出其東門》一篇之外,《集傳》皆謂淫奔之詩。然"佩
> 玉瓊琚",非倡冶遊女之飾。而孟姜,貴族也。德音,善言也,義亦不着。

---

① 李瀷《星湖僿説類選》卷六上,慶熙出版社,1967 年,頁 68。
② 趙園《原君·君臣——明清之際士人關於君主、君臣的論述》,《中國文化研究》2006 年夏之卷。
③ 按:張啟成《試論〈鄭風〉的情歌》指出:"就詩的原意來看,《有女同車》應是貴族階級迎親的歌辭。一位貴族男子以驚喜的口吻讚歎新娘的貌美如花,并讚揚她一舉一動從容閑雅,衣裙上的佩玉發出和鳴動聽的聲響。美貌、閑雅、有德,是鄭國貴族理想化的情偶標準。"張啟成《試論〈鄭風〉的情歌》,《文學評論》1982 年第 6 期。

《丰》之褻衣，分明是惡其文著，彼艷妝麗服，寧有尚褻之心？又況《野有蔓草》，聖人嘗引以自況，君子口吻，此可忍耶？以此推之，鄭六卿所賦，亦皆非淫褻之詞也。凡詩或悦或怨，而每多君臣之際，託諷之詞也。此篇即君悦臣之作。當時鄭亦多賢，如子皮、子產之屬。此恐是君得賢佐，却以男女託言者也。如二雅亦多天子答臣民之詩，何以異例？ ①

李瀷否定《詩集傳》將《鄭風》中的諸多詩篇解釋爲淫奔之詩，如《有女同車》，他從三個方面否定《詩集傳》：第一，詩中女子之配飾是“佩玉瓊琚”，此非倡冶遊女之配飾。第二，詩中女子的稱謂是“孟姜”，此是貴族之女。第三，詩中稱贊女子的品行爲德音，此是貴族女子所具有的修養。故李瀷認爲《有女同車》非爲淫奔之詩。李瀷認爲《鄭風》詩或有所悦、有所恨、有所怨、有所愛，但均是托諷之詞，主旨均在述説君臣之際遇。他將《有女同車》解釋爲托言男女以言國君得賢人輔佐，將詩篇之美人之喻轉化爲君臣之喻，賦予詩篇更爲豐富的闡釋内涵。同時，這種詮釋方式也是對《離騷》所開創的以香草美人喻男女君臣、以求女喻求賢的思維方式的創造性運用，即將《離騷》所開創的借男女喻君臣、借求女喻求賢的典範性創作方式轉化爲以男女、夫婦與君臣的新的詮釋方式 ②。李瀷將《鄭風》詩所蘊涵的男女、夫婦與君臣相關合，形成新的解釋意涵。

　　李瀷對《鄭風》的詮釋投注了他自身生存經驗的思考，他將《鄭風》詩篇中的男女相棄轉換爲國家政治層面之君臣不遇，將棄婦的深深怨情轉換爲忠臣渴求賢君的深深無奈。如《鄭風·遵大路》，這是一首叙寫大路之上男女棄別的詩。李瀷的解釋與《詩序》《詩集傳》不同，他以男女喻君臣，對詩篇做了創造性的解釋，其云：

　　　　按《集傳》自《遵大路》以下，莫非淫醜之語，惟《女曰雞鳴》一篇爲賢夫婦之作。何故此一篇，獨間於其間？其序列之義，恐不如是……恐是燕好親昵之義，而非奔女之語也……此篇疑亦是直道見黜者，托女爲喻也。③

·李瀷認爲《遵大路》非爲言男女私情之詩，乃是藉男女以言忠君而遭棄之情，

---

① 李瀷著，白承錫校注《詩經疾書校注》，頁 133。
② 尚永亮《〈離騷〉的象喻範式與文化内蘊》，《文學遺産》2014 年第 2 期。
③ 李瀷著，白承錫校注《詩經疾書校注》，頁 130。

其理由有三：一是孔子嘗引《鄭風·野有蔓草》詩作爲邂逅賢者之證。二是《左傳·昭公十六年》鄭六卿餞韓宣子於郊，賦《野有蔓草》之詩，以外交賦詩，非爲淫奔之言語，而是托言男女以言君臣燕好親昵之義。三是以《離騷》托言男女之燕好以喻君臣之義爲證。在此基礎上，李瀷得出《遵大路》是光明無愧、洵直忠貞之遵大路者無辜而見逐，遂以大路自況而訴其衷的悲歎。李瀷的解釋不僅將詩篇所内蘊的男女符號轉化爲君臣的象徵，同時突出了《詩》以言志、《詩》以言情的功能，詩篇既是對賢臣明君的渴望，也是賢臣不遇於君的悲歎。此外，他還將個體的生存經驗、人生境遇投入到詩的理解之中，通過詩篇闡釋，抒發出獨居草野之賢人對光明仕途的渴望，對賢明國君的期盼，體現了中國文學經典文本（text）與中國文學經典詮釋（interpretation）的抒情傳統[1]。

四　儒家身份與倫理建構

李瀷處草野之際，以在野的身份讀書、治學、教育，并始終關注王朝之政治、經濟與民生，提出并建立了經世致用的理論體系。李瀷否定并批判朝鮮王朝經術與事務相區隔判爲二道的研究狀態，提出窮經以致用的經典詮釋原則。李瀷以經典詮釋作爲媒介，呈現出他對於自身儒家身份與倫理體系的自覺建構，體現出經典與經典詮釋的現實性與實踐性品格。

（一）修身與個人倫理

李瀷以《詩經》詮釋的方式呈現出對個體身心修養的重視，并傳遞出個人在社會際遇中的倫理實踐與持守。

如《邶风·绿衣》，傳統《詩經》學將此詩與《左傳·隱公三年》所載衛莊姜不見答於莊公的歷史相聯繫起來，强調的是國君與君婦的倫理關係。李瀷在此基礎上，將國君夫婦之倫理，延伸到君臣倫理之上，即是將莊姜所代表的國君夫人之不遇延申到士人之不遇上，其云：

> 此云"绿衣黄裳"，謂君昏而后賢也。詳見《易經疾書》。治絲而織成，然後爲衣。此本其始而歸咎於莊公也……婦人之色衰，愛弛者似之也……我既無奈彼何，則只内守者確而正，外見者婉而中，有以自靖焉，庶幾免於詿耳……君子取之則凡有不安處，以聖賢爲準，思孔子之不得位，

---

[1] 張伯偉《中國文學批評的抒情性傳統》，《文學評論》2009 年第 1 期。

則天下之賤士可以安矣。思顏淵之屢空，則天下之貧士可以安矣。莊姜可謂百世師。①

李瀷將傳統《詩經》學對國君夫婦倫理的關懷轉入個體生命的觀照之中，具體表現在四個方面：一是李瀷將夫婦之情延申到世俗的情感世界，他贊同傳統《詩經》學以綠衣黃裳寓尊卑失序之意，進而將綠衣黃裳的根源歸咎於莊公，并以此延申出世俗的情感世界貪前而遺後的一般情態。二是李瀷將不遇之個體融入歷史的潮流之中，以變化的歷史消解了個體之不遇、無奈與哀愁，達到個體"之所存曠與古合"的程度。三是李瀷由《綠衣》詩莊姜之行闡發出不遇之士人所應持守的節度，即達到"內守者確而正，外見者婉而中"的內外兼修的理想狀態。四是"尚友古人"，以古人爲則。李瀷將《綠衣》詩"我思古人，俾無訧兮"之"古人"解釋爲歷史上的道德楷模，以莊姜思古人爲"善得其方"的處事態度。"在中國文化精神中，具有'尚友古人'的傳統"②。李瀷運用"尚友古人"的處世原則，引申到處凡不遇之境的君子，則應以古之聖賢爲準則，以此尋找到心靈棲息的故鄉，從而在精神境界與情理容量與孔子、顏淵、莊姜等古人遙相呼應。李瀷從《綠衣》詩中詮釋出不遇之個體雖處亂世，仍然要有內外兼修的道德修養，并在尚友古人的原則中持守士人的精神境界。李瀷的解釋豐富了《綠衣》詩的情感內核，擴大了該詩的價值外延。

（二）夫婦、父子、兄弟與家庭倫理新論

李瀷在《詩經疾書》中透露出他對以夫婦、父子、兄弟爲主體的家庭倫理的關注，呈現出他由家而國的儒家倫理價值樣態。

如《小雅·常棣》，這是一首宴飲兄弟的詩。李瀷在此基礎上提出兄弟倫理是父子、夫婦、朋友和融倫理秩序的基礎，其云：

死喪之威、原隰之哀，事變之至難也。其在兄弟必也懷之，甚而求之急，不可以其艱險而但已也。若朋友則非不爲之悲憫，只永歎而止……喪亂既平，既安且寧，包下人生妻子而言，蓋謂當平時或有視友生勝於兄弟，而籩豆宴樂者焉？視妻子勝於兄弟，而如鼓瑟琴者焉？皆悖理之甚也。

---

① 李瀷著，白承錫校注《詩經疾書校注》，頁 46—47。
② 曹虹《略論中國賦的感春傳統及其在朝鮮的流衍》，《南京大學學報》（哲學·人文科學·社會科學版）2000 年第 1 期。

孰知夫兄弟之既具且翕,然後方可得和樂之且孺、且湛哉!　①

李瀷從兄弟倫理與政治、家族與社會倫理的關係來闡釋此詩:

第一,李瀷贊同《鄭箋》將此詩定爲邵穆公叙周公之意的詩。楊樹達先生根據金文資料斷定此詩確如《左傳》所記載,爲西周末年之詩,可見李瀷對《常棣》詩旨的把握是準確的。他將《常棣》詩篇由普通的兄弟宴飲置入到西周末周王室兄弟互相猜忌鬥争的歷史場景之中,賦予兄弟倫理以政治與政權的色彩。

第二,李瀷强調兄弟關係較之朋友關係更爲重要。這是從周代分封制與宗法制的社會背景來解釋詩篇的,“分封制對王朝各級貴族而言是以血親關係爲尺度,所實行的是對既得利益的分享制。在這‘分享’中,血緣的親疏遠近,化爲等級的高低貴賤,原始的自然關係,化爲制度的倫理綱常”②。宗法封建社會,兄弟既是宗族利益的分享者,也是宗族利益的守衛者。故詩云“常棣之華,鄂不韡韡。凡今之人,莫如兄弟”,强調兄弟倫理較之其他社會倫理的獨特性,也反映出詩篇强烈的危亡意識與對抗異族的憂患意識,“詩人所以如此强調兄弟血親之誼的絶對性,實際上是想在對宗親意識的驚醒中,汲取抗拒危亡的精神資源”③。可見封建制與宗法制是處於共同命運的宗法兄弟能夠“死喪之威,兄弟孔懷。原隰裒矣,兄弟求矣”與“脊令在原,兄弟急難。每有良朋,況也永嘆”的制度保障。李瀷認識到兄弟倫理在古代宗法社會的特殊性與價值意義,遂得出“其在兄弟必也懷之,甚而求之急,不可以其艱險而但已也。若朋友則非不爲之悲憫,只永歎而止”,揭示出宗族社會背景下的宗族兄弟倫理的本質,即他們既是命運與利益的共同體,同時也是共同命運與利益的捍衛者。

第三,以血親爲基礎的兄弟倫理是實現夫婦爲代表的家庭人倫和合的紐帶。李瀷認爲“兄弟既具,和樂且孺”“兄弟既翕,合樂且湛”的美好狀態是“妻子好合,如鼓琴瑟”與“宜爾室家,樂爾妻帑”的重要保證。

(三)安人與社會倫理

李瀷的《詩經》詮釋體現了他經世致用、窮經將以致用的經學觀。他以詮釋的方式安頓慰藉着處於風雨飄搖中的士人心靈,這既體現出他《詩經》闡釋

---

① 李瀷著,白承錫校注《詩經疾書校注》,頁 253—254。

② 李山《詩經的文化精神》,頁 79。

③ 李山《詩經的文化精神》,頁 86。

的特色，又呈現出濃郁的人文關懷。茲舉例説明，如《王風·君子陽陽》，這是描寫舞師樂工歌舞的詩①。李瀷否定《詩集傳》的釋義，從《詩序》的角度加以闡釋，其云：

> 樂亦在其中，與得意者無別。此貧士之節度也，與世之嘆老嗟卑、愁悒以終身者有別。又云"招我"，則必有同志、同事相與勉勩者也。古人之友道如此，招必以右手，故簧、翿在左也。②

李瀷否定《君子陽陽》詩爲夫婦歌舞之辭。他引用《詩序》的解釋，并從君子不遇驅身保命的角度加以闡釋，并進而將君子辭尊居卑、安貧樂道的處事提升爲貧士之節度，指出此種處事態度與嘆老嗟卑、愁悒以終身者有別，揭示出君子雖處境卑微，但始終以積極的樂的態度面對現實人生，體現出東亞儒學精神核心之"樂感文化"③。李瀷的解釋給予處貧賤之位的君子以道德性的生存空間，是對不遇士人心靈的慰藉與安頓，同時也構建了和諧的社會倫理關係。

再如《鄭風·野有蔓草》，此是一首邂逅清揚婉兮之美女的詩。《詩序》從政教的角度解釋此詩云："思遇時也。君之澤不下流，民窮於兵革，男女失時，思不期而會焉。"④《詩序》將詩篇中"有美一人，婉如清揚。邂逅相遇，與子偕臧"的不期而遇的美好邂逅置之於窮兵黷武的亂世之中，賦予了詩篇強烈的視覺反差與政教意識。《詩集傳》從文學的角度解釋此詩云："男女相遇於野田草露之間，故賦其所在以起興。言野有蔓草，則零露漙矣，有美一人，則清揚婉矣，邂逅相遇，則得以適我願矣。"⑤李瀷的解釋與《詩序》《詩集傳》相異，其云：

> 蔓草，野外也；零露，暴露也。於此邂逅，非貴勢之交也，况適願則素所欽悦也。孔子遇程子於郯之途，引此自况。聖人必不屑言淫醜之辭，可以此爲斷也。其終云："與子偕臧。"男女窺從，豈有以善相勉之理？此尤可信天下有道，取友於朝廷紳佩之間；天下無道，取友於草澤漁獵之下。⑥

---

① 程俊英《詩經譯注》，頁 105。
② 李瀷著，白承錫校注《詩經疾書校注》，頁 111。
③ 李澤厚《論語今讀》，頁 29。
④ 孔穎達《毛詩正義》，頁 320。
⑤ 朱熹《詩集傳》，頁 56。
⑥ 李瀷著，白承錫校注《詩經疾書校注》，頁 144。

李瀷對於《野有蔓草》詩的解釋突破了《詩序》之兵革不息的社會背景與《詩集傳》純粹的男女之思,他將詩篇中所期待邂逅清揚婉兮、婉如清揚的有美一人轉換爲賢人君子之間非權貴政治的際遇,并進而將此種際遇詮釋爲士君子處事的準則,即"天下有道,取友於朝廷紳佩之間;天下無道,取友於草澤漁獵之下",一方面傳達出作爲朝鮮知識人的李瀷充滿了對美好政治理想的渴望,另一方面亦體現出朝鮮知識人在政治權勢之外的獨立意識,即强調"仕"的條件,强調士君子的獨立地位、個人意志與自主選擇。於此,趙園關於明清之際君主、君臣的論述亦然適合作爲朝鮮儒者的李瀷,"即如王夫之對臣的、士的自主選擇的一再闡説,以易代之際的政治實踐作爲經驗背景,在一個士大夫的倫理處境極其嚴峻的時期,包含了複雜的歷史內容及論者本人的心理內容,令人可以感知亡國之際士大夫所承擔的道義責任的沉重"[①]。可見李瀷對於《野有蔓草》詩的解釋擔負了安頓士人不遇心靈的任務,同時具有思想史的意義。

(作者單位:貴州大學文學與傳媒學院)

---

① 趙園《原君·君臣——明清之際士人關於君主、君臣的論述》,《中國文化研究》2006 年夏之卷。

北學之興:洪大容與杭州三士筆談新探 *

金明昊 撰　許 放 譯

引 言

從乾隆三十年(1765)十一月到乾隆三十一年(1766)四月,朝鮮文士洪大容(1731—1783,字德保,號弘之)全程參與了冬至兼謝恩使行。回國後,他用漢文撰寫了《燕記》和《乾净筆談》,用韓文撰寫了《乙丙燕行録》,把自己的中國見聞記録了下來。筆者嘗試對這三部紀行作品進行綜合考察,以期闡明北京之行對洪大容所產生的決定性影響,力圖走出學界多年來流於表面化、臉譜化的認識誤區,並對洪大容及其北學思想的本質進行深入和全新的闡釋。

爲了完成上述目標,本文將重點關注來自杭州的三位文士——嚴誠、陸飛、潘庭筠與洪大容的筆談,並對《乾净筆談》進行集中分析。在筆談的過程中,他們就中國歷史、政治、文化、學術等領域的主題進行了頗具水準的對話。筆者根據主題對筆談内容進行了重新整理,力圖作出明確的解釋。同時,還對杭州三士的人生履歷進行介紹,爭取從多個角度解釋洪大容能與他們超越華夷之别、結成莫逆之交的深層原因。

* 本文爲國家社科基金重大項目"東亞古代漢文學史"(19ZDA260)、教育部人文社會科學研究青年基金項目"東亞漢文化圈中的諺文燕行文獻研究"(19YJCZH205)階段性成果。本文編譯自金明昊著《洪大容與杭州三士:洪大容北京紀行新讀》(石枕出版社,2020年)一書的序言與結論部分。

　　筆者還將洪大容的北京紀行作品與金昌業的《燕行日記》、李器之的《一庵燕記》進行比較,對他的所見所聞進行宏觀考察和客觀評價。與金昌業、李器之相比,洪大容不僅對清帝國的統治與發展做出了善意觀察,還能洞察清帝國先進文物[①]的内在特徵,甚至初步構建起積極接受清代文物的理論框架。

　　本文還關注洪大容歸國之後的思想變化,考察了他與清朝文士的書信往來及李德懋、朴趾源等人的相關著作,通過這種方式來探尋洪大容思想變化的軌跡,並闡明其對北學派的影響。

一　在清帝國的首都

　　乾隆三十年(1765)十一月,洪大容隨叔父洪檍(時任冬至兼謝恩使行書狀官)參與北京使行。當時國王英祖還指派掌樂院樂師張文周和觀象監官員李德星參與使行,目的是學習雅樂中的唐琴演奏法和編制曆書時所需要的曆算知識。洪大容擅長演奏玄鶴琴,還製作過渾天儀,在音樂和天文學方面都有獨到見解,自然就與這些人一起訪問了琉璃廠和天主堂,學習了唐琴演奏法和天文曆法知識。

　　使行團從朝鮮出發之時,洪氏老師金元行對弟子能夠參與使行表示祝賀。但作爲多年至交的隱士金鍾厚卻批評洪大容,指出其不應該踏上仇人之國——清朝的土地。與之類似,在父親洪櫟、堂弟洪大應、同門徐直修等人的送別詩中,也隨處可見尊明排清的傾向。實際上,洪大容在渡過鴨綠江進入中國境内時,也曾寫過類似主題的詩作。在使行團進入北京時,他還表現出了艷羨與排斥共存的複雜心態。但通過參與使行,洪大容得以親眼目睹中國的山川景物和清帝國的社會發展,開始逐步向北學思想實現轉變。

　　從乾隆三十一年(1766)正月開始,洪大容在北京停留了兩個月。在此期間,他最常去的地方是天主堂和琉璃廠。他曾與李德星一起訪問天主教南堂,向傳教士劉松齡和鮑友管學習五星位置的計算方法等天文曆法知識,還參觀了渾象儀和天體望遠鏡等天文觀測儀器,以及鬧鐘、懷錶、問時鐘等計

---

①　譯者注:本文中的"文物"指文化的産物,即一個國家在政治、經濟、宗教、藝術、法律等領域的成果。

時器,洪大容對以精密觀測和數學計算爲基礎的西方天文學的先進性表示認同。在北京時,他還購買了囊括天文學、音樂學、數學知識的大型叢書《律曆淵源》。

洪大容關注的領域並不局限於西方科學,他向劉松齡詢問了天主教教義,還與信奉天主教的商人陳哥進行了有關宗教的對話。洪大容在剛剛與劉松齡、陳哥見面時,表現出了對天主教的善意。但後來從嚴誠、潘庭筠處得知清政府頒布了禁教令,中國士大夫也完全不相信天主教。所以,洪大容在積極接受西方科學成果的同時,開始對宗教表現出了排斥。

二　與杭州三士的交遊

在北京期間,洪大容與杭州文士嚴誠、陸飛、潘庭筠結爲莫逆之交。這三人都是在競争激烈的浙江鄉試中脱穎而出的青年俊才,陸飛還是這一科的“解元”。洪大容在讀過嚴誠、潘庭筠贈送的浙江鄉試硃卷刻本後,對二人的文章表示出了敬佩之情。

李德懋在《耳目口心書》中,對嚴誠的硃卷進行了詳細介紹。在新發掘史料《浙江鄉試硃卷》[①]中,抄録有嚴誠、陸飛、潘庭筠的硃卷。根據這份文獻,可知乾隆乙酉科(1765)浙江鄉試的主考官是錢大昕,他與惠棟、戴震都是能夠代表清代考證學成就的著名學者。中式的舉人們都稱鄉試主考官爲“座師”,並結成平生的師生關係。嚴誠、潘庭筠爲了與錢大昕共同拜謁錢維城(錢維城是錢大昕的座師),不得不放棄了與洪大容最後一次會面,可見這種師生關係是何等重要。

陸飛與嚴誠都是載於《杭州府志·文苑傳》的名士。陸飛(1719—1786,字起潛,號篠飲)是一位懷才不遇的詩人、畫家,其詩集《篠飲齋稿》有初刊本和重刊本傳世。乾隆三十一年(1766)會試落榜後,陸飛回到杭州,終其一生都在西湖邊過着隱遁生活。與朱子學相比,陸飛更傾向於陸王學,但反對兩派的對立,主張交流與溝通。陸飛在考證學方面也有精深的造詣,這從他對朱子《詩經》注釋的批判中就可以清楚地看到。

---

① 譯者注：《浙江鄉試硃卷》,藤塚鄰(1879—1948)舊藏鈔本一册,現藏美國哈佛大學燕京圖書館。

　　嚴誠（1732—1767，字力闇，號鐵橋）出身於杭州的儒學者家庭，是一位多才多藝的文人、學者。乾隆三十一年（1766）會試落榜後回到家鄉，決意不再應試。後到福建福州作塾師，不幸染疾身故，年僅35歲。雖然嚴誠的一生較爲短暫，但曾與諸多杭州名士交遊，其才華頗受稱許，通過其摯友朱文藻所編《鐵橋全集》就可以知道這一點。詩、書、畫俱佳的嚴誠長於白描人物畫，在篆刻方面也自成一家。在學術上，他精通佛教、朱子學，亦長於考證學。

　　潘庭筠（1742—1806，字蘭公，號德園）頗有貴公子風度，是有志於立身揚名的翩翩才子。他曾拜滿人官員爲義父，通過這種方式結交權貴，由此也可以看出他渴望入世的人生態度。潘庭筠曾三次參加會試，但都名落孫山。此後出任内閣中書，開始了宦海生涯。直到乾隆四十三年（1778）纔考中進士，授翰林編修。後被任命爲陝西道監察御史，但未赴任便辭官回鄉。因爲潘庭筠有長期的京官經歷，所以有機會與洪大容等北學派人士進行持續的交流。與陸飛、嚴誠相似，潘庭筠也是詩、書、畫俱佳。潘庭筠出身於以文學知名的杭州名門望族，其夫人就是一位女性詩人，子女們也以兼擅書畫而聞名於世。潘庭筠雖然對洪大容説自己信奉朱子學，但實際上熱衷佛教的程度絶不亞於嚴誠。中年以後，更是醉心於佛典，還曾與摯友畫家羅聘共同鑽研佛理。

　　得到杭州三士共同尊敬的吳穎芳（1702—1781，字西林，號臨江鄉人）是著名的考證學者、詩人，精於佛教教理，是繼承了明遺民之風的“問題人物”。潘庭筠曾向洪大容介紹徐介、汪㵑、王增祥等多位杭州的高尚之士，這些人的共同特點是：拒絶清朝的科舉與官職，平生隱居，專注治學與詩文創作，喜好飲酒，醉心佛教，穿戴明代衣冠服飾，不時放聲痛哭，通過奇異行爲來尋求心理上的安慰。陸飛也有與這些人相似的表現，嚴誠、潘庭筠還曾師事吳穎芳。李德懋通過《乾净筆談》得知吳穎芳、徐介、汪㵑、王增祥等人的事跡，視這些人爲明遺民氣節與風度的繼承者，認爲他們是清朝的高尚之士，在表示尊敬的同時，還進行了持續的關注。

三　尊明意識與友情論

　　潘庭筠、嚴誠第一次與洪大容見面時，就提到了王士禎所編明末清初詩選《感舊集》中收録有朝鮮金尚憲的詩作，還把在中國也不易得的《感舊集》全帙贈送給洪大容。金尚憲（1570—1652,字叔度,號清陰）是丙子胡亂[①]時的主戰派代表人物,朝鮮人都非常推崇其忠貞大節。金尚憲還是洪大容老師金元行的直系先祖,因此三人得以通過《感舊集》迅速拉近距離。爲了讓《感舊集》能在尊明的朝鮮廣泛傳播,嚴誠還建議洪大容翻刻刊行這部詩選。

因爲《感舊集》中收錄了大量反映明遺民意識的詩作,加之錢謙益的作品亦在其中,從乾隆朝中期開始就被列爲禁書。《感舊集》中收錄金尚憲詩一事通過《乾淨筆談》在朝鮮傳播開來,李德懋、李書九等人由此對王士禎詩表現出了強烈興趣。從朴趾源及其孫朴珪壽的記錄可知,《感舊集》的意義已經超越了單純的詩選,在他們眼中儼然就是一部體現尊明義理的著作。因此,王士禎的《感舊集》可以被視作朝鮮文士與清朝治下漢人文士之間取得深層次共鳴的重要媒介。

呂留良是明末清初的朱子學者,但被雍正朝的曾靜投書案牽連,特別是他的著作被認爲對該案主謀曾靜有巨大影響,屬於鼓吹反叛的異端思想,因此被剖棺戮尸,其著作也被列爲禁書。在雍正帝反駁曾靜、呂留良觀點的《大義覺迷錄》傳入朝鮮後,曾靜投書案開始廣爲人知,對呂留良的關注也形成了一個高潮。在國王英祖的推動下,燕行使臣終於得到了呂留良的詩文集,此後呂氏的作品在朝鮮得到廣泛傳播。

洪大容在北京期間,也曾數次訪求呂留良的文集。在《乙丙燕行錄》中,洪大容盛讚呂留良是學術造詣精深、節操出衆的人物,還詳細介紹了與之密切相關的曾靜投書案。從這些細節來看,洪大容應該熟讀過呂留良的著作,並對呂氏的思想產生了相當的共鳴。洪大容與呂留良在追求朱子學革新,特別是在爲了實現這個目的,積極接受西學這一方面具有明顯的相似性。李德懋也對呂留良表現出了極大的關注,爲了讓呂氏及其他明遺民的事跡能夠傳之後世,付出了長期的努力。

在使行途中,洪大容還仔細觀察了清朝女性的服飾,認識到中國古代服飾制度依然保存在閨房女性之中。北京長椿寺中有明崇禎帝生母孝純太后劉氏的畫像,洪大容就曾對畫中的明代服飾進行過仔細觀察。

在與嚴誠、潘庭筠討論衣冠制度時,洪大容提到清政府強迫漢人遵從滿人

---

① 譯者注：丙子年（崇德元年,1636）十二月至翌年二月,清太宗皇太極率軍攻打朝鮮。清朝人稱之爲“丙子之役”,朝鮮人稱之爲“丙子胡亂”。

的服飾制度，導致明朝衣冠制度僅見於戲台之上，他對此深感悲痛。洪大容一方面對朝鮮保存了明朝衣冠制度而感到自豪，另一方面也對朝鮮女性服飾多受蒙古"夷風"的影響而深感不滿，希望用明代的制度加以改革。他指出清朝也有人希望恢復明朝的衣冠制度，這與王朝的存續無關，只要施行德治並繼承中華文物制度，無論是哪個民族的政權，都可以成爲中國的正統王朝。這與雍正帝在《大義覺迷録》中的主張有相通之處。可以説，洪大容的"衣冠制度改革論"與朝鮮的尊明排清主義是背道而馳的。

洪大容回到朝鮮以後，通過與潘庭筠等人的書信往來，一直努力搜集有關中國漢族女性服飾的資料，甚至還嘗試獲得女性衣物的實物。由此可見，他非常執着於朝鮮女性服飾的改革。洪大容雖然對朝鮮人在衣冠制度方面自以爲是的態度進行了反思，但實際上並未能擺脱希望繼承明朝衣冠制度的復古式中華中心主義思想的束縛。

洪大容在與杭州三士交往的過程中，超越了華夷的區別，追求着真正的友誼。在三人面前，洪大容自稱"東夷"。同時認爲，清朝已經統一中國，四海皆爲一家，不應有華夷之别。另外，如果以天爲父母，那麼天下人皆爲同胞，華夷之間也存在真正的友誼。這實際上是認同清朝是中國的正統王朝，肯定了以清帝國爲中心的國際秩序，這也與他一直主張的尊明義理發生了衝突。

正是因爲對尊明義理的深層次共鳴，洪大容纔與杭州三士結爲莫逆之交。這一點，可以通過《感舊集》、吕留良、明遺民的衣冠制度等共同話題得到驗證。洪大容曾在信中暗示，恢復中原的日子一定會到來，在暗黑時代——清帝國治下要共同忍耐、默默前行。讀到這封信的嚴誠和潘庭筠非常感動，因爲洪氏知道自己是没有忘記明朝的悲憤慷慨之士。洪大容甚至勸告杭州三士，不要參加清朝的科舉，不要入朝爲官，應該隱居鄉里，一生修身治學。嚴誠和陸飛來自明遺民之風甚盛的江南地區，原本就不是十分熱衷於宦路，這個建議對二人應該有不小的影響。

在北京期間，洪大容不僅與杭州三士等漢人知識分子有過交流，還與屬於清宗室的滿人有過交往，這也是超越華夷身份的特殊友誼。那位清宗室成員的名字一直被誤傳爲"兩渾"，實際上"兩渾"並非人名，而是中國書信中的常用套語，意指發信人與收信人的姓名均被省略。當時的清宗室成員中，與《燕記》和《乙丙燕行録》所記"兩渾"最爲接近的人物是怡親王弘曉之子永琅（1746—1799），雖然這個身爲親王之子的皇室宗親與朝鮮文士洪大容之間有着巨大的身份差異，但卻能互相以誠相待、平等交往。永琅還想把珍貴的西洋問時鐘送給洪大容，但洪大容卻小心翼翼地恪守着君子的禮義廉恥之規。

洪大容在離京前寫給永琅的信中，鼓勵他砥礪學行、成就大業，可以説盡到了朋友“責善”的義務，永琅因此大受感動。回到朝鮮後，二人的書信往來也未中斷。洪大容曾在去信中拜托其修理出現故障的問時鐘，永琅就此事的復信一直保存至今。與金昌業、李器之相似，洪大容也認爲在使行途中遇到的滿人品行敦厚，在這方面優於漢人。通過與清宗室王子的交往，洪大容對滿人產生了更多的好感。這些經歷應該也對他從北伐論[①]轉變爲北學思想起到了積極的影響。

四　思想的變化

洪大容雖然有着强烈的尊明傾向，但對康熙朝以後的清帝國還是給予了高度評價。長期的政治穩定，富足的國家財政，便利的民間器物，針對百姓的税收減免，針對朝鮮的朝貢減免，都是其積極評價的對象。這些觀點雖然受到了金昌業和李器之的影響，但也與朝鮮英祖朝相對友好的對清態度有一定的關係。對於清帝國的社會發展，洪大容較之金昌業、李器之在觀察範圍上有明顯的擴大，如整齊的道路，堅固的城郭，華麗的房屋，繁榮的經濟，磚、瓦等實用建築材料，車、船等便利交通運輸工具。

洪大容對中國人在日常生活中使用的各種器具也進行了仔細的觀察，包括：節省人力、性能優異的農用器具，配有滑輪的汲水裝置，廣泛普及的珠算與簡便計算術，堅固的城墙，精良的武器，嫻熟的騎射術，這些都讓洪大容認識到了北伐論的非現實性。洪大容還認真觀察了包括唐琴在內的清朝樂器，特別是對由利瑪竇傳入中國的洋琴表現出了極大的興趣。他主張應該把洋琴作爲十二律標準音的定音樂器，並首次用朝鮮鄉樂音程調律，成功進行了演奏。包括洪大容在內的北學派人士都特別喜愛洋琴，演奏洋琴是他們共同的愛好和關注點。

---

① 譯者注：爲了洗雪丙子胡亂之恥，朝鮮孝宗朝（1649—1659）出現了一系列討伐清朝的建議與計劃，是爲“北伐論”。

　　洪大容並未流於蜻蜓點水式的觀察，他還對清朝文物的特徵進行了深入思考，希望找到清朝實現社會繁榮的原動力。他認爲清朝文物具備了“雄壯”“嚴整”“精密”“簡便”等特點，“大規模、細心法”是其根本特徵。“大規模、細心法”原是與《周禮》相關的朱子學用語，洪大容認爲清朝文物表現出了《周禮》的特點，在實現規模宏大的同時，還繼承了精密的周公心法。此後，“大規模、細心法”成爲朴趾源等北學派人士觀察清朝文物的基本方法。

　　洪大容認爲，清朝文物的“雄壯”“嚴整”“精密”“簡便”，就是繼承了《周禮》“大規模、細心法”的中國文物的固有特徵。這個觀點把清朝文物視爲固有的中華文物，將清朝文物與清帝國分離開來。此外，中華文物並非特定王朝的産物，而是由歷代聖賢共同創造的，是具有普遍意義的理想制度。通過這樣的思路，洪大容巧妙地避免了與朝鮮的尊明排清主義發生衝突，構建了能夠積極接受清朝文物的理論框架。在這個基礎之上，從朴齊家的《北學議》到朴趾源的《熱河日記》，再到李喜經的《雪岫外史》，北學思想得到了不斷的豐富與發展。

　　洪大容在觀察清帝國社會發展的同時，還十分關注清朝學界的動向。與翰林彭冠、國子監生周應文相比，杭州三士不僅學識俱佳，還能直言快語地對朱子學進行批判，在思想上給洪大容以很大觸動。

　　陸飛批判朱子是造成“尊德性”與“道問學”分立的始作俑者。對此，洪大容承認朱子學派存在過於傾向“道問學”的弊端，以及陸王學派重視“尊德性”的優點。但洪大容也指出，王陽明不僅提倡“尊德性”，也實踐了“道問學”。僅僅因爲事功而崇拜王陽明，實際上是對他的學術缺乏全面認識。對於洪大容的包容態度與客觀批評，陸飛都表示非常贊同。

　　洪大容還與嚴誠討論了朱子學的修養方法。嚴誠反省自己和潘庭筠都沒能致力於朱子學的學習，反而沉溺於詩畫創作。洪大容忠告二人不應該過於重視屬於末藝的詩畫創作，而應重視作爲修身根本的德行修養。他還囑托嚴誠不要沉迷於佛教，應該繼承“後孔子”——朱子的學問。因此，杭州三士都盛贊洪大容是“理學大儒”。

　　通過以上的學術對話可知，洪大容認爲中國雖然盛行陽明學，但與朝鮮不同，這裏的學術風氣相對公正、開放，能夠包容其他學術派別的批判。但是，在有關朱子《詩經》注釋的討論中，洪大容與杭州三士始終都沒能取得意見上的一致。杭州三士從考證學的角度，對朱子的詩經學進行了猛烈批判。洪大容則積極應戰，擁護朱子的主張。在激烈的討論中，洪大容第一次接觸到考證學，加之他親眼目睹了清帝國的繁榮，這些因素就成爲了促使其思想發生轉變的契機，也催生了北學思想的萌芽。

　　陸飛、嚴誠、潘庭筠三人都生長在乾隆朝考證學的重鎮——杭州，在他們的交際圈中，既有杭世駿、吳穎芳、汪輝祖、朱文藻、邵晉涵、錢大昕等考證學者，也有郁禮、鮑廷博等藏書大家。在洪大容和杭州三士之前，還沒有朝鮮人與中國人針對朱子的詩經學進行過深入的討論，他們之間的筆談在兩國學術交流史上佔有重要的地位。

　　杭州三士認爲朱子排斥“小序”殊爲不當，而且朱子的《詩集傳》中謬誤頗多，該書的注釋應爲門人代筆，並非朱子所作。另外，朱子認爲《詩經》中存在“淫詩”的觀點也是錯誤的。三人的這些主張深受馬端臨、朱彝尊，特別是在《白鷺洲主客說詩》中反駁朱子觀點的毛奇齡的影響。陸飛雖然接受了洪大容對《詩集傳》朱子門人代筆說的反駁，但對洪大容支持朱子小序廢棄論、淫詩說的立場始終都沒有表示贊成。

　　嚴誠與洪大容在《周易》是否爲占卜之書這一問題上，也存在意見的分歧。嚴誠根據顧炎武的《日知錄》，批判了朱子的觀點。與之相反，洪大容還曾在北京求購占卜用的真品蓍草。在洪大容後來所著《周易辨疑》和《啟蒙記疑》中，也難以發現批判朱子學說的考證學的影響。

　　在與杭州三士的《詩經》討論即將結束之時，洪大容指出朝鮮雖然信奉朱子學，但是在學風上具有嚴重的排他性，有必要進行反思。還坦承自己在小序研究方面知識不足，回到朝鮮後會繼續鑽研，到時再向三人請教。但是，回到朝鮮後，洪大容並未在《詩經》研究上表現出太多的熱情。雖然潘庭筠把接受了考證學者批判朱子觀點的《御纂詩義折中》寄到了朝鮮，但洪大容的反應並不積極。從洪大容在《詩傳辨疑》《大東風謠序》《桂坊日記》中的觀點來看，其受朱子和金昌翕的影響很大，但卻難以發現杭州三士或《御纂詩義折中》的影響。

　　與洪大容相對消極的反應不同，李德懋對《乾淨筆談》所載清朝考證學信息表現出了強烈的興趣。在《天涯知己書》中，李德懋對考證學大家朱彝尊進行了非常正面的介紹，也不贊同洪大容根據朱子的觀點對小序進行負面評價。另外，李德懋之所以在《清脾錄》和《盎葉記》中多次引用顧炎武、毛奇齡、朱彝尊的著作,也是因爲在接觸《乾浄筆談》後,對考證學産生了極大的興趣。

在《熱河日記》中,朴趾源以《乾浄筆談》和《天涯知己書》的内容爲基礎,指出清朝盛行批判朱子詩經學的風潮,認爲這主要是受毛奇齡的影響。朴趾源曾在熱河與王民皞進行筆談,再次確認了當時學界的動向,還介紹了時人對毛奇齡的負面評價。朴趾源認爲,清朝出現批判朱子學的風潮是因爲清政府把朱子學當作統治工具,由此引發了知識分子群體的反抗。他慨歎朝鮮學術風氣的狹隘,主張與批判朱子的中國文士積極對話,强調清朝興起的考證學與之前的陽明學多有不同,應該用寬容的態度對待之。

清代考證學與洪大容所追求的“古學”有一定的共同點,如:追求恢復古代的實用主義儒學,以此來改革當時脱離實際的空疏儒學,追求包括天文學、數學知識在内的博學多識等。雖然洪大容通過北京之行接觸到了全新的考證學風,但卻未能獲知當時處於全盛時期的考證學最新成果。實際上,洪大容所接觸的考證學僅限於清初,而且大多集中在針對朱子詩經學的批判之上。另外,他所接觸的杭州三士,雖然精於經學和詩、書、畫諸藝,但並不熟悉天文、數學等領域的知識。即便有以上種種不足,洪大容的經歷還是給李德懋、朴趾源等北學派人士帶來了巨大影響,也讓朝鮮社會對考證學的關注達到了一個新的高度。

結　論

應該説,洪大容完成了其在赴京之前所設定的兩個目標:一是在中國與“天下之士”論“天下之事”,二是觀察乾隆盛世的“規模”與“氣象”。也就是説,他不僅想看到繁榮的中國和壯麗的景物,還想結識優秀的文士;不僅想探問中國的國情,還想了解士人們崇尚的文學與學術。通過北京之行,洪大容得以從多個側面觀察乾隆年間中國社會的發展。通過與杭州三士的交遊,得以與他們隱藏在内心深處的尊明意識産生强烈共鳴,還得知清朝盛行批判朱子學的考證學。

洪大容通過在中國的見聞,使自己實現了思想上的轉變。在堅持尊明義理和朱子學立場的同時,從北伐論的桎梏中掙脱出來,開始創立北學思想。他能夠正視清朝統一中國後出現的政治穩定、經濟繁榮和軍事上的强大,在認同清朝文物先進性的同時，還主張積極接受之。對於滿人，不僅給予較高評價，還與清宗室成員結下深厚友誼。此外，還多次訪問北京的天主堂，努力學習當時傳入中國的西方天文學，對西方計時裝置和洋琴等都表現出了極其濃厚的興趣。

洪大容對呂留良等明遺民有特別的關注，希望用明朝女性的服飾制度去改革朝鮮女性的服飾。還勸告杭州三士，不要在清朝治下爲官，應隱於鄉里。在三人站在考證學的立場上對朱子詩經學觀點進行批判時，洪大容始終一貫地堅持朱子學的立場，還叮囑嚴誠不要沉迷於異端思想，平生應致力於朱子之學。在杭州三士看來，洪大容是純正的朝鮮朱子學者。

不能不說，洪大容思想中存在着一種矛盾。他在贊揚清朝統治的同時，批判了滿人強迫漢人剃髮易服的暴政，強調在清朝也有人想恢復明朝的衣冠制度。指出只要繼承中華文物，無論是哪個民族的政權，都可以成爲中國的正統王朝。另外，洪大容在與杭州三士的交流中，指出清朝已經統一中國，天下皆爲一家，不應再有華夷之限，這些主張與他一直堅持的尊明義理不可避免地產生了矛盾。

那麼，洪大容思想中的進步性與保守性、北學思想與尊明思想之間的矛盾是如何得到調和的呢？洪大容雖然在建立清朝文物接受理論的過程中經歷了重重困難，但最終找到了一個解決方法：那就是強調清朝文物並非清帝國的產物，而是從古代到明朝，一直得到傳承的古代中華文明的結晶。這個“清帝國與清文物分離論”成爲此後北學思想發展的重要理論出發點。實際上，洪大容在參與北京使行之前，就爲了改革當時脱離實用與實踐的朝鮮朱子學而鑽研“古學”。作爲理論探索的一環，他在製作渾天儀時，就毫不猶豫地應用了西方天文學的成果。但是，洪大容雖然通過杭州三士接觸到了清朝考證學，卻將他們對朱子學的批判視爲陽明學的餘波，在接受上表現出了消極的態度。

以上的結論，通過考察洪大容後半生的思想變化，可以得到更加準確的驗證。所幸與之相關的文獻頗多，如從回到朝鮮直到晚年，洪大容與清朝士人的大量往來書信。在洪大容詩文集《湛軒書》收録的三十多封書信之外，還有一百多封書信傳世，包括收藏在韓國崇實大學韓國基督教博物館、翰林大學博物館的書簡帖原件，以及抄録在《乾净筆談》續篇——《乾净後編》《乾净附編》中的書信。可惜，這些文獻至今尚未得到全面而深入的研究。若能以這些書信資料爲主要參考文獻，去考察洪大容與嚴誠、陸飛、孫有義、鄧師閔等清朝文士的一系列學術討論，並探究其後半生持續不斷的思想變化過程，相信就有可能揭示出北學派誕生的秘密。

（作者單位：首爾大學國語國文學系；譯者單位：溫州大學人文學院）

日本漢文學研究

從《懷風藻》到"敕撰三集"
——文學總集的編纂與文學理念的遷移

樂　曲

　　詩文集的編纂是文學活動的重要組成部分。一方面它將創作於多時多地的作品聚合到一起,減少了因散落而造成的湮滅。另一方面,依據某一特定情境或是理念編纂而成的詩文集,不但爲我們提供了有關作品創作背景的信息,也在去取選擇的過程中賦予了被收錄作品新的意義。因此想要了解一個時代或是某一特定人物的文學觀,除了直接參考相關的文學論或是文學作品,詩文集也是十分重要的線索。就日本而言,文學作品的結集最早可以追溯到奈良朝藤原宇合的佚名集兩卷以及石上乙麻呂的《銜悲藻》兩卷。兩書今日俱已亡佚,因史料之中記載甚少,其面貌今日已无由得知。日本現存最早的漢文學集是成書於天平勝寶三年(751)的漢詩總集《懷風藻》。

　　《懷風藻》收錄了日本天智朝(668—672)至聖武朝(724—749)的六十四位詩人的一百二十篇作品(今存一百一十六篇)。與前述別集不同,《懷風藻》是一部詩歌總集,這樣的詩歌總集的出現反映了初具規模的漢文學創作活動的展開。對於日本人而言,漢語是外語,漢詩是外國的文學體裁。作爲漢文化受容的一環,集體性的漢詩文創作活動從一開始就具有一種"公"的性質。如果説漢詩別集的編纂只是源於個別貴族的異國文學愛好,那麼總集的編纂則顯然要涉及更爲複雜的文學理念和政治文化因素。要想知道一部總集的編纂動機及其背後暗含的文學理念,最直接的方法就是參考由其編者所撰寫的序文。筆者在前稿中曾經論述,《懷風藻序》在叙述上採用了將文學史置於文化發展史中的方式,將詩文創作的興盛看作儒家政治文明的普及和發展帶來的一種自然結果。換句話説在《懷風藻》的編者看來,詩文創作的繁榮實際上是一種盛世文明的象徵。《懷風藻序》中明確表明促成此集編纂的直接動機是“爲將不忘先哲遺風”。結合當時的歷史背景以及編者的文學理念筆者曾指出,此處的“先哲遺風”應是指文學創作活動的頻繁進行所體現的盛世氣象。對於上代的日本人而言,文學創作活動所具有的意義遠超文學作品本身。《懷風藻》的編者之所以對前代作品進行收集,也是想藉此還原當時的文學創作的盛況,並進一步喚回它所象徵的盛世圖景 ①。這部詩集雖然是私撰集,然而不管是它的編纂動機還是文學史觀,都一定程度上反映了漢文學發展初期日本人的文學理念以及漢文學的文化位置。那麼這樣的文學理念對之後的文學發展產生了怎樣的影響,在平安初期的漢文學創作風潮中又呈現出了怎樣的面貌呢? 本文即擬以體現平安初期漢文學創作實績的代表性詩文集“敕撰三集”的序文爲對象,對這三部總集的編纂動機進行探討,同時也對奈良至平安初期文學理念的遷移進行分析。

一　有關“文章經國”思想

在平安初期的弘仁五年(814)至天長四年(827)的短短十三年間出現了《凌雲集》《文華秀麗集》《經國集》這三部日本文學史上最初的也是僅有的敕撰漢文學總集。總集的頻繁編纂顯示了這一時期漢文學創作的興盛,而敕撰的性質又表明了以天皇爲核心的統治階層對漢文學價值的認可。在這一時期,不僅是漢文學,政治、社會、文化等各個方面都出現了以中國爲範的傾向,因此也被稱爲“漢風謳歌時代”。有關這一時期的漢文學創作風潮,學界已經進行了相當多的探討,其共同點是認爲這種風潮源於曹丕《典論·論文》(以下簡稱《典論》)影響下的“文章經國”思想的推動。一部分研究者認爲,平安初期的“文章經國”思想雖然與曹丕《典論》的側重點不盡相同,但正是这一文學理念將文章與國家經營聯繫了起來,不僅催生了“敕撰三集”,还促成了這一時期漢文學創作的興盛。相比之下另一部分研究者則認爲,平安初期的“文

---

① 有關《懷風藻序》的叙述結構及編纂動機,詳見樂曲《“詞人”の選定——〈懷風藻〉における上代詩史の叙述をめぐって》,《國文學研究》2019 年 11 月號。

章經國"思想只是为了確保君唱臣和的文學往来的正當性的一種抽象的理念借用①。然而不管怎樣,將"文章經國"當作這一時代的核心文學理念似乎已經成爲了定論,就連文學史也將這一理念當作論述嵯峨、淳和期文學的前提②。然而隨着考察的深入我們可以發現,在"文章經國"思想這一普遍認識的形成過程中其實存在着很多問題。

近年瀧川幸司曾先後撰寫了兩篇文章對"文章經國"思想這一普遍認識的形成重新進行了考察③。他指出這種認識的形成主要是源於有關嵯峨朝的以下三則材料:一是《凌雲集序》對於《典論》的引用;二是收録於《日本後紀》的嵯峨天皇弘仁三年(812)五月二十一日敕中的"經國治家,莫善於文。立身揚名,莫尚於學"的表達;三是見於《續日本後紀》有智子内親王薨傳中的嵯峨天皇的詩句"忝以文章著邦家,莫將榮樂負煙霞"。以下,筆者將結合瀧川幸司的論述重新對這三則材料進行考察。

首先有關《凌雲集序》對於《典論》的引用,該集編者小野岑守在序文的開篇寫道:"魏文帝有曰:'文章者經國之大業,不朽之盛事。年壽有時而盡,榮樂止乎其身。'信哉。"這是今日可見的日人對《典論》的最早受容。然而這篇序文對於《典論》的受容只是止於引用,並没有任何理論上的展開。波户岡旭曾指出,在開篇引用經典立意是詩文集序文的常見形式,唐前的引用大多爲

---

① 正面肯定"文章經國"思想的受容情況的代表性研究有池田源太《奈良・平安時代の文化と宗教》,永田昌文堂,1977年,頁159—165;松浦友久《上代漢詩文における理念と樣式》,《文學》1966年第3期;後藤昭雄《平安朝漢文學論考》(補訂版),勉誠出版,2005年,頁3—18;波户岡旭《上代漢詩文と中國文學》,笠間書院,1989年,頁253—289;半谷芳文《敕撰三漢詩集考——序文と初唐の文章觀》,《中古文學論考》1981年第2期。認爲"文章經國"思想只是一種停留於表面的抽象的概念借用的代表性研究有小島憲之《國風暗黑時代の文學》中(上),塙書房,1973年,頁769;藤原克己《菅原道真と平安朝漢文學》,東京大學出版會,2001年,頁140等。各先行研究的特徵在瀧川幸司《經國の"文"②——〈典論・論文〉の受容と敕撰集の成立》(載河野貴美子等編《日本"文"學史》第1册,勉誠出版,2015年,頁338—377)一文中有詳細的整理。

② 如市古貞次、秋山虔編《增訂版 日本文學全史2(中古)》,學燈社,1999年,頁30。

③ 瀧川幸司《敕撰集の編纂をめぐって——嵯峨朝に於ける"文章經國"の受容再論》,載北山圓正等編《日本古代の"漢"と"和"》,勉誠出版,2015年,頁24—36。瀧川幸司《經國の"文"②——〈典論・論文〉の受容と敕撰集の成立》,載河野貴美子等編《日本"文"學史》第1册,頁338—377。

儒家經典,到了唐代也出現了引用文論的例子①。同樣,瀧川幸司也認爲引用
經典開篇立意是在《懷風藻序》中就能見到的形式,《凌雲集序》的《典論》引
用既不是時代思潮的宣揚,也不是編纂理念的披露,僅僅是對敕撰集編纂的正
當性的强調而已。通過對《凌雲集序》上下文的考察(第二章詳述)可以發現,
瀧川幸司的觀點是十分值得肯定的。那麼對於嵯峨天皇弘仁三年(812)五月
二十一日敕中的表達又該怎麼理解呢?

　　　　敕:"經國治家,莫善於文。立身揚名,莫尚於學。是以大同之初令諸
　　　王及五位已上子孫十歲已上皆入大學,分業教習。庶使拾芥磨玉之彥霧
　　　集於環林,吞鳥雕蟲之髦風馳乎璧沼。而朽木難琢,愚心不移,徒積多年,
　　　未成一業。自今以後,宜改前敕,任其所好,稍合物情。"②

　　以上是嵯峨天皇敕書的全文。劃線部分即是在先行研究中屢屢被當作嵯
峨天皇乃至整個平安初期"文章經國"思想明證的表達。然而首先需要指出
的是這句話並非嵯峨天皇首創。在《懷風藻序》對於天智天皇文治政策的描
述中也可以看到"以爲調風化俗,莫尚於文。潤德光身,孰先於學"這樣的句
子。先行研究已經指出,這句話完全照搬了貞觀二十二年(648)二月朝集上
唐太宗訓誡群臣之言(《册府元龜·帝王部》卷一百五十七)③。另外,同樣由太
宗所著的《帝範·崇文篇》中亦可看到"宏風導俗,莫尚於文。敷教訓人,莫善
於學"的類似表達。單從類似程度來看很難判斷"經國治家"一句到底是源自
《帝範》還是太宗的訓誡,說是典出於《懷風藻序》也不無可能。然而不管如何
這句話都是作爲崇學的理念被提出的,其中的"文"與"學"皆是指儒家典籍
制度方面的學問,更接近於"孔門四科"中的"文學",與以詩賦爲代表的文學
並没有直接關係。雖然從敕書中提及的使"吞鳥雕蟲之髦風馳乎璧沼"的崇
學目的來看,富於修辭的詩文創作亦包括在這裏的"文"與"學"的範疇之中,
但不能就此判斷這句話是針對詩賦乃至包括政治實用文在内的廣義的"文章"

① 波户岡旭《上代漢詩文と中國文學》,頁259。

② 引文據《日本後紀　續日本後紀　日本文德天皇實録》,《新訂增補國史大系》第3卷,吉
　川弘文館,2007年,頁114。

③ 高松寿夫《〈懷風藻〉序文にみる唐太宗期文筆の受容》,《萬葉》2014年12月號。波户
　岡旭(《上代漢詩文と中國文學》,頁261)曾指出這句話出自《帝範·崇文篇》,然而就與
　《懷風藻序》的相似程度而言,太宗的朝集訓誡顯然與原文更爲接近。

提出的。另外,嵯峨敕書雖然將《帝範》的“宏風導俗”以及太宗訓誡的“調風化俗”改爲了“經國治家”,但這並不一定是出於《典論》的影響。就“經國”這一表達而言,《左傳·隱公十一年》中的“禮,經國家,定社稷,序民人,利後嗣者也”一句在漢籍中的影響同樣深遠。再者需要指出的是,嵯峨敕書裏的“經國治家”一句是作爲平城朝初年(“大同之初”)學制改革的理念被提出的①,而該敕書的頒布恰恰是爲了宣告基於這一崇學理念的平城朝學制改革的失敗。從以上的分析可知,“經國治家”一句與《典論》的“文章經國”並沒有直接關係。且即便是有關係,嵯峨天皇的敕書也只顯示了這種理念的失敗而並非對它的宣揚,因此也就不能將之作爲平安初期“文章經國”思想曾經存在的證據。

　　接着再來看有智子内親王薨傳中所記載的嵯峨天皇的詩句。弘仁十四年(823)二月,嵯峨天皇行幸於齋院,使文人賦春日山莊詩。其中有智子内親王的作品得到了嵯峨天皇的認可,不僅授予了她三品爵位,還將自己的述懷之作“忝以文章著邦家,莫將榮樂負煙霞。即今永抱幽貞意,無事終須遣歲華”②贈予了她。有關這首詩,瀧川幸司雖然認可了它與“文章經國”思想的關係,但還是以嵯峨天皇的個人性作品不足以體現一個時代的文學理念爲由並未對此展開更深入的論述。然而所謂“上有好者,下必有甚焉者矣”(《孟子·滕文公上》),作爲平安初期文壇的核心人物,嵯峨天皇的個人喜好完全有可能演變成時代風潮。故而這裏仍有必要對這首詩與“文章經國”的關係進行考察。包括瀧川幸司在内的先行研究之所以將這首詩的前兩句與“文章經國”思想相聯繫,皆是源於將第一句中的“著”字理解爲動詞,將“著邦家”等同於“經國”之故。考慮到與“邦家”的搭配,作爲動詞的“著”在這裏可以解釋爲贊頌或是建立。特別是解釋爲建立時,“以文章著邦家”就自然成了以文章立國也就是“文章經國”之意。然而這樣的解釋存在一個問題:以文章立國何以要用表達自謙的“忝”字來修飾呢?加上“忝”字豈不是從側面暗示了本來憑借文章是無法立國的嗎?唯一的解釋是這裏的“著”並非“故先王著其教焉”(《禮

―――――――――

① 《日本後紀》大同元年(806)六月壬寅條所載平城天皇敕中有“諸王及五位已上子孫,十歲以上,皆入大學,分業教習,依蔭出身,猶合上寮”的記載。《新訂增補國史大系》第3卷,頁63。

② 《日本後紀　續日本後紀　日本文德天皇實錄》,《新訂增補國史大系》第3卷,頁201。

記·樂記》）的樹立、建立之"著"，而是"著名"之"著"顯露之"著"。因此這首詩的完整意思應當理解爲且懷着慚愧以文章揚名天下，切勿因貪圖一時的榮樂（忽略了詩文創作）而辜負了眼前的美景。從現在起常懷隱逸之心，如此一定可以安然無爲地生活下去的吧。本詩作於弘仁十四年（823）二月，兩個月後嵯峨天皇讓位淳和天皇，自己則退居冷然院少問政事。本詩可以説是反映了嵯峨天皇讓位前試圖遠離政治，投身詩文創作、煙霞山水的心聲。儘管詩中以文章揚名以及不以眼前榮樂忽視詩文創作的思路多少受到了《典論》的影響，但這只能説明在嵯峨天皇對於隱逸風雅的個人追求中文章佔有很重要的地位，據此將詩文創作與國家經營聯繫起來，或是以之作爲平安初期"文章經國"思想的表徵都是不妥當的。

　　除了以上三則材料，被先行研究當作"文章經國"思想最直接的體現的即是編纂於淳和朝的第三部敕撰日本漢文學總集《經國集》。這部總集不僅直接以"經國"作爲集名，更在其序文中大段引用了《典論》，因此説它受到了《典論》的深入影響是沒有問題的。然而事實上《典論》中真正提到"經國"的只有"蓋文章經國之大業"一句，更多的内容是在叙述文之不朽性、文人相輕以及文氣説，《經國集序》中所引用的也是關於文之不朽性的部分。既然《典論》並沒有具體展開有關"經國"的論述，那麼《經國集》又是帶着怎樣的理解將之作爲集名的呢？因爲《經國集序》開篇的政教性内容，一部分先行研究將集名中的"經國"理解爲對於文學的政治教化作用的强調[①]。然而需要注意的是，該序中有關詩文政教性功能的内容只佔了很小的篇幅，同時文學的修辭價值以及不朽性也得到了强調，因此不能據此將《經國集》的"經國"簡單地納入文教説、詩教説的範疇（第四章詳述）。但是如果將"經國"理解爲詩文創作對於國家經營的價值，那麼如上所述，不待"敕撰三集"對《典論》的受容，早在《懷風藻序》中這一認識就有所體現。作爲由國家主導的漢文化引進事業的一部分，日本漢文學的産生與發展從一開始就帶有與國家政治相關聯的"經國性"。將之作爲平安初期漢文學創作風潮的獨有特徵無疑是不合適的。

　　通過以上的論述我們可以發現，就現存史料而言没有足夠的證據證明平

---

① 波户岡旭《上代漢詩文と中國文學》，頁 253—289 ；半谷芳文《敕撰三漢詩集、及び〈懷風藻〉體例考——六朝·唐代の總集體例から考察する奈良末·平安朝漢詩集の特質》，《中國詩文論叢》2016 年 12 月號。

安初期曾經出現了一種源於《典論》影響的“文章經國”思想。先行研究之所以這樣認爲，很大程度上是在對嵯峨、淳和兩朝漢風至上，漢詩文創作盛行的先驗認識下，自然而然地將這種特異的局面歸結於某種文學理念的影響的結果。然而正是這種簡單的概括反而遮蔽了從奈良至平安以及平安初期内部的漢文學發展脈絡。“敕撰三集”成立於短短的十三年間，作爲平安初期漢文學發展的核心成果經常被當作一個整體與奈良時代成書的《懷風藻》區別對待。但短時間内三部敕撰總集的編纂並非僅僅是源於漢詩文創作成果的積累，還涉及對於前代文學理念的繼承、發展以及各集編纂動機的差異。因此可以説這三部總集的編纂既是一個縱向遞進的過程，同時又處在一種横向的相互補充的關係之中。要想理清這種關係就不得不將它們從所謂的“文章經國”思想的統攝下解放出來，分別進行編纂動機、文學理念方面的具體分析。

二　《凌雲集》的編纂與作品價值的覺醒

　　臣岑守言，魏文帝有曰：“文章者經國之大業，不朽之盛事。年壽有時而盡，榮樂止乎其身。”信哉。伏惟皇帝陛下握衰紫極，御辨丹霄，春臺展熙，秋荼翦繁，睿知天縱，艷藻神授，猶且學以助聖，問而增裕。屬世機之靜謐，托琴書而終日。歎光陰之易暮，惜斯文之將墜。爰詔臣等撰集近代以來篇什。臣以不才忝承絲綸，命浹汗，代大匠斲，傷手爲期。①

　　以上是《凌雲集序》中有關該集編纂動機的論述。上文已經提到在開篇引用經典立意的叙述方式是《文選》《國秀集》等詩文總集序文或《南史》《北史》等正史的文苑傳序論的常見形式。其目的不外乎突出“文”的重要性或是引出有關文學理念的論述。那麼《凌雲集》的編者爲什麼要在開篇引用《典論》呢？以小島憲之爲代表的先行研究指出，相比“經國”《凌雲集序》對《典論》的引用更注重其對於“不朽”的强調，意在以此爲之後叙述該集“歎光陰之易暮，惜斯文之將墜”的編纂動機做铺墊②。然而需要指出的是嵯峨天皇這

① 本文所引《凌雲集》皆據小島憲之《國風暗黑時代の文學》中（中）所收《凌雲集詩注》，塙書房，1979 年，頁 1323—1345。

② 小島憲之《國風暗黑時代の文學 補篇》，塙書房，2002 年，頁 3—44；波户岡旭《上代漢詩文と中國文學》，頁 255。

裏的感歎並未體現文章的不朽性,而恰恰説明了它易於流散、消滅的脆弱性。因此從根本上説曹丕《典論》中的"文章"與嵯峨天皇所感歎的"斯文"其實並非同一概念。有關"文章不朽",《典論》中明確説道"年壽有時而盡,榮樂止乎其身,二者必至之常期,未若文章之無窮"。這句話是説文章具有可以傳之後世的屬性,因此只要從事詩文創作就可以藉此使個人的聲名不朽。與此相對《凌雲集序》中嵯峨天皇所感歎的"惜斯文之將墜"則是指一個時代的文明隨時有可能没落泯滅。如"夫子閔王道之缺,傷斯文之墜……於是就太師以正雅頌,因魯史以修春秋"(《文心雕龍·史傳》)、"古之王者咸建史臣,昭法立訓,莫近於此……令升、安國有良史之才,而所著之書惜非正典。悠悠晋室,斯文將墜"(《晋書》卷八十二)等例所示,當"斯文"與"墜"連用時基本上指的是儒家的禮樂文化,或進一步指代一個時代的文明、歷史,而不是文學、文章。因此《凌雲集序》中的"斯文"也應該理解爲體現一個時代的面貌的歷史文化。

　　帶着這樣的認識重新整理上文對於《凌雲集》的引用即可將之分爲以下兩個部分:(1)文章是重要的,它既關係到國家的經營又具有可以流傳後世的不朽性;(2)當今天皇德才兼備且重視學問,會逢天下太平、風雅文明的盛世,因擔心此時的文化、歷史隨時湮滅,故而詔集臣下收集近代以來的篇章編纂成集。從這樣的叙述脈絡中我們可以發現,《凌雲集序》對於《典論》的利用的確偏向文章的"不朽性"。然而《典論》的"不朽"指的是文章對於流傳個人聲名的意義,而《凌雲集序》突出的卻是文章承載國家的文化歷史,換句話説即是流傳國家聲名的意義。從這一點來看,《凌雲集序》中的"文章不朽"實際上是文章的"經國性"(與國家經營相關的性質)與"不朽性"的結合。其中"不朽性"是出於《典論》的影響,而"經國性"卻是對前代文學觀的繼承。

　　在本文的緒論部分已經提到,將詩文當作"先哲遺風"或是將之作爲盛世象徵的文學觀在《懷風藻序》中就已經得到體現。上述《凌雲集序》的編纂動機可以説是對這種文學觀的繼承。然而不同的是,在《懷風藻序》中,作爲盛世象徵的詩文實際上指的是文學創作活動,而《凌雲集序》中的詩文指的卻是具體的文學作品。這種區別的最直接的體現就是《凌雲集》"掩其瑕疵,舉其警奇,以表一篇盡善之未易"的採集標準。總集的採集標準大致可以分爲以"集"爲核心和以"選"爲核心兩種。《懷風藻》爲了以詩文創作活動的盛況重現盛世光景,以"集"爲核心"收魯壁之餘蠹,綜秦灰之逸文",對於作品自身的價值則没有過多關注。與此相對,《凌雲集》則以“選”爲核心,舉“警奇”之作體現文明盛景。這種由文學活動向文學作品的價值取向的轉變,體現了日本漢文學由追求形式意義到追求内容意義的理解深化。

　　有關《凌雲集》的性質,先行研究大多將之看作一部帶有强烈政治性和官僚主義色彩的詩集[①]。其主要理由即是它獨有的“得道不居上,失時不降下,無言存亡,一依爵次”的作品排列方式。與《懷風藻》相同,《凌雲集》的作品排列也是以作者而非作品爲基準的,然而不同的是前者依據的是作者的活躍時代,而後者依據的卻是作者的爵位高低。縱觀奈良、平安時代的日本漢文學史,《凌雲集》的這種體例在之前與之後的詩文總集中都未再出現,如《文華秀麗集》《經國集》一般,以作品内容分類(“以類爲次”)的方法才是主流。那麽《凌雲集》爲何要執着於“先以人爲次”的編纂體例呢? 筆者認爲這是由該集的編纂動機決定的。

　　“以人爲次”與“以類爲次”的根本區別就在於前者突出的是從事文學創作的人,後者突出的則是由人創作的文學作品。在《凌雲集》的時代,對於詩文的關注雖然由文學創作活動轉向了文學作品本身,但是需要注意的是該集對於文學作品的重視並非在於它是否具有修辭、形式方面的審美性,而是在於它是否“警奇”,是否可以反映“近代以來”的盛世氣象。因此採用突出作品主題的“以類爲次”的編排方法對於《凌雲集》是没有意義的。相比之下,先以人爲次再以官位爲序的排列方式將“近代以來”的作品整合到由作者地位構成的政治框架之中,使得文學空間與現實的政治空間相重合。如此一來,文學作品直接成爲了統攝於政治秩序之下的國家、時代文化的縮影,其功能性也藉此得到了最大程度的發揮。事實上《凌雲集》與國家權力構成之間的對應關係不僅表現在作品整體的編排體例上,在同一作者名下各作品的排列方式上亦有所體現。

　　縱觀《凌雲集》的作品大致可以將之分爲三類:一是在正月宴、重陽宴等國家固定節會的公宴上創作的應制類作品;二是在天皇行幸、遊覽等非儀式性場合創作的奉和類作品;三是前兩類之外的其他作品。有關這三類作品,瀧川幸司曾做了詳細的考察。首先他據《朝野群載》的分類將第一類作品稱爲“公

---

① 有關《凌雲集》的官僚主義性質參見前注小島憲之《國風暗黑時代の文學》中(中),頁1239。後來的研究者大多沿用此説。

宴”作品,第二類作品稱作“密宴”作品,並指出上承桓武、平城兩朝,在《凌雲集》成書之時,“公宴”創作依舊是漢詩創作的核心。除此之外他還指出《凌雲集》中同一作者名下的作品排列基本符合先“公宴”後“密宴”再接其他類型作品的原則①。這種基於文學創作場合的排列方式體現了天皇權力支配下的由公到私的政治空間結構②。這種結構與以爵位高低爲序的編集體例相輔相成,共同構成了以政治秩序爲框架的文學空間中的“國家”。

　　上文已經提到,《凌雲集》的編纂是爲了以漢詩菁華彰顯“近代以來”的文明盛景並使之流傳後世。爲此以小野岑守爲代表的編者選取了自延曆元年(782)至弘仁五年(814)的作品將之結爲一集。延曆元年是桓武朝的開始,由此可見嵯峨天皇所説的“近代以來”即是指從桓武朝到結集當時的這段時間。那麼爲什麼要選取這段時間作爲作品的收録區間呢?先行研究指出這可能與“藥子事件”後嵯峨天皇的懷柔政策有關。所謂“藥子事件”就是指大同五年(810)由平城上皇與嵯峨天皇的對立引發的政治鬥爭。這場鬥爭最終以嵯峨天皇一方勝利,平城上皇被迫出家落幕。《凌雲集》的收詩範圍雖然自桓武朝開始,但桓武朝的作品主要是由東宮時代的平城天皇和其周邊文人所作。因此收録於《凌雲集》的作品從作者所屬上大致可以分爲平城天皇周邊作品和嵯峨天皇周邊作品兩類。對比這兩類作品,首先從數量上來看,後者遠多於前者。據此先行研究認爲《凌雲集》的編纂其實是嵯峨天皇懷柔政策的一環,意圖通過將平城天皇及其舊臣的作品收録到以嵯峨朝文事爲核心的詩歌總集中顯示本朝與舊勢力的和解③。其次從形式上看,嵯峨天皇周邊的作品多有天皇與臣下的唱和之作,但是平城天皇周邊的作品卻不見這樣的形式。這也就是説在《凌雲集》中只存在以嵯峨天皇爲核心的詩壇,不存在以平城天皇爲核心的詩壇。然而通過收録於《經國集》中的相關作品我們可以得知,平城天皇周邊也存在君臣的詩文唱和,只是未被《凌雲集》收録而已。因此井實充史指出雖然平城天皇周邊的作品與嵯峨天皇周邊的作品從屬於同一個文學空間中的“國家”,但這個“國家”的中心只能是嵯峨詩壇,平成天皇與其舊臣之間的

① 瀧川幸司《天皇と文壇:平安前期の公的文學》,和泉書院,2007年,頁31—64。
② 魏樸和(Wiebke Denecke)《國風の味わい——嵯峨朝の文學を唐の詩集から照らす》,載北山圓正等編《日本古代の“漢”と“和”》,頁6—23。
③ 波户岡旭《上代漢詩文と中國文學》,頁265。

象徵天下泰平的君唱臣和的存在是不被接受的 ①。

綜上所述，《凌雲集》的編纂是爲了以“警奇”之詩彰顯、記録桓武朝以來的平安新京盛世的新氣象。它通過先以人爲次，再以官位高低爲次的編纂體例在文學空間中構建了基於現實政治秩序的“國家”。從作家、作品的收録情況來看，這部詩集的編纂背後暗含着嵯峨天皇試圖將桓武朝以來的舊勢力納入同一文學“國家”的企圖，而從各類作品的比重來看，這部總集的編纂同時也是在强調嵯峨朝在這一全新文學“國家”乃至文化盛世的締造中的不可撼動的核心位置。因此我們可以説，《凌雲集》的出現與嵯峨朝初期嵯峨天皇力圖鞏固、强化本朝統治的政治需求是分不開的。

三　《文華秀麗集》的編纂與對文學審美性的關注

距《凌雲集》成書僅四年，日本漢文學史上的第二部敕撰漢詩總集《文華秀麗集》誕生了。不同於《凌雲集》，這部詩集專注於强調文學的審美價值，而對文學的“經國性”則没有絲毫提及。同樣是敕撰集，究竟是什麼造成了這樣的差異呢？有關這個問題，《文華秀麗集》的序言這樣説道：“凌雲集者，陸奧守臣小野岑守等之所撰也。起於延曆元年，逮於弘仁五載，凡所綴緝九十二篇。自厥以來，文章間出。未逾四祀，卷盈百餘。”② 通過這段文字我們可以發現，從《凌雲集》成書至《文華秀麗集》成書的四年間，平安初期的漢文學創作出現了一個高潮，而《文華秀麗集》正是在這樣的創作高潮中應運而生的。因此想要理解《文華秀麗集》的編纂動機就不得不對這一時期的漢文學創作情況進行考察。

在上一章中筆者曾據瀧川幸司之説將《凌雲集》的作品分爲“公宴”作品、“密宴”作品和其他類型作品三類，這樣的分類同樣適用於平安初期的其他漢詩創作。作爲國家儀式的一部分，“公宴”作品具有頌揚國家、天皇以及儀式本身的使命和確認君臣上下秩序的作用③。相比之下，“密宴”作品雖然也

---

① 參見井實充史《平城朝の君臣唱和》，《言文》1998 年 12 月號。

② 本文對於《文華秀麗集》的引用皆據小島憲之注《懷風藻 文華秀麗集 本朝文粹》，岩波書店，1964 年，頁 192—195。

③ 參見瀧川幸司《天皇と文壇：平安前期の公的文學》，頁 60。

包含了頌揚君主的内容，但基本還是以歌頌詩宴當時的風雅、確認君臣一體的連帶關係爲主要目的。就嵯峨朝而言，《凌雲集》中的作品以“公宴詩”爲主，《經國集》所收的嵯峨朝前期作品也是如此，而《文華秀麗集》中在數量上佔有絶對優勢的卻是“密宴詩”。據此瀧川幸司指出，在《凌雲集》成書之後“密宴詩”開始成爲了詩壇的主流[1]。由嵯峨天皇主導的“密宴”詩會的頻繁舉行促成了《凌雲集》成書後漢文學創作風潮的形成，這種風潮直接帶來了“未逾四祀，卷盈百餘”的豐厚的創作成果。先行研究大多將這一成果看作促成《文華秀麗集》編纂的直接原因。然而相對於“卷盈百餘”作品數量，《文華秀麗集》所收録的不過是“作者廿六人，詩一百四十八首”而已，很難想象這一總集的編纂僅僅是爲了保存四年間的詩歌新作。

> 自厥以來，文章間出，未逾四祀，卷盈百餘。豈非□□儲聰，製文之無虛月，朝英國俊，掞藻之靡絶時哉。或氣骨彌高，諧風騷於聲律。或輕清漸長，映綺靡於艷流。可謂輅變椎而增華，冰生水以加厲。英聲因而掩後，逸價藉而冠先。至瓊環與木李齊暉，蕭艾將蘭芬雜彩，寔由紺緹未異，篋笥仍同者矣。

以上是《文華秀麗集序》中有關該集編纂動機的叙述。從這段文字中我們可以看出，上述對於《凌雲集》成書以後的詩文創作情況的描述，只是爲了突出其時漢文學創作的興盛，而因各種風格的文學作品“紺緹未異”“篋笥仍同”帶來的“瓊環與木李齊暉，蕭艾將蘭芬雜彩”的局面才是這部總集真正的編纂動機。由此可知與《凌雲集》一樣，《文華秀麗集》也是一部以“選”爲核心的詩歌總集。不同的是《凌雲集》所選的是可以代表盛世文化的“警奇”之作，而《文華秀麗集》所選的則是“諧風騷於聲律”“映綺麗於艷流”的在審美性上具有突出價值的作品。由功能性到審美性，由“警奇”到“諧風騷於聲律”“映綺麗於艷流”，文學價值評判基準的轉變亟需一部全新的詩集去體現新的文學風潮，《文華秀麗集》正是在這樣的背景下誕生的。與《凌雲集》“一依爵次”的排列方式不同，基於“取其易閱”的目的，這部詩集在編集體例上採取了根據作品內容進行分類的“以類題叙”的方式。由此可知在編選階段該集就將閱讀欣賞當作了結集的前提。先行研究指出這樣的體例是平安朝文學史上劃時代的選擇，與以往以作者爲核心的文學觀不同，它顯示了以作品審美

---

[1] 參見瀧川幸司《天皇と文壇：平安前期の公的文學》，頁53。

性爲首的編選立場。作品分類中“艷情”“雜詠”兩部的設立以及集名“文華
秀麗”即是其明證①。因此我們可以説從最根本的編纂定位上來看,《文華秀麗
集》與《凌雲集》其實是兩部完全不同的詩集。它們的先後誕生既體現了主流
文學理念的遷移,同時也相輔相成地共同描繪了嵯峨朝的文學創作圖景。換
句話説,正因爲《凌雲集》對詩文的政治性、“經國性”已經有了足夠的强調,
《文華秀麗集》才不需要進行重複的論述,畢竟短短四年内編纂兩部主旨相似
的敕撰集實在没有必要。

　　上文已經提到,作爲嵯峨朝詩風代表的《文華秀麗集》②　主要是由反映嵯
峨天皇君臣之間文學往來的“密宴”詩構成的。這些“密宴”詩中不僅出現了
樂府、閨怨、詠史等與當時日本的現實生活有相當距離的中國題材,還常常可
以見到將所處之地、眼前之景與中國文學中的詩境相重合的痕跡③。另外,與作
爲宫中儀式的一部分的“公宴”詩不同,“密宴”文會大多在天皇遊獵、行幸時
的離宫或是臣下的宅邸舉辦,且文會後的賜禄與叙位是以嵯峨天皇個人而非
國家的名義進行的,其厚薄多少不受律令法規的限制,具有更大的自由度。由
此可見“密宴”文會實際上是一種繞開律令制及朝中勢力的限制,直接確認臣
子對天皇本人的從屬關係的場所。如前所述,“公宴”詩作爲國家儀式的一部
分,具有確認君臣之間的上下秩序,頌揚國家、天皇以及儀式本身的使命。相
比之下,“密宴”詩確認的則並非國家或是天皇的權威,而是君臣之間共歷風
雅的連帶感與親密性。從這個層面來看,將君唱臣和的“密宴”文會看作是嵯
峨天皇深化個人影響、培養近臣官僚、加强君主專制的手段亦不爲過④。

---

① 三木雅博《〈文華秀麗集〉〈經國集〉の“雜詠”部についての覺書——その位置づけと作
　品の配列をめぐって》,載北山圓正編《日本古代の“漢”と“和”》,頁 141—156。半谷
　芳文《文華秀麗集の位相》,《中國詩文論叢》1998 年 10 月號。
② 後藤昭雄曾根據《文華秀麗集》的收詩範圍和作品風格認爲該集是最能反映嵯峨朝詩壇
　文學特徵及文學意識的詩集〔後藤昭雄《平安朝漢文學論考》(補訂版),頁 19—29〕。
③ 有關嵯峨朝詩文創作中的中國詩境,參見井實充史《初期平安京の文學空間——神泉
　院・嵯峨院・冷然院と嵯峨文壇の表現》,《福島大學教育學部論集 人文科學部門》2002
　年 12 月號。
④ 後藤昭雄曾指出嵯峨朝的文人具有宫廷詩人與律令制官僚的兩面性,君臣之間文事
　上的親密性直接反應在政治之中。詳見後藤昭雄《平安朝漢文學論考》(補訂版),頁
　30—49。

此外,縱觀平安初期的歷史我們可以發現,在《文華秀麗集》的成書當年,嵯峨天皇頒布了一系列唐風模仿的政策,例如詔令朝會的禮法、五位以上的位記、男女的常服、面對尊者的跪拜禮等皆依唐制,殿閣諸門的名稱也皆依唐風重擬等。而參與了這一系列政策的制定與《凌雲集》《文華秀麗集》的編纂的菅原清公曾經作爲遣唐使朝見德宗,極有可能聽説甚至親眼目睹了其時宮中文事的盛景①。此外就與"文"的關聯而言,從嵯峨朝伊始的弘仁元年(810)起,同樣具有入唐經驗的空海陸續向嵯峨天皇進獻了一大批包括文學論著在內的中國典籍。在進獻典籍時的上表文中他曾多次强調"文"對於社會、國家的重要性,據此河野貴美子指出空海此舉暗含了他試圖引導天皇以唐爲範、開創日本文化新局面的企圖②。通過以上的時代背景我們可以看出,《文華秀麗集》的編纂實際上可以看作上述唐風化政策的一環,該集對於詩歌審美性的重視以及它所收録的反映了中國詩境的作品,其實是嵯峨朝試圖以唐爲範、開創文化新局面的政治方針的體現。先行研究已經指出,嵯峨朝的一系列唐風化政策的頒布,很大程度上是爲了通過在平安新京構築一個小中華帝國的觀念世界,以此削弱依存於土地及傳統儀式的舊氏族勢力,從而達到鞏固中央集權的目的③。既然《文華秀麗集》的編纂是這一系列唐風化政策的一環,自然也就相應地帶上了一層意識形態的色彩。

通過以上的分析我們可以得知,不管是在具體的作品還是在開篇的序文上,《文華秀麗集》都表現出了前代文學總集所未有的、對文學作品自身審美性的關注與追求。這種文學理念的變化除了源自嵯峨天皇個人的漢文學趣味,還與漢詩創作在加强君主專制中央集權的時代需求中所扮演的角色有關。在《凌雲集》中,對於漢詩彰顯盛世的功能性的追求源於嵯峨天皇試圖突出平安新京文化以及本朝在這一文化中的核心位置的企圖。而到了《文華秀麗集》,對於漢詩審美性的追求則成了天皇鞏固統治、統一意識形態的手段。實

---

① 有唐一代秉承文治思想,帝王多親自參與文事,其中太宗、中宗、德宗皆有與群臣進行唱和往來的記録。詳見吉定《論唐帝王對唐詩繁榮的貢獻》,《南京社會科學》2004年第12期。

② 河野貴美子《空海の"文"をめぐる一考察——〈遍照發揮性靈集〉にみる實踐と思考》,《國文學研究》2020年10月號。

③ 詳見笹山晴生《唐風文化と國風文化》,載朝尾直弘等編《岩波講座日本通史》第5卷,岩波書店,1995年,頁262;藤原克己《菅原道真と平安朝漢文學》,頁56。

際上雖然序文中未曾提及,在《文華秀麗集》"以類題叙"的第一分類下,各部作品仍然是依據作者官位的高低進行排列的。這種排列方式顯示了該集中的璀璨文華並非是一篇篇獨立的作品,而是政治秩序統攝下的嵯峨詩壇這一集體的共同審美追求的體現。從這層意義上我們可以說,《文華秀麗集》中對於文學審美性的強調並非源於純粹的審美意識的覺醒,而是爲了强化嵯峨朝文人官僚内部一體性的一種政治性選擇。

四 《經國集》的編纂與國家性詩文總集的誕生

在《文華秀麗集》成書的九年後,日本文學史上第三部敕撰漢詩文集《經國集》誕生了。因爲對於中國典籍的大量引用,這部總集的序文尤得先行研究的關注。上文已經提到,在開篇引用經典立意的叙述方式是詩文總集的序文以及正史文苑傳序論的常見形式,其目的不外乎突出"文"的重要性或是引出該集的編纂理念。在這一點上《經國集序》也不例外。

臣聞,(1)天肇書契,奎主文章。古有採詩之官,王者以知得失。故文章者,所以宣上下之象,明人倫之叙,窮理盡性,以究萬物之宜者也。(2)且文質彬彬,然後君子。譬猶衣裳之有綺縠,翔鳥之有羽儀。(3)楚漢以來,詞人踵武。洛汭江左,其流尤隆。揚雄《法言》之愚,破道而有罪。魏文《典論》之智,經國而無窮。是知文之時義大矣哉。(4)雖齊梁之時,風骨已喪,周隋之日,規矩不存。而沿濁更清,襲故還新。必所擬之不異,乃暗合乎曩篇。(5)夫貧賤則懾於飢寒,富貴則流於逸樂,遂營目前之務,而遺千載之功。是以古之作者,寄身於翰墨,見意於篇籍。不托飛馳之勢,而聲名自傳於後。在君上則天文之壯觀也,在臣下則王佐之良媒也。①

以上是《經國集序》的開篇部分,也是引用中國典籍最爲密集的一段。爲了論述的便利,筆者根據文意對這段文字進行了編號。下面就依據編號對以上引文進行具體分析。首先在(1)的部分,作者先後引用《孝經援神契》《文章流別論》論述了文章"宣上下之象,明人倫之叙"的政治教化作用。在整個

---

① 本文所引《經國集》皆據小島憲之《國風暗黑時代の文學》中(下)Ⅰ,塙書房,1985年,頁2134—2188。引文編號爲筆者所加。

《經國集序》中這是唯一一處直接強調儒家詩教説的部分。接着作者在(2)的部分先後引用了《論語》《翰林》,説明了就像衣服有"綺縠"、飛鳥有"羽儀"一樣,作为文章的修辭,文華之"文"與作为内容的"質"同樣重要。其後在(3)中作者叙述了自楚漢至魏晋的文學史,並重點評論了揚雄、曹丕二人的言論,以此突出了"文"之於時代的意義。緊接着在(4)的部分作者叙述了齊梁至周隋的文學史,並借陸機《文賦》之言對此作出了評價。這段論述雖然繼承了隋末初唐以來對於前代文學偏重形式、辭藻的批判,然而序文作者真正想要強調的是其後對於《文賦》"或襲故而彌新,或沿濁而更清""必所擬之不殊,乃暗合乎曩篇"的引用。《文賦》的這兩句話前者是在倡導文章當在繼承前人思想的基礎上於修辭和表達方式上有所創新,後者則是説若所作文章在立意、修辭方面没有獨創性則會與前人之作重合。所謂"若無新變,不能代雄",《經國集序》在這裏引用這兩句話實際上就是想借爲文當創新這一理念爲齊梁周隋文學偏重形式、修辭的傾向正名。最後在(5)中作者通過對《典論》的引用論述了從事文學創作對於作者個人的意義,並具體指出對於君主而言爲文能彰顯王者氣象,而對於臣子而言爲文能使之更好地輔佐君王[①]。

通過以上的分析我們可以將這段文字分爲三個部分:(1)(2)由"文"自身的功能性角度説明了其重要性和存在價值;(3)(4)通過對文學史的回顧與評價肯定了以往各個時代的文學活動的意義;(5)從"文"對於作者的意義出發強調了從事文學活動的重要性。這三個部分分別從"文"之功能、文學史、文學創作活動對於作者的意義三個方面論述了"文"的重要性,以此強調了該集編纂的正當性,但對於其編纂理念則並未提及。在這篇序文中真正陳述了該集的編纂動機及核心理念的是以下部分:

> 才何世而不奇,世何才而不用。方今梁園臨宴之操,瞻筆精英。縉紳俊民之才,諷托驚拔。或强識稽古,或射策絶倫。或苞蓄神奇,或潛摸舊製。伏惟皇帝陛下,教化簡樸,文明蔚興。以爲傳聞不如親見,論古未若徵今。爰詔正三位行中納言兼右近衛大將春宮大夫良岑朝臣安世,令臣等鳩訪斯文也。

[①] 上述"引用"皆就原典而言,事實上這些文論很可能是從《藝文類聚》這樣的類書或是《文選》這樣的總集轉引而來。由於篇幅原因,本文僅示其原典,對於具體的受容情況不做詳細探討。

　　這段文字緊接本章開頭所引段落之後，叙述了在當前的盛世之下奇文紛呈，淳和天皇本着“傳聞不如親見，諭古未若徵今”的理念敕令編纂這部詩集的編纂原由。從該集“自慶雲四年（707）迄於天長四載（827）”的選文區間來看，“親見”與“徵今”的對象即是從元明天皇登基直至結集當時的一百二十年間的文學作品。這段時期不但與以大寶律令的施行爲標誌的律令制國家日本的形成、發展軌跡基本一致①，與《續日本紀》及《日本後紀》這樣的正史所記錄的年代也基本相同。因此將這段時期看作區别於舊大和王權的，新興律令制中央集權國家的歷史亦不爲過。那麼“諭古未若徵今”的“古”又是指什麼呢？鑒於該序在此前只是叙述了從楚漢到周隋的中國文學史，並未提到本國文學的發展歷程，故而從行文的前後關係來看這裏的“傳聞”及“古”都應是指唐前的中國文學。郭雪妮曾指出《經國集序》“將中國解釋爲日本文學在線性歷史上的‘源頭’”，“意圖或在將日本文學的起源置於以中國爲圓心的世界文學坐標中”②。立足於東亞漢文化圈的歷史背景以及其時中國文學的絕對影響力來看，這樣的見解無疑是妥當的。然而正如“以爲傳聞不如親見，諭古未若徵今”中的“未若”一詞所表現的那樣，《經國集序》的作者滋野貞主不僅試圖將日本文學的起源置於“以中國爲圓心的世界文學坐標之中”，還托淳和天皇之意將二者進行了對比，認爲與其執著於“古”之中國不如以“今”之日本爲準則，而這正是編纂《經國集》的目的。那麼這樣的編纂動機到底意味着什麼呢？

　　重新審視以上引文我們可以發現，這段文字是緊接着上一段末尾的“在臣下則王佐之良媒也”一句的意思開始其叙述的。首先作者強調了在任何時代人才都是重要的，只要是人才不管他擅長的是什麼都會得到朝廷的起用。緊接着他説，當下長於各種文體、各種文學風格的人才層出不窮，值此之際淳和天皇認爲“傳聞不如親見，諭古未若徵今”。聯繫上下文我們可以發現，這段引

---

① 就突出律令制國家的形成及發展的歷史而言，選擇文武天皇登基的文武元年（697）或是大寶律令完成的大寶元年（701）爲起點顯然更爲合適。編者之所以以元明天皇的登基爲起點，或許是爲了保證一百二十年的整數區間以及慶雲四年（707）與天長四載（827）的對應關係。

② 郭雪妮《〈典論·論文〉與九世紀初日本文學諸問題——基於“文章經國”思想的考察》，《文學評論》2020 年第 1 期。

文開頭所説的人才就是指擅長詩文創作的人。既然"才何世而不奇,世何才而不用",那麼不管他擅長的是哪種文體、哪種創作方式都可以作爲"王佐之良媒"(經國性)得到朝廷的重視。以往本國的文學尚處在起步階段,因此對於"王佐之良媒"的需求只能依賴大洋彼岸"傳聞"中的中國,而當下能文之才輩出,没有理由捨近求遠。故而淳和天皇下令編纂《經國集》收集本國文華,以本國人才的作品作爲"王佐"之範。

　　通過以上的叙述脈絡可知,《經國集》的編纂其實是圍繞着能文之才的任用這一目的展開的。在中日漢籍中能文經常被作爲衡量人物才能的標準之一,而能爲"經國"之文則更是國家棟樑之才的體現。《晋書·賈充列傳》有"侍中守尚書令車騎將軍賈充……武有折衝之威,文懷經國之慮"的描述,張説《太子少傅蘇公神道碑》(《文苑英華》卷八百八十三)中也有"忠以衛主,孝以立身,文以經國,惠以安人"的表達。此外唐代科舉制科名目中可見景雲二年(711)"文以經國科"的設置(《唐會要》卷七十六),同年的對策試題中亦有"文可以經邦國策"(《文苑英華》卷四百七十九)一條①。就日本的情況而言,漢文作爲東亞漢文化圈的通行語言,原本就在該國的外交與内政上佔有很重要的位置。自從桓武朝引進了唐代以詩賦取仕的科考制度之後②,文學創作更是直接與律令制官僚的培養與選拔聯繫起來。詩文的"經國性"不再局限於《懷風藻》時代抽象的盛世象徵而是真正作爲"王佐之良媒"參與到了實際的國家運營之中。因此在《經國集》的時代,對於文章與人才任用關係的强調是具有深刻的現實意義的。帶着這樣的認識重新去思考淳和天皇"論古未若徵今"的觀念我們可以發現,《經國集》的編纂實際上是在有意識地爲人才的任用樹立一套由本國文華構成的新基準。該集所收詩、賦、序、對策的四類作品中有三類與取仕直接相關即是明證。

　　《經國集》成書的天長四年(827)相當於中唐文宗的太和元年。在這之

---

① 有關"文章經國"與人才認可標準的問題,宋晗《嵯峨朝における文章と經國:漢文藝の二重の價值》(《國學院雜誌》2018 年 9 月號)一文中亦有提及。

② 就現存史料而言,有關以詩賦取仕的文章生試制度的記載最早見於《續日本後紀》承和九年(842)十月丁丑條菅原清公薨傳。另《經國集》卷十四中收有南淵弘貞《奉試詠梁》一詩,先行研究推測其爲桓武朝延曆十五年(796)文章生試的作品,因此可以說在桓武朝就已經開始以詩賦取仕了。具體情況參考李宇玲《古代宮廷文學論》,勉誠出版,2011 年,頁 82。

前的初、盛唐文學對日本的漢文學創作產生了巨大的影響。然而回顧上文所引《經國集序》中對於中國文學史的敘述即可發現,唐代文學並未進入序文作者的視野。上文已經説到該序將楚漢至周隋的中國文學當作“古”,而將律令制國家形成以來的本國文學作爲“今”接在了作爲“古”的中國文學之後。這樣的文學史敘述反映了將本國與當時處於東亞漢文化圈中心的唐王朝重合,通過在漢文學的發展進程上成爲中國,而且是“今”之中國來凸顯本國文化價值的“小中華思想”。需要指出的是,《經國集序》雖然有意識地將本國與唐重合,但這種重合卻是在中國文學發展脈絡上的重合。它在接受並認可過去中國文學的絶對地位的基礎上,將本國文學放置到同一文化脈絡中,儼然以處於東亞漢文化圈中心的唐的口吻發出了“論古未若徵今”的宣言。這樣的宣言既反映出序文作者將中日兩國文學視爲一體的文學史觀,又體現了在“小中華思想”的影響下,日本作爲一個新興律令制國家的文化自信。

通過以上的分析我們可以知道,《經國集》是在“小中華思想”的影響下,試圖以本國文華代替中國,將之作爲“映日月而長懸,爭鬼神而將奥”(《經國集序》)的人才任用基準這樣的編纂動機下誕生的。在“敕撰三集”中該集與其他兩集的最大區别就在於它是一部在新興律令制國家立場上編纂的文學總集。不管是《凌雲集》還是《文華秀麗集》,其編纂的出發點都是在本國的歷史進程中彰顯本朝,而《經國集》的出發點則是在東亞漢文化圈的國際視野中對於本國價值的強調。對本朝的彰顯反映的是天皇個人的意志,而對本國的強調則是國家整體意志的體現。之所以在“敕撰三集”中只有《經國集》的編纂被記録於正史,也許正是因爲它的這種國家性①。從這層意義上説,雖然《凌雲集》與《文華秀麗集》也出於敕撰,但只有《經國集》才稱得上是真正意義上的日本第一部國家性詩文總集。

結　語

通過以上的論述我們可以發現“敕撰三集”雖然同爲敕撰漢文學總集,但卻是在完全不同的立場,基於完全不同的目的編纂而成的。《凌雲集》通過詩

---

① 有關《經國集》進獻朝廷的記録參見《日本紀略》所引《日本後紀》天長四年(827)五月庚辰條。

文彰顯盛世的功能性,突出了桓武朝以來的平安新京文化,並確立了嵯峨朝在其中的核心位置;《文華秀麗集》則以審美性爲基準展現了嵯峨詩壇的"文"之精華;而《經國集》則在東亞漢文化圈的國際視野中肯定了本國文學的價值,並以之代替中國文學作爲人才任用的新標準。正因爲在編纂動機上存在這樣的差異,這三部總集對於前代文學理念的繼承與發展也呈現出了不同的面貌:《凌雲集》顯示了日人對於文學的關注由創作活動轉向了作品本身;《文華秀麗集》的出現則象徵了主流創作活動中審美意識的覺醒;而《經國集》將文學看作人才任用的基準,使其存在價值落實到了具體的國家經營上,藉此在前兩集的儀式性、審美性之外,實現了對文學實用性價值的强調。這三種文學理念相輔相成,共同勾勒出"漢風謳歌時代"漢詩文創作的思想基礎,也爲我們了解平安初期漢文學的政治文化機能提供了線索。正如三集的"敕撰"性質所示,它們的誕生及其背後的文學理念的遷移並非文學自然發展的結果,而是與天皇、權臣的支持倡導以及當時的政治文化需求息息相關的。而當政治文化上的需求或隨時遷事移消失,或業已得到滿足,作爲支持者的嵯峨、淳和兩帝又相繼死去時,頻繁且多樣的文學創作活動的展開以及敕撰詩文集的編纂也就失去了動力。於是漢文學便又退回到嵯峨朝之前的以有限的"公宴"創作爲主的狀態,"敕撰三集"的時代也就隨之過去了。

（作者單位：早稻田大學大學院文學研究科）

日宋禪林送別詩的典範生成及其影響

——《送日本僧》與《一帆風》詩軸關係考論

董　璐

　　中日兩國自有交往歷史開始，就存在大量人員往來和交流。作爲送別禮儀的重要形式，一方歸國之際，主人一方舉行餞別宴會或藉由送別詩文表達"航海梯山""萬里鯨波"的惜別"高誼"就成爲一種必要的文學儀式。《唐代中日往來詩輯注》[①]、《歷代中日友誼詩選》[②]、《中日交往漢詩選注》[③]等著作就選編了不少這方面的代表作品。但《歷代中日友誼詩選》中有關宋代的作品卻只有梅堯臣、歐陽修和先中令三人的三首詩作。《中日交往漢詩選注》除選注以上三人作品之外，又增補了無學祖元詩作三首、蘇轍《楊主薄日本扇》一首和德來《送南浦明公還本國》。按孫東臨、李中華注釋，德來這首詩收錄在日本《一帆風》詩軸中。從上述詩選來看，宋代中日交往詩作在數量和題材方面遠不及唐、元、明、清各代入選得多。

　　事實上，宋代禪僧語錄和詩偈選本當中亦存在大量"送日本僧（侍者、上人）"的法語和詩作。本文論及的石霜導禪師及其《送日本僧》就收錄在宋末詩偈選本《江湖風月集》當中，此作在《全宋詩》《大正藏》《卍續藏》中皆不見收錄，據此可補上述文獻之闕，具備相當的文獻輯佚價值。現今可見《江湖風月集》最早的版本即爲中國元代赴日高僧清拙正澄主持刊刻的五山版《江湖

① 張步雲《唐代中日往來詩輯注》，陝西人民出版社，1984年。
② 楊知秋《歷代中日友誼詩選》，書目文獻出版社，1986年，頁77—82。
③ 孫東臨、李中華《中日交往漢詩選注》，春風文藝出版社，1988年，頁96、100—101、106。

風月集》。本文利用日本所藏五山僧人東陽英朝《新編江湖風月集略注》（以下簡稱《略注》）注釋，從創作背景、公案運用、詩學表現和禪學内涵等方面分析這首《送日本僧》具備的典範效應，特別是之後的《一帆風》深受該詩所用公案和詩語影響。關於《送日本僧》國内外還不見任何研究成果，但《一帆風》則有不少學者關注。除前述《中日交往漢詩選注》中選注德來《送南浦明公還本國》之外，日本學者玉村竹二《五山文學新集》別卷《詩軸集成》中亦收録了《一帆風》一卷。陳小法、江静《徑山文化與中日交流》選編介紹了與徑山有關的日本僧人和送別詩偈，對詩集《一帆風》的介紹最具代表性①。有關《一帆風》之研究，中國學者陳捷、許紅霞、侯體健，日本學者佐藤秀孝、西尾賢隆、衣川賢次等均撰文②專門論述，本文不再贅言。以下先從《江湖風月集》及其傳日入手，討論該詩偈選本在日本的流傳和注釋情況，然後利用《略注》注文，在文本細讀基礎上，就《送日本僧》一詩的典範作用及其對《一帆風》創作的影響加以考論。

一　《江湖風月集》及其在日本的流傳

南宋中後期，中國禪宗大本營隨政治中心的南渡發生遷移，五山十刹的建立，促使浙江取代江西、湖南成爲新的傳法中心。《江湖風月集》收録詩僧法號前多冠以四明、温州等字樣，這就是最好的明證。四明，即今天的寧波，鑒真等中日佛教史上知名的大德高僧均與明州有着不解的緣分，此地也是多數入宋日僧和赴日宋僧抵達或啓程之地。《江湖風月集》中收録石霜導和尚《送日

---

① 陳小法、江静《徑山文化與中日交流》，上海辭書出版社，2009 年，頁 110—125。
② 陳捷《日本入宋僧南浦紹明與宋僧詩集〈一帆風〉》，《中國典籍與文化論叢》2007 年第 9 輯。浅見洋二、堀川貴司《蒼海に交わされる詩文》，汲古書院，2012 年，頁 119—146。侯體健《南宋禪僧詩集〈一帆風〉版本關係蠡測——兼向陳捷女史請教》，《中國典籍與文化》2009 年第 4 期。許紅霞《日藏宋僧詩集〈一帆風〉相關問題之我見》，《中國典籍與文化論叢》2011 年第 13 輯。佐藤秀孝《虚堂智愚と南浦紹明——日本僧紹明の在宋中の動静について》，《禪文化研究所紀要》2006 年第 28 號。西尾賢隆《虚堂智愚から南浦紹明へ》，《古代中世日本の内なる禪》，《アジア遊學》第 142 號，2011 年。衣川賢次著，金程宇譯《南宋送別詩集〈一帆風〉成書考》，《域外漢籍研究集刊》第 11 輯，中華書局，2015 年。衣川賢次《禪宗思想與文獻叢考》，復旦大學出版社，2017 年。

本僧》就是送歸圓爾辨圓禪師時作品，圓爾當年從日本抵達南宋，也是在明州登陸。

《佛學大辭典》中對《江湖風月集》有如下説明：

> （書名）具名《江湖風月集》，二卷。集趙宋景定咸淳至元代至治延祐間之諸方尊宿偈頌者，集者曰松坡。[1]

據上可知，《江湖風月集》應是《江湖集》之具名。從《略注》所附千峰如琬跋文亦可知，此集成書之時，亦"目之曰《江湖集》"。依照川瀨一馬《五山版之研究》所述，《江湖風月集》現存版本主要爲五山版，但該版傳本相對較少，主要有東洋文庫藏本（有屋代弘賢的手識，一册）、成簣堂文庫藏本（多有室町時代的旁注，一册）、石井氏積翠軒文庫藏本（内野皎亭文庫舊藏，大德寺清拙和尚筆寫的旁注。現在爲天理圖書館所藏。一册。善本影譜所收）三個版本[2]。椎名宏雄《五山版中國禪籍叢刊》影印即爲天理圖書館藏本[3]。與此相對，《江湖風月集》寫本則僅有國會圖書館藏貞和二年（1346）二册。該選集究竟何時以何種方式傳入日本，現已無法詳考。龍門文庫藏《江湖風月集抄》詳細記載了有關編者和該書傳入日本的情況：

> 江湖集，大唐行脚僧，隨行次書之，夢岩之説也。蓋夢岩滅後，唐本來吾朝也。憩松坡所集，琬千峰跋乃實也。大鑒禪師録，有開江湖集板小跋。不言憩松坡編。
>
> 凡二百六十三首，此本二百六十一首，不載二首也。松坡乃宋之末，元之始之人也。氣宇甚高，會宋運遷屬元朝而隱居，而編此集也。[4]

夢岩祖應爲日本臨濟宗聖一派僧人，出雲（今島根縣）人，1374 年 11 月 2 日示寂，謚號大智圓應禪師，有語録《大智圓應禪師語録》一卷，詩文集《旱霖集》[5]一卷。按清拙正澄《禪居集》所收"大鑒開江湖集板跋"并《略注》跋文，《江

① 丁福保《佛學大辭典》，上海書店出版社，2015 年，頁 1074。《佛學大辭典》"咸淳"訛作"威淳"，據史實改。

② 川瀨一马《五山版の研究》上卷，日本古書籍商協會，1970 年，頁 470。

③ 椎名宏雄編《五山版中國禪籍叢刊》，臨川書店，2014 年，頁 455—490。

④ 中世禪籍研究班《〈江湖風月集略注〉研究（一）》，《駒澤大學禪研究所年報》第 20 號，2008 年。另參見柳田聖山、椎名宏雄《禪學典籍業刊》第十一卷，臨川書店，2000 年，頁 4。

⑤ 上村觀光編《五山文學全集》卷一，思文閣，1992 年，頁 793。

湖風月集》開板於嘉曆三年（1328），夢岩1374年示寂，《江湖風月集抄》"夢岩滅後，唐本來朝" 之説於時間不符。1328年開板，説明嘉曆三年之前《江湖集》已傳入日本，"唐本來朝" 不可能是夢岩圓寂後發生的事情。《略注》跋文中所言清拙正澄乃元代高僧，後赴日傳法，正是經由清拙之手，《江湖風月集》得以在日本開板，而《略注》亦收録了清拙跋文：

> 宋末景定咸淳之時，穿鑿過度，殊失醇厚之風。然有繩尺，亦可爲初學取則。既知法，則弃之，勿執其法。如世良匠，精妙入神，大巧若拙。但信手方圓，不存規矩，其庶幾乎？學者宜自擇焉。嘉曆三年戊辰建酉下旬，清拙跋之，以示後世學者不知述作之意旨者。①

從清拙跋文可知，他開板刊刻《江湖風月集》的主要目的就是爲了給後世學者和不通曉詩歌創作之法的人提供一種繩尺和規範。可見清拙眼中，《江湖風月集》收録詩偈具備某種典範效應。因而本文考論《送日本僧》，特別關注該詩偈與《一帆風》的關係。由於二者之間存在一定的類似性，《一帆風》部分詩偈在創作過程中亦參考和使用了同樣的公案和《送日本僧》中的詩語。《送日本僧》典範效應的確立，正是通過公案、詩語和清拙跋文所言 "規範" 達成。

二　東陽英朝與《新編江湖風月集略注》

據國文學資料館資料庫顯示，日本收藏《略注》寫、刻本的文庫和圖書機構多達二十餘家。又據王寶平《中國館藏日人漢文書目》，國内有湖南圖書館和北京大學圖書館收藏《略注》回流本② 各四卷。就版本品質、數量和流傳廣度，《略注》均堪稱《江湖風月集》注本之代表。

東陽英朝（1428—1504），室町時代臨濟宗僧人，大德寺五十三世住持，妙心寺十三世住持，爲妙心寺四派之一聖澤派開山之祖。生於美濃國加茂郡（岐阜縣）。文明十年（1478）受印可後，成爲龍興寺住持。文明十三年（1481）爲大德寺住持，翌年返回龍興寺。明應元年（1492）移住美濃國加茂郡不二庵，後改稱大仙寺。之後又爲岐阜定慧寺開山，永正元年（1504）於少林寺圓寂。

---

① 岩崎文庫藏《新編江湖風月集略注》天正舊鈔本。本文凡引此書皆據此本，不再一一注明。

② 王寶平《中國館藏日人漢文書目》，杭州大學出版社，1997年，頁116。

承應二年（1653），謚大道真源禪師①。《延寶傳燈録》言其人"内外經書，過目即記，尤有文雅"②，得益於此，他的重要著作大多與禪門詩文有關，除《略注》外，東陽英朝還編撰有《禪林句集》《少林無孔笛》③，除此之外還有《宗門正燈録》。現在通行的《略注》就是東陽英朝編撰，其跋如下：

> 宗師偈頌，其旨不一焉。付法、傳衣、拈古、頌古、贈答、時事、咏懷、漫興，凡皆詳其實，可以解厥含蓄之妙，淺近者不足箋注而已。於是邪説不少，妄談惟多。松坡、千峰雖云復生，夫奈覆轍何耶。南堂、大鑒，有頌有跋，足慰編者歎者哉！蓋如獨脚抽顧偈，則奇古没滋味，難容卜度。自雪竇、真浄已下，稍帶風韵、含雅音，千態萬狀，攢花簇錦，是則春（缺風字）桃李，一以貫之。否則如趙昌畫，雖逼真非真。及宋末元朝，穿鑿過度。宋人賦繁開梅花云：乃如詩到晚唐時。禪居跋云：殊失醇厚風，其斯之謂乎？天秀老人夫何人哉？胡揮亂鑿，不見本據者夥矣。余歸老於岐山下，明應三年癸丑之秋，依茶話以商略。而猶未了。文龜三年癸亥之冬，於少林野寺，重共切磋，遂以終之。玉本無暇，雕文喪德，烏虖，重重敗闕了也。
>
> 　　　　　　　　　　　　　　　　東陽叟　　跋

東陽叟的跋文爲《江湖風月集》所收偈頌進行了分類。從内容來看，東陽對天秀道人的注釋并不滿意，認爲其"胡揮亂鑿，不見本據者夥矣"。東陽叟對這種"胡揮亂鑿"的注釋方法亦持否定意見，而南堂清欲、清拙正澄等所作題頌和跋文，則從禪門不立文字宗旨出發，認爲要堅決否定這種過度穿鑿的行爲。

三　《送日本僧》典範效應的生成及其對《一帆風》的影響

（一）創作背景

石霜導和尚的《送日本僧》内容如下：

> 眼力窮邊脚力疲，大唐真個没禪師。
> 昔年海上隨船去，今日隨船海上歸。

---

① 師蠻撰《延寶傳燈録》卷二十八，《大日本佛教全書》第 108 册，佛書刊行會，1917 年，頁 382—383。北村澤吉《五山文學史稿》，富山房，1941 年，頁 743。
② 《延寶傳燈録》卷二十八，《大日本佛教全書》第 108 册，頁 382。
③ 北村澤吉《五山文學史稿》，頁 744—746。

　　由於此頌語言淺顯，并無多少費解之處，因此《略注》的注釋相對簡單，主要圍繞其創作背景展開，按照當中注解，"此頌東福開山歸朝之時送行頌，軸有之，其軸今在普門寺"。日本東福寺開山，即圓爾辨圓禪師，生於 1202 年，1280 年示寂。師名辨圓，字圓爾，俗姓平，駿河（今静岡縣）人。天資過人，聰辯獨厚，五歲投久能山堯辯習俱舍。十二歲習天台，十五歲列席天台止觀講義。1235 年春，圓爾乘船從日本平户津出發，經十多天到達南宋明州（今寧波）。在明州景德律院聽善月律師講戒律，又於天童山參曹源道生弟子癡絶道沖。癡絶道沖得法於曹源道生，歷任蔣山、雪峰、天童、育王、靈隱、徑山等名山大刹住持。圓爾入宋參訪之時，他正好住持天童山景德禪寺。參訪癡絶後，圓爾又到杭州天竺從柏庭善月習天台教法，善月將《首楞嚴經疏》《楞伽經疏》《圓覺經疏》《金剛經義疏》四經疏鈔及天台宗宗派相承圖授予圓爾。其後又赴南屏山净慈寺參訪笑翁妙堪、靈隱寺石田法薰，往來於此二寺之間。圓爾在靈隱寺之時正逢無準師範弟子退耕德寧在此寺任知客，他見圓爾志向不凡而對他説"輦下諸名宿，子已參遍，然天下第一等宗師唯無準師範耳，子何不承顧晌乎？"圓爾即赴徑山參訪無準師範并最終獲其印証，成爲第一個師承徑山的日本僧人。1241 年 7 月，圓爾辭別無準師範回國，因此，此頌應是石霜導禪師作於 1241 年 7 月圓爾辨圓歸朝之際[1]。依據日本學者佐藤秀孝考證，在圓爾歸國之時，無準師範門下弟子希叟紹曇等二十餘人曾作餞行偈頌成集，但遺憾的是，此集并未像《一帆風》那樣被完整保存下來[2]。按照《略注》所言，本應有一送行軸藏於普門寺。藉此可知，該頌軸應該是一幅禪林墨迹，是希叟紹曇等二十餘人所作的詩偈合集。由此可知，石霜導禪師也在這二十餘人當中。《江湖風月集》中收録的這首《送日本僧》，很可能是二十餘人作品留存下來的證據[3]。亦有理由相信，編者釋松坡當年應該看到過這幅頌軸詩偈集并將石霜導

---

① 參見日本國立國會圖書館藏鉄牛圓心《聖一國師年譜》。

② 佐藤秀孝《聖一派の人宋・入元僧について—圓爾の東福寺僧團と宋元の禪宗—》，《印度學佛教學研究》第 53 卷第 2 號，2005 年。

③ 日本國立國會圖書館藏鉄牛圓心《聖一國師年譜》，當中有言曰："四月二十日，辭佛鑑，佛鑑出楊岐法衣，并大明録以付之。同門諸友作頌以送者二十餘人，其洪都道瑒頌云 '興盡心空轉海東，定應赤手展家風。報言日本真天子，且喜楊岐正脈通'。湘絶岸欽、雪巖二人，拳拳來行（揮〔刊本作堚，疑形近而訛。"堚"意爲土塊，於意不確〕淚而別。"可見送別圓爾辨圓二十餘人作品中，傳世疑似僅存這兩首。

的這首作品收錄進《江湖風月集》中。依據《一帆風》詩作僅有作者而無詩題的特徵,可知《送日本僧》這個題目,亦應是釋松坡編撰《江湖風月集》時依據詩偈內容添加。1353 年,東福寺第二十八代住持大道一以將圓爾從中國帶回的典籍整理爲《普門院經論章疏語錄儒書等目錄》,當中就有關於墨迹和行狀的記錄,如其"冬"部列出"無準行狀二卷","珠"部下有"古人墨迹等"。由此可以確認,至少在 14 世紀中葉,圓爾從南宋帶回包含《送日本僧》詩作的頌軸應該完好保存在普門寺中。但是,田山方南、江靜等學者有關日本禪林墨迹的著作中,均未收錄此頌軸。藉此可知,該軸或已散佚,亦或保存在世界某個角落未被發現。

關於作者石霜導,《全宋詩》《大正藏》《卍續藏》中皆不見收錄。《略注》云"處州石霜導",由此可知籍貫處州,即今天浙江麗水。《略注》又云"石霜,元號壽禪師,嗣班叟,班叟嗣癡,癡嗣體或庵,庵嗣元世庵,庵嗣圓悟",可知法嗣上溯至圓悟克勤。圓悟克勤是《碧巖錄》的評唱者,若追溯其法系,圓爾辨圓和石霜導都可算是圓悟的法孫弟子。這也可以解釋爲何在這首送別之作中,石霜導使用了《碧巖錄》第十一則"黃檗噇糟"的公案。

(二)公案運用

《碧巖錄》第十一則"黃檗噇糟"公案內容如下:

> 黃檗示衆云:"汝等諸人,盡是噇酒糟漢,恁麽行脚,何處有今日? 還知大唐國裏無禪師麽?"時有僧出云:"祇如諸方匡徒領衆又作麽生?"檗云:"不道無禪,祇是無師。"[①]

上述這則公案在《江湖風月集》中多有化用,可爲詩偈之祖述。《略注》南堂清欲跋文亦用此公案云"大唐國裏没禪師,七十二人他是誰?"事實上,歸送南浦紹明的詩集《一帆風》中[②],有數首詩偈亦使用了這則公案,舉兩例如下:

天台唯俊

空手東來已十霜,依然空手趁回檣。

明明一片祖師意,莫作唐朝事舉揚。

清漳本因

大唐國裏本無禪,剛要南來探一回。

---

① 圜悟克勤著,尚之煜校注《碧巖錄》,中州古籍出版社,2011 年,頁 63—64。
② 陳小法、江靜《徑山文化與中日交流》,頁 113—125。

沾得龍王涓滴水,扶桑那畔鼓風雷。

由於被統一編在《一帆風》中,故多無題目,僅列出作品和詩僧姓名。天台唯俊所言"莫作唐朝事舉揚"的"唐朝事",即指"黄檗噇糟"公案,屬於暗指。本因禪師首句將"大唐國裏無禪師"改爲"大唐國裏本無禪",屬於明用,這與南堂清欲禪師的改用,僅僅兩字之差。藉此可知宋代中日詩僧送別作品中"黄檗噇糟"所言"大唐國裏無禪師"已成固定公案,可作典故視之。

　　關於"大唐國裏無禪師"公案,徑山寺無準師範與日僧道祐交往過程中亦曾以相贊方式加以運用。道祐入宋後依徑山寺無準師範參學,一日入室,鑒問:"日本國裏有禪也無?"祐應聲曰:"大唐國裏亦無。"鑒深肯之。1245年道祐回國時曾求得無準相贊,上有無準師範題語:"從來震旦本無禪,少室單傳亦妄傳。"[①]此則公案所言之要旨,乃是禪與師、悟與未悟的關係。所謂"大唐國裏無禪師",指參禪悟道,并非仰仗外在"師"的力量,"師"只是引導凡夫俗子入道的外力,但要真正徹悟,則需要依靠一己之悟,此即《壇經》所言"自渡"。山河大地,草木魚蟲,"禪"隨處都有,但"師"却非如此。如果將參悟全依靠在"外在"之"師"上,無法徹悟。無論南堂清欲跋文中所言"七十二人",還是本詩所指圓爾辨圓,悟與未悟,存在雲泥之差。未悟時遍求諸老門庭,恰若公案所言"噇酒糟漢,恁麽行脚";悟了時自性澄净,萬法皆空。禪還是禪,師却已消失,至此境界,自性澄明,全無二般。下面就利用公案,對當中的詩學表現予以考察。

　　(三)詩學表現

　　"眼力窮邊",《江湖風月集譯注》引《添足》云"看盡其心肝",蓋言"窮"者,爲"看盡"之義。"眼力"這個詞語作爲固定詩語,唐代出現在文獻資料中,如貫休《題某公宅》"宅成天下借圖看,始笑平生眼力慳"、齊己《寄山中諸友》"嵐光生眼力,泉滴爽吟魂"、姚合《武功縣中作三十首》(一作《武功縣閑居》)"簿書銷眼力,杯酒耗心神"、元稹《戲贈樂天復言》"眼力少將尋案牘,心情且強擲梟盧"、劉禹錫《閑坐憶樂天以詩問酒熟未》"減書存眼力,省事養心王"。

　　"眼力"一詞,爲"視力"之意,作爲詩語,多與讀書參學和日常生活有關,以上五例中,其他四例均作"視力"之意,貫休的"眼力",則指欣賞或鑒賞功

---

① 師蠻《本朝高僧傳》卷十九《洛北妙見堂沙門道祐傳》,《大日本佛教全書》第102册,1913年,頁278—279。

夫。如將 "眼力" 從禪宗語言層面考察,則有如下用法:

　　　老僧遂於暗室中,置五色彩於架,令視之曰:"世人皆用眼力,不盡淬
　　熟看之。"①

　　　具足成就清净天眼,見此經卷在微塵内。(天眼力隔障見色,喻佛眼
　　力隔煩惱見佛智也)②

禪宗語言體系中,"眼力" 指佛祖之眼,即法眼力量,與世俗之人 "眼力" 有本
質區別。《大唐傳載》"眼力" 雖指世人俗眼,但依靠前後語境,此處自然有與
"法眼" 相較之意。《送日本僧》中所言 "眼力窮",應出自蘇軾《記夢》"故應眼
力自先窮" 一句:

　　　樂全先生夢人以詩三篇示之,字皆旁行而不可識。傍有人道衣古貌,
　　爲讀其中一篇云:人事且常在,留質悟圓間。凡四句,覺而忘其二,以告其
　　客蘇軾。軾以私意廣之云。

　　　圓間有物物間空,豈有圓空入井中。不信天形真個樣,故應眼力自先窮。
　　連環已解如神手,萬竅猶號未濟風。稽首問公公大笑,本來誰礙更求通。③

此處雖言 "記夢",但在叙中説 "字皆旁行",按照同書云 "梵書旁行,俯首注視。
不知有經,而況字義? 佛子云何? 飽食晝眠,勤苦功用,諸佛亦然"。《記夢》之
叙中所言 "詩三篇字皆旁行",樂全先生夢中所讀之詩應是梵書式樣,即詩偈。
蘇軾深受《莊子》影響,在其詩文中多有闡發。《宋史》卷三百三十八列傳第
九十七《蘇軾傳》就曰:"讀《莊子》,歎曰:吾昔有見,口未能言,今見是書,得
吾心矣。" 可見莊子在其心目中的地位。

　　"脚力疲" 乃承下句 "大唐真個没禪師" 公案,其中有 "恁麽行脚",指遍歷
大唐之義,此處 "大唐",若以公案視之,則爲實際之唐代,若以此頌而言,則
"大唐" 即爲 "大宋"。"大唐""宋國" 等詞,在詩集《一帆風》中多有出現,侯
體建以此爲據,撰文對陳捷發現的《一帆風》後印本後半部分出現的詩偈作出
分析,認爲并非送別南浦的詩作④。可見 "大唐""宋國" 應該是宋代中日詩僧

① 闕名《大唐傳載》卷一,清文淵閣《四庫全書》本。

② 宗密《禪源諸詮集都序》卷一,《大正藏》第 48 册,頁 404。

③ 王文誥輯注,孔凡禮點校《蘇軾詩集》,中華書局,1982 年,頁 1327。

④ 侯體健《南宋禪僧詩集〈一帆風〉版本關係蠡測——兼向陳捷女史請教》,《中國典籍與文
　化》2009 年第 4 期。

送別作品中較常出現的詩語，特別是"大唐"一詞，既具備國別區分功能，又關照上述公案，成爲這類送別詩作中較爲固定的詩語。《略注》亦引黃檗之語云"遠知大唐國裏没禪師麽。抄云：'此頌第一句行脚事了也。到此始知大唐無禪師之境界也。'"

以上兩句，引公案來闡釋"悟"的根本，全在目前之自我，眼窮脚疲，至此了悟境界，則有眼有足，共俱全矣。禪法之所以能够有如此影響，洞察心靈，發現佛性，遠傳四方，正是具有了"眼力"和"脚力"。

三、四句言"昔年海上隨船去，今日隨船海上歸"，此處"昔年"應是圓爾辨圓入宋之年，即1235年。"今日"指其歸國之日，即1241年7月。石霜導禪師使用"隨船"一詞，"隨"字表明圓爾辨圓入宋搭乘應該是來往於日宋兩國的貿易商船，該船主要目的是從事商貿。《榮尊和尚年譜》中就説"師（榮尊）歲四十一，與辨圓相共商船，出平户，經十晝夜，直到大宋明州"[1]。藉此可知，"昔年海上隨船"抵達明州共花費十天。"船"在禪宗詩偈中多指生涯或者本體，是承載自性的客觀存在。如華亭船子和尚偈云"夜静水寒魚不食，滿船空載月明歸"，此處的船即指開悟之後的本體，滿載了如明月般澄明的自性，也就是所謂的明心見性。在其另外一首偈中就有"問我生涯只是船"的句子。藉此，石霜導所言的"隨船"，就是指本體之心。昔年與今日，都是隨船海上，一去一歸，船依舊，海依舊，但本體之心已明，性已見。

芳澤勝弘《江湖風月集譯注》引《添足》注並附其評注認爲，此句意出蘇軾《觀潮》詩："廬山烟雨浙江潮，未到千般恨不消。到得還來無別事，廬山烟雨浙江潮。"又言："大唐真無禪師，故公空手來空手去，然空歸去處，太風流也。"[2]注中所言"浙江潮"，指錢塘江大潮。據《唐才子傳》卷一《駱賓王傳》：

> 後宋之問貶還，道出錢塘，遊靈隱寺，夜月，行吟長廊下，曰："鷲嶺鬱苕嶤，龍宫隱寂寥。"未得下聯。有老僧燃燈坐禪，問曰："少年不寐，而吟諷甚苦，何耶？"之問曰："欲題此寺，而思不屬。"僧笑曰："何不道'樓觀滄海日，門對浙江潮。'"之問終篇曰："桂子月中落，天香雲外飄。捫蘿

---

[1] 《續群書類叢》第9輯上《傳部》卷二百二十六《神子禪師榮尊大和尚年譜》，續群書類叢完成會，1958年。

[2] 芳澤勝弘《江湖風月集譯注》，禪文化研究所，2012年，頁356—357。

登塔遠，刳木取泉遥。雲薄霜初下，冰輕葉未凋。待入天台寺，看余渡石橋。"僧一聯，篇中警策也。遲明訪之，已不見。老僧即駱賓王也，傳聞桴海而去矣。[①]

上文所言"僧一聯，篇中警策也"，《文選》陸機《文賦》："文片言而居要，乃一篇之警策。"李善注："以文喻馬，言馬因警策而彌駿，以喻文資片言而益明也。駕之法，以策駕乘，今以一言之好，最於衆辭，若驅馳，故云'警策'。"《宋史·隱逸傳上·魏野》："野爲詩精苦，有唐人風格，多警策句。"唐人風格謂多警策句者，此句之妙境也。滄海日對浙江潮是也。所謂"樓觀滄海日"，指日升日落，皆出入於海，言出入之境；"門對浙江潮"，指潮起潮落，皆來去於江，言來去之妙。《景德傳燈録》有"問：'如何是法界義宗？'師（筆者按：子儀心印水月大師）曰'九月九日浙江潮'"。據此可知，"浙江潮"在禪宗語境中多指法界義宗，言潮來潮去，謂未悟與悟了之境界。《千巖和尚語録》有《次月江和尚韵送何山首座》偈頌言"金輪王子萬人朝，正令喧轟動沁寥。黄蘗謾誇三頓棒，集雲休説四藤條。曾分猛虎口中肉，慣奪毒龍頭上標。此去西江俱吸盡，歸來漲起浙江潮"。此處亦言"浙江潮"，并説"此去""歸來"二境。《略注》云此"第三四句悟了同未悟之時節也。實無別事"。正是其意。

又《五燈會元》雪峰義存禪師與僧徒的對話中有"空手去，空手歸"言説：

住後，僧問："和尚（按：指雪峰）見德山，得個甚麽，便休去。"師曰："我空手去，空手歸。"[②]

"空手"這個詞語，《一帆風》中天台唯俊詩偈就曾化用，其曰："空手東來已十霜，依然空手趁回檣。"又同集中東梓祖正有詩曰："赤手空拳入大唐，驪珠抉得便還鄉。"從詩中所用"空手東來""空手回檣""赤手空拳"這三個表達來看，無一不與蘇軾《觀潮》内涵契合。《江湖風月集》收録《送日本僧》前一首是天台藏寶珍和尚號頌《寶山》，第三、四句云："空手來兮空手去，黄金留待愛人來。"此處"空手"，其意出自《雪竇録》卷二："寶山到葉須開眼，勿使茫茫空手回。"從前後兩首作品中均出現"空手"來看，在詩作的排列順序上，編者釋松坡或有用意，但前後對比，可爲互文性之佐証關照。

---

① 駱祥發箋証"駱賓王傳"，載傅璇琮主編《唐才子傳校箋》，中華書局，1987年，頁62。
② 普濟著，蘇淵雷點校《五燈會元》，中華書局，1984年，頁380。

（四）禪學内涵

以上對該頌創作背景、公案運用、詩學表現進行了具體考釋,從其創作背景來看,此頌是送別圓爾辨圓禪師歸朝之作,與歸送南浦紹明《一帆風》類似,宋末中日僧侶之間的送別之作,使用"黄檗喳糟"公案似已形成慣例。

1235 年,圓爾辨圓禪師乘坐來往中日的商船抵達明州,開始其中國求法之行。在中國的六年,他雲遊四處,遍參諸方,眼脚并窮,終於悟得"大唐國裏無禪師"的道理。所謂禪法,實則并非要向外索求,應該是向内問詢,方能得悟。圓爾辨圓禪師,六年前乘坐商船離開日本來到中國,今天,又跟隨着商船返回日本。已經六年了,但大海還是同樣的大海,商船還是同樣的商船,這就像"見山是山,見水是水"一樣,真正的禪法,并不在大唐,而在禪者的内心之中。空手而來,空手而歸,這便是無上機用。未悟前之"空",與悟了後之"空",雖皆爲"空",實有不同。此即禪家所謂"見山見水"之第三重境界。未悟時,有去來二意,悟了後,去來皆空。潮之起落,船之去來,實際上并未有任何本質的區别,如能徹悟,心中便没有分别之心,"大唐國裏"也便没有"禪師",禪法也没有國界之分。日本在東邊,大宋在西邊,恰如"佛性無南北"一樣,禪法也無東西之别。只要明心見性,無論大唐還是日本,禪就在那裏,只要自己去了悟。《正眼法藏》卷一有"雲門得個入處",其云:

> 雲門和尚拈起拂子云:遮裏得個入處,去捏怪也,日本國裏説禪,三十三天有個人出來唤云:吽,吽,特舍兒,擔枷過狀。[1]

這些禪學内涵,在《一帆風》中有更爲直接的表述,如以下四首[2]:

瀘南德源

幾年經歷在南朝,大道何需苦外求。

識得自家無盡藏,海門風月一齊收。

西蜀正英

月從東上日西沉,錯向中華苦訪尋。

海水易枯天可補,萬牛難挽是歸心。

古洪净喜

風前冷笑錯參方,知識何曾在大唐。

---

[1] 大慧宗杲著,董群點校《正眼法藏》,中州古籍出版社,2018 年,頁 11。

[2] 陳小法、江静《徑山文化與中日交流》,頁 110—125。

巨舶連檣輕撥轉，兔甌渾帶雨前香。

江南慈容

毳擁吳雲鶴羽儀，玄微極盡眼如眉。

晝明夜暗一寰宇，誰道家山隔海涯。

通過上面四首詩中的敘述，可見宋代中日禪僧送別詩中除了"大唐""無禪師""空手"等公案、詩語的使用以外，還有借用公案直接抒發禪意的詩句。如"大道何需苦外求""錯向中華苦訪尋""知識何曾在大唐"等句，均表達了"大唐無禪"，不可向外求索，禪法就在脚下的禪學意蘊。"晝明夜暗一寰宇，誰道家山隔海涯"一句，以"寰宇"一詞，更將"佛性無南北，禪法無東西"的禪學內涵一語道盡，舉凡天下，無論中日，佛性禪法皆爲大同。作爲日本著名入宋僧，南浦紹明和圓爾辨圓在日本禪宗史上的地位顯而易見，雖然送別對象不同，但總體特徵和構思傾向却極爲相似，由此可見當時送別詩作的創作風尚。

事實上，這種"佛性無南北""大唐無禪師"的思想源於無準師範給圓爾辨圓的《印可狀》。該作現藏日本京都東福寺，爲日本國寶。依據筆者收集到的三個版本①，以下援引釋文，并略作校勘（見注釋）：

道無南北，弘之在人。果能弘道，則一切處總是受用處。不動本際，而歷遍南方②；不涉外③求，而普參知識。如是，則非特此國彼國，不隔絲毫。至於及盡無邊香水海，那邊更那邊，猶指諸掌耳。此吾心之常分，非假於它術。如是，信得及，見得徹，則逾海越漠，涉嶺登山，初不惡矣。圓爾上人④效善財，遊歷百城，參尋知識，決明已躬大事，其志不淺。炷香求法⑤，故書此以示之。

丁酉歲十月　住大宋國徑山無準老僧（花押）

---

① 江靜《日藏宋元禪僧墨迹選編》，西南師範大學出版社、人民出版社，2015年，頁44—45。王勇、郭萬平等《南宋臨安對外交流》，杭州出版社，2008年，頁137。無準師範撰，春屋妙葩刊《無準師範語録六卷》卷三《法語》部《示日本爾侍者（住東福）》，日本國立國會圖書館藏本。

② 王、郭本釋文作"北"，江本、妙葩本均作"方"。據江本所附原件，與文首"南北"之"北"作互文印証，"方""北"字形差距較大，"方"確。

③ 江本，王、郭本釋文作"外"。原件亦作"外"，妙葩本作"尋"，不確。

④ 江本，王、郭本釋文均作"上人"，妙葩刊本作"侍者"，依據原件，"上人"爲確。

⑤ 王、郭本釋文作"法"，江本、妙葩刊本作"語"，依據原件，作"語"爲確。

據此可知,在圓爾辨圓臨行之前,不僅得到了無準師範的法語墨迹帖子,還得到了石霜導禪師所書《送日本僧》的書軸。前文業已提及,除了石霜導禪師之外,無準門下的希叟紹曇等二十餘人亦曾創作送別詩作,但遺憾的是,這個詩軸没有保存下來。不過,由此可知,送別圓爾辨圓和南浦紹明禪師,應該是日宋禪林送別唱和史上規模較大的兩次,參加人數多,且有像《一帆風》詩軸這樣實際的物証流傳下來。希叟紹曇和石霜導等二十餘人的詩軸,或許散佚,或許保存在世界某處尚未發現。不過,藉由《送日本僧》,我們大體能推測出當時送別日本禪僧的情形。參與這兩次送行的人員均是圓悟克勤法孫弟子,且主要爲虎丘派禪僧。從時間來看,送別圓爾早於南浦紹明,因此,《一帆風》受到《送日本僧》詩軸的影響,應該可以斷定是不言自明的事實。從《略注》的注釋來看,可以認定"黃檗噇糟"是日宋禪林送別詩使用的一個典型公案。筆者認爲,《送日本僧》是彼時日宋禪林送別唱和詩文的一個典範,《一帆風》亦是在繼承《送日本僧》及其相關詩語和公案基礎上創作而成。

結　語

圓爾辨圓和南浦紹明是五山時期日本入宋求法僧的代表,二人歸朝之際,南宋禪僧通過《送日本僧》和《一帆風》詩軸的形式表達了惜別"高誼"。這兩次餞別儀式上的詩文,可以成爲日宋禪林送別詩的典範,《江湖風月集》所收石霜導禪師《送日本僧》的價值和意義主要體現在如下方面:

首先,《送日本僧》是現今可見送別圓爾辨圓禪師留存下來的明確證據。通過考證該詩作使用的公案和詩語,大體可以推斷出當時包括希叟紹曇在内的剩餘二十多人創作送別圓爾辨圓詩作應該亦具備了同樣風格。由於這些中日禪僧從法脈而言均屬圓悟克勤門下法孫,而圓爾辨圓和南浦紹明活躍的時代正是無準師範執掌徑山寺的隆盛期。無準師範法語中呈現的内容,勢必成爲其門下創作送別詩文過程中要遵循的指導思想,因此可謂"典範"。從時間上看,南浦歸朝晚於圓爾,故《送日本僧》和洪都道璵詩中所言内容均可謂繼承了無準師範法語思想而來,這與後來送別南浦紹明詩文在禪學思想和法脈淵源上自成一體,故本文謂之"典範"。

其次,從《送日本僧》中"去""歸"對立意義的消解,到《一帆風》中"空手""來""去""歸""回"等詩語的大量使用,"佛性無南北,禪法無東西"的禪學內涵得到進一步升華。

　　再次，《送日本僧》對不久之後送別南浦紹明禪師詩軸《一帆風》給予了一定影響，特別是"黃檗噇糟"公案"大唐國裏無禪師"的利用，已成爲彼時南宋詩僧在送別日本禪師時普遍使用的一個"套語"。從本質意義來看，南宋詩僧在詩句中表現的"大唐無禪"，一方面可認爲是一種出於謙遜的詩歌叙述策略。另一方面，或許南宋高僧們都意識到一個問題，那就是元軍的大舉南下，對江南禪林構成的威脅已經影響到中國五山禪林。"大唐無禪"從表面看是一則普通的禪宗公案，但是，其底層中則隱藏了南宋禪僧對中國禪林凋敝局面的一種影射和憂慮。他們利用送別詩的方式，把振興禪法的重任，委婉托付給歸朝的日本高僧，希望禪宗能在日本得到弘揚和繼承。就其意義而言，應是中日兩國彼時華夷觀變化之後產生的一種必然的歷史選擇。

（作者單位：延安大學外國語學院）

日本五山疏文對《蒲室集》的接受

——以絶海中津的疏文爲例①

車才良

禪宗傳入日本後,禪林疏文也隨之傳入日本五山禪林。作爲禪林公文書性質的文章,疏文在禪門日常宗教事務中發揮了重要作用。由於現實需要,疏文寫作成爲很多日本五山禪僧的必修功課和必備技能之一。五山禪僧寫作疏文的參考和範文主要是元代禪僧笑隱大訢《蒲室集》中的疏文。五山禪僧們對《蒲室集》中的疏文反復進行講解、注釋,總結出其中的創作方法和規律,稱之爲"蒲室疏法",他們嚴格按照這一方法寫作了大量疏文作品,這些疏文構成日本五山文學的重要内容。"蒲室疏法"有着嚴格的法度和格式要求,通篇使用四六駢儷文體,創作難度很大。日本五山禪僧中,在明留學近十年的絶海中津,通過其在明期間的師父、笑隱大訢的得意弟子季潭宗泐繼承了"蒲室疏法",并使其在日本五山禪林傳承。迄今爲止的研究,對日本五山疏文關注較少②,基於作品分析考察五山疏文對《蒲室集》的接受問題,是尚未充分展開的

---

① 本文爲國家社科基金重大項目"東亞古代漢文學史"(19ZDA260)、教育部人文社科研究
  項目《蒲室集》在日本的流傳與接受研究"(20YJC752001)、江西省高校人文社科研究
  項目"日本五山文學中的江西文人形象研究"(WGW19205)的階段性成果。
② 相關研究主要有:玉村竹二《五山文學——大陸文化紹介者としての五山禪僧の活動》
  (至文堂,1985 年),該書第六章對四六文的沿革、禪林四六文的構成、四六文寫法的傳授
  等進行了論述,對絶海中津的四六文傳承譜系進行了勾勒,涉及"蒲室疏法"的内容。西
  尾賢隆的論文《日中禪林における疏から表への展開》(《日本歷史》1997 年 5 月),論及
  《蒲室集》和《蕉堅稿》中的很少一部分疏文作品。石觀海、孫暘《疏文的接受(轉下頁)

研究内容,本文以絶海中津的疏文爲例,就此問題進行一番探討。

一　禪林疏文文體及分類

　　禪林疏源於世俗文體中的"疏"。關於"疏"這一文體,徐師曾在《文體明辨》中列舉出"奏疏""道場疏""法堂疏"三種文體。據其所言,所謂奏疏,是指群臣對君主陳述意見時上奏文書的總稱。秦以前統稱爲上書,秦時改稱奏,至漢代,章、奏、表、議四者分開,魏晋以後僅有啓得以盛行,唐代則用表、狀二體,宋元時劄子使用最廣。道場疏是釋老二家慶禱之詞,募緣疏是廣求衆力之詞,法堂疏爲長老住持之詞[①]。日本五山禪僧仲芳圓伊在其著述《伊仲芳四六之方》中云:"疏決塞者通達曰是疏也。人必受出世之命,固辭時,書疏以薦彼人,使諸人之志通達也。疏字義,條陳心可也。"[②]日僧無著道忠編《禪林象器箋》中的《諸疏帖》載:"《文體明辯》云:疏者,布也。《正字通》云:疏去聲,暮韻,音數,條陳也。忠曰:疏者,條暢布陳其所蓄望也。《禪苑清規·請尊宿》云:具合用錢物、行李、人轎等,或舟船要用之物,官疏、院疏、僧官疏、諸院長老疏、施主疏、閑居官員疏、住持帖、本州縣開報、彼處州縣文牒、官員書信、院門茶榜,並須子細備辦,如法安置。"[③]

　　禪林疏文使用的是四六駢儷文體。一般認爲,晚唐李商隱的《樊南四六》是"四六"之稱的開端,至宋代,四六文已多見於文人創作之中。而禪林疏文一開始基本是由文人代筆,兩宋時期,疏文作者逐漸由文人轉向僧人。到了南宋後期,禪僧作疏已相當盛行。《伊仲芳四六之方》云:"叢林入院開堂,用駢儷之語,勸請住持,蓋濫觴於趙宋,蕃衍元明,期間諸師,覺範、北磵以下,至懶庵、全室等發揮正宗之餘,博識雄才,遊戲翰墨,皆以化筆、緣飾斯道,凡以文章行於世者,咸有四六之作。其爲體裁,隨時沿革,出入古今,馳騁内外,吁盛

　　(接上頁)美學:矩矱森然,攢花簇錦——再論中國文學東傳的中介"日本臨濟僧"》(《長江學術》2007年第4期),論及"蒲室疏法"和部分日本五山疏文作品。戴路《南宋禪林的公共交往與四六書寫:以疏文爲中心的考察》(《中南大學學報》2017年第3期),主要討論的是南宋時期的中國五山禪林疏文。

① 徐師曾著,羅根澤校點《文體明辨序説》,人民文學出版社,1962年,頁123、171、173。
② 仲芳圓伊《伊仲芳四六之方》,國立國會圖書館藏寫本。
③ 藍吉富《大藏經補編》第19册,台北華宇出版社,1985年,頁608。

哉。"① 由此可知,叢林使用儷語濫觴於趙宋,蕃衍於元明,惠洪覺範《石門文字禪》、敬叟居簡《北磵集》、季潭宗泐《全室外集》諸書中都收有大量疏文。以文章行於世的禪僧們,幾乎都有四六之作。由此可窺見駢體蔓延禪林之一斑。禪林疏文絕大部分都是對仗工整的四六文,但也有夾雜着散文的,被稱爲"草疏"。

禪林疏文是具有公文性質的實用文章,按用途大致分爲入寺疏、淋汗疏、化疏和道場疏等。入寺疏是住持被新任命之時,其即將赴任的寺院拜請其入寺赴任,或者即將赴任的寺院所在的行政區内的各寺院敦促其入寺,或者舊友爲慶賀住持入寺而作的文章,原則上由各寺的書記制之。文書經裝裱後,在住持入院儀式時宣讀。關於淋汗疏、化疏和道場疏,《禪林象器箋·叢軌門》有較詳細説明:"夏月入浴曰淋汗。蓋熱時常有汗,故每日淋沃也。淋汗疏,爲化柴燒浴製疏也。曾聞五岳學製疏者,必先製之試手。化疏,凡叢林化米、化炭等,皆造疏,化主齎之去,一展示其意,二證非假竊也。道場疏多滿散用之,然啟建亦有之。凡啟建有疏,則滿散必亦有疏。啟疏發頭用儒典語,散疏發頭用釋典詞。又與《諷唱門·宣疏》交看。"②

禪林疏文中,入寺疏最爲重要,作品數量也最多。入寺疏分爲山門疏、諸山疏、江湖疏、道舊疏、同門疏、友社疏、僧官疏等。山門疏是接受新住持的寺院爲拜請新住持而作的疏,諸山疏是新任之寺所在的地方行政區内的諸寺,爲督促新任住持入寺而作的疏,同列寺,書以修鄰好也。江湖疏是新住持的全國各地的平生知音所奏之疏。道舊疏是新住持的舊道友勸其入寺,表達慶賀而作的疏。道舊者,道友也。同門疏是新住持的同門好友勸其入寺,表達慶賀而作的疏,日本禪林謂法眷疏。法眷疏,法眷,即法門中眷屬之意,或爲共同求道修行者之總稱,又稱同門、同參、法屬、法親、法緣、道友、道舊,主要指修學同一法門之兄弟、弟子而言。寺院任命住持之際,新住持之法兄弟制文疏向該寺院祝賀,此一文疏即稱法眷疏。林泉友社疏,新住持的詩文上的交友(友社)賀其入寺而作的疏。官府疏,在中國是中央的宣政院、總管府、地方的行宣政院,在日本是京都的禪律奉行、鎌倉的禪律頭人,爲證明新住持的道德,命其入寺而作的疏,亦稱僧官疏、行院疏、行疏等。《禪林象器箋·文疏類》中尚載有路

① 仲芳圓伊《伊仲芳四六之方》,國立國會圖書館藏寫本。
② 藍吉富《大藏經補編》第 19 册,頁 347、611、613。

疏、縣疏、府僚疏、法親疏、方外疏、江湖友社疏和鄉曲疏等幾類入寺疏,但作品數量不多。

二　《蒲室集》的傳入與日本五山疏文的盛行

據月舟壽桂撰《蒲室集鈔》,《何希範請雲門住靈樹疏》乃"禪家疏之始也",《九峰韶請大覺璉住育王》乃"僧書疏之始也",《蒲室集鈔》中抄録這兩篇疏文原文。《禪林象器箋·諸疏帖》引舊説曰:"士大夫爲僧製請疏,泛論之,則南北朝時,沈休文發講疏爲始。禪林請住持疏,韶州防禦使何希範等製請疏,令雲門偃禪師住靈樹爲始,其疏載在《雲門語録》後也。僧疏,則九峯韶公作疏請大覺璉和尚住阿育王山。此爲始矣。"①月舟壽桂根據什麼作出以上判斷,作過哪些考證,目前尚不得而知。但是,兩宋時期,僧人詩文集中散見疏文卻是事實。日本五山禪僧虎關師煉還專門將宋代僧人的疏文輯成《禪儀外文集》,收録疏文 51 篇②,均是所謂的"草疏"。《禪儀外文集》對日本五山初期禪僧們的疏文寫作,起到了一定的指導作用,但真正給五山疏文以決定性影響、使得五山禪林疏文盛行起來的,是元代禪僧笑隱大訢的《蒲室集》。《蒲室集》十五卷,附《書問》一卷、《疏》一卷,由古辭、古詩、律詩、絶句等各體詩歌,以及序、記、碑銘等散文構成。附録書問 50 篇,疏 113 篇。據考證,《蒲室集》大約於元至正五年(1345)至元至正十八年(1358)間,由日僧龍山德見或無文元選在歸國時攜入日本③。《蒲室集》傳入日本後,集中疏文成爲五山禪僧作疏的參考範文。

關於疏文在日本五山禪林的產生及盛行過程,《蒲孽》④中提及:

---

① 藍吉富《大藏經補編》第 19 册,頁 608。

② 51 篇疏文中,山門疏 17 篇、諸山疏 23 篇、江湖疏 6 篇和雜疏 5 篇。從作者看,惠洪覺範 10 篇、橘洲寶曇 4 篇、北磵居簡 5 篇、藏叟善珍 7 篇、物初大觀 12 篇、無文道璨 6 篇、淮海元肇 3 篇,九峰鑑韶、刑部郎中曾會、亡名子和狀元汪聖錫各 1 篇。作者中有八位禪師,其中九峰鑑韶和惠洪覺範爲北宋僧,其餘六位禪師爲南宋文學僧。除了九峰鑑韶以外,其餘禪師均有文集存世。

③ 車才良《〈蒲室集〉版本及其在日本的流傳》,《域外漢籍研究集刊》第 17 輯,中華書局,2018 年。

④ 《蒲孽》爲日僧所作的《蒲室集》抄物之一種。

　　日本上古無疏也,疏始於中古,虎關之時代也。此時學宋朝四六也,
故依虎關編《禪儀外文》也。其後,仲芳之時,學元朝蒲室之體,取代《禪
儀外文》之體。[①]

　　由此可知,日本上古并無"疏"這一文體,疏文的創作始於中古,即虎關師
煉的時代,此時是學宋朝的四六文。虎關師煉將當時中國僧人的四六文彙編
成了《禪儀外文集》。初期的五山禪僧作疏依據和參考的主要是這部《禪儀外
文集》,其後,至仲芳圓伊之時,一改《禪儀外文集》中的創作方法,學習元代笑
隱大訢的"蒲室疏法"。

　　日本五山禪僧景徐周麟在《四六後序》中云:

　　　蓋禪四六之盛行於世也,始於蒲室。蒲室出乎皇元之間,一手定其體
　　格,整其句法,而自編其集,雅頌各得其所也。繼於蒲室者曰季潭,曰用
　　章,皆有家法,而季潭開闔關鍵可觀矣。吾朝蕉堅蚤入大明,從之以遊者,
　　洎乎十年,故馨其所蘊以歸,於是乎海東禪林,四六具體,而後登其門者,
　　雙桂太白曇仲爲之頭角。其體格也,有蒼老而敷腴者;其句法也,有勁正
　　婉娩者。各以其所長,并馳乎一時。[②]

　　文中的"蒲室"乃笑隱大訢之號,笑隱大訢确定了禪林四六文的體例和規
範,并傳給了其弟子季潭宗泐和用章廷俊等人。絕海中津(號蕉堅)入明,從
季潭宗泐學習詩文,得宗泐之所傳,是日本五山禪林四六駢儷文之集大成者,
後來日本五山禪林逐漸把絕海中津視爲蒲室疏法傳入日本的始祖,室町中後
期,產生了以絕海中津爲派祖的傳授思想。從絕海中津學習疏文的有惟肖得
巖(號雙桂)太白真玄、曇仲道芳等人。

　　日本五山疏文盛行的標志之一,是講釋中國禪林疏文的盛行。例如,《禪
儀外文集》刊行後,義堂周信就於永德元年(1381)7 月 25 日始,講釋《禪儀
外文集》,歷時十數日,聽衆 2000 餘人。日本保存的《禪儀外文集》抄物,有景

---

① 原文爲:"日本デモ上古ハ疏ノ沙汰ナキ也。中古ニハジマル。虎関ノ時代也。此時ハ
　宋朝ノ四六ヲ學デアル也。故ニ虎関ノ禪儀外文ヲメサルル也。其後仲芳ノ時分、元
　朝ノ蒲室ノ體ヲ學デ、禪儀外文ノ體ニカワル也。"轉引自蔭木英雄《蕉堅稿全注》,清文
　堂,1998 年,頁 271。

② 景徐周麟《翰林葫蘆集》第八,上村觀光編《五山文學全集》第四卷,思文閣,1973 年,頁
　422。

聰興勖（1508—1592）的《禪儀外文集臆斷》，天文十二年（1543）的寫本《禪儀外文集抄》，天正二年（1574）的《禪儀外文鈔》，寬永二十年（1643）的《禪儀外文集本抄》，寬文十年（1670）的《禪儀外文盲象鈔》等。笑隱大訢的《蒲室集》傳入日本後，中巖圓月等衆多日僧對其反復地講解和注釋，據不完全統計，《蒲室集》抄物（即注釋書）多達30餘種。與之相關的是，日僧們對疏文的寫法不斷進行總結并形成著述，一代一代地傳承下去。日本五山禪林中論述禪四六文寫法的著作主要有仲芳圓伊的《伊仲芳四六之方》、江西龍派的《江西四六説》、天隱龍澤的《天隱和尚四六圖》和策彥周良的《策彥和尚四六圖》等。

　　《蒲室集》的傳入進一步刺激和帶動了日本禪僧的疏文創作，日本五山禪林一度興起創作疏文的熱潮，甚至出現桃源瑞僊所説的“不作四六，不言學”的情況。據森大狂舊藏《本朝禪林撰述書目》載，日本禪林有題爲《駢儷》的著述：“駢儷，五册（内闕一册），中巖、夢巖、無隱、雲溪、大本、仲芳、太白、伯英、絶海、汝霖、心華、曇仲。右十二老之疏稿合集者不知何人所集，古寫珍書兩足院藏之。”[1] 即日本禪林有人曾將十二位禪僧的疏稿編輯成了合集。筆者對《五山文學全集》《五山文學新集》和《續群書類叢》等大型文獻中的疏文進行了粗略調查和統計，大致情況如下：惟肖得巖138篇、蘭坡景莨132篇、心田清播103篇、江西龍派85篇、瑞溪周鳳82篇、太白真玄59篇、義堂周信56篇、中巖圓月54篇、景徐周麟45篇、天隱龍澤41篇、希世靈彥38篇、仲芳圓伊37篇、橫川景三36篇、心華元棣31篇、岐陽方秀30篇，疏文作品在30篇以下的有友山士偲、夢巖祖應、清拙正澄、雪村友梅、絶海中津、虎關師煉和鐵庵道生等人，這些疏文都是散見於個人漢詩文作品集中的。除此以外，日本五山禪僧還有不少人有疏文集存世，如九鼎竺重（《九鼎重禪師疏》）、月溪聖澄（《月溪和尚疏稿》）等，此處不再列舉。

三　《蒲室集》疏文的創作方法——“蒲室疏法”

　　如上文所述，日本五山疏文大部分都學習、模仿和借鑑《蒲室集》中的疏文。因此，先對《蒲室集》疏文的創作方法“蒲室疏法”作一些考察。“蒲室疏

---

① 堀川貴司《五山文學研究—資料と論考—》，笠間書院，2011年，頁323。

法”是日本禪僧們總結出來并加以命名的,笑隱大訢本人并未將自己的疏法進行總結,也未見其有論述疏文作法的著述。笑隱大訢的弟子們作疏,大多也遵循大訢的方法,但也未見他們有“蒲室疏法”的相關論述。例如,季潭宗泐是笑隱大訢的傑出弟子,明初著名高僧,其詩文集《全室外集》中的疏文基本都按照大訢疏文的規範寫成,但是也未見宗泐本人有論述疏文創作的著述。《蒲室集》傳入日本後,五山禪僧們對集中的疏文進行了極爲細致的考證,逐字逐句詳細注釋,他們從中摒棄沒有一定規律或規律特徵不明顯、不突出的草疏,將體例比較規範、統一的疏文作爲比較固定的格式,在五山禪林中确立下來,稱之爲“蒲室疏法”。

　　笑隱大訢的疏文被稱爲“蒲室疏”,總體上由蒙頭、八字稱、過句、襲句、結句五部分構成。一般而言,疏文的前四句(包括一“隔對”與一“直對”,“直對”亦可稱爲“短對”“平對”)爲蒙頭,描寫任寺的境致;含有人稱代詞“某”的兩句(即一“直對”)爲“八字稱”,八字稱稱贊新任命和尚的德性;“八字稱”之後的六句(包括一“隔對”和兩“直對”)爲“過句”,叙述新任命住持的法系;“過句”後的四句(包括一“隔對”和一“直對”)爲“襲句”;最後四句(包括一“隔對”和一“直對”)爲“結句”。八字稱以下直對不可三對連用,隔對嚴禁連用。即隔對和隔對之間一定要插入一對或兩對直對。蒲室疏還有以下幾個特徵:一是全篇對句雖無定數,但一般在七對至十一對之間,其中以七、八、九、十對爲最多;二是“隔對”不能與“隔對”相鄰;三是“直對”不能三對相鄰;四是“八字稱”以下不能超過九對;五是“八字稱”以下“隔對”不能超過三對。對句的上下句或爲四言,或爲六言、八言。對句包括“直對”與“隔對”兩種,上下句無分句的對句稱“直對(或短對,或平對)”,有分句的稱“隔對(隔句對)”。試看《蒲室集》中的一例:

　　　　永羅源住温州淨社諸山疏
　　　　悦公識老素於鄰房,稽顙稱服;
　　　　靈樹待韶陽於嶺表,虛左以迎。
　　　　由來四海龍門,稱此丹山鳳羽。(至此爲蒙頭)[①]
　　　　某,剛貞玉雪,叱咤風霆。(八字稱)
　　　　煨蘆菔換得禪,八珍争富;

---

① 括號内文字爲筆者所添加,下同。

觸茶瓢解答話,白刃無前。

天機貴得於自然,夫子非拙於用大。(過句)

巨緇五十犒,寧求涸轍鮒魚;

蟠桃三千年,不作褪華杏子。

時乎難得而易失,道在致之而力行。(襲句)

妙嚴有季子起家,人嗟其晚;

東海招諸賢結社,天作其逢。

期底于成,毋渝斯好。(結句)①

此疏共九對,蒙頭爲兩對,隔句對和直對各一對。八字稱一對。八字稱以下,隔句對後接直對,接着是隔句對接直對,最後的結句又是隔句對接直對。

需要注意的是,并不是《蒲室集》中所有疏文都符合日僧所謂的“蒲室疏法”,其中有一些是不符合的,這些也就没有被日僧視作模仿和學習的對象。例如,作爲《蒲室集》注釋書之集大成的月舟壽桂所撰《蒲室集鈔》,對《蒲室集》中的 72 篇疏文進行了詳細注釋,有的在注釋之前有簡短評語,如第一篇疏文《仰山虛谷和尚住徑山江湖疏》,月舟壽桂評曰:“此疏者,草疏,故不須對,又須聯銖韻也,非天下之大手筆,則不可學也。”②如《瀨翁和尚住淨慈諸山疏》有評語曰:“此疏七對,宜常用此法。”《竺田和尚住靈隱集慶諸山疏有序》有“非常法勿用之”的評語。此類簡短評語指出該疏文的法度,并提示此疏是否可效仿,實際上是疏文創作方法的指導意見。通過對《蒲室集鈔》進行統計發現,72 篇疏文中,27 篇有類似上述評語,其中認爲有法度、可效仿的18 篇,認爲非常法、不可效仿的 9 篇。27 篇之外的諸篇雖没有類似評語,但根據其評價原則,亦可知哪些是有法度、可效仿,而哪些是不符合法度、不可效仿的。

四　絶海中津疏文對《蒲室集》疏文形式上的接受

下面以絶海中津的疏文爲例,考察其對《蒲室集》疏的接受。絶海中津

---

① 笑隱大訢《蒲室集》,五山版,日本國立國會圖書館藏本。

② 月舟寿桂《蒲室集鈔》(别称《蒲根》),天文二年(1533)寫本,早稻田大學圖書館藏。本文所引皆據此本,不再一一注明。

（1336—1405），諱中津，原字要關，易字絶海，號蕉堅道人，擅長漢詩文，有詩文集《蕉堅稿》存世。絶海中津被譽爲“日本五山文學的雙璧之一”，被五山詩僧尊爲“詩祖”。絶海中津於明洪武元年（1368）三十三歲時來華，留學近十年，長期師從季潭宗泐參禪悟道，學習漢詩文。“蒲室疏法”在日本五山禪林得以廣泛傳播和傳承，絶海中津起到了至關重要的承前啓後的作用。五山禪僧景徐周麟《旭岑詩并四六序》中云：

> 蕉堅大士，壯歲南遊，入全室室，其詩也，文也，筆蹟也，與彼山川風物，爭其壯麗。明人跋其稿曰，雖吾中州之士，老於文學者，不是過，且無日東語言氣習，而深得全室之所傳也。評其書則曰，得楷法於清遠，可謂集而大成矣。既而歸朝，吾徒之從事於此者，競遊其門，删詩，定四六之體，變書法之卑弱，各得其所，至今叢林，無不被其澤者，可尚矣。①

絶海中津的疏文通過季潭宗泐，從多方面吸收和借鑑了《蒲室集》中的疏文。明僧古春如蘭在其爲《蕉堅稿》所作的跋文中指出：“其疏語絶類蒲室之體制。其文縝密簡净，尤得一家之所傳，誠爲海東之魁，想無出其右者。”②古春如蘭在跋文中指出絶海中津的漢文傳承了“蒲室疏法”，源頭在蒲室，深得蒲室真傳，風格特點是縝密簡净。絶海中津的《蕉堅稿》中收録疏文 12 篇，先看該集中的第一篇疏文《寧一庵住姑蘇崇福江湖疏》：

> 寧一庵住姑蘇崇福江湖疏
> 豐城劍氣，射斗牛之光芒；
> 陶壁梭精，乘風雷之鼓動。
> 蓋神物難測變化，而利器肯久沉埋。
> 用舍有時，顯晦合道。（至此爲蒙頭）
> 某，千金駿骨，五色鳳毛。（八字稱）
> 還國師犀牛兒，全機獨脱；
> 得如來摩尼瑶，衆義絶詮。
> 遊華亭慕船子高風，思天台峨寒山妙句。（過句）
> 剡練川之勝境，有崇福之佳招。
> 伐鼓考鍾，克舉三代之盛典；

① 景徐周麟《翰林葫蘆集》第八，上村觀光編《五山文學全集》第四卷，頁 385。
② 蔭木英雄《蕉堅稿全注》，頁 258。

拈椎竪拂,式慰四衆之具瞻。(襲句)

毋爽漚盟,從茲鵬耆。(結句)①

此疏九對,蒙頭部分三對,隔句對接二句直對。過句爲隔句對接直對。襲句爲直對接隔句對。結句爲直對。與上文中提到的《蒲室集》中的《永羅源住溫州淨社諸山疏》結構非常相似,細微的差異在於絕海中津此疏文蒙頭用三對,較笑隱大訢的疏文多一對。結句部分,此疏文爲一句直對,笑隱大訢疏文爲兩對,隔句對接直對。

對《蕉堅稿》進行分析發現,除了《甲州裂石觀自在堂化疏》和《甲州淨居寺重建大法庵化疏》兩篇化疏以外,其餘九篇入寺疏的蒙頭都以隔句對開頭,隔句對接一至二對直對。八字稱以下基本沒有三句隔句對連用的情況,僅有一篇《元章和尚住天龍諸山疏》襲句出現兩對隔句對連用。絕海中津疏文中僅有一篇爲十一對,超過了仲芳圓伊《伊仲芳四六之方》中所言"一篇不可減五對六對,不可過九對、十對"。可以説絕海中津的疏文,從全篇布局到隔對的位置,都嚴格遵循"蒲室疏法"。

絕海中津寫作疏文時,有意識地從蒲室疏中選取"草疏"以外的疏文加以吸收和模仿,形式上嚴格遵守"蒲室疏法",後世日本五山禪林的疏文皆遵循絕海中津所定的這一體制。因此,可以説"蒲室疏法"雖爲笑隱大訢所創,但將其作爲規範引入日本五山禪林并加以推廣,其功主要在絕海中津。

五　絕海中津疏文對《蒲室集》疏文詞彙上的接受

詞彙方面,絕海中津疏文亦多借鑑和吸收笑隱大訢和季潭宗泐的疏文。首先,從疏文中的"八字稱"來看。疏文中的"八字稱",接在蒙頭之後,前加一"某"字,"某"即疏文所要請其入寺擔任新住持的高僧。"八字稱"使用一直對,八个字,用來稱贊該僧人的德性和學識等。下面將絕海中津所作的 12 篇入寺疏中"八字稱"使用的詞彙、季潭宗泐和笑隱大訢疏文中"八字稱"使用的相關詞彙,制成表格進行對比,如下:

---

① 蔭木英雄《蕉堅稿全注》,頁 186—187。

表 1 "八字稱"所用詞彙對比一覽表

絕海中津疏文	季潭宗泐疏文	笑隱大訢疏文
千金駿骨,五色鳳毛;	才高行輩,望重叢林;	辯析千人,識高前古;
堂堂儀表,落落襟期;	物外通才,法中偉器;	有陣堂堂,逼人咄咄;
德性溫良,語言簡遠;	行高前哲,德重當時;	語空衆妙,機透重玄;
望重當時,識高前古;	德性溫良,語言簡拔;	襟度淵澄,儀形山立;
方外司馬,僧中此郎;	詞傾三峽,氣吞諸方;	化洽三吳,學該百氏。
學該百氏,理透重玄;	識高先德,名重當時;	
志操卓爾,聲華燁然;	人表堂堂,才華燁燁;	
清標玉立,雅量淵澄;	宗門鉅敵,海內勝流;	
學貫天人,氣吞佛祖;	行檢清修,风神簡遠;	
海內勝流,宗門偉器。	話行湖海,望重叢林。	

由上表可以明顯看出絕海中津疏文對季潭宗泐和笑隱大訢疏文之效仿和接受。這裏有幾種情況:一是直接套用,如下劃綫處的"識高前古""學該百氏"等直接套用笑隱大訢疏文中的原句。"德性溫良""海內勝流"等直接套用季潭宗泐疏文原句。二是改動個別詞進行化用。如波浪綫處的"語言簡遠"和"語言簡拔"、"理透重玄"和"機透重玄"、"語言簡遠"和"風神簡遠"、"望重當時"和"德重當時""名重當時""望重叢林"等。三是借用詞語,進行重新組合。如絕海中津疏文中的"堂堂儀表,落落襟期""志操卓爾,聲華燁然""學貫天人,氣吞佛祖""海內勝流,宗門偉器"等都借用了"襟度淵澄""氣吞諸方""人表堂堂,才華燁燁""宗門鉅敵,海內勝流"等語。這一方面説明絕海中津受二人影響之深,另一方面也可能説明禪林疏文中的"八字稱"所用詞彙往往固定在比較狹窄的範圍,有一些常用的、較爲固定的詞語表達。

其次,疏文篇章中詞彙的套用和化用。除了上述"八字稱"中多套用或化用詞彙外,在疏文的整個篇章中,也可發現很多直接套用或者化用的現象,現將部分用例列舉如下:

表 2 篇章中的詞彙使用對比一覽表

絕海中津疏文	笑隱大訢疏文	季潭宗泐疏文
還國師犀牛兒,全機獨脱。	還國師犀牛兒,氣劘深望。	

續表

絶海中津疏文	笑隱大訢疏文	季潭宗泐疏文
伐鼓考鍾,克舉三代之盛典。	於是伐鼓考鍾,於以過家上塚。	
快哉輕車熟路,於以伐鼓考鍾。	從此入室昇堂,於以考鍾伐鼓。	
毋爽漚盟,從茲鵬翥。	幸回象步,以尉漚盟。	
風儀簡遠,睹鸞鷟於晴空。	獸有麒麟鳥有鸞鷟,共睹其祥。	
清標玉立,雅量淵澄。	玉立清標,如衆峰之繞天柱。	
讀永明百卷書,折衝百氏。	潛子折衝百氏,确論無私。	
領圓鑑九帶旨,粃糠九流。	居然太雅之音,粃糠九流。	
咸謂墮地神駒,爭睹摩宵俊鶻。	大鵬展翅九霄,神駒墮地千里。	神駒墮地,志在騰驤。利劍吹毛,功由淬礪。
路人望塵而膜拜,邦君負弩以前驅。	邦君負弩前驅,瞻望風采。	豈無望塵下拜,亦有負弩前驅。當逢交友下車,豈羨邦君負弩。
故能架廣厦於萬間,而亦致修途於千里。有材必用,凡物皆然。	慈雲天覆,何止廣厦萬間。朽索之馭六馬,慎爾修途。	
撝謙再四而不得辭。往有日矣。	幸速光賁,勿循撝謙。	
於以雷勵而風董,宜乎金聲而玉振。		恢張家法破砂盆,玉振金聲。

　　如表 2 所示,絶海中津疏文的篇章中,有不少是一字不動地直接將笑隱大訢疏文原文挪到自己的文中,有的是部分化用到句中,有的則是將笑隱大訢疏文或季潭宗泐疏文中的詞語,通過顛倒順序等方式活用到文中。

　　通過對比明顯可以看出絶海疏文對大訢和宗泐疏文的借鑑和吸收,這也印證了古春如蘭在《書蕉堅稿後》中所言"其疏語絶類蒲室之體制。其文縝密簡淨,尤得一家之所傳"。由此也可得出結論,絶海中津通過季潭宗泐深得蒲室之所傳,他將"蒲室疏法"傳入日本五山禪林,是"蒲室疏法"在日本傳承之派祖。

六　結語

以上對禪林疏文的文體和分類、日本五山疏文的演變和作品情況進行了梳理,對"蒲室疏法"的具體内容進行了分析,并通過具體作品比較,從形式和詞彙兩方面考察了絶海中津疏文對蒲室疏的接受。我們發現,疏文是日本五山文學的重要組成部分,作者人數多,作品數量大,具有多方面的研究價值。但是,從研究現狀來看,五山疏文較少受到關注,很多問題有待深入研究。尤其是五山疏文對蒲室疏進行了全面的吸收和接受,在這方面,本文僅以絶海中津的疏文爲例作了一些考察。絶海中津以後,惟肖得巖、太白真玄、曇仲道芳、江西龍派、心田清播、瑞溪周鳳、村庵靈彦、正宗龍統、月舟壽桂等一大批五山禪僧都有不少疏文作品存世,他們的疏文是否也和絶海中津的疏文一樣多方面吸收和借鑑蒲室疏,在借鑑和接受方面與絶海中津疏文相比有何不同,各自有着怎樣的特點,是否有自己的獨創等問題,都有待於進一步深入探討。

（作者單位：井岡山大學外國語學院）

《羅山林先生集》編纂刊行考略 *

陳可冉

一 引言

作爲德川幕府官學首領、江户林家始祖，林羅山（1583—1657）一生博覽群書，筆耕不輟。今天我們所能看到的羅山全集含文集、詩集各七十五卷①，另有附録五卷。總計一百五十五卷的《羅山林先生集》堪稱江户時代初期卷帙最爲浩繁、體例最爲謹嚴的日本漢詩文集。林家第二代儒宗林鵝峰（1618—1680）在全集的序文中豪言：“尋諸本朝則未見若斯之大，而雖唐宋名家亦不多讓焉。可謂日域千歲獨步，唯先生一人也。”

羅山全集的編纂與出版，對後世日本儒林及包括俳諧在内的日本近世文藝的發展産生了不可估量的深遠影響②。自明曆三年（1657）至寬文二年（1662），羅山詩文的搜集、整理和刊刻前後歷時五年。其間，林鵝峰、林讀耕齋（1624—1661）兄弟二人克服重重困難，同心協力、分工合作，肩負起全集編纂的重任。本文試通過近世前期日本漢文寫本、刊本文獻的挖掘和精讀，梳理《羅山林先生集》的編纂經過，釐清其刊行問世的來龍去脈。

---

* 本文爲國家社科基金重大項目“東亞古代漢文學史”（19ZDA260）階段性成果。
① 《羅山林先生文集凡例》云：“其限七十五卷者准先生之齡數。詩集亦如是。”
② 參見陳可冉《岡西惟中と林家の學問》，《國文學研究資料館紀要 文學研究篇》第33號，2012年。

二　羅山全集的編纂背景

　　明曆三年(丁酉)正月,江户慘遭回禄之災。滔天大火不僅奪去了許多人命、財物,也燒毁了一代大儒林羅山苦心蒐集的衆多珍籍善本。就在兩年前的明曆元年(1655),幕府特賜予林家一座"不有風雨之懼,可無火災之害"的銅瓦書庫。羅山曾滿心歡喜地將自己的萬卷圖書藏儲其中,並堅信官賜銅庫"其製堅緻,可免火災"[①]。孰料事與願違,堅牢的銅瓦最終未能抵禦"丁酉大火"的侵襲,羅山多年精力所聚轉眼化爲烏有。明曆三年正月十九日,在忍岡別邸驚聞老宅藏書罹難的羅山"終夜嘆息,胸塞氣鬱",次日遂卧病不起[②]。僅過了四天,嗜書如命的羅山便經不住身心的巨大打擊,於是年正月二十三日溘然長逝。

　　羅山去世後,囊括其生平著述的全集的編纂作爲一項重要的課題擺到了林家後人面前。據《羅山林先生集》附録《文集詩集編輯始末》(以下簡稱《編輯始末》)所述,剛料理完父親的後事,林氏兄弟便早早立下編修先考遺文的志願。可以想見,對於鵝峰等林家的繼承人來説,出版羅山全集的計劃一方面是彰顯乃父英名,使斯文垂之不朽的盛事;另一方面也是向世人展現家族實力,鞏固家業根基的重要舉措。衆所周知,詩文的編輯須要以原稿的收集、整理爲基礎,確定原稿的所在自然是最爲緊要的當務之急。先是,羅山在自己六十五歲的時候,曾對家中藏書進行過分配。

　　　　今春恕也修造新宅以移居,先生以倭漢群書一千餘部授之。其中朱墨手澤多多有之,而以副本同類之書七百餘部分與靖也。餘所自藏猶有數百部,自此又多求書。常謂人曰:"藏書大半既渡與二子,其所餘者可畀嫡孫春信。"[③]

────────────

① 《羅山林先生集》附録《年譜》明曆元年條:"今夏執事阿部忠秋奉旨賜銅瓦庫一宇,移建於家塾。工匠皆曰:'不有風雨之懼,可無火災之害。'先生甚喜。先是,所未授恕、靖之倭漢群書及近年所求者萬餘卷悉藏於此。"又,明曆三年條:"先生謂:'銅庫所官賜而其製堅緻,可免火災。'"

② 《年譜》明曆三年條:"先生曰:'多年之精力盡於一時。嗚呼,命也!'終夜嘆息,胸塞氣鬱,明日遂卧病。"

③ 《羅山林先生集》附録《年譜》正保四年(1647)條。本文所引林氏諸儒詩文集皆爲日本國立公文書館林家舊藏本。

　　當年分家之際,羅山没有讓與恕(鵝峰)靖(讀耕齋)二子,特意留在手邊的數百部圖籍此後又經過近十年的積累,在明曆年間達到了萬卷之衆的規模。如前所述,這部分本應傳給嫡孫林梅洞(1643—1666,名春信)的書籍和官賜的銅瓦書庫在明曆三年(1657)的大火中悉數化爲灰燼。尤其令人惋惜的是,羅山歷年留存的自作詩文原稿恰恰就在此番罹災的萬卷藏書之中。從這個意義上講,"丁酉之災"不僅是導致羅山痛心疾首、鬱鬱而終的直接誘因,同時也給後來羅山全集的編纂工作帶來了莫大的麻煩。所謂"巧婦難爲無米之炊",鵝峰在《編輯始末》中起筆即云:"慶長稿、元和稿、寬永稿、正保稿、慶安稿、承應稿、明曆稿者逐年所編之元集也。罹丁酉孟春十九日之火災而隻字不遺,可以長吁!"

　　自古文人多有抄録、保存作品底稿的習慣。此類寫本或曰元集,或曰原稿,或曰家稿,是編纂其人詩文的基礎材料。羅山等江户前期的日本儒者自然也不例外,按照《編輯始末》的記述,羅山於慶長年間所作詩文留底合綴爲三册,元和稿亦有三册,寬永稿有四册,另有正保、慶安、承應、明曆諸稿各若干。集中所録詩文一般以時間先後爲序,按年月逐次編排。作爲日人撰著的一大特點,即便是深諳漢學的詩人、儒者,其家藏的原始存稿除收録漢文、漢詩以外,往往也兼收用日語創作的和歌、和文等。事實上,羅山的元集即是漢詩文與"倭語、倭歌錯雜合編"(《編輯始末》)而成的[①]。這樣的情況其實比較普遍,同時期具有類似性質的詩文稿本,尚有不少幸得傳世。如石見吉永藩初代藩主加藤明友(1621—1683)的《錦囊全集》(筑波大學附屬圖書館藏,索書號ル294—146)等寫本文獻都呈現出雙語合璧、"錯雜合編"的文本形態。我們大致可以藉此想象羅山元集的本來面貌。

三　羅山诗文的搜求与編輯

　　家藏的元集既已不存,林氏兄弟只得想盡一切辦法,多方搜求散落於各處的羅山诗文。《編輯始末》云:"居喪之間,與家弟靖相共痛惻斯文之泯滅而胥議尋索之。無遠近,無親疏,無貴賤,無緇素,或馳書牘,或憑紹价而遍告萬

---

① 日本國立公文書館藏寫本《羅山林先生外集》(索書號205-0131)集中收録了羅山的部分日文著述。

方以有編修遺文之志。"自居喪期間的明曆三年（1657）春至萬治二年（1659）春,兄弟倆用兩年的時間搜集了足足兩大箱的文稿抄件,具體內容涉及詩文酬和、尺牘往來、序跋題贈、碑銘畫贊等各個方面。從來源上看,支撐全集編纂的這些第一手材料主要出自以下四類人群。

（1）弟子門生

羅山早年在京都招納的門人,如中村道意（紀伊藩儒）、小川宗五①等都曾抄録過羅山的慶長稿、元和稿、寬永稿。其中雖有不少脱漏之處,但彼此參校基本可以形成慶長至寬永間的詩文底本。其他門生如人見卜幽（1599—1670）、幕府儒員人見竹洞（1638—1696）、廣島藩醫黑川壽閑（1601—1680）等也都積極響應號召,抄送來大量寶貴的資料。因沉痾在身,回鄉養病而幸免回禄的水户藩儒辻了的（1624—1668）不但完好保存了自己往年抄録的羅山詩文,而且還在京都起到了居間聯絡的重要作用。鵝峰在萬治元年（1658）秋所作的長信《寄了的生》（《鵝峰林學士文集》卷三十三）中提到:（了的）"且聞先考遺稿逢災,早寄其所曾寫之數册。既而搜求其流落於京洛舊友之家而贈答者數回,最有便於編次也"。

（2）大名幕臣

作爲資政顧問的飽學之士,羅山一生歷侍德川幕府四代將軍,結交了爲數衆多的大名和幕臣。他們中有的與林氏有通家之好,有的與羅山時有唱和,各自收存了不少羅山的詩文。其代表人物,如德川光圀（1628—1701）、榊原忠次（1605—1665）、脇坂安元（1584—1653）、本多政勝（1614—1671）、永井直清（1591—1671）、八木宗直（1603—1666）、永井尚庸（1631—1677）等都各自竭盡所能,爲遺文的蒐集提供了幫助。前述加藤明友更是其中的積極分子。《編輯始末》云:"加藤敬義齋寄其所在者,又借號'東海集'者三册。其中抄出先生所作以返之。"需要補充説明的是,明友編纂的《東海集》廣汎采録了當時流傳於江户文壇的諸多漢詩文作品,現藏筑波大學附屬圖書館的寫本《東海集》（索書號ル294—145）共九册。收録有羅山詩文的前三册起筆於慶安元年（1648）,終於萬治三年（1660）,應當是編修羅山全集時林家借用過的資料原件。

---

① 初名俊政,稱治兵衛,元和三年（1617）拜羅山爲師。《羅山林先生詩集》卷十七收録有《次小川宗五試毫韻二首》。

（3）知交故舊

　　林氏一族祖居京都,羅山幼年入東山建仁寺求學開蒙,後來又師事藤原惺
窩(1561—1619)。這樣的人生經歷使羅山在儒者、禪僧、醫師等組成的近世
初期漢文學交遊圈中結識了不少意氣相投的學伴和詩友。正是得益於知交
故舊的收存之功,羅山與諸家的書牘往來、詩文唱酬等才不至於"片甲不留"。
這部分資料提供者中,如尾張藩儒堀杏庵(1585—1642)、幕府侍醫野間三竹
(1608—1676)、武田道安(1584—1665)等與羅山都是學問上的同道中人;而
金地院元良、文殊院立詮等則是羅山的方外之友。當然,功勞最大的還要數
隱栖於京都城北詩仙堂中的著名詩人石川丈山(1583—1672)。《羅山林先生
集》共收錄羅山致丈山書簡三十八通,總體占據了整整兩卷(卷六、卷七)的篇
幅。鵝峰也在《編輯始末》中特意強調:"石川丈山寄其贈答之尺牘、詩文及其
所寫藏五册,抄出返之。遠方所投來者無先於此。"看來,丈山對編纂工作的
支持不光體現在材料的數量上,同時也體現在行動的效率上。

（4）自家子孫

　　明曆大火雖然燒毀了林家老宅的銅瓦書庫,但好在鵝峰和讀耕齋各自家
中的藏書幸免於難。這些藏書中時或有羅山的親筆題跋,且多爲元集所不載,
可謂彌足珍貴。再加上林氏兄弟以及孫輩林梅洞、林鳳岡(1645—1732)等
家族成員所藏羅山墨跡、詩文草稿等項也頗具規模,對於全集的編修自然大有
裨益。近年來已有日本學者調查、報告了《文敏先生遺墨》(私人收藏)的詳
細情況[①]。該資料爲一長卷,由二十五件羅山手跡連綴裝裱而成,收儲於長方
形木盒內。盒蓋墨書"文敏先生遺墨""孫愨家藏"。文獻內容爲羅山親筆書
贈長孫梅洞的題辭及唱和詩作,可與二人詩集互參,當是編纂羅山全集時使用
過的原始材料。比較有意思的是,遺墨中的部分作品書寫於配有彩圖的明代
詩箋之上,這對於研究日本近世版畫多色套印技法的起源也具有重要的參考
價值[②]。

---

① 伊藤善隆《初期林家林門の文學》(古典ライブラリー,2020年)第十一章《林羅山の詩
　箋資料〈文敏先生遺墨〉——多色摺の源流》,原載於《圖說江戶の"表現"浮世繪・文
　學・藝能》(八木書店,2014年)。
② 類似的資料還有東京大學史料編纂所藏《文穆先生遺墨》(林家史料・林家本34—1、
　2)。此爲林鵝峰書贈嫡孫春宗的手跡合集。

　　萬治二年（1659）春，文獻徵集告一段落。同年夏初，羅山全集的出版工作正式進入詩文集的編纂階段。《編輯始末》云："於是先作文集目錄，分其類，叙其次序，考其異同，去其重複。倩備書者數人，日日寫之，使侍坐者高安成監護之。起筆於四月之初，至六月之初，文集七十五卷既成。其編輯之趣，凡例備矣。使靖也口授，爲之訓點……既而余再校其所點，正字誤，以加朱句。"文集成形後，一切如法炮製，以林氏兄弟爲核心的一班人馬又緊鑼密鼓地啓動了羅山詩集的編纂。爲方便起見，現將萬治二年（1659）涉及全集編纂的具體事項按時間順序排列如下：

　　＊四月，起筆編纂文集。
　　＊六月，文集七十五卷大體成形，鵝峰撰寫文集《凡例》。
　　　　　其後讀耕齋爲文集標注訓點，鵝峰通讀審定。
　　＊七月，起筆編纂詩集。
　　＊八月，鵝峰於文集末尾爲羅山隨筆題寫跋語。
　　＊九月，詩集七十五卷大體成形。
　　　　　其後讀耕齋爲詩集標注訓點，鵝峰通讀審定。
　　＊十一月，鵝峰撰寫詩集《凡例》及羅山《年譜》。
　　＊十二月，讀耕齋撰寫羅山《行狀》。鵝峰撰寫羅山《編著書目》《文集詩集編輯始末》。

　　《年譜》兩卷、《行狀》《編著書目》《編輯始末》各一卷，最終合爲五卷，作爲全集的附錄與總計一百五十卷的羅山詩文並行於世。不難看出，全集的編纂事務整體集中在萬治二年夏至同年冬的九個月裏，而且是以先文集、再詩集、最後附錄的順序依次展開的。

　　萬治二年十月，人見卜幽致書鵝峰，言抄錄羅山文集之事。以下爲鵝峰回函的部分內容：

　　　　披簡就知先考文集寫了十六冊，而校讎不怠。可喜全部終功在近也……編集新成，未行於世。偶來觀者皆曰："多哉！堆哉！"而唯披翻紙葉耳。足下今如此，則猶王勝之於《通鑑》乎？此集今唯一本，幸依足下之先容，早備黃門君之一覽……詩集倭訓雖須臾之間不忘之，然執毫之諸生有事故，而日日不來。故間斷遲怠，漸點了十冊許。料想其終編在來月之末也……噫！元集羅丁酉之災，隻字不遺。爾來求諸萬方，搜諸反古堆，幸勒成編。總計百五十卷，積爲三千餘張。在人則雖招燕石鼠璞之嘲,在我則不換和璧斗金之重也。①

此回函的寫作時間恰好在文集"編集新成"、詩集"點了十册"的節點上。人見卜幽的住所位於不忍池畔,與林家忍岡家塾比鄰而居。未等刊本問世,卜幽以"近水樓臺"之便,早已傳抄了十六册羅山文集呈送水户黄門(德川光圀)一覽。既然鵝峰有言"此集今唯一本",說明文集編纂完成後,並没有立即送往京都交付刻印,而是待其餘部分訓點完畢,全部定稿後,以詩文集並附録的完整形態寄送出去的。面對"總計百五十卷,積爲三千餘張"的全集定稿,鵝峰的内心其實是平静的。他甚至預感到如此大部的編著,未來的命運也許就像司馬光的《資治通鑑》那樣,能通讀者恐怕少之又少②。

盡管如此,鵝峰對羅山詩文的搜求與編纂始終保持着滿腔的熱忱。他在萬治二年(1659)歲末撰寫完成的《編輯始末》中吐露了自己既欣慰又惋惜的複雜心情。欣慰的是定稿新成,蔚爲大觀;惋惜的是詩文有闕,美中不足③。爲此,鵝峰特意在《編輯始末》的末尾對全集出版的後續工作進行了遠景規劃:"遺文、遺詩流傳於世間者,猶其有之。今不能悉求之。他後有見聞之者,則作拾遺可載之而逐年多多,則可重編續集。"

四 《羅山林先生集》的出版

既然定稿成立於萬治二年(1659)歲末,那麽羅山全集的雕版大致應該是從萬治三年春開始的。鵝峰在《羅山林先生集》的跋文中謂:(全集)"總計百五十卷,並附録五卷,乃使姻族荒川宗長刻梓於京洛。歷年而剞劂既成,校讎未畢,靖也歸泉,可以痛恨焉!……頃聞詩文合刻共終其事,而欲廣播於

---

① 《鵝峰林學士文集》卷二十九《回復卜幽丈》(萬治二年十月下旬作)。
② 脱脱等《宋史》卷二百八十六《王曙傳》:"司馬光嘗語人曰:'自吾爲《資治通鑑》,人多欲求觀讀,未終一紙,已欠伸思睡。能閲之終篇者,惟王勝之耳。'"(中華書局,1985年,頁9635—9636)又,《鵝峰林學士文集》卷七十九《西風淚露》(寬文六年作):"先考全集編輯成,附剞劂氏,諸徒皆待其板行成。然及其行於世,文集、詩集總百五十卷,讀之全加朱句者無先於汝(林梅洞,引者注)。其次戀(林鳳岡,引者注)一見了,加朱句。此外,不知有畢全編者否。"
③ 《編輯始末》:"文詩合百五十卷,本朝詩文未曾有如此之大部。雖中華文物之盛,其庶幾乎? 至是,愈惜其有闕失也。"

世”。此跋文的題寫時間是“寬文元年辛丑孟秋朔旦”,即寬文元年(1661)七月一日。林讀耕齋病殁於萬治四年(1661)三月十二日,是年四月二十五日改元寬文。也就是説,至遲在寬文元年夏的時候,羅山全集既已全部雕刻上梓[①],進入了校對勘誤的最後階段。可惜此時,編輯工作的骨幹成員讀耕齋已不幸早逝,無法親眼目睹即將到來的大功告成,由此引發了鵝峰“可以痛恨”的感慨。

自萬治三年春,至寬文元年夏,刻版之事歷時一年有餘。如鵝峰所述,林家的姻族荒川宗長在京都負責監管全集的刊刻。荒川氏與林家關係密切。羅山之妻名龜,私謚順淑孺人,是宗長祖父荒川宗意的女兒。宗意次子名宗竹,宗竹生宗長。正保三年(1646),宗長迎娶了羅山之女振娘[②]。對於羅山來説,宗長既是女婿,又是内侄;對於鵝峰來説,宗長既是妹夫,又是表弟。正是因爲這層親上加親的特殊關係,荒川宗長被委以重任,坐鎮京都打理羅山全集的刊刻事宜。自此以後,宗長似乎與刻書二字結下了不解之緣,在書肆業一發而不可收拾。僅寬文年間,經宗長之手版行於世的各類書籍就不下十種。其中,《日本國事跡考》(寬文七年刊)、《日本書籍考》(寬文七年刊)、《梅洞林先生全集》(寬文八年刊)、《貞觀政要諺解》(寬文九年刊)等都是以羅山爲首的林家三代的重要著述。可以説,荒川宗長的刻書活動對林家學問、詩文的普及與傳播起到了舉足輕重的橋梁作用。

一般認爲,《羅山林先生集》刊行於寬文二年。目前,各藏書機構對全集刊年的著録均持這一觀點。此外,《林羅山年譜稿》所列“没後編著書刊行”一覽也認爲羅山全集出版於“寬文二年正月”[③]。無可否認,《羅山林先生詩集》卷七十五末尾處的刊記確實寫着“寬文二壬寅年孟春吉旦/荒川宗長刊行”的字樣,但嚴格説來,羅山全集的印行其實是分階段逐步完成的。試看以下兩段材料:

> 勢州度會神官等往年營建文庫,貯藏倭漢群籍。吾先考羅山叟曾納《春秋四傳》一部。方今《羅山文集》七十五卷新刻初成,於是與郡宰八木

---

① 《鵝峰林學士集》附録《自叙譜略》寬文元年條:“六月,《羅山文集》板刻成。作序行於世。”

② 《羅山林先生集》附録《年譜》正保三年條。

③ 鈴木健一《林羅山年譜稿》,ぺりかん社,1999年,頁228。

但牧宗直胥議寄贈一部以納焉。敬仰靈德,聊繼前好,唯冀藉神風之力,
永使先考文章傳不朽也。①

　　先考羅山子文集七十五卷,去歲既納之。頃間詩集七十五卷、附録五
卷,剞劂新成,乃憑郡宰八木但牧宗直以寄之。唯冀文也詩也,與靈場共
久傳而先考之才名賴神德以永存也。若夫文庫有志者周覽之,則爲弄翰
墨之一助乎?②

　　"八木但牧宗直",即前文提到過的幕府旗本八木宗直,其官階爲從五位下
但馬守。彼時,宗直出任山田奉行之職,執掌伊勢神宮的管理與維護。所謂
"勢州文庫""伊勢文庫"乃是伊勢神宮附屬藏書機構豐宮崎文庫的別稱,即
今神宮文庫的前身。羅山在世之時,就曾向該文庫獻納過《春秋四傳》。鵝峰
"聊繼前好",在八木宗直的協助下,奉納付印出版的羅山詩文,自然是希求神
力加護,以期傳之永久。

　　特別值得注意的是,羅山的文集與詩集是先後分兩次納入豐宮崎文庫的。
文集奉納的時間是寬文元年(1661)九月,詩集並附録奉納的時間則是寬文二
年五月,中間相隔了至少七個月。且按照鵝峰的説法,兩次書籍的獻納都是在
刊本"新刻初成"或"剞劂新成"③的時間點上完成的。綜合梳理、分析以上各
項信息,我們大致可以得出這樣一張時間進度表:

　　＊寬文元年夏,詩文雕版完成。
　　＊寬文元年秋,鵝峰作全集序跋。文集校勘完成。文集刊行。奉納文
　　集於豐宮崎文庫。
　　＊寬文二年春,詩集校勘完成。詩集刊行。
　　＊寬文二年夏,奉納詩集於豐宮崎文庫。

　　在此過程中,文集的刻版與校勘也應該是先於詩集的對應項目而分步實
施的。換言之,若單看文集的話,其上梓和試印的時間大概不會晚於寬文元年
春。林家對文集刻本的校勘也必然起始於寬文元年春(確切地説,是讀耕齋病

---

① 《鵝峰林學士文集》卷九十五《寄納先考文集於勢州文庫題其後》(寬文元年九月作)。
② 《鵝峰林學士文集》卷九十五《寄納伊勢文庫先考詩集跋》(寬文二年五月作)。
③ 寬文二年夏,鵝峰還曾代丹波福知山藩藩主松平忠房(1619—1700)撰寫了《寄納羅山集
　 於勢州文庫跋》(《鵝峰林學士文集》卷九十五)。文中也提到:"羅山文集、詩集壹佰伍
　 拾卷及附録五卷,新刊甫就。"

逝之日）之前的某個時間點。只有這樣，方才符合先前鵝峰所説的實際情況，即“剞劂既成，校讎未畢，靖也歸泉”。

　　當然，畢竟羅山全集是大部頭的編著，僅文集部分就有七十五卷，刊刻成書後共二十九册並目録一册①。就像詩集與文集是分批刻印的一樣，從理論上講，單册之間的試印與校勘勢必也有些許遲速之别。寬文六年（1666），鵝峰在追悼亡嗣梅洞的隨筆《西風淚露》（《鵝峰林學士文集》卷七十九）中提到了一則有趣的故事：

　　　　昔那波道圓刻《白氏文集》，惺窩先生不待其全部畢，隨板成逐册取見之。故板成時，一見亦畢。其餘所見所讀，可類推焉。

　　這段文字的寫作意圖大約是想説明藤原惺窩（1561—1619）的好學與勤勉。對於同樣是鴻篇巨製的和刻本《白氏文集》〔元和四年（1618）刊，七十一卷〕，惺窩先生可以做到板成之日即是通讀之時。“隨板成逐册取見”的閱讀方式是惺窩出色完成這項高難度任務的關鍵所在。故事雖短，卻耐人尋味。荒川宗長和林家在羅山全集的刻印、校勘等方面是否也采取了類似“逐册取見”的方法，化整爲零，逐個擊破？此問題尚有待後考。

　　單册的情況姑且置而不論，至少從整體上看，《羅山林先生集》的印行無疑是以文集在先、詩集在後的形式分批次逐步完成的。事實上，鵝峰本人對全集刊年的認識也並不是固執於單一的時間點上，而是將文集和詩集加以區分來對待的。比如，他曾在寬文八年題寫的《跋田童子所藏羅山全集》（《鵝峰林學士文集》卷九十八）中云：“文敏先生全集刊行既七、八年，人人見之。”彼時的七八年前，其所指當然就是寬文元年、二年。毋庸贅言，此二年分别是羅山文集和羅山詩集的準確刊年。

　　現藏於日本宫内廳書陵部的寫本《端亭先生遺稿》（索書號214—29）是林家弟子辻了的的詩文别集。其文集卷二（甲）收録有了的致黑川玄通（？—1668）的三通書信。玄通是黑川壽閑之子、黑川道祐（1623—1691）之弟，於寬文五年前後出版了林鵝峰編著的《本朝一人一首》②。作爲林家的老門生，壽

---

① 詩集部分共二十册並目録二册，另有附録二册。

② 參見陳可冉《〈本朝一人一首〉出版始末考》，《中國詩歌研究》第17輯，社會科學文獻出版社，2018年；以及《〈本朝一人一首〉版本述要》，《域外漢籍研究集刊》第19輯，中華書局，2020年。

閑收藏了不少羅山的相關資料。鵝峰在徵集羅山詩文期間，曾收到過黑川家
寄來的材料。然而，等到編輯告一段落、全集定稿之後，黑川玄通居然又從家
中搜出了另外一批羅山的舊稿。消息傳到辻了的的耳裏，這便引出了了的回
復玄通的如下一封信函：

> 文敏先生遺稿蒙足下之許僦，得拜矚焉。就遺稿中，遡考其時則先生
> 纔及弱冠之日也。距今六十年許，手澤如新……目今所刊先生全集中隨
> 筆數卷有之。若是漏缺之則，足下之於先生可謂忠矣。即今盛甑還焉。
> 採納之後，附便呈似林兄弟可也……
>
> 蠟月十一日

書簡末尾略署“臘月十一日”，可知此爲某年歲末所作。又，羅山生於天正
十一年（1583），其“弱冠之日”當爲慶長七年（1602）。了的考證出玄通新獲
之羅山隨筆“距今六十年許”，則書簡的寫作年代應在寬文二年（1662）前後。
以此爲綫索，考諸鵝峰全集，文集卷三十八中恰好有一書札可與前信互爲參
考，現抄錄如下：

> 答黑川玄通（辛丑二月下旬）
>
> 先考親筆隨筆一帖，寄惠之，是亦辻氏所兼告也。今幸傳達之，不堪
> 抃躍，乃覺開函批封之間亦稍遲而展誦則楮國雖舊，手澤猶新。其中往往
> 加點者，其净書所載家集也。其餘文也、詩也、雜著也、瑣語也，從前未觸
> 目者多多……非卿之注意，則此二十餘葉長其逸失乎？他人以爲敞帚，余
> 享之千金，則卿之惠不淺淺矣。先考家集悉罹丁酉之災，余萬方求之，類
> 次編輯，既附剞劂氏。爾來偶得者亦有二三十葉，歷歲作堆則可編續集。
> 今此一帖，校讎可以爲壓卷，不亦悦乎？

黑川玄通托辻了的轉交的“隨筆一帖”共“二十餘葉”，内容爲羅山早年創
作的雜文、韻語。如獲至寶的鵝峰甚是興奮，迫不及待地開封展讀，發現其中
多有“從前未觸目者”，今後可以同其他資料一起彙編續集。當然，羅山續集的
編纂計劃最終並沒有付諸實施，但鵝峰對乃父遺文的搜求與珍視始終是矢志
不渝的。這一點即便在全集定稿之後也沒有發生改變。“他人以爲敞帚，余享
之千金”，正是其一片丹心的真實表露。值得一提的是，日本國立公文書館内
閣文庫藏寫本《羅山林先生別集》（索書號 205-0131）收錄了因各種原因沒有
刊刻入全集的羅山詩文。即便未被采錄，這些寶貴的資料也因羅山全集的編
纂而被搜集、整理、保存了下來。

　　通讀過後，一目瞭然，鵝峰的《答黑川玄通》與前述了的致玄通書簡在内容上具有高度的關聯，當是同一群體（玄通、了的、鵝峰）在同一時期，圍繞同一事件（新發現羅山隨筆）而展開的書信交流。《答黑川玄通》末尾以小字注明了時間，“辛丑”即萬治四年（寬文元年）。既然鵝峰的回函作於萬治四年（1661）二月下旬，由此可以推知了的與玄通的通信時間“臘月十一日”當爲萬治三年十二月十一日。萬治三年（1660）與羅山弱冠之年的慶長七年（1602）相隔五十八年。其時又值臘月，則幾近五十九年之隔，此與了的所説“距今六十年許”亦相符合。

　　羅山文集末尾的十一卷（卷六十五至卷七十五）收録了羅山於各時期創作的漢文隨筆共八百九十一條。了的在寫給玄通的書信中明確指出“目今所刊先生全集中隨筆數卷有之”，並斷言新出羅山隨筆爲刊本所未收。這就説明，很有可能早在萬治三年十二月中旬以前，羅山文集的刻本就已經以相對完整的形態試印出版，且在刊刻地京都的一定範圍内流傳開來。當然，如前所述，鵝峰爲羅山全集撰寫序跋的時間是寬文元年（1661）秋。如此則辻了的於萬治三年十二月中旬以前所見到的刊本羅山文集必然是没有序文且未經林家校對完畢的“半成品”。此種形態的本子或許就是類似於當年藤原惺窩“隨板成逐册取見”的試印本吧。

五　結語

　　《羅山林先生集》出版後，其編纂體例成爲後世仿效的表率。初期林家三代的儒者此後又陸繼刊行了《梅洞林先生全集》（寬文八年刊，四十卷）、《讀耕先生全集》（寬文九年序刊，六十一卷）、《鵝峰先生林學士全集》〔二百四十卷，附録一卷，元禄二年（1689）刊〕、《鳳岡林先生全集》〔一百二十卷，延享元年（1744）刊〕等一系列大部頭的詩文別集。諸集“編撰之體，多依羅山集之法式”（《鵝峰先生林學士全集》凡例）。

　　寬文三年二月十八日，林家向幕府進獻羅山全集，受到第四代將軍德川家綱（1641—1680）的褒獎[①]。《羅山林先生集》的編纂與刊行，無疑在日本近世

---

① 《鵝峰林學士集》附録《自叙譜略》寬文三年條：“二月十八日，憑久世大和守獻羅山文集於御前，蒙御感。”

前期的書籍出版史上樹立了一座偉岸的豐碑。此前的江戶文壇雖也迎來過
《惺窩文集》〔八卷,承應三年(1654)刊〕等其他日本漢詩文集的梓行,但無論
從部頭上看,還是從體例上看,都無一能與羅山全集相媲美。這當然一方面歸
功於羅山本人"儒宗、文豪、詩傑悉備於一人"(《羅山林先生集序》)的非凡才
華,另一方面顯然也離不開鵝峰、讀耕齋等林家後人、弟子等潛心編撰的執着
和辛勞。特別是在元集底稿毀失殆盡的不利條件下,耐心的搜尋和細緻的梳
理,終於換來洋洋一百五十卷、附錄五卷的羅山全集橫空出世,不可不謂日本
漢文學史上結集出版的一大壯舉。《羅山林先生集》這座體量巨大的詩文寶
庫,尚有待我們進一步挖掘、探索。

(作者單位:四川外國語大學日語學院)

荻生徂徠《文理三昧》中的"文理"論考

王侃良

江户中期的漢學者荻生徂徠(1666—1728),以其所創極富個性的"譯學""唐音直讀論"(又作"漢音直讀論")及"古文辭學"等漢文學習與研究方法,一直爲研究者們所注目。徂徠的语言问题亦是 20 世紀末以降,海内外人文學科不同領域的研究熱點之一。其中關於徂徠语言思想的來源,可謂衆説紛紜。近年來因新材料陳元贇《昇庵詩話》的出現,學者們通過與徂徠相關史料的對比,確定了《昇庵詩話》即徂徠早期語言思想的直接來源。小野泰央對此有一文作過詳解。然偏誤頗多,其中涉元贇的部分反不如張淘之洞見瞭然。不過張氏之作將重心放在了對元贇"詩格和文話"的解釋與溯源上,元贇之説如何影響徂徠只寥寥幾筆帶過。因此本文將以徂徠早期語言史料《文理三昧》中的"文理"爲考察對象,通過與《昇庵詩話》作比較,解讀徂徠對元贇思想的容受與揚棄,彌補先行研究在此問題上的缺陷和不足。

一　陳元贇與《昇庵詩話》

陳元贇(1587—1671),名珦,字義都,又字士昇,號鹺峒子,又號虎魄山人、既白山人。浙江余杭人,三十三歲起東渡日本。先後留寓長崎、江户與名古屋等各地五十二年,最後客死東瀛。元贇對柔道、書法、陶藝及詩文等技藝與學問於日本的創立和發展頗有助益,故被後人譽作"一位在中日文化交流史上作出傑出貢獻的詩人和學者"[1]。

---

① 范建明《陳元贇〈昇庵詩話〉校記》,《中國詩學》第 17 輯,人民文學出版社,2013 年。

　　日本研究陳元贇的代表作有小松原濤《陳元贇の研究》。除上文所述元贇在各領域的成就外，此書還特別提到元贇在日語上亦達到了相當水準[①]。國内系統介紹元贇及其著的研究可舉衷爾鉅輯注《陳元贇集》[②]。但衷氏之作中所收録的《昇庵詩話》在内容上多有錯漏。後范建明甫以《陳元贇〈昇庵詩話〉校記》一文，重新考證了現傳《昇庵詩話》各版本，並以此爲基礎訂正了衷氏的錯漏之處[③]。不過范氏的工作僅止步於此，並没有對《昇庵詩話》中的内容作太多解讀和分析。張淘的《新發現渡日明人陳元贇的批點著作兼論其詩學淵源與影響》一文彌補了此缺陷[④]。

　　另外由上述早期研究可知，《昇庵詩話》一書非陳元贇身前所著，而是其死後二十年的元禄四年（1691），由山邊松（生卒年不詳）將兩部分内容輯成一册而來。此書一部分是山邊松其父與元贇之間的“講問”紀録；另一部分則是山邊松一日在書攤上偶得一小册，見書中載有元贇的“問答語”，頗覺有益，便將此册購回並與前述“講問”紀録共同手抄輯成一書。故《昇庵詩話》自問世以來一直以抄本的形式流傳，未有刊本。另外《昇庵詩話》一書不但涉及元明兩代流行的詩格與文話，更重要的是爲了指導日本人的漢詩文創作。元贇在其中對日本人以訓讀之法[⑤]解讀與學習漢文頗有微詞，但憑其在中日兩國語言上的造詣，這樣的指摘也並非無的放矢。

---

① 據小松原氏的考證，元贇不但掌握日常日語，還精通日本各地方言。如元贇除九州方言外，自元和七年（1621）上洛（赴京都）後習得了上方（京阪）口音；寬永二年（1625）遊訪江户後又熟習關東口音。故有妙心寺派之靈峰，在《喜相逢》一詩中以“語音不隔弄文處”來稱贊元贇在日語上的造詣。可參考小松原濤《陳元贇の研究》，雄山閣，1972 年，頁 299。

② 衷爾鉅輯注《陳元贇集》，遼寧人民出版社，1994 年。

③ 從范氏的考證可知，《昇庵詩話》的傳本現存四種：内閣文庫甲本、内閣文庫乙本、日本國立國會圖書館本及文教大學本。四種底本的源頭皆來自於内閣文庫甲本，故而本文選取了内閣文庫甲本（檢索號：207—508）作爲《昇庵詩話》的資料底本。可參考范建明《陳元贇〈昇庵詩話〉校記》。

④ 張淘《新發現渡日明人陳元贇的批點著作兼論其詩學淵源與影響》，山東大學中國古代文學理論青年論壇發言稿，2019 年。同文中，張氏還整理和介紹了國内與元贇相關的論作。

⑤ 又作“漢文訓讀法”。通過此法，日本人可以目視漢文，同時借助漢字兩側的訓點符號及日語假名的提示改變漢字的讀音及語序，最終由日語朗讀而出。

二　荻生徂徠與《文理三昧》

　　荻生徂徠(1666—1728),本姓物部,名雙松,字茂卿,號徂徠,一作徂來。江户(今東京)人,柳澤藩藩士。早年徂徠以朱子學爲宗,後變爲朱子學的批判者,並推崇李攀龍、王世貞之説,將自己的文學主張命爲"古文辭學",獲得了當時日本"知識界"的廣泛支持,風靡一時。在如何學習漢文這點上,徂徠痛陳訓讀之法之弊端,主張廢除訓讀。徂徠期望日本人同中國人一樣,在學習漢文時不作任何語序上的更改,並以中國人的"唐音"(明清漢語口語)來朗讀漢文。此法被後世稱作"唐音直讀論",給當時的日本"文壇"帶來了巨大的影響和衝擊。

　　早先日本學界在討論徂徠"訓讀廢除"或"唐音直讀"的思想來源時大致有兩種推斷。一種以黑住真《初期徂徠の位相——出自・流謫・志向》为代表,認爲徂徠因受父親左遷牽連,自十四歲起謫居鄉下十二年,每日受父親無訓讀講習漢文訓練。且彼時徂徠身邊唯一的可讀之書是一本僅由日語作簡單解釋的《大學諺解》,所以在徂徠的青少年漢文習得期,與其他日本人不同,他没有受系統訓讀之法的"薰陶"。此舉或影响了日後其"訓讀廢除"觀念的诞生[①]。另一种推斷則依據岩橋遵成《徂徠研究》[②]、吉川幸次郎《仁齋・徂徠・宣長》[③]、平石直昭《荻生徂徠年譜考》等基礎研究而來[④]。他們認爲因五代將軍德川綱吉(1646—1709)喜好漢學和唐音,而徂徠三十一歲後成爲柳澤藩家臣,憑此能夠隨柳澤藩主定時覲見將軍。因此直至寶永六年(1709)五代將軍死去的十多年間,徂徠能夠一直用唐音爲將軍講釋漢學經典。在此期間,徂徠不但能直接與由華人後裔擔任的唐通事(漢語翻譯)及訪日華人(如悦峰道章和尚等)交流往來,還能直接接觸同樣使用漢文的朝鮮、琉球的外交人士(通信使等),所以徂徠的漢語會話能力突飛猛進。寶永三年(1706),徂徠在從事柳澤藩所主導的漢籍二十一史譯解(施之訓點及批注)作業時,愈發感到日本人在

---

① 黑住真《初期徂徠の位相——出自・流謫・志向》,載黑住真《近世日本社會と儒教》,ぺりかん社,2003 年,頁 509—544。
② 岩橋遵成《徂徠研究》,名著刊行會,1934 年(復刻本)。
③ 吉川幸次郎《仁齋・徂徠・宣長》,岩波書店,1975 年。
④ 平石直昭《荻生徂徠年譜考》,平凡社,1984 年。

漢字俗語詞解讀上的無力，便向其多位好友手書力陳唯有學習唐音才能克服此頑疾 [①]。隨即五年後的正德元年（1711），徂徠便出版了《譯文筌蹄初編》，在其中提出“訓讀廢除”之論並高唱“唐音直讀”。

　　然而《譯文筌蹄初編》（下文簡稱“初編”）篇首有言，此書雖付梓於徂徠四十四歲，其中構思卻源自其二十五六歲時學習、研究漢文之心得 [②]。此“心得”具體爲何，於初編中雖略有提及卻未盡詳述。從戶川芳郎、神田信夫在《解題・凡例》[③] 以及黑住真於《『譯文筌蹄』をめぐって》中的考證可知 [④]，徂徠原本欲將給弟子授課所作的講義原稿分批整理出版（初編爲已出版的部分）。在尚未出版的原稿之中便詳細紀録了上述徂徠所謂之“心得”。但直到徂徠死去後的享保十三年（1728），初編的續作仍未能問世。十年後其弟子未經允許，將原本作爲後續篇的原稿以無序無跋且不署編著者名的方式，題爲《訓譯筌蹄》在徂徠門內公開。正因爲這次“公開”導致此稿外流，其中一部分被無良出版業者剽竊，以《訓譯示蒙》（下文簡稱“示蒙”）之題刊行。雖一時遭到徂徠一門的抗議而短暫“絶版”，但隨着徂徠直系弟子的悉數離世，此書在明和三年（1766）又被刻上徂徠之名公然發行。後原稿的其餘部分內容經徂徠弟子服部南郭（1683—1759）、南郭弟子齋大禮（1729—1778）轉輾，最後爲竹里散人（印上名爲安澄彦，字清甫，生卒年不詳）所得。竹里散人删補了部分內容，並以原稿中徂徠所作《文理三昧》爲序，由其弟子於寬政八年（1796）題爲《譯文筌蹄後編》（下文簡稱“後編”）刊行於世。

　　有幸於上述示蒙和後編兩書的問世，我們得以就此一窺徂徠早期語言思想的大概及輪廓。近年來，日本學界開始重新審視這一問題。如藍弘岳在《漢文學習方法論》中指出徂徠於《文理三昧》中直言受到了“虎白陳氏”的直接影響，而“虎白陳氏”正是陳元贇 [⑤]。受此啟發，小野泰央作《荻生徂徠の詩文

---

① 平石直昭《荻生徂徠年譜考》，頁61。
② 戶川芳郎、神田信夫編《荻生徂徠全集》第二卷《言語篇》，みすず書房，1974年，頁3。
③ 戶川芳郎、神田信夫編《荻生徂徠全集》第二卷《言語篇》，頁727—798。
④ 黑住真《『譯文筌蹄』をめぐって》，載黑住真《近世日本社會と儒教》，頁545—562。
⑤ 藍弘岳《漢文學習方法論》，載藍弘岳《漢文圈における荻生徂徠 醫學・兵學・儒學》，東京大學出版會，2017年，頁84。

論と陳元贇『昇庵詩話』—「古文辭」學の出發點として—》一文 ①, 系統全面地討論了徂徠和元贇兩者之間的繼承關係, 厥功甚偉。然而小野氏之作多有含糊及錯漏之處, 僅就對《昇庵詩話》的解讀, 反不如本文冒頭所述張氏之作清晰明瞭 ②。不過徂徠部分非張氏其文之重點, 故只匆匆幾筆帶過。而小野氏之作又因其對《昇庵詩話》部分内容的誤讀, 導致論及徂徠的部分亦多有附會之處。因此本文將以 "文理" 一詞爲例, 通過比對徂徠與元贇對此概念的不同認識, 重新梳理兩者的關係, 以正方家。

三　《昇庵詩話》中的 "文理" 論

《昇庵詩話》全文内容共計六十四條, 其中涉及 "文理" 者有四 ③。筆者將按先後順序作逐一分析。首先是第一條, 其文如下:

　　一、……承訊 "文理錯" "字義錯", 固是先輩批語所無, 此特不斐創名者。意中華人語音, 合下不錯, 故先輩無此説。茲方之人則不然, 故不斐因古人有用事錯之語, 師意作古。字義錯是就一字之上論, 文理錯是就一句之上論。如茲方認 "霞" 爲 "靄"、誤 "嵐" 稱 "風" 之類, 是字義錯。解 "澗谷永不變" 而爲澗谷不能永久於變易, 是文理錯。舉一反三, 翼其得諸…… ④

按《昇庵詩話》之言, "文理"（錯）及其對應概念 "字義"（錯）, 皆乃元贇爲助日本人學習漢文而創。以現代漢語語言學的角度來看, 此二者約莫等於語法及詞彙兩概念。在元贇看來, 華人因生來便以漢語爲母語, 自然知曉字詞之意與文理之順, 故原無 "文理錯" "字義錯" 兩説。但論及詩文創作,（中國）

---

① 小野泰央《荻生徂徠の詩文論と陳元贇『昇庵詩話』—「古文辭」學の出發點として—》,《和漢比較文學》第 57 號, 2017 年。

② 張淘《新發現渡日明人陳元贇的批點著作兼論其詩學淵源與影響》。

③ 本文所選《昇庵詩話》之底本爲内閣文庫所藏, 檢索號 207—508（按范氏之分類法此本爲内閣文庫甲本）。同時, 爲避免錯漏, 輔以范氏之校對本作參照。内閣文庫甲本中原各條本未標數字, 但爲方便讀者檢索, 參照范氏之校對本上的標號添之。内閣文庫甲本中山邊送稱所有條目爲六十六條, 本文按范氏之整理, 取六十四條。另底本中未標頁碼, 同樣爲便於讀者檢閲, 本文以書頁（除封面封底）先後順序計以頁碼。

④《昇庵詩話》, 内閣文庫（207—508）, 頁 2—3。

古人卻有"用事錯"一語①。元贇其說便由此而來。

　　緊接着在第二條中,元贇直言只要能突破"文理"與"字義"兩關,縱是外邦異士亦與操漢語之華人無虞,並以實例具體解釋何謂"文理"。其文如下:

　　　　二、曰:文理錯則語不成,字義失則物不是。要脫出這箇二關得,便是赤縣神州的生人②。

　　　　三、曰:文理之說,上下而已,離合而已,能所而已。如嚮所舉"澗谷永不變","永"在"不"上,"變"在"不"下,是"不"字管"永"字不得,"不""變"合看,則常的說話,乃"澗谷永常"之義。若言"永不變",則"不"字管"永"字得,"不""永"合看,則暫的說話,乃"澗谷暫變"之義,做底意思。又如"落葉滿長安","落葉"在"滿"字上,是能滿底物。"長安"在"滿"字下,是所滿底物。這箇"能所"二字,予於佛書得,大爲有益。③

　　元贇所謂"文理",其核心有三:一爲"上下"、二爲"離合"、三爲"能所"。首先元贇通過例句"澗谷永不變"說明了"上下"與"離合"兩概念。"上下"指漢文句中的語序,即漢字的前後順序。其中上字可管下字,下字卻管不得上字,因此"永不變"意爲"常",但調換漢字位置變爲"不永變"後卻意爲"暫"。漢字位置的變化也相應改變了句意,因此"離合"就是通過拆分及重新組合漢字的語序來確認詞意、句意的分析之法。

　　其次又以例句"落葉滿長安",元贇解釋了何爲"能所"。如以"滿"字爲界,"落葉"在"滿"字上爲"能",即"滿"字的動作發起方;"長安"在"滿"字下爲"所",即"滿"字的動作接受方。因此"能所"這樣的概念可用來表明前後排列的漢字之間的對應關係。除"能所"之外,還有"君臣""主賓""體用""形影""專兼"等概念,元贇也以例句對此作了概述。其文如下:

　　　　三三、問文理。曰:如"癡女不知吟柳絮","癡女"是君,"柳絮"是臣。"痴"是影,"女"是形。"柳"是體,"絮"是用。"不知"是主,"吟"是

---

① 小野氏在解釋"用事錯"概念時,作"錯綜之古文"解(「錯綜」した古文,可參考:小野泰央《荻生徂徠の詩文論と陳元贇『昇庵詩話』—「古文辭」學の出發點として—》。小野氏此解或受《文理三昧》中徂徠所言"文理錯綜一句"中的"錯綜"一詞影響而來(戶川芳郎、神田信夫編《荻生徂徠全集》第二卷《言語篇》,頁315)。

② 《昇庵詩話》,內閣文庫(207—508),頁3。

③ 《昇庵詩話》,內閣文庫(207—508),頁3—4。

賓。又如"遲日江山麗","遲日"是賓,"江山"是主。"遲日"是合,"江山"是離。是專,"逍遥"是兼。上下者,上爲能,爲賓,下爲所,爲主。能所即君臣也。①

首先由上可知,"君臣"即"能所"。其次在"癡女不知吟柳絮"與"遲日江山麗"兩例句中,元贇表示"遲日"兩字需"合"看,"江、山"兩字則要"離",故此四字解作"遲日、江、山"。這一例解也可看作是對前文未有詳細説明的"離合"所作的補充。剩下如"形影""體用""主賓"等概念,以現代漢語語言學的角度來看,"形影"接近於定語與被修飾成分之間的關係;"體用"爲名詞間的領屬關係;"主賓"則在探討複合句中的主謂成分。最後,"專兼"因所對應之例不明而難知其詳②。

綜上,本文將《昇庵詩話》中元贇所言"文理"整理如下:

(一)針對非母語(尤指日本人)的漢文學習者才會出現的低級錯誤,元贇創"字義錯"與"文理錯"兩説,助其學習漢文。

(二)"文理"其核心爲"上下""離合"與"能所"。其中"上下"爲語序,即漢字的前後排列順序。"離合"乃拆分及組合漢字的前後順序來確認詞意及句意的分析方法。"能所"則是對前後排列的各漢字之間對應關係的説明。

(三)除了"能所(君臣)"外,元贇還列舉了"形影""體用""主賓"及"專兼"等其他對應關係。

四　《文理三昧》中的"文理"論

相對於《昇庵詩話》論及"文理"的篇幅,《文理三昧》如其題目所示,全篇皆爲徂徠對"文理"的認識與看法。故本文將擇取其中重點之處,疏理後作逐一分析③。

《文理三昧》開篇徂徠就點明了其"文理"之説受到了陳元贇的影響。前

①《昇庵詩話》,内閣文庫(207—508),頁18。

② 從范氏之考證來看,此處原文應有脱文。可參考范建明《陳元贇〈昇庵詩話〉校記》。

③ 本文所用《文理三昧》的引用來源爲寬政八年(1796)初版之復刻版(載户川芳郎、神田信夫編《荻生徂徠全集》第二卷《言語篇》,頁315—320)。引文斷句由筆者據原文訓點而來。同時爲了便於國内讀者閲讀,删去了原文中的訓點。

述可知，爲便於日本人的漢文入門，元贇有"字義錯""文理錯"兩説。徂徠受其啟發，也創作了《字義明辨》與《文理三昧》兩書。其文如下：

> 虎白陳氏曰，日東人博涉載籍者固多矣。然能識文理與字義者則鮮焉。余傳聞斯言而服膺之也。日尚矣。遂以研究揣摩而得其説焉。蓋喻之軍旅，則"字義"猶吏卒之財也。"文理"猶行伍之法也。苟不識夫吏卒之財，則物非其物矣。又不得夫行伍之法，則用非其用矣……故且作爲《文理三昧》《字義明辨》二編，以唸童蒙云。[①]

首先，雖元贇只有"虎魄山人"與"既白山人"兩號，無"虎白"之稱，但藍氏推測日語音讀中"虎魄"與"虎白"皆爲"コハク"，故"虎白"或因此訛而來[②]。其次徂徠在解釋何謂"文理（錯）"與"字義（錯）"時，將"字義"比作"吏卒之財"，"文理"比作"行伍之法"。若不識"吏卒之財"則"物非其物"，即不識其字便易會錯其意；不得"行伍之法"則"用非其用"，即不知文法之用便易生搬硬套，較之元贇用比喻之法更簡單易懂地引出了"字義""文理"兩説。可惜的是《字義明辨》一文早已散佚，無法了解其詳。

隨後與《昇庵詩話》不同，徂徠將元贇"文理"三大核心中的"上下"提到了首位。徂徠認爲"文理"中最重要的便是知曉"上下之分"，接着便提出了針對日本人所創的"文理"習得及研究法。此地徂徠將漢字分爲兩類而論，一類爲虛字，另一類爲實字。虛字的文理研究之法有二，曰"離合"與"移易"。其文如下：

> 夫文理者，在上下之分而已。
>
> ……是以欲學文理者，要須先將古人文章来逐句逐字研究將去，然後可以有知夫文理之所序，而得其所順焉。所謂研究之法，有虛實之異。虛者，情思之文字也。實者，事物之名目也。且論虛字研究之法，則有二，曰離合、曰移易。離合之法，即是將一句来劈頭直下讀去。若二三字，若三四字，上下更互，一離一合而看。此乃就華人之正也。移易之法，即是就一句中，若一字，若二三字，上下遠近移易其所在而看。此乃所以正夷語之失也……[③]

此處徂徠所謂"虛字"，以其後文所舉之例來看接近於汉语中的動詞、形容

---

① 戶川芳郎、神田信夫編《荻生徂徠全集》第二卷《言語篇》，頁315。

② 藍弘岳《漢文圈における荻生徂徠 醫學・兵學・儒學》，頁102，注釋48。

③ 戶川芳郎、神田信夫編《荻生徂徠全集》第二卷《言語篇》，頁315—316。

詞及助詞類；“實字”則爲名詞類。上述引文中,徂徠先論了“虛字”的研究之法。其中徂徠的“離合”與元贇之説並無大別,即將一句中的漢字,以從上至下的語序,或拆分,或組合交替而看,從而知其“文理”爲何(就華人之正)。但爲了糾正日本人創作漢文時的文法錯誤(文理錯),徂徠首創“移易”之法,即移動、調換原文中的漢字的位置重新組成新句,然後與原文作對比,從而知其錯誤所在(正夷語之失)。

爲了進一步解釋何謂“離合”“移易”,徂徠以《大學章句》序中“不能皆有以知其性之所有而全之也”一句爲例詳述其説。其文如下：

> “不”者,不何乎,能之也。“不得”矣(此以自然之勢而言,以上文或不能齊,故生民不能之也)。“能”者,不能得何事乎,悉皆然也。“不能得”矣(皆者,生民悉皆也)。“皆”者,何事皆然乎,有之也。“皆然”矣。“有”者,何事有之乎,所以者,“有之”矣。“以”者,何之所以乎,於知其性,而全之也。“所以然”矣(此“以”字指上文氣質)。“知”者,何知乎,“知其性之所有”也(“其”字指生民)。“其性之所有”五字涉實字,故不釋於此也。“而”字連接上下之辭,故下此字則上下二意矣。“全”者,全何乎,“全之”矣。“之”者,何乎,指句中“其性之所有”矣。猶云以知其性之所有,以全其性之所有。且用“之”字以就省略。此以句中“而”字知其“知、全”之爲兩事也。如此離合錯綜看去,而知此句文理之正當如此焉。①

上文可知,“不能皆有以知其性之所有而全之也”中的“不”“能”二字對應前文“其氣質之稟或不能齊”中“不能齊”三字,故此二字合看,意爲“不能(得)”。“不能(得)”中的“得”字對應的是後文“有”字,但同時“有”字爲前面的“皆”字所管,作“悉皆之生民有～”解,故“皆有”合看。“以”字指上文“氣質”,引領後文“知其性之所有”及“全之”八字,但因“以”字後的“知”字亦是“其性之所有”的動作發起點,爲避免混淆可先將“以”字與“知”字分離而看。“其性之所有”五字因涉及實字,徂徠於此處略過不表。“而”字作爲連結上下文表轉折用的助詞,有暗示其字前後所指之物相異之意,故此字與前後漢字皆分離而看,同時這裏還可知“而”字上下的“知～”與“全～”所領内容實爲二事。“全”字是其後“之”字的動作發起點,故此二字合看。“之”字在

---

① 户川芳郎、神田信夫編《荻生徂徠全集》第二卷《言語篇》,頁316。引文括號中内容爲原文旁邊徂徠以小字所作之添注。

句中作省略内容用,指代"其性之所有",故未省略的原文爲"知其性之所而全其性之所"。至此再回到前述"以"字處,將"以"與"知~""全~"兩者合看,則解作"以知其性之所有"與"以全其性之所有"。徂徠以此一"離"一"合"的分析方法讓讀者了解每個漢字在一定前後順序下於句中所發揮的作用,從而知曉何爲漢文之"文理"。

接着爲了説明"移易",徂徠互换了上述例句中"有""皆"二字,使原文變爲"不能有皆以知其性之所有而全之也",然後作了如下闡述①:

> "有"字在"皆"字下,則"悉皆之生民有以知以全之氣質"也。此"皆"字指"生民",言主生民而看。則"有"者,生民之有,而指氣質也。"有"字在"皆"字上,則"皆"字管"有"字不得。"皆"字管"有"字不得,則主生民而看亦不得焉。既不得主生民而看,又上文別無管"有"字之字,"之"字上則是劈空將道理説起。然則"全之"之下無"之理"二字,則文義不分明也……如右,上下移易看去,而後知此句文理之不可以不如此矣。②

原文語序中,"有"字在"皆"字下,則"皆"字管"有"字。"皆"所指代的"悉皆之生民"爲"有"字的動作發起點。然而一旦兩者互换了位置,不但"有"字没有了動作發起點,下文的内容也變得無頭無尾,導致文意不分明。徂徠以此讓讀者明白爲什麽必須按照原文的語序來排列才符合"文理"。"移易"之法可以説是在元贇"離合"之説的基礎上,徂徠爲適應日本學習者的實際情況所作出的創新和改良。小野氏在考察徂徠的"移易"之法時,認爲"移易"源自《昇庵詩話》中的"變易"一詞。何謂"變易"——竟是小野氏將本文前述所引"解'澗谷永不變'而爲澗谷不能永久於變易,是文理錯"一句斷句爲了"解'澗谷永不變',而爲澗谷不能永久,於變易是文理錯"③,硬生生地造出了一個所謂的"變易"之説,頗爲牽强。

"虚字"之外,徂徠認爲實字的"文理"研究之法亦有兩種,爲"顛倒"與

---

① 《文理三昧》中,徂徠爲解釋"移易之法"共舉十例。因篇幅有限,本文擷取其中一例以作説明。

② 户川芳郎、神田信夫編《荻生徂徠全集》第二卷《言語篇》,頁317—319。

③ 原文爲「澗谷は永く不變なり」を解して、澗谷永久なることあたはずと爲すは、變易に於いて是れ文理の錯なり。可參考小野泰央《荻生徂徠の詩文論と陳元贇『昇庵詩話』—「古文辭」學の出發點として—》,頁88。

"直讀"。大體上此即爲虛字的 "離合" "移易" 二法。不過相較之下,實字的研究法要簡單得多。徂徠同樣通過舉例作了説明。其文如下:

> 次論實字研究之法,則又有二。曰直讀,曰顛倒。直讀者,順流直下讀去。顛倒者,上下顛倒看来。亦是虛字之離合、移易耳。但不如彼大難焉。大抵在上爲綱,在下爲目。在上爲別,在下爲泛。假如 "大學之書",此 "書" 通一切之書,是泛。"大學" 所以區別其爲此書,是別。"書之大學",此 "大學" 通學校教法、典籍,是泛。"書" 所以區別此大學之爲書,是別。"性之所有",此 "性" 綱也,"所有" 目也。"所有之性",此 "性" 目也,"所有" 綱也。然 "所有" 不可以爲綱,必別有爲綱者而在上面。①

徂徠所言 "綱目" "別泛" 等對應關係,類似於《昇庵詩話》中的 "能所" "君臣" 等概念。不過徂徠將此類概念限定在了實字的討論範圍内,可以説是在元贇的基礎上進行了細分和改進。其次如例句 "性之所有" 所示,以 "之" 字爲界,"之" 字之上爲綱,其下爲目,讀者便可知 "所有" 與 "性" 兩者的對應關係,從而以此知其 "文理" 爲何,此即 "直讀" 之法。互換 "所有" 與 "性" 的位置使原句變爲 "所有之性" 後,因漢字之間的對應關係發生了變化,文意也隨之改變。且 "所有" 因其詞之特性不能爲綱,須以 "何之所有" 的形式出現,故徂徠認爲 "必別有爲綱者而在上面",暗示此一調換後 "文不成文",由此可知原文之 "文理" 爲何不得不如此,此即爲 "顛倒" 之法。

最後,徂徠以 "行盡江南數十程,曉風殘月入清華" 爲例,對詩、文之間的 "文理" 不同作了簡單説明。其文如下:

> 詩家文理亦同上法,但有些少異處,難辨以言。假如 "行盡江南數十程",此與文章之文理同者。"行盡",一連不絶,是活動文字,管下五字,而應次句 "入" 字。"江南" 是綱,"數十程" 是目。又如 "曉風殘月入華清",此與文章不同者。如文章則 "風月" 爲 "能入","華清" 爲 "所入" 乃 "曉風殘月之入而向華清" 也。如詩則曉風殘月是將行盡而入時節之風景來而説,乃至於曉風殘月之天,我方行盡那數十里而得入於華清也。蓋詩者,字數有限,故含蓄若干文字了。所以不同也。②

---

① 户川芳郎、神田信夫編《荻生徂徠全集》第二卷《言語篇》,頁 319—320。
② 户川芳郎、神田信夫編《荻生徂徠全集》第二卷《言語篇》,頁 320。

“行盡江南數十程,曉風殘月入清華”兩句中,徂徠認爲上句“行盡江南數十程”,其“文理”與文章同。“行盡”兩字,意“一連不絕”,管後文“江南數十程”五字,並呼應下句“曉風殘月入清華”中的“入”字。“江南數十程”中,“江南”是綱,“數十程”是目,説明了前後兩者的對應關係。下句“曉風殘月入清華”,徂徠則認爲其“文理”與文章不同。這裏他還用了《昇庵詩話》中亦出現過的“能所”概念來加以補充説明:若以文章之“文理”來分析,“入”字爲界,其上“風月”爲“能入之物”,即動作的出發點;其下“華清”爲“所入之物”,即動作的接受方。然而此詩句中真正的動作發起者是上句“行盡江南數十程”中隱藏着的“我方”,而“曉風殘月”只是“我方入華清”時伴隨的“時節風景”。徂徠因此坦言皆因詩歌字數有限,不得不隱藏掉許多成分要素,故而無法將詩歌之“文理”難辨以言,也無法與文章混同。

綜上,本文將《文理三昧》中徂徠所言“文理”整理如下:

(一)徂徠的“文理”論直接受陳元贇的影響而來。爲便於日本人入門漢文學習,依元贇之説,徂徠曾作《字義明辨》與《文理三昧》兩文。

(二)與元贇的“文理”三大核心“上下”“離合”“能所”不同,徂徠將“上下”視爲“文理”之首要。

(三)徂徠依據元贇“文理”之説中的“離合”,創出了更適合日本學習者的研究之法“離合、移易”與“直讀、顛倒”。其中“離合”“移易”兩法用於研究漢文中虚字之“文理”。“直讀”“顛倒”兩法則用於研究實字之“文理”。雖名有異,但實際上實字研究法即虚字研究法,且前者較之後者要簡單許多。通過“離合(直讀)”之法,可知漢文中的“文理”爲何;再藉“移易(顛倒)”之法,糾正創作漢文時“文理錯”之處。另外,徂徠只在實字的研究之法中出現了“綱目”“别泛”等類似元贇所用“能所”那樣説明前後各漢字之間對應關係的術語。這亦是徂徠與元贇的不同之處。

(四)最後徂徠認爲詩歌因其文體與文章不同,故而詩歌之“文理”雖與文章大體相同,但亦有相異之處。不過,徂徠在《文理三昧》中對此也只是含糊帶過,未有過多展開。

五　結語

從上文的分析中我們可以很明確地了解到徂徠在《文理三昧》中,不但對

元贇的 "文理" 論作了整合和細化,還在前者的理論基礎上,作出了更符合日本漢文學習者的改變和創新。不過本文並不認爲僅憑這點就能作出在 "對外漢文" 教育上,元贇與徂徠兩人孰優孰劣的判斷。因爲《昇庵詩話》雖點點滴滴碎片化地記録了元贇的 "文理" 之説,但實際上此書並非其生前系統所作,很受史料來源的限制。另外雖然元贇在《昇庵詩話》中對日本人的 "訓讀之法" 頗有微詞,但在《文理三昧》中徂徠卻對此只字未提。以另一部記録徂徠早期語言思想的史料《訓譯示蒙》來看,在論及 "訓讀廢除" 時,徂徠多有提及 "直讀" "顛倒" 之語,此或與其 "文理" 之説不無關係。關於此點,今後將專文予以探討。

（作者單位：上海外國語大學日本文化經濟學院）

填詞在日本傳播的難點論析

王　睿

　　研究填詞在日本的傳播時,我們會遇到一個問題:"爲何漢詩在日本影響深遠,而詞卻没有太大的影響?"詞體雖然在産生後不久就傳到了日本,但與詩相比,無論是創作人群和作品的數量,還是社會的接受度和影響力,詞都遠遠不及。神田喜一郎提出:"(日本人)不知爲什麼卻惟有對這填詞[1],不但不模仿,而且也不太欣賞,一點也不讀,只是捆放在高高的架子上。在我國搞填詞的人除了平安朝的嵯峨天皇和兼明親王以外,從江户時代直到近代的明治、大正時代只有寥寥不到一百人,而且也不過是少數的一些寂寞的好事之徒;而且這些人也大多數只不過是由於一時的好奇,遊戲般地嘗試一下。"[2]那麽,造成這種現象的原因是什麽?神田先生認爲,填詞是特别重視聲調與音律美的文學,要掌握詞的聲調、格律以及其表達的感情,對於日本人來説是很難的。早在日本文化二年(1805)村瀨栲亭與丘思純爲田能村竹田《填詞圖譜》所作的序言中,就表露了類似的意思。丘思純的《填詞圖譜序》説:"國家建橐,奎運丕闡。凡華人所爲,無所不爲。獨詩餘一途,聊聊無聞焉。惟前中書王《憶龜山》,僅存於文粹中耳。何也? 豈由譜之難弁,調之難協耶?"[3]將詞體在日本不能流行的原因歸爲格律與音韻的困難。現代日本學者也多持此觀點。然

---

[1] 神田喜一郎書中説的 "填詞" 有二義:一是動詞,指填詞的創作活動;二是名詞,指詞體這種文體。此處爲第二義。

[2] 神田喜一郎著,程郁綴、高野雪譯《日本填詞史話》,北京大學出版社,2000年,頁3。

[3] 大分縣教育廳管理部文化課編《田能村竹田資料集·詩文編》,明治印刷株式會社,1992年,頁3。

而,填詞在日本没有能夠流傳開來的原因,除此之外,還和詞體的功能是否得到發揮有關,和倚聲的樂曲有關,和社會對詞體的態度有關。由於現存文獻較少,想要確切證實填詞在日本流傳不廣的原因是非常困難的,筆者所提出的推測還有待方家指正。

一　日本詞學的高潮與低谷

日本詞學的發展先後出現過四個主要的階段。據神田喜一郎的考證,第一次是弘仁十四年(823年,相當於中國的中晚唐)嵯峨天皇、有智子親王、滋野貞主等人的《漁歌子》唱和活動,這是日本填詞活動的濫觴。第二次是慶安二年(1649年,相當於中國的明末清初)加藤明友、林羅山家族(林春齋、讀耕齋等)的詞作唱和。明末東渡的大儒朱舜水、東皋心越禪師也和當時的日本人有過詞學的交流。日本詞學的這次高潮顯然受到清詞中興的影響[①]。第三次從18世紀中期開始,祇園南海、村瀨栲亭、菅茶山、賴杏坪和賴山陽等詩文大家也嘗試填詞。直到文化二年(1805)田能村竹田的《填詞圖譜》出現,影響持續到19世紀野村篁園、日下部夢香、友野霞舟和昌平塾諸人的填詞創作,這次高潮對應了清代浙派到常州派的詞壇轉變。第四次是明治維新以後詞學的再次興盛,以明治十年(1877)森槐南的出現爲標誌,到三十三年(1900)《鷗夢新誌》休刊爲止,日本詞學三大家森槐南、高野竹隱、森川竹磎三大家的填詞及竹磎的《詞律大成》,代表了近代日本詞學的全面興盛。這次高潮也與清末詞壇的繁興有關。

回顧上述四個階段,可以看出日本詞學的興盛與中日的文學交流息息相關。可以説每一次規模較大的填詞活動,都是與中國詞學交流的結果。這些影響包括詞集、詞譜的傳入和東渡的華人帶來的詞樂教學和填詞交流。尤其是在中國的王朝更替之際,明末和清末僧侶、遺民、使節等人的東渡也帶來了最直接的詞學影響。日本填詞最發達的兩個時期,一是江户時代(1603—

---

① 徐士俊《浮玉詞初集序》云:"夫余當五十年前,與卓子珂月有《古今詞統》之役,是時詞家風氣猶蓓蕾也,今則爛漫極矣。"(葉光耀《浮玉詞初集》卷首,浙江圖書館藏本,頁2)此階段從明崇禎二年(1629)至清康熙十八年(1679)。見沈松勤《明清之際詞的中興及其詞史意義》,《中國社會科學》2011年第2期。

1867），相當於從晚明到清末，從明末詞集和詞譜陸續傳入日本，到清朝詞學的全面復興，清人與日本文士的交流，帶來了江户時代長久的詞學繁榮。二是明治時期，這一時期日本詞學家一面填詞，一面搜集和整理古代的詞作和詞律，並通過詞集和雜誌（《鷗夢新誌》《詩苑》等）向社會進行廣泛的傳播。

　　低谷主要是從寬平六年（894）遣唐使停止開始，大規模的中日文化交流進入了低潮。日本的平安後期，亦稱"藤原時代"，藤原氏以外戚身份干預朝政兩百多年（801—1068）。雖然這一時期也出現了兼明親王（914—987）這樣有影響力的詞人，但是詞在社會上影響的程度實際是很低的。這一時期日本文化開始逐漸擺脱中國文化的影響，走上了獨立的民族文化發展道路。表現在文學上，就是日本的和歌開始得到了迅速的發展，而類似的音樂文學——詞則很難像唐詩那樣得到普遍的傳播。原因之一是藤原氏的專權，使得漢學家的數量大爲減少。猪口篤志的《日本漢文學史》稱這一時期"隨着藤原氏的權勢日盛，廊廟官員氣骨頓衰，大學淪爲困頓之所，考試制度化爲空文，人才沉淪下僚，漢籍講習停滯，漢學僅有一息尚存"[1]。二是隨着交流頻繁程度的降低，日本不能及時獲得中國文學的風尚動向，整個漢文學創作的人員和作品規模都急劇減少，更不用説其中佔據比例極小的詞體了。

　　漢學的衰落卻帶來了日本和歌的迅速發展。任何一種文體的出現，必然要有其產生的土壤，要有能夠接受它的受衆。法國批評家丹納將文藝與其產生的環境做了一個比喻："每個地域有它特殊的作物和草木，兩者跟着地域一同開始，一同告終，植物與地域相連。地域是某些作物與草木存在的條件，地域的存在與否，決定某些植物的出現與否。而所謂地域不過是某種温度，濕度，某些主要形勢，相當於我們在另一方面所説的時代精神與風俗概況。"[2]漢詩文興盛的時期，和歌的發展就受到抑制；反過來説，和歌發達的時期，漢詩文的創作自然就會遇到困難，詞體更是如此。

　　和歌因其切合日本語言文字的特點和民族的風俗，很容易得到廣大民衆

----

① 猪口篤志《日本漢文學史》，角川書店，1984年，頁153。原文为："藤原氏の權勢は日に盛んとなり，廊廟の官僚には氣骨なく，大學は坎壈の府と化し，考試の制度も空文と化し，人材は下流に沈滯し，漢籍の講習は行われず，わずかに專門の數家によって一縷の余脈を保つだけであった。"引文爲筆者譯。
② 丹納《藝術哲學》，傅雷《傅雷譯文集》第15卷，安徽文藝出版社，1989年，頁48。

的認同。而從中國傳來的詞體,因爲難以取代和歌的社會功能,所以對大多日本人來説没有實際的用處,也難以得到文人廣泛的注意和學習。紀淑望的《古今和歌集序》稱:"夫和歌者,托其根於心地,發其花於詞林者也。""自大津皇子之初作詩賦,詞人才子,慕風繼塵,移彼漢之字爲我日域之俗。"①和歌是效仿中國的漢詩,同時又具有獨特日本風俗特點的音樂文學。雖然和歌也有"風雅頌賦比興"的"六義",但從語音上來説,先天就與華語歌唱的詩詞有着顯著的區別,從三十一字之詠,逐漸發展出長歌、短歌、旋頭、混本之類。而其在表達的内容和功能上,也和中國可以合樂歌唱的詩詞非常類似。既有廟堂之上使用的教化風俗的雅歌,也有宴筵之上的獻歌,既可以歌唱自然風月、人情物態,又可以表達文人怨怒喜樂的細膩感情。這和詞體作爲音樂文學的功能是重合的。因此,和歌的出現,就佔據了日本文壇抒情感傷文體的"生態位"②,阻礙了同質的詞學廣泛流傳。

作爲音樂文學,在酒席歌宴或其他場合上進行表演,從而實現教化、社交、娛樂的功能是非常自然的。然而對於日本的文學接受者來説,如果已經存在一種被大家廣泛接受的音樂文學,那麼同質的文學形式就没有了發揮的餘地。因此,從中國傳來的詞没有能夠廣泛傳播的一個重要原因在於:和歌是日本土生土長的文體,雖然也受到漢詩形式和技法的影響,但是無論是歌詞的讀音、表達的内容和感情,都更容易被日本民衆所接受。由於和歌本身就帶有民間文學的特點,語言通俗,接受的人群更廣。比如《萬葉集》中"萬葉調"短歌,表現出質樸、真率和深摯的感情,現實性和直觀性較強,較少複雜的形式和技巧,這樣的形式和功能都非常有利於傳播。那麼即使是中國詞中以清麗自然著稱的韋莊詞,對日本人來説完全理解和接受仍然有着一定的難度,因此詞很難替代和歌。《花間集》《草堂詩餘》雖然都曾在日本傳播過,但是因爲没有廣泛的受衆基礎,難以發揮"興觀群怨"的社會功能,詞始終也無法取得像詩一樣的地位。

---

① 豬口篤志《日本漢文學史》,頁 153—154。

② "生態位"(niche)是生態學的概念,是指生物在完成其正常生活週期時所表現出來的對環境綜合適應的特徵,是一個生物在物種和生態系統中的功能與地位。此處借用這個概念,説明當兩種功能相近的文體——和歌與詞發生競争時,能適應文化環境的文體生存的空間更大。陳阜、隋鵬主編《農業生態學》,中國農業大學出版社,2019 年,頁 33。

二　"倚聲填詞"對詞學流傳的限制

日本"倚聲填詞"的情形如何,可以從弘仁十四年(823)嵯峨天皇、有智子親王、滋野貞主的《漁歌子》唱和活動中得到答案。嵯峨天皇的填詞是在什麽樣的條件下產生的,是否有樂曲的存在? 這次活動是難以效仿的特例,還是具有示範意義,能夠引領填詞風尚的活動? 如果是後者的話,那麽爲何此後很長時期没有詞作留下呢? 我們先把嵯峨天皇的作品和效仿的原作進行對比:

漁父　張志和

西塞山前白鷺飛,桃花流水鱖魚肥。青箬笠,緑蓑衣,斜風細雨不須歸。

釣台漁父褐爲裘,兩兩三三舴艋舟。能縱棹,慣乘流,長江白浪不曾憂。

霅溪灣裏釣魚翁,舴艋爲家西複東。江上雪,浦邊風,笑著荷衣不歎窮。

松江蟹舍主人歡,菰飯蒓羹亦共餐。楓葉落,荻花乾,醉泊漁舟不覺寒。

青草湖中月正圓,巴陵漁父棹歌連。釣車子,橛頭船,樂在風波不用仙。

雜言　漁歌　五首　每歌用帶字　太上天皇　在祚

江水渡頭柳亂絲,漁翁上船煙景遲。乘春興,無厭時,求魚不得帶風吹。

漁人不記歲月流,淹泊沿回老棹舟。心自效,常狎鷗,桃花春水帶浪遊。

青春林下度江橋,湖水翩翩入雲霄。煙波客,釣舟遥,往來無定帶落潮。

溪邊垂釣奈樂何,世上無家水宿多。閑釣醉,獨棹歌,洪蕩飄颻帶滄波。

寒江春曉片雲晴,兩岸花飛夜更明。鱸魚膾,蒓菜羹,餐罷酣歌帶月行。[1]

---

[1] 神田喜一郎著,程郁綴、高野雪譯《日本填詞史話》,頁5—6。

通過對比可以發現三個事實：第一，天皇創作《漁歌子》的時間（823）比張志和的大曆九年（774），僅僅晚四十九年①。第二，天皇的五首創作，從形式到内容，以至於感情趣味，都完全模仿張志和。比如在形式上，每歌的倒數第三字都用"帶"字，模仿張志和的"不"字。天皇詞作頗佳，然而在飄然物外的情趣上，還不能超越原作，有顯著的模仿痕跡。天皇的創作可以看作一種因仰慕前賢而進行追和的行爲，與蘇軾的"和陶詩"同一性質。第三，這次創作是日本第一次真正的"倚聲填詞"的行爲。

　　據《日本書紀》記載，推古天皇二十年（612）百濟樂師味摩之歸化，曰"學於吳，得伎樂舞"，則安置櫻井而集少年，令習伎樂舞②。《大日本史·禮樂志》稱："推古朝（593—628 年），皇太子厩户最好而講之，於是韓、吳諸樂始行於世。"③ 由於皇家的提倡，這種傳入日本的隋唐音樂就流傳開來。從名稱就可以看出，這種音樂以吳樂爲主。日本文武天皇大寶元年（701），設立宮廷音樂機構"雅樂寮"，負責唐樂的樂師 12 人，樂生 60 人，已經有比較大的規模④。有唐、高麗、新羅等樂師。當時傳去的隋唐樂曲，據記載約略統計，有一百五十多個。嵯峨天皇於弘仁九年（818）下詔："天下儀式，男女衣服，皆依唐制；五位以上位記，改從漢樣；諸殿門閣，皆著新榜；又肆百官樂舞。"⑤ 基於以上事實可以判斷出：嵯峨天皇是在創作《漁歌子》時，應當利用了宮廷音樂機構"雅樂寮"的幫助。

　　日本的雅樂和中國制度不同，其中也包括俗樂。《漁歌子》屬於唐教坊曲，張志和的創作是由吳地民歌演變而來。現存的敦煌卷子中有許多如《西江月》《南歌子》等舞曲，都對日本音樂産生了重要的影響。雖然没有直接的文獻證明《漁歌子》的音樂曾傳到日本，但是嵯峨天皇命"雅樂寮"用吳樂演奏樂曲，自己則根據樂曲效仿張志和創作《漁歌子》是很有可能的。有智子親王、滋野貞主的《漁歌子》也是這樣填詞的産物。那麼有樂曲的情況下，這種唱和就具

---

① 神田喜一郎著，程郁綴、高野雪譯《日本填詞史話》，頁 8。
② 清原國賢校訂《日本書紀》卷二十二，早稻田大學圖書館藏本。
③ 史念海主編《中國通史》第 6 卷，上海人民出版社，2013 年，頁 902。
④ 張嬌、王小盾《論日本音樂文獻中的古樂書》，《文藝研究》2019 年第 1 期。
⑤ 王勇、上原昭一主編《中日文化交流史大系·藝術卷》，浙江人民出版社，1996 年，頁 287。

有了顯著的娛樂功能,也是文士雅集中效仿前賢、切磋才藝的平臺,不僅具有抒發個人情致的功能,也有了社交和娛樂的性質。

　　然而,嵯峨天皇的這種填詞行爲爲何在當時没有能夠得到廣泛的模仿?那是因爲這種填詞需要從唐代傳來的樂曲和演奏人員的支持。天皇可以利用"雅樂寮"來重現中國的樂曲,並且模仿張志和作品的形式來"倚聲填詞"。但這對創作者提出了很高的要求,創作者要有很好的詩文創作能力和填詞的興趣,要有從中國傳來的可供模仿的文本,還要有吳樂和能演奏吳樂的人員。這樣高的條件不用説一般人,即便是具有較高漢文化素養的貴族也難以達到,所以天皇的填詞行爲是很難複製的,這也許就是此後很長時間日本詞壇一片沉寂的原因。日本詞學史的開端雖然是一個特例,卻是可貴的有益嘗試。平安朝兼明親王的填詞與此類似。日本兼明親王(914—987)作《憶龜山》云 :"憶龜山。龜山久往還。南溪夜雨花開後,西嶺秋風葉落間。能不憶龜山?"① 明顯是摹擬白居易《憶江南》而創作的。考慮到當時還是在唐末宋初,詞體還没有與音樂完全分離,親王出身皇族,能夠利用"雅樂寮"的藝人來倚聲創作,他的詞也是可以合樂而歌的。

　　關於這一點,我們還可以找到兩個支持的證據。一個是心越禪師的《東皋琴譜》,一個是魏皓的《魏氏樂譜》。天和三年(1683),德川光國曾經聘請過從中國來的東皋心越禪師,並受其影響開始填詞。心越禪師有數首填詞作品,也有《東皋琴譜》《琴譜》傳世,譜中都收録了許多唐宋詞作,神田喜一郎先生認爲心越是爲了和唱他拿手的七弦琴而進行填詞的。這爲後來確定了倚聲填詞的規則。明和五年(1768)出版的魏皓《魏氏樂譜》與此類似。明末崇禎年間,樂師魏之琰爲躲避戰亂歸化日本。其後代在日本以演奏、教授明樂爲業。其四世孫魏皓(字子明,日名鉅鹿富五郎)在明和五年(1768)對家傳明樂進行了整理與編輯,刊印了現在流傳至今的《魏氏樂譜》,合樂的歌詞五十曲中,屬於填詞的有二十曲②。在明和(1764—1772)、安永(1772—1781)之際,魏氏的明樂在京都廣泛流行,後姬路侯以賓禮留而學之。這兩個例子都證實了在明末時期傳到日本的詞,也還是可以合樂而唱的,那麼日本早期的填詞家要兼通華樂與漢文才能填詞,可想而知作家數量必然很少,只有嵯峨天皇、兼明親王、

---

① 神田喜一郎著,程郁綴、高野雪譯《日本填詞史話》,頁 11。
② 方寶璋、鄭俊暉《中國音樂文獻學》,福建教育出版社,2006 年,頁 376。

德川光國、後姬路侯等貴族才有可能具備填詞的條件。

三　詞律規則對填詞的限制

如果説平安朝時期填詞與中國傳來的音樂有關，那麽宋元以後，隨着詞樂的失傳，詞開始變成了一種和格律詩一樣的案頭文學，日本人可以像詩那樣來創作。對於日本人來説，詞體要和樂歌唱，填詞要倚聲而填，學習難度較大，而隨着詞譜的出現，詞體與音樂漸漸分離，這反而降低了創作的難度。日本人只要有詞譜，就可以按照作漢詩的方法來作詞，這正是平安朝詞體難興，而江户時期詞學大興的主要原因。

按照詞譜來填詞固然少了音樂的限制，但是又增加了體式格律的限制。起初存在不講究規則縱意而爲的現象，比如林羅山所填的詞作大都不合詞譜格式。但是這種行爲没有得到大衆的效仿。日本對一種文學體裁的全面接受，往往都在對其創作規則的完全熟悉和廣泛傳播之後，比如日本的詩文創作繁榮往往都在介紹技法的著作大量出現之後。林羅山即使見到過當時已經傳到日本的詞譜，但因爲填詞規則還未廣泛流傳，他創作時也不一定會嚴格按譜填詞。

日本人真正開始的按譜填詞活動，是在明末詞譜傳入之後開始的。尤其是《花間集》和《草堂詩餘》傳入之後。《花間集》早在室町時代（1336—1573）就在日本五山僧徒之間流傳。江户初期《花間集》和《草堂詩餘》又隨着海上貿易傳到了日本。林羅山的後人讀耕齋在萬治三年（1660）《書花間集後》一文中説：“又有（宋人）云：‘長短之句，宜以《花間集》爲之法。’”但“以欲成吟，以欲擊節，然而喉調音腔之不可得識，無奈之何而已”[1]，説明了日本人不懂詞樂的遺憾。寶永五年（1708）伊藤東涯就以手抄本的形式保存了張綖的《詩餘圖譜》，這部書奠定了中日按律填詞的基礎，深刻影響了日本的詞學。寬延元年（1748），隨緣道人在所著的《典籍概見》中介紹了《花間集》和《草堂詩餘》，並有關於填詞的叙述。雖然江户時期日本的填詞作家和社團都有了迅速的增長，但是他們仍然面臨着三個方面的困難。

田能村竹田在其1804年刊行的《填詞圖譜》後的《填詞國字總論》中説：

---

[1] 神田喜一郎著，程郁綴、高野雪譯《日本填詞史話》，頁63—64。

　　當今升平已二百年，從經學文章到稗官小説均日益完備，唯獨填詞，
寥寥無聞。於風流之事，宛若紅袖美人卻没有描畫翠眉。究其原因，一在
句子長短，二在平仄用韻，三在好其風雅者甚少。[①]

青山宏也提到，詞較詩對日本人而言形式過於複雜。他説："遺憾的是詞並没
有獲得'粉絲'，恐怕是形式複雜的原因。同爲韻文的詩，現代的日本也有許
多人在繼續讀。"[②] 雖然他説的是現代的情況，但古代也是一樣的。竹田提出
的阻礙填詞的三個原因中，一、二是形式的因素，第三是心理的因素。填詞比
詩更難，這是衆所周知的事情。因爲填詞需要瞭解創作的規則，即使是有了詞
譜，在實際創作中，還需要行家的指點。但在江户時期以前，這樣的人寥寥無
幾。大家爲什麼不去學習這些規則呢？我認爲形式上的困難是阻礙填詞傳播
的重要原因，卻不是根本原因。對日本的文人來説，如果一件事很難但是卻很
重要，那麼日本文人也會努力地學習。起初漢詩漢文的創作也存在同樣的困
難，但是後來漢詩文如此之流行，正是經世致用的功能得到了重視的結果。所
以填詞傳播的困難在於日本人不願接受，也就是輕視詞體的功用，認爲詞作無
用，甚至是有害的看法比較普遍。

四　詞學觀念的變遷

　　日本詞學在五山時期没有流行，或許出於五山僧徒對填詞的輕視。這種
輕視心理的産生可能有兩種原因：一種是認爲詞是有害的。"詞爲豔科"，在審
美心理上五山詩僧自然會因爲宗教的理由對其産生反感。特別是最早傳入日
本的《花間詞》，内容大多是豔情綺語，這很難得到五山詩僧的認可。比如著名
的《冷齋夜話》卷十"魯直悟法雲語罷作小詞"條記載黃庭堅喜歡作豔詞，受
到法雲秀禪師的勸誡説："詩多作無害，豔歌小詞可罷之。""若以邪言蕩人淫
心，使彼逾禮越禁，爲罪惡之由，吾恐非止墮惡道而已。"[③]《冷齋夜話》有五山

---

① 大分縣教育廳管理部文化課編《田能村竹田資料集・詩文編》，頁66。此部分原爲日文，
　筆者譯。
② 青山宏《花間集——晚唐・五代の詞のアンソロジー》(《花間集——晚唐五代詞選》)，
　平凡社，2011年。
③ 龍榆生箋校《蘇門四學士詞・外三種》，上海古籍出版社，2017年，頁168。

版,是日本禪林必讀書,在這樣的影響下,五山僧徒自然不會重視填詞,甚至將這種觀念流傳開來,影響大眾的觀念。這樣的社會不能容忍有打破綺語戒律的束縛的僧人出現。神田喜一郎先生曾在京都東福寺查到了五山僧大道一以讀過詞的證據,即《普門院經論章疏語録儒書目録》中有蘇東坡的詞集。但五山詩僧作詞的記録卻從没見到,這不能不説是宗教觀念壓制的結果。

　　另一種是認爲詞爲小道,無關世用,不如詩文之類"文章"是"經國之大業,不朽之盛事"(《典論·論文》)。這種觀念在宋代乃至後代都有很大的影響。站在"道統"的立場上,從"文統""詩教"的觀念出發,詞體形而下的功能,無疑是没有價值的,這從宋人斥詞爲有玷令德的"鄭聲"或"小道""小技"的一系列評論和南渡以後複雅尊體的活動中,可以得到充分證明。以"騷雅"藝術爲準繩,那些俚俗或庸俗的樂府小詞,就被認爲没有價值[1]。這樣的觀念一定會影響到日本文人。明末清初時期,日本社會對詞的態度大多如此。如林羅山的後人讀耕齋,從加藤明友那裏借到了湯顯祖所評的《花間集》,指示侍史將其抄録下來。然而侍史抄畢交來的卻是没有評點的白文。讀耕齋提出疑問"何爲不存湯氏之評乎"後,侍史回答:"彼亦大明之文士也,評品批圈,豈尋常也哉? 雖然可費日力,不若做他業、寫他書之爲愈也。"讀耕齋"笑而可之"[2]。在當時的日本文人看來,耗費心力來批點這樣的東西是没有意義的。即使是努力去嘗試填詞的讀耕齋,在面對這樣普遍的對填詞的輕視時,也不敢反對,只是笑着贊同,可見這種觀念的深入人心。

　　《讀耕齋詩集》卷十的詞作,系慶安二年(1649)所作,那麼是什麼使日本人在這一時期開始逐漸重視詞學了呢? 我想可能也有兩個原因:一是東渡日本的華人日益增多,在與日本文人的交流中,增進了他們對於詞的新的認識。林羅山曾爲恢復"壬辰倭亂"後中日正常的勘合貿易而努力,雖然勸説明朝這件事没有成功,"然南京、福建商舶每歲渡長崎者,自此〔慶長十五年(1610)〕逐年多多"[3]。雖然官方通航没有實現,但是民間商船不斷增加,中日經濟和文化交流日益密切。明朝即將滅亡之時,來長崎的商船繼續增加,從慶安元年(順治五年,1648年)至明朝徹底滅亡的寬文元年(順治十八年,1661年)間

① 沈松勤《唐宋詞社會文化學研究》,浙江大學出版社,2004年,頁7。
② 神田喜一郎著,程郁綴、高野雪譯《日本填詞史話》,頁64。
③ 林羅山《羅山林先生文集》卷十二,寬文二年(1662)刊本,早稻田大學圖書館藏本。

來航船只的數量已經清楚：少的年份 20 艘,多的年份 70 艘,平均每年可達 49
艘①。明亡之後有許多僧侶、文士、商人都到日本避難,他們隨長崎的商船帶來
許多與詞相關的書籍、樂譜,現藏日本内庫的《舶來書目》就有記載。朱舜水、
東皋心越和魏之琰都是這一時期東渡的華人,他們都與日人在填詞上有深入
的交流。如朱舜水曾以筆談解答林梅洞關於《花間集》和《草堂詩餘》是否
悉協於音律的問題,告知他《草堂詩餘》的陰陽平仄之譜"蓋以比於絲竹而爲
之",就是説可以不依賴音樂,而靠平仄詞譜來比擬音樂填詞②。這可能也是促
使林梅洞填詞的一個原因。

　　二是江户中後期詞學的流行,也和詞曲小説不斷傳入日本後,詞學的地位
提高有關。18 世紀中葉,正是中國小説、戲曲在日本盛行的時代。當時的宇
野明霞爲田文瑟(1735—1760)所撰的墓誌銘寫道:"稍操吴音,頗解俗語,博
覽近世小説。其譯小説,當世莫比。日本未有詞曲,而君始作詞,皆國儒所未
及也。"③(《明霞先生遺稿》卷八)這裏指出他的貢獻就是填詞。田文瑟作過
《水滸傳》一百二十回的講義,他對詞應當是很熟悉的。小説中就有詩詞,如
果不懂詞是無法講的。還有最初於寬保三年(1743)出版的岡白駒的《小説精
言》,寶曆三年(1753)又出版了他的《小説奇言》,寶曆八年(1758)出版了澤
田一齋的《小説粹言》等等。這其中所引用的填詞部分,均是從明代的通俗小
説《三言二拍》《今古奇觀》等書中採録下來的。因爲小説中有不少的詞作,
有急需讀懂的需要,所以填詞的興起也與此有關。

　　江户中後期到近代,中日交流更加密切,日本的填詞也開始逐漸流行起
來。當日本人接觸到清代中興的詞人及其詞譜、詞作後,對詞體的功能、形式、
類型和風格都有了新的認識,這自然就會掃除以往的陳舊觀念,創作的人也就
逐漸多起來。比如田能村竹田於享和元年(1801)就接觸到了萬樹的《詞律》,
並將其作爲《填詞圖譜》的標準。在文化二年(1805)他購買了一部清人夏秉
衡的《歷朝詞選》袖珍本。他讀過之後,在寫給親友伊藤鏡河的信中認爲,詞
選中的清人詞作,可以和宋人作品相頡頏。"京師也近於初期填詞流行季節的

---

① 藤家禮之助著,章林譯《中日交流兩千年》,北京聯合出版公司,2019 年,頁 206。
② 神田喜一郎著,程郁綴、高野雪譯《日本填詞史話》,頁 66。
③ 宇野明霞《明霞先生遺稿》卷八,寬延元年(1748)平安書肆田原重兵衛刊本,日本國立國
　會圖書館藏本。

樣子”，“看我國目前的趨勢，填詞雖未流行，但也不會遠了”①。預告了詞壇繁榮時期的到來。由此可見清詞的興盛與傳入日本，對日本詞學的興盛有極大的影響。他的詞集《秋聲館集》得到菅茶山的高度贊賞：“一種文字，東國開闢以來，未曾見類此者。今時文運之化，何物不釀出矣。恨不使此等詞傳臻彼土也。”也得到了兩位清人朱柳橋和江芸閣的評語贊賞②。又如森春濤、森槐南與駐日公使黎庶昌、參贊黃遵憲、館員姚志梁，以及近代著名思想家和報人王韜有過交流，槐南父子二人的詞學才能得到了清人的肯定，這激勵了他繼續創作的熱情。另一方面，黃吟梅、孫君異作爲清朝公使的隨員來到日本後，和森槐南等人多次詞作唱和，再加上公使黎庶昌招待日本文士的宴集、本田種竹在清國的遊歷等文學活動，森川竹磎和高野竹隱的詞作唱和和角逐等等，構成了明治時期繁榮的詞壇生態面貌。

五　結論

詞雖然傳入日本的時間很早，但長期以來都處於寂寞無聞的狀態，直到近世才突然繁榮。在中國異常流行的詞，爲何在日本卻命運坎坷，這不是一句“形式非常複雜和困難”就能解釋的。筆者認爲有四種原因：和歌的生態位佔據、倚聲填詞的限制、詞律規則的限制和文學觀念的阻礙。中日詞學充分的交流逐漸破除了障礙，造成了江户和明治時代日本詞學的流行。交流的關鍵是詞譜的普及，田能村竹田在《填詞國字總論》中感慨：“我爲此（填詞寂寞無聞）深感哀傷惋惜，因此編纂此書，以待四方風流之士。若因綺言麗語獲罪，寧爲犁舌獄中之罪人，也要做雪月風花的忠臣。”③從《填詞圖譜》到森川竹磎的《詞律大成》，填詞的規則逐步確立，填詞的難度不斷降低，最終成就了詞壇的繁榮。

（作者單位：河南農業大學文法學院）

---

① 神田喜一郎著，程郁綴、高野雪譯《日本填詞史話》，頁138。
② 神田喜一郎著，程郁綴、高野雪譯《日本填詞史話》，頁144。
③ 大分縣教育廳管理部文化課編《田能村竹田資料集·詩文編》，頁66。此部分原爲日文，筆者譯。

日本江户時代儒士漢文白話小説述論 *

孫虎堂

近些年來,主要針對日本、韓國和越南三國的東亞漢文小説整理與研究成爲一个學術熱點,較之韓國、越南方面而言,學界針對日本漢文小説的工作進展相對滯後,這讓人們對此部分小説的數量、類别及創作水準等問題認識不夠清楚。有鑒於此,筆者近年來專赴日本實地調查,發現其作品文獻收集還有較大可供發掘的空間,不少小説的創作品質也比較高,具有較高的研究價值。這些小説分文言與白話兩大類,白話作品數量較少,但創作水準相對較高,應作爲我們關注的重點。據筆者訪書所得,白話作品現存二十種左右,其中十餘種出自江户(今屬東京)和京都的儒士之手,其他則爲長崎港的唐通事(漢語口語翻譯)所作。在本文中,筆者將專門針對儒士漢文白話小説做一番考察。

一 儒士漢文白話小説的創作語境:唐話學與稗官學的流行

江户中後期的儒士漢文白話小説是在江户、京阪(京都和大阪,也即當時所謂的"上方地區")等地儒學界盛行唐話學的文化語境中出現的,此類創作也是當時以譯解和研究入日中國白話小説爲中心的稗官學的一个組成部分。

(一)荻生徂徠與唐話學

唐話學興起於長崎,德川幕府從統治初期便開始實行鎖國政策,此地被確定爲日本與中國、荷蘭進行貿易和文化交流的幾乎唯一之口岸。彼時,赴日通商的中國人主要來自南京、寧波、福州、漳州、泉州等地,他們所講的漢語

* 本文係 2019 年度國家社科基金重大項目"東亞古代漢文學史"(19ZDA260)階段性成果。

口語即被稱作"唐話"。除中國商人之外,在長崎會説唐話的還有唐通事和黃檗禪僧兩个群體。唐通事是一群通曉唐話、日語兩種語言且能處理各種貿易事務的專職人員,其由幕府出於中日貿易之需而培養使用,他們中的絶大部分人爲明末清初避亂赴日的福建、江浙人及其後裔,而黃檗禪僧則是 17 世紀後半葉從福建、江浙來崎弘法的一批禪宗僧人。前者口中的唐話以南京官話爲主,兼有杭州、寧波、福州、漳州等地的方言,多商貿洽談和日常生活用語,專用於職業交際;後者所講唐話以南京官話爲主,多佛教用語,主要用於誦經,兼及日常問答。由於唐通事和黃檗禪僧在長崎社會生活中扮演着相當重要的角色,因此習唐話、誦唐音成爲當地一種受人關注的文化活動,並吸引着來崎遊學的以儒士爲主的各類文化人士。儒士習唐話與兩个因素相關:一方面,江户時代在日本流行的《近思録》《朱子語類》《六諭衍義》《明律》等朱子學著作、儒學普及書籍和法律書籍含有大量白話語彙,而《水滸傳》《西遊記》《金瓶梅》、"三言"等文學書籍則直接由白話寫成,因此儒士們如果没有白話這種書面語的語言素養則無法讀解或欣賞它們;另一方面,中國宋元以降與口語基本一致的白話書面語的語彙基本上來自江淮方言及以其爲基礎的南京官話[①],也即唐話的主體部分。由此來看,儒士習唐話、誦唐音既出於文化心理上"追新"之需要,更重要的是爲了助益治學和文學娛樂。

　　唐話學習和研究活動起初局限於長崎一地,後來隨着衆多遊學的儒士回歸江户、京阪以及長崎本地之僧俗唐話通們東上這三地,其影響漸次擴大,演變成後世所謂"唐話學"的文化風潮。在此過程中,荻生徂徠起到了至關重要的作用。徂徠早年即嗜唐話,後來又在出仕期間受到了幕府上層人士熱衷唐話之風的影響,進而主持開展了有組織的唐話學活動。彼時,德川幕府五代將軍綱吉的寵臣柳澤吉保好禪,因其與精通唐話的黃檗禪僧高泉性潡、千呆性安、悦山道宗、悦峰道峰等人頻繁交往,故對唐話產生了强烈的興趣。在吉保的府邸之中,唐話作爲一種富於時尚感的新知識而受到推崇,其門下儒臣多有習之者,仕於柳澤藩邸十餘年的徂徠便是其中最具代表性的一个。正德五

---

① 張升余《從日文唐音看明清時期的南京官話和江南方言音》,《外語教學》1997 年第 4 期;
　岩田憲幸《從日本江户時期的材料看"南京""南京話"問題》,《吉林大學社會科學學報》
　2014 年第 2 期。

年（1715）二月，徂徠梳理自己早年設帳講學的經驗，編刊了《譯文筌蹄初編》（包括卷首和卷一至卷六）一書，提出從唐話學習入手的"學問之法"，當年十月又組織門人服部南郭、太宰春台、山縣周南、安藤東野等人結成了專門開展唐話學活動的"譯社"，這無疑對江户等地的儒士學習唐話起到了一定的積極影響。

徂徠作爲儒學名家，其倡導唐話學的主要出發點是助益治學。彼時，大部分人因漢語程度不高而無法直接讀解漢文典籍，而是使用"訓讀"法來閱讀包括儒學書在內的各類漢籍。所謂"訓讀"，就是施訓者保留古漢語書面語文本的書寫形態，通過添加返點、送假名等訓點符號，將原文加工成日語語言思維模式下的"書き下し文"，以此幫助人們在閱讀過程中理解原文的大意。換個角度言之，訓讀的實質是變直接閱讀爲"譯讀"。但是，由於漢語和日語之間在字音、詞義、語法等層面差別很大，所以"書き下し文"並不能完全等同於原文。針對這個問題，徂徠有自己獨特的看法，他認爲漢語、日語屬於"體質"不同的語言，訓讀"配和語於華言"，"不可得而配焉"（荻生徂徠《譯文筌蹄初編》）。他提出"先爲崎陽之學，教以俗語，誦以華音，譯以此方俚語，絕不作和訓回環之讀"[1] 的"學問之法"。"俗語"即指"唐話"，而"教以俗語，誦以華音"是説通過教授學生唐話，讓他們掌握漢語發音，進而在保留文章書寫形態、結合字詞訓詁的同時使用唐音直讀原文，以達到全面遵循漢語語言思維模式的目的；"譯以此方俚語"是指將原文譯爲當時通行的日語，理由是其詞彙更爲精細豐富，同時又"平易而近於人情"（荻生徂徠《譯文筌蹄初編》）。在此基礎之上，徂徠甚至希望學習者能夠越過"譯"的環節，在唐音直讀的同時"以目代耳"去看，以一個中國人的思維和心態去理解原文的深層意涵。然而實際上，徂徠的這一提倡頗具理想色彩，其所期望達到的目標對於絕大多數人來説過高，因此實現、推行的可能性亦極小。

不過，儘管徂徠的"學問之法"最終未能推行開來，但他所組織的相關唐話學活動却在當時儒學界産生了相當的示範和輻射作用。例如，在"譯社"開展教學活動的十三年間，其"譯士"（唐話講師）岡島冠山在日常教學積累的基礎上編輯出版了《唐話纂要》《唐話類纂》《唐譯便覽》《唐音雅俗語類》

---

[1] 荻生徂徠《譯文筌蹄初編·題言十則》，正德五年（1715）澤田吉左衛門刊本。

《唐語便用》等唐話教本,這爲普通儒士學習唐話提供了基本保障。冠山晚年主要在京都、大阪講學,其間與著名儒士岡田白駒、古義堂諸儒皆有交往[①],他的活動爲京阪唐話學的興盛提供了一定的助力。如此一來,經過徂徠、冠山等人的鼓吹和實踐,唐話在江户中期的江户、京阪儒學界流行起來。

(二)岡島冠山與稗官學

　　基於唐話和白話書面語之間的密切關係,江户時代的唐話學習和研究總離不開以小説爲主的中國白話文學書籍。唐通事在習唐話的進階階段主要通過閱讀《今古奇觀》《水滸傳》《金瓶梅》《紅樓夢》等白話小説來提高語學水準,他們在初級階段所使用的《譯家必備》《養兒子》《二才子》等家學教本中也有一些白話語彙來自小説作品,《瓊浦佳話》甚至直接呈現出白話小説的面貌。岡島冠山在當時以超常的唐話素養而聞名,這與其大量閱讀中國白話小説的努力是分不開的,此外他在編寫唐話語學書籍時也參考了唐通事家學教本,其中就包括從白話小説書中選擇語料這一方面,他甚至在《唐話纂要》中編排進了自己寫的兩篇白話短篇作品(下文詳論)。簡言之,白話小説書籍不僅是唐話學習的輔助教材,還是唐話語學書籍所用語料的一個重要來源。進一步説,由於能夠集語言學習和文學娱樂於一身,中國白話小説書被唐話學習者看作鍾愛的文學讀物。在當時,儒士若能操唐話且諳白話小説,則常常會被人們視爲稱羨的對象,京都古義堂學派的田中大觀便是最典型的代表。換個角度説,唐話學習與白話小説閱讀之間乃是一種聯繫緊密且雙向促進的關係。也正因如此,江户的荻生徂徠曾提出過將白話小説經典《水滸傳》當作唐話學習教材的主張[②]。在此語境中,江户、京都儒士閱讀、譯解白話小説蔚然成風,時人稱之爲"稗官學"。

　　稗官學的重心在京都,這主要是因爲京都距離黃檗宗總寺萬福寺很近,赴日禪僧往來頻繁,人們學習唐話的條件比較優越,閱讀白話小説的風氣較爲濃厚。以此爲背景,岡島冠山、岡田白駒及古義堂諸儒對《水滸傳》的閱讀、研究和譯解活動在當時產生了很大的影響。在翻譯方面,作爲《水滸傳》的首部譯作,冠山的訓譯本《水滸傳》於享保十三年(1728)刊行之後,似乎並没有引

---

① 古義堂爲江户中期儒學大家伊藤仁齋(1627—1705)所開設的儒家私塾,仁齋主張摒棄朱子學説,恢復儒家經典的古義,故其所開創的學派又稱"古義學派"。
② 李樹果《日本讀本小説與明清小説》,天津人民出版社,1998年,頁200—201。

起普通讀者的過多關注,但其二十餘年後問世的《通俗忠義水滸傳》(1757年刊)在儒士圈中影響較大,效仿之作《通俗醉菩提》《通俗赤繩奇緣》《通俗平妖傳》等紛紛湧現①。後來,讀本小説大家曲亭馬琴認爲冠山的譯文過於模仿漢文的調子,不易爲普通讀者所接受,於是和畫家葛飾北齋合作編譯了《新編水滸畫傳》,推動了普通讀者中"水滸熱"的興起。在研究方面,從岡田白駒《水滸傳譯解》(1727)開始,相繼有陶山南濤《忠義水滸傳解》(1757)、鳥山輔昌《忠義水滸傳抄譯》(1784)、清田儋叟《水滸傳批評解》(1785年以前)等注解、語釋著作問世②,這爲儒士圈特別是唐話學習者提供了語言學習和小説讀解的雙重幫助。除上述兩點外,稗官學的存在和影響還表現在唐話學者對白話小説經典的日常研讀之風上,名儒皆川淇園説,他幼時酷愛閲讀《水滸傳》,又曾與友人將"《西遊》《西洋》《金瓶》《封神》《女仙》《禪真》等書,無不遍讀"③;陶山南濤則爲學生專門講解《水滸傳》三十年,"自白首紛如,尚未嘗釋手"④,又常與同門田中大觀"相與切劇崎陽之學,學就精研《水滸》《西遊》諸稗官,平日説話不假邦語,相得驩甚"⑤。總的來説,在這樣一種唐話學習和小説閲讀的氛圍里,一些儒士將通過模仿創作來提高唐話能力、顯示自己的語學水準並體會小説創作的樂趣當成了一種時尚的文化行爲,當然它也屬於"稗官學"的範疇。

　　稗官學的開拓者岡島冠山生於長崎,少習唐話,青年時期短暫做過唐通事,而立之後,輾轉於江户、京阪以講説儒家朱子學爲業。前文已述,他曾和荻生徂徠等人組織唐話譯社,編寫出版過多部唐話語學書籍,在江户、京阪儒學界影響很大。冠山的唐話素養超過當時一般的唐話學者,這主要表現爲出色的口語表達能力和白話閲讀、寫作能力,與此相關聯,冠山在漢籍閲讀方面涉獵廣泛,且尤其鍾情於小説書,"於貫中二書通念曉析,無所不解,其餘《西遊

---

① 關於岡島冠山訓譯本《水滸傳》的情況,參見馮雅《〈水滸傳〉在日本的傳播研究》(東北師範大學2017年博士學位論文);關於《通俗忠義水滸傳》的作者問題,參見植田渥雄《岡島冠山編譯〈通俗忠義水滸傳〉考》,《外國問題研究》1995年第3、4期。

② 關於江户時代《水滸傳》的注解、語釋著作情況,參見長澤規矩也所編《唐話辭書類集》,汲古書院,1966—1976年間出版。

③ 本城維芳《通俗平妖傳》之皆川淇園序文,享和二年(1802)田中莊兵衛刊本。

④ 陶山南濤《忠義水滸解·自敘》,寶曆七年(1757)淺野彌兵衛刊本。

⑤ 陶山南濤《忠義水滸傳解》之芥川丹丘序文,寶曆七年(1757)淺野彌兵衛刊本。

記》《西廂記》《英烈傳》等諸家演義小説亦皆搜抉無隱"①。基於這樣的漢學素養和語言功底,冠山開創性地進行了白話小説日譯和模仿創作活動,並對之後儒士們的同類創作産生了重要影響。

冠山從事中國小説日譯活動始於其闖蕩上方地區的早期。他大約在近三十歲時來到京都,不久邂逅書肆文會堂主人林義端,兩人"挾書討論"(《太平記演義》之守山祐弘序文),寶永元年(1704)秋天商定譯解《皇明英烈傳》和《水滸傳》二書,次年春天漢文訓讀體的《通俗皇明英烈傳》登梓,而訓點本《水滸傳》則延至享保十三年(1728)才刊行於世②。選擇這兩部小説是二人"討論"的結果,説明它們同時滿足了譯者和出版方兩方面的需要。冠山一生嗜讀《三國演義》和《水滸傳》,故此二書自然應該成爲他的首選,不過因元禄初年湖南文山所譯《通俗三國志》已經刊行,冠山只好退而求其次,選擇了在叙事情節、人物形象上深受《三國演義》《水滸傳》影響的《皇明英烈傳》③,而《水滸傳》在當時則尚無人譯解,正合其心願。就林義端而言,其主要出發點是刻書牟利,因此他關注的是出版熱點問題。一方面,元禄至寶永初年《通俗三國志》《通俗楚漢軍談》《通俗吳越軍談》《通俗武王軍談》等"軍談物"相繼問世並流行起來,這無疑讓林氏看到了借出版同類譯作而獲取利潤的希望,《通俗皇明英烈傳》刊行時又題爲"通俗元明軍談"可以説明這一點;另一方面,《水滸傳》自17世紀初輸入日本之後,長時間掌握在將軍、大名等上層人士及僧侶、高級文人手中,普通讀者基本無緣接觸,而大部分人無法跨越白話書面漢語這个語言障礙也是該書未能廣泛流布的一个重要原因,這又使林氏捕捉到了一个推出新出版熱點的絶好機會。簡而言之,他們二人的合作既基於冠山的小説閲讀志趣、過硬的唐話素養,又有賴於林義端的出版遠見。

冠山在享保四年(1719)出版漢譯長篇白話小説《太平記演義》(十回),該作譯自日本南北朝時的軍記物語《太平記》,如果將其與此前的日譯小説《通俗皇明英烈傳》聯繫起來看,它們都反映出譯者在題材選擇方面偏重歷史

① 岡島冠山《太平記演義》之守山祐弘序文,享保四年(1719)松柏堂刊本。

② 岡島冠山在當年去世,其後不久,訓點本《水滸傳》刊刻行世。

③ 關於《皇明英烈傳》的情況,參見川浩二《天一閣博物館藏〈國朝英烈傳〉與歷史小説〈皇明英烈傳〉》,《中國文學研究》總第18輯,2011年。

類型的特點,這一點直接影響到了後來的唐通事之白話小說漢譯活動。當然,從大的翻譯語境來説,冠山的選擇傾向明顯是受了元禄以來中國小説"軍談物"日譯之風的影響,不過,反過來漢譯同類題材的日本小説則是他的創舉。

　　冠山之所以選擇翻譯《水滸傳》,一方面是出於該作的經典性,另一方面則是因爲他的个性特點。冠山之爲人不同於一般正統儒者,其"好氣任俠","有戴逵裂琴之風"①,此種氣質與水滸人物頗爲相合;此外,他也因這種个性而難以見容於世,故在有志不獲騁的心境下,仿《三國》《水滸》,著書以澆胸中塊壘。也就是説,冠山的"英雄"情節也是左右其在翻譯和模仿創作活動中選擇題材類型的一个重要因素,《通俗皇明英烈傳》和《太平記演義》寫的是他眼中的歷史英雄,而白話短篇作品《孫八救人得福》和《德容行善有報》寫的則是他所稱義的市井英雄。后兩篇小説是作爲冠山所編唐話語學書籍《唐話纂要》第二版之第六卷而面世的,它們可能是作者任蘐園譯社"譯士"期間撰寫的教學範文。首篇講一个流落京師的長崎遊俠因搭救富豪子弟而得善報、獲大利的故事,次篇叙一个揚州商人因在長崎接濟落魄武士一家而於回國途中得媽祖娘娘顯神通、救性命的經歷,其創作素材大約來自作者在江户或長崎聽到的坊間傳聞,故作品具有較强的紀實色彩。進一步説,市井英雄素材和紀實色彩是後來江户、京都儒士創作短篇的漢文白話小説的兩大特點,其源頭都可追溯至冠山的創作。

　　概而言之,江户中期流行於江户、京阪等地的稗官學與唐話學相互依存,二者一同構建起了儒士漢文白話小説的創作語境,而此類小説所呈現的整體特徵基本上都體現出了岡島冠山小説創作的影響。

二　江户儒士的漢文白話小説

　　荻生徂徠所主持的蘐園譯社在江户存續了十餘年,培養了一批出色的唐話學者,他們同時也成爲當地稗官學的中堅力量,譯社正是通過這些人對當時的江户儒學界產生了一定的輻射作用,因此創作漢文白話小説的江户儒士大多與蘐園學派有着一定的學緣關係,如《白藤傳》的作者井上蘭台爲昌平黌大學頭林鳳岡的弟子,而徂徠曾在他之前就學於鳳岡,二人均出自林門,蘭台的

① 安藤東野《東野遺稿》,寬延二年(1749)嵩山房刊本。

門人是《白藤傳》的"閲者"井上金峨,而金峨恰爲《貪花劇語》作者菊池南陽的老師;再如,《節婦實録》作者萬光的養父爲江户中期著名漢詩人服部南郭的弟子,而南郭則是荻生徂徠的得意門生。因此説,考察江户儒士漢文白話小説的創作情況,需要從蘐園學派的師承及學緣關係切入。

(一)《白藤傳》《貪花劇語》與《節婦實録》

《白藤傳》,寫本一册,筆者所收集的是東京都立中央圖書館藏本。外封題"白藤傳",内封上横題"玩世教主撰",中竪題"白藤傳",右、左分别寫"休疑古蔓龍蛇走""猶帶松杉十里陰"。首爲"白藤傳序",末署"金峨道人書於白雲深處",次爲正文,首頁署"玩世教主撰/金峨道人閲"("/"在本文中表示換行,前爲右行,后爲左行,以下皆同),半頁七行,行十三字,卷末有一篇"金峨道人總評"文字[1]。日本學者鶴岡節雄曾提到小池藤五郎藏本,據其提供的書影,該本與東京都立本筆迹不同,題名是"小説白藤傳",其應爲另一寫本[2]。

中村幸彦先生認爲"金峨道人"爲江户中期儒學者井上金峨,"玩世教主"則是井上金峨的老師井上蘭台[3]。蘭台(1705—1761),江户人,名通熙,字子叔,江户中期儒學者、戲作者[4],後爲岡山藩(今屬岡山縣)藩儒,有《左傳異名考》《周易古注》等[5]。金峨(1732—1784),信濃(今屬長野縣)人,生於江户,名立元,字順卿,别號金峨,先師事伊藤仁齋的門人川口熊峰,習古義學,後又入蘭台門下,習徂徠學,終成儒學折衷學派一代大家,有《大學古義》《易學折衷》等[6]。

《白藤傳》寫東總州夷潛郡金興村(今屬千葉縣)的無賴漢子白藤源太撒

---

① 筆者對《白藤傳》的版本描述及相關引用文字,均據筆者收集的東京都立圖書館藏本。

② 鶴岡節雄校注《山東京傳の房總の力士白藤源太談》,千秋社,1979 年,頁 76。

③ 中村幸彦《中村幸彦著述集》第七卷,中央公論社,1982 年,頁 68。此外,寶曆九年(1759)刊行的漢文笑話集《唐詩笑》署"玩世教主輯/洛水真逸訂",序者也是金峨道人,中野三敏先生也認爲"金峨道人""玩世教主"分别是井上金峨、井上蘭臺,關於這一點,參見中野三敏校注《唐詩笑》,《新日本古典文學大系》第 82 卷,岩波書店,1998 年,頁 47。

④ 戲作是日本 18 世紀後半期興起的通俗小説讀物的總稱。

⑤ 小柳司氣太監修,小川貫道編纂《漢學者傳記及著述集覽》,名著刊行會,1970 年,頁 64—65。

⑥ 竹林貫一《漢學者傳記集成》,關書院,1928 年,頁 431—440。

潑行兇、被人毒死之事。源太是江户中期有名的力士，他死之後，其事流傳於坊間，逐漸衍生爲文藝題材，《白藤傳》有可能是最早的叙事作品。從作者的角度來看，該小説明顯是一篇戲謔之作，但同時它也傳達出些許的勸懲旨趣，展示了作者的儒士身份特徵。

《貪花劇語》亦爲寫本一册，其封面書籤題“貪花劇語□全”（“□”在本文中表示隔一字，以下皆同），版心有“盍蓋山房藏”五字，無序、跋等文字。正文半頁七行，行二十一字，首頁首行上題“貪花劇語”，次行下題“東都□煩要庵／菊老仙□戲撰”（“菊老仙”當是作者戲號），第三行有上下兩聯“懦光棍奸淫賭坊婦／石臼女打趕十七金”，相當於章回小説的回目，篇尾有“未聽下回分解”的程式語，末頁末行又有“貪花劇語□終”的字樣，也即此作僅有一回；此寫本乃長澤規矩也先生舊藏，據中村幸彦推斷，該本可能寫於安永（1772—1781）時期①。日本學者中野三敏見過另一寫本，内題“室街接脚夫傳／煩要庵□集撰”，行款與《貪花劇語》不同，但内容基本相同，筆迹相似，篇末題“寶曆甲戌季秋上浣日把筆於錢塘芙蓉樓／菊池武慎伯修父編”，中野氏判斷寶曆四年（1754）的這個寫本是《貪花劇語》的初稿本，而前述長澤氏舊藏乃是定稿本②。長澤先生在其藏本襯頁上寫有幾句説明，云作者菊池南陽，名“武慎”，字“伯修”，號“盍蓋山房”，著有《韓客唱和集》《南陽四部論》。另據其他材料可知，作者又號“南陽”“多羅福山人”，江户（今東京境内）人，江户後期著名儒者，生卒年不詳，還撰有《盍蓋山房雜集》《風俗醉茶夜談》等著述③。

此篇叙某國某乙街市井無賴之妻石臼女替夫出頭、施威制服賭坊主夫婦的市井趣事。這個作品的素材應來源於當時的市井傳聞，菊池南陽將其演繹爲小説的創作行爲反映了當時儒士、文人搜奇記異的文化風尚，此外他還是儒學折衷派大家井上金峨的門人，其寫漢文白話小説應該也是受了門派中人熱衷學習唐話的影響。

---

① 筆者對《貪花劇語》版本的描述及相關引用文字，均據中村幸彦《中村幸彦著述集》第七卷所載該作影印本。
② 中野三敏《〈節婦實録〉與〈室街接脚夫傳〉》，載《中村幸彦著述集月報》第12回，中央公論社，1984年，頁4—5。
③ 小柳司氣太監修，小川貫道編纂《漢學者傳記及著述集覽》，頁181—182；森銑三《森銑三著作集》第11卷，中央公論社，1971年，頁108—119。

《白藤傳》和《貪花劇語》均作於寶曆年間（1751—1764），它們有兩點相同：其一，在人物和故事情節上均突出个“奇”字，一个講大力士被人所害的悲劇，一个叙市井女懲治奸人的喜劇，一冷一熱，可謂相映成趣；其二，創作旨趣上的自娛傾向明顯，蘭台署“玩世教主”，南陽題“戲撰”，均可證明這一點。

天明年間（1781—1788）又有萬光所作《節婦實録》問世。此書爲寫本一册，筆者未見，據中野三敏先生所述，其卷末署“天明五年歲次乙巳秋八月二十有八日萬光譯”，此外又有兩段文字，一段云“予嘗讀仙台人大槻禎所著《阿辰傳》，偉之，後會過一書估，見此書，比之彼傳，頗詳細矣，乃購還以藏於筐中。明治十八年六月卅日東海狂史”，另一段云“本書風月書估舊藏”[1]。這些文字説明兩个問題：其一，此書爲大槻禎《節婦阿辰傳》的白話演繹本，作者萬光，成書時間是天明五年（1785）；其二，此書原爲澤田一齋家的風月堂書肆舊藏，後落入明治文人東海狂史手中（其人的具體情況不明）。

“萬光”是江户中期著名儒者、醫家工藤平助（1734—1801）的號，他乃仙台人，曾爲紀伊藩（今屬和歌山縣）藩臣，後移居江户，天明年間曾著《赤蝦夷風説》二卷名世。

小説寫仙台藩鈴木八五郎的長女阿辰在不忍棄夫、顧全父母之兩難境地中殺子、自殺的悲劇。這是一个婦女爲全“貞潔”“孝義”之分而赴死的故事，作者在演繹奇人奇事的同時傳達了非常明確的儒家倫理觀念，教訓的意味更濃。由此可見，自娛娛人之外，再加一層勸懲旨趣，這是江户儒士創作漢文小説的一个特色。此外，萬光的養父曾是服部南郭的學生，如此來看，從荻生徂徠、服部南郭、萬光養父再至萬光本人，江户中期因唐話學的流行而興盛的白話漢文小説創作之連鎖反應，於此可窺一斑。

（二）《仙台萩演義》與《櫻精傳奇》

《仙台萩演義》的一小部分文字，收録於大田南畝所編隨筆集《一話一言》（1820），文末題“白藤庵主戲撰”[2]。江户末期隨筆家蜂屋茂橘的隨筆集《椎の實筆》第二十五卷曾記録了《仙台萩演義》十回的目次，又題“水滸傳表題/

---

① 《中村幸彦著述集月報》第 12 回，頁 4—5。
② 筆者對《仙台萩演義》的介紹，據中村幸彦《中村幸彦著述集》第七卷所載之《日本人作白話文の解説》一文。

白藤翁戲作"，這顯示蜂屋氏當日可能看到了有十回篇幅的本子，而且是一部"水滸"式英雄傳奇小說風格的作品。另據日本學者森潤三郎、森銑三的研究，白藤庵主即江户後期儒士、藏書家鈴木白藤①。白藤（1767—1851），名成恭，字士敬，是大儒古賀侗庵的岳父，也是著名文人大田南畝的好友。

這部小說譯自實録體物語作品《仙台萩》。《仙台萩》寫的是 1660 至 1671 年間仙台藩藩主伊達氏内部的政治騷亂，重點叙忠臣伊達安藝和原田甲斐、伊達宗盛二奸的鬥争。歷史上的"伊達騷動"事件曾在當時引起轟動，事後文壇上問世了多部實録體物語，而成書於寬保元年（1741）的《仙台萩》是集大成的一部，《仙台萩演義》或是其部分内容的白話演義本。從《一話一言》收録的這段文字來看，《仙台萩演義》在整體風格、語彙使用等方面和中國明清英雄傳奇小說如《水滸傳》等具有極相似的特徵，模仿痕迹明顯。

另一部演義體小說《櫻精傳奇》，刻本一册，二卷四回，署"是亦道人著"，文政十三年（1830）刊行，群仙堂藏版，書林江户和泉屋莊治郎等刊②。據第一回中作者説"亦又我恐以兹話爲空言虚語，故證之以九回演義，看官願莫以荒誕無稽視之，則幸甚"的話，可知小說實有九回的篇幅，上梓的可能只有四回。此外，是亦道人的生平情況不能確考。

小說前四回寫櫻姬與清水侯清春在清水寺偶遇，互生情愫，題詩傳情，不料却遭清玄法師等人攪了好事。在江户時代，關於清水清玄和櫻姬的故事流傳很廣，而且它還是比較流行的戲曲題材，其比較有代表性的作品如延寶二年（1674）初演的净瑠璃劇《一心二河白道》、同五年（1677）初演的歌舞伎劇目《清玄七年の亡魂》，而據中村幸彦先生的看法，《櫻精傳奇》有可能是近松德三的歌舞伎劇目《清水清玄庵室曙》（1808）的漢譯③。從書面語形態上來看，該作半文半白，語言稍欠流利，筆者疑其作者是个唐話水準欠佳的儒士。

上述兩部作品的相同點有二：其一，譯者選擇的原作皆爲本土文學名作；其二，譯者在翻譯過程中都表現出對中國同類小說的模仿借鑒意識，《仙台萩演義》的全本外封題"水滸傳"，説明譯者是以《水滸傳》爲範本撰譯該作的，《櫻精傳奇》的譯者也是特意選擇章回體的文體形式來演繹這個本土故事，可

---

① 中村幸彦《中村幸彦著述集》第七卷，頁 97。
② 此據筆者收集的日本國立國會圖書館藏本《櫻精傳奇》。
③ 中村幸彦《中村幸彦著述集》第七卷，頁 98。

見其小説文體觀念也是中國化的。很顯然,這兩个做法都是岡島冠山在撰譯《太平記演義》時所開創的。

　　總的來説,江户儒士所作的漢文白話小説作品,獨立演繹市井題材的多半寄寓勸懲主旨,翻譯本土物語、戲曲名作的基本上忠實於原著,反映出江户町人文學獵奇的世俗趣味。实际上,從創作者的層面來説,這兩種現象恰恰映射出儒士、文人的雙重身份特徵在他們身上的統一。

三　京都儒士的漢文白話小説

　　京都儒學界的古義堂派不僅是唐話學的另一重鎮,而且其稗官學的氛圍更加濃厚,其第二代主持人伊藤東涯的門人陶山南濤、松室松峽和朝枝玖珂皆爲當時公認的稗官學名家。而且,古義堂成員的白話小説譯解成績也頗可觀,如清田儋叟譯過《照世杯》,穗積以貫撰有《忠義水滸傳語解》,陶山南濤翻譯過《肉蒲團》《春燈鬧》,又著有《忠義水滸傳抄譯》《水滸傳譯解》等,而松室松峽的《平安花柳録》與安原貞平的《東武麴巷角觝紀事》則代表了古義堂諸儒的白話小説創作成就。除此之外,流寓京都的長崎文人劉圖南、岡田白駒的門人澤田一齋和西田維則的作品也是京都儒士白話小説的重要組成部分。

(一)《平安花柳録》與《東武麴巷角觝紀事》

　　寫本《平安花柳録》一册,筆者並未目驗,此處所據乃是《灑落本大成·第一卷》所載野間光辰氏藏本之覆印本,其外無題簽,内題"平安花柳録","要窩先生選／快活道人纂定",半頁九行,行二十字,據調查該書還有長澤規矩也藏本、京都大學潁原文庫藏本等[1]。日本學者宗政五十緒先生認爲"要窩先生"乃是伊藤東涯的門人、被譽爲"稗官五大家"之一的松室松峽(1692—1747)[2],中村幸彦先生又認爲"要窩先生""快活道人"可能是兩个人[3]。如果認定作者爲松室松峽的話,我們就可以推定成書時間。松峽入古義堂時二十一歲,也即正德二年(1712),他系統地學習唐話很可能就是從這一時間開始的,如此來

---

① 《灑落本大成》第一卷,中央公論社,1978 年,頁 121—135、371—378。
② 宗政五十緒《近世文苑の研究》,未來社,1977 年,頁 88—122。
③ 中村幸彦《中村幸彦著述集》第七卷,頁 58。

看,《平安花柳録》成書時間的上限即正德二年(1712),中村幸彦先生又曾根據小説内容,認定其時間下限是享保六年(1721),也即它成書於正德末、享保初年。在這部書中,作者使用説書人講故事的方式叙述京都花街的七種妓女,即傾城、白人、山衆、契短、桑下、比丘尼、釣媱婦與嫖客交往的場景。實際上,此書在内容上兼具風俗讀物和地理志的雙重著述特點,但在叙述方式上却借鑒了中國白話小説的文體,呈現出一種特別的文本面貌。

寫本《東武麴巷角觝紀事》一册,筆者亦未目驗,這里完全依據中村幸彦先生的介紹和判斷[①]。該書藏天理大學圖書館古義堂文庫,文末署"歲辛酉春三月譔",中村先生推測"辛酉"爲寬保元年(1741),作者是伊藤東涯的高足安原貞平(1698—1780)。貞平是近江(今屬滋賀縣)人,曾爲上田藩(今屬長野縣)藩儒,著有《興窗隨筆》等。此篇作品寫的是東武(今屬東京都)麴町相撲比賽之事。作者使用白話文紀事,雖爲紀實文章,但表達方式是小説式的。

簡單來説,上述二作在本質上還是紀事的文章,故事性的叙事部分多半作爲片段呈現,但總體上不妨也視爲小説。相比而言,前述江户儒士所作《白藤傳》《貪花劇語》《節婦實録》也有紀實色彩,但其素材經作者敷衍、點染,故事性之外又疊加了虚構性,創作出了文體意義上的真正的小説。

(二)《烈婦匕首》

該書爲刻本一册,筆者所收集到的乃是東京都立中央圖書館中山文庫藏本。封面題"烈婦匕首□全",卷首爲"烈婦匕首序",文末署"寬延庚午立秋之日/伏水龍元亮子明書",次爲正文,首頁題"烈婦匕首/崎陽劉圖南著/皇甫萃女鳳娘復夫仇",半頁八行,行十六字,卷末是"烈婦匕首跋",文末署"平安都華智跋"。版權頁内容爲"寬延三庚午歲初秋吉日/衣棚通姊小路上町/皇都書肆□□萬屋作右衛門壽梓"[②]。

跋者都華智的生平不能確考,但序者龍元亮(1714—1792)的情況比較清楚。元亮字子明,號草廬,京都人,江户後期儒學者、漢詩人,著有《草廬文集》《草廬詩集》等。江户後期以龍草廬爲中心的詩派有一部詩集《友詩》,其中《詩人姓名爵里》記載了劉圖南的情況:

> 劉鵬,字圖南,號鍾南,肥前長崎人。自祖素軒,世爲譯官。鵬爲人豪

① 中村幸彦《中村幸彦著述集》第七卷,頁60—62。相關引文亦轉引自該著。
② 筆者對《烈婦匕首》版本的描述及相關引用文字,均據筆者收集的東京都立圖書館藏本。

放不羈,能詩愛酒,夙抱大志,不甘其職,致仕而去,適江戶而求仕,遂不得
志,悵然而還,隱於京師,怏怏不樂,嘔血而死,年三十五,實寶曆丙子五月
也,無嗣胤絶。①

龍草廬在序文里又稱"圖南名鵬,彭城劉氏之裔,東閣先生之孫、素軒先生之
子,蓋瓊浦之名家也"。據此可知,劉圖南出自長崎的彭城氏唐通事家族,其初
祖是中國人劉一水,這樣來看,圖南熟諳唐話是再自然不過的事情。龍草廬又
談到該書的緣起,説作者昔日在長崎時周旋於"清人航者"中間,常聽到一些
雅俗瑣談,鳳娘復仇之事即爲其一,衆友人遂鼓勵他寫下這個故事,讓烈女的
事蹟流傳下去。該作於寬延三年(1750)刊行時,龍草廬爲其起了"烈婦匕首"
的題名。

　　《烈婦匕首》寫康熙七年(1668)福建女子皇甫鳳娘爲夫董雲生報仇之事。
在這篇中國題材的小説中,作者塑造貞節烈女形象、展示節烈觀念的主旨是很
明確的,除此之外,小説顯然還著意渲染一種英雄趣味。皇甫鳳娘出閣時自請
祖傳寶劍,个性與衆不同,之後董生被害,她從容鎮定,謀劃周全,新婚當夜果
斷殺仇人方春、田媒婆,又爲了逃離險境去祭拜董生,斬方春幼子及婢女,在整
個過程中展現出一派俠女風範。她的聰慧和隱忍,讓人聯想到唐傳奇《謝小娥
傳》中的女主人公,她殺人時的樣子和採取的方式,又讓人想到了《水滸傳》中
血濺鴛鴦樓時的武松。《烈婦匕首》的這兩个特點,顯然跟作者的儒士身份及
其稗官趣味有關,劉圖南出自唐通事家族,唐通事通過閱讀白話小説來輔助唐
話學習的風氣,不可能不影響到他。

　　《烈婦匕首》雖然也具有紀實色彩,但其小説的特徵還是比較明顯的,例如
小説用"寶劍"作爲勾連故事情節的道具這一手法即是非常"小説式"的。類
似這樣的巧思,應該不是完全爲原始故事素材所具備的,這和前述《白藤傳》
等作品一樣,作者敷衍故事的能力、細節點染的功夫,都在作品從紀實素材到
虛構小説的過程中起了關鍵的作用。

　　(三)《日本左衛門傳》《演義俠妓傳》與《白話文集》

　　京都儒士中撰寫漢文白話小説的,除了前述松室松峽、安原貞平、劉圖南
外,還有岡田白駒的門人澤田一齋與西田維則。白駒(1692—1767)早年曾
業醫,又曾問學於江戶、長崎,後往來於江戶與京阪之間講授儒學,文獻記載

---

① 中村幸彦《中村幸彦著述集》第七卷,頁62。

説他"初在攝之西宮邑,以醫爲業。一旦投刀圭而來於京師,專以儒行,是時京師已有悅傳奇小説者,千里兼唱其説,都下群然傳之,其名噪於一時"①。白駒作爲稗官學大家而聞名於京阪文壇,主要是因爲《小説精言》(1743)、《小説奇言》(1753)、《小説粹言》(1758)也即"和刻三言"的刊行,這三部書是中國短篇白話小説集"三言""二拍"及《西湖佳話》部分篇目的訓譯本,《小説精言》《小説奇言》爲白駒所譯,《小説粹言》的譯者則是京都書肆風月堂的主人澤田一齋,而"和刻三言"正是風月堂所刻。一齋(1701—1782)是京都人,名重淵,字文拱,號奚疑齋,通稱風月莊左衛門,岡田白駒的門人,他博覽廣識,淹通世務,喜唐話,嗜書法,不類一般俗儒,其著述除《小説粹言》外,還有訓譯本《連城璧》,及《東海奇談》《俠妓可淑傳》小説二種②。一齋的好友、白駒的另一門人西田維則也是一位熱衷稗官學的儒士,其爲近江(今滋賀縣境内)人,號近江贅世子,生平不詳,殁於明和二年(1765),撰有《巷談奇叢》(漢文笑話集)一册、《通俗赤繩奇緣》(《賣油郎獨佔花魁》的譯本)四册等③。受岡田白駒的影響,澤田一齋與西田維則投身於白話小説譯解和創作,而其作品則常常混編在一起。大約在寶曆(1751—1764)及其前後,他們集中撰寫了兩組短篇作品。第一組包括《日本左衛門傳》與《演義俠妓傳》,此二作皆據當時真實社會事件而撰,紀實色彩很濃,第二組是《白話文集》中的六篇小説,據市井噂話(街談巷議)和民話(民間傳説)而作,顯示出較强的傳奇性。

　　《日本左衛門傳》,寫本一册,筆者所收集的是東京都立中央圖書館藏本。其封面題"小説日本左衛門傳□完",正文半頁十行,行二十字,共分兩回,首頁首行題"日本左衛門傳",次行署"天花堂呆山人□撰"。首頁又有二印,一枚爲"蜂屋藏",一枚爲"冠窠家藏","蜂屋"表明該寫本是江户後期隨筆家蜂屋茂橘(1795—1873)的舊藏,"冠窠"則不知爲誰。文末署兩行文字,一行爲"寶曆十一年辛巳年秋九月六日臨寫於龜户别墅知化堂□田泰玄",一行是"天明元年辛丑年八月自岡氏借寫し置也",其後有印"松沼主人","田泰

① 江村北海《日本詩史》卷三,池田四郎次郎編《日本詩話叢書》第一卷,文會堂書店,1920年,頁247。
② 森銑三《森銑三著作集續編》第二卷,中央公論社,1990年,頁99—101。
③ 石崎又造《近世に於ける日本支那俗語文學史》,清水弘文堂書房,1967年,頁152。

玄”“松沼主人”來歷均不詳,但後者(1781)臨寫自前者(1761)的事實則是明確的[①]。

關於作者“天花堂呆山人”,中村幸彦先生曾推測他是西田維則。他指出,明和五年(1768)所刊漢文笑話集《巷談奇叢》署“龍洲岡先生閲／淡海口木子緝”,澤田一齋的跋文云“友人姓西田名維則,字子考,淡海之人,‘口木子’其鬼名”,因“呆”字可拆分爲“口”“木”二字,故“口木子”“呆山人”都是西田維則的戲號[②]。

《日本左衛門傳》具有鮮明的實録特徵,作者用了兩回的篇幅寫延享年間(1744—1748)横行於東海道(本州沿太平洋一側中部地區)的强盗首領浜島莊兵衛的違法事件。該事件在當時頗具轟動效應,並且很快成爲歷史、文藝領域的熱門題材。考慮到西田維則與日本左衛門(1719—1747)屬於同一時代的人,筆者推測小説《日本左衛門傳》屬於比較早的叙事作品,大約撰於延享末或寬延(1748—1751)初年。小説分兩回,第一回叙日本左衛門的出身及劫掠、殺人的經歷,第二回寫日本左衛門及其團夥伏法的過程。這篇作品的紀實性較强,作者並没有在作品中貫之以當時流行的勸懲旨趣,也不給人物、事件做傾向性的評價,而是偏重故事如何講述,可能也正因如此,作者創作的技術性較弱,像小説後半部分中岩淵彌七的入夥、中村順助的被俘等情節設計都顯得比較突兀。然從形式層面來看,作者套用了中國話本小説的叙述方式,程式語、過場詩都用得比較地道,顯示出他對中國同類小説的熟悉程度及有意模仿的創作態度。

另一篇類似題材的小説《演義俠妓傳》,刻本一册,筆者所收集的是日本國立國會圖書館藏本。該作品的作者署“烏有道人”,跋者爲“天花堂呆山人”西田維則。中村幸彦先生推斷“烏有道人”即澤田一齋,其書系澤田氏自家刻印,約刊行於寶歷年間(1751—1764)[③]。此篇的創作素材來自寬延年間(1748—1751)名妓可淑殺兄事件,故其與《日本左衛門傳》一樣,紀實性較强,也没有顯示出多少勸懲旨趣;該作雖亦分兩回,但作者在叙事中表現出模

---

① 筆者對《日本左衛門傳》版本的描述及相關引用文字,均據筆者收集的東京都立圖書館藏本。

② 中村幸彦《中村幸彦著述集》第七卷,頁72。

③ 中村幸彦《中村幸彦著述集》第七卷,頁72。

仿清代李漁擬話本小説的濃重痕迹 ①。

　　簡言之，從創作素材選擇、小説文體模仿兩方面來看，《日本左衛門傳》與《演義俠妓傳》的創作很有可能是一齋和維則有計劃的、步調一致的一次文學合作，其旨趣多半在於自娛娛人，所以這兩篇作品才少了一些勸懲的意味而相對多了一些獵奇的町人文學趣味。基於這一推測，我們發現另一組作品也可視爲他們的另一次合作。

　　寫本《白話文集》乃是日本學者長澤規矩也先生的舊藏，原書無題，"白話文集"是暫定的書名 ②。該書共收文七篇，《廿娘冤死紀事》署"癡道人譔"，《茶式》（關於茶葉的沖泡方法）文末題"明和戊子季夏都下煙水道人記於伏水邀月亭中"，《記浄藏事》署"都下呆山人譔"，《記千束邑事》《祈福漢吃騙話》《記藤原秀鄉事》三篇未署名，只於第六篇文末題"澤田重淵稿"字樣，第七篇《周道傳奇》署"快活癡道人譔"。聯繫前文所論，"都下呆山人"應是西田維則的戲號，而"癡道人""煙水道人""快活癡道人"則皆爲澤田一齋之戲號；換个角度説，六篇小説中除"記浄藏事"爲維則所作外，其餘五篇可能均是一齋的作品。關於這些作品的創作時間，中村先生推測爲明和年間（1764—1772），筆者認同這一判斷，《茶式》一篇的寫作時間署"明和戊子"（1768）就是證明。

　　這六篇小説的素材都來自市井傳聞和民間傳説。《廿娘冤死紀事》寫平安城島原花街的妓女廿卷遇人不淑、絶食冤死之事。此篇的題材可能來自當時的一則噂話，小説意味十足，特別是描摹人物語言，形神逼肖。《記浄藏事》寫僧人浄藏與一女子的姻緣故事，作者在作品中使用地道的白話小説語言，心理描寫簡潔精到。此篇與室町時期的佛教説話集《三國傳記》（釋玄棟著，成書於15世紀初）卷六"浄藏貴所事"所載故事相同，兩者也許有一定的聯繫，而且這則小説極有可能是唐代李復言《續玄怪録》中"訂婚店"一則的翻案作品。《記千束邑事》寫丹州一个伐薪莊客因誠信而使其護身短刀顯示靈異的故事。此篇可能是譯自當時某則關於千束邑地名來源的民話，作者在文中使

① 關於筆者對《演義俠妓傳》的相關論述，參見《稀見日本漢文小説五種叙録》，《域外漢籍研究輯刊》第12輯，中华书局，2015年。

② 筆者對《白話文集》版本的描述及相關引用文字，均據中村幸彦《中村幸彦著述集》第七卷所載之影印本。

用漢文白話描摹細節相當到位。《祈福漢吃騙話》寫洛東浮蕩漢子爲祈富禄
而中騙子圈套之事。此篇的題材來自當時流傳較廣的一則噂話，其與上田秋
成《諸道聽耳世間猿》（1766）卷五之第一則、《世間妾形気》（1767）卷一之
第四則所載故事相近，即是一證。此篇刻畫人物聲口極逼真，顯示了作者細膩
的文心。《記藤原秀鄉事》寫平安時代的名將藤原秀鄉射蜈蚣的故事。江户時
期有關秀鄉射蜈蚣的傳說流傳很廣，《俵藤太物語》（江户初期）、《前太平記》
（1681）等書中皆有記載，澤田一齋的小説基於何作，難以確定，但它應該是關
於這則傳說比較早的漢文叙事作品①。此篇透出的是典型的話本小説風，顯示
了作者有意模仿中國白話小説的意識。《周道傳奇》又名“記辰霖侯賜老遷封
事”，寫中國五代某個侯爺沉湎荒淫、樂極生悲之事。作者在此篇中使用韻文
描摹情狀、人物方面模仿中國白話小説的痕跡非常明顯。

　　概而言之，澤田、西田二氏的漢文白話小説作品，一部分是對具有傳奇色
彩的時事的記録，另一部分是對噂話、民話的演繹，前者的紀實色彩較濃，後者
的創作意味更深。從小説叙事來看，紀實作品因受事件本身發生過程的限制，
情節創新有限，例如《日本左衛門傳》第二回中的有些情節交待不清，情節之
間銜接不暢，叙述欠圓融，而在《廿娘冤死紀事》後半部分里，女主人公自殘的
理由並不充分，男主人公也再没有出現，缺憾還是比較明顯的，而演繹民話的
作品，因不受事實因素的限制，藝術創作的空間更大，所以可以結構離奇、怪異
的情節，小説味更足。就小説文體和語言來說，上述八篇作品都屬於話本體，
因爲每篇小説里都有一位“説書人”存在，各種程式語、詩詞韻文和特殊俗語
詞彙的使用也比較地道，這顯示出他們對中國話本小説的喜愛和刻意模仿的
創作心理。澤田、西田二氏之漢文白話小説創作的意義是和唐話學中心的轉
移聯繫在一起的。岡島冠山晚年移居京阪，他的小説出版活動及其與岡田白
駒、古義堂諸儒之交往所產生的聚合效應讓稗官學的發展達到了高潮，這其中
也包括漢文白話小説創作的盛行。

　　綜上，京都諸儒的漢文白話小説創作是以該地之唐話學和稗官學風潮爲
依托的，他們的作品多半顯示出町人文藝的審美趣味，相對江户儒士小説創作
而言，作者們的文人身份特徵對於作品的影響更強了。此外，其小説作品在紀

---

① 長崎唐通事東海嘉十郎（？—1803）從《前太平記》中抽譯了《秀鄉射蜈蚣》一文，收入
　漢文白話小説集《象胥譯文》。

實性質和本土特色方面更加突出,偏於岡島冠山短篇白話小説創作的路數。

四　儒士漢文白話小説創作的特點

綜合考察江户中後期的儒士漢文白話小説創作,筆者認爲其有三个層面的特點值得探討。

第一,從創作素材的層面來看,江户、京都諸儒均表現出凸顯本土文學的傾向。較之前一歷史時期,江户社會在各个層面上都發生了較大的變化,作爲當時主流思想學派的成員,儒家學者需要密切觀察社會並運用本派思想學説來解釋各種新的現象,他們在小説創作中表現出關注現實的傾向便是這種慣性思維的自然延伸。同時,古今文人普遍具有的嗜奇心理,也讓他們把目光聚焦時事熱點,因此他們所選取的小説素材有一大部分是"當代"的、"本土"的。另一部分《太平記演義》《仙台萩演義》等小説以翻譯改寫的方式創作,其原作基本上都是日本本土文學名著,這種選擇也表現出了作者有意凸顯本土文學的意識。

第二,從創作方式層面來看,小説作者採用了實録和翻譯改寫兩種方式。所謂"實録",指的是作者取材社會熱點事件,套用白話小説文體、使用白話小説語言演繹事件經過,並讓人物形象與細節叙述呈現出一定的虛構特徵。這種方式在一定程度上限制了作者塑造人物形象和構建故事情節的自由度,使得作品在文本形式上"像小説",於文體内涵上却存在一些缺憾,例如在《日本左衛門傳》中,作者對主人公、故事情節未做過多改造,只作原生態式的呈現,遂致其形象單薄,後半部情節也顯得比較突兀。所謂"翻譯改寫",是指譯者在翻譯過程中對原作章節進行一定程度的剪裁和整合,並在細節改動中進一步豐滿人物形象。例如岡島冠山在《太平記演義》中就把原著較爲鬆散的"章"整合成了綫索明晰的"回",如第十四回"主上遷幸隱歧"便是由原作第四卷第三章"一宫並妙法院二品親王御事"、第四章"俊明極參内事"整合而成的,同時在對細節內容幅度不一的改動中展示出對故事性的强調和人物形象塑造的重視,具體如以下二例[①]:

　　　「去バ此僧達ヲ嗷問セヨ」トテ侍所ニ渡シテ、水火ノ責ヲゾ致シケ

---

① 此處引文據享保四年(1719)松柏堂板《太平記演義》。

ル。("那和尚咆哮,甚是無禮!"遂交付有司,施以水刑。——筆者譯)

"那禿驢安敢咒我!"遂教行水刑,拷問三僧。於是先拖文觀到刑場,縛倒在地,一人用手板開其口,一人把一漏斗插下其口中,一人將幾多桶冷水,瀑布也似只顧灌將入去,約三个時辰,不肯住手。只見文觀從七竅裏滾出血水,昏了又甦,甦了又昏,何止五七遍,見者掩面叫苦,低頭含淚。(第五回)

城中ノ者共是ヲ見テ是ゾトコソ阪東武者ノ風情トハ。只是熊谷・平山ガ一穀ノ先懸ヲ傳聞テ,羨敷思ヘル者共也。迹ヲ見ルニ続ク武者モナシ。(昔日阪東武士熊谷、平山登穀而建功,人人豔羨,現城中人所見二人,亦屬此輩。——筆者譯)

城中人見之,皆曰:"昔日熊谷、平山先登一穀而建了奇功者,還靠賴後隊大軍,今此二人又不托後隊軍,又不從一小卒,其志雖切,着實没主張的狂夫了。若與彼相並,萬一有疏失,豈不做與他一般見識的人,莫若且由他發狂。"遂閉門不出。(第二十回)

通過對比不難看出,這種方式使譯作再創作的色彩相當濃厚,而譯自歌舞伎劇本的《櫻精傳奇》因爲涉及叙述方式、文本形態轉換的問題,再創作的成分就更多了。

第三,從小説文體和語言、故事構思和情節等層面來看,儒士所作小説與中國白話小説經典之間存在諸多關聯。他們的作品在文體上分話本體和章回體兩類,在對中國小説模仿借鑒的同時又有一些變化,比如《白藤傳》《日本左衛門傳》《演義俠妓傳》篇幅較短,各分兩回,但無回目,《貪花劇語》只有一回,却有回目,篇末仍説"未聽下回分解",而《烈婦匕首》和《白話文集》中的各篇作品形式上可以看作話本體,但實際上小説中作爲叙述者的"説書人"存在感比較模糊。從這里可以看出來,小説作者對中國小説的文體形式没有生硬套用,而是根據叙事的需要做了靈活處理。不過,他們對中國白話小説語言的借鑒却比較到位,以《日本左衛門傳》爲例,作者不僅襲用了"話説""話休絮""下回即見""好事先生有詩爲證""各人自掃門前雪,休管他人屋上霜"等程式語、過場詩,而且直接搬用"嗤""葫蘆提""行院""幹隔浪漢"等小説俗語詞彙。另外,他們在故事構思與情節方面亦有借鑒。故事構思方面,如《白話文集》中的"記净藏事"的主要情節極有可能輾轉借鑒自唐代李復言

《續玄怪録》中的"訂婚店"。故事情節方面,如下例①:

　　　我近蒙父親的命,待往東都幹事,早晚要啓程,多是八、九个月,少是<u>三、四个月便回來</u>。我去之後,有二件事,你依得麼? 可淑道:"你且説二件事。"生道:"第一件是你好吃酒,自今之後,勿要把盏;第二件,是家裏大小的事務,一依着母兄的主張。"……生再對着母兄,千叮萬囑,諄諄反復,遂卜个吉日,登程去了。(《演義俠妓傳》第二回)

　　　今日武二蒙知縣相公差往東京幹事,明日便要啓程,多是兩个月,少是<u>四、五十日便回</u>。有句話,特來和你説知:"……<u>不要和人吃酒</u>……"武松再篩第二杯酒,對那婦人説道:"嫂嫂是个精明的人,不必用武松多説。我哥哥爲人質樸,全靠嫂嫂做主看觑他……"(《忠義水滸傳》第二十四回)

借鑒的痕迹還是相當明顯的,這種借鑒不但是指叙事或對話的内容部分,更重要的是指情節要素。

　　綜上所論,筆者認爲江户時期儒士漢文白話小説屬於唐話學與稗官學背景下的小範圍文學創作。以岡島冠山爲例,其《太平記演義》出版時,正文採用了和文、漢文合刊的方式,即上欄爲漢文演義本,並加訓點,下欄爲和文通俗語本,這樣做的目的是爲了照顧大衆讀者的接受能力和閲讀習慣。除此之外,封面又題云"今雖未得全終,辱承諸君子之徵,先梓三十回以獻之,餘回必當不久而續梓焉",表達了要推出續編的意願,然續編終未問世,其主要原因可能是受衆面小而導致作品發售不利,後來江户、京都諸儒所作小説大半爲寫本形式,大約也是出於這个原因。而且,在筆者看來,儒士創作漢文白話小説,一方面是源自閲讀之後自然生發的模仿創作衝動,另一方面是基於展示自身唐話語學水準和文學寫作能力的炫才心理,因此其在性質上屬於自娱娱人的小衆文學,像西田維則、澤田一齋之間的"唱和"式作品,顯然只限於小範圍傳閲,並不甚關乎大衆讀者的小説閲讀。但是,儒士漢文白話小説創作是江户時代叙事文學創作鏈條上的不可或缺的一環,例如《白藤傳》是關於白藤源太題材之文學作品中最早的一篇,它的出現爲後來同一題材的叙事作品及歌舞伎等其他文藝作品的創作奠定了基礎,而《日本左衛門傳》亦屬同類情況,因此從

① 此處引文據日本國立國會圖書館藏本《演義俠妓傳》、容與堂本《忠義水滸傳》(國家圖書館出版社,2019年)。

這个層面上看,此類創作的意義不可小覷。另外,在中日文學交流的層面上,這些小説作品也是中國古代白話小説在日本傳播和影響的一个表現,其意義同樣不可忽視。

（作者單位：重慶文理學院文化與傳媒學院）

日本漢文小説對《虞初新誌》之接受述略

柯混瀚

一　前言

　　20 世紀 80 年代由時任法國遠東學院研究員的陳慶浩先生倡議 "漢文化整體研究" 以來，在王三慶、内山知也等學者的努力下，《日本漢文小説叢刊（第 1 輯）》於 2003 年由臺灣學生書局出版，爲學界投入此領域研究提供了部分珍貴文獻，功莫大焉。雖説日本漢文小説的搜羅與整理，尚未竣工，但對其發展梗概，已有一定程度的掌握：自奈良時代（710—794）萌芽，其後雖持續滋長，但成果相對單薄，直至江户時代（1603—1868）以降，隨着漢學（或漢文學）的發達與普及，中國古典小説大量舶載入日等條件配合下，勃蓬發展，蔚爲大國。明治維新以來，新政府追求富國强兵、殖興産業和文明開化，逐步走向脱亞入歐的道路，但文學發展往往不等同於時代轉變，而漢文小説的創作風潮，仍持續至明治 20 年代左右，綻放出最後的光芒。其中，明治時期出現一批頗受中國張潮《虞初新誌》影響的 "虞初體" 漢文小説集，如大槻清崇（1801—1878，號磐溪）《奇文欣賞》、近藤元弘（1847—1896，號南崧）《日本虞初新誌》、菊池純（1819—1891，號三溪）《奇文觀止本朝虞初新誌》（下文簡稱《本朝虞初新誌》）、依田朝宗（1833—1909，號學海）《譚海》《談叢》等 [①]，引發學界關注。

[①] 所謂 "虞初體" 漢文小説集是指在编選旨趣、體例等方面與《虞初新誌》相類似的文言體漢文小説選集，而並不過分拘泥於書名中出現 "虞初" "虞初新誌" 等字，或是编者明言仿效自《虞初新誌》的標準。孫虎堂《日本明治時期 "虞初體" 漢文小説集述略》，《國外文學》2011 年第 3 期。

　　由明末清初張潮所輯文言小説總集《虞初新誌》二十卷,今以康熙三十九年(1700)刻本最早,因書中收録不少遺民之作,且内容不乏歌頌明末忠臣義士者,後因"内有錢謙益著作",名列禁毀書目[①]。相較之下,此書舶載東洋後,據荒井公廉(1775—1853)《翻刻虞初新誌序》云"《虞初新誌》舶來已久,其事悉奇,其文皆隽,覽者莫不拍案一驚,爲小説家珍珠船以購之。是以其書日乏,而價亦躍,人頗窘焉。浪華書肆某等,胥謀翻刻之,且欲國字旁譯,以便讀者也"[②],故由大阪書商請托儒者荒井公廉進行訓點,於文政六年(1823)出版和刻本。另檢閲《和刻本漢籍分類目録》,可知《虞初新誌》至維新前的40餘年間共刊行4次,明治年間又刊行1次[③],可謂風行一世。針對《虞初新誌》爲何頗受當時日人歡迎,進而産生一批明治"虞初體"漢文小説集,以及該書對日本漢文小説的影響問題,至今研究或停留在史料舉證與現象陳述,或部分涉及個别作品的比較研究[④],卻少見分析"虞初體"漢文小説集誕生的時代文化因素。因此,本文首先以近藤南崧《日本虞初新誌》爲例,論述《虞初新誌》於日本漢文小説的具體影響。其次,從小説批評角度,揭示《虞初新誌》作爲批評話語的情形,印證《虞初新誌》實屬幕末以來文人學者共通的漢學知識。最末,回顧日本漢文學史的發展,對於《虞初新誌》日漸風行的緣由,有所闡釋。

二　《日本虞初新誌》之成立

　　談及《虞初新誌》的舶載渡日,據現存史料可知最早爲《商舶載來書目》

---

① 姚覲元編,孫殿起輯《清代禁燬書目(補遺)　清代禁書知見録》,臺灣商務印書館,1957年。《清代禁燬書目(補遺)》,頁307;《清代禁書知見録》,頁185。

② 張潮輯評,荒井廉平訓點《虞初新誌》,日本國立國會圖書館藏文政六年(1823)岡田茂兵衛刊本。

③ 長澤規矩也《和刻本漢籍分類目録》,汲古書院,1976年,頁147。

④ 除上列孫虎堂的論文外,另有李進益《明清小説對日本漢文小説影響之研究》,中國文化大學中文所1993年博士論文。宋莉華《明清時期的小説傳播》,中國社會科學出版社,2004年,頁339—353。林淑丹《明治期日本における〈虞初新誌〉の受容——〈本朝虞初新誌〉〈日本虞初新誌〉〈譚海〉を例として》,高雄復文圖書出版社,2008年。柯混瀚《〈日本虞初新誌〉女性形象析論》,《空大人文學報》第22期,2013年。李颯《〈虞初新誌〉在日本的流傳與影響》,《古籍整理研究學刊》2018年第6期。

所記之寶曆十二年(1762)，而此時距《虞初新誌》問世，已過一甲子。文政六年(1823)經荒井公廉進行訓點，出版和刻本，歷經江户末期的傳播，至明治時期而有日人仿作問世。其中，近藤南崧編《日本虞初新誌》刊於明治十四年(1881)，原訂爲七卷，據《目次》所載共收一百三十五篇作品(包括卷末《附錄》之五篇)，由愛媛縣風詠舍出版。今所見刊本僅前二卷，共二十一位作家之三十六篇作品[①]，據推測爲銷路不廣，或因他故而未再續刊。《日本虞初新誌》雖成書於明治時期，但其内容實廣搜江户中期天明(1781—1789)、寬政(1789—1801)年間以來的漢文作品。今以《日本虞初新誌》序文、凡例，與《虞初新誌》對照，即可知兩者的繼承關係。

(一)"表彰軼事，傳布奇文"之編選意圖

　　鄙人性好幽奇，衷多感憤……生平罕逢秘本，不憚假抄；偶爾得遇異書，輒爲求購。(《虞初新誌·凡例》第8則)

　　樵史性多奇癖，故每逢異書奇傳，輒爲購求借覽焉。嘗就清張山來《虞初新誌》及鄭醒愚《虞初續誌》，反復不措，頗有所會意也。然事皆係於西土，至本朝，未見有如此者，豈不一大憾事乎！於是就本朝名家集中，遇山來所謂："凡可喜、可愕、可譏、可泣之事"，則隨讀隨抄，汲汲不倦。積年之久，漸得數十篇矣。(《日本虞初新誌·凡例》第1則)

　　是集祇期表彰軼事，傳布奇文，非欲借逕沽名，居奇射利。已經入選者，儘多素不相知，將來授梓者，何必盡皆舊識？(《虞初新誌·凡例》第9則)

　　樵史選斯書，有名家文而不取者焉，蓋以所紀之事不奇也；有不名家而收之者焉，蓋以所叙之蹟可傳也。故玉石混淆，錯綜無次，雖不免狗續貂之誚，要祇期表彰軼事，傳布奇文耳。(《日本虞初新誌·凡例》第3則)[②]

---

① 依原書目次爲三十六篇，惟其中長野豐山(1783—1837)《三名士傳》實可細分爲《石川丈山傳》《柳公美傳》《池貸成傳》三篇，而鈴木尚《紀萬吉事》末又附中井竹山(1730—1804)《孝子萬吉傳》，故實際篇數可上達三十九篇。

② 按：引文黑點爲筆者所加。本文所引《虞初新誌》原文，據張潮輯《虞初新誌》，河北人民出版社，1985年。所引日本漢文小説原文，據王三慶等主編《日本漢文小説叢刊》第1輯，臺灣學生書局，2003年。僅於文末注明，不另贅注。

從上述引文可知近藤南嵓《凡例》明顯有模仿張潮的痕跡,連行文句式亦有所雷同。《日本虞初新誌》之成書,緣自編者“性多奇癖”的嗜奇心態,故每遇“異書奇傳”,必設法“購求借覽”。在閱讀張潮《虞初新誌》與鄭澍若《虞初續誌》後,深感“事皆係於西土,至本朝,未見有如此者,豈不一大憾事乎”,因而立誌編纂一部屬於日本人的“虞初新誌”,並就各家文集中采録“凡可喜、可愕、可讚、可泣之事”,藉以“表彰軼事,傳布奇文”。

(二)“事涉偉行,文多近賢”之編選原則

其事多近代也,其文多時賢也,事奇而覈,文雋而工,寫照傳神,仿摹畢肖,誠所謂古有而今不必無、古無而今不必不有,且有理之所無,竟爲事之所有者。(《虞初新誌·自叙》)

獨憂其采輯無多,更自近人所著史傳雜誌等,蒐羅凡事涉奇節偉行者,合爲七卷,名曰《日本虞初新誌》。(《日本虞初新誌·凡例》第 1 則)

《虞初新誌》所以名曰“新”,即異於《虞初誌》《續虞初誌》所收以唐傳奇爲主,改爲編選近人之作。近藤南嵓也沿襲張潮之舉,“自近人所著史傳雜誌等,蒐羅凡事涉奇節偉行者”,且檢視《目次》,入選作家確如其言,不乏江户中期以來的鴻儒碩學,如“寬政三博士”中的柴野栗山(1736—1807)、尾藤二洲(1747—1814);懷德堂學派的中井竹山、中井履軒(1732—1817)兄弟;“文久三博士”中的鹽谷宕陰(1809—1861)、安井息軒(1799—1876)以及著名史學家賴山陽(1781—1832)等。此外,亦有與編輯者年代相當者,如菊池三溪、中村敬宇(1832—1891)、依田學海、蒲生褧亭(1833—1891)、信夫恕軒(1835—1910)等。

又以《日本虞初新誌》的文體而言,主要是傳奇小說,但具有雜糅性,另收録雜記(如《雷鳥圖記》《粒畫記》)、序跋(如《如亭遺稿序》《名山圖誌序》)、碑誌(如《賴亨翁墓誌銘》《力士雷電之碑》)、行狀(如《山陽行狀》《先府君春水先生行狀》)、寓言(如《寓言》)等各體散文之作,且反映編輯者小說觀的寬泛,而此特點也與《虞初新誌》相同。

(三)“慷慨激昂,暢怡心目”之編選期待

讀書之暇,展卷盡可怡神;倦息之餘,披翻自能豁目。(《虞初新誌·凡例》第 5 則)

非敢謂有裨補於世教,然而展繙之間,有或悠然而暢怡心目,或忼慨而揮擢誌氣,則實爲意外之幸。(《日本虞初新誌·凡例》第 1 則)

中國古代小説自古以來即重視"娛樂"功能,如干寶《搜神記序》雖强調"考先誌於載籍,收遺逸於當時",也提及"幸將來好事之士録其根體,有以遊心寓目而無尤焉"①。近藤南崧編輯此書,一如張潮《虞初新誌》意在"表彰軼事,傳布奇文",雖然上文提及"非敢謂有裨補於世教",但實爲謙遜之辭,其中不乏贊揚符合儒家道德規範人物的篇章,如《熊馬二童傳》《孝勇傳》《記貞婦某氏事》等,有其倫理教化的考慮。不過,正因書中采録"凡可喜、可愕、可謔、可泣之事"者,甚至"有名家文而不取者焉,蓋以所紀之事不奇也",可見編者十分注重所收作品的題材内容,進而具備"或悠然而暢怡心目,或忼慨而揮攉誌氣"的藝術感染力。

除上述三點外,近藤南崧又仿效《虞初新誌》"張山來曰"之形式,"徐附贅語於篇末",可惜的是最後刊刻時,"遂不加一語,校訂之以授焉"(《凡例》第4則)②。試比較《日本虞初新誌》與《虞初新誌》二書規模,從編者原先預定編輯七卷,共一百三十五篇;相對於《虞初新誌》二十卷,共一百五十篇③,數量可説是相差無幾。以上諸例,足以證明《日本虞初新誌》對《虞初新誌》的模仿,可謂相當徹底。近藤南崧正式以"虞初新誌"命名其所編漢文小説總集,如實繼承張潮《虞初新誌》的體例與精神,而有别於其後菊池三溪自編己作而成的《本朝虞初新誌》。

三　漢文小説批評與《虞初新誌》

《虞初新誌》於江户中期傳入日本,其影響並非僅限於作爲日本"虞初體"漢文小説的典範而存在,"虞初新誌"一詞與書中所收作品,實進入當時文人學者的漢學知識體系,並充分運用於小説批評。如漢文小説評點中,不論自評或他評,往往可見指出個别作品與《虞初新誌》的文學淵源。以《日本

① 黃霖編,羅書華撰《中國歷代小説批評史料彙編校釋》,百花洲文藝出版社,2009年,頁25。

② 話雖如此,但今《日本虞初新誌》二卷,於鈴木尚《紀萬吉事》後所附中井積善《孝子萬吉傳》之篇末,有"南崧樵史曰"1則,乃全書唯一可見出自編者的篇末批語。

③ 《虞初新誌》諸本所收作品不一,今可見收録最少者爲一百四十三篇,最多者爲一百五十篇。參見林淑丹《明治期日本における〈虞初新誌〉の受容——〈本朝虞初新誌〉〈日本虞初新誌〉〈譚海〉を例として》,頁32—33。

漢文小説叢刊(第 1 輯)》爲例,較早出現"虞初新誌"者爲江户後期藍澤南城(1792—1860)之《啜茗談柄》。即:

> 《虞初新誌》《三儂贅人廣自序》:蛤蚧,守宫。(第 1 册,《啜茗談柄·大蜥蜴記》,頁 26)

上例爲《大蜥蜴記》篇末"藍子曰"中引汪三儂(價)語曰"蛤蚧,偶蟲也,采之以爲媚藥"句下之雙行夾注。藍澤南城撰述《啜茗談柄》時,往往藉着"藍子曰"補述所記軼聞相關的和、漢典籍,而《虞初新誌》正是其漢學知識來源與閑談材料。

　　誠如上述,日本"虞初體"漢文小説集的編者、作者,往往於序跋或凡例中,直言讀過《虞初新誌》,甚至加以模仿而有是編。相較之下,評者也以《虞初新誌》爲例,分別針對個別作品,或溯其淵源,或論其異同。如《日本虞初新誌》之例:

> 　森田節齋曰:"通篇以三曰快矣句,呼應成文,從魏叔子《大鐵椎傳》得來。"(第 1 册,《日本虞初新誌·高橋生傳》,頁 188)

此乃森田節齋(1811—1868)評林鶴梁(1806—1878)《高橋生傳》之語,因文中曾三度出現"快矣",而謂"從魏叔子《大鐵椎傳》得來"。試比對《大鐵椎傳》原文曾三度提及"吾去矣",篇末張山來評曰"篇中點睛,在三稱'吾去矣'句",而《高橋生傳》的差别在於以"快矣"代替"吾去矣"[①],由評者慧眼獨具,一語道破。由此可知近藤南崧選録此作,即是著重其與《大鐵椎傳》的淵源,更可證明作者、評者對《虞初新誌》的熟稔與運用。

　　再以菊池三溪《本朝虞初新誌》爲例:

> 　依田百川曰:余讀徐仲光《雷州盗記》、楊聖藻《紀盗》,不啻奇其人,而奇其文,以爲世無復續之者,不圖先生此篇,刻畫描寫之奇,敻在二文之上矣。且楊、徐所記,直其所爲奇耳,未至哀痛惻怛,義氣動人如此。故其

---

① 《大鐵椎傳》之主人公,不知何許人,因手持大鐵椎而得名,而文中三稱"吾去矣",意在刻畫其豪放不羈的英雄氣概。《高橋生傳》之高橋喜右衛門"爲人縱逸負氣,健步過人,尤嗜書法"(第 1 册,頁 187),其三稱"快矣",也是凸顯主人公的直爽。兩人身份有别,一文一武,但形象上有所近似,皆身懷異能卻所遇不偶,顯然是林鶴梁對《大鐵椎傳》有所借鑒、改寫。

文亦不過弄巧銜奇，豈若此篇中吾妻、兩國二橋數段，有情有色，一字一
淚，使人低徊數四不能止乎！（第 1 册，《本朝虞初新誌·木鼠長吉傳》，
頁 284、285）

　　　學海曰"雖小道，必有可觀"者，蓋人有一伎之妙，必有一種卓越之
識，豈唯蓋世之事業，絶代之文章哉……不知優孟之智，能使楚王感激，恤
孫叔敖之後；馬伶之才，能使侯子贊歎，爲之作佳傳。（第 1 册，《本朝虞初
新誌·俳優尾上多見藏傳》，頁 370）

本書卷首附有《序跋評者姓氏》共十二人，其中可以依田學海爲代表[①]，而上引
二則爲學海的篇末總評。首則《木鼠長吉傳》寫江户享保年間（1716—1736）
的義偷長吉，而評點者以徐芳《雷州盜記》、楊衡選《紀盜》進行比較。以題材
而言，三篇皆與盜賊有關，然學海以爲"楊、徐所記，直其所爲奇耳，未至哀痛
惻怛，義氣動人如此"，認定《木鼠長吉傳》勝過徐、楊二作。追究其因，不外乎
是因爲篇中帶有善惡有報的觀念，並詳細刻畫長吉仗義助人而不求回報的情
節，與僅著重於"弄巧銜奇"的前述二篇，有所區别。先不論學海對作品的優
劣評價是否允當，但從中可知他對作品思想、情感内涵的重視。第二則雖未明
言書名或篇名，但實以列舉典故的方式，即"馬伶之才，能使侯子贊歎，爲之作
佳傳"之語，帶出侯方域《馬伶傳》。學海讀此文而有所感觸，以爲能成就"一
伎之妙"，"必有一種卓越之識"。正因《俳優尾上多見藏傳》不僅限於肯定其
身爲歌舞伎俳優的才能與成就，更舉出事例説明其"機敏應變"，足見能成就一
番事業者，必然少不了過人的見識，而此種意識在其他描寫能人異士的篇章中
也多所流露[②]。

　　相較於菊池三溪《本朝虞初新誌》有《觀梯技記》，依田學海《談叢》則有
《觀伊太利人查理涅氏戲獸記》，並於篇末記曰：

　　　余嘗讀彭躬庵《九牛壩觀觝記》，喜其文辭奇絶，能寫難寫狀。然審其

---

① 據《凡例》第 1 則曰："今新請於友人依田學海氏每篇評點，以揭於烏絲欄内外。其首卷
　特標學海氏姓名者，以其評點最居多也"（第 1 册，頁 273），可知書中不具名之眉批，應爲
　學海所評。且全書三卷二十五篇，幾乎篇篇均有學海總評，僅《與家溪琴報震災書》《觀
　不知火記》無。

② 《虞初新誌》中描寫不少身懷絶技的奇人，如一瓢子之畫龍、柳敬亭之説書、馬伶之扮嚴相
　國、湯應曾之善彈琵琶等，而《本朝虞初新誌》中也不乏此類人物，如寫江户時代豪商的
　《河村瑞軒傳》《紀文傳》，凸顯他們能審時度勢、隨機應變的才識。

所記,不過承腳、踏索數伎耳。若使其觀此伎寫之,其妙何如也……躬庵云:"爲伎者眼整從容,神完氣盈,雖小兒亦然。蓋慘淡攻苦,審其機以應其勢,習之久,及至精熟,變危險爲平易。"嗚呼!是言得之矣。(第3冊,《談叢·觀伊太利人查理涅氏戲獸記》,頁59)①

上文中雖未明言此篇仿自《九牛壩觀觝戲記》,但從學海嘗讀《虞初新誌》,且二篇題材性質相近,皆寫雜技表演,僅是東、西有別,篇末作者更引述彭士望之言,故可推斷此篇應受彭作之影響。

除上述具體指出《虞初新誌》某篇作品,加以比較者;亦有以書名爲例,進行評論者。如:

> 《虞初新誌》猶不寫得此光景,實是先生一家筆法。(第1冊,《當世新話·義牛救主》,頁118)

> 極力描出,筆力如神,"加手鼻孔,以試絕否"八字,何等妙絕!如此文字,雖《虞初新誌》《聊齋誌異》,未嘗見其片字隻語,是先生擅場絕伎。(第1冊,《本朝虞初新誌·臙脂虎傳》,頁381)

首則爲依田學海評題爲藤井淑編《當世新話》(初編)②之眉批,評者應是將《義牛救主》與《虞初新誌》所收陳鼎《義牛傳》一類作品相比。《義牛救主》篇末有"世有看其主濱危,恬不之救,反乘機計利者,嗚乎!斯人乎!可以媿義牛矣"(第1冊,頁118)之語,可知作者藉寫禽獸尚知奮勇救主,反襯世風日下,而與《義牛傳》的主旨相近。第二則贊揚《臙脂虎傳》中描寫毒婦男傳殺人的文字,"極力描出,筆力如神",甚至勝過《虞初新誌》《聊齋誌異》二書。雖說如此評語,應是文人間應酬之語,然據《本朝虞初新誌·凡例》第4則言:"此編倣蒲留仙《聊齋誌異》之體,然彼多説鬼狐,此則據實結撰,要寓勸懲於筆墨,以爲讀者炯誡而已。"(第1冊,頁273)可知三溪在寫作上確實受到《虞

---

① 引文中彭躬庵之言,並非完整引述《九牛壩觀觝戲記》原文,爲學海摘要改寫而成。原文曰:"叟視場上人,皆眼整從容而静,八歲兒亦齋慄如先輩主敬,如入定僧。此皆一誠之所至,而專用之於習,慘澹攻苦,屢蹉跌而不遷,審其機以應其勢,以得其致力之所在。習之又久,乃至精熟,不失毫芒,乃始出而行世,舉天下之至險阻者皆爲簡易。"

② 今題爲"藤井淑編、依田百川評",《當世新話》(初編),收入《日本漢文小説叢刊》(第1輯)第1冊,實爲依田學海自作自評的漢文小説集。參見楊爽《漢文白話體小説の書き手"秋風道人"とは誰か:依田學海の創作活動の一面》,《二松學舍大學人文論叢》第99輯,2017年。

初新誌》《聊齋誌異》的影響。

　　此外,《虞初新誌》的影響力,至昭和二年(1927)出版的信太英《淞北夜
譚》,仍可看到蜘絲馬跡:

　　　　和尚蓋學過《釋秘演》,而勇凌大鐵椎者也。(第 3 册,《淞北夜譚·物
　　　外和尚》,頁 330)

上例爲《物外和尚》中“又鐵丸大如鞠,操之以鐵鎖長一丈,每舞鎚飛丸,四邊
成風,響颼颼然”(第 3 册,頁 329)的眉批。在此,“和尚蓋學過《釋秘演》”
之語,是以物外和尚比擬北宋詩僧釋秘演,而歐陽脩《釋秘演詩集序》曾記述
此“隱於浮屠”的奇男子,可謂豪氣干雲。評者以主人公善使鐵鎚、飛丸的描
寫,謂其“勇凌大鐵椎者也”,進一步聯結至《大鐵椎傳》,實出於三人皆爲豪傑
之士。

　　綜上所述,不僅作者創作與編者編選的兩大層面,有意學習並模仿《虞初
新誌》,進而促成明治“虞初體”漢文小説集的産生;評者(讀者)亦樂於以《虞
初新誌》爲例,針對作品進行品評,一方面展示個人的漢學素養,另一方面亦
提供解讀作品的方向或綫索,更凸顯《虞初新誌》於幕末、明治日本漢學界的
影響力。

四　古文與小説之間——漢學家眼中之《虞初新誌》

　　《虞初新誌》舶載至日後,於江户後期流播的梗概,可舉三例説明。其
一,刊行於寬政三年(1791)之秋水園主人所編《小説字彙》,徵引書目達
一百五十九種,其中即包括《虞初新誌》。其二,古賀侗庵(1788—1847)《讀
書矩》中有“入門”“上堂”“入室”三階段,並將《虞初新誌》列爲“入室”的
研讀書目。其三,原由林述齋(1768—1841)於文政四年(1821)所撰,後經
門人佐藤一齋(1772—1859)補訂之《初學課業次第》[①],其子部小説家類中列
舉五部著作,分別是《世説新語》《何氏語林》《皇明世説》《虞初新誌》《今世
説》。因此,《虞初新誌》不僅作爲小説家的珍珠船,更是學習漢學時不可或缺
的著作。

─────────

① 今可見《初學課業次第》諸本,内容不盡相同,筆者所據爲天保三年(1832)之木活字印
　本。參見長澤規矩也編《江户時代支那學入門書解題集成》第 2 集,汲古書院,1975 年。

　　然而,當時漢學者究竟如何看待《虞初新誌》? 從《初學課業次第》中分有經、史、子、集四部,可知佐藤一齋是以中國傳統四部分類的角度,列舉《虞初新誌》一類著作,並於子部小説家類曰:

　　　　小説ノ類モ亦小益ナキニ非ス此外稗官野史ニ至ルモ餘力ニ從フテ看過スヘシ。(譯文:小説之類,亦非無小益。此外,至於稗官野史,行有餘力,宜看過。)①

上文所謂"小説之類,亦非無小益"之言,反證有以小説爲無益者;而"行有餘力,宜看過",則顯示其爲次要的,有餘力可翻閲,無餘力可略過。是以,佐藤一齋所言,仍不出中國《漢書》以來視小説家出自稗官,雖爲小道,然有可觀者的傳統觀念。

　　另如幕末著名思想家吉田松陰(1830—1859)撰有《讀虞初新誌》,亦可見日人對《虞初新誌》接受之一斑:

　　　　《虞初新誌》二十卷,大氐神仙怪誕之説、閨閣猥褻之談,誣正教,惑人心,非誌道者所宜道也。況其文婉,其情真,化必無爲必有,其害不更甚乎? 但其要歸不離於道,而使忠臣孝子義人節婦讀之,欣然獨笑,不忠不孝不義不節者讀之,悚然内懼者,亦多有矣。所謂曲終奏雅者,盖近是……《新誌》所收《聖師録》及義猴虎犬牛烈狐孝犬諸傳記,或正或怪,未可悉疑。孔子曰:"可以人而不如鳥乎?" 是應作如是觀,何問正怪。②

吉田松陰對於《虞初新誌》,可謂有褒有貶,且主要是立足於儒家教化觀點,進行評論。探究其中關鍵,不外乎是《虞初新誌》作爲稗史小説的雜糅性,既有忠孝仁義、動物報恩等有益世道人心之作,也有神仙怪誕、才子佳人等有害世道人心之作。

　　循此,小説自古在中國傳統學術中地位不高,江户時代漢學家爲何以《虞初新誌》爲漢學的研讀書目? 如上引吉田松陰之言,正是從儒家立場看待《虞初新誌》,主張閲讀其中有益世道人心之作,與南宋曾慥《類説序》中"小道可觀,聖人之訓也……可以資治體,助名教,供談笑,廣見聞。如嗜常珍,不廢異

---

① 長澤規矩也編《江户時代支那學入門書解題集成》第2集,頁234。
② 吉田松陰《丙辰幽室文稿》,山口縣教育會編《吉田松陰全集》第3卷,岩波書店, 1935年,頁10。

饌,下箸之處,水陸具陳矣。覽者其詳擇焉"① 的觀點相近。正因肯定小説"助名教"之功,加上江户漢學以儒學爲主,自然看重作品的内容旨趣,這也許是日人以《虞初新誌》爲漢學書目的原因之一。不過,筆者以爲另一點也不容忽視,即是從漢文學習角度閱讀《虞初新誌》。中國古典小説歷來有文言、白話兩大系統,而中國白話小説更催生日本白話體漢文小説,且因與唐話教材之聯繫而受到關注。相較之下,所謂"子之末"或"史之餘"的中國文言小説,自然可作爲文言文學習的教材。换言之,《虞初新誌》不僅作爲可供娱樂的消遣讀物,也可提供一定的教育功能。

正因漢文小説的創作,必須具備相當的漢文寫作能力,而作家往往可透過閱讀各類漢籍,進行學習與深化。是以,中國傳統經、史、子、集四部典籍,皆可作爲日人學習漢文的管道。此可從小説批評中獲得佐證:

> 夫古文自有古文之格調,傳奇小説自有傳奇小説之格調;《鄭》《雅》雖或相亂,而聽者明眼能分别之,豈有他錯看,亦觀其所主何如耳。是故以主古文者作傳奇小説,則傳奇小説亦古文也。(第 1 册,石津灌園《譯準綺語序》,頁 427)

> 昔人云:"古文中不宜有小説語。"然未曾言小説中不宜有古文格調也。怪異三回,原來小説耳。三溪先生乃譯以堂堂古文格調,變今之樂爲古之樂,人或惜其牛刀,吾則服其獅力。(第 1 册,《譯準綺語·庚申山怪異》第三回,頁 481、482)

二例出自石津灌園(1843—1891)之手,評者以爲"古文"與"傳奇小説"的格調有别,而作者之所主爲何,決定作品的真正格調,"聽者明眼能分别之"。配合第二則批語,可知其言下之意,意在稱揚"三溪先生乃譯以堂堂古文格調",使小説具有古文格調,且"古文"的文學地位明顯高於"小説",而作者能以古文格調翻譯和文小説,正彰顯其深厚的漢文素養。

小説中既可融入古文格調,意味着古文素養有助於提升漢文小説的品格。基於此,檢視《虞初新誌》所收不乏明末清初之古文名家,如錢謙益、吴偉業、彭士望、侯方域、魏禧、王士禎、方苞等人,而部分作品,更被視爲名文佳篇而被編入日、清古文選本。如《大鐵椎傳》既收於清代徐斐然《國朝二十四家文鈔》,亦被選入近藤南洲(1850—1922)《新撰文章軌範評林》;侯方域《馬伶

---

① 黄霖編,羅書華撰《中國歷代小説批評史料彙編校釋》,頁 79。

傳》《李姬傳》《郭老僕墓誌銘》則收入近藤南洲《明清八大家文讀本》；李漁《秦淮健兒傳》編入菊池晚香(1859—1923)《漢文誌毂》；而陳鼎《八大山人傳》則選入竹内東仙(1838—1924)《清名家文編》。

　　另據學界研究，中國文言小説於明末清初出現傳奇小説的變體——小説化的傳記①。在此，並非意味着"小説"與"古文"間没有差異，但以中國文言小説的發展，尤其是傳奇小説，確實受到古文的影響。再者，今有學者提出所謂"以小説爲古文辭"，以小説之旨趣與筆法注入古文寫作，用以形容明末清初古文發展之一端②。正因《虞初新誌》中部分作品乃具有小説家風格的古文，加上本書文體上的雜糅性，也收録雜記、序跋、碑誌一類作品，因而閱讀是書，自然得以接觸明末清初諸家的奇文佳作，並有助於漢文的習得。

　　若進一步回顧日本漢文學史發展，日本對中國學術文化的引入與學習，往往有着騖新的趨向。《虞初新誌》以"新"字命名，在"事奇而核，文雋而工""小説家之珍珠船"的口號下，自然吸引日人的目光。神田喜一郎論及江户後期漢文學發展(作者將江户漢文學分爲三期，而第三期即天明初年至慶應末年間)，指出當時有學於清初朱彝尊、汪琬者，而鹽谷宕陰則有學於清初侯方域、魏禧之跡。然而，侯、魏文章有中國純粹古文家所忌諱之小説家習氣，故宕陰之文被認爲具有瑾瑕，而此瑾瑕賴山陽文章亦有之。至明治初期，當時偏好小説家風格之文者爲菊池三溪、依田學海，並與重野成齋、川田甕江相抗衡而成一派③。尤其，明治初期因國家勃興氣運的高漲，在當時縱橫才氣、剛膽勇壯的世風下，進而尋求足以匹配新時代的文章，加上日、清文人的交流頻繁，而此

---

① 今人於評論《虞初新誌》時，多視其爲具有"傳奇"風韻的小説化傳記，或以此反映張潮小説觀的廣泛，既以張潮所選多半是今人稱之爲"散文"的名作，如人物傳記、序文等，但仍從傳奇小説餘緒的角度，加以説明其中的"變異"。如程毅中指出："清代古體小説的另一派，是古文家的人物傳記以及基本紀實的雜録筆記，前人也都稱之爲小説。傳記文與傳奇體小説歷來有割不斷的聯繫，清初張潮所編的《虞初新誌》就是一部代表作。"程毅中等編《古體小説鈔》(清代卷)，中華書局，2001年，頁 563—564。

② 莊逸雲《清初小説對古文的滲透：以小説爲古文辭》，《四川師範大學學報》(社會科學版)2010年第 3 期。

③ 神田喜一郎《日本漢文學》，《書林閑話》(《神田喜一郎全集》第 9 卷)，同朋舍，1984年，頁 177—184。

種期待促使日人將目光轉向清代古文①。在此時代文運下，菊池三溪、依田學海可說是明治時期以嗜讀《虞初新誌》，並於創作中實踐其模仿的代表，而此又與清代古文傳入並日漸風行的時代背景，有所呼應。

　　無獨有偶，韓國學者論及朝鮮後期文人的《虞初新誌》接受，也主張此書"是明末清初實存的傳、記事文已占有十分之七以上，而有正統漢文散文文體的特徵，這點就促使《虞初新誌》在朝鮮廣泛流行。並且，其主要情節，在明清之際的激變之下所産生而具有一定的歷史意義，因此，通過這些作品，可以瞭解時代的事件，所以，朝鮮文士的關心越來越增加"②。而《虞初新誌》於日本江户末期的流播，也與朝鮮後期有所雷同，均頗爲看重書中作品的散文特徵與歷史價值。

　　至於《虞初新誌》在明治時期的風行，據川田甕江（1830—1896）《文章指歸序》云：

> 方今詞壇無盟主，後進弟子喜講清文，氣運所赴，勢不得不然。惟是一代大家，樸如亭林（顧炎武），煉如堯峰（汪琬），正如望溪（方苞），高古如竹垞（朱彝尊），雄偉奔放如雪苑（侯方域）、勺庭（魏禧），異曲同工，皆足以相師法。乃置而不問，顧學李漁、張潮小説家者流，自詫曰新奇。③

從上文可知明治漢學家對清代古文諸家風格的認識。雖説川田甕江針對世人學習清文，不從其文集入手，卻埋首於小説家的著作有所不滿，卻可證明《虞初新誌》頗受青年學子喜愛。

　　正因古文中有傳記文一類，而小説也得仰賴寫人叙事，而中國傳統文學中古文地位又高於稗史小説，加上古文與小説間的複雜關係，所以具備高度古文素養者，自然被視爲足以創作漢文小説。如土屋鳳洲（1841—1926）評依田學海《白龍山人傳》云：

> 又云：用筆奇矯，是侯、魏諸名家得意之作，今世辦此等文品者，果有幾人。（第 3 册，《談叢·白龍山人傳》，頁 225）

---

① 加藤國安《明治人の清代古文（一）——漢文教本に見る時代の疾風》，《東洋古典學研究》第 30 集，2010 年。

② 金榮鎮《關於朝鮮後期文人的〈虞初新誌〉閲讀與其接受》，載張伯偉編《風起雲揚——首屆南京大學域外漢籍研究國際學術研討會論文集》，中華書局，2009 年，頁 139。

③ 有泉順作編《文章指歸》，日本國立國會圖書館藏明治十三年（1880）有泉順作刊本。

評者認爲此篇“用筆奇矯”，並從中看出作者學習侯方域、魏禧文章的痕跡，而此種以古文立場，加以品評者，於日本漢文小説評點中實屬常見。從“今世辨此等文品者，果有幾人”之言，更可推斷土屋鳳洲極爲肯定小説寫作中能展現古文文品者，可惜今人多不具慧眼，無法辨識。

孫虎堂認爲：“幕府末以來日本古文名家的文章多具小説家之風，如大槻磐溪《奇文欣賞》、菊池純《奇文觀止本朝虞初新誌》、依田百川《譚海》中的作品均如此，信太英的《淞北夜譚》可以説延續了這種風氣。”① 而之所以出現此種帶有小説家風格的文章，實與清初“以小説爲古文辭”之風及《虞初新誌》、清代古文於東洋的流播與接受，不無關聯。

日本漢文小説的創作宗旨，有一部分在於作者（漢學家）是以己作爲範例，用以指導後進學習漢文寫作，展示漢文之道，早在江户時代即可見例證。以熊阪台州（1739—1803）《含飴紀事》爲例，其門人菅野脩道《含飴紀事序》曰：“況乎先生《西遊紀行》，行於妙齡於天下，其他述作，往往布於宇内哉！則如此書，於先生固土苴哉。而余嘗喜其有益於操觚之士……”（第 4 册，頁 90），正因《含飴紀事》乃作者以漢文譯作日本“昔話”（民間故事）之作，可謂遊戲文章，自然不及其正統的漢詩文集——《西遊紀行》，但從中仍可窺知先生非浪得虛名者。而此種見解仍延續至明治時期：

> 吾菊池三溪先生，學博而聞宏，經傳子史，莫不通曉焉。作爲文章，根據經術，明練雅潔，世推爲巨匠……蓋一稗史小説也，不善用之，不過遊戲翫弄之具耳；善用之，可變爲駭天驚地之文章，以貽範乎後世焉。（第 1 册，依田學海《譯準綺語序》，頁 430）

> 凡讀文字，要知作者用意，菊池三溪翁評雖周且密，而余輩於先生文，頗有領解，故特爲初學示格法。（第 2 册，《譚海·凡例》第 4 則，頁 47）

> 但彼率説鬼狐，是以多架空馮虛之談，是則據實結撰，其行文之妙，意匠之新，可以備脩史之料，可以爲作文之標準也。（第 2 册，菊池三溪《談海序》，頁 45）②

上舉諸例不論是主張善用稗史小説，可以成就垂範後世之文，或施加圈點“特

---

① 孫虎堂《日本漢文小説研究》，上海古籍出版社，2010 年，頁 65。
② 按：上文“意匠之新”之“匠”字，《日本漢文小説叢刊》本誤作“近”，今據筆者所藏明治二十五年（1892）博文館本改。

爲初學示格法”，或稱揚《譚海》“可以爲作文之標準”，均指向漢文學習的重要性。

循此，不難想見大槻磐溪《奇文欣賞》、菊池三溪《本朝虞初新誌》，其命名爲“奇文”者，近似中國的《文章軌範》《古文真寶》《古文觀止》，而帶有以名家奇文爲標榜，並有助於讀者學習漢文的實用目的。總之，自文言文寫作而言，可謂漢學家以《虞初新誌》爲學習漢文之書，在習染之下有所仿效，或單篇之作，或集結成書，繼而其文章，又成爲門人後輩學習漢文的範例。

五　小結

至今中國學界針對日本漢文小説的研究使吾人得知中國古典小説對日本漢文小説的影響，不可不謂之深遠，而此種研究模式，也使得在具體探究文本時，提供了具有可比性的重要參照。因此，本文以《日本虞初新誌》爲例，强調其如實承襲張潮《虞初新誌》的體例與精神，且在日本明治“虞初體”漢文小説集的特殊地位。另以漢文小説批評爲例，論析個別作品與《虞初新誌》的文學淵源，印證《虞初新誌》爲當時文人學者共通漢學知識的事實，並展示其對漢文小説寫作的影響。由於《虞初新誌》自身在文體上的特殊性，加上其中不乏明末清初古文名家之作，進而日人接觸此書，不僅作爲可供消遣娛樂的讀物，亦可作爲提升漢學（漢文）素養的知識來源，其與幕末、明治時期漢文學界對中國清代古文追慕、學習的時代脈動息息相關。

（作者單位：三明學院文化傳播學院）

論明治漢文中國行紀與近代中日漢籍流轉*

葉楊曦

一　日本士人中國行紀的書寫活動

隋唐以降,歷經宋元,直至明初,使節、僧侶與商人較爲頻繁的往來帶動了中日雙方交流的穩步發展。早年赴華的日本遣唐使與學問僧在求法問學、實地踏訪的同時亦將其間見聞感受付諸紙筆,以文字形式加以記錄,日本士人中國行紀的首次大規模書寫活動便肇始於此。最初吉備真備撰有《在唐日記》,惜今已散佚[①]。存世文獻中早期日本士人所撰最著名的中國行紀當屬日本天台宗僧侶圓仁(793—864)之《入唐求法巡禮行記》。作爲"東方三大旅行記"[②]之一,它記錄了838至847年間作者隨遣唐使藤原常嗣(796—840)赴華求法巡禮的旅程體驗,反映出唐代社會政治、經濟、軍事、宗教、文化等各個方面的時況,還"保存了大量經行叩關及酬答文書"[③],漢籍成了此際中日士人交流的

* 本文爲國家社科基金青年項目"近代東亞士人漢文中國行紀整理與研究"(17CZW042)、山東大學青年學者未來計劃、貴州省哲學社會科學規劃國學單列課題青年項目"東亞近代漢文中國行紀史研究"(21GZGX23)階段性成果。

① 堀内秀晃《日記・紀行文學》,載大曾根章介等編《日記・紀行文學》,收入《研究資料日本古典文學》第 9 卷,明治書院,1984 年,頁 2。
② 顧承甫、何泉達《前言》,載圓仁著,顧承甫、何泉達點校《入唐求法巡禮行記》,上海古籍出版社,1986 年,頁 1。
③ 蔣寅主編《中國古代文學通論・隋唐五代卷》,遼寧人民出版社,2005 年,頁 571。

重要媒介。

　　1603 年,征夷大將軍德川家康(1543—1616)在江戸建立德川幕府,出於樹立權威、鞏固政權的需要,他試圖努力建立與朝鮮王國和琉球王國的外交關係,並與中國斷續維持一種非官方的貿易關係①。1633 年幕府頒佈第一次鎖國令,實行嚴格的海禁,僅保留長崎一處有限度地開展對外貿易。其後兩百餘年時間裏,長崎成爲日本對外交流的惟一窗口。大多數日本人因而在兩百多年間無法踏訪禹域、親身體驗,中國行紀的書寫活動急劇減少,漸趨銷聲匿跡②。不過另一方面,江戸日本 “空前地在語言及古典文化上依賴中國文化……中國的影響在德川時代達至頂峰”③。日本人閱讀與理解漢字及文言文表達方式的水平與能力普遍提升,“儒學之‘文’標誌着社會地位的提高”,從前處於邊緣的儒者文人此時逐漸成爲引領文化的時代先鋒④。但受限於幕府政策,他們幾乎無法走出國門,親身來華遊歷。從明清舶來的漢籍扮演了關鍵角色,成了江戸士人接觸中國、瞭解鄰邦的重要渠道,他們以紙爲媒,神遊禹域,對中國的印象主要停留在間接的想像層面。

　　嘉永六年七月初八日(1853 年 6 月 3 日),美國海軍司令佩里(Matthew Calbraith Perry, 1794—1858)率領艦隊駛入相州浦賀港,由此開啟了近代日本被迫開國的歷程。在西方列強的衝擊下,德川幕府從 1854 年 3 月起分別與

---

① Ronald P. Toby, *State and Diplomacy in Early Modern Japan :Asia in the Development of the Tokugawa Bakufu*, Stanford, Stanford University Press, 1991, p. xxv.

② 外交上的閉鎖政策並不意味着日本與他國知識交流的完全中斷,具體情形有時恰恰相反。參見趙德宇《日本 “江戸鎖國論” 質疑》,載《南開學報》2001 年第 4 期。另外關於明治維新前日本士人的西洋認知,參見唐納德・金著,孫建軍譯《日本發現歐洲 :1720—1830》,江蘇人民出版社, 2018 年。

③ 詹遜(Marius B. Jansen)著,吳偉明譯《德川日本》(*China in the Tokugawa World*),前衛出版社, 1996 年,頁 3。

④ 艾爾曼著,黃振萍譯《日本是第二個羅馬(小中華)嗎? 18 世紀德川日本 “頌華者” 和 “貶華者” 的問題——以中醫和漢方爲主》,載復旦大學文史研究院編《從周邊看中國》,中華書局, 2009 年,頁 8、10。末句譯文原作 “漸漸地成了日本文化之一流(avant—garde)”,筆者按,“avant—garde” 源自法文,最初用來形容先鋒藝術,艾爾曼原文應是强調儒者文人在德川日本成爲文化引路人,故加以更正。

美、英、俄、法、荷等國簽訂一系列條約,建立起外交與貿易關係①。兩百餘年海
禁的解除,也使日本人重新踏上遊訪清國的旅程。幕府末年"千歲丸""健順
丸"奉命航滬,隨行下級藩士撰有十數種中國行紀②。隨着赴華日人數量的與
日俱增,中國行紀的書寫活動也在一段時間的沉寂後開始復蘇,拉開了歷史上
第二次高潮的序幕。

從幕末到明治,日本士人創作的中國行紀在數量上不僅超越了他們前輩
所撰,而且在規模上也遠勝於同時期朝鮮、越南與琉球同類作品的總和③。就
語言選擇而言,江户時代之前的中國行紀,幾乎皆以漢文謀篇,又因絕大多數
採用了日記形式,故而在日文中有"漢文體日記"的特定表達。1868年明治
政府成立,自上而下推行全盤西化的國策。"一般看來,明治時代的主流是洋
學的傳入與漢學的衰微"④。漢學與漢文的傳統地位受到撼動,不僅由此前的絕
對統治驟變爲洋、和、漢的三足鼎立,而且還有不斷邊緣化的趨勢。在"漢學
被世人視爲陳舊落伍不合潮流的學問"⑤這一尷尬情形下,全部以漢文完成的
著述不斷減少,日文中國行紀則層出不窮。但可以確定的一點是,漢文中國行
紀在整個明治時代一直有跡可循,漢文寫作傳統雖屢遭衝擊,卻始終保持延續
不斷。

二　明治漢文中國行紀與漢籍酬贈

據筆者統計,明治漢文中國行紀總計四十餘部,撰寫者較深厚的漢學修養
奠定了作品頗爲流暢的文字表達基礎。這些作者都是旅行者本人,他們身份
多樣,來華目的也不盡相同,而其中佔據多數的是爲了一償平生宿願、印證既

---

① 關於近代日本開國的簡史,可參島田三郎《開國事歷》,載大隈重信《日本開國五十年史》
　(上),上海社會科學院出版社,2007年,頁95—115。
② 此外,幕末尚有在華經商的岸田國華(《吳淞日記》,1866)與來華遊歷的高橋由一(《上海
　日記》,1867)等人創作的中國行紀。
③ 相關目録,參見拙作《幕末明治日本人中國行紀目録》,載《域外漢籍研究集刊》第13輯,
　中華書局,2016年。
④ 豬口篤志《日本漢文學史》,角川書店,1984年,頁507。
⑤ 町田三郎《明治漢學史論》,載町田三郎著,連清吉譯《明治的漢學家》,臺灣學生書局,
　2002年,頁2。

往閱讀想象的漢學者。最具代表性的作品爲昭和初年即被奉作明治三大漢文中國行紀的《棧雲峽雨日記》《觀光紀遊》與《燕山楚水紀遊》[①]。上述三書分別出自竹添進一郎（井井，1842—1917）、岡千仞（鹿門，1833—1914）與山本憲（梅崖，1852—1928）之手，他們均是曾於幕末受過系統漢學訓練、閱讀過大量經典漢籍、並有系列漢文著述的漢學者，儘管都不擅長漢語口語表達，但在華期間依然與晚清士人實現了較爲廣泛而深入的交流，而漢籍是彼此互動得以順利展開的重要媒介之一。

竹添進一郎是鎖國時代以降，尤其是明治維新之後，首位踏訪禹域腹地並留下文字記錄的日本士人。明治八年（光緒元年，1875）末，他隨使來華，但次年抵達北京後由於外務省人員精簡而被解職，遂利用補償金於明治九年（光緒二年，1876）五月開始遊歷中國內陸地區，對於此段歷時 111 日超過 9000 里旅程的記錄成爲日後結集出版的《棧雲峽雨日記》的主體部分。另外，此書還包括作者於明治十年（光緒三年，1877）初居停上海和三月往遊江浙期間親身體驗的書寫。從漢籍流轉角度看，雖然竹添進一郎此行並未搜購訪書，亦未隨身攜帶自己的著述，但這不妨礙他作爲讀書人有關書籍多寡和學術氛圍濃淡與否天然的感受力和判斷力。如其對四川書肆佈列、學風較盛印象頗深[②]。在與晚清士人進行筆談交流之際，漢籍也是話題之一。如在蘇州春在堂，俞樾得知自己關心的《管子纂詁》作者安井衡（息軒，1799—1876）正是竹添進一郎的先師[③]。結束蘇杭之行後不久，竹添進一郎便舉家東歸，抵日旋即奉書俞樾，

① 《對支回顧録》下卷“竹添進一郎君”條稱“明治年間，我邦漢學界之耆宿，而客遊中國，留下著名遊記者有三人。一爲《棧雲峽雨日記》之竹添光鴻，二爲《觀光紀遊》之岡鹿門，三爲《燕山楚水紀遊》之山本梅厓”。參見對支功勞者傳記編纂會編《對支回顧録》下卷，對支功勞者傳記編纂會，1936 年，頁 198。

② 參見竹添進一郎明治九年（1876）七月三日日記：“書肆則所在佈列，臥龍橋前後最多。青編縹帙，紛綸平庋閣間，文學之盛可知也。”載竹添井井著，馮歲平點校《棧雲峽雨稿》，三秦出版社，2006 年，頁 133。

③ 參見“余因問曰：‘貴國昔年有安井平仲，著《管子纂詁》者，亦識其人否？’曰：‘此仆所師事也。客歲九月，以病卒……’”載俞樾撰，徐明、文青標點《春在堂隨筆》卷七，遼寧教育出版社，2001 年，頁 90。

寄贈其先師的另一力作《論語集説》①。之所以 1876 年雙方面晤筆談和書信往還時，日本已故學人安井衡的系列儒學論著均曾出現，主要由於雙方互動之際涉及對當時漢學受西學衝擊問題的討論②，而漢籍是俞樾與竹添進一郎的共同興趣點所在。

　　二十餘年後的明治三十年（光緒二十三年，1897）9 月，自幼服膺儒術的山本憲來華遊歷，期以一償宿願。他於 9 月下旬啟程西遊，11 月底離滬，12 月初返日，撰作《燕山楚水紀遊》以記録旅程。其“中國之行主要包括北方以天津、北京爲中心的二十日及南方揚子江流域一帶以上海爲中心的三十六日”③。根據《燕山楚水紀遊》，山本憲與此前的竹添進一郎不同，遊華期間至少有三次主動購書的經歷④。在與晚清士人進行筆談時，漢籍酬贈也是打開話題的切口。在北京和蔣式惺（性甫）開始筆談前，後者便贈以其父篔生先生所著《友竹堂集》。同時，漢籍酬贈也是雙方筆談臨近結束時的標記，山本憲表示，“相約歸阪後贈足利學校所傳《皇疏》與物徂徠、太宰春臺著書數部”⑤。此處承諾的回國贈書一爲域外所存中國古籍佚本，一爲域外士人用漢文撰寫的典籍，皆屬域外漢籍之範疇，在其日後於上海和羅振玉（叔蘊，1866—1940）、邱憲（于蕃）筆談交流時也是討論中心，體現出“排宋推漢”與“專從漢唐”是山本憲儒學價值觀的一個重要方面⑥。

　　介於竹添進一郎和山本憲之間，岡千仞從 1884 至 1885 年以異域在野儒

---

① 參見俞樾詞作《采緑吟》序言：“日本人竹添井井航海至中華，訪余於春在堂。及歸國後，又寓余書並以彼國安井仲平所著《論語集説》見贈。”載俞樾《春在堂詞録》，收入俞樾《春在堂全書》第 5 册，鳳凰出版社，2010 年，頁 392。

② 參見竹添進一郎所稱“聖學、洋學混爲一途”“此翁（筆者按，指安井衡）死而吾國讀書種子絶矣”，載俞樾撰，徐明、文青標點《春在堂隨筆》卷七，遼寧教育出版社，2001 年，頁 90。

③ 張明傑《明治後期の中國紀行：山本憲〈燕山楚水紀遊〉について》，載 Journal of Hospitality and Tourism，2007，Vol.3，p. 66。

④ 山本憲自北南下抵滬次日，便與河本磯平（1868—1899）“抵書肆，購圖書”，11 月 16 日、18 日又與那部武二兩次前往書肆買書（參見山本憲《燕山楚水紀遊》卷二，山本憲，1898 年，頁 1b、30b、33a）。

⑤ 山本憲《燕山楚水紀遊》卷一，山本憲，1898 年，頁 25b。

⑥ 相關具體討論，參見拙作《變法前夜的“藴蓄之寶”：論山本憲及其〈燕山楚水紀遊〉》，《域外漢籍研究集刊》第 13 輯，中華書局，2016 年。

者的身份踏訪禹域,並著有《觀光紀遊》等以紀行。岡氏中國之旅兼及"讀萬卷書"與"行萬里路",真正實現了"遊""學"並進。作爲19世紀80年代的中國旅行記録,《觀光紀遊》叙述了岡千仞沿途的見聞感受及與中國士人的交遊往來,最爲直接地反映出作者眼中的晚清。書中提及的晚清名公鉅卿與高人逸士多達兩百餘位,記載了大量關於中日士人往來的重要資料。圍繞漢籍展開的搜購與贈酬不僅是雙方交流的方式之一,更是反映中日兩國學術風氣的重要切入點。而目前學界對此着筆不多,除日本學者杉村邦彦《楊守敬之歸國——以岡千仞撰著〈觀光紀遊〉爲中心》外①,較少專門從文獻文化交流角度對《觀光紀遊》詳加探討,或是以此書爲主體文獻,勾勒刻畫1880年代中日文化交流。而從漢籍流轉的角度考察近代中日士人之間的交往是以東亞情形豐富書籍史研究的重要面相,值得進一步探究。以《觀光紀遊》爲中心,兼及反應岡千仞回國後藏書狀況的《硯癖齋藏書提要》,關注其中的書籍交流資料,既包括漢籍搜購,也涉及互相贈酬,是岡千仞與清人交往的方式之一。同時,以此爲切入點加以探討,也可從一個側面把握岡氏眼中當時兩國學術風氣的實際狀況。

三　岡千仞遊華期間的訪書和搜購

岡千仞不僅瞭解和刻本中國古籍的刊印情況,能爲清朝文士訪書提供便利,而且具備一定的古籍版本素養。明治甲申(1884)五月,岡千仞搭乘"東京"艦航渡上海,與楊守敬(惺吾,1839—1915)同船赴華。楊氏乃晚清著名藏書家,"有古書癖"②,光緒六年(1880)作爲駐日公使館隨員赴日,負責文化事務,其時四年任期屆滿"西還"③。航經神户時,岡千仞"示《松崎慊堂彙刻書目》,楊君甚悦,曰:'訪書材料,不可少此書。'"④松崎復(明復,1771—1844)號慊堂,日本肥後(今熊本縣)人,江户後期考證派朱子學者,博學多才,尤潛

---

① 杉村邦彦《楊守敬の歸國——岡千仞撰著〈觀光紀遊〉を基にして》,《書道文化》2007年第3期。
② 岡千仞著,張明傑整理《觀光紀遊·觀光續紀·觀光遊草》,中華書局,2009年,頁11。
③ 岡千仞著,張明傑整理《觀光紀遊·觀光續紀·觀光遊草》,頁9。
④ 岡千仞著,張明傑整理《觀光紀遊·觀光續紀·觀光遊草》,頁14。

心於漢唐經注之學,校勘經籍,曾校訂出版有《爾雅》《陶淵明文集》《三謝詩》《海録碎事》等。松崎復所刊刻者悉收録於《松崎慊堂彙刻書目》中,内中不乏《縮刻唐石經》[①]之類的珍本秘籍,故楊氏見得此書"甚悦",以其爲按圖索驥之必備。

　　甫抵上海,岡千仞便前往掃葉山房書肆,從其"插架萬卷,一半熟書,偶閲生書,皆坊間陋本"[②]的評論可以看出,他對該坊之書不甚滿意。不過,岡千仞特點出一書:"有錢子琴評《外史》。""掃葉山房書肆"之得名自東山洞庭席氏家族席世臣(鄰哉)始,其因重印《十七史》之契機,在乾隆朝後期草創掃葉山房於蘇州,刻印典籍。咸同年間因受太平天國運動影響,掃葉山房經營被迫中斷,直到同治元年(1862)席世臣曾孫席威(1845—?)於上海重新開業。岡千仞造訪的同光年間,掃葉山房所刻以集部居多,餘下依次爲子部、經部、史部[③]。錢子琴(?—1881),名懌,蘇州府梁溪(今無錫)金匱人,"擅長書法,精通詩文",晚年多次赴日,與明治士人交遊廣泛,酬唱詩文,教授書法[④]。賴山陽(子成,1780—1832),名襄,江户後期漢詩人與史學家,作爲賴山陽著作中"讀者最多、影響最廣"者,《日本外史》"因其生動的内容和精彩的文筆相得益彰,堪稱日本漢文學史上最享盛名的著作"。《日本外史》於日本天保七年(1836)首次刊行,在同治三年(1864)隨訪華的"健順丸"船員傳入中國,此後廣爲流佈。出於對賴山陽史著"筆法嚴密,一秉左史"的欣賞,錢子琴遂加"朱墨"。其評閲本凡十二帙,是《日本外史》在華翻刻本的代表,"初版於光緒五年(1879),再版於光緒十五年(1889),由上海讀史堂刊行"[⑤]。岡千仞其時

---

① "尤以《縮刻唐石經》居功至偉,最爲後人推重",參見劉玉才《松崎慊堂與〈縮刻唐石經〉芻議》,《嶺南學報》復刊號(第1、2輯合刊),上海古籍出版社,2015年。

② 岡千仞著,張明傑整理《觀光紀遊·觀光續紀·觀光遊草》,頁16。

③ 參見楊麗瑩《掃葉山房史研究》,復旦大學出版社,2013年。

④ 參見島善高著,徐寒冬譯《錢子琴與明治時期日本文人的交往》,《日語學習與研究》2019年第2期。

⑤ 參見蔡毅《當日本史書遭遇中國——賴山陽〈日本外史〉在中國的流布》,《新學衡》第1輯,南京大學出版社,2016年。

所見當爲初版,屬掃葉書房刊刻最少之史部,這既與岡千仞的史學興趣相關①,亦因其呈現出日本典籍中國接受的特點。錢子琴所評"對於加深中國人對日本的瞭解起到了一定推動作用"②,岸田國華(吟香,1833—1905)隨後指出"中人漸用心東洋大勢,《東瀛詩撰(筆者按,即選)》《朝鮮志略》《安南國志》等書盛售"③,錢子琴評閱本是中國士人對日本史籍的首次全書評點,意義非同一般,而岸田氏所言涉及日本、朝鮮與越南,體現出晚清時期對周邊國家的關注。

　　數日後,岡千仞又"與耘劬訪楊君,觀《古逸叢書》"④。耘劬爲晚清士人倪鴻(1828—?)之號,岡千仞抵滬後新結識的中國友朋,通過與之"筆話"及"閱其著《桐蔭清話》"而"一見神契"⑤,以爲莫逆之交。倪鴻爲廣西臨桂人,《桐蔭清話》完成於其中年躲避戰亂、流寓廣東時期,是"以歷史瑣聞類爲主,兼及考辨的筆記文",以"清歡""軼事"蘊含"對現實的惆悵和隱憂"⑥,岡千仞引爲同好。楊守敬訪日期間,受使臣黎庶昌(尊齋,1837—1898)之邀,"搜索隋唐古書,考證同異,大有所得"⑦,刻印《古逸叢書》,撰寫《日本訪書録》,實爲我國最早大規模蒐集並引入域外漢籍第一人⑧。

　　在華期間,岡千仞主動訪購或托同胞蒐集中國典籍,其事見載於《觀光紀遊》者如"近購《五家評杜詩》,以供諷玩"⑨,又如"求書志紀風土者,廣瀨姓寄《羊城抄古》六卷,曰搜索古肆,僅得此書"⑩。同時,他對清朝士人海外遊歷之際的旅行書寫也十分留心:"在北京,歷搜書肆,購得斌椿西使以後遊海外諸名

① 如岡氏所撰《尊攘紀事》《尊攘紀事補遺》及所譯《法蘭西志》《米利堅志》《英國史》等均屬史部;又如東京都立中央圖書館特別買上文庫岡千仞舊藏部分中史學典籍比重較大;此外,岡氏曾爲《日本外史》作序,對其特別留意亦屬情理之中。
② 島善高著,徐寒冬譯《錢子琴與明治時期日本文人的交往》,《日語學習與研究》2019年第2期。
③ 岡千仞著,張明傑整理《觀光紀遊・觀光續紀・觀光遊草》,頁16。
④ 岡千仞著,張明傑整理《觀光紀遊・觀光續紀・觀光遊草》,頁18。
⑤ 岡千仞著,張明傑整理《觀光紀遊・觀光續紀・觀光遊草》,頁15。
⑥ 參見王璇《〈桐蔭清話〉校注》,廣西大學2003年碩士學位論文。
⑦ 岡千仞著,張明傑整理《觀光紀遊・觀光續紀・觀光遊草》,頁13。
⑧ 關於楊守敬之生平與學術,參見周康燮主編《楊守敬研究彙編》,崇文書店,1974年。
⑨ 岡千仞著,張明傑整理《觀光紀遊・觀光續紀・觀光遊草》,頁158。
⑩ 岡千仞著,張明傑整理《觀光紀遊・觀光續紀・觀光遊草》,頁177—178。

人日記筆録十數部。"① 岡千仞關心域外大勢,對西洋文明頗多注意,除《美利堅志》《法蘭西志》外,還曾校閱過《萬國史》等書,故遊華同時留意搜購晚清使臣所撰歐美行紀,繼續擴展其對於海外世界的認識。

四　岡千仞中國之旅與漢籍贈酬

岡千仞來華前曾攜帶不少自己的著述用於酬贈,希望在遊訪各地之前,"令爲名士先容"②。具體而言,岡氏此次中國之行所攜己著三百五十部,所得清人漢籍一百四十三種:

> 余是遊,齎《法蘭西志》《米利堅志》《尊攘紀事》各五十部,《紀事補遺》《藏名山房雜著》各一百部,以充贈遺。而諸人多贈珍籍,得書一百四十三種。③

他向清人所贈書籍都是其心目中的代表作。岡千仞在《觀光紀遊》中提出"藥石之語"④,通過變風俗、廢科舉、建學舍、興實學、綜名實、究格致、講富强等途徑效法歐美,旨在轉變中土拘儒陋生矇於外勢這一現狀的改革措施在贈書中多有體現。岡氏不通洋文,《米利堅志》與《法蘭西志》爲其與他人合譯的歐美史籍,他在書中發表了自己關於譯述原則與歷史評價的意見⑤。

《尊攘紀事》(及《補遺》)是岡千仞來華前不久完成的史學力作。他早年著力於尊王攘夷之事,此書爲闡述其勤王思想的重要文獻。全書所述始於嘉永六年(1853)六月之《米國軍艦入浦賀》,止於慶應丁卯(1867)正月之《幕府奉還政權》,凡十五年。從内容上看,主要涉及日本幕末時期朝廷與諸藩攘擊美、俄、荷、英列强之事。岡千仞此書仿紀事本末體,各篇分爲兩段,前半叙述史實,記録時事;後半則抒以己見,頗具春秋筆法,岡氏之史學思想亦得以

① 岡千仞著,張明傑整理《觀光紀遊·觀光續紀·觀光遊草》,頁147。
② 岡千仞著,張明傑整理《觀光紀遊·觀光續紀·觀光遊草》,頁71。
③ 岡千仞著,張明傑整理《觀光紀遊·觀光續紀·觀光遊草》,頁178。
④ 參見拙作《"藥石之語":〈觀光紀遊〉與岡千仞的中國觀》,《域外漢籍研究集刊》第9輯,中華書局,2013年。
⑤ 參見拙作《〈法蘭西志〉的漢文譯介與書籍流轉》,《漢語言文學研究》2015年第2期;拙作《書籍環流與知識轉型——以岡千仞漢譯西史爲中心》,《東亞觀念史集刊》第11期,2016年。

集中體現。以首篇《米國軍艦入浦賀》爲例,岡千仞首叙嘉永六年(1853)美國海軍提督彼理(Matthew Calbraith Perry, 1794—1858)率艦隊進入浦賀,要求日本開港之事及此後日方所做回應。作者圍繞美艦入浦賀這一中心事件展開叙述,按時間順序勾稽史實,有利於完整反映該事件的全過程。次段則對此事件加以評論,先稱"歐米人接踵我邦,始於此",明確事件的歷史定位。然後結合自己在浦賀的見聞感受,以爲"我邦(筆者注:自指本國)孤立東海,竟不免此患"。最終揭示美艦入浦賀與其後"天下大亂"之間的歷史聯繫,痛斥幕府用人不善,"自壞萬里長城",導致迅速潰亡的結局。叙、論之間哀歎水户人前中納言遭遇之不公。岡氏之論不僅感情充沛,而且邏輯清晰,惟妙惟肖,再現歷史,頗具畫面感,重野成齋更是評作"淋漓痛快,論得當日情形宛然在目"[1]。

《觀光紀遊》中有多處文字涉及岡千仞向清人贈送己著的具體情形,清人讀後亦頗多好評。1884 年 6 月 30 日在蘇州拜訪俞樾(蔭甫, 1821—1907)時云:"小人好談當世,所呈法、米二志、《尊攘紀事》,是也。"[2]7 月 30 日走訪楊泰亨(履安, 1824—1894),後者對其所贈《尊攘紀事》推稱不已,許以"光明磊落,在中土亦難得"[3];10 月 10 日,抵天津道台衙署訪盛宣懷(杏蓀, 1844—1916),稱其"廿年前論尊攘之義時之見,已陳在昨所呈陋著《紀事》"[4];11 月 10 日,前往衙署訪周家楣(小棠, 1835—1887),周氏贊其《紀事》《雜著》爲作家"[5];數日後,抵總督署訪李鴻章(漸甫, 1823—1901),《尊攘紀事》獲中堂評爲"叙事有法,議論雄偉"[6]。1885 年初於廣東呈書彭玉麟(雪琴, 1816—1890)、張之洞(孝達, 1837—1909),冀望"若賜覽觀,於東洋大勢,或有所少補",彭氏讀罷,"激賞不已",邀以"間日設筵請臨"[7]。另外,他此行還曾向美國人丁韙良(William Alexander Parsons Martin, 1827—1916)贈送《尊攘紀事》等近作,丁韙良讀後亦是贊不絶口:"余在中土,熟聞貴國沿革,今讀高著,歷歷

---

① 岡千仞《尊攘紀事》卷一,甘泉堂、博聞社、鳳文館,1882 年,頁 4a。
② 岡千仞著,張明傑整理《觀光紀遊・觀光續紀・觀光遊草》,頁 32。
③ 岡千仞著,張明傑整理《觀光紀遊・觀光續紀・觀光遊草》,頁 52。
④ 岡千仞著,張明傑整理《觀光紀遊・觀光續紀・觀光遊草》,頁 98。
⑤ 岡千仞著,張明傑整理《觀光紀遊・觀光續紀・觀光遊草》,頁 125。
⑥ 岡千仞著,張明傑整理《觀光紀遊・觀光續紀・觀光遊草》,頁 135。
⑦ 岡千仞著,張明傑整理《觀光紀遊・觀光續紀・觀光遊草》,頁 173。

指掌,使人忘倦。"①

　　1884年來華時岡千仞已年屆五十,學術興趣偏向於西學與歷史。從其贈書的對象上看,都是在晚清社會中扮演了舉足輕重的角色。李鴻章、張之洞、彭玉麟等人在中央與地方擔任要職,且皆手握兵權,是政治、軍事領域的實權派人物。俞樾主持詁經精舍,四處講學,又編有《東瀛詩選》,在漢文化圈負有盛名,海内及日本、朝鮮等國求學者甚衆,被奉爲樸學大師,是德高望重的學界領袖,在民間,尤其是知識份子群中影響力較大。丁韙良(1827—1916),字冠西,號惪三,美國基督教長老會傳教士,曾被清政府聘爲北京同文館、京師大學堂總教習,在華生活長達六十年, 1916年去世後葬於北京。丁韙良將包括惠頓《萬國公法》在内的許多西文重要典籍譯成漢語,被岡千仞譽爲"洋人在中土譯西籍者"② 第一。另有自傳性作品《花甲憶記》《漢學菁華》《中國覺醒》等漢學論著,對近代中國西學及教育事業的發展影響較大。岡千仞早年曾與其有過間接交往。《米利堅志》成書後,岡氏曾托赴華大臣寄於駐華公使柳原前光(1850—1894),"請諸名流評閱",柳原轉交丁韙良,丁氏囑其友李善蘭(竟芳, 1811—1882)作序。對此,岡氏自豪之情溢於言表:"區區陋著猶辱支那③ 名流賞鑒,不特陋著之榮,抑亦東亞藝文日盛之兆。"④

　　同時,岡千仞此行也收穫頗豐,得到諸多晚清士人贈書,《觀光紀遊》中所載可見一斑。從東京出發之際,張沆(静廬)贈其父張裕釗(廉卿, 1823—1894)之文集⑤。初抵上海,於龍門書院獲贈多年主講劉融齋(伯簡, 1813—1881)著書六種,嚴文藻(梟香)贈家著數種,其父嚴芝僧亦贈新付梓之《桐城縣誌》刻本三卷。遊歷蘇杭期間,秦雲(膚雨)贈其著二種,遊觀顧文彬(艮庵, 1811—1889)之私家園林後獲贈《怡園法書》一本,潘鍾瑞(麟生, 1822—1890)贈記載太平天國禍亂江南之《庚申惡夢記》,沈明哉贈《寡過録》《戒

---

① 岡千仞著,張明傑整理《觀光紀遊・觀光續紀・觀光遊草》,頁121。
② 岡千仞著,張明傑整理《觀光紀遊・觀光續紀・觀光遊草》,頁121。
③ 本文所引,或有稱中國爲"支那"者,悉據原著,非有他意,識者諒之。
④ 李善蘭《米利堅志・序》,末附岡千仞識語,載岡千仞、河野通之同譯《米利堅志》,光啓社、博聞社, 1875年,頁3b。
⑤ "張静廬(沆)贈其父《濂亭先生文集》。"載岡千仞著,張明傑整理《觀光紀遊・觀光續紀・觀光遊草》,頁10。《硯癖齋藏書提要》卷六載 "《濂亭文集》" 條,應即當年岡氏獲贈之書,則《觀光紀遊》標點當爲:"張静廬(沆)贈其父濂亭先生文集"。

淫録》等 “陰騭家托神佛拳作善” 書數十種,拜訪朱朗然(毀夫, 1834—1892)時獲贈其父朱蘭(久香, 1800—1873)著書三種,天童山僧人釋敬安(寄禪, 1851—1912)贈其著《嚼梅集》(即《嚼梅吟》)及《天童山志》,彌勒寺僧人普晋贈陰符素書,王夢薇贈安徽人江順詒(子谷, 1823—1884)所著《齠齔子》。從蘇杭返回訪上海後,張煥綸(經甫, 1846—1904)見示《時事芻言》《救時芻言》等時論之書,王韜(紫詮, 1828—1897)贈《毀園文録外編》。遊訪燕京期間,丁韙良贈《中外見聞録》《同文館題名録》與《西學考略》,馮芳緝贈其父馮桂芬(林一, 1809—1874)《顯志堂集》,周家楣(小棠, 1828—1887)贈《晋略》《忠義録》等書五種。再訪上海時,李士棻(芉仙, 1821—1885)贈新刊《卧遊集》、李鍾鈺寄示《興亞策》五篇。踏訪粵南之際,又得龔少文(易圖, 1835—1894)贈所著《烏石山房詩存》。清人贈書中部頭最大者當屬《廣東通志》:

> 乃柬希道,藉廣東風土書,寄致《廣東通志》。余以謂所藉,作書答謝。希道答曰:“分家藏書,贈呈左右。”余深感厚義……而浩瀚大著,《通志》爲第一。①

希道即晚清士人文廷式(1856—1904),字道希,而《觀光紀遊》中皆作 “文希道” 或 “程式”,“疑筆誤所致”②。文廷式祖籍江西,出生於廣東,其家藏《廣東通志》或出自留意本地文史資料之故,而面對異域友朋的借閲請求,則慷慨惠贈以應。

　　清朝士子大多都對儒學者岡千仞表現得頗爲友好,屢屢引爲異域同道、海内知己。他們甚至會拿出自己珍愛的文房四寶予以饋贈或專門爲岡氏創作書畫:如王錫璋(竹孫, 1856—1933)爲其作大字及山水小幅,王夢薇(延鼎)贈畫附潤筆例,張裕釗贈《輞川圖》拓本以供其船中展觀③,徐琪(花农, 1849—1918)贈石鼓拓本,岡氏當即表示東歸後將以 “石鼓亭” 命名書室④。而長久以來,岡千仞由於一直有收藏硯台的癖好,遂將書齋冠以 “硯癖齋”,來華前便曾

---

① 岡千仞著,張明傑整理《觀光紀遊‧觀光續紀‧觀光遊草》,頁 178。
② 岡千仞著,張明傑整理《觀光紀遊‧觀光續紀‧觀光遊草》,頁 170 注 1。
③ 此拓本現藏於東京都立中央圖書館特別買上文庫,編號 “拓 0270”,軸裝。
④ “是遊徐翰林贈石鼓墨本,余謝曰:‘東歸日築一書室,楣揭石鼓拓本,命曰石鼓亭。’”載岡千仞著,張明傑整理《觀光紀遊‧觀光續紀‧觀光遊草》,頁 135。

完成過《硯癖齋詩鈔》,其所刊印之著版心多題署"硯癖齋藏梓"。遊華期間岡千仞留意蒐集佳硯,尤其是在原産地廣東時,"一商來賣端硯,買稍佳者八面",然"端硯良者難得",遂"囑次舟物色良硯"①。而令岡千仞感動不已的是,徐次舟(虞陞,筆者按:"陞"當作"陛")不負所托,盡力而爲,甚至奉上自己多年的珍藏:

> 次舟寄端硯一面,曰:"遍索市肆,無一可者。家藏一硯,銀線羅紋、翡翠白玉釘皆具,硯品最上者,爲海外知己割愛。"余在廣東,搜索佳硯不得,常爲慊事,得此硯大悦。②

東京都立中央圖書館特別買上文庫"岡千仞舊藏資料"中現藏有《硯癖齋藏書提要》殘本(以下簡稱"殘本")一部,編號"特 2240",墨筆抄録於朱絲行格紙上,每半葉 10 行,行 20 字,有朱筆句讀與改動。殘本存卷五、六,逐條分陳諸書,各條標題爲書名、卷帙與刊年,其後提要内容涉及朝代、作者(包括著、撰、輯、録、述、纂、修、譯、解、補記、評點等形式)及細目。

殘本間有錯漏、舛誤,如卷五"南宋雜事詩"條署"沈嘉轍、吴焯、陳芝、符曾、趙昱、厲鶚、趙信同著",其中"陳芝"後脱一"光"字,應爲"陳芝光";又如卷五"癸巳類篇"條署"清正爕著",著者名缺一"俞"字,應爲"俞正爕"。再如卷六"香禪精舍集"條署"清潘鏡瑞著",著者名中"鏡"爲"鍾"之形訛,應爲"潘鍾瑞"。餘如卷六"華陰寫夢詞"之"華"當爲"花"等,不一一贅述。

殘本卷首署"巖手縣藤波嶹編纂",卷五"蘅華館詩鈔"條爲王韜詩集,岡千仞赴華遊歷便是應其之邀③,二人相識於王韜十年前訪日旅程④,此間於中土再續前緣。雙方交遊之際不乏詩歌酬贈往還,故《蘅華館詩鈔》提要稱"書中多有與邦人應酬之作,吾鹿門先生姓名亦往往是",據此亦可知殘本非出自岡氏之手,或即爲藤波氏所撰。

殘本反映了岡千仞從中國歸日時攜回漢籍的整體規模,具有一定的學

---

① 岡千仞著,張明傑整理《觀光紀遊・觀光續紀・觀光遊草》,頁 183。
② 岡千仞著,張明傑整理《觀光紀遊・觀光續紀・觀光遊草》,頁 190。
③ "是遊擬航香港,見王紫詮(韜),而後歷遊四方。會紫詮書告移居滬上,乃航上海。"載《觀光紀遊・觀光續紀・觀光遊草》,頁 9。
④ 參見王韜著,陳尚凡、任光亮校點《扶桑遊記》(與《漫遊隨録》合刊),湖南人民出版社,1982 年。

術價值。卷五分爲"上海購求部""杭蘇購求部"與"北京購求部",卷六分
爲"上海贈遺部""杭蘇贈遺部""北京贈遺部"與"廣東贈遺部"。《觀光紀
遊》由《航滬日記》《蘇杭日記》《滬上日記》《燕京日記》《滬上再記》和
《粤南日記》組成,可見殘本按照《觀光紀遊》之叙述順序列次先後。上海是
岡千仞中國行期間的大本營,居停時間最長,也是購求漢籍最多之地,數量上
超過其他地區總和,本文篇首所述岡氏訪書活動即發生於其抵達後不久。而
從類型範疇上看,岡氏居滬期間所購以諸家文集居多,遊訪蘇杭之際則偏重
搜購史書。此外,根據殘本亦可發現,上文提及的文廷式所贈《廣東通志》,其
"三百三十四卷一百十一册"的規模確實是岡氏中國之行所得漢籍中卷帙最爲
浩繁的。

結　語

相較竹添進一郎、山本憲等人而言,岡千仞所撰相關文獻較好體現出明
治漢文中國行紀與近代中日漢籍流轉的關係。19 世紀 80 年代的中國之行是
岡千仞首次也是惟一一次走出國門的海外旅行。據《觀光紀遊》所載,他攜帶
《尊攘紀事》《藏名山房雜著》《法蘭西志》《米利堅志》等所撰著譯之作以用
於酬贈往還,並得到清朝舊雨新知們書畫佳硯等物品的回饋。與此同時,岡千
仞也主動搜購,在類型上以諸家文集和史書爲主。其受贈典籍與訪求所得之
規模較爲直觀地展現於《硯癖齋藏書提要》中。

不過,岡千仞在華訪求漢籍帶回東國的目的並非一味滿足自身的閲讀
興趣:

> 余充三百元蘇杭遊資,中途返棹,猶贏百餘元,乃囑吟香,購取宋、金、
> 元、明諸史以下五十餘種。是日裝爲兩匭,托輪船東致。余老矣,且眼不
> 明,多購書,不必讀。唯三世書香,不可不培殖,待從遊子弟,不可無書籍。
> 余常語諸侄曰:"余無望當世,將得千金重修鹿門精舍,擁萬卷擬萬户侯。"
> 他日能達是願乎否? 中土書院,皆大官豪富捐資營築,以聘名師教子弟
> 者。我邦無此等事,唯天使余有壽七十,此願不難達也。①

岡氏上述文字發自肺腑,頗爲真誠,在艷羨中國書院事業繁盛蓬勃的同時,道

---

① 岡千仞著,張明傑整理《觀光紀遊·觀光續紀·觀光遊草》,頁 78—79。

出遊華之際不忘利用贏餘資費搜羅書籍的真實原因,其中流露出的培育後進、
延續學風之心令人動容,而這雖然只是一個傳統漢學者在面對新興洋學衝擊
之時所發出的"執拗低音"①,或許人微言輕、影響有限,但其中流露出的培育
後進、延續學風之心令人動容、值得敬佩。

　　　　　　　　　　　(作者單位:山東大學《文史哲》編輯部)

---

① "執拗低音"這一概念最早由日本學者丸山真男在討論日本思想史問題時提出,原爲音樂
　學術語,丸山藉以指近代日本思想中作爲低音部音律的日本傳統文化經常能修飾作爲主
　旋律的歐美近代文化,參見丸山真男《原型・古層・執拗低音——日本思想史方法論に
　ついての私の步み》,載丸山真男《日本文化のかくれた形》,岩波書店,2004 年,頁 88—
　151。中譯本參見丸山真男著,吕莉譯《原型・古層・執拗的低音——關於日本思想史
　方法論的探索》,載加藤周一等著,唐月梅等譯《日本文化特徵》,吉林人民出版社,1992
　年,頁 112—157。中國學界引用申發此觀點最有代表性的參見葛兆光(《思想史研究課
　堂講録:視野、角度與方法》,生活・讀書・新知三聯書店,2005 年,頁 336—358),王汎
　森(《執拗的低音:一些歷史思考方式的反思》,允晨文化,2014 年,頁 15—72)與王小林
　(《漢和之間:王小林自選集》,上海人民出版社,2014 年,頁 98—116)的論述。

越南漢文學研究

越南陳朝送別元朝使臣詩歌考述 *

劉玉珺

在中國古典詩歌中，反映人類社會生活普遍存在的聚散分合、抒發離情別緒的送別詩，無疑是最重要的詩歌類別之一。越南進入獨立自主時期之後，漢文學持續發展，離別同樣成爲了越南漢文學的一個經典主題。不過，與中國送別詩的發展脈絡不太一樣，目前越南流傳下來時代較早的送別詩，當數若干陳朝君臣送別元朝使臣的詩歌。這批詩歌既反映了越南早期送別詩的政治功能和藝術特色，也是中越政治關係在文學上的反映。本文擬對這些詩歌的作者、寫作時間、送別對象，以及所涉及的歷史事件作一番初步考察。

1. 陳太宗《送北使張顯卿》、陳益稷《贈天使張顯卿使還》

陳太宗《送北使張顯卿》見於黎貴惇所編纂的《全越詩錄》卷一 ①，是現存創作時代最早的陳朝送別詩之一。全詩如下：

> 顧無瓊報自懷慚，極目江皋憂不堪。馬首秋風吹劍鋏，屋梁落月照書庵。幕空難任燕歸北，地暖愁聞雁別南。此去未知傾蓋日，篇詩聊爲當清談。

按，陳太宗名陳煚，又名陳日煚，生於 1218 年，卒於 1277 年，原爲李朝陳承之次子。陳日煚的從叔李朝殿前指揮使陳守度在李朝末期操縱朝政，讓李惠宗李昊禪位於他的女兒李天馨，是爲李昭皇，而後又令李昭皇禪位於自己的丈夫

* 本文爲國家社科基金項目 "中國古典詩歌對越南詩歌傳統形成的影响研究"（17BZW124）階段性成果。

① 黎貴惇編《全越詩錄》卷一，越南漢喃研究院所藏 A.1262/1 號抄本。下文所引皆同，不一一出注。

陳日煚,從而篡奪了李朝的皇位。《大越史記全書》記載太宗曰:

> 姓陳,諱煚,先諱蒲,爲李朝祇候正。受昭皇禪,在位三十三年,遜位十九年。壽六十歲,崩於萬壽宫,葬昭陵。帝寬仁大度,有帝王之量,所以能創業垂統,立紀張綱。陳家之制度偉矣。然規畫國事,皆陳守度所爲,閨門多慙德矣。①

《全越詩録》僅收録二首陳太宗的詩作,並云其:"天性寬厚,好文重學,分任儒臣,開創制度,彬彬可見。"

張顯卿生年不詳,卒於元成宗大德二年(1298),《元史》有傳曰:"張立道字顯卿。其先陳留人,後徙大名","凡三使安南,官雲南最久,頗得土人之心,爲之立祠於鄯善城西。立道所著詩文,有《效古集》《平蜀總論》《安南録》《雲南風土記》《六詔通説》若干卷"②。元朝黎崱《安南志略》和明李文鳳《越嶠書》均收録有陳太宗《送北使張顯卿》一詩,且有小注曰:"張兩使其國。"《安南志略》記録張顯卿兩次出使的時間分别爲至元二年(1265)和至元二十八年(1291),具體記録如下:

> 至元二年,遣侍郎甯端府、郎中張立道奉使安南諭旨。

> 至元二十八年,命禮部尚書張立道、兵部郎中不眼帖木兒,引其來人嚴仲維等還,諭世子陳日燇入見。③

與《安南志略》的記載不同,《元史》則記載張立道第一次出使的時間爲至元四年(1267),其曰:

> 至元四年,命立道使西夏,給所部軍儲,以幹敏稱。皇子忽哥赤封雲南王,往鎮其地,詔以立道爲王府文學。立道勸王務農以厚民,即署立道大理等處勸農官,兼領屯田事,佩銀符。尋與侍郎甯端甫使安南,定歲貢之禮。④

馬明達《元代出使安南考》認爲《安南志略》將"四年"誤作"二年",將"甫"

---

① 吴士連撰,陳荆和編校《大越史記全書》本紀卷五,東京大學東洋文化研究所,1984年,頁321。
② 宋濂等《元史》卷一百六十七,中華書局,1976年,頁3915、3919。
③ 黎崱著,武尚清點校《安南志略》卷三,中華書局,2000年,頁66、67。
④ 宋濂等《元史》卷一百六十七,頁3915。

誤作“府”①。根據引文中所提到的忽哥赤被封雲南王的時間,以及寗端甫任侍郎的時間,可判斷馬文的看法是正確的。

《元史》還記載張立道於至元八年(1271)曾再次出使安南:“復使安南,宣建國號詔。立道並黑水,跨雲南,以至其國,歲貢之禮遂定。”②《大越史記全書》雖未明確記載張立道曾於至元八年(1271)出使安南,但記錄了元朝遣使入越:“是歲,蒙古建國號,曰大元,遣使來諭帝入覲。帝辭以疾不行。”③

《安南志略》的作者黎崱,原是越南陳朝人,曾任乂安鎮守陳鍵的幕僚。至元二十二年(1285),元朝軍隊攻入乂安,黎崱跟隨陳鍵一同投降,內附於元而獲授元朝官職。他晚年“聊乘暇日,綴葺已,同采摭歷代國史、交趾圖經,雜及方今混一典故”④,寫成《安南志略》。這首詩與張立道出使有關的《張尚書行錄》等都一并著錄於《安南志略》,並且書中卷三“大元奉使”這一部分,又僅記錄張立道的兩次出使,此詩肯定不會作於至元二十八年(1291)張立道出使期間,這一年陳太宗已經去世。因此若參照《安南志略》的記錄,這首詩應當作於張立道第一次出使安南期間。

陳益稷《贈天使張顯卿使還》全詩如下:

西風吹夢到龍編,回首相逢又隔年。馬退輕塵還日下,雁隨瘦影出雲邊。四方專對詩三百,五嶺歸來路八千。盡道朝廷用文士,尚書志氣杏秋天。

此詩未見於《全越詩錄》,《安南志略》卷十九、《越嶠書》卷二十均有收錄。按,陳益稷是陳太宗的第五子、陳聖宗的弟弟。《大越史記全書》記載陳聖宗紹隆十年(1267)五月“封弟益稷爲昭國王。益稷上皇次子,聰明好學,通經史六藝,文章冠世,雖小技如蹴毬、圍棋,無不精諳,嘗開學堂於第之右,集四方文士習學,給以衣食,造就成材,如旁河莫挺之、洪州裴放等二十人,皆資用於世”⑤。至元二十一年(1284),忽必烈派其子鎮南王脫歡攻打越南,太上皇陳太

---

① 馬明達《元代出使安南考》,高偉濃主編《專門史論集》,暨南大學出版社,2002年,頁268。

② 宋濂等《元史》卷一百六十七,頁3916。

③ 吳士連撰,陳荆和編校《大越史記全書》本紀卷五,頁348。

④ 黎崱著,武尚清點校《安南志略》自序,頁11。

⑤ 吳士連撰,陳荆和編校《大越史記全書》本紀卷五,頁346。

宗和當時的皇帝陳聖宗從升龍撤退到清化。陳益稷希望借助元朝的力量,將自己扶上王位,於是帶領了一些宗親和官員向元朝投降。對此《元史》記載是年二月曰:“命荆湖占城行省將江浙、湖廣、江西三行省兵六萬人伐交趾……封陳益稷爲安南王,陳秀崚爲輔義公,仍下詔諭安南吏民。”①《大越史記全書》則記載陳重興二年(1286)曰:“三月,元帝勅尚書省奥魯赤、平章事烏馬兒、大將張文虎調兵五十萬,令湖廣造海船三百艘,期以八月會欽、廉州,乃命江浙、湖廣、江西三行省兵南侵,假送降人陳益稷還國,立爲安南國王。”②結合上述張立道三次出使安南的事情,那麼顯然《贈天使張顯卿使還》一詩當作於張立道至元二十八年(1291)出使安南回國之後。並且詩中有“回首相逢又隔年”,表明二人以前曾是見過面的,最後一句又云“尚書志氣杳秋天”,張立道只有第三次是領禮部尚書之銜出使。又《元史》世祖本紀記載至元二十九年(1292)六月曰:

> 禮部尚書張立道、郎中歪頭使安南回,以其使臣阮代乏、何維岩至闕。陳日燇拜表牋,修歲貢。③

根據這段記載可知,張立道等人使還回國與陳益稷相逢的時間,也當是至元二十九年。

2. 陳仁宗《送北使李仲賓蕭方崖》

陳仁宗《送北使李仲賓蕭方崖》見於《全越詩録》卷一,全詩如下:

> 坎坎虚池暖餞筵,春風無語駐歸鞭。不知兩點軺星福,幾夜光芒照越天。

這首詩亦見於《安南志略》卷十九。

陳仁宗是陳朝第三任皇帝,名陳昑,又名陳日燇,自號“白雲大頭陀”“竹林上士”,是越南佛教竹林禪宗派創始人。《大越史記全書》評價他曰:“在位十四年,遜位五年,出家八年,壽五十一歲。崩於安子山卧雲庵,歸葬德陵。帝仁慈和易,固結民心,重興事業,有光前古,真陳家之賢君也。然遊心釋典,雖曰超詣,而非聖人中庸之道也。”④《全越詩録》卷一其小傳還評價他“才略威

① 宋濂等《元史》卷十四,頁287。
② 吳士連撰,陳荆和編校《大越史記全書》本紀卷五,頁361。
③ 宋濂等《元史》卷十七,頁378。
④ 吳士連撰,陳荆和編校《大越史記全書》本紀卷五,頁352。

斷,平元之功,有光前古"。

《元史·成宗本紀》記載至元三十一年(1294),成宗即位之後,"遣禮部侍郎李衎、兵部郎中蕭泰登齎詔使安南"①。元世祖忽必烈時期,對安南採用較爲强硬的政策,因安南不修"六事"等原因,元朝與安南的關係緊張,雙方有過三次戰爭。元成宗鐵穆耳即位後,採取了與忽必烈不一樣的對外政策,不再督促安南實施"六事",這是李衎、蕭泰登出使的政治背景。對此,《元史·安南傳》記載稍詳:

> 三十一年五月,成宗即位,命罷征。遣陶子奇歸國。日燇遣使上表慰國哀,並獻方物。六月,遣禮部侍郎李衎、兵部郎中蕭泰登持詔往撫綏之。其略曰:"先皇帝新棄天下,朕嗣守大統,踐祚之始,大肆赦宥,無間遠近。惟爾安南,亦從寬宥,已敕有司罷兵,遣陪臣陶子奇歸國。自今以往,所以畏天事大者,其審思之。"②

《安南志略》也有類似記載:

> 至元三十一年正月,上崩,成宗皇帝即位。詔罷兵。遣禮部侍郎李衎、兵部侍郎蕭泰登使安南,賫诏,赦世子罪。(卷三)

> (至元三十一年)夏四月,成宗皇帝即位,詔罷兵,命禮部侍郎李衎等賫詔赦罪,放陪臣陶子奇還國。(卷十三)③

"李仲賓"即上述文中所記載的李衎,其字"仲賓",號息齋道人,晚號醉車先生。"蕭方崖"即"蕭泰登",其號方崖。《大越史全書》未記載李衎之名,但是記載興隆三年(1295)曰:"春,二月朔,元使蕭泰登來。帝遣内員外郎陳克用、范討偕行,收得大藏經部回,留天長府,副本刊行。"④ 即李、蕭二人回國是在出使的次年,是詩當作於1295年即將回國之際。

李衎,《新元史》有傳,薊丘人,擅畫枯木竹石,雙鉤竹尤佳,爲一時之冠。今存有《竹譜》十卷,收入《四庫全書》。元蘇天爵《滋溪文稿》卷十收有《故集賢大學士光禄大夫李文簡公神道碑》,據此文可知李衎生於1245年,卒於1320年,歷任太常太祝兼奉禮郎、檢討,後遷淮東道宣慰司都事,轉江浙行省

---

① 宋濂等《元史》卷十八,頁382。
② 宋濂等《元史》卷二百九,頁4650。
③ 黎崱著,武尚清點校《安南志略》卷三、十三,頁74、315。
④ 吳士連撰,陳荆和編校《大越史記全書》本紀卷六,頁374。

左右司員外郎,遷功德司經歷、禮部侍郎、同知嘉興路總管府事,再遷婺州,升常州路總管。仁宗即位後,召爲吏部尚書,拜集賢大學士,榮禄大夫,階從一品。後由其孫希閔向朝廷請封,獲贈翰林學士承旨、柱國,追封薊國公,諡文簡。此文對於他當時的聲名也作了較爲詳細的記述:

> 皇慶元年秋八月某甲子,特命中大夫、常州路總管李公爲吏部尚書,即日遣使召之。蓋上在潛邸,已聞公名。既至,禮遇隆重,字而不名。明年,公請致仕,上不允。尋又以爲言,上曰:"仲賓舊人,宣力有年,不可令去禁近。"超拜集賢大學士、榮禄大夫。當是時,朝之宿學碩儒名能文辭翰墨者,若洛水劉公賡、吴興趙公孟頫、保定郭公貫、清河元公明善,皆被眷顧,士林欣慕以爲榮。公居其間,年德俱尊。國有大政,則偕諸老議之,衣冠整肅,言論從容,廷臣莫不起敬。世戚大家欲銘勳伐德業者,必屬公等論撰書篆,子孫始以爲孝。公翰墨餘暇,善圖古竹木石,庶幾王維、文同之高致,而達官顯人爭欲得之,求者日踵門,公弗厭也。久之,公以疾辭。上不得已許之,進官光禄大夫,勑賜幣帛,酒饌,俾使者護送南歸。又擢其子士行知泗州,使侍養焉。①

《新元史》有李衎傳,但是關於他的字、享年的記載皆有訛誤。

另一位陳仁宗送別的元使蕭泰登,字則平,程鉅夫爲其撰有《監察御史蕭則平墓誌銘》,據這篇墓誌銘的記載,蕭氏生於1266年,卒於1303年,其先長沙人,後徙安成。還記述其生平曰:

> 則平早穎拔,諸公皆器之。弱冠試吏,丞永豐,已出敏手,行中書省以名聞,授將仕郎、湖南道儒學副提舉,爲部使者賞識,即子方也。子方一代耆碩,言輒見聽,遂擢僉廣東按察司事。衆睨其所爲。會有獠賊來逼城,衆惶惑,無所措。獨奮曰:"督捕盜賊,獨非憲部職耶? 我請先之!"即上馬出,將吏驚馳以前,賊遂退走。因按所部潛與獠通,以人爲貨及他奸利事,守令以下抵罪者八十七人。又建議減韶州歲賦白金,得請,遂減半。條嶺南積弊二十事,身詣臺言之。會建肅政廉訪司,繼丁胡夫人憂。至元三十一年,今天子踐祚,思與天下更始,詔罷征南兵,釋交州纍臣。以則平爲兵部郎中,介禮部侍郎李衎往諭其國。②

---

① 蘇天爵著,陳高華、孟繁清點校《滋溪文稿》卷十,中華書局,1997年,頁155。
② 程鉅夫著,張文澍校點《程鉅夫集》卷十六,吉林文史出版社,2009年,頁197。

　　《安南志略》卷三《大元奉使》至元三十一年（1294）條還附有蕭泰登的《使交録序》，據知蕭泰登撰有《使交録》一書。《使交録》現已不傳，但是通過其序文，可知這本書亦曾收録陳朝君臣爲蕭氏送行的詩章。

3. 陳仁宗《送北使麻合喬元朗》《答喬元朗韻》

　　這兩首詩均見於《全越詩録》卷一，依次轉録如下：

　　　　輅星兩點落天南，光引台前夜曉三。上國恩深情易感，小邦俗薄禮多慚。節凌瘴霧身無恙，鞭拂春風馬有驂。鼎語願温中統詔，免教憂國每如惔。

　　　　飄飄行李嶺雲南，春入梅花只兩三。一視同仁天子德，生無補世丈夫慚。馬頭風雪重回首，眼底江山少駐驂。明日瀘江煙水闊，葡萄嫩緑洗心惔。

第一首詩的題目《安南志略》卷十九作《送天使瑪哈穆特喬元朗》，《越嶠書》卷二十作《送天使麻合麻喬元朗》。《全越詩録》A.132/1 號抄本的詩題後則有一小注云：“或作麻人日。”“人日”當是豎行抄寫“合”而造成的訛誤。

　　各種歷史著作對這兩位元朝使臣的記載也多有不同，且看如下：

　　　　大德五年二月，太傅完澤等奏安南來使鄧汝霖竊畫宮苑圖本，私買輿地圖及禁書等物，又抄寫陳言征收交趾文書，及私記北邊軍情及山陵等事宜，遣使持詔責以大義。三月，遣禮部尚書馬合馬、禮部侍郎喬宗亮持詔諭日燇。（《元史·安南傳》）[1]

　　　　大德五年，遣尚書瑪哈穆特、兵部侍郎喬宗寬，齎詔諭安南。（《安南志略》）[2]

綜合這些記述來看，麻合、麻合麻、瑪哈穆特、馬合馬應當是同一位蒙古人或色目人，由音譯的差異造成了數種稱謂。“喬元朗”在《安南志略》中記載其名爲“喬宗寬”，《元史》記載爲“喬宗亮”，《越嶠書》則兩種稱呼皆有。按，元朗是喬氏表字，含有明亮之意。古人的名與字往往有關聯，從這個角度來看，當作“喬宗亮”。

　　喬宗亮《元史》無傳，生卒年不詳。現有元朝王惲（1228—1304）《送喬元朗》、劉敏中（1243—1318）《送喬元朗奉使交趾》、程鉅夫（1249—1318）《送

① 宋濂等《元史》卷二百九，頁 4650。
② 黎崱著，武尚清點校《安南志略》卷三，頁 76。此處采用文淵閣《四庫全書本》。

禮部侍郎喬元朗使安南》、同恕（1254—1331）《送喬元朗運副》諸詩①，據此可知他們與喬宗亮有交往，其中劉敏中和程鉅夫還是爲他出使安南送行的同僚或朋友，顯然喬宗亮也生活在同一時期，即從 13 世紀中期到 14 世紀早期。另外《山右石刻叢編》卷三十二記載的《池神廟碑》曰：“至大三年，同知陝西都轉運鹽使司事臣焦榮、都轉運使司副使臣喬宗亮，以神祠歲久，棟宇傾圮，乃興民商，欲一新之，衆翕然樂爲資助，終更弗果。”② 由此可知喬宗亮在 1310 年任陝西都轉運使司副使。

根據上述文獻的記録，麻合與喬宗亮於大德五年（1305）出使安南，陳仁宗《送北使麻合喬元朗》則當作於他們從安南回國之際。陳仁宗《答喬元朗韻》一詩則表明，當時二人還有相互唱和。

4. 陳光啓《贈北使柴嚴卿李振文》《送柴莊卿》

陳光啓乃陳太宗第三子，陳聖宗的同母弟，生於 1241 年，卒於 1294 年。據《大越史記全書》的記載，陳聖宗紹隆元年（1258），封陳光啓爲昭明大王，又於紹隆四年（1261）“以昭明大王光啓爲太尉。時帝兄國康年長，然乃常才，故相光啓”。在陳守度、陳日晈這兩位元老重臣相繼逝世之後，陳光啓受到重用，紹隆十四年（1271），“拜昭明大王光啓爲相國太尉，總天下事”。陳仁宗接位後，紹寶四年（1282）“以太尉光啓爲上相太師”③。《全越詩録》詩人小傳則概括他的生平曰：“將兵禦元唆都軍於乂安，轉戰至清化，會諸將敗賊於章陽。收復京城，功居第一。英宗初卒，年五十五。嗜學能詩，有《樂道集》行於世。”

《贈北使柴嚴卿李振文》《送柴莊卿》二詩同樣見於《全越詩録》卷一，云：

> 一封鳳詔下天庭，咫尺皇華萬星行。北闕衣冠爭祖道，南州草木盡知名。口啣威福君褒貶，身佩安危國重輕。敢祝四賢均泛愛，好爲翼卵越蒼生。

> 送君歸去獨徬徨，馬首駸駸指帝鄉。南北心旌懸反斾，主賓道味泛離觴。一談笑頃嗟分袂，共唱酬間惜對床。未審何時重睹面，慇懃握手叙

---

① 王惲《秋澗先生大全文集》卷十三，《四部叢刊》景明弘治本；劉敏中《中庵集》卷二十三，清文淵閣《四庫全書》本；程鉅夫著，張文澍校點《程鉅夫集》卷二十七，頁 377；同恕著，李夢生校勘《矩庵集》卷十二，山西古籍出版社，2003 年，頁 131。

② 胡聘之《山右石刻叢編》卷三十二，清光緒二十七年（1901）刻本。

③ 吳士連撰，陳荊和編校《大越史記全書》本紀卷五，頁 340、342、348、356。

暄涼。

《贈北使柴嚴卿李振文》詩題《全越詩録》A.132/1 號抄本作《賜北使柴嚴卿李振文等》,《安南志略》卷十九、《越嶠書》卷二皆題作《贈天使柴莊卿李振等》,查《安南志略》所收元翰林學士李謙《送尚書柴莊卿序》有“而又以振文李公爲之貳”①,因此與柴莊卿一同出使的使臣當作“李振文”,其事跡待考。

柴椿,字莊卿,因避諱“莊”寫作“嚴”,《元史》《安南志略》等書有多處關於他出使經歷的記録:

> 至元十五年,命雲南柴椿爲禮部尚書,引其來使黎克復還國。(《安南志略》)②

> (至元)十五年八月,遣禮部尚書柴椿、會同館使哈剌脱因、工部郎中李克忠、工部員外郎董端,同黎克復等持詔往諭日烜入朝受命。(《元史·安南傳》)③

《元史·安南傳》提到的這份詔書即爲《安南志略》卷二收録的《至元十五年八月詔諭安南世子陳日烜》。此後,柴椿於次年又再次出使越南,如下:

> (至元)十六年三月,椿等先達京師……十一月,留其使鄭國瓚於會同館。復遣柴椿等四人與杜國計持詔再諭日烜來朝。(《元史·安南傳》)④

> (至元十六年十一月)壬子,遣禮部尚書柴椿偕安南國使杜中贊,齎詔往諭安南國世子陳日烜,責其來朝。(《元史·世祖本紀》)⑤

> (至元)十七年,朝廷以安南世子陳日烜不就徵,選曾使其國。召見,賜三珠金虎符、貂裘一襲,進兵部尚書,與禮部尚書柴椿偕行。(《元史·梁曾傳》)⑥

柴椿於第二次出使回國的次年,第三次出使越南,史書記載如下:

> (至元十八年十月)丁未,安南國置宣慰司,以北京路達魯花赤孛顔帖木兒參知政事,行安南國宣慰使,都元帥、佩虎符柴椿、忽哥兒副之。(《元

① 黎崱著,武尚清點校《安南志略》卷十七,頁 399。
② 黎崱著,武尚清點校《安南志略》卷三,頁 66。
③ 宋濂等《元史》卷二百九,頁 4638。
④ 宋濂等《元史》卷二百九,頁 4639。
⑤ 宋濂等《元史》卷十,頁 217。
⑥ 宋濂等《元史》卷一百七十八,頁 4133。

史·世祖本紀》)①

至元十八年,加授柴椿行安南宣慰都元帥,李振之副之。(《安南志略》)②

由此可見,《贈北使柴嚴卿李振文》一詩當作於柴椿、李振之至元十八年(1281)出使安南後,再返回國之際。由於柴椿在短期内頻繁往返安南,《送柴莊卿》一詩的内容也無可供考察的綫索,其確切寫作時間難以判斷,只能大致斷定爲至元十五年(1278)十月至至元十八年(1281)間。

5. 丁拱垣《陳郎中剛中自交阯還朝以詩餞行》

丁拱垣《陳郎中剛中自交阯還朝以詩餞行》一詩,未見載於《全越詩録》,《御選元詩》卷六十一著録全詩曰:

> 使星飛下擁祥煙,不道崎嶇路九千。雙袖拂開南海瘴,一聲唱破下乘禪。妙齡已出終軍上,英論高居陸賈前。歸到朝端須爲説,遠氓日夜祝堯年。③

丁拱垣生年不可考,他與陳光啟同朝爲官,紹寶四年(1282)陳光啟爲上相太師,他同時獲封翰林學士奉旨。巧合的是,丁拱垣與陳光啟同一年去世,卒於興隆二年(1294)九月④。此外,他曾於紹寶十二年(1269)出使元朝。紹寶六年(1284)元世祖派其子鎮南王脱歡攻打越南時,興道王陳國峻分軍屯據北江,命丁拱垣攝北宫内察院事。重興二年(1286)"丁拱垣辭免攝内密院事,許之,賜内明字爵"。在他去世的前兩年,即重興八年(1292),他遷太子少保,進爵關内侯;在他去世的次年(1295),被追贈少傅⑤。《全越詩録》卷二根據《大越史記全書》的記載,概括他的一生云:

> 東山人,博學能文。聖宗時爲員外郎,使元,辯論邊事。仁宗時,爲翰林學士奉旨,攝北宫内密院事。辭免,賜内明字爵。進太子少保,關内侯。

---

① 宋濂等《元史》卷十一,頁234。

② 黎崱著,武尚清點校《安南志略》卷三,頁67。"李振之"原文作"李振",據同書卷二所收李謙《送尚書柴莊卿序》和《全越詩録》卷二改。

③ 張豫章《御選元詩》卷六十一,清康熙四十八年(1709)内府刊本。

④ 吳士連撰,陳荆和編校《大越史記全書》本紀卷五記載紹寶四年(1282)"以太尉光啟爲上相太師,丁拱垣爲翰林學士奉旨";卷六記載興隆二年(1294)九月"少保丁拱垣卒,帝重之不名",頁356、374。

⑤ 吳士連撰,陳荆和編校《大越史記全書》本紀卷五,頁347、357、362。

英宗初立,敬之不名。加少保,卒,贈少傅。

另外,值得指出的是,《大越史記全書》爲了贊揚陳朝君王之忠厚,記載了陳仁宗重興四年(1288)勸行遣司中官黎從教與丁拱垣交好一事,如下:

> 帝諭行遣司交好翰林院故事。凡宣德音,則翰林預送詔稿於行遣,使先肄習,至宣讀時兼講音義,令凡庶易曉者,以行遣專用中官故也。時黎從教爲左輔,與翰林奉旨丁拱垣素不相協。宣示德音有日矣,拱垣故不送稿。從教屢索求,竟不能得。是日駕方出宫,拱垣始送稿。從教宣讀大赦,不通音義,遂默然。帝召拱垣立後,開示音義,從教頗有慙色。拱垣指示聲轉大,而從教聲反低,朝中但聞拱垣聲。帝還內,詔從教諭曰:"拱垣士人也,爾中官也,何不相協至是耶?爾爲天長留守,土蝦、册橘投贈往還,何傷乎?"自是從教、拱垣交好更篤。①

從中亦可窺見丁拱垣的個人性格和處世態度。

《元史》從不同角度多處記載了至元二十九年(1292)陳孚出使安南一事,茲列如下:

> (至元二十九年)選湖南道宣慰副使梁曾,授吏部尚書,佩三珠虎符,翰林國史院編修官陳孚,授禮部郎中,佩金符,同使安南。(《元史·世祖本紀》)

> (至元)二十九年,世祖命梁曾以吏部尚書再使安南,選南士爲介,朝臣薦孚博學有氣節,調翰林國史院編修官,攝禮部郎中,爲曾副。陛辭,賜五品服,佩金符以行。(《元史·陳孚傳》)

> (至元)二十九年九月,遣吏部尚書梁曾、禮部郎中陳孚持詔再諭日燇來朝。(《元史·安南傳》)②

梁、陳二人這次出使距離張立道至元二十九年(1292)六月出使回到大都,不過短短三個月,顯然是因爲張立道等人並未能達成元世祖宣詔安南國君親往大都覲見的使命,因而又再次派出使團持詔宣諭。

陳孚(1259—1303)③,字剛中,號勿庵,浙江台州臨海人。《安南志略》收

---

① 吳士連撰,陳荆和編校《大越史記全書》本紀卷五,頁364—365。
② 宋濂等《元史》卷十七、卷一百九十、卷二百九,頁366、4339、4649。
③ 根據《元史·陳孚傳》的記載,陳孚卒於大德七年(1303),時年六十四,當生於1240年。但臨海市博物館收藏有陳孚之子陳遘撰寫的《陳孚壙志》云:"公於宋開慶元年(轉下頁)

録陳仁宗向元朝所上的奏文稱："臣伏於今年二月十四日恭睹天使吏部尚書梁曾、禮部郎中陳孚，奉齎天詔。"此奏文落款的時間爲"至元三十年三月初四日安南國臣陳日燇奏"①。又陳孚《交州使還感事》二首的自注云：

> 至元壬辰秋九月朔，詔命吏部尚書臣梁曾、禮部郎中臣陳孚，奉璽書
> 問罪於交趾。越翌日，召至便殿，賜金符襲衣，乘馬、弓矢、器幣論遣之。
> 明年正月二十有四日至其國。三月望日，世子陳日燇遣陪臣明宇陶子奇、
> 奉旨梁文藻等奉表請命。以九月至京師。②

可見是詩當作於至元三十年（1293）三月十五日前後，梁、陳使團返程回國之際。

　　陳孚《元史》有傳③，是第一位充任國使的南方人。《元史》本傳記載他："幼清峻穎悟，讀書過目輒成誦，終身不忘。至元中，孚以布衣上《大一統賦》，江浙行省爲轉聞於朝，署上蔡書院山長，考滿，謁選京師。"④他從越南出使回國後，理當被重用，但因是南人的緣故，只任翰林待制，兼國史院編修官，後遷建德、衢州、台州三路治中等職。陳孚雖然官職不高，但"所至多著善政"。大德七年（1303），台州大旱，他爲解決百姓賑濟問題而積勞成疾，卒於台州路治中任上。陳孚"天材過人，性任俠不羈，其爲詩文，大抵任意即成，不事雕斫"，一生著述頗豐，有《天遊稿》《觀光稿》《玉堂稿》《交州稿》《桐江稿》《柯山稿》等。《四庫全書》集部收録有他的別集《陳剛中詩集》三卷。

6. 陳英宗《送北使安魯威李景山》

　　陳英宗《送北使安魯威李景山》一詩見著於《全越詩録》卷一，詩曰：

（接上頁）己未七月二十六日生。至元二十二年獻《大一統賦》於江淮行省，授上蔡書院山長。除翰林國史院編修官。欽奉旨，擢奉訓大夫、禮部郎中，佩金虎符，奉使安南國。使還，歷建德、三衢別駕，召爲翰林待制、奉直大夫，同修國史。謁告還鄉，就除台州路治中。至大二年己酉六月初四卒於官。"因此，陳孚當生於1259年，卒於1303年。王德毅、李榮村、潘柏澄編《元人傳記資料索引》（中華書局，1987年，第1271頁），據《陳孚壙志》與陳孚《交州使還感事》詩自注，糾正了《元史》之誤。

① 黎崱著，武尚清點校《安南志略》卷六，頁140—141。

② 顧嗣立編《元詩選》二集卷六，清康熙長洲顧氏秀野草堂刻本。

③ 關於陳孚的生平，可參見徐三見《〈元史·陳孚傳〉考證》，張舜徽主編《中國歷史文獻研究》第2輯，華中師範大學出版社，1988年。本文僅據行文需要簡要述之。

④ 宋濂等《元史》卷一百九十，頁4338—4339。

　　躘聚輐光射海涯,拂開淚眼睹龍飛。料知炎燠聞還遠,敢恨春風照較遲。五嶺山高人未渡,三湘水闊雁先歸。太平有象憑君語,喜溢津津入色眉。

《安南志略》卷十九著録此詩題目爲《送天使阿魯威李景山》,《全越詩録》A.132/1 號抄本、《越嶠書》則將"安魯威"誤作"安曾咸""安咸魯"。

　　越南陳重興九年(1293),陳仁宗禪位給皇太子陳烇,是爲陳英宗(1276—1320)。《大越史記全書》記載陳英宗曰:"名烇,仁宗長子。母欽慈保聖皇太后也。在位二十一年,遜位六年。壽四十五歲,崩於開長府重光宫,葬泰陵。帝善繼善承,所以時臻康泰,治底休明,文物制度漸盛,亦陳朝之盛主也。然聚沙門於安子之山,勞民力於暎雲之閣,非醇中小疵乎。"又同書記載興隆二十二年(1314)三月十八日,陳英宗禪位給皇太子陳奣,被尊爲"光堯睿武太上皇帝"①,後繼續執掌朝政,直到逝世。

　　《全越詩録》卷一陳英宗小傳則曰:"帝仁宗長子,天性謙沖,遊神翰墨,嘗製藥石箴賜太子,又製詩集名《水雲隨筆》。"據《大越史記全書》的記載,大慶七年(1320)他臨終之前將《水雲隨筆》燒燬:"春,三月十六日,上皇崩於天長府重光宫,引梓宫入祥符門,奉安於聖慈宫。上皇天性謙沖,友睦同姓,朝廷庶政,皆自裁決,萬機餘暇,遊神翰墨,一書一畫悉焚之,御製詩集名《水雲隨筆》,臨崩亦焚之。"②

　　根據諸書的記載,安、李兩位出使在至大元年(1308),目的是向安南宣元武宗即位詔。其中《元史》記載如下:

　　癸酉,詔諭安南國曰:"惟我國家,以武功定天下,文德懷遠人,乃眷安南,自乃祖乃父,世修方貢,朕甚嘉之。邇者,先皇帝晏駕,朕方撫軍朔方,爲宗室諸王、貴戚、元勳之所推戴,以謂朕乃世祖嫡孫,裕皇正派,宗藩效順於外,臣民屬望於下,人心所共,神器有歸。朕俯徇輿情,大德十一年五月二十一日即皇帝位於上都。今遣少中大夫、禮部尚書阿里灰,朝請大夫、吏部侍郎李京,朝列大夫、兵部侍郎高復禮諭旨。尚體同仁之視,益堅事大之誠,輯寧爾邦,以稱朕意。"③

① 吳士連撰,陳荆和編校《大越史記全書》本紀卷六,頁 373、395。
② 吳士連撰,陳荆和編校《大越史記全書》本紀卷六,頁 399。
③ 宋濂等《元史》卷二十二《武宗本紀》,頁 500—501。

這裏記載的使臣禮部尚書爲“阿里灰”,與其他各書記載有所不同,當爲音譯不同所致。《安南志略》所記載的使臣除了安、李二位之外,還多了一位高復禮,曰:“至大元年,遣禮部尚書安魯威、吏部侍郎李京、兵部侍郎高復禮使安南,宣武宗皇帝即位詔。日燇既薨,世子日焥遣使貢賀。”①《大越史記全書》記載他們抵達越南的時間,亦是在這一年十一月,那麽這首詩應當作於稍後返程回國的時間。

安魯威生平事跡待考。李京字景山,號鳩巢,河間人。《元史》無傳,生平事跡略見於虞集《李景山詩集序》②。後顧嗣立編《元詩選》,將其生平概括得更爲完整、簡潔,玆列如下,以供參考:

京字景山,河間人。蚤嵗起家掌故樞府,不數年,遂長其幕,遽坐廢。大德五年春,奉命宣慰烏蠻,尋陞烏撒烏蒙道宣慰副使,佩虎符,兼管軍萬户。悉其見聞爲《雲南志略》四卷。三年而報使,因以其書上之即,移病歸鄉里卒。景山於書酷好老子,獨慕白樂天之爲人。平生爲詩,凡數百篇,而雲南諸作,尤爲世所傳誦,總題曰:《鳩巢漫稿》。鳩巢,其自號也。袁伯長謂其詩“質而不倨,綺而不踰。襲衆芳之英,融寄於窮厓絶域之地”。虞伯生謂雲南之詩“雖悲宕動人,而無怨尤忿厲之氣”。其所存庶幾,不謬於古人。余觀景山之自叙曰:“其詞或傳幸得托於中州人士之末,其自命可知已。”③

① 黎崱著,武尚清點校《安南志略》卷三,頁76。

② 虞集《李景山詩集序》,《道園學古録》卷五,《四部叢刊》景明景泰翻元小字本。《李景山詩集序》如下内容涉及其生平:“景山蚤歲即起家掌故樞府,不數年遂長其幙,方驟用而遽坐廢。盖五年而後宣慰雲南,三年而報使移病歸鄉里者,又二年矣。二十年間,爲詩凡數百篇,而雲南諸作,尤爲世所傳誦,豈非感激於其變者然哉!然余觀其樞府所賦,廼多在於西山、玉泉之間。其雲南之詩,至自叙曰:‘其辭或傳,幸得托於中州人士之末,雖能悲宕動人,察其意,則能深省順處,无怨尤忿厉之氣。其居郷諸作,放曠平易,又若初未始更憂樂之變者。余因歴考其所遇,而察其所立言者,有以見其所存者,庶幾不繆於古之人矣。’而徒以雲南之作知景山者,特未尽窺景山者也。景山於書無不讀,而酷好老子;於古之人無不學,而獨慕白樂天。然則其能廓然以自廣,脱然以自處者,殆有由來也。景山年未甚高,而道學方力,後此而有作,余將不足以窺之也夫!景山姓李氏,名京,河間人,鳩巢其自號也。故其詩總題曰:《鳩巢漫稿》。”

③ 顧嗣立編《元詩選》二集卷八,清康熙長洲顧氏秀野草堂刻本。

李京與張立道相似,主要的仕宦經歷在雲南,這也是元朝選中他爲使臣的重要原因。

7. 陳明宗《贈北使撒只瓦文子方》

《全越詩録》卷一著録陳明宗《贈北使撒只瓦文子方》内容如下:

> 至治改元新,初頒到海濱。傾心效葵藿,扶病聽經綸。光照嵐溪夜,温回草木春。歸當再前席,幸不外斯民。

《安南志略》卷十九、《越嶠書》卷二十著録此詩題目分別爲《贈天使森濟烏克文子房》《贈天使撒只瓦文子房》。

陳明宗名奣,爲陳英宗第四子,生於興隆八年(1300),此前他的兄長們皆早逝,陳英宗將他托付給自己的兄長陳日燇養育,以保皇統的延續。如陳英宗所願,陳奣在陳日燇的教養下,順利成長。興隆二十年(1312),陳英宗御駕親征南下占城。年僅十二歲的陳奣由陳日燇、陳國瑱輔佐,以皇太子的身份監國①。關於他的一生,《大越史記全書》記述曰:"嫡母順聖保慈皇太后陳氏,興讓大王國額之女也。親生母昭憲皇太后陳氏,保義大王平仲之女也。在位十五年,遜位二十八年,壽五十八歲,崩於葆元宮,葬於穆陵。帝文明飾治,敷賁前功,忠厚存心,貽謀燕翼,内寧外撫,紀綱畢張,惜其不辨克終之奸,致國瑱之死,而爲聰明之累也。"②《全越詩録》卷一對他的功績也持同樣的肯定態度:"内寧外撫,經紀畢張,名儒相繼登朝,號爲極盛。"

《安南志略》卷三《大元奉使》記載至治元年(1321):"遣吏部尚書教化、禮部郎中文矩,使安南,宣英宗皇帝即位詔。明年,世子陳日燇遣使貢賀。"③《元史·英宗紀》所記簡略,僅云這一年七月"遣吏部尚書教化、禮部郎中文矩使安南,頒登極詔"④。《元史》中記載名"教化"者甚多,其事跡待考。按,文矩字子方,《安南志略》與《越嶠書》詩題中的"文子房"爲音近致誤。《贈北使撒只瓦文子方》首句云"至治改元新",顯然涉及的就是這次出使。儘管史書關於此次出使未提"撒只瓦"或"森濟烏克"使臣之名,但是可以確定這首詩的創作時間爲文矩從安南動身返回元朝之前夕。

---

① 吴士連撰,陳荆和編校《大越史記全書》卷六,頁383、392。
② 吴士連撰,陳荆和編校《大越史記全書》卷六,頁396。
③ 黎崱著,武尚清點校《安南志略》卷三,頁77。
④ 宋濂等《元史》卷二十七,頁613。

《元史》無文矩傳，吴澄爲其撰有《故太常禮儀院判官文君墓誌銘》①，根據這篇墓誌銘，文矩卒於至治三年（1323）八月。《元詩選》二集也有文矩小傳，概括較爲全面，兹列如下：

> 矩字子方，長沙人。盧翰林摯廉訪湖南，辟署書吏，敬其才辯，遇之殊常人。大德間，授荆湖北道宣慰司照磨兼承發架閣。公卿聞其名，留補刑部、宗正，轉秘書省校書郎。延祐間，陞著作郎，改翰林修撰，同知制誥，兼國史院編修官。至治初，議遣使持詔諭安南國，被選爲奉議大夫、禮部郎中，佩册金符，奉使安南。復命，進太常禮儀院判官。卒於京師。趙松雪嘗贈詩云：“我友文子方，其人美如玉。文章多古意，清切緑水曲。”吴草盧志其墓，稱其文章歌詩，雖疎宕尚氣，有陳事風賦之志焉。惜其未傳而遽止也。②

此外袁桷撰有《文子方安南行記序》一文，據序文可知文矩的《安南行記》收録有出使所作之詩、越南山川土俗之考③，可惜此書今亦已不傳。

8. 陳明宗《送北使馬合謀楊廷鎮》二首

《全越詩録》卷一收録陳明宗《送北使馬合謀楊廷鎮》二首，内容如下：

> 馬頭萬里涉溪山，玉節搖搖瘴霧寒。忽睹十行開鳳尾，宛如咫尺對龍顔。漢元初紀時方泰，舜曆新頒德又寬。更得二公誠款款，卻添春色上眉間。

> 九鼎尊安若泰山，時暘時雨瘴煙寒。普天玉帛歸堯舜，比屋弦歌學孔顔。銅柱不須勞馬援，蒲鞭誰復羨劉寬。聖恩浩蕩慈雲闊，化作甘霖滿世間。

《安南志略》卷十九、《越嶠書》卷二十均收録此詩，分別題作《謝天使瑪哈穆特楊庭鎮》《謝天使馬合謀楊廷鎮》。

《元史·泰定帝本紀》記載泰定元年（1324）秋七月，“以山東鹽運司判官馬合謨爲吏部尚書，佩虎符，翰林修撰楊宗瑞爲禮部郎中，佩金符，奉即位詔往諭安南”④。整部《元史》僅有這一處作“馬合謨”，另有兩處提到“馬合謀”⑤，但

---

① 吴澄《吴文正公集》卷八十，清文淵閣《四庫全書》本。
② 顧嗣立編《元詩選》二集卷八，清康熙長洲顧氏秀野草堂刻本。
③ 袁桷《清容居士集》卷二十二，《四部叢刊》初編景元本。
④ 宋濂等《元史》卷二十九，頁649。
⑤ 宋濂等《元史》卷一百七十、卷十四，頁3990、296。

這位馬合謀早在出使的二十多年前就伏罪被誅，顯然不是同一人。《元文類》收錄曹元用所擬《諭安南國詔》則云："泰定元年，今遣亞中大夫吏部尚書馬合謀、奉議大夫禮部郎中楊宗瑞，賫詔往諭爾國，賜爾授時曆一帙。"①《大越史記全書》也記載泰定元年（1324）："元帝遣馬合謀、楊宗瑞來告即位，及授時曆一帙。"② 因此，這首詩所送別的元朝使臣當作"馬合謀"。

楊宗瑞，字廷鎮，《元史》無傳，僅零散有數條記載。歐陽玄《出試院有作，記諸弟九首並引》附記中云："天曆會試院中，馬伯庸尚書、楊廷鎮司業及玄，皆乙卯榜進士，偶成絶句紀其事。出院明日，有敕督修《經世大典》，又成小詩寄諸弟。"③ 可知，楊廷鎮爲延祐復科，即延祐二年（1315）進士。《元史·順帝本紀》記載至正八年（1348）春正月曰："詔翰林國史院纂修后妃、功臣列傳，學士承旨張起巖、學士楊宗瑞、侍講學士黃溍爲總裁官，左丞相太平、左丞吕思誠領其事。"《元史·虞集傳》也記載了虞集認爲楊廷鎮"素有曆象地理記問度數之學"，推薦他參加《經世大典》的撰修④。綜上，可以判斷楊廷鎮是與虞集、歐陽玄生活在同一時期的翰苑重臣。

9. 陳明宗《贈北使撒只瓦趙子期》

《全越詩録》卷一録陳明宗《贈北使撒只瓦趙子期》內容如下：

> 駟騎行行瘴霧深，海邊光照使星臨。四方專對男兒志，一視同仁天子心。越國山河供傑句，周家雨露播綸音。明朝相隔雲南北，今日休辭酒滿斟。

《安南志略》卷十九、《越嶠書》卷二十分別著録此詩題目爲《送天使森濟烏克趙子期》《送天使撒只瓦趙子期》。

關於這兩位使臣的出使，中越史書分別記載如下：

> 至順三年，遣吏部尚書撒只瓦、禮部郎中趙期頤使安南，宣文宗皇帝即位詔。（《安南志略》）⑤

> （至順二年春正月）己亥，遣吏部尚書撒里瓦，佩虎符，禮部郎中趙期

---

① 蘇天爵編《元文類》卷九，《四部叢刊》景元至正本。

② 吳士連撰，陳荆和編校《大越史記全書》本紀卷六，頁404。

③ 歐陽玄《圭齋文集》卷三，《四部叢刊》景明成化本。

④ 宋濂等《元史》卷四十一、一百八十一，頁880、4178。

⑤ 黎崱著，武尚清點校《安南志略》卷三，頁77。

頤,佩金符,齋即位詔告安南國,且賜以《授時曆》。(《元史·文宗本紀》)①

（至順二年）元遣吏部尚書撒只瓦來告文宗即位。(《大越史記全書》)②

武尚清點校《安南志略》時指出,文宗至順三年(1332)八月崩,此次出使當據《元史》爲文宗第二次登位的翌年,即至順二年(1331)。所以這首詩也當作於是年使臣擬動身返回元朝之際。

"撒只瓦"《元史》作"撒里瓦"也當是音譯造成的差異,其生平無考。關於趙期頤各類文獻則有如下記載:

趙期頤,字子奇,汴梁人,官至陝西行臺。治書,工於篆書。(《書史會要》)③

宛丘趙期頤,以書名世,得之吾衍者爲多。(《文憲集》)④

期頤篆迹渾璞高古,以禹碑周鼓爲宗,無一筆陽冰擇木。(《六硯齋筆記》)⑤

從上可知趙期頤是汴梁人,官至陝西行臺,以書法名世,尤工於篆書。《全越詩錄》諸本、《安南志略》《越嶠書》等均將其姓名寫作"趙子期",或因與"趙子奇"音近而致。

上文所述的陳朝送別元朝使臣的詩歌,從越南漢詩發展的角度而言,它們展現了越南早期送別詩內容以政治外交爲主體的詩歌特點。從歷史學的角度來看,爲考辨兩國外交史、研究兩國詩賦外交,也能提供不一樣的視角。因篇幅關係,本文擬另撰文探討。

（作者單位：西南交通大學人文學院）

---

① 宋濂等《元史》卷三十五,頁 774。

② 吳士連撰,陳荊和編校《大越史記全書》本紀卷七,頁 415。

③ 陶宗儀《書史會要》卷七,上海書店出版社 1984 年影印 1929 年武進陶氏逸園景刊明洪武本。

④ 宋濂《文憲集》卷十,清文淵閣《四庫全書》本。

⑤ 李日華著,沈亞公校訂《六硯齋筆記》,中央書店排印本,民國二十五年(1936)。

寰宇之中誰是中華？

——從安南與朝鮮使臣酬唱看明清東亞朝貢圈中的華夷觀 *

彭衛民

一　引言

雍正元年（1723）十月，安南國王黎維禟遣正使范謙益，副使阮輝潤、范廷鏡等人如清“賀即位”。本來，按照康熙七年（1668）“三年一貢，兩貢並進”的約定，下一次的歲貢應在三年後，但是安南爲了慶賀大清新帝登基，主動請求改貢以表輸誠之情。依慣例，新帝即位總要找出一些“祥瑞”來以示新朝氣象，湊巧的是，雍正三年正月二十九日，禮部會同欽天監奏稱有“日月合璧以同明、五星連珠而共貫……爲從來未有之瑞”[①]，皇帝大喜，在上諭中要求舉國上下、内臣外藩爲自己慶賀。返程途中的范謙益抓住此次機會，適時向雍正上《安南國陪介范謙益等奏呈慶賀詩三章折》，這份奏折即爲吹捧“祥瑞”所賦的三首詩，内容則無非是一些“至德光乎八表，聲教被於四遐。海隅蒼生共惟帝

* 本文係國家“十三五”重點文化工程“全球漢籍合璧工程”專項經費資助項目（2019HBY07）、中國博士後科學基金第 65 批面上（一等）資助項目（2019M650252）、中國博士後科學基金第 14 批特别資助項目（2021T140583）階段性成果。

① 中國第一歷史檔案館編《雍正朝起居注册》第 1 册“雍正三年正月二十九日”條，中華書局，1993 年，頁 416。

臣,東西朔南罔不率俾"①之類五言八韻、肉麻逢迎之詞。雍正閲畢龍顔大説,除賞賜使臣寶玉、器皿、銀緞之外,並御筆賞賜安南國王"日南世祚"四字以及《古文淵鑒》《佩文韻府》《淵鑒類函》書三部。這一事件傳至安南,舉國歡動,使臣甫一歸國即獲升遷,范謙益被拔擢爲户部左侍郎、述郡公,隨後一路升遷至清華留守、參從内閣大學士、禮部尚書、太宰、大司空等職,直到乾隆五年(1740)范氏去世,安南朝廷爲之輟朝三日,享受國恤之禮。

自洪武二年(1369)安南、占城分别遣使如明朝貢算起,被派遣至中國的貢使多如牛毛,燕行文集中爲大皇帝溜須拍馬的詩詞章賦更不可勝舉,爲何范謙益獨獲此殊榮?《大越史記全書》給出的評價是"文章德行,爲時模楷。使燕增重國體,人比之馮克寬"②,很顯然,范謙益的盛名與他文采飛揚的外交詩以及他在宗主國前爲本國博取政治認可有關。爲什麽要拿他與馮克寬(1528—1613)相比? 看起來,馮克寬在數百年的燕行史上爲安南書寫過獨一段輝煌故事,以至於樹立了朝貢體系下國家間政治文化交流的標桿。對於一個出色的使節來説,屬於文化範疇的"酬唱"往往要隱喻一些政治上的認同或者自信,作出"天然兩地一家同,同在聖賢爐冶中"③的身份確認,才能使北朝嘉賜寵數,國體增重,如果還能引起其他藩國的"眼紅",那簡直就是一場完美的邦交之旅。顯然,范謙益正是效法了萬曆二十五年(1597)書寫祝嘏詩的馮克寬,在"事大"的同時懂得抓住時機在北京乃至其他朝貢國面前展現一下自身的"文化肌肉",成就朝貢圈文化交流史上的一段佳話。

二　萬曆二十五年馮、李的酬唱及《安南使臣唱和問答録》

嘉靖六年(1527),安南後黎權臣安興王莫登庸(1483—1541)逼迫黎恭帝禪位並將其殺害,在升龍建立莫朝,黎朝右位殿前將軍阮淦率領黎室遺老遺少

---

① 中國第一歷史檔案館編《雍正朝漢文朱批奏折彙編》第 32 册第一百七十七號,江蘇古籍出版社,1991 年,頁 171。

② 吴士連等原著,孫曉主編《大越史記全書・本記續編》標點校勘本,第 4 册卷三《黎皇朝紀　懿宗徽皇帝》,西南師範大學出版社、人民出版社,2015 年,頁 1087。

③ 李文馥《閩行襍詠》所收《夷辨附》,載復旦大學文史研究院、越南漢喃研究院編《越南漢文燕行文獻集成》第 12 册,復旦大學出版社,2010 年,頁 287。

逃至哀牢以伺復國。後黎遣鄭惟憭如明奏稱莫氏竊國廢貢等情事，嘉靖遂派兵部尚書毛伯温征討。嘉靖十九年（1540），莫氏數次派人北上自縛跪拜，入鎮南關請求册封，明朝不允，將安南由"屬國"降爲"屬地"，"封莫登庸爲安南都統使司都統使，賜銀印，仍與世襲。其十三路地方，就照原舊地名，各置宣撫司，設宣撫同知副使僉事各一員，聽都統使管轄，差遣朝貢"[1]。直到萬曆二十五年也即黎世宗光興二十年（1597），後黎的黎維潭在南方鄭氏的扶持下，滅莫朝，奪升龍，重新復國，黎維潭跣足入關勘驗，雙方行勘交接禮，"自此南北兩國復通"[2]。

趁熱打鐵，世宗黎維潭以向大皇帝朱翊鈞祝賀三十四歲生日爲名，差工部左侍郎馮克寬等人出使燕京乞修職貢。當然此行還有一項更爲重要的使命：請求明朝撥亂反正，替安南去掉"都統使司"的帽子，重新册封黎氏爲安南國王。馮氏等人於萬曆二十五年四月初十啓程，經廣西花山、梧州，北抵長江，東過鄱陽湖，采石磯，到達南京，再渡江北上，經揚州、宿州、彭城，至次年十月抵達北京[3]。馮氏入京即力陳逆臣莫氏弑主奪國、黎王卧薪嘗胆的故事，但只得到萬曆"汝主非莫氏比，然以初復國，人心未定，姑以都統總理國内，後加王爵未晚"[4]的回復。馮氏一行遂於十二月初六返國，與前述范謙益一樣，馮氏旋即被提拔爲吏部左侍郎，封梅嶺侯。儘管黎維潭請求册封安南國王的目的並未達成，但是馮氏此行卻爲黎朝打通了中斷已久的朝貢通道。更爲重要的是，馮克寬在北京的兩個多月時間里，偶遇了同時來參加祝壽的朝鮮書狀官、右承旨兵曹參知李睟光（1563—1628），二人在北京共處五十餘日，相接甚熟，問答甚詳，留下《安南使臣唱和問答録》，展開了一場"同出一源"的文化較量。

在北上途中，馮氏"適遇天朝萬壽聖節，諸國使臣各獻詩一，公獨獻詩三十一首"[5]，詩集不僅歌頌了大明王朝"合九州歸同一軌，卓千古冠百王超"

---

① 吳士連等原著，孫曉主編《大越史記全書·本記續編》第3册卷十六《黎皇朝紀　莊宗裕皇帝》，頁822。

② 吳士連等原著，孫曉主編《大越史記全書·本記續編》第3册卷十七《黎皇朝紀　世宗毅皇帝》，頁888。

③ 陳正宏《使華手澤詩集》解題，復旦大學文史研究院、越南漢喃研究院編《越南漢文燕行文獻集成》第1册，頁58。

④ 潘清簡《欽定越史通鑑綱目》正編卷三十《黎世宗光興二十一年》，越南漢喃研究院藏本，頁26。

⑤ 佚名《人物志·太宰梅郡公録》，載孫遜等編《越南漢文小説集成》第18册，上海古籍出版社，2010年，頁225。

的天下觀,也向萬曆傳遞了後黎朝"海隅日出瞻依共,極所辰居向拱皆"[①]的恭順與歸附。由武英殿大學士、禮部尚書張位(1534—1610)轉奏萬曆。帝聞之大悦,御批"賢才何地無之,朕覽詩集,具見馮克寬忠悃,殊可深嘉篤美"[②]。賜其"南國狀元"稱號,並給以冠服。顯然,馮克寬此舉爲安南在宗主國與其他藩屬國面前贏得了政治上的尊重,"公之作此,不惟天皇帝奇其才,張相公愛其能,而余輝剩馥亦起敬鄰之使"[③]。這三十一首詩被完整地收録在馮克寬的《梅嶺使華手澤詩集》與《梅嶺使華詩集》中,並由李睟光爲之作序。

　　李睟光之所以爲馮克寬的祝嘏詩作序,源於馮、李二人在初識時對彼此的好奇與好感。馮克寬早年師從大儒阮秉謙(1491—1581),儘管出使北京時已年逾古稀,但其詩文詞賦在後黎朝文壇堪稱老將,就連朝鮮士大夫都稱贊"其所爲詞律,庶幾乎華人之爲"[④];與馮克寬的大器晚成不同,李睟光"六歲讀章句,受學於家庭。十二稍屬文,通四書兩經。二十登進士,虛譽人或傾。廿三占大第,發軔青雲程"[⑤]。出使北京時正過而立之年,可謂少年得志、意氣風發。李見馮"其人雖甚老,精力尚健,常讀書寫册不休"[⑥],遂制長句以探其文筆,没想到馮迅速回詩相和,二人惺惺惜惺惺,於是一來二往共寫下酬唱詩十八首,其中每人七律八首、五言排律一首。李在贈詩中盛贊安南"休道衣冠殊制度,卻將文字共詩書""奉使喜觀周禮樂,趨班榮側漢冠裳";馮則於次韻中吹捧

---

① 引上兩處詩文,參見馮克寬《梅嶺使華手澤詩集》所收《天皇帝萬壽聖節詩三十一首》,復旦大學文史研究院、越南漢喃研究院編《越南漢文燕行文獻集成》第 1 册,頁 91、87—88。

② 吴士連等原著,孫曉主編《大越史記全書·本記續編》第 3 册卷十七《黎皇朝紀　世宗毅皇帝》,頁 888。

③ 杜汪《梅嶺使華手澤詩集》序,復旦大學文史研究院、越南漢喃研究院編《越南漢文燕行文獻集成》第 1 册,頁 77。

④ 崔岦《簡易文集》卷三《書李芝峰令公安南使臣唱酬卷序》,《韓國文集叢刊》第 49 册,民族文化推進會(下所引《韓國文集叢刊》皆爲民族文化推進會出版,以下僅注出版年份及頁碼),1990 年,頁 44。

⑤ 李睟光《芝峰先生集》卷七《五七言古詩·述懷五百七十言》,《韓國文集叢刊》第 66 册,頁 2。

⑥ 李睟光《安南使臣唱和問答録》,林基中編《燕行録全集》第 10 册,東國大學校出版部,2001 年,頁 137。

"彼此雖殊山海域,淵源同一聖賢書""居鄉必擇魯鄒鄉,講道同詩孔素王"①。
這場詩文"比賽"的主題大略有兩點,其一,是對對方所居的異域風情充滿好
奇與遐想,如李多次在詩中提及"瘴癘""銅柱""象骨""龍香"等安南特有的
名物,馮爲表達李所作的"大手筆"序言,以越南白線香相贈,李則贈馮以朝鮮
所產的松煙墨。李睟光在日記中興奮地描述道:"白線香者,極細而長,如一條
線,香氣甚烈;脂香者,爛煮如膏,塗著身面,經日不滅。"②顯然對於馮、李這樣
優秀的外交使節而言,以一種博聞强識的姿態去認識並爲對方建構一個"想
象中的異域",方能獲得對方的折服。其二是因彼此文胞一脈,聲氣相通而產
生的親切感與(自我)認同感。往復詩中有諸多"禮義邦""舜冕裳""文獻域"
以及"魯鄒鄉"的描述,這些象徵着先王道統的辭藻,固然是在吹捧對方封域
雖殊,但作爲同文之國卻能廁身於大中華的"朝貢秩序圈"中的榮耀,而另一
方面,這些辭藻無非是在向對方確認,作爲這個圈子中的重要一員,彼此間亦
存在"我者"和"他者"的清晰界限。這種確認正如朝鮮使臣對於"邦交"規
則的自我定義:"乃使異國之人,得知我國文獻之盛。而奉使之臣,不下於古之
人也……又使我國重於九鼎大呂也。"③

但奇怪的是,與互贈詩中的互相逢迎相反,李睟光在日記中對馮克寬這樣
一個古稀老者外貌的描述,卻頗有些"人身攻擊"的意思:

> 使臣姓馮名克寬,自號毅齋,年踰七十。形貌甚怪,涅齒被髮,長衣闊
> 袖,用緇布全幅蓋頭,如僧巾樣。以其半垂後過肩焉……若值朝會詣闕,
> 則束髮著巾帽,一依天朝服飾。而觀其色,頗有慙頳不堪之狀,既還即脱
> 去。一行凡二十三人皆被髮,貴人則涅齒,下人則短衣跣足,雖冬月赤腳
> 無袴襪,蓋其俗然也……其狀率皆深目短形,或似獼猴之樣。④

或許相比於那些鋪錦列繡的月章星句而言,深藏於日記中的並不那麼友
好的描述才是使節内心的真實表達。因爲對於朝鮮而言,在明清東亞的天下
體系中能與天朝上國至誠事大、親若父子的恐怕只有自己,"所以天心一視我,

---

① 李睟光《安南使臣唱和問答録》,頁 128—135。
② 李睟光《安南使臣唱和問答録》,頁 139。
③ 車天輅《五山集》卷五《安南國使臣唱和詩集跋》,《韓國文集叢刊》第 61 册,頁 16。
④ 李睟光《安南使臣唱和問答録》,頁 137—138。

不比海外諸小島"①。不管在什麼場合、何種處境下，朝鮮對於自身"小中華"地
位的確信是篤定不移的，至於"外國四夷之來朝者，莫不服左衽而言侏離，安
南雖曰冠帶，被髮漆齒，則亦非可論於華制"②。又何況關於冠服，早在弘治十三
年（1500）明朝就明諭安南不可能獲得與朝鮮國同等的袞冕，並斥責"不知彼
國之王，其名爲王，實亦爲臣。而朝廷之制，其名器固有所在也"③。所以與詩篇
相比，日記所述一定是使節對於"内外""華夷""親疏"這些代表朝貢圈等級
的真實寫照。

　　交代一個背景。與安南國内的"南北紛争"一樣，1597 年的朝鮮也同樣
不太平。早在五年前，日本豐成秀吉率十五萬大軍登陸釜山，先後佔領漢城、
開城與平壤，導致"三都淪陷"，朝鮮國王李昖倉皇出逃至邊境義州，向大明求
救，史稱"萬曆壬辰戰争"。隨後大明出兵替朝鮮奪回平壤。李睟光出使北京
的這一年，中朝日的和談破裂，豐臣秀吉陸續屯兵十四萬，戰艦數百艘準備再
次進攻朝鮮。這一年九月，明軍在稷山之戰中敗退回水原，東北亞呈現劍拔弩
張的局勢。李睟光此行的目的，正是希望得到"天朝以朝鮮二百年恭順屬國，
故必欲終始救濟，大發兵馬，大發糧餉，期於掃滅凶醜"④ 的答復。在這場戰争
中，有很多文人士大夫被俘虜至日本，正是從那個時候起，"小中華"的思想在
朝鮮士人心中萌芽。在李睟光回到國内的第二年（1599），於南源之戰中被日
本人俘虜至薩摩州的朝鮮武臣魯認（1566—1622），在明人援助下逃至福建，
他在狼狽的漂泊途中還不忘記在武夷書院講授他的"小中華"思想：

　　　　弊邦雖偏在東藩，自三代時，善變於華，故特封箕聖。教之以八政，而
　　後衣冠文物，禮樂法度，燦然斐矣。秦屬遼東，漢封郡縣，至自晋時，各分
　　疆域，自爲聲教。然恭修職分，事大以誠，獨居諸侯之首，僭得小中華之名
　　久矣。而與諸夏無異也。⑤

　　一個藩國的戰俘，在身陷囹圄之際尚不怯於在宗主國的朱子學發源地大

---

① 李恒福《白沙先生別集》卷五《朝天録·上》，林基中編《燕行録全集》第 9 册，頁 74。

② 李在學《燕行記事·利》，林基中編《燕行録全集》第 59 册，頁 53。

③ 佚名編纂《抄本明實録》第 11 册《大明孝宗敬皇帝實録》卷一百七十五"弘治十四年六
　月己亥"條，線裝書局，2005 年影印本，頁 322。

④ 吳晗編《朝鮮李朝實録中的中國史料》上編卷四十一《宣祖實録》，中華書局，1980 年，頁
　2500。

⑤ 魯認《錦溪日記》，《四月二十六日》，韓國古典翻譯院影印本。

肆鼓吹“禮樂法度衣冠文物”，這種觀念在社稷危如累卵之際儼然成爲士人心中的“共識”，又何況是面對區區“安南都統使司”。在東亞朝貢圈中，交趾（安南）被視爲“被髮文身，豺狼與居，麋鹿與遊，豈復知張官置吏之法哉？”[①] 而接下來馮、李二人的筆談，更有一種區分文明高下之感：

問：舊聞貴國王是莫姓，今黎氏乃創業之主耶？有何變亂而革命耶？

答曰：前者賤國是黎王管封，後爲莫氏纂僭，今黎氏復舊業，再請封。

問：黎王失國幾年，始復舊物？

答曰：經五十餘年。

問：貴國有都統使是何官職？

答曰：賤國自古有國以來，未嘗有都統使司之職。特以莫氏僭逆，天朝宥以不死，權置都統使司，秩從二品，以待叛臣耳。如今要復王封，廷臣方議定恩賞。

問：莫氏是莫茂洽耶？

使臣乃驚視良久，答曰：然。（莫茂洽乃其故王姓名，蓋訝其知之也。）[②]

平心而論，以李睟光的見識不可能不清楚半個世紀之久的黎莫之爭，以及安南被降爲都統使司的實情。我們去看李睟光的《芝峰類説》對安南的記述便可知曉答案：“嘉靖初，以莫登庸纂弒，不許封王，稱安南都統使，然猶自帝其國。按《事文玉屑》云，交趾國一名安南，乃瓠犬之遺種，其性奸猾，剪髮跣足，宵目昂喙，極醜惡。廣人稱爲夷鬼，貌類人者，乃馬援兵之遺種也。”[③] 李之所以在馮面前反復提及莫氏政權，很顯然是故意在挑起君臣名分、正統大義的敏感話題，這個問題自始至終都是安南國內的“痛點”：“莫氏者黎朝之叛臣也，至黎帝即位於哀牢，始以正統紀年，以明君臣之分，正大綱也。是時莫氏奄有其國，而不以正統書之者何也？蓋莫氏臣也。黎帝雖即位於外，沒迹鄰國，曾無寸土一民，而獨以正統書之者何也？蓋黎氏君也。”[④] 當然李的認知也不盡準

---

① 徐兢《宣和奉使高麗圖經》卷二十一《皂吏》，《景印文淵閣四庫全書》第 593 册，臺灣商務印書館，1983 年，頁 861。

② 李睟光《安南使臣唱和問答録》，頁 141—142。

③ 李睟光《芝峰類説》卷二《諸國部·外國》，韓國古書刊行會，1915 年，頁 1034。

④ 吳士連等原著，孫曉主編《大越史記全書·本記續編》第 3 册卷十五《黎皇朝紀 莫登瀛》，頁 816。

確,因爲此時主政莫朝的是莫敬恭而非莫茂洽,我們從馮氏的"良久驚視"中,也能推測馮、李二人複雜的内心活動。在問答中,當馮謙稱朝鮮舊稱文獻,安南非敢比望時,李不無得意地寫道:"朝會時,我國使臣爲首立於前行,安南使臣次於後行,相接之際,每致恭遜之意。"[①] 由此可見,認知彼此、認同彼此僅僅只是使臣之間酬唱與問答的表象,而真正的動機乃在於進行一場文明高下的競賽。"在明朝時,朝貢儀式被視爲兩個同樣獻身於儒家文明的國家之間和平共處的關係,以及他們各自在儒家文明中所發揮的作用"[②]。放眼明清時期整個東亞地區,華夏文明的"雨露均沾"、綱常道統的"四海一同"打破了以地緣與種族來劃分"夷夏"身份的固化思維,文明播遷與吸收的過程,必然導致族群"自我"意識湧動的後果。當然,馮、李的這一次酬唱並不意味着兩國之間文明較量的結束[③],而僅僅只是彼此打量、相互審視的開始[④]。

三　乾隆五十五年安南使團改易服色與朝鮮使臣的反應

乾隆五十二年(1787),安南南部的農民領袖阮惠(後改名阮光平)攻破東京(即今河内),末代國王黎維祁倉皇逃入中國,請求清朝援救。乾隆帝念及字小存亡之道,遂遣兩廣總督孫士毅率兩廣、雲、貴四路大兵出關"扶黎滅阮"。

---

① 李睟光《安南使臣唱和問答録》,頁 144。

② 金載炫《與中國時間鬥争、時空的國族化:李朝後期的記時》,載司徒琳主編,趙世玲譯《從明到清時間的重塑:世界時間與東亞時間中的明清變遷》上卷,生活·讀書·新知三聯書店,2009 年,頁 142。

③ 明清兩代,朝鮮與安南使臣留下的唱和詩文尤多。如 1458 年朝鮮使臣徐居正與安南使臣梁鵠,1481 年洪貴達與阮文質、阮偉,1496 年申從濩與武佐,15 世紀下半葉曹伸與黎時舉,1718 年俞集、李世瑾與阮公沆,1760 年洪啓禧與黎貴惇,1771 年尹東升、李致中與武輝珽,1789 年徐浩修與潘輝益、武輝瑨,1795 年李亨元、徐有防與阮偍,1845 年李裕元與范芝香以及 1868 年金有淵與阮思僩等。參見王鑫磊《同文書史——從韓國漢文文獻看近世中國》,復旦大學出版社,2015 年,頁 192。

④ 馮、李的酬唱在東亞朝貢圈留下了揮之不去的回音。萬曆朝鮮戰争中,一位叫趙完璧的戰俘被帶至日本,後又隨日本商船進入安南,發現安南流傳有馮克寬帶回的李睟光詩集,"家家傳送芝峰詩,若捧拱璧,如仰神人",趙完璧將此事訴於李睟光,李寫下了"烏蠻一罷當時夢,玉節重來十載身"的詩句來緬懷馮克寬。參見李睟光《續朝天録》,林基中編《燕行録全集》第 10 册,頁 263。

因孫士毅成功太速,心存自滿,又加之可能"天厭黎氏",乾隆五十四年(1789)正月,阮惠攻破黎城,孫士毅鎩羽而歸。阮惠表現出高超的外交手腕,乘勝向乾隆"叩關謝罪乞降,改名阮光平,遣其兄子光顯賫表入貢,懇賜封號"①,一方面委婉表示,"夫以堂堂天朝,較勝負於小夷,必欲窮兵黷武以快貪殘,諒聖心之所不忍"②,另一方面又承諾"自思無可報稱,惟有於來年三月間,親自來京恭祝大皇帝八旬萬壽,叩謝莫大天恩"③。這讓急於在八旬聖壽之前湊足"十全武功"的乾隆感到十分高興,又考慮到阮光平"情詞真摯,愛戴肫誠,王既以父視朕,朕以何忍不以子視王"④。於是,同年六月乾隆放棄了黎維祁而册封阮惠爲安南國王。

歷史總有着驚人的相似之處。乾隆五十五年(1790),阮光平親率從臣潘輝益、吳文楚、武輝瑨等人爲皇帝慶祝八旬聖壽,在熱河避暑山莊遇見了同時前來祝壽的朝鮮使臣册仁點、徐浩修、朴齊家等人⑤。這一次的相遇彷彿就是馮、李酬唱的"翻版",只不過前者是在後黎剛一滅莫,使臣趁萬曆聖壽獻詩請封;而這一次是西山阮氏剛一滅後黎,輪到新國王親爲大皇帝祝壽輸誠。

之所以説這兩次相遇極其相似,是因爲安南使臣潘輝益在與朝鮮使臣徐

① 趙爾巽等編《清史稿‧列傳三百十四》卷五百二十七《屬國二‧越南》,中華書局,1976年,頁14640。

② 《大南實録‧正編列傳初集》卷三十《僞西列傳‧阮文惠》,載許文堂、謝奇懿編《大南實録清越關係史料彙編》,"中研院"東南亞區域研究計劃,1990年,頁80。

③ 《明清史料》庚編第二本《禮部爲内閣抄出廣西巡撫孫永清奏》,載中國社會科學院歷史研究所編《古代中越關係史資料選編》,中國社會科學出版社,1982年,頁475。

④ 《清實録‧高宗純皇帝實録》卷一千三百五十三"乾隆五十五年四月癸酉"條,中華書局,2008年影印本,頁126。

⑤ 已經有學者考證,《清史稿》與《越南輯略》"其實光平使其弟冒名來,光平未敢親到也,其譎詐如此"以及《大南實録正編》第一紀卷四"惠以其甥范公治貌類己,使之代與吳文楚、潘輝益等俱"等所謂的"朝觀假冒説"於信史不符,顯系爲僞。參見張明富《乾隆末安南國王阮光平入華朝觀假冒説考》,《歷史研究》2010年第3期;葛兆光《想象異域:讀李朝朝鮮漢文燕行文獻札記》,中華書局,2014年,頁227—249。不過,《安南一統志》記述"吳時任乃驛乂軍校南塘慕田人阮光植者,容貌端正,詐爲國王",與上述史料記載不同。參見吳時俀、吳時悠《安南一統志》第十五回,收入《越南漢文小説集成》第8册,頁182。

浩修、李百亨等人的酬唱詩中又重提了馮、李故事，“同風千古衣冠制，奇遇連朝指掌談。騷雅擬追馮李舊，交情勝似飲醇甘”①。朝鮮使臣朴齊家也在與潘輝益、武輝瑨的和詩中寫道：“馮李題襟日，東南故事傳。星看規外布，犀有水中眠。”② 畢竟，歷史上能讓朝鮮、安南、南掌、緬甸等國使團以及内蒙古、青海、回回、哈薩克、金川土司、台灣生番、喀爾喀諸酋長等齊聚北京參加如此隆重慶典的機會恐怕屈指可數。在使臣們看來，抓住這樣的機會辨明綱常道統、區分華夷内外，同時再效法先賢故事，顯然是很有必要的。

　　事情起因於安南使團在避暑山莊清音閣覲見乾隆皇帝時改穿大清服飾。爲了博取乾隆歡心，阮氏一行 “乞遵從天朝冠服”，乾隆賜 “紅寶石頂三眼花翎涼帽一、黄馬褂衣袍一副、金黄帶荷包全副、四團龍補服黄蟒袍一副、緯帽一、珊瑚朝珠一盤”③，並御賜制詩一首，盛贊阮氏祝壽易服之舉乃是 “詎曰一家覃父子，海邦奕業用禎機”④。隨行的陪臣潘輝益與武輝瑨分别在其《星槎記行》與《華程日記》中以詩句的形式記録了這一事件。潘輝益詩《奉穿戴天朝冠服惝然感懷》云：“聖心復冐視如一，朝服焜華品在三。逐陛觀光頻荷眷，清宵顧影獨懷慚。幸將文字塵隆鑒，驚受冠紳沐渥覃。夢境不知身幾變，且憑天寵耀軒南。”⑤ 武輝瑨詩《被帶新頒冠服偶成》云：“袞衣重覲熱河城，盈耳鈞韶去歲聲。周寶頻叨天九渥，虞章還竊品三榮。亦知聖眷非常得，自笑凡身幾變更。

① 潘輝益《星槎記行》，復旦大學文史研究院、越南漢喃研究院編《越南漢文燕行文獻集成》第 6 册，頁 236。潘輝益還與徐浩修有過一段關於追憶馮、李的對白：“從臣吏部尚書潘輝益又問於余曰：‘萬曆丁酉間，馮、李玉河館唱酬。真是千古奇遇。李有詩文集否？’ 余曰：‘芝峰，我國使李睟光號，有集而多載馮詩及問答矣。毅齋，安南使馮克寬號，亦有詩文集否？’ 潘曰：‘有集。而其萬壽聖節慶賀詩，則又載芝峰序文矣。’ 余曰：‘山出異形饒象骨，地蒸靈氣産龍香。爲芝峰之得意語；而極判洪濛氣，區分上下塽。亦毅齋之佳句也。’ 潘曰：‘芝峰詞致醇雅，毅齋意匠遒健，要可爲伯仲爾。’” 參見徐浩修《燕行記》卷二《起熱河至圓明園》，林基中編《燕行録全集》第 51 册，頁 24—25。
② 朴齊家《貞蕤閣集三集》所收《贈安南吏部尚書潘輝益灝澤侯工部尚書武輝瑨》，《韓國文集叢刊》第 261 册，頁 515。
③ 昆岡等編《欽定大清會典事例》卷五百七《禮部·朝貢·賜予》，《續修四庫全書》史部第806 册，頁 75。
④ 潘輝益《星槎記行》所收《奉抄御詩》，頁 233。
⑤ 潘輝益《星槎記行》所收《奉穿戴天朝冠服惝然感懷》，頁 235。

正擬歸裝珍襲處,班堂戲舞獻桃觥。”①

　　從潘、武二人的詩句中,不難看出奉旨穿戴天朝服飾對於安南來說是一件無上榮光的事情,這是在向內屬與外藩宣告安南在整個朝貢圈中獲得新寵,“迨進觀熱河,回侍西苑,邇宸光而覃渥眷,鳳麟聲價,單出古今,此又我國使華之獨步者”②。所以,二人故意主動向朝鮮使臣投詩以示炫耀,“文獻夙徵吾道在,柔懷全仰帝恩覃”③、“雖今言語諸方異,從古衣冠兩地同”④。徐浩修在復和二人詩句中寫道“法宴終朝聆雅樂,高情未暇付清談”“知君萬里還鄉夢,猶是鈞陳豹尾中”⑤。徐所謂的“雅樂”,即安南爲乾隆進呈的《欽祝大萬壽詞曲十調》,實際上不過是“戲子粉墨,幞頭袍帶……簫鼓嘲轟,歌唱酸嘶”⑥一般的窯褻之戲;所謂的“豹尾”,無非是說安南君臣沾沾自喜於穿“夷狄”服飾,本來徐就認爲安南本服“駁雜詭怪,類倡優服”⑦,又何況他們竟然放棄中華衣冠而改服滿清夷狄服飾。

　　安南使團改易服色一事,之所以令朝鮮使臣深感詫異與鄙夷,因爲在明朝時安南、琉球等國與朝鮮一樣都是着大明衣冠的⑧。而明清易代、滿人入主中國對於朝鮮來說是“禮樂難尋華夏制,衣冠盡化女真風”⑨。乾隆皇帝曾在鼓樓立

---

① 武輝瑨《華程後集》所收《被帶新頒冠服偶成》,復旦大學文史研究院、越南漢喃研究院編《越南漢文燕行文獻集成》第6册,頁367。

② 潘輝益《星槎紀行》序,頁194—195。

③ 潘輝益《星槎記行》所收《柬朝鮮國使》,頁236。

④ 武輝瑨《華程後集》所收《附朝鮮國使到圓明殿再復》,頁370。

⑤ 以上兩處引文參見徐浩修《燕行記》卷二《起熱河至圓明園》,頁61—62。

⑥ 成海應《研經齋全集·外集》卷六十《筆記類·蘭室譚叢·柳惠風熱河詩注》,《韓國文集叢刊》第279册,頁100。

⑦ 徐浩修《燕行記》卷二《起熱河至圓明園》,頁45。

⑧ 實際上早在嘉靖丙午年(1546),朝鮮通事李時貞曾就安南、琉球、朝鮮衣冠究竟誰更接近華制這一問題,對明朝禮部官員產生了莫大的情緒,認爲此時的明朝人已經不懂“中華衣冠”:“御史及禮部諸官皆以爲,朝鮮不及於琉球、安南二國。予力辨曰,琉球、安南不知義禮。琉球則其俗無袴子,有同狗彘。來朝之日,二國之人,皆假着中國衣服。至若朝鮮,則有禮樂文物……衣服則有朝服、公服、紗帽、團領。但其禮制少異而已,且服章有等差。堂上官乃紗羅綾緞,士庶人則皆不得着,非二國之所可比也。”參見魚叔權《稗官雜記》卷二,朝鮮古書刊行會,1909年,頁1312。

⑨ 李喆輔《燕槎錄》,《燕都述懷次秋興八首》,林基中編《燕行錄全集》第37册,頁373。

下"衣冠典禮悉遵漢制,朕當爲祖宗之罪人"①的定制,這充分地表明夷狄之服與中國冠服是有本質區別的,衣冠之辨的背後反映的是"華夷之辨"。本來,李氏朝鮮對於滿清入主中國的態度就是"一邊事之以上國,一邊畜之以夷狄"②,政治上的暫時妥協並不等於文明上的認同服膺;而對於阮氏簒逆一事,朝鮮認爲這於正統不符,黎維祁失國不過一時間的委靡而已,但阮氏以臣簒君的行爲與胡季犛、莫登庸之輩無異,"彼交南數千里,亦安知無忠義慷慨之士,圖復黎氏,如萬曆間黎維潭之除去莫茂洽也"③。然而就是在這種情形之下,阮光平竟然主動請求改易"夷狄"之服,還宣稱與清帝"真如家人父子"④。對於朝鮮使臣而言,在這種鄙夷與失落的雙重情緒之下,改中國衣冠而服夷狄之服的做法顯然意味着對華夏文明的玷污與背叛。

　　正因爲在這種糾結、交錯的華夷觀之下,朝鮮使臣對安南君臣的描述充滿了複雜的情感。如朴齊家一邊和安南使臣訴説着馮、李舊事,另一邊又嘲諷阮光平"不關人竊笑,抄慣蠣灰嘗"⑤。柳得恭一方面在和詩中吹捧"使華夙昔修鄰好,聲教如今荷遠覃"⑥,另一方面卻作詩譏諷安南"三姓如今都冷了,阮家新着滿洲衣"⑦。徐浩修引用和珅之子豐紳殷德以及刑部某郎中的話"安南人決不可深交……阮光平真逆賊"⑧。並在日記中描述其與潘、武二人酬酢的情形,説二人"軀材短小殘劣,言動狡詐輕佻"⑨,當阮光平問及朝鮮國使臣日本與朝鮮的地理位置時,"輝益等瞅眼而禁,頗自羞滿洲衣服"⑩。緊接着又

---

① 李基憲《燕行日記·下》,林基中編《燕行録全集》第65册,頁181。
② 李在學《燕山紀事·利》,林基中編《燕行録全集》第59册,頁77。
③ 徐浩修《燕行記》卷二《起熱河至圓明園》,頁42。
④ 《清實録·高宗純皇帝實録》卷一千三百五十三"乾隆五十五年四月癸酉"條,頁126。
⑤ 朴齊家《貞蕤閣四集》所收《燕京雜絶》,《韓國文集叢刊》第261册,頁549。
⑥ 柳得恭《泠齋集》卷四《和贈安南吏部尚書潘輝益》,《韓國文集叢刊》第260册,頁71。
⑦ 柳得恭幾乎把此次前來的所有使團都諷刺了一番,如滿洲諸王"深恨季來變舊風",蒙古王的獻壽不過是"玻璃瓶噴奶酥香",回回王竟然"漢蒙清話也能兼",南掌使者"繡蟒衣裙拂地行",而緬甸使者更是"微吟俚曲踏天街"。參見柳得恭《熱河紀行詩》,林基中編《燕行録全集》第60册,頁23—25。
⑧ 徐浩修《燕行記》卷二《起熱河至圓明園》,頁43—44。
⑨ 徐浩修《燕行記》卷二《起熱河至圓明園》,頁44。
⑩ 成海應《研經齋全集·外集》卷六十《筆記類·蘭室譚叢·柳惠風熱河詩注》,《韓國文集叢刊》第279册,頁102。

用調侃的語氣問及安南君臣改易服色的事情:"曾聞安南使臣束髮垂後,戴烏紗帽,被闊袖紅袍,拖飾金玳瑁帶,穿黑皮靴,多類我國冠服。今見其君臣,皆從滿洲冠服而不剃頭,余怪而問諸潘曰:'貴國冠服,本與滿洲同乎?'潘曰:'皇上嘉我寡君親朝,特賜車服,且及於陪臣等。然又奉上諭,在京參朝祭用本服,歸國返本服,此服不過一時權着而已。'語頗分疏,面有愧色。"[1]顯然對於安南而言,"一時權着"僅僅只是基於緩解敵對的宗藩關係的同時保護本國新生政權的一種妥協,這本身就是一種雙重標準[2];然而對於朝鮮使臣來說,這種做法不光是改服衣冠的文化妥協,更是阮光平篡逆政權向"清夷"進行政治獻媚的行徑[3]。

四　誰是中華? 誰是夷狄?
——朝貢圈中"他者/我者"的審視

明清之際,東亞地區不同族群、不同語系之間的交往交流交融已經非常頻繁,日本徂徠學與朝鮮實學被各自通信使帶往對方國家;琉球使者除了到過北京,也去過江户和長崎,同時日本也派出"册封使"前往琉球;安南既如期去

---

[1] 徐浩修:《燕行記》卷二《起熱河至圓明園》,頁26—27。

[2] 明命六年(1825),潘輝益第三子潘輝注(1782—1840)作爲副使出訪中國,他對於滿清衣冠的態度就與其父親改冠易服的做法截然相反,首先他說明代的冠服之制"惟於喜劇時陳之,已俱視爲傀儡中物,不曾又識初來華夏樣矣。我國使部來京,穿戴品服,識者亦有竊羨華風,然其不智者多群然笑異,見幞頭網巾衣帶,便皆指爲倡優樣格"。又諷刺清朝服飾"不改滿俗,終乏雅觀。天子衣五金花,親王衣三金花,大臣以下衣二花、一花,以此分別,其冠韂帽皆同,惟以頂顯黃、白、青、紅爲差。項掛珠串,恰似禪僧。衣皆狹袖,又類戎服,以此周旋揖遜,畢竟非聲名文物之盛耳"。參見潘輝注《輶軒叢筆》,復旦大學文史研究院、越南漢喃研究院編《越南漢文燕行文獻集成》第11册,頁160—162。

[3] 這件事情過了很多年,仍在朝鮮使臣心中存有"芥蒂"。如道光九年(1829),進賀兼謝恩使書狀官姜時永和徐慶淳在提及暹羅國時,說暹羅乃是"西洋之一夷也",然而與安南相比卻有可稱贊之處,"嘗聞清入中國,天下皆襲胡服,唯區域之外,自仍舊俗。乾隆時安南王阮光平乞遵大清衣制,遂允其請,賜詩寵之。安南亦海外衣履之國,而又變爲胡服"。參見姜時永《輶軒續錄》,林基中編《燕行錄全集》第73册,頁141;徐慶淳《夢經堂日史編》卷三《初一日》,頁1429。

北京歲貢，也接受占城、哀牢、盆蠻的輸誠。他們在彼此的審視間留下了不勝枚舉的文字和語言，它們的背後反映的是"天下體系"從中心向周邊擴散過程中所形成的"内華外夷"的秩序和觀念，我們可以把它稱之爲"語言民族主義"（philological nationalism），"較古老的共同體，對他們語言的獨特的神聖性深具信心，而這種自信則塑造了他們關於認定共同體成員的一些看法"①。

比如，朝鮮世宗年間命申叔舟等人作諺文，以緩解民衆不便學習漢語言的壓力，這引起了諸多士大夫的不滿："自古九州之内，風土雖異，未有因方言而別爲文字者，唯蒙古、西夏、女真、日本、西蕃之類，各有其字，是皆夷狄事耳，無足道者……今別作諺文，捨中國而自同於夷狄，是所謂棄蘇合之香，而取螗螂之丸也，豈非文明之大累哉？"②由此可知，在語言民族主義情緒下，可以産生一個以這種語言進行溝通的精英群體，並且當這個精英群體與國家領域或語系範圍重合的話，就有機會以這個社群爲基礎繼續發展，並在日後聯結成民族的溝通網絡。精英語言的隔閡成爲了區分不同族裔文明程度的表徵，特別是這種語言人爲地轉變成印刷物時，還要加入語言學家和精英分子的校正與訓詁工作，從而執政者與精英分子使用這種優勢語言，可以通過國民教育或其他行政措施，在國家中注入強烈的民族主義色彩③。

語言（文字）是觀念的塑造者，它可以把"一個民族的内在心靈與内在力量具體化"④，精英的語言是喚醒族群認同與自存意識的重要手段。之所以馮、李的酬唱與安南使團改易服色事件會在明清之際的東亞朝貢圈中留下經久不絕的迴響，是因爲在這種精英語言的較量背後呈現出複雜的身份認同——不

① 所謂"語言民族主義"，即極少數精英分子平日用來處理政務、鑽研學術或進行公開辯論之用。接受古文訓練的中國知識分子，是以古文作爲帝國的唯一溝通工具，因爲在幅員遼闊的中國境内，方言各異，捨此之外難有共通的溝通管道。較古老的共同體，對他們語言的獨特的神聖性深具信心。而這種自信則塑造了他們關於認定共同體成員的一些看法。參見埃里克·霍布斯鮑姆著，李金梅譯《民族與民族主義》，上海人民出版社，2006年，頁54—55；本尼迪克特·安德森著，吳叡人譯《想象的共同體：民族主義的起源與散布》，上海人民出版社，2011年，頁12。
②《朝鮮王朝實錄》卷一百零三《世宗實錄》，國史編纂委員會，1984年，頁69。
③ 參見埃里克·霍布斯鮑姆著，李金梅譯《民族與民族主義》，頁57—59。
④ 哈羅德·伊羅生著，鄧伯宸譯《群氓之族：群體認同與政治變遷》，廣西師範大學出版社，2015年，頁169。

惟此時的"華夷""內外""我者／他者"關係不再以時空、地緣和族群作爲劃分標準,更關鍵的是此時的東亞世界究竟誰居"中國"、誰屬"夷狄",已經成了一個含混不清、錯綜複雜的觀念史命題。

本來,如果按地緣與族群來劃分,安南來自南荒的百越分支,朝鮮向屬東夷的穢貊,而滿清出於北漠的建州女真,三者在根源上都屬不折不扣的"夷狄",他們之間的朝聘無非是三家夷狄之會晤。然而在有清之際,三家卻可以出入中華、論道北京,使春秋時代"夷狄之有君不如諸夏之亡也"的邊界淡化到幾乎無存①。比如,在中越朝貢史上兩篇大名鼎鼎的"辨夷"論文——李文馥的《夷辯附》與阮思僴的《辨夷説》——二者都宣稱地緣不是區分夷夏的關鍵,"夷夏之辨莫嚴於《春秋》,而予奪亦莫嚴於《春秋》。故衛伐凡伯,雖諸姬也,而戎之;季札來觀,雖僭國也,而進之。安在與我同域者,必爲夏,與我異宜者,必爲夷哉?"②所以如果排除地緣與族群的要素,那麼"諸夏"與"夷狄"這一對概念的辨析就應當以文明內在的發展結構作爲其標準,即所謂的"明甚通乎华夷之後,但当於文章礼义中求之"③。任何一種文明總有其自身的生長線索和内在動力,它具有一種難以解構而自給自足的"存在的秩序"(the order of being)④。我們可以把華夏文明的這種秩序抽象爲"道統",文明從"中心"到"邊緣"呈現層層等級的過程,也正是"華夏道統"本身釋放內在吸附力的過程,這種"修文德以來之"的向心力所產生的"文明的漩渦",使得華夏文明能夠產生自足存在秩序的內在動力結構,從而讓周邊的民族逐步淡化"夷夏之防"。

在這種內在動力結構的澤被與浸潤之下,沒有誰會承認自己是地緣或族群意義上的"夷狄",各家都在爭相證明"我者"才是接近甚至等同於"華夏"的"周邊"。如朝鮮强調"只以所讀者中國之書;所仰望而終身者中國之聖人。

---

① 張京華《三"夷"相會——以越南漢文燕行文獻爲中心》,《外國文學評論》2012 年第 1 期。

② 阮思僴《燕軺詩文集》所收《辨夷説》,復旦大學文史研究院、越南漢喃研究院編《越南漢文燕行文獻集成》第 20 册,頁 231—232。

③ 李文馥《閩行襍咏》所收《夷辨附》,復旦大學文史研究院、越南漢喃研究院編《越南漢文燕行文獻集成》第 12 册,頁 262。

④ 趙汀陽《惠此中國:作爲一個神性概念的中國》,中信出版社,2016 年,頁 6—7。

是以願一致身中國,友中國之人而論中國事"①。安南則宣稱其國之封自李朝始,往來貢聘之儀自後黎爲最完備,"從此辭令之莊雅,禮文之妥善,事體之周詳,迄今昭然可考,某方知文獻得稱於中國也,信矣"②。日本則更堅信其本身所處之地即爲中華,"愚生中華文明之土,未知其美,專嗜外朝之經典,嘐嘐慕其人物,何其放心乎? 何其喪志乎?"③當然,證明自身的過程也是發現文明彼此差異的過程,這個差異的評判標準就是對上述所言綱常禮義的運用程度,所謂"茫茫宇宙,此道只是一貫。從人視之,有中國、有夷狄;從天視之,無中國、無夷狄"④。既然"道"不獨爲"中心"所專有,"周邊"也有學習與闡釋的機會,那麼獲取並繼承它的最好辦法就是破除解釋"先王之道"的語言特權。"道統"不獨爲暫居漢土的中原政權所據有,故而"中華"也就不能與漢土絕對地划等號。

要想在文明的金字塔中證明自身的高度,除了彰顯"我者"的身份認同之外,更要善於認識、區分乃至批判"他者"。從上述兩例酬唱中不難發現朝鮮使臣對安南的批判所產生的"優越感"屢見於其詩文日記,這是因爲在朝貢體系中朝鮮排在安南之前自稱"小中華",而安南又排在琉球、暹羅、緬甸、南掌(琅勃拉邦)之前自稱文獻之邦,宗藩的尊卑先後等級使得文化層級認同產生了認知上的慣性。所以朝鮮認爲天下萬國能"書同文"者,北自韃靼、瓦剌、吐蕃、瓜沙諸衛、哈密、土魯番及西南夷安南、佔城、真臘、滿剌加、暹羅,東至台灣、大小琉球、日本而已,而至於印度、回回與古里等國無不書異字,"由此觀之,詩書所及蓋無幾,而得其所以教,又無出我朝鮮之右者"⑤。而安南則單方面宣稱它在朝貢圈中的地位要高於朝鮮:"天地間同文之國者五,中州、我粵、朝鮮、日本,琉球亦其次也。"⑥通過文明等級的排序以及對"我者/他者"身份的確認,朝貢圈中的華夷觀得以逐步形成。當然,這個形成的過程也包含着周邊國家對居於中原漢土政權所進行的批判。

---

① 洪大容《湛軒燕記》卷五《乾浄筆譚》(上),林基中編《燕行録全集》第 43 册,頁 33。

② 黎統《邦交録》序,河内漢喃研究院抄本 A691/1—2。

③ 山鹿素行《中朝事實》序,日本内務省舊藏寫本,頁 1—2。

④ 佐藤一齋《言志録》,文政七年(1811)和泉屋吉兵衛刊本,葉 21。

⑤ 李種徽《修山集》卷一《送某令之燕序》,《韓國文集叢刊》第 247 册,頁 300。

⑥ 李文馥《閩行襍詠》所收《夷辨附》,復旦大學文史研究院、越南漢喃研究院編《越南漢文燕行文獻集成》第 12 册,頁 264。

　　自明以降,朝鮮、安南對中國的認同就不再是全面的。建文二年(1400),
胡季犛父子弒主篡位,陳朝遺臣請求明朝出兵剿滅胡氏政權,永樂四年
(1406)明成祖派兵消滅胡朝,嗣後統治安南二十年,後來黎利起兵重新從明
朝手中奪回安南,建立後黎。對於這樣一段歷史,安南史官吳士連評論明屬安
南的二十年間乃是"賊臣因之盜據,敵國以是來侵。滿地干戈,莫匪狂明之寇;
一國圖籍,翻爲浩劫之灰"[1]。所以有明一代,安南舉國有着一種強烈的"與北
朝各帝一方"的南北觀念。至於朝鮮,儘管在公開場合宣稱其與明朝親同"子
父",但檢視明代朝鮮使臣的《朝天錄》,對晚明時期崇尚佛道、喪制紊亂、朱學
沒落的批判屢見不鮮,"道之不行,民散久矣""豈其久淪於契丹、女真、蒙古
之域""名爲中國,而其實無異於達子焉""誰謂禮義之邦乎"等記載屢見於其
記聞之中[2]。雖然明帝國宣稱其是一個"次天下"國家,然而事實上它已然成爲
列國體制中的一員——它不能降伏蒙古,還必須周旋於北元及莫卧兒帝國,爲
了維持西太洋的戰略平衡而陷身日、朝的征伐之中,而在東南亞介入屬國的叛
亂卻被視爲"侵暴"行爲。所以"當時的中國,並不堅持'我者',也不抗拒'他
者',中國正在學習自存於世界的社會"[3]。而至於明清易代對於整個東亞周邊
國家的政治文化認同而言,都屬於斷崖式的崩塌,它是導致17世紀以後東亞
出現"華夷變態"的一根重要導火索——儘管此時的朝貢體系一直在維繫"溥
天之下莫非王土"的傳統理念,但實際上朝鮮李氏王朝、德川幕府以及東南亞
黎阮朝和西亞各王朝在政治與文化上都開始"自我覺醒"。從這個意義上説,
如果明代的馮、李在北京相會時還在感嘆"彼此雖殊山海域,淵源同一聖賢書"
的話,那麼徐浩修等人對安南君臣的不滿,表面上看只是衣冠文物的問題,而
究其根本在於對滿清政治認同上的失落。

　　當然,明清之際朝貢圈中這種複雜的"華夷觀"並沒有完全排斥地緣意義
上的"中國",中原漢土仍是東亞周邊國家所傾心嚮往之地,"必推中國而華之
以貴者,以其三代聖王之所國而禮樂文章非萬國所能及也"[4]——他們仍舊

----

[1] 吳士連《擬進大越史記全書表》,《大越史記全書》,頁9。

[2] 參見拙作《朱熹〈家禮〉思想的朝鮮化》導言,巴蜀書社,2019年,頁1—5。

[3] 許倬雲《我者與他者:中國歷史上的內外分際》,生活·讀書·新知三聯書店,2010年,頁
107。

[4] 黑澤惟直《清俗紀聞》序,寬正十一年(1799)刊本,葉2。

承認華夏文明的核心仍居於"中國"之"中"——儘管它可能與居於其間的王朝政權並無多少關聯。這就充分地解釋了爲什麼一代又一代的使臣精英甘願萬里梯航琛贐以致身於中國,希望與中州或他國精英留下後世傳頌的酬唱故事,"宮室城郭、山川謠俗、人物文章、市朝繁華、書畫金石,以至士農工商利用厚生之道,百世傳授,至今猶有存者,欲求先王之法,捨中國而其誰與也?"[①] 無論是"朝天"還是"燕行",東亞的知識精英無不認同去往中國乃是一次"又使中華認故家"的文化歸宗之旅。

五　结语

明清之際東亞朝貢圈中呈現複雜的身份認同——不惟此時的"華/夷""内/外""我者/他者"關係,不再以時空、地緣和族群作爲劃分標準,更關鍵的是究竟誰居"中國"、誰屬"夷狄"已成爲一個含混交錯的觀念史命題。從萬曆二十五年(1597)安南使臣馮克寬、朝鮮使臣李睟光的酬唱以及乾隆五十五年(1790)安南使團慶賀乾隆八旬聖壽改易服色事件中朝鮮使臣的反應可以看出,明清之際的東亞周邊國家已然萌發出一種"華夷變態"觀——儘管此時中華帝國的朝貢體系一直在維繫"王土王臣"的傳統天下理念,但實際上朝鮮李氏王朝、德川幕府以及越南黎阮朝在政治與文化認同上都開始自我覺醒。在這種覺醒之下,没有誰會承認自己是地緣或族群意義上"夷狄",各家都在爭相證明"我者"才是接近甚至等同於"華夏",除彰顯"我者"的身份認同之外,更熱衷於區分乃至批判宗主國中國這一"他者"。使臣酬唱的背後反映的是華夏文明普遍價值觀在播遷流轉過程中被不同區域主體"複製"成多個中心,這恰恰説明"道統"與華夷觀在"彼/此""我/他"的認知、交流與碰撞中呈現開放、包容與流動的特徵。

在現代民族國家認同的衝擊到來之前,帝制時代文明、政治關係的建構是依靠血緣、族群與地域而非國家主權的邏輯。中原王朝與周邊族群關係的維繫往往依靠政治上的"事大字小"與文化上的"同文",即精英階層的意識形態

---

① 李佑成《雪岫外史(外二種)》,收入《樓碧外史蒐外佚本》,亞細亞文化社,1986年,頁13—17。轉引自王振忠《18世紀東亞海域國際交流中的風俗記錄》,收入复旦大學文史研究院編《世界史中的東亞海域》,中華書局,2011年,頁186。

與身份認同的建構，往往借助一種普遍文明的道德目標和價值觀念，即所謂的
"華夷觀"。如果我們從居於文明的中心視角去審視，這種價值觀具有相當的
穩定性與普適性，所以歷史上關於文明"中心"與"周邊"的界限是相對清晰、
穩固的，儘管文明的輪廓從核心區域到邊緣可能會逐漸模糊，但是這種有核心
的、層級外延的觀念卻爲區域內的每一個主體打上了固定的等級烙印，任何
群體都會以接近這個中心爲傲，有時候所謂的"接近"或許只是被想象建構起
來的。

　　此外華夏文明還有一個顯著的特徵，即文明的要義總是在流轉、包容與開
放之中被周邊所學習與接納，這種具有强大效仿能力的内在動力結構導致了
華夷觀在清晰、固定的特點之外又具有相當的變動性，尤其是當它與族群觀念
糾葛在一起時，使得同一空間的不同想象與同一文明的不同闡釋之間産生碰
撞與交錯，因而對這一共同體中的區域文明高下的判斷會顛覆地理、空間與遠
近的認知。一旦空間與地緣意義上的遠近不再作爲劃分"内／外"或"華／夷"
身份的依據時，彼時的朝鮮、日本與越南等國都開始宣傳各自才是東亞文明
的"中心"或"亞中心"，是華夏道統的繼承者，從而文明的"多中心論"也就成
爲了彼時不同國家、不同地區的文化精英們在相互審視、較量時的立論依據。
馮、李的酬唱與安南使團的改易服色，從側面反映了明清兩代各自朝貢體系下
的政治文化認同，這種認同既有關聯又有區分：正因爲它們之間有着相當的因
果關係，説明在討論朝貢體系中的華夷觀時必須以華夏文明的道統作爲語境，
這種一脈相承的内在動力結構是促使"寰宇之中誰是中華"這一話題討論經
久不息的關鍵；又因爲它們之間存在差别，則進一步説明 17 世紀之後（明清鼎
革）整個東亞世界天下觀的衝擊很大程度上來自於内部共同體的挑戰，正是這
種挑戰促成了東亞文明共同體的自我覺醒、批判與反思。

（作者單位：長江師範學院國家民委中華民族共同體研究基地、雲南
　　　　　　大學西南邊疆少數民族研究中心）

東亞漢文學交流研究

中國古代文人墨竹與朝鮮墨竹詩、墨竹畫*

曹春茹

一 關於墨竹起源、東傳以及在朝鮮半島的流傳概況

墨竹究竟始於何時,還沒有定論,有説始於吳道子,有説始於李隆基,有説始於王維,也有説始於五代郭崇韜妻李氏。據學者楊志立考證,吳道子、王維的竹屬於雙鉤水墨作品,並非墨竹,而李隆基畫墨竹更無證據。真正的墨竹始於郭崇韜妻李氏[①]。可以推測,至晚從五代起,墨竹開始流行起來,宋代以後,文同、蘇軾、趙孟頫、王紱、夏昶、諸升、鄭板橋、羅聘等著名文人都留下了或寫實或寫意、或形似或神似的墨竹圖,也創作了不少墨竹詩。這些墨竹圖既表現了文人畫作的精湛技藝,又展示了作者高潔傲岸的精神追求,既有畫意又充滿詩情,是古代文人爲我們留下的寶貴精神文化遺産,故稱文人墨竹。

伴隨朝鮮與中國的政治、文化交流,墨竹藝術也傳到朝鮮半島並在那裏流傳開來,具體表現爲:其一,高麗時代文人畫墨竹、詠墨竹的風習在半島流行起來。雖然墨竹傳到朝鮮半島的具體時間和途徑已經很難考證,但根據現存文獻可知,到了高麗時期,朝鮮半島畫墨竹、詠墨竹已經非常流行了。著名文人李奎報(1168—1241)就曾數次創作與墨竹有關的詩歌與散文,如《安處士

* 本文係 2021 年國家社科基金後期資助重點項目"朝鮮半島古代宋詩接受研究(21FWWA001)階段性成果。

[①] 楊志立《楊志立墨竹》,四川美術出版社,2017 年,頁 14—15。

墨竹贊》《次韻丁秘監寫墨竹四幹,兼和前詩來贈,并序》《次韻李學士和謝丁秘監墨竹影子詩見寄》等等。其二,到了朝鮮王朝時期,畫墨竹、詠墨竹更加流行,從《李朝實録》《韓國文集叢刊》的記載可知,朝鮮的幾代國王如宣祖、仁祖都喜歡墨竹,親自繪製墨竹,有時將墨竹賜予臣下或命文人爲之題詠。如《李朝實録・肅宗實録》記載:"丙子/御晝講。領議政金壽恒請對入侍。壽恒曰:'先正臣金麟厚以兼説書入直一夜,仁宗親臨直所,以御筆寫墨竹一叢,使麟厚作詩,麟厚作七言一絶,書之紙上。其畫本在麟厚家,而子孫珍藏,臣謫南時,獲睹畫本矣。'"①此事在金麟厚本人和朴世采、金鍾厚等多位文人的文集中也有記載。其三,中國文人墨竹的大量仿製品和少量真迹傳到朝鮮半島,深受朝鮮文人、畫家的歡迎。如申緯(1769—1845)有詩《題諸曦庵(升)墨竹真迹立軸》②、申靖夏(1681—1716)有文《家藏夏仲昭墨竹二障子記》③,這説明諸升、夏昶墨竹真迹傳到了朝鮮。其四,中國文人墨竹的技法如"胸有成竹""以墨深爲面,淡爲背"和各類畫譜也傳到了朝鮮半島,成爲朝鮮畫家、詩人學習借鑒的依據或教科書。據朴瀰《丙子亂後,集舊藏屏障記》記載:"宣廟中年喜寫蘭,實有肖生之妙。而晚年始喜寫竹,蓋皆從燕中善價購得蘭竹譜善本。尋常模習不置,以其譜本秘不大行者。故與近世寫蘭竹者,蹊徑稍不同。"④以國王爲首,從中國購買竹譜,因此,中國的很多有影響的竹譜,如李衎《竹譜詳録》、顧炳《顧氏畫譜》、吳鎮《墨竹譜》、王概《芥子園畫譜》都傳到了朝鮮。其五,文人墨客不僅紛紛學習、模仿墨竹的畫法,也經常以詩歌的形式演繹這種藝術。姜希顏、姜世晃、李霆、申靈川、申緯、趙熙龍等都是畫墨竹的高手,而徐居正、成俔、柳潚、李在咸、朴齊家等則是以詩歌吟詠墨竹的代表。於是,畫意與詩情完美融合的墨竹藝術也在朝鮮半島生根發芽、成長、繁茂起來。

關於墨竹始於何時何人,朝鮮半島也有不同的説法。一説墨竹始於王維。傳説王維曾在開元寺東塔壁上畫過兩叢墨竹,蘇軾的《鳳翔八觀・王維吳道子

---

① 末松保和編纂《肅宗實録》卷九肅宗六年六月丙子(十九日),《李朝實録》第39册,日本學習院東洋文化研究所,1964年,頁255。

② 申緯《警修堂全稿》册二十一,《韓國文集叢刊》第291册,民族文化推進會(下所引《韓國文集叢刊》皆爲民族文化推進會出版,以下僅注出版年份及頁碼),2002年,頁453。

③ 申靖夏《恕庵集》卷十一,《韓國文集叢刊》第197册,1997年,頁368—369。

④ 朴瀰《汾西集》卷十一,《韓國文集叢刊續》第25册,韓國古典翻譯院(下所引《韓國文集叢刊續》皆爲韓國古典翻譯院出版,以下僅注出版年份及頁碼),2006年,頁104。

畫》詩曰："開元有東塔,摩詰留手痕……摩詰本詩老,佩芷襲芳蓀。今觀此壁畫,亦若其詩清且敦……門前兩叢竹,雪節貫霜根。交柯亂葉動無數,一一皆可尋其源。"①前文已交代,王維所畫並非嚴格意義上的墨竹,但朝鮮的一些詩人和畫家不僅堅信其爲墨竹,且有意模仿。申靈川(1491—1554),字潛,號元亮,是朝鮮時代最擅長畫墨竹的文人、畫家之一。他被貶謫玉龍山期間,曾到過玉龍寺,"揮灑墨竹於東閣壁上。因題一絶曰:'躋攀分寸上雲梯,寺在層崖俯鶻棲。摩詰寶門留醉墨,他年蘇子肯來題。'"②由此看來,申靈川畫墨竹和王維在東塔壁畫的竹是有淵源的。

一説墨竹始於郭崇韜妻李氏。如墨竹大家申緯有《自題墨竹,寄燕中四家》,第一首是寫給吳嵩梁(1766—1834,號蘭雪)的,詩曰:"曾見琴香閣裏梅,璚枝拗鐵點冰苔。不堪萬玉翛翛影,送與紗窗印月來。(五代,李夫人橫窗上月影,始有墨竹。)"③括號中的内容是申緯的原注,他認爲墨竹始於郭崇韜妻李氏。

而中國文人墨竹是在宋代興盛起來的,對朝鮮半島的墨竹詩和墨竹畫真正產生影響也自宋代文人墨竹開始。對此,朝鮮現存大量古代漢籍都有記載。

二　宋代文同、蘇軾墨竹與朝鮮墨竹詩、墨竹畫

毋庸置疑,文同與蘇軾這兩位大家將文人墨竹的創作推上了高峰。文同畫墨竹已經有了高超的技法,蘇軾在《文與可畫篔簹谷偃竹記》中總結文同墨竹的技法:"必先得成竹在胸中,執筆熟視,乃見其所欲畫者。"④文同畫得好,蘇軾總結得精,即如朝鮮詩人朴允默(1771—1849)所言:"文君遺筆生幽態,蘇老佳詩識妙機。"(《墨竹》)⑤蘇軾自己也畫墨竹,其墨竹畫與墨竹詩相映成趣。於是文蘇的墨竹以及二人的墨竹情緣成爲朝鮮評論家、畫家、詩人評論、學習的對象和典範。金安老(1481—1537)《古今名畫姓氏》云:"文同,字與

① 王文誥輯注,孔凡禮點校《蘇軾詩集》卷三,中華書局,1982年,頁108—109。
② 具思孟《八谷集》卷二,《韓國文集叢刊》第40册,1989年,頁482。
③ 申緯《警修堂全稿》册十四,《韓國文集叢刊》第291册,2002年,頁319—320。
④ 孔凡禮點校《蘇軾文集》,中華書局,1986年,頁365。
⑤ 朴允默《存齋集》卷六,《韓國文集叢刊》第292册,2002年,頁116。

可，蜀人，進士高第，以文學名，墨竹最神妙。"① 崔演（1503—1549）《題墨竹短屏（三首）》其一曰："葉葉精神活，枝枝氣格新。世無文與可，誰識墨君真。"②姜奎焕（1697—1731）《權士彝（秉性）家藏東坡墨竹跋》評東坡墨竹説："吾生也海外，何以見坡翁真手迹乎？今幸而從權君士彝，得見一帖墨迹。其不拔之操、後凋之節，又森然在筆端也。蓋書畫，皆心畫也。吾不見坡翁真像，今於此可想見其人也。"③ 姜奎焕認爲畫由心出，從東坡墨竹聯想到東坡人格操守。因此，文同與蘇軾的墨竹也成爲朝鮮詩人、畫家創作墨竹畫和墨竹詩的最主要淵源。如鄭士龍（1491—1570）《題濟叟畫竹》所言："解道墨君銷我愁，文蘇宗派到青丘。"④

高麗時期，有一位安處士善畫墨竹，李奎報曾作《安處士墨竹贊（常自號弃庵居士）》曰："弃庵居士，於竹通仙。一掃其真，暗契自然。手爲心使，嘗以心傳。心指手應，物何逃焉。竹故見之，莫藏其天。一節一葉，盡呈其全。人與筆逝，邈若千年。尺紈遺迹，價抵萬錢。"⑤ 安處士墨竹緣何如此絕妙？李奎報在另一篇文章《書軍中答安處士寘民手書》中給出了答案："仆之向之比處士以文洋州、龐居士者，蓋墨竹絕似與可。"⑥ 朝鮮朝前期姜希顔，字菁川（1419—1464）詩書畫三絕，尤其擅長畫墨竹，墨竹學文同。其友徐居正（1420—1488，號四佳）亦愛竹，喜墨竹，尤善詠竹，也十分關注中國與朝鮮畫家的墨竹圖。他的《題菁川畫竹（二首）》其一曰："菁川三昧竹傳神，今見傳神不見人。賴有知心蘇學士，文同雖逝墨痕新。"⑦ 從徐居正的總結可知，姜希顔（菁川）畫墨竹有意學習文同與蘇軾，做到了神似，使文、蘇墨竹精髓得以傳承。他的另一首《蔡子休家文與可墨竹》曰："生平好古苦無多，爭奈前年病骨何。一見降心文與可，前身我是老東坡。"⑧ "一見降心"更加明確了徐居正對文同墨竹的酷愛，"我是老東坡"則表明了他認爲自己可以像蘇軾一樣理解和欣賞文同的墨竹。

---

① 金安老《希樂堂文稿》卷八，《韓國文集叢刊》第 21 册，1988 年，頁 456。
② 崔演《艮齋集》卷八，《韓國文集叢刊》第 32 册，1989 年，頁 142。
③ 姜奎焕《賁需齋集》卷五，《韓國文集叢刊續》第 75 册，2008 年，頁 264。
④ 鄭士龍《湖陰雜稿》卷五，《韓國文集叢刊》第 25 册，1988 年，頁 160。
⑤ 李奎報《東國李相國集》卷十九，《韓國文集叢刊》第 1 册，1990 年，頁 494。
⑥ 李奎報《東國李相國集》卷二十七，《韓國文集叢刊》第 1 册，1990 年，頁 570。
⑦ 徐居正《四佳集》卷十四，《韓國文集叢刊》第 10 册，1988 年，頁 417。
⑧ 徐居正《四佳集》卷五十，《韓國文集叢刊》第 10 册，1988 年，頁 301。

　　稍後的申靈川在墨竹畫法上也繼承了文同“必先得成竹在胸中”的技巧，其墨竹在朝鮮半島享譽一時。李滉（1501—1570）曾有感於申靈川的墨竹，有多首詩歌贊美之，其《題靈川子墨竹》曰：“舊竹飄蕭新竹長，林間奇石狀奇章。不知妙墨傳湘韻，唯覺風霜滿一堂。”[①] 經過李滉的描繪，申靈川筆下的一片竹林惟妙惟肖，如在目前。宋寅（1517—1584）詩《爲李金溝（增華）丈題申元亮公畫竹》曰：“靈川胸次有成竹，筆下森然手不知。今日高堂見遺墨，雨枝風葉不勝悲。”[②] 黄良俊（1517—1563）《屏見申元亮墨竹》曰：“滿幅秋煙翠色寒，風枝雨葉動窗間。毫端賦物真身出，此老胸中有幾竿。”[③] 宋、黄兩位詩人都肯定了申靈川“胸有成竹”的創作特色，這一特色正得益於文與可。詩人柳道源、金麟厚等也都有詩吟詠申靈川墨竹。由此可知，申靈川的墨竹在文人中是很有影響的。

　　朝鮮朝中期以後出現了更多的畫竹高手，如李霆、姜世晃等等。李霆（1541—1622），字仲燮，號灘隱，世宗之玄孫，曾任石陽守正，亦稱石陽正，後稱石陽君，自幼習畫，最善墨竹。評家一致認爲李霆墨竹源於文同。權韠（1569—1612）的《奉贈灘隱（即宗室石陽正，墨竹妙絶一世）》説其“胸中千畝竹，歲寒常不改”[④]。李霆畫竹，亦先“胸有成竹”，依然借鑒文同畫竹之要旨。李民宬（1570—1629）作《題石陽正畫竹帖》贊曰：“畫中難畫竹若梅，竹尤難畫非梅匹。植物本静狀得活，風韻瀟灑從天出。湖州一派在彭門，誰其繼者石陽筆……胸中了了見成竹，下筆無礙舒反疾。兔走鶻落不停手，小或停機得還失。”[⑤] 詩人明確指出李霆畫竹下筆之快，可謂湖州一派的繼承者。後權尚夏又評之曰：“灘翁墨竹天下奇，一時價高衡陽紙。”（《石陽正墨竹歌，次海崇尉韻贈渭川子》）[⑥] 權撼（1713—1770）則在《題石陽、綾溪墨竹本後》中進一步指出了李霆學習文同墨竹的具體表現和效果，其曰：

　　　　石陽正霆，綾溪守侃，宣廟朝以畫竹擅名。綾溪雄蕩奇拔，得竹之氣

① 李滉《退溪集》卷二，《韓國文集叢刊》第 29 册，1989 年，頁 83。
② 宋寅《頤庵遺稿》卷二，《韓國文集叢刊》第 36 册，1989 年，頁 97。
③ 黄良俊《錦溪集》外集卷四，《韓國文集叢刊》第 37 册，1989 年，頁 110。
④ 權韠《石洲集》卷一，《韓國文集叢刊》第 75 册，1991 年，頁 16。
⑤ 李民宬《敬亭集》卷二，《韓國文集叢刊》第 76 册，1991 年，頁 226。
⑥ 權尚夏《寒水齋集》卷一，《韓國文集叢刊》第 150 册，1995 年，頁 31。

象。石陽飄蕭神爽,兼得其天真而有之,畫之美也。今觀此帖,寓精神於
纖微,畜森嚴於古雅。折旋俯仰,如天授神助。姿態倏忽,各臻其妙。其
變而幻也,修然而霓裳舞,飄然而羽軿升。細而微也,皎乎若纖霞之襲月,
凜乎若飄雪之裏叢。大之爲劍客之怒張挺勃,小之爲韻士之瀟灑蘊藉。
造化之盈天地者,皆二公之竹也。東坡論文與可畫竹云:"先得成竹於胸
中。執筆熟視,乃見其所欲畫者。急起從之,振筆直遂,以追其所見,如兔
起鶻落。"吾於二公亦云爾。①
李霆兼得竹之"氣象"與"天真",其墨竹形態各異、變化多端。可見其創作的
思路、過程和文同一樣,"先有成竹於胸",再流出於筆端,落墨於紙上,所得墨
竹栩栩如生。

　　姜世晃(1713—1791),字光之,號豹庵,也喜歡墨竹。金鑪《鄭將軍宅觀
姜豹翁墨竹二屏(擬"薛公十一鶴",杜工部甫)》曰:"姜公十六竹,箇箇逼其
真。巨細勻態度,肥瘦逞精神。"② 他自己的《書墨蘭竹卷後》亦云:"文與可之
墨竹,幾爲寫竹之宗,其後趙吳興擅場。至於吾東,殆無可以取之者,古有石陽
公子最妙此技,近世柳岫雲可以追蹤石陽。余從舊畫譜臨得七八幅,未知因此
而可趁古人妙處否。"③姜世晃首先指出文同爲墨竹之宗,然後肯定了吳鎮以及
朝鮮的李霆、柳岫雲的墨竹成就。姜世晃説自己畫墨竹是按照舊畫譜,此處畫
譜可能指文同、蘇軾或李霆等人的墨竹圖,也可能是指吳鎮的《墨竹譜》。總
之,姜世晃承認墨竹源於文同,而自己畫墨竹或直接或間接也源於中國墨竹。

　　朝鮮朝中後期的申緯(號紫霞),有更加深厚的墨竹情結,經常畫竹、詠竹。
成海應(1760—1839)《題申紫霞墨竹》説:"紫霞墨竹,逸趣可喜,要爲近時畫
家之最。"④申緯也十分欣賞文、蘇的墨竹情緣,將自己與友人比作文、蘇。如其
《是歲十月之望,余在囚繫,畫竹遣懷,仍用蔣秋吟翰林舊題拙畫墨竹歌韻,自
題幀側》曰:"文同夫子造化筆,獨立萬古無儔匹。畫竹論神不論形,惟有坡翁
辨曲折。寸竿意具萬尺勢,妙喻月落庭空説。我亦胸中吐不平,落紙竹石空峥
嶸。萬法縱橫尋篆籒,一葉仰俯分陰晴。是聞夫子之風者,豈獨一派留彭城?

---

① 權擥《震溟集》卷八,《韓國文集叢刊續》第 80 册,2008 年,頁 582—583。
② 金鑪《藫庭遺稿》卷三,《韓國文集叢刊》第 289 册,2002 年,頁 426。
③ 姜世晃《豹庵稿》卷五,《韓國文集叢刊續》第 80 册,2008 年,頁 385。
④ 成海應《研經齋全集》册十六,《韓國文集叢刊》第 279 册,2001 年,頁 416。

秋吟當日惠題竹,至欲追配篔簹谷。擬援道子石刻例,海外鰷生堪折福。"① 申緯首先肯定文同墨竹無可儔匹,他喜歡墨竹明顯受到文、蘇影響,他欣賞文同畫竹"論神不論形"並有意學習,要將墨竹在海東傳承下去,而不是僅僅限於彭城。故此他也將心中之竹、心中之感付諸筆端。申緯也感慨於蘇軾對文同的理解與欣賞,認爲中國朋友蔣秋吟喜歡自己的墨竹並願意爲自己的墨竹題詩,這正是文、蘇墨竹情緣的延續。其《爲墨農寫竹,戲題帖後》又曰:"我生墨竹亦天性,一日一掃一百幀。陶寫哀樂代絲肉,暢叙幽情當觴詠。是竹非竹不自覺,爲麻爲蘆受人評。文同夫子未入道,東坡先生利其病。君於我竹亦嗜劇,譬如一世文蘇並。嗟君漢隸何如吾墨竹,君之病發吾亦偵。"② 在此,申緯又將自己和朋友墨農比爲文、蘇。李在咸的《紫霞墨竹歌》也將申緯的墨竹與文、蘇聯繫起來:

> 紫霞高才雄一世,萬鍾千駟看如雲。書畫逼古俱妙悟,獨於墨竹踰七分。從古萬物歸繪素,墨竹善畫曾未聞。宋有文同以能鳴,子瞻神筆幾奪真。荃花偃松俱下風,唯有二子墨竹奇絶可位神。子昂李衎何足道,紫霞墨竹今見親。體不勝衣把椽筆,揮灑胸中之成竹。觀者堵立驚四隣,既能畫又能書⋯⋯吾見天下士多矣,豈有如君畫竹氣像安閑筆法壯。③

李在咸在比較了中國各代畫家和各類竹松花鳥圖後,認爲只有文、蘇墨竹乃奇絶之作,而申緯能夠繼承文、蘇技法,"揮灑胸中之成竹",甚至超過了趙孟頫、李衎等等。

蘇軾墨竹也是一絶,朝鮮詩人金弘鬱(1602—1654)《延豐縣詠東坡墨竹》曰:"長風颯颯走毫芒,千古精神傲雪霜。盡日空齋相對坐,能令秋色滿瀟湘。"④ 這是一首出色的題畫詩,既有對畫中竹外形、神態的描摹,也有對其精神的贊美,亦融入了有關竹文化的典故。通過語言文字,讀者領略了東坡墨竹的形神兼備、物我合一。成海應《記玉堂寶玩帖》也說:"蘇東坡墨竹三竿,離披橫竪,謖謖如活。"⑤ 東坡墨竹不僅影響了朝鮮畫家的墨竹畫,如權載運(1701—1778)《題慎上舍所送岫雲墨竹(岫雲,柳德章)》云:"岫雲墨竹

① 申緯《警修堂全稿》册二十一,《韓國文集叢刊》第 291 册,2002 年,頁 465。
② 申緯《警修堂全稿》册二十六,《韓國文集叢刊》第 291 册,2002 年,頁 583。
③ 申緯《警修堂全稿》册二十七,《韓國文集叢刊》第 291 册,2002 年,頁 592。
④ 金弘鬱《鶴洲集》卷二,《韓國文集叢刊》第 102 册,1993 年,頁 19。
⑤ 成海應《經研齋全集》卷九,《韓國文集叢刊》第 273 册,2001 年,頁 201。

妙傳神,頡頏東坡更逼真。"① 其墨竹更爲朝鮮詩人的創作提供了素材。成俔
（1439—1504）就有《題蘇東坡墨竹十絶》：

> 煙靄輕籠碧玉枝,兩竿相對弄清姿。半開半隱空濛裏,幻出新晴格外奇。

> 銀脚霏霏翻打時,露華凝重盡低垂。縱然脆葉難攀舉,依舊貞操不變移。

> 蘋末蓬蓬聲正譁,琅玕萬葉一時斜。此身可折難爲屈,縱遇飛廉奈我何。

> 與可襟胸迥出塵,雪堂分得十分新。至今遺迹鵝溪絹,千載知音會有人。

> 偓寒青銅矗幾尋,殘枝老葉鬱蕭森。可憐勁骨依蟠石,半折猶存未死心。

> 篲龍親抱錦褓兒,無限枝孫欲發施。莫道中心猶稚弱,亭亭已有歲寒姿。

> 四時一色貫嚴冬,屈鐵根依老石縫。神物由來多變化,吾知不久爾爲龍。

> 風戰婆娑散不收,一林清趣飽高秋。恍驚鬧耳蕭蕭響,夢卧瀟湘閣岸舟。

> 直節崢嶸老更高,遺鞭走地托林皋。終然倩得春風力,迸出森森紫玉毫。

> 甲刃樅樅十萬夫,剛姿曾不混凡株。却嫌冒雨巾初墊,頭重無人用力扶。②

詩人對蘇軾墨竹的竹竿、竹枝、竹葉、竹節各部分進行了細描,肯定了其精湛的技藝,又充分展開聯想,廣引有關竹的典故,使得蘇軾墨竹更加鮮活,又飽含文化意蘊和文人雅趣。"與可襟胸迥出塵,雪堂分得十分新",説明詩人也對文蘇的墨竹情緣充分肯定。再如蘇軾的一幅墨竹被明代顧炳收進《顧氏畫譜》,當《顧氏畫譜》傳到朝鮮後,詩人們紛紛據此作畫吟詩,其中吟詠蘇軾墨竹的三首小詩如下:"蘇仙愛此君,萬玉護殷勤。全根不許斷,只折一枝分。"（柳瀟《題

---

① 權載運《麗澤齋遺稿》卷一,《韓國文集叢刊續》第 78 册,2008 年,頁 184。
② 成俔《虛白堂集》卷四,《韓國文集叢刊》第 14 册,1988 年,頁 372。

古畫帖・蘇軾畫竹帖》)^① "政醫俗士病,此君何可無。一枝意已足,清風來座隅。"(洪瑞鳳《題顧氏畫譜・蘇軾》)^② "一斑可知豹,萬竿從此推。無爾令人俗,坡仙先獲之。"(洪命元《題顧氏畫譜・詠蘇軾》)^③ 這幾首小詩包含了這樣一些信息:蘇軾愛竹,懂竹,宣稱"無竹令人俗",其畫竹只取一枝卻取得了見一斑而窺全豹的效果,領悟了畫竹的真諦。以詩歌來演繹繪畫,這幾位詩人真正悟得了蘇軾墨竹的精髓。

三　元明清文人墨竹與朝鮮墨竹詩、墨竹畫

在元明清三代,文人墨竹依然興盛。此時朝鮮半島依然不斷從中國輸入各類墨竹作品和墨竹技法,使其墨竹詩、墨竹畫的創作更加豐富、成熟。

元代趙孟頫、管道升夫婦均擅長墨竹,他們的畫作和畫風都受到朝鮮畫家、詩人的歡迎。有人曾將趙孟頫和蘇軾的墨竹進行比較後得出高下,如南公轍(1760—1840)《書畫跋尾・趙孟頫墨竹卷(絹本)》云:"東坡直氣凜凜,故寫竹多勁少和。而子昂此帖,和處見墨,勁處見筆。未嘗不勁,未嘗不和。可謂得坡之長而兼有其所未有也。"^④ 高麗末期文臣李岩"擅長書法,尤善畫墨竹,有'東國趙子昂'之稱"(《詩話叢林箋注》)^⑤ 前文提及的畫家姜希顔多才藝,繪畫學習南宋院體畫風和明初浙派風格,其"山水學劉、李、馬、夏,喜斧劈平遠,墨竹學子昂、道升,傳世墨竹頗多"^⑥。而其友徐居正早有詩曰:"眉山已逝子昂非,無復檀欒快一揮。知有後身姜學士,風流文彩也依依。"(《題李銀台所藏姜景愚墨竹》)^⑦ 蘇軾和趙孟頫(子昂)兩位畫竹高手雖然早已離世,而朝鮮畫家姜希顔卻繼承了二人衣缽,將墨竹在東國發揚光大。前文提到,姜希顔畫竹"搦搦玉立煙雨姿,孟頫能之今似之"(《題菁川畫竹》),可見其在筆法、傳神方面學趙孟頫。朝鮮畫家學習管道升墨竹的記載較少,但一些詩人彌補

---

① 柳溥《醉吃集》卷一,《韓國文集叢刊》第 71 冊,1991 年,頁 8。
② 洪瑞鳳《鶴谷集》卷一,《韓國文集叢刊》第 79 冊,1991 年,頁 446。
③ 洪命元《海峰集》卷一,《韓國文集叢刊》第 82 冊,1992 年,頁 161。
④ 南公轍《金陵集》卷二十四,《韓國文集叢刊》第 272 冊,2001 年,頁 468。
⑤ 洪萬宗編撰,趙季、趙成植箋注:《詩話叢林箋注》,南開大學出版社,2006 年,頁 80。
⑥ 孫延俊、耿紀朋主編《外國美術史》,重慶出版社,2011 年,頁 96。
⑦ 徐居正《四佳集》卷十四,《韓國文集叢刊》第 10 冊,1988 年,頁 416。

了這個缺憾,如下面兩首小詩:"怪石小崢嶸,疏筠碧玉清。方知繡枕畫,女史擅佳名。"(柳潚《題古畫帖·管夫人疏竹帖》原注:四面方正,其畫細微,無乃用於繡枕耶?)① "瘦竹抱奇岩,風標他自別。何當移遠梅,配爾添清絶。"(洪命元《題顧氏畫譜·詠管夫人》)② 從這兩首小詩可見管夫人墨竹清瘦、纖細,比較符合女畫家的細膩畫風,而這種清絶之竹韻也激發了詩人的靈感。詩人柳潚又特意指出這種纖瘦的墨竹更有實用性,比如用於繡枕。

王紱(1362—1416)是明代著名畫家,墨竹妙絶一時。其畫竹兼收北宋以後衆家之長,揮灑飄逸,挺拔蒼勁,被稱爲"國朝第一"。他的墨竹也隨《顧氏畫譜》傳到了朝鮮,博得了朝鮮畫家與詩人的好評。如以下三首小詩:"既登與可壇,又入子瞻室。盡日對此君,清風自蕭瑟。"(柳潚《題古畫帖·王紱畫竹帖》)③ "淇奥渾閑事,丹青意自新。顧園何必到,烏幾日相親。"(洪瑞鳳《題顧氏畫譜·王紱》)④ "最愛庭間碧,新梢曉露濃。少年衣楚楚,山谷善形容。"(洪命元《題顧氏畫譜·詠王紱》)⑤ 這幾位詩人從王紱的墨竹感受到了畫竹的新境界,也似乎從畫作中看到了庭院清風中帶露的新竹,於是展開聯想,將《詩經·淇奥》《述異記》之顧家斑竹、黃庭堅《題竹石牧牛》等有關竹子的詩詞、典故融入詩歌,使讀者在欣賞畫作的同時也有幸在竹文化中徜徉一回。

夏昶(1388—1470)師承王紱,亦善畫墨竹,"寫竹時稱第一"。據説其畫竹一枝,價值白金一錠,時人争相購之。明代張大復《昆山人物傳·夏昶》説其"絹素一出,能令朝鮮、日本、暹羅海外諸國懸金争購"⑥。此説毫不誇張,從朝鮮文人畫家各類作品的描述便可見一斑。柳潚的《題古畫帖·夏昶畫竹帖》曰:"怪底清風起,琅玕有一雙。修竿如許我,持去釣秋江。"⑦ 詩人雖以戲謔口吻作詩,但從"琅玕"之喻可見其認可夏昶墨竹的成就。申靖夏《家藏夏仲昭墨竹二障子記》評曰:

　　　　今夏昶之於竹,能有筆有法,庶幾盡善盡美者乎……第一幅則作水石

① 柳潚《醉吃集》卷一,《韓國文集叢刊》第71册,1991年,頁10。
② 洪命元《海峰集》卷一,《韓國文集叢刊》第82册,1992年,頁164。
③ 柳潚《醉吃集》卷一,《韓國文集叢刊》第71册,1991年,頁10。
④ 洪瑞鳳《鶴谷集》卷一,《韓國文集叢刊》第79册,1991年,頁448。
⑤ 洪命元《海峰集》卷一,《韓國文集叢刊》第82册,1992年,頁163。
⑥ 張大復《昆山人物傳》,《四庫全書存目叢書》史部第95册,齊魯書社,1996年,頁641。
⑦ 柳潚《醉吃集》卷一,《韓國文集叢刊》第71册,1991年,頁10。

甚壯，傍有竹僅數節而葉皆帶風。竹之居水石之間者，不能十之二三。而睨之，隱隱若韻滿崖谷。向所謂水石者，都失其爲水石，而竹爲之增韻。最宜於盛暑，相對蒼凉者，爲可喜耳。第二幅則石甚頑而土甚脆，竹之竿皆枯，而竹之意逾清。森然離立，劍拔千尋。如高人逸士，冠服珮玉，俯仰折旋，其風韻昂然可敬。蓋其既工於形似，而又能存筆外意者如此。雖使與可而有作，吾知其無以加矣。[①]

申靖夏對夏昶墨竹評價的要點是"盡善盡美"，連文與可也無法超越。這顯然已將夏昶墨竹置於中國文人墨竹的榜首之位。

朴齊家（1750—1805）在中國期間有感於夏昶墨竹的形態與神韻，特作《夏太常墨竹歌》曰：

不見圖中竹，焉知風之自。湍水激其左，泠泠非静意。便覺微凉動衣襟，未必真聽颼颼音。前輩風流一悵望，粉本零落烟煤深。憶昔太常馳墨藪，盛名不落湖州後。震川文筆如歐陽，媲美千秋兩不朽。當時已歎襪材稀，後世誰憐銅狄壽。畫竹元從讀書來，公尤爾雅無塵埃。吾聞竹性喜沮洳，此竹乃在空山隈。大者爲簜細者篠，餘意叢篁夾嫋嫋。一竿如影淡相亞，一竿如笑體方夭。沈李浮瓜渴不勝，對此可以消炎蒸。人間何物不忌俗，偏於此君不相能。欲令石陽公子岫雲氏，焚其筆硯攦其指。頓忘宿昔胸中本，八十年後識此徑。欲移床就竹根此（此字可能有誤，筆者注），手持一卷忘朝昏。誰能一日食無肉，苦憶當年畫竹人。[②]

詩人首先勾勒了一幅風、竹、水構成的動態畫面並表達了自己身臨其境般的清凉感受，又概括了夏昶墨竹的成就之高並不下於文同；接下來細描了夏昶墨竹的細部特徵，讓未看過畫作的讀者眼前也出現了鮮活的畫面。李霆（石陽公子）、柳德章（岫雲）是朝鮮擅長墨竹的畫家，朴齊家認爲他們是無法與夏昶相比的。最後作者被畫家愛竹畫竹的脱俗情操感染，表示自己也願意日夜與竹相伴。一幅生動的中國墨竹，一首絶妙的朝鮮好詩，一次友好的中朝詩畫交流，都給讀者帶來了超凡脱俗的審美感受。此時夏昶早已故去，朴齊家只有遺憾地緬懷了。

諸升（約1618—1690）號曦庵，是清代墨竹名家，用筆勁利匀整，擅長畫特

---

① 申靖夏《恕庵集》卷十一，《韓國文集叢刊》第197册，1997年，頁368—369。
② 朴齊家《貞蕤閣集》三集，《韓國文集叢刊》第261册，2001年，頁512。

殊環境中的竹,如雪竹、霧竹等。他的墨竹對朝鮮的申緯有非常重要的影響,既影響了申緯的墨竹畫,也影響了其與墨竹有關的詩歌的創作。如申緯有《題諸曦庵墨竹》《題諸曦庵(升)墨竹真迹立軸》和《再題曦庵竹》等。《題諸曦庵墨竹》曰:"削壁飛泉間,修篁一兩竿。鴉叉展未半,人面灑蒼寒。"[1]一首小詩,描摹出諸升墨竹的形態和氣勢。《題諸曦庵(升)墨竹真迹立軸》是申緯欣賞了諸升的墨竹真迹後創作的一首詩,詩如下:

> 寫竹到曦庵,可躡文蘇塵。尚有一字關,點筆失之勻。我見曦庵迹,勁利欲過人。浦山論稍苛,勻病非其真。(張浦山庚謂曦庵筆,失之勻矣。)我亦學爲竹,得失頗窺津。安知後賢起,不又談緇磷。一藝尚如此,況乎進爲仁。門户各偏袒,互相疑駁醇。文章亦復然,莫謂吾已臻。或坐聞見隘,自足於窘貧。或忽任胸臆,汩智墮荆榛。墨竹豈易言,書此自警身。[2]

首先,申緯高度認可諸升的墨竹,認爲其"勁利過人",可步文與可、蘇軾後塵。然後,申緯爲諸升辯護,認爲張庚對其墨竹"失之勻"的評價過於嚴苛。申緯自己也畫墨竹,同時是一位作家,寫詩,寫文章,將多種藝術融會貫通,此詩借諸升的墨竹及張庚的評價來警示自己,可以説是對墨竹畫、文學創作的雙重感悟。

鄭板橋(1693—1766)善畫蘭、竹、石、松、菊,其墨竹清瘦勁健,成就尤高,尤其受到朝鮮詩人、畫家的欣賞。如姜瑋(1820—1884)收到朋友的墨竹扇時就立刻想到了鄭板橋及其墨竹,他的《石樵贈余墨竹一扇,口號酬謝》曰:"愛寫幽蘭鄭板橋,風摧雨折亦魂消。酒酣卻換奇橫筆,掃取蒼寒萬尺條。"[3]可見,詩人認爲鄭板橋畫竹更優於畫蘭。趙熙龍是金正喜的學生,繪畫方面深受"揚州八怪"畫風的影響,畫墨竹除了學習文同,亦有意學習鄭板橋。朝鮮朝後期另一位著名畫家尹用求(1853—1939)"是受鄭板橋墨竹畫影響最大的人物之一,在他的作品中,處處可見到在書法、題畫和構圖等方面,都襲用了鄭板橋的風格,還經常在落款時寫上'仿板橋筆'的字樣"[4]。看來這位畫家在繪畫和

---

① 申緯《警修堂全稿》册二十五,《韓國文集叢刊》第 291 册,2002 年,頁 563。
② 申緯《警修堂全稿》册二十一,《韓國文集叢刊》第 291 册,2002 年,頁 453。
③ 姜瑋《古歡堂收草》卷二,《韓國文集叢刊》第 318 册,2003 年,頁 386。
④ 文鳳宣《揚州八怪畫風對朝鮮末期畫壇的影響》,《中國書畫》2003 年第 3 期。

題款方面都把鄭板橋當作範本了。

　　“揚州八怪”的另一位大家羅聘（1733—1799，號兩峰）是清代墨竹名家，其墨竹圖也深受朝鮮詩人、畫家推崇。朴齊家在中國期間有幸與羅聘結識並結緣，且一直保持詩、書、畫的友好往來。朴齊家《題兩峰畫竹蘭草》曰：“道人畫竹時，還從色相起。君看竹成後，妙不在形似。莫說無人采，非關爾不香。聊將一孤蕚，含笑答春光。”[①] 朴齊家深諳羅聘墨竹不重形似重神似的特點，也特別欣賞這種畫風。朴齊家是當時朝鮮十分具有影響力的文人，他的宣傳和推介無疑使得羅聘及其作品在朝鮮半島聲名遠播。申緯在即將出使中國時，朋友金正喜（1786—1856）的贈詩《送紫霞入燕》也特意提到了羅聘：“詩境軒中風雨驚，南窗掃破鳳凰翎。（有《南窗補竹圖》，是兩峰筆。紫霞工寫竹，爲拈此語。）”[②] 金正喜在中國期間已經非常瞭解“揚州八怪”的畫作和畫風，此處有意提及羅聘墨竹圖，意在向申緯推介，並將本國墨竹與中國墨竹聯繫起來。

　　朝鮮自古與中國文化同源，文人墨客對竹之情懷與中國文人一脈相承。因此，中國文人墨竹在朝鮮半島廣爲傳播，極受歡迎，一方面影響了朝鮮墨竹的畫風，另一方面爲詩人的創作提供了素材和詩境。而詩人、畫家們的創作又使得墨竹詩、墨竹畫這兩種藝術形式巧妙地融爲一體，充分體現了“詩中有畫，畫中有詩”的特色，爲讀者營造了高雅清幽的藝術境界。而中國和朝鮮的詩歌交流、美術交流、竹文化交流也因此增加了亮麗的色彩。

（作者單位：曲阜師範大學文學院）

---

① 朴齊家《貞蕤閣集》三集，《韓國文集叢刊》第 261 册，2001 年，頁 516。
② 金正喜《阮堂全集》卷十，《韓國文集叢刊》第 301 册，2003 年，頁 182。

慧遠《廬山集》在宋代的刊行 *

—— 以新出元照撰"遠法師廬山集後序"爲線索

定源（王招國）

《廬山集》是以東晉慧遠（344—417）長期居住地江西廬山而命名的慧遠文集。此集早在梁朝僧祐《出三藏記集》與慧皎《高僧傳》收録的"慧遠傳"中已有提及[①]，共十卷，五十餘篇。南北朝以後，此集流行越來越廣，其名稱在不同文獻中有《廬山集》《匡山集》《慧遠廬山集》《晉沙門釋慧遠集》《廬山慧遠集》《沙門慧遠集》（以下若無特殊情況，均以《廬山集》稱之）等不同記載。卷數方面，分別有十卷、十二卷、十五卷、二十卷乃至三十卷等不同。然而，歷史上流傳的《廬山集》，無論名稱、分卷如何，均已無存。清人嚴可均編《全晉文》時，所獲僅得三十四篇（見該書卷一百六十一、一百六十二）。隨後，新的慧遠文集輯本陸續出現。按年代順序，現知有以下幾種：

（1）1920年，周紫垣編，武昌佛學院出版《廬山慧遠法師文》。

（2）1935年，沙健庵、項智源編，蘇州報國寺弘化社刊行《廬山慧遠法師文鈔》[②]。

---

* 本文爲國家社科基金一般項目"日本古寫經所見中國古逸佛教文獻編目、整理與研究"（21BZJ006）階段性成果。

① 如《出三藏記集》云"所著論、序、銘、贊、詩、書，集爲十卷，五十餘篇，並見重於世"（見《大正藏》第55册，頁110下欄），慧皎《高僧傳》"慧遠傳"内容大部分承襲《出三藏記集》而來。

② 此文鈔2006年有清涼書屋點校本流通，末附點校者重新編輯加入的"遠公遺文佚事補録"。

（3）1962 年，日本木村英一編《慧遠研究·遺文篇》所收《慧遠文集》①。

（4）1990 年，台灣華梵佛學研究所編輯出版《慧遠大師文集》②。

（5）2014 年，張景崗編輯點校《廬山慧遠大師文集》③。

以上不同輯本，各自所收篇數多寡不一，整理和校訂的水平亦參差不齊，均爲我們研究慧遠著作和思想提供了便利。但僅依據編輯於慧遠圓寂千餘年後的文獻，來研究其著作和思想，難免讓人不安，爲確保學術研究的可靠性，依然有必要了解更早的慧遠文集版本。日本學者牧田諦亮先生曾撰《慧遠著作の流傳について》④，文中援引宗曉《樂邦文類》卷三十一文後指出⑤：有宋一代，《廬山集》在浙江刊刻，靈芝元照（1048—1116）爲其撰序。然而，宋版《廬山集》今已亡佚，元照序文亦不見蹤影。關於《廬山集》在宋代的刊行情況，因缺乏相關記載，不得其詳。

多年前，我查知日本東京御茶水成簣堂文庫藏有兩種元照文集寫本——《芝園集》《芝園文後集》。考其內容，至少有一半以上文字未見於現行的元照文集《芝園集》等資料⑥，令人感到意外的是，其中赫然保存元照爲宋版《廬山集》所作的序文，題作"遠法師廬山集後序"。本文即以此序所載內容爲線索，探討《廬山集》在宋代的刊行，並考察宋版《廬山集》的內容及其流傳等情況。

---

① 創文社，1962 年。其中所收內容爲兩大部分，一是慧遠撰《大乘大義章》，它是京都東山禪林寺永觀堂藏，1293 年所抄的寫本爲底本，校以續藏經本（底本爲增上寺本）、龍谷大學藏本以及據《續藏經》本而校訂删改的丘襞氏校刊本；二是《慧遠文集》，所録慧遠單篇文章二十九篇，另附慧遠與時人往來的書信十三篇。

② 泉原出版社，1990 年。此文集除了未收《慧遠研究·遺文篇》中所附的慧遠書信之外，其餘內容相同。

③ 九州出版社，2014 年。

④ 參見木村英一編《慧遠研究·研究篇》，創文社，1960 年，頁 476—500。

⑤ "（慧遠）師有雜文二十卷，號《廬山集》。靈芝元照律師作序，板刊紹興府庫，識者敬之。" 見《大正藏》第 47 册，頁 192 下欄。

⑥ 關於成簣堂文庫藏《芝園集》《芝園文後集》的相關情況，筆者另有拙稿《日本新出宋僧元照文集及其文獻價值》一文進行介紹，待刊。

一　元照撰"遠法師廬山集後序"

成簣堂文庫藏《芝園集》《芝園文後集》均爲寫本,共五册,計十九卷。《芝園集》十七卷,道言編;《芝園文後集》兩卷,守頎編。元照爲宋版《廬山集》撰寫的序文收在《芝園文後集》卷一。爲便於討論,兹先公佈序文全文:

遠法師廬山集後序

予昔嘗編南山祖師撰述録,其間有《廬山遠大師文集》十卷,且不知何文也。後得睦州太守馬公家藏之本,始獲一見,而傳寫差繆,無由考正。俄有海南楞伽山僧守端,卓庵廬阜二十年,遠公遺跡,無不歷覽,獨慨斯集教門之衡鑒,學者之師法,奈何閟藏山寺,世莫得聞。遂與二三同學,潛求旋暇①,曉夕抄傳,將使布流四海,垂及萬世。是以不憚艱險,負書南來,首訪湖居,懇求鏤板。予得其文,如獲重寶,仰嘉勤至,喜慰夙心。於是會集衆本,對校研詳,削其繁蕪,填其遺缺,命工繕寫,選匠刊勒。不期歲,而厥功告成。嘗聞丞相荆公有言:"晋人爲文②,無出遠公。"予始覽之,若無所曉,再披三復,凝神沉玩,然後粗分其章句,薄識其義趣。信乎!數仞之墙,萬頃之陂,殆非淺識凡才所能窺測也!

若夫道德之淵沖,學術之宏博,容儀服物,神異感人。坐御桓玄之威,論折仲堪之鋭。彌天推爲高弟,童壽結爲勝友。此雖超邁於古今,焕赫於史籍。然皆微末之淺跡,未足以知大師也。至於窮神體妙,通幽洞微,用行舍藏,知機適變,無施而不可,無往而不利。則吾不知其三賢乎、十聖乎!《涅槃》所謂:大權垂示,四依之像,則髣髴得其萬一矣!

噫!古晋操染,將及千載。皇唐編集,四百餘年。中間泯蔑,寂爾無聞,不意衰遲獲睹慈訓③,豈非天之未喪斯文,故使諸緣契會,幾廢而復興耶!來學披尋,得不知幸,曠劫同遇,不其然乎?因叙來緣,繫於卷尾。仍書大略,以告同道云。

關於《芝園文後集》編者守頎的生平,詳情不明。僅從《芝園文後集》卷

---

① "暇",原文作"假",據文意改。

② "文",原文作"人",據《佛祖統紀》卷三十六所引"白雲端禪師,自廬山録本來越上。遇照律師,與之囑其開板,照師爲序。有云:王荆公言:晋人爲文,無如遠公"文改。

③ "衰",原文作"哀",據文意改。

二所收"西湖寶石山崇壽院記"一文可知,政和二年(1112)四月十二日,元照爲杭州西湖崇壽院舉行結界法會儀式時,守頤參與其中,並擔任"唱相"和"秉法"的職務[①]。

前揭序文未署撰寫時間,大體撰於何時且容以下再議。首先從其標題來看,宋版慧遠文集的名稱應作《遠法師廬山集》,而"後序"云云表明此序原來附在文集的末尾。其次,序文第一段元照談及,他曾經在編纂南山道宣律師著述時,已知有一部十卷本《廬山遠大師文集》,但因未見內容,故"不知何文也"。隨後,元照進一步交待如何獲得《廬山集》寫本以及校訂、刊刻經過,並引王安石"晋人爲文,無出遠公"之語,對慧遠文集予以極高的評價;第二段內容主要表達元照對慧遠道德、學問、容儀、神異等方面的崇敬之情,文中涉及慧遠生前與權臣桓玄、殷仲堪等人之間的來往與辯難,並提到他是道安的高足,與當時名冠關中的羅什結爲佛門勝友;第三段談及慧遠文集於唐代重編後,直至北宋約四百餘年期間,幾乎湮没無聞。元照爲自己能得以見到此集並刊刻流通,深感有不可思議之因緣,並寄語諸君,應當備加珍惜。

以下,謹就此序所提供的內容,並參考其他相關資料作進一步的論述。

二　宋版《廬山集》的底、校本來源

從慧遠身後直至北宋以前,《廬山集》的面貌具體如何,因文本無存已不清楚,但主要以寫本形態流傳是可以肯定的。古代文獻,除了作者原創的手稿外,無論是抄寫還是刊刻,均必須依據某一底本,或再參酌其餘校本。宋版《廬山集》的底本來自何處,是否經過校訂,此關乎其文本內容的質量問題,故有必要作一考察。

根據元照序文所述,他早期獲得一部睦州太守馬公家藏慧遠文集寫本,其中文字因有訛誤,且是孤本,故無法作進一步考訂。隨後不久,僧人守端自廬

---

① "西湖寶石山崇壽院記"中的該段文字作:"政和二年四月八日,建彌陀懺七晝夜,普設大齋,以落其事。此其可記者四也。其院大觀中曾結界,後多展拓,率居自然。是月十二日,命予重結,先解舊界。慧通秉解淨地,法生秉解大界。次別結庵界,守頤唱相,元照秉法。次通結大界,仲詢唱大界內外相,元照秉法。後別結淨地,子謙唱相,守頤秉法。"

山回浙，攜來一部《廬山集》寫本，並拜訪元照，希望能得以鏤版梓行。元照依該寫本與其他文本對校，經過一番刪繁補缺之後，命工抄寫、開版。前後不到一年，《廬山集》刊印完成。當時校訂所用的文本，元照雖説"會集衆本"，但實際只有兩種：一種是睦州太守馬公家藏寫本；另一種是守端等人抄自廬山的寫本。睦州太守馬公，未知其詳，其家藏《廬山集》的寫本來源亦無從追索。而守端攜回浙江的寫本，則明確交待抄自廬山。

元照序文載，守端居住廬山二十年，歷覽廬山慧遠遺蹟。對於慧遠文集，他曾感慨"斯集教門之衡鑒，學者之師法，奈何閟藏山寺，世莫得聞"。所謂秘藏慧遠文集的山寺，當是慧遠身前長期居住的廬山東林寺。東林寺由慧遠開創，爲廬山僧團的根據地。因慧遠在此寺弘揚淨土教，隋唐以後淨土教者大多奉此寺爲淨土宗之根本道場。關於唐代以前的東林寺藏書，現已無考。據《唐國史補》作者李肇於元和七年（812）撰《東林寺經藏碑》載，東林寺當年藏書總數一萬卷左右，其中包括兩部分：一是傳統正藏部分，主要指智昇《開元釋教録》（730年成書）"入藏録"著録的5048卷；二是另立别藏部分，主要收録《開元釋教録》以後的新譯經典，以及元和七年以前未被其他目録著録的歷代注疏。《東林寺經藏碑》沒有明確提到慧遠文集，從常理推斷，東林寺經藏中庋藏慧遠文集是毫不足怪的。其實，繼李肇撰碑之後不到三十年，白居易（772—846）於大和九年（835）撰"東林寺白氏文集記"中已明確言及東林寺經藏的慧遠文集，如其文云：

> 昔余爲江州司馬時，常與廬山長老，於東林寺經藏中，披閲遠大師與諸文士唱和集卷。時諸長老請余文集亦置經藏，唯然心許，他日致之，迨茲餘二十年矣！今余前後所著文大小合二千九百六十四首，勒成六十卷，編次既畢，納於藏中。且欲與二林結他生之緣，復曩歲之志也，故自忘其鄙拙焉。仍請本寺長老及主藏僧，依《遠公文集》例，不借外客，不出寺門，幸甚！大和九年夏，太子賓客、晉陽縣開國男、太原白居易樂天記。[1]

開篇所謂"余爲江州司馬時"，係指白居易從元和十年（815）十月貶至潯陽（今江西九江）任江州司馬，直至元和十三年（818）十二月轉任四川忠州刺史的三年多時間。其間，白居易常與廬山僧人來往，並於東林寺經藏披閲慧遠與諸文人唱和詩集。當時，東林寺長老欲將白氏文集一並納入東林寺經藏。

---

[1]《白居易集》，中華書局，1979年，頁1479。

白居易應此請求，二十年後，即於元和九年，將自己文集，共六十卷，送至東林寺，並請當寺長老及主管經藏僧人，按當時《遠公文集》的管理制度，白氏文集也同樣不許借出寺門。東林寺僧人對慧遠文集備加珍視，而實行嚴格管理，一方面體現了慧遠文集的重要性，另一方面説明慧遠作爲東林寺開山之祖的崇高地位。因此，對東林寺僧人而言，相較於其他經論章疏，《廬山集》或許有着不同尋常的意義和價值。

關於東林寺收藏的慧遠文集，宋代陳舜俞撰《廬山記》〔熙寧五年（1072）成書〕卷一"叙山北第二"亦有記載：

> 昔公之遊東林也，睹經藏中有遠公諸文士倡和集。時諸長老亦請公文集同藏之。至大和九年，爲太子賓客，始以文集六十卷歸之。會昌中致仕，復送《後集》十卷及香山居士之像。廣明中，與遠公《匡山集》並爲淮南高駢所取。吴大和六年，德化王澈嘗抄謄，以補其闕，復亡失。今所藏實景德四年詔史館書校而賜者。《匡山集》亦二十卷，景福二年嘗重寫。明道中，爲部使者刑部許申所借。今本十卷，寺僧抄補，用以訛舛。①

上文大體交待了唐宋時期慧遠文集在東林寺收藏、抄寫及流散情況。需要注意的是，根據東林寺經藏的管理制度，慧遠文集雖然不許借出寺門，但從中唐至北宋時期，至少先後有過兩次外流散出。第一次是廣明年間（880—881）《廬山集》與《白氏文集》一同被淮南高駢所取；第二次是明道年間（1032—1033）被許申所借。

高駢，字千里，祖籍山東渤海，後遷居幽州（今北京），爲唐憲宗時名將高崇文之孫，屬於禁軍之家出身。歷任神策軍都虞候、安南都護、劍南西州節度使、淮南節度副大使等職。廣明元年（880）三月，高駢派其手下驍將張璘南下狙擊黄巢起義，轉戰饒州（今江西鄱陽）及信州（今江西上饒）。廣明年間高駢從東林寺經藏所取《白氏文集》與《廬山集》一事，或許就是發生在高駢受命鎮壓黄巢起義到達江西的這一時期。

許申，廣東潮州人，爲唐宋潮州八賢之一。北宋大中祥符三年（1010）應殿試，歷任鄞縣、韶州、吉州、柳州、建州知府，後轉任江南東路轉運使並管江西、湖南諸路，累官至刑部郎中。許申擔任過江西地方官，廬山曾是他的管轄範圍。

_____

① 《廬山記》，《大正藏》第51册有收，但與日本内閣文庫藏宋刊本《廬山記》文字稍有不同。因本引文的劃下線部分爲大正藏本所無，故據日本内閣文庫藏宋刊本録文，特此説明。

許申爲何取出《廬山集》，其背後原因雖不清楚，但他與高駢不同，作爲一位文官，可能對《廬山集》有所青睞。前述睦州太守馬公家所藏慧遠文集寫本以及王安石對慧遠文集的評價，似乎也能説明古代文人對《廬山集》的喜愛程度。

無論如何，唐宋時期，東林寺對慧遠文集的管理相當嚴格，中途雖有過兩次流出，但至熙寧五年（1072）陳舜俞撰寫《廬山記》時，東林寺經藏仍然保存由寺僧抄補的十卷本慧遠文集。了解這一點對本文探討宋版《廬山集》的底本來源有着重要意義。因爲，通過下一節考察得知，守端曾居廬山二十年，他將慧遠文集從廬山攜回至浙江的時間是在建中靖國元年，即公元1101年。換句話説，守端等人抄寫的慧遠文集，上距陳舜俞提到東林寺經藏保存十卷本慧遠文集的時間，前後相差不到三十年。此表明守端等人在廬山抄寫的慧遠文集，其底本可能就是東林寺當年收藏的十卷本。

三　元照、守端與宋版《廬山集》的刊刻

宋版《廬山集》的刊刻，元照與守端兩人的功績不可磨滅。兩人之所以關注並刊行《廬山集》，除了客觀上基於慧遠在中國佛教史上的崇高地位以及《廬山集》的重要性之外，當與他們各自的修學背景和相互交往有一定關係。

作爲慧遠文集的《廬山集》，不僅在東林寺以及廬山僧團內部有着特殊地位，對一般佛教徒，尤其净土教者而言，更有着非同尋常的價值。元照早期偏攻律學與天台，後來轉向深信净土，並常以此勸導學人，他撰寫過《觀無量壽佛經義疏》《阿彌陀經義疏》等與净土教相關的作品。總體而言，元照的净土思想受隋代智顗《觀無量壽經疏》《净土十疑論》以及唐代善導、慈愍等人的影響較大。也許受此影響，在天台一系僧人中，例如知禮、遵式、智圓等均非常重視净土教的修持與弘揚。其中影響最大者，如省常（959—1020）等人遠慕慧遠廬山結社之遺風，於宋太宗淳化初年（990）在杭州昭慶寺結白蓮社（後改名爲净行社），專修净業①。當時參加結社者上至宰相官僚，下至一般比丘和信衆，其勝況正如後來志磐所言“廬山結社，莫如此日之盛”。類似這種結社，身兼净土教者的元照不可能不受其影響，元照在《觀無量壽佛經義疏》談及净土

① 參見宋白撰《大宋杭州昭慶寺結社碑銘并序》云：“慕遠公啟廬山之社，易蓮華爲净行之名。”

教源流時提到，"净土教法起自古晋廬山白蓮社，自後善導、懷感、慧日、少康諸名賢，逮至今朝。前代禪講宗師，亦多弘唱"①。既然元照如此崇奉並踐行净土教，可以想見慧遠作爲净土教開創者在他心目中的地位。元照在《廬山集》序文中，對慧遠的學問、道德等進行贊誦，也正好體現出這一點。應該説，抄寫、校訂並刊刻《廬山集》，既是元照本人的心願，也是净土教弘揚者的責任。

　　宋版《廬山集》的刊行，守端的功績當然不可忘記。關於守端的生平事蹟，目前主要散見於《雲卧紀譚》卷二②、《佛祖統紀》卷十五以及陳瓏《延慶寺净土院記》等資料。守端，字介然，四明鄞（今寧波鄞州）人。爲人高簡，持律精嚴。博究書史，喜工詩文。早年受業於明州福泉山延壽門下，後依明智中立學習天台教觀。元豐年間（1078—1085）專修净業前後三載。期滿後，繼廬山蓮社遺風，於明州延慶寺修建净土院十六觀堂。元符二年（1099）十六觀堂落成，爲此他燃指供養，以報佛恩。建炎四年（1130）正月七日，女真族金兵犯明州，寺衆奔散，唯獨守端護寺不去，最終被金兵强虜北去。後人悲思，以其北去之日爲忌日，尊之曰"定慧尊者"，並立其像於觀堂之中，以作紀念。

　　守端晚年被虜北去，何年去世不得而知，但他的出生時間，契嵩（1007—1072）《鐔津文集》卷十九收有一首守端"吊嵩禪師詩"，詩前序云："禪師（指契嵩——筆者注）遷寂在於熙寧五年之夏，余纔八歲。"③熙寧五年，公元1072年。這一年守端八歲，以此推算，他出生於治平二年（1065）。如此看來，守端被金兵虜去時，已有六十六歲。

　　再看守端一生的活動範圍，除了住錫自己的家鄉明州福泉山、延慶寺外，足跡遍歷江西廬山、湖南衡州（今湖南衡陽）等地。他在"吊嵩禪師詩"中自署"南海楞伽山守端述"，説明他曾住過南海楞伽山④。唐宋時期，蘇州、福州等地均有楞伽山⑤。然所謂南海楞伽山，一般人可能會認爲是今之斯里蘭卡境内的

①《大正藏》第37册，頁284上欄。
②"南海僧守端，字介然。爲人高簡，持律嚴甚，於書史無不博究，商搉古今，動有典據，叢林目爲'端故事'。亦喜工詩，務以雅實。"《續藏經》第86册，第676頁下欄。
③此文見契嵩《鐔津文集》卷十九所收《吊嵩禪師詩（並引）》。《大正藏》第52册，頁748中、下欄。
④元照序文稱守端爲"海南楞伽山僧"。我懷疑，正確的寫法應該是"南海楞伽山僧"。
⑤如《宋高僧傳》卷十一云："釋甄公，姓魯氏……尋挂錫於蘇州楞伽山，四遠參玄者，胼肩繫足矣！"《大正藏》第50册，頁775中欄。

楞伽山。此山隋唐時期是印度僧侶通過海路至中國的休憩之地,比如那提三藏以及金剛智等印度高僧來華時,均到過此地。然而,守端是否去過斯里蘭卡的楞伽山,頗有可疑。第一,這涉及宋代與南海海上交通的來往問題,北宋時期僧人前往錫蘭等南海地區求法或弘法,目前未見相關史料記載;第二,就守端個人的修學背景以及既知的經歷來看,不太可能前往錫蘭等地學法。我們注意到,守端"弔嵩禪師詩"中有"獲記楞伽遊,誦味踰繪職"兩句,並自注云"師有遊吾湟川燕嘉亭,及楞伽山寺記也"。説明契嵩曾經也去過楞伽山,並撰有"遊吾湟川燕嘉亭"及"楞伽山寺記"詩文。湟川在今廣東省連州境内,該境内即有楞伽山。今"湟川八景"之一的"楞伽曉月",即以楞伽山命名。可見所謂"南海楞伽山"中的"南海",係指廣東南海的可能性較大。

無論如何,守端既是一位持律精嚴的律僧,也是一位天台净土教者,其修學情況與元照頗多類似之處,其一生僅居廬山就達二十年之久,即前揭元照序文謂"卓庵廬阜二十年,遠公遺跡,無不歷覽"[①]。有關守端居住廬山的情況,《雲臥紀譚》卷二記載:

> 嘗栖養於佛手巖,洪諫議是時監太平觀,施以米,有疏曰:太平散吏洪芻,謹月捨俸米入佛手巖供介然禪師。惟佛手巖不二之臺,真廬山間第一之境。自因公之既往,何作者之無聞。恭惟禪師杖錫來儀,解包戾止。影不出山久矣,脇不至席有焉。居士聞風而悦之,俗子望崖而退耳。[②]

上文具體指出守端棲隱廬山佛手巖,影不出山,脇不至席,得到當地信衆的敬仰。因爲守端隱居廬山多年,熟悉慧遠事蹟,並有感於慧遠文集乃"教門之衡鑒,學者之師法,奈何閟藏山寺,世莫得聞",故抄寫慧遠文集將其攜回杭州,以求開版流通。守端將慧遠文集攜回杭州的時間,其"弔嵩禪師詩"自序開篇有明確交待:

> 建中靖國改元辛巳冬十一月既望,余抱《遠公文集》,自廬岳而東,圖

---

① 守端住廬山二十年,在惠洪《石門文字禪》中亦有相同的記載。如《楞伽端介然見訪,余以病未及謝,先此寄之》一詩云:"楞伽劇談喜高笑,一鉢安巢在雲杪,我遊廬山二十年,聞名常多識面少。道林過我古南臺,路逢泥軟手提帶,臺輿瓦合今果爾,更呼鄰僧相與來。"另一詩序也提到:"介然,館道林,偶入聚落,宿天寧兩昔(夕),雨中思山,遂渡湘飯於南臺,口占兩絶,戲之。介然住廬山二十年,尚能詳説山中之勝。"

② 《續藏經》第 81 册,頁 676 下欄。

入木錢唐,布流天下。^①

建中靖國改元辛巳,即公元 1101 年。此年十一月十六日,守端從廬山攜慧遠文集回到杭州。從前揭序文可知,元照在獲得守端攜回的慧遠文集寫本之後,從校訂、繕寫到刊勒完成,前後不到一年,所謂"不期歲,而厥功告成"。建中靖國,是北宋徽宗年號,此年號僅行用一年。次年徽宗改元爲崇寧,即宋版《廬山集》的刊刻當完成在崇寧元年(1102)。

值得注意的是,既然守端於建中靖國元年回浙,而他此前已住廬山二十年,則他至少從元豐四年(1081)開始已住廬山。但如前所述,元符二年(1099)延慶寺十六觀堂落成時,守端曾於該寺燃指供養。由此看來,前揭資料所言守端身影不出廬山二十年,或不盡然,其間或有往返於浙江與江西之間。

浙江與江西地望相近,兩地僧侶來往及文化交流比較方便。兩宋時期,杭州地區雕版印刷術已非常發達,既有官刻、私刻,也有坊刻及寺院刻書。宋版《廬山集》所以在浙江開版,除了守端與元照的努力之外,客觀條件上與當時浙江地區雕版印刷術的發展亦不無關係。需要指出的是,守端刊行《廬山集》一事,降至南宋末期,卻被志磐冠在另一位守端身上,如《佛祖統紀》卷三十六云:

> 所著《法性論》《不拜王者論》等,及詩、序、銘、贊,凡十卷,號《廬山集》(白雲端禪師,自廬山録本來越上,遇照律師,與之囑其開板。照師爲序,有云"王荆公言:晋人爲文,無如遠公")。^②

上文括弧內的小字注文云"白雲端禪師,自廬山録本來越上",乃是一種誤解。白雲端禪師是指白雲守端(1025—1072),衡州人,楊岐方會弟子,爲楊岐派禪宗僧人。晚年住白雲山(今安徽太湖縣)海會寺,故有"白雲守端"之稱。他與本文所說的介然守端完全是兩個人。志磐何以將介然守端誤作白雲守端,可能有幾方面原因:第一,白雲守端是衡州人,介然守端去過衡州;第二,兩人法名相同,而且白雲守端與契嵩同一年圓寂,時介然守端八歲,兩人的生活年代相差不遠;第三,考查白雲守端的生平經歷^③,他大約於皇祐四年

---

① 《大正藏》第 52 册,頁 748 中欄。
② 《大正藏》第 49 册,頁 343 上欄。
③ 參見滑紅彬《白雲守端禪師生平事跡補考》,《衡陽師範學院學報》2015 年第 2 期。

（1052）至嘉祐七年（1062）期間，歷住廬山歸宗寺、圓通寺以及江州承天寺、潯陽能仁寺。而介然守端隱棲廬山二十年，兩人均長期活動在江西地區。由於以上原因，故容易造成混淆。

四　元照與守端的詩歌交往

如前所述，元照與守端兩人有類似的修學背景，他們既是律僧，也是虔誠的净土教弘揚者和實踐者。因此，《廬山集》作爲净土教創建者慧遠的文集，自然受到他們的關注和重視。此外，前引《雲臥紀譚》卷二記載，守端也是一位博究書史、善屬詩文的僧人。

管見所及，現存守端詩文僅有兩首：一首是本文前面提到的"吊嵩禪師詩"（五言古詩，共一百韻），另一首收在《雲臥紀譚》卷二詩名"題石盆庵"①。據《廬山記》載，石盆庵在西林寺東②，表明守端隱居廬山期間，曾到過石盆庵。此外，從現存詩文資料看，守端與宋僧惠洪亦有來往，《石門文字禪》收有惠洪寫給守端詩兩首。不僅如此，守端與元照之間也有詩歌來往。目前守端寄給元照的詩文業已亡佚，而關於元照詩文，原知現存大約有十首，但在成簣堂文庫藏元照文集《芝園集》中保存有元照詩文一百七十五首之多。這些作品全然不被《全宋詩》所收，對於我們研究元照的交遊及其詩歌創作等具有極高的史料價值。其中保存他與守端交往的詩作五首，因有些涉及宋版《廬山集》内容，不僅能窺見元照與守端之間的來往，也有助於進一步了解宋版《廬山集》的刊刻情況，故有必要將這五首詩文字移錄如下：

（一）次韻介然見寄

灑然攜杖屨，倏爾換星霜。竭力光先哲，存誠輔覺皇。水雲誰共樂，道術自相忘。想見安禪外，冥搜入杳茫。（師來杭州刊廬山文集）

① 見《雲臥紀譚》卷二，全文为："庵額初頒挂樹頭，樹摧庵朽幾經脩。石盆不減數升水，野菜時添一筋油。童子面承天子問，老師心與祖師儔。我來蹭蹬思高躅，萬壑雲橫楚甸秋。"

② "西林之東五里，有黄土庵。其旁又有看經庵。由看經一里，至崇福庵。由崇福庵五里，至香城庵。香城旁有觀音庵。次有東庵。由東庵稍下一里，有廣濟庵。又半里，有聖僧巖。由聖僧巖二里，至石盆庵。"參見《大正藏》第51册，頁1030上欄。

（二）次韻介然見寄

火雲初卷軒窗涼，遠朋尋訪金池旁。瞻大未始羨無本，眼黄何獨誇支郎。談詩席上蘭芷香，講道水底蟾蜍光。叢林盡畏楞伽虎，爪牙奮迅誰可當。吾家物盛道將喪，小子斐然成句章。匡山遺文真紀綱，鳩工剞劂重揮揚。啟迪來學知義方，閑邪御侮爲金湯。（師東來刊匡山文集）①

（三）用介然韻答天成

務學將晞驥，持心若履霜。濟時憑妙術，涉海駕餘皇。夢草吟空羨，聞韶味久忘。佳期知在近，煙水已瀰茫。（此時將來祥符法會）

（四）寄贈介然禪老

伽山化成（城）寺，廬阜到難庵。卓絕聖可往，寂寥人不堪。雲閑出幽谷，月皎印澄潭。此道久沉喪，非師誰指南。（化城、到難皆師所居）

（五）早夏懷介然

梅斷天多雨，山寒夏未深。平湖荷聳蓋，踈牖柳垂陰。魚戲資清樂，鶯啼送好音。相望纔咫尺，無復聽高吟。

通過前揭詩文，可以獲得以下信息：

1. 元照與守端之間曾有詩歌往來，前三首是元照步守端詩文原韻而創作的。説明守端曾有過同韻的三首詩，其中前二首寄給元照，隨後元照次韻唱和。至於第三首，元照僅用守端的原韻以作答天成。天成，當是僧人名字，詳情待考。

2. 從第一首詩題末"師來杭州刊廬山文集"與第二首詩末"師東來刊匡山文集"的附注來看，這兩首詩的創作時間，當在守端於建中靖國元年（1101）十一月來杭之後不久。不過，第二首首聯有"火雲初卷軒窗涼"句，表明此詩吟詠於由夏入秋之際，很可能創作於刊刻《廬山集》崇寧元年（1102）的初秋。

3. 第一首頷聯"竭力光先哲，存誠輔覺皇"，顯然是指開版《廬山集》一事，意指此乃光大法門、助佛宣化的功德之舉。這與第二首中的"匡山遺文真紀綱，鳩工剞劂重揮揚。啟迪來學知義方，閑邪御侮爲金湯"詩句，均不同程度贊誦了守端刊刻《廬山集》的功業。

4. 從以上詩文來看，元照對《廬山集》的稱呼前後並不一致，或以"廬山

---

① 此诗疑漏兩句，末四句或爲獨立一首，今照録原抄本，待考。

文集”稱之，或以“匡山文集”稱之，比較隨意。

5. 從第四首詩的首聯來看，守端曾住過楞伽山化城寺、廬山到難庵。這一記述可補本文前一節的討論。到難庵之名，不見於《廬山記》等資料。以“到難”作爲庵名，文意索解，或許有誤，亦未可知。因該詩末另有附注“化城、到難皆師所居”，故今姑且信從此說。

6. 除第三首内容與守端無涉外，從其餘四首内容大體可以了解到守端的道德文章以及他在元照心目中的形象。第二首中描述守端“膽大”“眼黄”，善於談詩、講道。面對“吾家物盛道將喪”的現實，守端不僅有“斐然成句章”的才華，且力光先哲，重輝祖道，將“匡山遺文”（即《廬山集》）刊行於世。元照相信《廬山集》的刊行將成爲啟迪來學、閑邪御侮的良方。元照雖年長守端十八歲，但正如“此道久沉喪，非師誰指南”所言，充分表達了他對守端的崇敬之情。

另外，在新出的元照詩文中還有一首送別詩提到宋版《廬山集》，内容如下：

送沼師遊廬山

　　昔嘗驟欲遊廬阜，堂上親嚴苦留住。從此蹉跎三十年，而今潦倒慚虛度。怜君務學忘寒苦，千里尋師如硅步。拏舟踏雪別湖居，握手倩（請）君傳我語。遠上遺篇冠今古，傾囊鏤板緣吾祖。幾年沉喪一朝行，白蓮社客還知否？（遠師文集刻板方就）

詩題所言沼師，其人不詳。根據詩末附注“遠師文集刻板方就”，此詩當作於《廬山集》刻版後不久。詳審詩文内容，沼師應是一位净土教者，早年想雲遊廬山，但因雙親苦留而未成行。約三十年後，因緣成熟始得廬山之行。沼師赴廬山之前，造訪元照，與其作別，元照作詩相送，答謝其意。詩的後半部分，記録了元照希望沼師到達廬山後，請他代爲向東林寺僧人轉達《廬山集》已雕完畢的信息。由此說明守端攜慧遠文集寫本回杭州開版，不僅東林寺僧人事先知道，甚至也是東林寺僧人的願望。

五　宋版《廬山集》内容及其流傳

慧遠一生，著述頗豐。梁代僧祐《出三藏記集》著録其著作有四十一種（其中包括慧遠與羅什來往問答的書信）。降至隋代，費長房《歷代三寶紀》卷七列有慧遠著作十四種,共三十五卷①。僅從慧遠著述的部數和卷數來看,歷史上流傳的《廬山集》,是否收入慧遠的所有著述,這是一個值得注意的問題。

南北朝以前,慧遠文集有十卷,五十餘篇。這一內容結構似乎沿至隋唐時期,如費長房《歷代三寶紀》卷七載"所著論、序、佛影銘、贊並詩書等,集爲十卷,五十餘篇,見重於世"②。唐道宣《大唐內典錄》卷三亦云"遠有詩書等集十卷,五十餘篇,見重於世"③。可見,直至唐代,慧遠文集所收的五十餘篇撰述,按內容分類,大體可分爲論、序、銘、贊、詩以及書信等。不過,在《歷代三寶紀》等資料中,對慧遠文集所收的著述,除《佛影銘》一文外,其餘內容均未著錄具體篇名。那麼,唐宋時期,《廬山集》具體收入了哪些作品呢?

首先,看一下宋版之前的《廬山集》所收的具體內容。契嵩曾在《傳法正宗論》卷二中提到:

> 按僧祐《出三藏記》所錄曰:廬山出修行方便禪經統序,釋慧遠述。及考其序,求其統之之意者,有曰:夫三業之興,以禪智爲宗。有曰:理玄數廣,道隱於文,則是阿難曲承音詔(其經本,或寫爲音詔,蓋後世傳寫者之筆誤耳。余考《遠公匡山集》,見禪經統序,實云旨詔。圭峯《普賢行願疏》,亦稱旨詔)。④

上文是契嵩在閱讀慧遠《修行方便禪經統序》時發現其中一個誤字,即"則是阿難曲承音詔"一句中的"音詔"二字,他認爲"音""旨"二字形體近似,寫作"音詔"乃是後世傳寫者的筆誤,正確寫法應是"旨詔"。對此,契嵩引述兩種文獻加以證明,一種是《遠公匡山集》;另一種是宗密的《普賢行願品疏》。由此可知,契嵩當年見到的《廬山集》,即有收入《修行方便禪經統序》。

其次,陳舜俞《廬山記》載"次有佛影臺。遠公匡山集云:佛影在西方那伽

---

① 這三十五種的詳細目錄是:"大智論要略二十卷(亦云釋論要抄)、問大乘中深義十八科合三卷(并羅什答)、阿毘曇心序一卷、妙法蓮華經序一卷、修行方便禪經序一卷、三法度序一卷、法性論一卷、明報應論一卷、釋三報論一卷、辯心識論一卷、不敬王者論一卷、沙門祖法論一卷、大智論序一卷(秦王姚興遙請述)、佛影贊一卷。右十四部,合三十五卷,孝武及安帝世,廬山沙門釋慧遠述製。"參見《大正藏》第49冊,頁72上、中欄。
② 《大正藏》第49冊,頁73上欄。
③ 《大正藏》第55冊,頁248中、下欄。
④ 《大正藏》第51冊,頁777下欄—778上欄。

阿羅國南古仙人石室中"。此"遠公匡山集"云云,實來自慧遠的《佛影銘》内容。可見,《佛影銘》一文也被收入《廬山集》之中。

然而,宋版《廬山集》到底收入哪些慧遠的著作? 它是否完全承襲此前寫本時期的《廬山集》内容? 關於這一問題,因爲宋版《廬山集》如今業已亡佚,想要作出明確回答,恐怕有一定困難。以下我們僅根據有限的材料稍作分析,希望能加深對宋版《廬山集》的理解。

在談宋版《廬山集》内容之前,有必要事先説明一下它的卷數。關於宋版《廬山集》的卷數,元照序文没有明確交待。據宗曉《樂邦文類》卷三"(慧遠)師有雜文二十卷,號《廬山集》。靈芝元照律師作序,板刊紹興府庫,識者敬之"記載,宋版《廬山集》有二十卷。此外,志磐《佛祖統紀》卷二十六謂"所著經論諸序,銘、贊、詩、記,凡十卷,號《廬山集》(刻梓在越府)"[1],明確表示宋版《廬山集》有十卷。首先需要説明的是,以上兩書所説的宋版《廬山集》應是指同一種版本。因爲《樂邦文類》明確説《廬山集》由元照作序,"版刊紹興府庫"。《佛祖統紀》雖然没有提到元照作序,但它所言《廬山集》也是"刻梓在越府",越府就是紹興府。兩書所載版刻地爲同一個地方。因此,這兩種關於卷數的不同記載,其中必然有一誤。對此,我認爲宋版《廬山集》是十卷本的可能性較大,其理由,第一,守端等人抄寫《廬山集》所據的廬山東林寺本是十卷本,既然如此,他攜回浙的轉寫本應該也是十卷本,而此十卷本後來成爲宋版《廬山集》的底本;第二,元照在宋版開雕之前,他所了解到的《廬山遠大師文集》也是十卷本;第三,《崇文總目》《宋史·藝文志》等目錄書著錄的《廬山集》亦爲十卷。凡此説明十卷本《廬山集》在宋代是最爲流行的文本。

再看宋版《廬山集》内容。前已述及,《樂邦文類》與《佛祖統紀》均談到宋版《廬山集》。巧合的是,在後世佛教文獻中引《廬山集》内容最多的就是這兩種文獻。首先,查《樂邦文類》所引《廬山集》内容,其中有載:

念佛三昧詩序

廬山法師慧遠

序曰:念佛三昧者何? 思專想寂之謂,思專則志一不撓……以覽眾篇之揮翰,豈徒文詠而已哉(《廬山集》又載王喬之《念佛三昧詩》,見下第

---

① 《大正藏》第 49 册,頁 263 上欄。

五卷）。[①]

依此可知，宋版《廬山集》收有慧遠撰《念佛三昧詩集序》以及晋琅琊王喬之撰《念佛三昧詩》。王詩的部分内容，可見於上文所引《樂邦文類》卷五，即“念佛三昧詩，晋琅琊王喬之。妙用在茲，涉有覽無……至起之念，注心西極（出《廬山集》）”。

其次，《佛祖統紀》也有多處引自《廬山集》，現將所引内容摘録如下：

1. 所著《法性論》，《不拜王者論》等，及詩、序、銘、贊，凡十卷，號《廬山集》。

2. 復製五銘刻於石。江州太守孟懷玉，别駕王喬之，常侍張野，晋安太守殷隱，黄門毛修之，主簿殷蔚，參軍王穆夜，孝廉范悦之，隱士宗炳等，咸賦銘贊（見《廬山集》）。

3. 僧澈（徹）法師、慧然法師（以上二人見《廬山集》）

4. 孟懷玉（江州刺史。此下十一人見《廬山集》）、王喬之（臨賀太守）、殷隱（晋安太守）、毛脩之（黄門侍郎）、殷蔚（主簿）、王穆夜（參軍）、何孝之（參軍）、范悦之（孝廉）、張文逸（處士）、孟常侍（二人失名）、孟司馬。

5. 劉程之，字仲思，彭城人，漢楚元王之後……遠公謂曰：諸君之來豈宜忌浄土之遊乎。程之乃鑱石爲誓文以志其事（文見《廬山集》）……即與衆别，卧床上，面西合手氣絶。勑子雍積土爲墳，勿用棺槨。時義熙六年也，春秋五十九（《廬山集》載感應事迹甚詳）。

6. 師復著《沙門不敬王者論》，以警當世（論見《廬山集》。敬者拜也，不敬者不拜也。重音虫，再也）。

7. 《廬山集》：心法者，神明之營魄也。

綜上所引，宋版《廬山集》所收内容有：《法性論》《沙門不敬王者論》以及孟懷玉、王喬之、殷隱、毛修之、殷蔚、王穆夜、何孝之、范悦之、宗炳、張文逸、孟常侍、孟司馬等所撰的銘贊。此外，僧徹、慧然的傳歷以及劉程之（即劉遺民）等人的感應事蹟也被納入其中。當然，慧遠詩文雖未見《佛祖統紀》等引用，已被宋版《廬山集》收入，是可以肯定的。

在此值得注意的是，通過《佛祖統紀》的上文引述，宋版《廬山集》所收未必全是慧遠的作品，而是同時收入了王喬之《念佛三昧詩》、孟懷玉等人所撰的

①《大正藏》第47册，頁165下欄—166上欄。

各種銘贊以及劉程之等人的感應事蹟。宋版《廬山集》之所以收入這些非慧遠的作品，應該是編者考慮王喬之等人與慧遠有過交遊，並且這些人當年都參加過慧遠在廬山組織的白蓮社，將他們的著作以及相關事蹟收入其中，無疑也是彰顯慧遠的道德風貌。此外，除了宋版《廬山集》收入王喬之《念佛三昧詩》等內容之外，關於其中是否收入其他銘贊內容，所知甚少。北宋文豪蘇軾曾撰《菩薩泉銘並叙》一文，其中提到：

> 陶侃爲廣州刺史，有漁人每夕見神光海上，以白陶侃，使跡之得金像。視其款識：阿育王所鑄文殊師利像也。初送武昌寒溪寺，及侃遷荊州，欲以像行，人力不能動。益以牛車三十乘，乃能至船。船復没，遂以還寺。其後遠法師迎像歸廬山，了無艱礙……蓋《遠師文集》載處士張文逸之文，及山中父老所傳如此。[①]

由此可知，慧遠文集曾有收入張文逸所作關於阿育王所鑄聖像事蹟的銘贊作品。蘇軾於建中靖國元年（1101）去世，宋版《廬山集》刊刻在他去世後的第二年。所以，蘇軾不可能看到宋版《廬山集》。然而，如前文所引，《佛祖統紀》引用的宋版《廬山集》，其中即收有張文逸等人撰述的銘贊作品，這正好與蘇軾當年在慧遠文集中見到的情況一致。

宋代以後，宋版《廬山集》內容罕被引用，縱使有所引用，也更多是轉錄自《樂邦文類》或《佛祖統紀》。元代普度《廬山蓮宗寶鑒》卷四"遠祖師事實"末云"有匡山集十卷行於世"[②]。此"匡山集十卷"應是指宋版《廬山集》而言，但是否表明宋版《廬山集》至普度生存的元代時期尚有流傳，難以斷定。總之，從宋元以後，基本看不到《廬山集》的流傳痕跡，這或許意味着宋版《廬山集》在宋元以後業已亡佚了。

雖則如此，筆者從《韓國文化財大觀》一書了解到，韓國目前保存有一部朝鮮刻本《廬山集》，共十卷，卷末有刊記"天順七年癸未歲朝鮮國刊經都監奉教重修"。天順爲明英宗年號，天順七年，是公元1463年。這一刻本在神尾式春編《真珠莊藏朝鮮本佛書目錄》中也有著錄，但僅存卷八、九、十。《廬山集》最早是什麼時候傳入朝鮮半島不甚清楚，但在明英宗以前，《廬山集》就已東傳則可肯定。天順七年刻本筆者目前尚未確認和寓目，謹就刊刻的時間上而

---

① 《東坡集》卷十九，國家圖書館出版社，2006年，頁405。
② 《大正藏》第47冊，頁321上欄。

言,該刻本很可能是宋版的覆刻。

結　語

　　以前我們只知道北宋時期在杭州刊刻過一部慧遠文集《廬山集》,宋僧元照爲此集寫過序文。因宋版《廬山集》現已不存,元照序文亦不知所在,所以,長期以來我們并不了解宋版《廬山集》的刊行情況。

　　本文根據近年我在日本發現的元照撰《遠法師廬山集後序》,探討了宋版《廬山集》的刊行及其相關史事,指出宋版《廬山集》爲十卷,雕刻完成於崇寧元年(1102),經過元照校訂,其底本來自廬山東林寺經藏本,并校以睦州太守馬公家藏本。宋版《廬山集》的刊刻,守端與元照兩人的功績不可埋没。他們都是净土教的弘揚者和實踐者,有着相同的修學背景。而且兩人之間關係密切,互有詩歌來往。

　　宋版《廬山集》刊行之後,曾被《樂邦文類》以及《佛祖統紀》等文獻引用。由此我們進一步了解到,宋版《廬山集》所收內容,並非全是慧遠撰述,與慧遠當年有所交往的名士作品,如王喬之的《念佛三昧詩》、孟懷玉等人所撰的各種銘贊等也有收入。至於《廬山集》所收不是慧遠的撰述部分,並非始自宋版《廬山集》,而是承襲寫本階段《廬山集》內容而來。此外,從後世文獻鮮有引述《廬山集》內容來看,宋版《廬山集》在宋元以後或已亡佚。韓國現存天順七年(1463)刊刻的《廬山集》,可能是宋版覆刻。此刻本對我們考察宋版《廬山集》及其在東亞的傳播具有重要價值,惜未寓目,希望今後有機會能加以確認和進一步研究。

　　　　　　　　　　　　　　　　　(作者單位:上海師範大學佛教文獻研究所)

《三體詩》在日本江户時代的傳播
與接受考論 *

劉芳亮

　　近代以前,中國的文學選集曾對日本文學産生了巨大影響。以各時期而論,平安時代日本文壇效習《文選》,室町時代追步《古文真寶》《三體詩》等,至江户時代又奉《唐詩選》爲圭臬,可以説這些選本分別表徵着當時的文學風潮。其中,由於《三體詩》在室町時代的經典地位,學界對於它在該時期的傳播和接受做了不少研究。但鮮有學者探討它在江户時代的傳播和接受,這可能是因爲提及江户時代的詩歌選本,必先想到《唐詩選》,故關注點多集中於此書。然而事實上,《三體詩》不僅是室町時代影響深遠的漢文學讀物,在江户時代也依舊發揮着廣泛而重要的影響。鑒於此,本文擬對《三體詩》在江户時代的傳播和接受情況進行全面考察,以發覆它在該時期與日本和、漢文學之關係。

一　江户時代《三體詩》的傳播與接受的歷時性考察

　　由於五山禪林重視《三體詩》傳統的熏染,加之此前室町時代所積累的大量《三體詩》相關出版物,在江户前期《三體詩》仍是初學者習得作詩之法、欣賞唐詩的重要選本。事實上,《三體詩絶句鈔》《三體詩素隱抄》《三體詩賢愚

* 本文为國家社科基金一般項目 "日本江户時代中國唐詩選本的傳播與接受研究" (18BWW025) 階段性成果。

抄》《三體詩絕句和語鈔》等抄物，以及《首書三體詩》《三體詩備考大成》《三體詩詳解》等《三體詩》注本都是在江户前期刊行的。我們可以通過調查江户時期刊行的《三體詩》來把握它在社會上的流行度。根據《和刻本漢籍分類目錄》[①] 以及其他資料，將享保九年（1724）服部南郭校訂的《唐詩選》付梓以前刊印的《三體詩》版本作成下表：

書名	刊年	書籍版式	卷數／册數	備注
三體詩法	江户初期	大本	1/1	半頁八行，行兩句，無注
	江户初期	大本	1/1	半頁八行，行兩句，白文
	江户初期	大本	1/1	半頁八行，行兩句，附訓
	寬永十一年	特小本	1/1	半頁九行，行十五字，無注，與《錦繡段》合刻
	寬永十六年	特小本	1/1	覆寬永十一年（1634）本
	寬永十八年	大本	1/1	半頁九行，行兩句，無注
	寬永二十一年	大本	1/1	無注
三體詩白文	寬文九年	大本	3/3	半頁十行，行兩句，附平假名旁訓
	寬文十一年	特小本	3/1	
	貞享三年	小本	3/1	題簽有“羅山訓點”字樣，半頁八行，行兩句
	元禄八年	半紙本	3/1 或 3	半頁十行，行兩句，附片假名旁訓
	享保八年	小本	1/1	半頁八行，行十五字，附片假名旁訓
增注唐賢三體詩法	寬永年間	大本	3/3	覆明應三年（1494）本
	寬永七年	大本	3/3	
	寬永二十年	大本	3/3	

① 長澤規矩也《和刻本漢籍分類目錄》（增補補正版），汲古書院，2006 年。

書名	刊年	書籍版式	卷數 / 册數	備注
增注唐賢三體詩法	正保三年	大本	3/3	
	慶安二年	大本	3/3	覆正保三年（1646）本
	承應二年	大本	3/3	覆慶安二年（1649）本
	萬治二年	大本	3/3	
	寬文五年	大本	3/3	
	延寶二年	大本	3/3	
	貞享二年	大本	3/3	題簽有"重校正"字樣；求古堂校閱，禎照軒再治
	天和二年	大本	3/3	題簽有"大字改正"字樣
	天和四年	大本	3/3	題簽有"大字校正"或"羅山訓點"字樣
	貞享五年	大本	3/3	覆貞享二年（1685）本
	元禄五年	大本	3/3	題簽有"羅山訓點"字樣
	元禄六年	大本	3/3	
	元禄七年	大本	3/3	
	元禄八年	大本	3/3	題簽有"羅山訓點"字樣，應爲天和四年（1684）本的後印本
	元禄九年	大本	3/3	題簽有"改正新版"字樣
	元禄十六年	大本	3/3	題簽有"重校正"字樣
	享保三年	大本	3/3	題簽或有"羅山訓點"字樣
標正音注三體詩	元禄七年	大本	3	世良順齋標正（頭注）

由上表可以得出兩點結論：其一，在《唐詩選》開始盛行的享保九年（1724）以前，《三體詩》和刻本的版本種類和數量十分可觀，出版年份囊括了

大部分年號；其二，享保以前刊行的《三體詩》中，增注本始終爲主流版本。這是基於版本角度的調查，下面將按照時間順序來考察《三體詩》的傳播與接受情況。

江户初期累任德川家康至家綱四代將軍侍講的林羅山（1583—1657），其慶長九年（1604）以前的既見書目中有"唐詩三體"①。林羅山早年曾進入京都建仁寺學習了三年，在此期間很可能聽了住持英甫永雄的《三體詩》講義②，受其影響，十四歲時作成的抄解《長恨歌》《琵琶行》之書《歌行露雪》中大量徵引增注本《三體詩》的注釋③。此外，林羅山還對《三體詩》施以訓點，江户時代刊行的各種《三體詩》版本有不少在題簽處可見"羅山訓點"字樣。由以上事例可知，《三體詩》作爲林羅山熟讀之書深刻地内化於其漢學素養中。

以培養出新井百石、祇園南海等"木門十傑"而聞名的江户前期儒者木下順庵（1621—1699）曾在加賀藩主的授意下訓點《三體詩》，並爲之作跋曰：

> 挽近詩家者流，好誦周伯弼所撰《三體詩法》而略五、七言律，專以絶句爲宗。項日菅公命幹考定和點，使幼學之士誦習焉。世之學詩者，不可以其易而忽之。圖難於易，撚髭不已，則意外之妙，其必有得於此者焉。可不勉乎哉！④

在跋中，順庵認爲作絶句有難於律詩之處，而日本人因絶句倉促易成，故多用絶句，近來誦習《三體詩》者亦好誦習其絶句部分，所以他希望學詩者切勿認爲絶句易作，而須從看似容易之處找到難點，如此才能獲得意外之妙。順庵的跋文還可透露出如下信息：《三體詩》仍是當時常用的詩學入門範本，其絶句部分更受重視。

木下順庵門生新井白石（1657—1725）推崇唐詩，特別是盛唐詩，重視法度格調。不過，白石早年曾受《三體詩》的影響，詩作具有濃厚的中晚唐風格。根據石川忠久的研究⑤，白石在天和二年（1682）所作《陶情詩集》收詩合計百

① 《羅山林先生詩集》附録卷一，《林羅山詩集》下册，ぺりかん社，1979年，頁8。
② 鈴木健一《林羅山年譜稿》，ぺりかん社，1999年，頁11。
③ 詳見富嘉吟《林羅山『歌行露雪』について》，《立命館白川静記念東洋文字文化研究紀要》第11號，2018年，頁39—72。
④ 《三體詩絶句跋》，《錦里文集》卷十七，日本國立公文書館藏寬政元年（1789）刊本。
⑤ 《新井白石『陶情詩集』について》，《二松：大學院紀要》第10集，1996年。

首,七絕、五律、七律三體有 95 首,占壓倒性多數,而這正是《三體詩》之所謂
"三體",可見《陶情詩集》在詩型上明顯受到了《三體詩》的影響。《陶情詩集》
中有一首題爲《十日菊》的詩:"節去蝶愁秋正衰,曉亭猶有傲霜枝。千年遺愛
陶彭澤,應擬元嘉以後詩。"《三體詩》中也有一首同題詩,作者爲晚唐鄭谷。
白石詩的前兩句明顯踏襲鄭谷詩,只是鄭詩借重陽後的菊花諷刺世態炎涼,而
白石詩則通過傲霜之菊表達自己向慕傲骨嶙嶙的陶淵明之心。

　　由於德川幕府獎勵文教、提倡儒學,漢詩的創作主體由寺院僧侣轉變爲儒
者,甚至向一般知識階層擴大,在這種背景下,旨在提示作詩門徑和技巧、指引
初學者快速形成創作能力的《三體詩》,有裨於不斷增加的漢詩初學者。爲滿
足他們的需求,江户前期有不少人專門下帷講説《三體詩》。據記載:

　　　　(鳥山)芝軒自少壯好歌詩,刻意唐人,專以作詩教授生徒。常講説
　　《三體唐詩》《杜律集解》《唐詩訓解》等,以此作門户,自稱爲詩人。①

　　　　(土肥默翁)延寶中僑居下谷廣德寺門前街,講説《三體唐詩》《古
　　文真寶》《文章軌範》等書,每上其筵聽受者數十百人,雖少時不下五六
　　十人。②

　　鳥山芝軒和土肥默翁都是江户中期以前的人,他們分別在京都和江户設
立門户,以講授《三體詩》等詩文集爲業,由此可以窺見在當時的關西和關東
地區講説《三體詩》之風氣。

　　比至江户中期,荻生徂徕領導的古文辭學派興起,祖述李攀龍、王世貞等
明七子,推崇盛唐詩風。所以,該派對於多選中晚唐詩的《三體詩》極爲排斥。
徂徕高徒服部南郭云:"凡作詩過於纖巧則惡也。《三體詩》所收詩,多晚唐枯
瘦之詩,不宜取法,古人亦笑其寒乞相。"③蘐園派所提倡的詩風極大地改變了
江户詩壇,其所推崇的李攀龍《唐詩選》風靡海内,成爲當時最暢銷之書。

　　《唐詩選》盛行期間,《三體詩》的權威地位被前者取代,這一點在該時期
《三體詩》的出版情況上表現得最爲鮮明。享保九年(1724)服部南郭校訂的
《唐詩選》梓行後,《三體詩》的出版數量急劇下降,大約只有兩種:(1)岡島

---

① 東條琴台《先哲叢談續編》卷三,千鍾房,1884 年。

② 東條琴台《先哲叢談續編》卷五。

③《南郭先生燈下書》,關儀一郎編《日本儒林叢書》(第三卷史傳書簡部),鳳出版,1971 年,
　　頁 13。

冠山撰《唐音三體詩譯讀》，享保十一年（1726）刊，三册；（2）《增注唐賢絶句三體詩法》，享保十年（1725）刊，三册。但這並不意味着《三體詩》就此斂迹。《唐詩選》洵爲江户中期最流行的詩歌選本，但它對於詩家的意義只體現在詩風的取向和典範的標立方面，提供的主要是詩學理念上的指導；而《三體詩》既是選本，也總結出一套詩歌創作的格法規律，頗便於初學者入門。所以，儘管《三體詩》無法引導主流詩風，但《唐詩選》並不能完全取代它，《三體詩》作爲漢詩教材仍具有積極的意義。江户中期的儒者江村北海（1713—1788）曾云：

> 余童子以前，素讀唯四書五經、《古文》《三體詩》，故無一家不有之。厥後世人謂《古文》《三體詩》等非善選，近時教者學者皆無。其説當否姑且置而不論。如上所云，斯類書家藏户有，然則讀之亦可。其中膾炙人口之詩文甚多，曩者廣行於世，故多見於屏風掛軸，則兒童誦記頗便也。[①]

文中談到北海年幼時尚流行《三體詩》，《唐詩選》大行後來便受到冷落，但北海認爲既然家家户户皆有此書，讀之亦無妨，且書中的好詩隨處可見，便於兒童隨時誦讀記憶。其實天下皆宗《唐詩選》時，並非人人都奉若拱璧，闇齋學派的稻葉默齋（1732—1799）就對《唐詩選》深致不滿，認爲《三體詩》勝過前者："人謂徂徠出而日本文華開，此説極可笑也。何文華之開耶？……《古文》《三體詩》雖甚佳，今俱黯然，《世説》《唐詩選》《滄溟尺牘》行於世，而無一頁有用也。"[②]

　　江户後期以來，以山本北山（1752—1812）江湖詩社爲代表的清新性靈派對古文辭學派展開了猛烈的批判，他們排斥僞唐詩和《唐詩選》，鼓吹宋詩，遂使江户詩壇詩風大變。該派主要致力於宋詩的編選注釋和出版活動，其内部對《三體詩》態度不一。山本北山非常不滿《三體詩》編纂之粗疏，多次指出該書的謬誤，認爲："《唐詩選》，僞書也；《唐詩正聲》《唐詩品彙》，妄書也；《唐詩鼓吹》《唐三體詩》，謬書也。"[③] 與之相反，江湖詩社的菊池五山（1769—1849）"自幼讀《三體詩》"[④]，並稱贊《三體詩》："周伯弼《三體詩》，擷唐詩之

---

① 《授業編》，岸上操編《少年必讀日本文庫》第三編，博文館，1891 年，頁 208。

② 稻葉默齋《小學筆記·嘉言》，東京大學總合圖書館藏抄本。

③ 《孝經樓詩話》卷上，池田四郎次郎編《日本詩話叢書》第二卷，文會堂書店，1920 年，頁72。

④ 《五山堂詩話》卷四，池田四郎次郎編《日本詩話叢書》第十卷，1922 年，頁 508。

英,極爲粹然,比之濟南《詩選》更覺萬萬。唯坊本訛雜,坐之被廢。江湖詩社校本現在,他日將梓行。"①

　　清新性靈派打破了江戶詩壇唯盛唐格調是崇的局面,此後之詩人大多不再界分唐宋,對各個時代的詩歌均能持公允的態度。這種詩學趨向使得中晚唐詩在江戶後期重新得到了重視,特別是館柳灣(1762—1844)爲推動中晚唐詩的流行出力甚巨。從文化四年(1807)至天保十二年(1841),他編纂了一系列的中晚唐詩選本。正是在這種背景下,館柳灣重新校訂了《唐詩三體家法》。他在序言中交代了校讎此書的原委:

　　　　余童時受之,朝夕誦習……匹馬行役之日,獨攜此書,旅窗燈下,披覽擭閱。常恨坊刻多訛,或有妄改原題,與詩意相背者。今也老而辭職,閑居無事,乃取各家本集及計有功《唐詩紀事》、楊士宏《唐音》、胡震亨《唐音戊籤》、諸家詩話、康熙《全唐詩》等而校讎,一一復其舊。②

　　從文中可以看出館柳灣對《三體詩》的喜愛,因不滿於坊刻本的訛誤妄改,故依據多種唐詩文獻對《三體詩》進行校異、訂誤等工作。

　　江戶末期的漢詩人大槻磐溪(1801—1878)也對《三體詩》喜愛和稱賞備至:"余平生素好讀汶陽選《三體詩法》,最喜其絶句體,朝誦暮吟,殆不釋手……汶陽之選,實爲精純莫尚焉。"③他還特意從《三體詩》中選出絶句一體並爲之作注,編爲《三體詩絶句解》。大槻磐溪之所以推崇《三體詩》,是與其對中晚唐詩的態度密切相關的,他雖然嚮往代表"正風雅"的初盛唐詩,但更偏愛"變風雅"的中晚唐詩④。

　　以上所舉館柳灣、大槻磐溪二人,皆持重視中晚唐詩的詩學觀念,故而他們推許以中晚唐詩爲主的《三體詩》自在情理之中。這也反映出在江戶後期正是中晚唐詩的流行使得《三體詩》再度受到關注。

　　我們從出版視角亦能觀察到江戶後期《三體詩》的復興,該時期刊行的

①《五山堂詩話》卷一,池田四郎次郎編《日本詩話叢書》第九卷,1921年,頁559。
②《唐詩三體家法》,日本國文學研究資料館鵜飼文庫藏天保十二年(1841)刊本。
③《三體詩絶句解附言》,卞東波、石立善主編《中國文集日本古注本叢刊》第3輯第4冊,上海社會科學院出版社,2020年,頁15。
④《三體詩絶句解叙》,卞東波、石立善主編《中國文集日本古注本叢刊》第3輯第4冊,頁11。

《三體詩》較中期明顯增多,兹列表如下:

書名	刊年	書籍版式	卷數/册數	備注
袖珍三體詩	文政十年	特小本	3/3	白文無注,半頁七行,行十五字
	弘化二年	特小本	3/3	白文無注,半頁七行,行十五字
唐詩三體家法	天保十二年	横本	3/1	館柳灣校,有後印本
箋注唐賢絶句三體詩法	文政四年	大本	20/3	官版
	文政六年	大本	20/3	官版
新增唐賢絶句三體詩法	安政三年	大本	20/3	後藤松陰考訂,有後印本
聚珍國讀唐三體詩絶句	天保十年序刊	大本	2/2	木活字;高士奇重訂,大塚弘解法
唐三體詩	文化八年跋刊	大本	6/3	木活字;高士奇輯,版心下部有"雲錦詩屋"字樣
三體詩法	化政間	特小本	1/1	半頁八行,行兩句,白文無注

　　表中值得注意的是《箋注唐賢絶句三體詩法》和《唐三體詩》。日本歷來通行的《三體詩》版本爲增注本,圓至的箋注本則從未印行,可以説《箋注唐賢絶句三體詩法》是首次在日本刊行。《唐三體詩》也屬於首次翻刻,且至少有兩種版本,原書乃清康熙年間高士奇在圓至注本的基礎上加以删補而成,共六卷。

　　以上歷時性地簡略梳理了《三體詩》在江户時代傳播和接受的情況,下文擬從其他三個方面進行更爲細緻深入的考察。

三　江户詩壇對《三體詩》詩法理論的接受

　　《三體詩》論詩法的最大特點是將情景與實虚聯結起來,注重情景搭配的結構,並以此評價詩歌的整體風格。周弼將七絶分爲實接、虚接、用事、前對、後對、拗體、側體,將七律分爲四實、四虚、前虚後實、前實後虚、結句、詠物,將五律分爲四實、四虚、前虚後實、前實後虚、一意、起句、結句、詠物。他還重視詩歌結構上的"虚""實"搭配,既强調位置先後,也重視比例之分。所謂"實"乃指景物,"虚"則指情思。周弼以實虚概念爲核心的詩法理論在江户時代得到了不少回應,既有攝取借鑒者,也有否定批判者。

江户前期的儒者榊原篁洲(1656—1706)在《詩法授幼抄》(延寶七年刊)中直接談到了《三體詩》的實虚説,認爲周弼的分類過於粗疏,不能反映詩歌結構的真實情況,但鑒於周弼實虚説行世已久,他還是在書中舉例加以説明:

> 宋周伯弼之説有四實、四虚、前實後虚、前虚後實之法,然詩以此法論則疏略,范德機亦駁此説,事見《詩法源流》。凡詩第一句生第三句,第二句生第四句,或第三句應第二句,第四句應第一句,或一聯上句結前,下句起後,諸如此類不勝枚舉。然舍起句、結句,以中二聯寫景述情分虚實,恐疏也。第以虚實之説爲人人口實已久,故舉例。①

對於四實、四虚、前實後虚、前虚後實這四種詩格,篁洲每解説一格之後,分別列舉五言、七言律詩各一首,共八首,這些詩均爲《三體詩》五、七言律詩各類詩格下所附詩例的第一首(沈佺期《遊少林寺》爲第二首)。

同時期的儒者山本洞雲也在其著作《詩律初學鈔》(延寶六年刊)中言及《三體詩》的實虚説:

> 五言八句律詩,有四實、四虚、前虚後實、前實後虚四體。四實謂三四五六二聯皆作景物;四虚謂三四五六二聯皆述性情;前虚後實謂三四一聯述性情,五六一聯作景物;前實後虚謂三四一聯作景物,五六一聯述性情。不知此四體,則非八句之詩。七言八句律詩亦同此。②

此段論述雖完全蹈襲《三體詩》實虚説,但其後所附的四首五言律詩例均爲杜詩,"七言八句律詩"部分所舉四首詩例也有兩首爲杜詩,這與《三體詩》不選杜詩形成了有趣的對比。實際上,杜甫是《詩律初學鈔》中提到最多的詩人之一,並且洞雲高度稱贊杜律"五言七言之四韻得律,無如杜子美"③。由此來看,洞雲選杜詩作爲詩例便不難理解了。

如果説榊原篁洲和山本洞雲的詩話旨在教授幼學者以作詩之法則格

---

① 《詩法授幼抄》卷二,酒田市立圖書館光丘文庫藏延寶七年(1679)刊本。
② 《詩律初學鈔》,池田四郎次郎編《日本詩話叢書》第三卷,1920年,頁100。
③ 《詩律初學鈔》,池田四郎次郎編《日本詩話叢書》第三卷,頁94。

律,故多抄撮中國詩格、詩話類著作,因襲周弼實虛説的話,那麼祇園南海
(1676—1751)的詩話《詩學逢原》(寶曆十三年刊)則在吸收周説的基礎上
加以新變。《詩學逢原》中有一節題爲"詩有境趣",南海於此提出了"境"和
"趣"兩個基本概念:

> 詩唯境與趣,舍此無他樣……所謂境者,境界也,景色也,凡人目之所
> 觸,耳之所聞,身之所感之類,自天地、日月、風雨、雪霜、寒暑、時令,至於
> 山河、草木、禽獸、蟲魚、漁樵、耕牧、管弦、歌舞、綺羅、車馬等,皆總稱爲
> 境。所謂趣者,意也,趣向也,我心所思、所知、所憶、所憐、所樂,凡心之
> 用,皆名之曰趣。《三體詩》以境、趣爲實,虛……名異而實同。①

可見,南海所説的境和趣其實就是周弼所説的景和情,用詞不同而已。周
弼强調詩歌結構的情景搭配,但在實—景和虛—情的組合上重實輕虛,推崇
"四實"爲"衆體之首"。與周弼不同,南海不區分境和趣孰輕孰重,認爲二者
對於詩歌創作同等重要:"不對其境,則不能作詩;雖觸境而作,然畢竟爲我心
所感之趣向也。"②也就是説,詩歌要在一定的環境中才能創作,但創作的本質
是抒發思想情感。在對待境和趣的搭配比例方面,南海也顯示出了與周弼不
同的地方,在他看來,境和趣之間的分配比例並不重要,重要的是二者的搭配
須有章法、不可錯亂,但這種章法又非刻意爲之,而是在多加練習之後自然掌
握的③。

周弼解説四實、四虛、前虛後實和前實後虛是針對五、七言律詩中間四句
而言的,七言絶句則另有實接、虛接等説法,然而祇園南海將實虛的搭配應用
於七言絶句,並擴展到全部四個詩句,分爲:境趣中分法、境三句趣一句法、前
趣後境法(對應前虛後實)、四句皆趣寓境於内法(對應四虛)、四句皆境寓趣於
内法(對應四實)。例如杜牧《江南春》,在《三體詩》中位於"實接"格下,而南
海則視之爲四句皆境。雖然周弼也説"要須於景物之中而情思通貫""景物
情思互相雜絆無痕迹",但其前提是重實,"不以虛爲虛,以實爲虛";南海則不
同,更强調境與趣的交融互含。

---

① 《詩學逢原》卷上,中村幸彦校注《近世文學論集》,《日本古典文學大系》第94卷,岩波書
　店,1969年,頁239。
② 《詩學逢原》卷上,中村幸彦校注《近世文學論集》,頁240。
③ 《詩學逢原》卷上,中村幸彦校注《近世文學論集》,頁240。

　　南海提出的"境趣"與《三體詩》不同之處還在於他將雅俗之辨引入"境趣"。南海特別注重雅俗之別,《詩學逢原》卷下設專章加以討論。他認爲:"詩乃風雅之器,若爲俗用之物,不必借詩,用常語、俚語即可。"[①] 基於此理念,南海指出無論是實境,還是作爲虛趣,都應該儘量避免俗病。

　　以上所述均爲認同或借鑒《三體詩》詩法理論者,當然也有持相反立場者。例如江戸初期的石川丈山(1583—1672)反對《三體詩》以景爲實、以情爲虛的觀點,他在《詩法正義》(貞享元年刊)中,從"思無邪""得性情之正"等中國關於《詩經》的傳統觀念出發,强調情的地位比景更重要,認爲情實而景虛:

　　　　律詩、排律俱以多述情而少言景爲佳。盛唐詩法論景情二者,未見所謂虛體實體也。裴季昌、周弼、天隱此三子者,誤於《三體詩》中專演說虛實二事……夫詩之道者,得性情之正而思無邪。既有思,則不能無言。有言則詠歌,言其情也。是以情者實而景虛也。雖然,嚮所云如三子者,以情爲虛,以景爲實矣。自爾之後,吾邦緇白數百年間,講習《三體詩》來,迄今不貿其譽,何也? 是余管窺也……杜詩中情多則爲佳句,景多則率口吟也。我邦詩自古至今不拘景情,任性趣而作。從來情難寫,景易寫,然本朝詩不熟杜詩,不精詞學,故不知景情雅俗四者大半乃詩眼,以致句中無眼。可敢不知哉?[②]

　　石川丈山對《三體詩》實虛說的否定實際上與《三體詩》對待杜甫的做法相關,也與《三體詩》與杜詩在宗系上的差異有關。丈山本人極爲推崇杜甫,對他來說,杜甫乃最傑出的詩人,也是最具人格魅力的偶像,丈山畢生都在學習杜詩,期望達到杜詩的藝術境界[③]。然而,《三體詩》不選杜詩,無疑違背了丈山的趣味。再者,杜甫被尊爲江西詩派之祖,而江西詩派以"才學、議論、文字"爲詩,輕實重虛,這正是周弼所反對的。可見周弼的詩學觀念與杜詩的風格相背。那麼,《三體詩》的實虛說招致丈山的批判也就理所當然了。

　　綜上所述,《三體詩》以實虛說爲核心的詩法理論是對作詩格法和規律的歸納,雖然比較簡單粗略,但畢竟包含一定的合理成分,且行世既久,爲詩家

---

① 《詩學逢源》卷下,中村幸彥校注《近世文學論集》,頁 246。

② 《詩法正義》,池田四郎次郎編《日本詩話叢書》第十卷,頁 352—353。

③ 參見王京鈺《石川丈山における杜甫の受容》,《九州中國學會報》第 40 卷,2002 年。

熟知,所以在江户時代有不少論詩者討論《三體詩》的詩法理論,或認同,或揚棄,或否定,《三體詩》持久的影響力和話題性因而得以彰顯。

四　《三體詩》注釋的側面：從"穿鑿"到"求實"

如前所述,江户時代出版了一批《三體詩》的注本,如《三體詩絶句鈔》《三體詩素隱抄》《三體詩賢愚抄》《首書三體詩》《三體詩備考大成》《三體詩詳解》《三體詩絶句解》等。江户前期的《三體詩》注本中,抄物占了很大比例,它們雖系五山禪林學問的産物,但刊行於江户時代,並且在當時産生了影響,特別是《三體詩素隱抄》先後三次付梓(元和八年、寬永三年、寬永十四年),足以體現它在當時的影響力。所以,對江户時代《三體詩》接受情況的考察不應忽視這些注本的存在。本節要關注的問題是,作爲反映江户知識階層如何解讀《三體詩》作品的文獻,江户時代的《三體詩》注本貫穿着怎樣的闡釋傾向,這種傾向是否隨着時代的發展産生了變化。

在所有《三體詩》抄物中,《三體詩素隱抄》(以下簡稱《素隱抄》)是頗具代表性的一部,這不僅因爲它罕見地注釋《三體詩》七絶、七律和五律全卷,也因爲它版本最多、流傳最廣。《素隱抄》問世於從中世剛進入近世的微妙時期,這一時期流通於日本的《三體詩》注本,除傳自中國的增注本外,主要用日語寫成的抄物則是另一注本類型。作爲五山文化的孑遺,《素隱抄》自然繼承了中世禪林詮釋詩歌的一大特點,即試圖從詩歌的符號背後解讀出諷喻性含義,特別是政治性隱喻。例如：

> 此詩變風體也……此詩不諷於表,而諷於裏……"行盡江南數十程",表面言杜常自行盡江南道,底裏含兩義也。一義……諷玄宗求仙道、好女色也……"曉風殘月入華清",謂安禄山率反黨亂入也……"朝元閣上西風急",表面言杜常自見之景物,底裏謂安禄山反黨之盛也。(杜常《華清宮》)

> 此詩爲變風體,賦而興也。薛能意以爲如此美人不得君王寵愛,殊可惜也。喻己雖有才名,然未蒙君王寵恩,諷當今也。較此前王建《宮詞》,其諷意更明,故編爲第三位。(薛能《宮詞》)[①]

[①] 以上引文皆據《三體詩素隱抄》卷一,廣島大學圖書館藏寬永十四年(1637)刊本。

這種諷喻性含義(《素隱抄》多謂"底意""底")的解讀幾乎貫徹於《素隱抄》每首詩,有過度闡釋之嫌,但在五山禪林中是一個普遍的傾向。例如,同爲《三體詩》抄物的《曉風集》對杜常《華清宮》的解釋是:

　　　　第一句言由祿山之騷屑,而明皇車駕出長安幸蜀……第四句言西風萬竅之響,都入長楊樹,而作大雨聲。凡西風吹則不雨,今已西風而雨,陰陽錯亂,以此比昔時明皇幸蜀之大亂。"楊"字指楊貴妃也。[①]

《三體詩絕句鈔》對薛能《宮詞》的解釋爲:

　　　　薛能作此詩之意,我少負才名,天下無雙,欲致身雲霄,而不能爲君所用,終爲武官,以爲憾也。以婦人薄命作喻,寫我不平之心也。怨情隱然言外,含蓄不盡之意。[②]

以上所舉皆爲《三體詩》抄物的例子,五山時期的其他中國詩文注本也動輒深究文本底層的諷喻意義。如《四河入海》注東坡《溪陰堂》"白水滿時雙鷺下,綠槐高處一蟬吟。酒醒門外三竿日,臥看溪南十畝陰"云:"第一第二句以君子在下位、小人在高位譬之。"[③]

當然,這種取譬式的諷喻性解讀其實源於中國舊有的闡釋學傳統。白居易《金針詩格》曾對這種詩歌詮釋法加以總結:"日月比君後。龍比君位。雨露比君恩澤。雷霆比君威刑。山河比君邦國。陰陽比君臣。金石比忠烈。松柏比節義。鸞鳳比君子。燕雀比小人。蟲魚草木,各以其類之大小輕重比之。"[④]

不過,對《三體詩》進行諷喻性解讀並非僅見於《素隱抄》等抄物,增注本《三體詩》中早已存在同樣的現象,只是此傾向不如前者強烈,比如《三體詩絕句鈔》對張籍《逢賈島》的解釋原本就來自增注本中的圓至注。因此,增注本《三體詩》的注釋也是導致《素隱抄》對詩意採用諷喻性解讀方式的因素之一。

晚於《素隱抄》刊行的《首書三體詩》,其注釋風格與《素隱抄》頗不相同。它完全抛棄抄物繁冗的講解,專門於頭注中對詩題、作者生平以及詩作和增注本原注中的典故、名物、地理等進行考釋,鮮少在詩意闡發上做文章,下欄正文

---

① 萬里集九《曉風集》第 2 册,日本國立國會圖書館藏寫本。

② 鹽瀨宗和《三體詩絕句鈔》,市立米澤圖書館藏元和六年(1620)古活字本。

③《四河入海》(二),岡見正雄、大塚光信編《抄物資料集成》,清文堂,1971 年,頁 362。

④ 張伯偉《全唐五代詩格彙考》,江蘇古籍出版社,2002 年,頁 359。

夾注部分則一如增注本。即便在爲數甚少的詩意詮解方面,《首書三體詩》也只就事論事,不做過深的解讀。例如其注李商隱《錦瑟》云:"此詩首言錦瑟無端而用五十弦,其聲悲甚。一弦而乘一柱,情思在妙年女子之所彈者,而瑟之聲有適怨清和四者之音也。其瑟音之妙如此,令人思之不暇,今當取而彈之,何可待於他年而成追憶哉!奈今思之不見,惘然而自失耳。"① 與之相反,《素隱抄》則根據《許彦周詩話》敷衍出《錦瑟》乃李商隱"辭令狐楚時,休侍女錦瑟,後某時憶昔年錦瑟事,作此詩寫情"的創作背景,認爲"表面言錦瑟事,底裏暗含令狐楚侍女錦瑟事"②。

　　晚至元禄年間刊行的《三體詩詳解》(以下簡稱《詳解》)也表現出不同於《素隱抄》的闡釋傾向。《詳解》最突出的特點是,針對《素隱抄》牽強附會的諷喻性解讀,屢屢予以否定。如其注杜牧《山行》云:

　　　　又曰:杜牧於湖州見一十一二歲小女容色甚麗,約以吾十年後成此州守,必來娶汝,若逾十年,汝可嫁他人。其後十四年牧成湖州守,尋之,小女已嫁他人,育二子。牧恨遲來湖州,遂作詩述志,此詩亦當爲彼時事也。第一句"寒山"喻朝廷,"石徑"喻朝廷之深邃。第二句"白雲深處"喻湖州……三四句言出任湖州太守事。"紅葉"喻昔所約小女已嫁他人,"花"喻世上未嫁女……○按:此舊説甚鑿也,可笑。③

　　這裏的所謂"舊説"就是指《素隱抄》,《詳解》引述其説後批判它牽強可笑,"穿鑿"這一評語頻頻見於書中。日野龍夫據此認爲《詳解》具有否定中世附會主義的近世傾向④。然而,日野龍夫的論斷欠妥,因爲對過度的諷喻性闡釋方式的批判並非始於《詳解》,五山禪林中早就有這樣的意見。例如《曉風集》批判舊説對杜牧《山行》的闡釋:"第一二句與前解同,第三四以楓葉比彼生二雛之婦人,其顏色未衰,此説似穿鑿,心田(清播)不取此義也。"⑤ 這是中世《三體詩》抄物批評某些解釋穿鑿的例子,可見當時並非没有認識到諷喻性闡釋之

_____

① 《首書三體詩》卷二上,卞東波、石立善主編《中國文集日本古注本叢刊》第 3 輯第 1 冊,頁 245。
② 《三體詩素隱抄》七言律詩卷二之一,廣島大學圖書館藏寬永十四年(1637)刊本。
③ 《三體詩詳解》七言絶句卷五,京都大學圖書館藏元禄十三年(1700)刊本。
④ 《江户時代の漢詩和譯書》,《日野龍夫著作集》第一卷,ぺリカン社,2005 年,頁 428。
⑤ 万里集九《曉風集》第 4 册,日本國立國會圖書館藏寫本。

弊。所以,《詳解》常常否定《素隱抄》的附會主義,固然有擺脱諷喻性闡釋、回歸事實本身的傾向,但不足以説明它代表了近世思維的特徵,或許其目的只在於糾正附會主義的謬誤而已。況且《詳解》中也不是没有牽强附會的諷喻性闡釋,比如其對劉長卿《吴中别嚴士元》三、四句"細雨濕衣看不見,閑花落地聽無聲"如此解讀:

　　　　"細雨"句,比讒言漸漬而人不覺。"閑花"句,朝廷輕棄賢才,恰如閑花之落而不以爲意,故比我無罪而被放也。①

　　原詩三、四句不過是寫景,《詳解》的過度解讀顯然偏離了作者的原意。但《詳解》的注釋並非毫無依據,因爲它實際上承襲了唐汝詢《唐詩解》的説法②。儘管將"細雨濕衣看不見,閑花落地聽無聲"解釋爲"讒言漸漬""朝廷棄賢"是穿鑿的,但由於《唐詩解》提供了這種解讀,所以《詳解》也給予認可並用於注釋中。日野龍夫據此認爲,《詳解》對待附會主義的態度,取決於附會之説有無根據,而這個根據就是能否在中國文獻中找到相關記述③,他稱之爲"事實主義"。日野龍夫之説雖有合理性,但並非没有反例。比如前文提到的《素隱抄》對杜牧《山行》詩意的解釋,實從《唐才子傳》卷六有關杜牧的記事敷衍而來,並且《詳解》在正文上欄的注釋中也引用了該記事,但《詳解》仍批評《素隱抄》的闡釋穿鑿可笑。由是可見,《詳解》對於"穿鑿"的判斷不像日野龍夫認爲的那樣,完全視乎中國文獻中有無可作爲依據的相關記述而定。毋寧説,在《詳解》中,"附會主義"與"事實主義"混雜在一起,而"事實主義"占據優勢。

　　幕末大槻磐溪所編《三體詩絶句解》(以下簡稱《絶句解》)比以往的《三體詩》注本都簡明得多,不着意於龐博瑣碎的名物典實訓釋和考證,而更側重詩意的解讀和點評。《絶句解》以"舊注"即圓至注和裴庾注爲主要參考,亦有補正其不當者。前文列舉了《素隱抄》對兩首詩的解讀,以下列出《絶句解》的對應解讀以作對比:

　　　　東去家山,凡十有六程矣。今晨方纔和殘月,以到華清宫,則昔時全盛之迹既銷歇,而唯見朝元閣上之西風,吹入長楊樹者,颯然作急雨之聲

---

① 《三體詩詳解》七言律詩卷二,京都大學圖書館藏元禄十三年(1700)刊本。
② 《唐詩解》卷四十三,河北大學出版社,2001年,頁1121。
③ 《江户時代の漢詩和譯書》,《日野龍夫著作集》第一卷,頁430。

耳。按徐而庵《説唐詩》曰："楊樹有風，其聲若雨，西風、雨聲，總是衰颯景況。"此解得之。

　　舊解："能早負才名，自謂當作文字官，及爲將，常怏怏不平，此詩乃以女自喻，矜其少日才望之盛，而不平之意隱然言外。"[①]

　　第一首，《絕句解》只按照詩歌字面意思進行解讀，且未依圓至注將"長楊"解作長楊宫，而是解爲長楊樹，意似更通[②]。第二首，《絕句解》採納圓至注，與《素隱抄》的解釋比較接近，但相比之下對諷喻意義的揭示有所淡化。再如杜牧《江南春》《貴池縣亭子》《山行》等，《素隱抄》均解讀過度，而《絕句解》則要麼不注釋，要麼只依字面意思就事論事，不爲鑿空之説，基本與增注本保持一致。由此看來，只要增注本的解釋不過於穿鑿附會，大多被《絕句解》接受。但如果增注本的解釋頗涉附會，《絕句解》則予以指摘駁正。如其卷下注韋應物《滁州西澗》云："舊注歐公水淺不勝舟之説，既可笑，至增注君子在野、小人在位之説，則牽合附會之甚者，皆宜抹殺。"要之，《絕句解》對詩意的闡釋多能實事求是，少見穿鑿附會之論。

　　綜合以上分析，可得出如下結論：江户時代的《三體詩》注本，起初承禪林抄物之餘緒，在詩意闡發上注重對所謂"底意"的發掘，表現出較强的"穿鑿"特徵，後來逐漸取徵事實，不再那麼執着地深究文本背後的諷喻意義而隨意發揮，因此整體上趨於"求實"之風。無論是"穿鑿"的闡釋，抑或"求實"的闡釋，都是豐富對文本的體驗和理解。也正是由於讀者不斷地賦予其新的詮釋和發現，《三體詩》才得以被持續注入旺盛而鮮活的生命力。

五　和文學對《三體詩》的攝取

　　像《三體詩》這樣一部十分重要的文學典籍，其影響範圍自然不局限於日本的漢詩文創作，亦波及日本固有的和文學，主要是俗文學，包括俳諧、川柳、

---

① 《三體詩絕句解》卷上，卞東波、石立善主編《中國文集日本古注本叢刊》第 3 輯第 4 册，頁 24—25、26。
② 楊慎《升庵詩話》卷五曰："余見宋敏求《長安志》，乃是'星'字。敏求又云：'長楊非宫名，朝元閣去長楊五百餘里，此乃風入長楊樹葉似雨聲也。'深得作者之意。"丁福保輯《歷代詩話續編》，中華書局，2006 年，頁 738。

狂歌、浮世草子、净瑠璃等流行於江户時代的文學樣式。從事這些體裁創作的作家們大多和漢賅通,他們憑藉對《三體詩》的熟稔,自如地攝取、借鑒其中的詞句表現、修辭技巧、審美情趣和詩學理念,融合到自己的作品中,於是和漢文學元素在其中交相輝映,形成一種跨語際、跨文化的書寫實踐。

(一)俳諧對《三體詩》的攝取

在俳諧對《三體詩》的接受方面值得矚目的當屬松尾芭蕉一門的創作。芭蕉的傑出弟子、俳人寶井其角(1661—1707)具有較深的漢學素養,據説他"十四歲抄寫《本草綱目》,十五歲抄寫白文本《易經》……跟從服部寬齋學習儒學,從大巓和尚學習《詩》《易》"[①],因此其俳句作品中往往可見漢詩文影響的痕迹。根據仁枝忠的研究成果[②],兹將寶井其角攝取和化用《三體詩》的俳諧作品整理歸納如下表:

編號	作品例	出處	備注
1	きのふ見し人や隣の玉祭	許渾《秋思》"高歌一曲掩明鏡,昨日少年今白頭"。	序曰:"對愁。"
2	名月や御堂の鼓かねて聞く	張繼《楓橋夜泊》"姑蘇城外寒山寺,夜半鐘聲到客船"。	序曰:"鐘聲客船。"
3	筆をさす御笠やかろき下凉	鄭谷《十日菊》"自緣今日人心別,未必秋香一夜衰"。	序曰:"昼顔の憎き様なる旅の日数ぞいとくるし。別後を問ば、いまだ必しも、秋香一夜におとろへずと、我翁の、いづれか今朝に残る菊とにあらん。かばかりならず、忘れがたき事のみぞ多かる。"
4	たたく時よき月見たりんめの門	賈島《題李凝幽居》"鳥宿池邊樹,僧敲月下門"。	序曰:"戲賦一絶呈幾右。愛君滑稽一時豪,雁字帶霞入彩毫。想見梅花門裏月,不知誰共定推敲。《心水道人稿》。"

① 仁枝忠《宝井其角と漢文學》,《津山工業高等專門學校紀要》1979 年第 17 號。
② 仁枝忠《宝井其角と漢文學》,《津山工業高等專門學校紀要》1979 年第 17 號。

編號	作品例	出處	備注
5	山鳥の寝かぬる声に月寒し	賈島《三月晦日贈劉評事》"三月正當三十日,風光別我苦吟身"。	
6	二すじの道は角豆か山ざくら	嚴維《歳初喜皇甫侍御至》"明朝別後門還掩,修竹千竿一老身"。	序曰:"緑雲の軒ばを深く閉て、修竹こまやかに……"
7	春雨やひじき物には枯つつじ	賈島《三月晦日贈劉評事》"三月正當三十日,風光別我苦吟身"。	
8	山吹も柳の糸の孕み哉		序曰:"三月正當三十日。"
9	大酒に起てものうき袷哉		序曰:"三月正當三十日,風光別我苦吟身。"
10	竹の屁を折ふし聞や五月闇	王維《與盧員外象過崔處士興宗林亭》"科頭箕踞長松下,白眼看他世上人"。	序曰:"科頭に背けて閨中の閑をしる。"
11	白雲にのる村もあり山ざくら	杜牧《山行》"遠上寒山石徑斜,白雲生處有人家。停車坐愛楓林晚,霜葉紅於二月花"。	
12	杉の上に馬ぞ見えくる村紅葉		
13	削かけ膏薬ねりの鼻にあれ	姚合《庭春》"漸覺春相泥,朝來睡不輕"。	序曰:"漸覺春相泥といふ切句。"
14	許渾　こよひ世間の甲子ぞかし	許渾《送宋處士歸山》"世間甲子須臾事,逢着仙人莫看棋"。	
15	張籍　つれしぐれ乗あひ十九人の中	張籍《哀孟寂》"曲江院裏題名處,十九人中最少年"。	
16	皮日休　鍬から洗へ花種た泥	皮日休《元達上人種藥》"白石浄敲蒸術火,清泉閑洗種花泥"。	

續表

編號	作品例	出處	備注
17	温庭筠　橋の豆查は仲間の霜	温庭筠《商山早行》"雞聲茅店月,人迹板橋霜"。	
18	李涉　湯もどりの門前獨看松	李涉《題開聖寺》"長廊無事僧歸院,盡日門前獨看松"。	
19	周賀　此雨に灰をうるほす芋かしら	周賀《逢幡公》"山衣風壞帛,香印雨沾灰"。	

　　表中所列俳諧,有的是正文部分化用了《三體詩》,如 1、5、11、12,有的則是前面的序與《三體詩》存在密切的關係,如 3、6、7、8、9、10、13,還有的與正文和序均相關,如 2、4。此外,14 至 19 的俳諧乃寶井其角所編《焦尾琴》中收入的他和人見午寂吟詠三十六位中國詩人的作品,每位詩人的名字下有對應的俳諧,其内容皆與該詩人的某首詩關聯。由此可見,作爲俳人的寶井其角對《三體詩》是非常熟悉的,他將《三體詩》援入俳諧中,無疑有助於豐富作品的内涵,增强其表現力。

　　實際上,《三體詩》對俳諧的影響並非僅限於這種表現和内容的層面,還延伸至俳諧理論。近世的俳論常以 "虚實" 來展開言説,特别是談林派更具有這種傾向。岡西惟中(1639—1711)在《俳諧蒙求》中説:"何謂俳諧? 莊周曰,滑稽也。是何謂耶? 蓋一時之寓言,以是爲非,以非爲是,以虚爲實,以實爲虚。"① 談林派的虚實論深受《莊子》的影響,這是學界公認的事實。然而,松尾芭蕉的虚實論則情況有所不同。

　　芭蕉最初對虚實問題的思考既受到談林派的影響,也有傳統 "花實" 思想的投影,因此有時以同一語義使用 "虚實" 和 "花實"。比如他在《田舍之句合》中評價第九組俳諧:"左虚也,右實也。花與實,將孰取哉?"② 儘管如此,正如仁枝忠所指出的,芭蕉後來談論的 "虚實" 並非指虚實二物,而是多指文辭

① 栗山理一《芭蕉の俳諧論》,墒書房,1971 年,頁 86。
② 杉浦正一郎、宮本三郎校注《芭蕉文集》,《日本古典文學大系》第 46 卷,岩波書店,1978年,頁 284。

與内容。對於熟悉《三體詩》《聯珠詩格》《詩人玉屑》等探討詩格詩法的中國典籍的芭蕉來説,其中關於虛實章法的論述可能具有某種啓發性。該時期芭蕉的虛實觀不再是初期談林派主張的延續,而是經過漢詩文升華後的自我領悟①。

芭蕉對於虛實的論述比較零散,没有形成完整的體系,但其弟子各務支考(1665—1731)一方面繼承了芭蕉的風雅觀,並進一步發展成抽象的虛實觀,另一方面又堅持表現上的虛實論,也就是説,支考所主張的虛實論包含形而上的風雅的虛實和形而下的表現的虛實這兩部分,它們在支考的《俳諧十論》《十論爲辯抄》中獲得了統一。不過,支考俳論的實際展開主要是從表現的虛實出發的,這當中《三體詩》的詩論對他產生了影響。堀切實指出:元禄年间支考的俳论书《葛之松原》引用了张籍的《逢贾岛》,其评注《徒然草》的著作《つれづれの》中提到的"断续虚实"之法也明显受到《三体诗》"若断而虚"这一说法的启发;另外,支考在俳谐作法书《二十五个条注解》"虚实之事"一条中更是直接论及了《三体诗》的实虚说:"《三体诗》有前虚后实。鄭谷之《江際》吟……'漁舟破暝煙'是虚姿,文也,'兵車未息'是實情,質也。"②這些事實表明,支考在構建自己的虛實論時,《三體詩》的實虛説無疑是其參鑒的資源之一。

(二)净瑠璃對《三體詩》的攝取

日本近世最著名的戲劇作家近松門左衛門(1653—1725)曾創作過一部獲得空前成功的净瑠璃《國性爺合戰》,該作品的開頭部分有如下描寫:"花飛蝶駭不愁人,水殿雲廊別置春,曉日靚妝千騎女,紅唇翠黛交相輝映,土中梅放蘭麝之香,桃櫻爭豔長開,南京繁華如斯,誠可謂太平盛世……(明思宗)耽於歌舞遊宴,玉樓金殿之中有三夫人、九嬪、二十七世婦、八十一御妻,凡三千美人侍側,群臣諸侯亦邀寵取媚,爭獻奇珍異玩,真個似二月中旬獻瓜之榮華也。"③"花飛蝶駭不愁人,水殿雲廊別置春,曉日靚妝千騎女"出自陸龜蒙《鄴

---

① 仁枝忠《芭蕉の俳論と漢文學》,《津山工業高等專門學校紀要》1970 年第 2 號。

② 堀切實《支考の虛實論の展開》,《近世文藝》第 14 卷,1968 年。按照《三體詩》的理論,"漁舟破暝煙"寫景,應屬於"實","兵車未息"寫情,應屬於"虛",而且所謂"前虛後實"是就律詩中間四句而言的,支考的理解有誤。此外,《二十五個條注解》在該段文字後面還討論了"前實後虛",引王維《秋夜獨坐》作爲例子。

③ 守隨憲治、大久保忠國校注《近松净瑠璃集下》,《日本古典文學大系》第 50 卷,岩波書店,1978 年,頁 228。

宫》第二首,見於增注本《三體詩》卷一,原詩諷刺後趙皇帝石虎居鄴宫奢淫無度,近松引之,又在後面使用"二月中旬已進瓜"的典故,意在鋪陳渲染明思宗在南京城内豪奢昏庸的生活,預示國難即將發生。

近松曾基於净瑠璃和歌舞伎劇本的創作實踐,提出了"虚實皮膜論"這一著名的戲劇理論。該理論認爲,藝術的真實存在於虚構和真實之間微妙的接點,它不是單純的寫實,而是通過虚構來增加藝術的真實性:

> 近松回答道:"……所謂藝術,存在於事實與虚構間的交界處……所謂交界處,就在這裏。虚而不虚,實而不實,在這個微妙之處,才能使觀衆得到滿足……"①

近松在這裏用虚和實的關係來闡述藝術的本質,自然會令人聯想到《三體詩》的實虚説。中村幸彦認爲《難波土産》中記載的近松"虚實皮膜論"很可能與《三體詩》有關聯。其理由是:穗積以貫記録的近松之説中,使用"興象""景象"等漢詩詩論用語,討論了"情和景"這種傳統和歌論中見不到的問題,而且從《近松語彙》的用典來看,他確實閱讀過《三體詩》等詩論著作。在當時《三體詩》廣爲漢學者乃至知識份子所熟知的背景下,近松的"虚實皮膜論"使用情、景、虚、實這類詞語,最容易被理解。從這個意義上説,"虚實皮膜論"也可以看作《三體詩》式的虚實情境説的應用。如果"虚實皮膜論"羼入了其記録者穗積以貫的個人理解,那麼以貫本人就是漢學者,著有一部未完成的《三體詩國字解》,其中對《三體詩》中"(虚接)謂第三句以虚語接前二句也"一句的解釋就像"虚實皮膜論"的注脚②。要之,《三體詩》所闡述的情景和虚實的關係,作爲江户文化階層所熟悉的知識,對近松"虚實皮膜論"的提出産生影響是完全可能的。

(三)森川許六《和訓三體詩》的"詩意"世界

如果説以上討論的例子大多屬於片章只句攝取《三體詩》的情況,那麼被譽爲"蕉門十哲"之一的森川許六(1656—1715)所著《和訓三體詩》則基於和漢交融的文藝理念,巧妙地將《三體詩》的世界日本化。從書名上看,"和訓"即訓讀成日語之意,很容易使人以爲該書旨在將《三體詩》直譯爲日語,但

---

① 守随憲治、大久保忠國校注《近松净瑠璃集下》,頁358—359。

② 中村幸彦《虚實皮膜論の再檢討》,《中村幸彦著述集》第1卷,中央公論社,1991年,頁105—125。

實際上它絕非單純的《三體詩》譯作,而是以《三體詩》的譯解爲基礎而構築的一個俳文學的世界。

該書只取《三體詩》絶句部分,先注釋詞句、解説詩歌内容,然後以此詩爲基礎或從詩中得到啓發敷衍成俳文,題作"詩意"。注釋部分並無特别之處,真正具有創造性價值的在於"詩意"。那麽,《和訓三體詩》的"詩意"究竟是怎樣的,許六又是如何試圖通過俳文將原詩的意趣表現出來的呢? 請看李涉《宿武關》:

> 遠别秦城萬里遊,亂山高下出商州。關門不鎖寒溪水,一夜潺湲送客愁。

> [詩意]我伴着彩霞離開宮古,整裝去萬里之外旅行,來到伊豆的海角,這裏亂山高下入海。又越過關門没有閉鎖的箱根路,投宿一夜時,聽到犀河原的水聲而通宵難寐,不覺淚已沾襟。①

不難看出這首詩的"詩意"與原詩的意思基本相同,整體上比較忠實於原詩,只是地點均置換成了日本的地名。

又如趙嘏《經汾陽舊宅》:

> 門前不改舊山河,破虜曾輕馬伏波。今日獨經歌舞地,古槐疏冷夕陽多。

> [詩意]安土山乃信長將軍的古城,城中首次建造的裝飾有鴟鉾的七層天守閣,因爲時代變遷而成爲寺廟,信長的法名總見院也變成了寺號,但門前的山河不異往昔。信長屢次建立的軍功超過了東漢伏波將軍馬援,他没收大量寺院領地,武威赫赫如狂飆,平重衡在治承年間燒毁南都奈良的佛寺又算得了什麽。但信長竟爲明智光秀所弑,只留下他命狩野永德畫的那幅著名寓意畫額中所暗示的訓條——努力就會成功。夕陽徒然地照射着大竹林,四周荒廢,郭子儀的舊宅想來也是如此吧。②

這首詩的原旨是通過描寫郭子儀舊宅的凄涼衰敗,感歎本朝待功臣之薄。許六的"詩意"將原詩郭氏舊宅轉換成日本戰國時期著名武將織田信長的安土城,雖然保留了原詩將昔日的繁華與今日的荒涼進行對比的框架,但添加了織田信長的相關事蹟,特别是其中提到信長的武功達到頂點時突然被部將明

---

① 森川許六《和訓三體詩》卷三,廣益圖書株式會社,1899年,頁88。
② 森川許六《和訓三體詩》卷四,頁114—115。

智光秀殺害這種戲劇化的轉變。信長征討四方,大有統一全國之勢,生命却戛然而止,這與其所信奉的努力就能成功的信條形成强烈的諷刺性對比,"詩意"因而饒具俳趣。

由此可見,許六在此使用俳文述出的所謂"隱含意趣"與原詩的意象不盡相同,體現出一種俳文特有的、符合日本人審美情感的趣味,是許六以原詩爲起點而重構的充滿"幽玄閑寂"之味的"蕉風"世界。這很大程度上是因爲俳文這種文體的美學特質在於"表現瀟落飄逸之心、超脱俗世的隱遁心境、幽玄閑寂的趣味,探尋花鳥風月之趣,表現滑稽諧謔之趣"①,所以對原詩意趣的述出必須在此原則下重塑。

要言之,《和訓三體詩》擺脱了直譯式的漢文訓讀傳統,用俳文的筆調進行了大膽而富有新意的翻案,將漢詩的世界轉換成饒有俳趣的日本風土語境。特別是許六在"詩意"中大量穿插前人的和歌、俳諧、隨筆、舊聞等多種文學樣式,比如鄭谷《十日菊》"詩意"引用了《古今和歌集》第 277 首,又如張籍《逢賈島》"詩意"的首句實際上化用了《徒然草》第 19 段。"詩意"與既存和文學文本的互文關係,無疑有助於其日本化的文學空間的建構;另一方面,讀者也可以看到"詩意"前面的注釋部分使用漢文調的文體,偏重嚴肅的學術性注釋,於是"詩意"部分中馳驅想象的日本化的文學性與注釋部分循規蹈矩的漢學傳統的學術性之間便形成了奇妙的張力,從而賦予《和訓三體詩》以獨特的藝術魅力。

六　結語

日野龍夫認爲,《唐詩選》是"形成日本人中國文學方面的修養和興趣之重要部分"②的一部書,通過上述多個方面的詳考,同樣可以認爲《三體詩》也在日本人文學修養和興趣的形成上發揮了重要作用。相比於《唐詩選》以盛唐詩爲歸旨的理念和作爲範本的單一功能,《三體詩》則多出了詩法詩格的經驗總結這一層功能,所以我們不僅可以看到江户文學對《三體詩》具體作品的攝取,也可以觀察到江户時代的詩學著作和文藝理論從《三體詩》的實虚説中

---

① 岩田九郎《元禄以前の俳文》,《俳句講座》第四卷,改造社,1932 年,頁 108—109。
② 日野龍夫校注《唐詩選國字解·解説》,平凡社,1982 年,頁 1。

獲得了有益的啓發。從這一點來看,《三體詩》對江户文學的影響不僅體現在文字表現上,也體現在詩論和文論的建構上。

（作者單位：信息工程大學洛陽校區歐美環太系）

本土壓制與異域重生：17 至 19 世紀中日楊萬里接受比較研究 *

駱曉倩　楊理論

　　楊萬里以"誠齋體"見重於當代,但在明清却屢受非議,這與東瀛楊萬里接受恰成鮮明對照。在與中國明末到清末相對應的日本江户時代(1603—1867),詩壇對楊萬里基本持肯定態度。特別是 18 世紀末 19 世紀初的數十年間,楊萬里得到了江户詩壇宗宋詩派的大力推崇,達到了一個接受高潮。筆者曾有論文對江户時代楊萬里接受的整體態勢進行了梳理,並從詩話評點和選集刊行兩大視角重點考察了江户中後期楊萬里的接受盛況。江户時代,以六如上人爲肇始,繼之而起山本北山、市河寬齋及其弟子,形成了足以抗衡宗唐宗明詩派的宗宋詩派。楊詩在這一詩學潮流中,成爲了宗宋詩派熱衷學習的對象,由是而具有了標杆意義[1]。域外的接受研究,最終的落腳點應在中國。職此之故,必須追問的是,江户宗宋詩派取法楊萬里,主要側重哪些方面? 爲何在中國清朝中葉,雖然有袁枚大力誇贊楊詩,但楊詩仍遭貶抑,却反而在異域的日本,出現了一個楊詩接受的高潮? 本文循着此二追問而展開。

---

* 本文爲國家社科基金重大項目 "東亞古代漢文學史"(19ZDA260)、重慶市人文社科重點研究基地重點項目(18SKB042)、中央高校基本科研業務費重大培育項目 "'南宋三大家' 日本江户時代接受與變異研究"(SWU1909215)、中央高校基本科研業務費一般項目 "兩宋詩序及其文化意藴研究"(SWU309254)階段性成果。
① 日文題爲《江户時代の詩學と楊萬里受容》,《日本宋代文學學會報》第 3 集, 2017 年 ;中文題爲《日本江户時代的詩學遞變與楊萬里接受》,《華中學術》第 21 輯, 華中師範大學出版社, 2018 年。

一　習學與糾偏：江户時代楊萬里接受的詩學重點

（一）楊萬里接受的詩學趣尚

1. 斥僞與存真

首先需要考察的是江户詩人標舉楊萬里的詩學目的是什麼。關於這點，江户首倡宋詩的六如上人（1734—1801）説得很明白：

> 吾唱宋詩者，欲折明人之弊也。滄溟不取唐以下，弇州贊其説，遂無敢談宋詩者，況於南渡以後乎？吾邦享、元之間，謖園之徒輩出，李王之毒流於海内。今也點竄蘇李曹劉，刻畫王楊沉（沈）宋，卓犖乎衆楚之咻者，千百人中無一人也。輓近雖有梁景鸞、祇伯玉稍覺其非，然不能脱其窠窟。①

其中，滄溟是明李攀龍（1514—1570）的別號；弇州是王世貞（1526—1590），王號弇州山人，二人均爲後七子領袖人物。前後七子宣導復古，李攀龍曾言："文自西京，詩自天寶而下，俱無足觀。"②日本荻生徂徠（1666—1728）受此影響，認爲"古詩以漢魏爲至，近體以開、天爲至"③。他創立的謖園學派尊崇李王，倡導李王復古學説，推崇明詩，主張因明學唐。享保（1716—1735）、元文（1736—1740）年間，徂徠兩位高足意見産生了分歧。服部南郭（1683—1759），紹繼其師，與徂徠持論相同；另一高足太宰春臺（1680—1747），則自立門户，反對徂徠倡導明詩："春臺初修程朱學，及見徂徠，大悦，棄其舊學而講古學。然晚年於徂徠甚有不滿，於詩文痛斥李王，著《文論》《詩論》，縱橫論之。"④但春臺亦承襲了謖園學派的尊唐傳統，否定明詩的同時也否定宋詩，其《詩論》云："宋則詩衰甚"，"唐人之詩多'漫興''無題'，因事而發，所以有自然之妙也。宋元則不足論。明人之詩……多用事填塞，摭唐人成語而綴緝以成章，其巧在飣餖，篇雖多，無復異味。李于鱗最有此患"⑤。在徂徠及南郭、春

---

① 六如上人《葛原詩話後編》卷首畑元禎《葛原詩話後編序》引六如語，池田四郎次郎編《日本詩話叢書》第五卷，文會堂書店，1920 年，頁 3—4。

② 張廷玉等《明史》卷二百八十七《李攀龍傳》，中華書局，1974 年，頁 7378。

③ 荻生徂徠《徂徠集》卷十九《題詩學三種合刻首》，寬政三年（1791）刊本，葉 18b。

④ 池田四郎次郎《斥非》解題，池田四郎次郎編《日本詩話叢書》第三卷，1921 年，頁 131。原爲日語，筆者譯。

⑤ 太宰春臺《詩論》，池田四郎次郎編《日本詩話叢書》第四卷，1920 年，頁 291、293—294。

臺的倡導下，宋詩遭到打壓，唐詩盛行。

　　正是在這樣的詩學潮流之下，六如順着太宰春臺的否定明詩，提出要"折明人之弊"。而與春臺不同，六如是要提倡宋詩，以肅清李、王之流毒。作爲六如最喜歡的宋代詩人，楊萬里自然成爲其宗宋的重要標杆。在宋詩中，六如最喜歡楊萬里詩，其《葛原詩話》《葛原詩話後編》屢屢徵引楊詩。松下忠曾統計《葛原詩話》徵引楊詩的次數，竟高達 180 次以上[1]，高居徵引詩人榜首。《葛原詩話》及其後編，是一部給初學詩者提供詩語的詞典，間或論及詩法。其中雖無對楊詩的直接評論，但引詩居首已很能説明問題，而且很多詞條，全以楊詩爲範例。六如没有具體説明的楊萬里在肅清李王流毒中的詩學作用，山本北山（1752—1812）作了明確表述：

　　　　蓋僞詩剽唐掠明，全然似真。惑似者不察真詩所在，故有人提證其僞者，不敢省焉。自非神力若照魔鏡者驅之，不能復真也。南宋楊誠齋《江湖集》即是詩中照魔鏡也。若揭之照僞詩，則模擬之拙、剽竊之陋，毫末可皆數焉。[2]

北山將詩壇之詩分爲了兩類：僞詩和真詩。此段引文之前，他講了一個故事：老狐成精化爲美女迷惑世人，無數人沉迷其中，染毒日漸深入骨髓而羸弱不堪，必須以照魔鏡使妖魔現形，驅之而去，沉迷之人才能醒悟而毒解神清。接着這個故事，北山將楊詩喻爲詩中之照魔鏡，以其真而讓僞唐詩、僞明詩無所遁形。顯然，在這場没有硝煙的戰鬥中，楊氏真詩是一件破除僞詩的鋭利無比的武器。同樣的話北山在《合刻宋三大家絶句序》中也説過："三家者，詩道日月燈也。蓋僞唐詩選行於世，而後詩世界如黑騰騰夜國，自非假若日月燈光明、真詩力而遍照，則不能使摸知搜識輩見詩道真面目也。大窪行與兒謹戮力刻是編，豈非豁開被僞詩暗者，真眼睛黃金錍乎？其取止於絶句者，何也？隱娘劍不過數寸，足以奪千奸萬邪之魂，何必用森然長戟大刀耶？詩亦然。"[3] 照魔鏡也好，日月燈也罷，功效是一樣的。選詩者只要具備"真眼睛黃金錍"，武器雖短小，必奪奸邪之魂魄。從上引文來看，在與僞詩對抗的過程中，楊萬里乃至陸遊、范成大詩因爲其"真"而獲得了北山的青眼相加。北山在序《楊誠

---

① 松下忠《江户時代の詩風詩論》，明治書院，1969 年，頁 526。

② 楊萬里《江湖詩鈔》卷首山本北山《江湖詩鈔序》，文化元年（1804）刊本。

③ 大窪詩佛、山本緑陰輯《宋三大家絶句》卷首，享和三年（1803）江户書肆玉山堂刊本。

齋詩鈔》時也説到楊詩的"真":

　　　余素諳知楊公於詩南宋大家,能殫境窮情,拔奇破微,真而正,無一毫
　之僞。是故亦知譽之者不能增其名之一分,毀之者不能減其名之一分。
　於是亦知吾序無益於公,然猶一言可道:蓋能信公者,不啻其詩不僞,其人
　亦不僞矣。不信公者,其詩固僞,其人亦僞矣。後生輩宜信公而誦公詩,
　勿墮落於僞崛。①

此處,北山給楊詩的"真"加上了"正"的限定。筆者理解,"真"當是指楊詩在
抒寫性情方面,能夠純任天然,不加矯飾。而加上"正",是指作者"以道德風
節照映一世"②的正直品格。所以後文云"能信公者,不啻其詩不僞,其人亦
僞矣。不信公者,其詩固僞,其人亦僞矣",由作真詩而引申到了爲人的真誠。
由楊詩之"真"自然而然引申到了楊詩體物圖貌的窮形盡相、發抒情感的探微
抉幽,亦即北山所云"殫境窮情,拔奇破微"的特點。由此,自然而然地引出楊
詩發抒性靈。而實際上,性靈的本質就是"真"。

　2. 清新與性靈

　楊萬里詩歌的清新,江户初期的那波活所(1595—1648)即有所評論。活
所《和道春老人》云:"詩家清景見來佳,密霧繁雲不用埋。陶妙韓才應可擬,
誠齋倒了又秋崖。"③活所推崇詩家清景,認爲陶淵明、韓愈之詩皆可效法,楊萬
里、方岳之詩亦屬清景。林羅山(1583—1657)在摘抄楊詩之後,也説:"此老
任筆而陶其胸蘊者,博贍自在亦可喜也。讀者取其長處,必有下筆之益乎。"④
關注的是其自在發抒性靈,認爲認真品味楊萬里的自由書寫,必將有助於作詩。

　江户中後期,北山也主張清新之詩,其文化六年(1809)刊行的《孝經樓詩
話》云:

　　　甚至以渾含刻露界斷唐宋,公然作僞唐詩,句句陷入平庸,言言墮落
　乎腐,而不自知其誤也。詩不僞則妙。宋之異乎唐即真之唐,而明之似乎
　唐者即不唐也。唐詩之善已成公論。雖是如此,學唐者,却陷腐落僞;能

---

① 吳之振、吳自牧選《楊誠齋詩鈔》卷首山本北山《楊誠齋詩鈔序》,文化五年(1808)刊本。
② 黄昇輯《花庵詞選續集》卷二,《景印文淵閣四庫全書》第 1489 册,臺灣商務印書館,
　1986 年,頁 420。
③ 那波活所《活所遺稿》卷三《和道春老人》,寬文六年(1666)刊本,葉 2b。
④ 林羅山《羅山林先生文集》卷五十四《題楊誠齋詩抄後》,寬文二年(1662)刊本,葉 19a。

　　學宋者，必得唐之真。得唐之真，即有清新。庾開府、杜少陵皆主清新，故
　　蘇東坡以下，放翁、石湖、誠齋等之詩，無不清新。[①]

清新是北山詩論的核心所在。實際上，早在天明二年（1782），北山就寫了《作
詩志彀》，此詩話的寫作目的就是要以清新來排擊蘐園學派以李王爲典範的擬
古之風。北山弟子山田宗俊序之云："詩之所以爲詩者，特在乎清新耳。詩之
清新，猶射之志彀。"[②] 楊詩被北山推爲清新之詩的典範。在北山的倡導下，楊
詩清新，在此期宗宋詩人中幾乎達成了共識。此期詩壇另一領袖人物市河寬
齋（1749—1820）也頗看重楊萬里的清新，其《廣三大家絕句序》云：

　　　　其所采摘，雖有小異，至其教人知詩本性情，趣尚清新，其旨一也……
　　重就此編而練熟，則獨運自在、清新日出。[③]

楊詩也正是寬齋心目中"詩本性情，趣尚清新"的典範之一。兒島大梅
（1772—1841）也評價楊詩是"雄健清新，求之意想之外，求而無不得，得而無
不詩"[④]。大窪詩佛則直接將清新和性靈連用，他説：

　　　　模擬餖飣之風廢而清新性靈之詩興，然後世知專尚宋詩也。東坡、山
　　谷、石湖、放翁、誠齋、秋厓詩鈔盡上梓……世之學詩者，先從是（指《三家
　　妙絕》）入手，既脱盡模擬餖飣之習，又不落詭險傭俚之窟，則清新性靈之
　　妙境，其可庶幾矣。[⑤]

此處直接提出了"清新性靈之妙境"，此絕妙境界中，應該包含的内容當有宋詩
的別開生面、清麗新穎、自由抒寫、獨抒性靈、表情真淳等詩學含義。當然，楊
萬里是其中的代表。楊萬里的這種代表性甚至被一些宗宋詩家推到了無以復
加的高度。兒島大梅認爲："夫一代各有一代之人，一代亦各有一代之文。人
之面目各殊異，文之格調亦不同……就唐而論之，青蓮，詩之仙也；少陵集而大
成，詩之聖也。其他獨得白香山一人。在宋亦得一人，楊誠齋先生是也。"[⑥] 將
楊萬里推到有宋一人，並將之推到與唐詩巨擘李、杜和白居易平列的高度。

① 山本北山《孝經樓詩話》卷下，池田四郎次郎編《日本詩話叢書》第二卷，1920 年，頁
　115。原爲日語，筆者譯。
② 山本北山《作詩志彀》卷首，池田四郎次郎編《日本詩話叢書》第八卷，1921 年，頁 3。
③ 大窪詩佛、菊池五山輯《廣三大家絕句》卷首，文化九年（1812）刊本。
④ 吳之振、吳自牧選《楊誠齋詩鈔》卷末兒島大梅《誠齋詩鈔跋》。
⑤ 大窪詩佛《三家妙絕序》，市河寬齋輯《三家妙絕》卷首，文化四年（1807）序刊本。
⑥ 吳之振、吳自牧選《楊誠齋詩鈔》卷末兒島大梅《誠齋詩鈔跋》。

3.尖新與戲謔

江户時代之尖新詩風，起於六如上人。而六如之所以追求尖新，也是爲了排擊僞詩。大典禪師云："蓋上人於詩，掇奇拔新，不必調協，亦各從其所好也。彼其比唐擬明、因仍相襲者，必以是爲異端焉。"①六如的尖新，很大程度上是追求生新的語言。爲此，六如編撰了《葛原詩話》，就是爲了給詩壇後學提供作詩的奇字生詞：

> 惠恩院六如師，經禪之暇，以歌唫肖萬物情狀，委曲織悉，皆人之不能道者。人見其尖新也，輒疑或出於師胸臆杜撰，而不知其皆有來處也。端文仲與師至密，一日倒師秘囊，得其積年抄録詩料數十卷，就中選數百頁輯成四卷，命曰《葛原詩話》，梓以公共。夫而後世人乃知必有師之博，而後師之尖新可學矣。②

在這樣的編撰目的之下，好用俚語生詞的楊萬里，順理成章地成了六如的取法對象。《葛原詩話》及後編諸多引述楊萬里的詩句，多是説明俚語生詞的出處和好處。諸如"能樣懶、能底巧""作麼""夫須、獨速""攙先、攙前""匹如、匹似""肉般紅、花映肉""恰則、且則、也則"等等，均爲詩家少用之俗語生詞。此處舉一代表案例：

肉般紅　花映肉

> 楊萬里《遇雨》詩云："枉教一月費春風，不及朝來細雨功。草色染來藍樣翠，桃花洗得肉般紅。"據"紅映肉"之語來看，"肉般紅"者，般爲如某樣，即云肉一樣紅之意。同人之詩云："曠野風從腳底生，遠峰頂與額般平。"又："倦來睡思酒般釅，曉起東園看曉風。"又："望中四野掌般平，遠樹成行一帶橫。"又："一陣秋風初過雨，箇般天氣好燒香。"又，杜詩有"紅顏白面花映肉"之句，東坡《海棠》詩用作"翠袖卷紗紅映肉"。此"肉"指肌膚。《堅瓠集》有載："錢牧齋初娶柳如是，謂之曰：'吾愛你烏箇頭髮白箇肉。'柳曰：'吾亦愛你。'牧齋曰：'愛吾什麼？'柳曰：'吾愛白箇頭髮黑箇肉。'衆爲之絶倒。"③

叙述頗爲平實，但其間能感受到六如對楊萬里"肉般紅"點化杜甫"花映

---

① 六如上人《葛原詩話》卷首大典禪師《葛原詩話序》，天明七年（1787）刊本。

② 《葛原詩話》卷末柴野栗山《葛原詩話跋》。

③ 《葛原詩話》卷二，葉10a。原爲日語，筆者譯。

肉”、蘇軾“紅映肉”的贊賞。對口語“般”，亦引證楊萬里的大量詩歌來加以
說明，無非是要表達，此處“般”也用得妙。對此，推崇唐詩的津阪東陽就不
以爲然。他的《葛原詩話糾謬》即是爲了抨擊六如追求字句的尖新俚俗。對
“肉般紅”條，東陽專門加以了反駁，明確批評詩詞中不應出現“肉”這樣的
俗字：

肉般紅　花映肉

　　“花映肉”“紅映肉”，雖爲少陵、東坡之語，説是人之肌肉，甚俗。不
應東施效顰。誠齋之“肉般紅”，應是魚肉之肉吧，完全不入流之譬喻。於
我邦，宍粟郡、宍户氏亦避肉字而不用，況於詩詞乎？ ①

有趣的是，六如的《葛原詩話後編》列專則就此問題予以了反駁：

花似肉　紅生肉　痕生肉

　　詩中單用“肉”字，非是魚肉之肉，多謂肌膚。孫覿詩：“紅輕花似肉，
綠細柳如緵。”周邦彥詞：“枕痕一線紅生肉。”高啟《美人彩索釵符》詩：
“怕有痕生肉，教依玉釧寬。”放翁《出塞曲》：“度沙風破肉，攻壘雪平壕。”
此等皆指肌膚。至於文中，不應該只説“肉”，故退之《馬繼祖墓誌》云：
“肌肉玉雪可憐也。”②

此則闡述明顯是針對津阪東陽的批評而還擊，其間又舉了孫覿、陸遊、高啟的
詩和周邦彥詞來加以説明，甚至擴展到文中，舉韓愈文“肌肉玉雪”來進一步
申述“肉”的意義就是肌膚。雙方你來我往，寸步不讓，辯爭甚爲激烈。

　　大量標舉楊詩，又特別拈出楊詩的尖新奇巧，自然容易招致諼園學派甚至
宗宋詩派內部的批評（詳後）。應該説，在早期的反擊諼園學派的過程中，六如
劍走偏鋒，出現偏激是很正常的。到了江户晚期的山田翠雨（1815—1875），
他也倡導宋詩，並試圖重新評價楊萬里，提升楊萬里的地位。他模仿《葛原詩
話》體例，創作《翠雨軒詩話》四卷，於慶應二年（1866）付梓。當中特別推崇
的宋代詩人有三位，蘇軾、黄庭堅和楊萬里。據松下忠先生統計，《翠雨軒詩
話》所引詩歌，“黄庭堅三十五回以上，蘇軾、楊萬里三十回以上”③，楊萬里出

---

① 津阪東陽《葛原詩話糾謬》卷二，池田四郎次郎編《日本詩話叢書》第五卷，頁 162。原爲
　日語，筆者譯。
②《葛原詩話後編》卷二，池田四郎次郎編《日本詩話叢書》第五卷，頁 59。原爲日語，筆
　者譯。
③ 松下忠《江户時代の詩風詩論》，頁 785。

現的頻率就比較低了。

　　楊萬里詩的戲謔，"酷喜誠齋詩"的菊池五山（1769—1852）頗爲贊賞。他説：

> 白香山以詩爲説話，楊誠齋以詩爲諧謔。二公才力，故當不減少陵，只欲新變代雄，故别出此機杼以取勝耳。後人輕詆二公者，固不知二公之心。其模仿二公者，亦未免懵懵也。鄙語曰："咬人屎橛，不是好狗。"今之爲白爲楊者，率皆此類。①

　　五山就曾誇獎《宋三大家律詩》的校訂者之一辻元松庵詩歌具有楊萬里的風趣特色：

> 山松（松庵字）近就《宋詩鈔》中特拔誠齋，校付之梓。其所作亦稍似誠齋。《夜歸》云："村前夜雨染烏煤，蹀踔纔能取路回。怪底傘檐聲乍斷，不知身入樹間來。"風趣如此，真不愧詩人之目也。②

　　吴之振在《宋詩鈔》中曾云"不笑不足以爲誠齋之詩"③；五山也説"詩令人笑者必佳"④。所舉之辻元松庵《夜歸》，確有誠齋體幽默靈動之特點，其中"怪底"一詞，出自杜甫《奉先劉少府新畫山水障歌》"堂上不合生楓樹，怪底江山起煙霧"。杜甫此句想像出奇，《誠齋詩話》特將此句列爲驚人句。而且，楊萬里還在詩中反復使用"怪底"一詞⑤，可見楊萬里非常喜歡這一俗詞達到的詼諧效果。

（二）楊萬里接受的詩學糾偏

　　前已論及，六如《葛原詩話》及後編倡導尖新來對抗僞唐詩，有矯枉過正之嫌。故受宗唐詩派的攻擊自不必説，實際上，就連宗宋詩派的有識之士也認識到不能過於追求尖新，開始逐步有所修正。菊池五山就説："詩用生字者，六

---

① 菊池五山《五山堂詩話》卷二，文政元年（1818）刊本，葉1a。
② 菊池五山《五山堂詩話》卷一，葉16a。
③ 吴之振、吕留良、吴自牧選《宋詩鈔》，中華書局，1986年，頁2038。
④ 菊池五山《五山堂詩話》卷四，葉25a。
⑤ 楊萬里《誠齋集》卷五《和胡侍郎見簡》："花邊雪裏撚霜髭，怪底詩來妙一時。"卷七《梅花下小飲》："今年春在臘前回，怪底空山早見梅。"卷二十八《立春日舟前細雨》："急風陣陣吹白塵，着人怪底濕衣巾。"卷四十一《題長沙鍾仲山判院岫雲舒卷樓》二首其一："盡供詩客揮毫裏，怪底春空態度新。"卷四十一《癸亥上巳即事》："怪底風光好，還當上巳辰。"宋端平二年（1235）跋刊本。

如之癖也。其人淹博該通，雖不無鑿據，然亦古人所無。古人以意勝，不以字勝。六如則挾字鬪勝，僅可以悅中人，而不可以牢籠上智也。蓋渠一生讀詩，如閱燈市覓奇物，故其所著詩話，只算是一部骨董簿，殊失詩話之體也。"① 林蓀坡（1781—1836）則提出了奇字使用的注意事項："近人好用奇字，蓋六如老衲爲之張本，是學宋詩者之弊病也。奇字固不可不知，而又不可妄用之，平常多見以蓄之胸裏，當其寫狀景物之時，而不覺融出，不期於奇險而自奇險，語意渾然無斧鑿可求，則奇字雖多，亦何所妨？"② 不能爲了追求奇險而刻意去用奇字，而應該博聞强識，風行水上自成文。

六如的矯枉過正，對僞唐詩、僞明詩的打擊力度必然有限。不僅如此，有識之士還意識到僞宋詩出現了。大田錦城就曾滿懷憂心地説：

> 天明已來，學者矯之以宋，僞宋詩行，以清新拔峭爲宗，詩道又一變。一時作者，焕然輩出，然學之者稍入俚易，纖弱輕佻無復氣骨，師心衝口無復典故，氣象卑靡，風格萎苶，淺薄空疎之弊極焉，而詩道又大病矣。③

學宋詩亦會走火入魔。在這種情況下，必須要對學宋適當糾偏，而糾偏的中心之一就是學習楊萬里的問題。菊池五山在一年出版一卷的《五山堂詩話》（1807—1816）中，就特別注意到了學習楊詩的糾偏問題。

菊池五山對楊萬里有比較客觀的評價態度。一方面，他"酷喜誠齋詩"，也給予了楊萬里極高的評價。對楊萬里、陸遊、范成大，他有個絶妙的比喻："杜、韓、蘇，詩之如來也。范、楊、陸，詩之菩薩也。"④ 在跋《宋三大家律詩》時，説得更爲清楚：

> 余亦謂三家雖異趣，總胚胎老杜，所云温潤、痛快、俊逸者，可謂皆有杜之一體矣。一老杜詩如來，分身爲三家詩菩薩，以照臨千載之下，豈可不人人合掌膜拜哉。⑤

將楊萬里喻爲是老杜之宋代化身，地位非常之高。五山還認爲，三大家是各具

---

① 菊池五山《五山堂詩話》卷二，頁 2b—3a。
② 林蓀坡《梧窗詩話》卷一，池田四郎次郎編《日本詩話叢書》第十卷，1922 年，頁 373。
③ 吳之振、吳自牧選《楊誠齋詩鈔》卷首大田錦城《刻誠齋詩序》。
④ 菊池五山《五山堂詩話》卷四，頁 1a。
⑤ 菅原老山、梁川星岩輯《宋三大家律詩》卷末菊池五山《宋三大家律詩跋》，文化八年（1811）刊本。

詩歌絕妙之味：

　　余最嗜七言小詩，李唐以下，作家何限。苟有足悦我者，皆取以供咀嚼。其中能以一鼎之美，飫人心脾者，特宋范、楊、陸三家焉。然范詩帶苦，楊詩帶酸，陸詩帶甜，雖風格各異，俱爲絕世之妙味。①

另一方面，深諳誠齋詩的五山，意識到了學楊也會走火入魔。他曾不止一次地表達這一點：

　　袁子才不喜黄山谷而喜楊誠齋，與余天性若有暗合，然不特余也。喜黄者絕少，喜楊者常多。蓋黄詩奥峭，耳苦艱澀；楊詩尖新，易入心脾，故也。人但知學黄者墮魔障，而不知學楊者亦墮魔障矣。不善學之禍，楊恐過於黄。余常戒子弟，莫輕讀《誠齋集》者，爲此故也。②

　　余酷喜誠齋詩，而不敢勸人者，只恐其因以傷指耳。果能同臭味者，吾其可不與哉。③

顯然，楊詩的尖新俚俗，易爲初學者所接受，但若不善學，楊詩的魔障甚至勝過黄庭堅詩。根本原因就在涉世尚淺，知識積累不夠豐富："少年於詩，只須平淡，不須學奇險，古人熟煉年久，已足之餘，爲奇爲險。如少年人更事不多，讀書有限，若許年紀，何得煉熟？"④學習楊詩，必須要有足夠的學識積累，還要有批判眼光，楊詩良莠雜陳，需通觀其全集，並加以仔細鑑別而不能全盤接受："余又謂誠齋胸中別有一冶爐，金銀銅錫皆鎔而出之，但一氣所嘘，間有鑄敗者。讀其全集，須以此意觀。今人學誠齋者，胸中初不具一爐，而漫然鑄物，宜其無一成形者也。"⑤五山曾自述學詩的方式，其間也談到他喜歡的楊萬里：

　　余詩見屢變。少時例趨時好，奉崇李王，小變爲謝茂秦，亦皆棄去。既學温、李、冬郎（韓偓）。年垂三十，始窺韓蘇門户，頗有所悟，一切謝纖弱者。後又獲《誠齋集》，深喜其超脱，然方臯相馬，不必相似。⑥

摹仿學習不是去刻意追求相似，不摹其形而摹其神，追求形似只能落入魔道，

---

① 市河寬齋輯《三家妙絕》卷末菊池五山《三家妙絕跋》。
② 菊池五山《五山堂詩話》卷一，葉 22a—b。
③ 菊池五山《五山堂詩話》卷五，葉 24a—b。
④ 菊池五山《五山堂詩話》卷十，葉 6b。
⑤ 菊池五山《五山堂詩話》卷六，葉 19b—20a。
⑥ 菊池五山《五山堂詩話》卷一，葉 21b。

應涵詠精髓,達及神似。所以,我們看到,《五山堂詩話》及其後編中引述楊萬里的詩歌只有寥寥幾句,而且所引詩句不涉奇字僻語,這也可以看出五山導引後學的良苦用心。

二　誠齋與性靈:江户時代楊萬里接受的明清淵源

江户時代日本學者的楊萬里接受,實際上與中國明清詩學轉向息息相關。

> 前後七子遂以仿漢摹唐,轉移一代之風氣,迨其末流,漸成僞體。塗澤字句,鉤棘篇章,萬喙一音,陳因生厭。於是公安三袁又乘其弊而排抵之……其詩文變板重爲輕巧,變粉飾爲本色,致天下耳目於一新,又復靡然而從之。①

三袁的中心人物是袁宏道,他提出了“獨抒性靈,不拘格套”的文學主張,其性靈學説影響深遠。清代袁枚繼之而起,形成了性靈詩派。二人詩學思想在江户宗宋詩派中産生了很大影響。其中,袁宏道的詩論直接影響了山本北山討伐僞唐詩力作《作詩志彀》的誕生②。袁宏道雖没有評論過楊萬里,但北山將楊詩稱爲“真詩”,當是受到袁宏道詩學的啓發。袁宏道論詩重視“真”,他説:“今之詩文不傳矣。其萬一傳者,或今閭閻婦人孺子所唱《擘破玉》《打草竿》之類,猶是無聞無識真人所作,故多真聲,不效顰於漢、魏,不學步於盛唐,任性而發,尚能通於人之喜怒哀樂、嗜好情欲,是可喜也。”③又説:“大抵物真則貴,真則我面不能同君面,而況古人之面貌乎?”④袁宏道肯定詩歌之真,特别强調民歌的真人真聲,能通人情感。抑或北山就是受到袁宏道重視俚俗民歌的影響,關注到了詩語俚俗活潑、抒情真醇的楊萬里,故將其譽爲“真詩”。此外,深深影響江户宋詩派的“性靈”,其本質含義就是“真”。江盈科曾引袁宏道語云:

① 永瑢等《四庫全書總目》卷一百七十九《袁中郎集》提要,中華書局,1965 年影印本,頁1618。

② 詳參王曉平《近代中日文學交流史稿》第一章《袁宏道和山本北山的清新詩論》,湖南文藝出版社,1987 年,頁 5—20。

③ 袁宏道《錦帆集》卷二《叙小修詩》,袁宏道撰,錢伯城箋校《袁宏道集箋校》,上海古籍出版社,1981 年,頁 188。

④《錦帆集》卷四《與丘長孺》,袁宏道撰,錢伯城箋校《袁宏道集箋校》,頁 284。

詩何必唐，又何必初與盛？要以出自性靈者爲真詩爾。夫性靈竅於心，寓於境。境所偶觸，心能攝之；心所欲吐，腕能運之……以心攝境，以腕運心，則性靈無不畢達，是之謂真詩，而何必唐，又何必初與盛之爲沾沾！①

顯然，判定真詩的一大要件即是出自性靈。楊萬里誠齋體的一大特點即是景與心的靈動交接，"筆端有口，句中有眼"②，詩風清新活潑。袁宏道未曾留意的楊詩，頗爲符合"性靈"的定義。在《叙小修詩》中，袁宏道評其弟袁中道詩云："獨抒性靈，不拘格套，非從自己胸臆流出，不肯下筆。有時情與境會，頃刻千言如水東注，令人奪魄。其間有佳處，亦有疵處，佳處自不必言，即疵處亦多本色獨造語。"③此論移評楊萬里，與楊詩之創作狀態完全契合。正因如此，日本宗宋詩派將"性靈"移評楊詩，並加以大力的推廣。

當然，日本宗宋詩派推崇楊萬里，還受到了袁枚的影響。北山看過袁枚的《隨園詩話》和詩鈔，並爲之作序④。菊池五山也曾云與袁枚有着同樣的喜好。袁枚説："余不喜黃山谷，而喜楊誠齋。"⑤五山説："袁子才不喜黃山谷而喜楊誠齋，與余天性若有暗合。"⑥

袁枚評論楊萬里，曾假楊萬里之口批判格調説：

楊誠齋曰："從來天分低拙之人，好談格調，而不解風趣。何也？格調是空架子，有腔口易描；風趣專寫性靈，非天才不辦。"余深愛其言。須知有性情，便有格律；格律不在性情外。⑦

袁枚主"性靈"，認爲"風趣專寫性靈"，然而並沒有對"性靈""風趣"加以詮釋。袁枚上引楊萬里語不見於《誠齋集》，當爲袁枚的借重之言。楊萬里論

---

① 江盈科《敝篋集叙》，袁宏道撰，錢伯城箋校《袁宏道集箋校》附錄三，頁 1685。
② 周必大《文忠集》卷四十九《跋楊廷秀石人峰長篇》，《景印文淵閣四庫全書》第 1147 册，頁 525。
③ 《錦帆集》卷二《叙小修詩》，袁宏道撰，錢伯城箋校《袁宏道集箋校》，頁 187。
④ 《孝經樓詩話》卷下："予《隨园诗话》《诗抄》新刊本之序，有曰'试以平心公判诗世界，唐宋岂有胜劣之分乎'云云。"池田四郎次郎編《日本詩話叢書》第二卷，頁 115。原爲日語，筆者譯。
⑤ 袁枚撰，顧學頡校點《隨園詩話》卷八，人民文學出版社，1982 年，頁 282。
⑥ 菊池五山《五山堂詩話》卷一，葉 22a。
⑦ 袁枚撰，顧學頡校點《隨園詩話》卷一，頁 2。

詩重風味:"東坡云:'江瑤柱似荔子。'又云:'杜詩似太史公書。'不惟當時聞者嘸然陽應曰諾而已,今猶嘸然也。非嘸然者之罪也,舍風味而論形似,故應嘸然也,形焉而已矣。高子勉不似二謝,二謝不似三洪,三洪不似徐師川,師川不似陳后山,而況似山谷乎? 味焉而已矣。酸鹹異和,山海異珍,而調腼之妙出乎一手也。"① 很顯然,楊萬里所論的"風味",主要是指詩歌的內在風格,袁枚改爲了"風趣",意義便有所不同了。"風趣"是袁枚所論"性靈"的重要含義之一。何謂風趣呢? 筆者認爲,指的是風情趣味,楊萬里的詩歌,發自真性情,以靈動活潑的方式加以表達,妙語解頤,趣味橫生。袁枚贊賞"風趣",於是易楊萬里"風味"爲"風趣",以性靈抨擊格調説。而在江户詩壇,"性靈"則被宗宋詩派藉以抨擊謖園學派,已見前述。袁枚還説過:

> 嘗謂千古文章傳真不傳僞,故曰"詩言志",又曰"修詞立其誠"。然而傳巧不傳拙,故曰"情欲信,詞欲巧",又曰"神也者,妙萬物而爲言"。古之名家,鮮不由此。今人浮慕詩名而强爲之,既離性情,又乏靈機,轉不若野氓之擊轅相杵,猶應風、雅焉。②

這裏,袁枚强調了兩個方面的內容,一是"性情",一是"靈機"。"情欲信"要求抒情的真誠;"詞欲巧"要求表達別出機杼,自具匠心。這即是上文所論的"風趣":風爲情,即"性情";趣是表達手法的別致新穎,即"靈機"。具體到楊萬里,就是真醇的情感與透脱靈動的表達方式。性情與靈機的結合,即達性靈。袁枚的性靈説包含的性情與靈機兩個方面,江户宗宋詩派詩人都有繼承。上文所論"真詩"的情感真醇和"殫境窮情,拔奇破微"的表達方式,就是這兩個方面的表述。

　　袁枚認爲,性情與靈機的結合與天賦有關。所以,他大力誇贊楊詩具有天分:

> 詩有音節清脆,如雪竹冰絲,非人間凡響,皆由天性使然,非關學問。在唐則青蓮一人,而温飛卿繼之。宋有楊誠齋,元有薩天錫,明有高青邱。③

　　袁枚還曾推舉楊萬里爲一代作手,但也坦承楊詩白璧有瑕:

---

① 《誠齋集》卷七十九《江西宗派詩序》,葉 13a—b。
② 袁枚撰,周本淳標校《小倉山房詩文集·續文集》卷二十八《錢璵沙先生詩序》,上海古籍出版社,1988 年,頁 1754。
③ 袁枚撰,顧學頡校點《隨園詩話》卷九,頁 326。

　　　誠齋一代作手,談何容易! 後人嫌太雕刻,往往輕之。不知其天才清

　　妙,絕類太白,瑕瑜不掩,正是此公真處。至其文章氣節,本傳具存。[①]

這樣的言論,顯然影響了心儀袁枚的菊池五山:五山一面大力倡導楊萬里詩
歌,一面也意識到學楊詩易走火入魔,從而諄諄告誡後學要善學,勿"傷指",
勿"墮魔障"。袁枚詩學,對江户詩壇客觀辨證地審視楊詩,修正學楊的偏激傾
向,影響深遠。

三　本土與異域:中日楊萬里接受之對比

　　還需要追問的是,爲什麽在中國清朝中葉,雖然有袁枚大力誇贊楊萬里
詩,但是楊詩仍然没有流行起來,反而在異域的日本,經過山本北山、菊池五
山、大窪詩佛的提倡,還出現了一個楊詩的接受高潮呢? 爲了深入探討這一問
題,筆者將日本江户時代(1603—1868)、明治時代(1868—1911)和與之對應
的中國晚明到晚清楊萬里的接受狀況作了梳理對比。考慮到中國接受楊萬里
高潮是在清末民初,故將時間下限調整至與中國晚清對應的日本明治時代。

　　中日對比研究須注意到文化異域傳播與影響的滯後性。大致説來,江户
第一時期(1603—1679)[②],日本楊萬里接受的中國影響主要是來自明代及明
前。甚至到第二時期(1680—1759),明末影響痕跡依然存在。江户第三時期
(1760—1836)是日本楊萬里接受的高峰時期,所受的中國影響主要來自稍早
之前的袁枚甚至更早之前的明代公安派,但已自具面目,與中國有了很大的不
同。江户第四時期(1837—1867),日本楊萬里接受迎來高潮之後的回落,與
之前清代中葉大力抨擊楊詩不無聯繫。及至明治時期(1868—1911),日本全
面西轉,漢學凋零,中日文化分流發展,楊萬里接受跌入低谷。而與之對應的
中國晚清時期,陳衍等大力褒揚楊萬里,同光體勃興,夏敬觀等繼之而起,故在
清末民初,實現了楊萬里詩名的實至名歸。

　　基於以上,日本的楊萬里接受,應從楊萬里生活的南宋開始。觀之接受
史,楊詩最見重於當代,評價很高,且影響一直持續到了元代。元人論楊詩,多
有褒揚,以方回爲代表。但實際上,楊詩在南宋已有異議,周密(1232—1298)

---

① 袁枚撰,顧學頡校點《隨園詩話》卷八,頁 272。

② 本文依據松下忠《江户時代の詩風詩論》分期。

云：“詩家謂誠齋多失之好奇，傷正氣。”① 入明之後，楊詩批判意見開始增多。明初宋濂（1310—1381）云：“至隆興、乾道之時，尤延之之清婉，楊廷秀之深刻，范至能之宏麗，陸務觀之馥郁，亦皆有可觀者；然終不離天聖、元祐之故步，去盛唐爲益遠。”② 宋濂雖然認爲楊詩去盛唐益遠，但還是有可取之處。之後的李東陽（1447—1516）批判稍微激烈一點：“楊廷秀學李義山，更覺細碎……概之唐調，皆有所未聞也。”③ 後七子早期領袖謝榛（1495—1575）列舉了唐代王績、左思、李白之翻案法後云：“楊誠齋翻案法專指宋人，何也？”④ 明顯對誠齋詩學表示不屑。何良俊（1506—1573）云：“南宋陳簡齋、陸放翁、楊萬里、周必大、范石湖諸人之詩，雖則尖新，太露圭角，乏渾厚之氣。然能鋪寫情景，不專事綺繢。”⑤ 褒貶參半。胡應麟（1551—1602）云：“楊、范矯宋而爲唐，舍其格而逐其詞，故綺縟閨閫而遠丈夫。”“學杜者王介甫、蘇子美、黃魯直、陳無己、陳去非、楊廷秀……總之不離宋人面目。”⑥ 整體而言，明代批判楊詩者不多，措辭也較爲溫和。

　　入清之後，批判楊詩的人增多，措辭也開始轉爲激烈。著名人物有馮舒馮班兄弟、賀裳、吳喬、姜宸英、葉燮、朱彝尊、田雯、蔣鴻翮、沈德潛、全祖望、乾隆、紀昀、王昶、趙翼、翁方綱、李調元、潘德輿、謝章鋌、李慈銘、王闓運等等，而且批評措辭也越來越激烈。清初馮舒批楊詩爲“惡詩”、馮班批曰“惡境”⑦，將楊詩貶斥得不值一文。而仔細考察這一貶斥風潮，肇始固然在二馮，但真正的開端當爲朱彝尊。朱彝尊“在抨擊宋詩時，必攻誠齋詩”⑧，批判之語如“不善變”“叫囂以爲奇，俚鄙以爲正”“纖縟滑利”“令人作惡”“海畔逐臭之夫”⑨，

① 周密《浩然齋雅談》卷中，中華書局，2010 年，頁 41。
② 宋濂《宋學士全集》卷二十八《答章秀才論詩書》，《金華叢書》本，葉 60b。
③ 李東陽撰，李慶立校釋《懷麓堂詩話校釋》，人民文學出版社，2009 年，頁 215。
④ 謝榛撰，宛平校點《四溟詩話》卷二，人民文學出版社，1961 年，頁 52。
⑤ 何良俊《四友齋叢説》卷二十五，中華書局，1959 年，頁 229。
⑥ 胡應麟《詩藪》外編卷五，上海古籍出版社 1979 年，頁 214、215。
⑦ 方回選評，李慶甲集評校點《瀛奎律髓彙評》卷二十《臘梅》詩評，上海古籍出版社，1986 年，頁 768。
⑧ 吳淑鈿《清代誠齋詩學與唐宋詩之爭》，《中華文史論叢》2012 年第 2 期。
⑨ 朱彝尊《曝書亭集》卷三十七《王學士西征草序》、卷三十八《葉李二使君合刻詩序》《沈明府不羈集序》、卷三十九《汪司城詩序》、卷五十二《書劍南集後》，《清代詩文集彙編》第 116 册，上海古籍出版社，2010 年，頁 313、318、322、327、411。

頗爲淩厲。朱彝尊康熙十八年（1679）以布衣應博學鴻儒試，開始步入仕途，任翰林院檢討，後入直南書房，曾參與纂修《明史》，多次參加內廷宴，深受榮寵；後曾出典江南省試；康熙三十一年托病還鄉，專事著述。朱詩與王士禎齊名，時稱“南朱北王”；朱詞成就亦頗高，爲清初詞壇領袖。以朱彝尊的政治高位和文壇聲名，其不喜楊詩的詩學取向，必對文壇產生重要影響。如與朱彝尊同修《明史》的姜宸英也貶斥楊詩。此期雖有黃宗羲褒揚楊詩，但點到即止，並未大力倡導。之後，黃宗羲弟子吳之振、呂留良等開始爲楊萬里振臂高呼，《宋詩鈔》所選誠齋詩最多並加以高度評價。但其中僅吳之振官至內閣中書。呂留良入清之後即隱居不仕，削髮爲僧。死後又受曾靜文字獄牽連，被開棺戮屍，著作被禁毀。這些因素影響到了《宋詩鈔》的廣泛流傳，編選者鄭重推薦楊詩的良苦用心也遭到辜負。所以，清初楊詩在中國基本處於被貶斥的狀態。

　　與明末清初對應的日本江戶第一時期（1603—1679）的楊萬里接受，則有所不同。藤原惺窩、那波活所和林羅山等著名學者均對楊詩有肯定性評價。雖未受到應有的重視，但並未大受貶斥，詩名可謂平穩。因文化的異域傳播的滯後性，故此期日本詩學主要受到的是中國明代詩學的影響。上文提到，整個明代，對誠齋的批評都比較溫和。到了江戶第二時期（1680—1759），木門、諼園占據日本詩壇主流地位，接受中國前後七子復古詩學，李攀龍《唐詩選》風行日本，學唐蔚爲風潮。宋詩遭到打壓，楊萬里的接受處於低谷時期。個中當然也有中國清初貶斥楊詩的影響因素[①]。

　　康熙朝後期和乾隆朝前期，田雯、沈德潛等人都大力貶斥楊萬里詩。田雯評誠齋“以村究語入四聲，去風人之旨實遠，況程、邵以下，誠齋一出，腐俗已甚”[②]。沈德潛說誠齋詩“不善變”，以多爲貴却“排沙簡金，幾於無金可簡”[③]。田雯爲康熙三年（1664）進士，授中書，曾督學江南、督糧湖北，後任江蘇、貴州巡撫，刑部、户部侍郎，位高權重，亦有文名。沈德潛爲乾隆四年（1739）進士，雖中進士很晚，但之後仕途順暢，備受榮寵。而且沈德潛詩名頗著，倡導“格調說”。以田、沈二人的政治地位和文學聲名，其貶斥楊詩必然產生很大影響。特別的是，此期的乾隆皇帝也很不喜歡楊詩。乾隆敕編的《御選唐宋詩醇》，

---

① 江户時代楊萬里接受態勢，詳參楊理論《日本江户時代的詩學遞變與楊萬里接受》。
② 田雯《古歡堂集·雜著》卷一《論詩》，《清代詩文集彙編》第 138 册，頁 350。
③ 沈德潛撰，霍松林校注《説詩晬語》卷下，人民文學出版社，1979 年，頁 235。

宋代只選蘇軾和陸遊,没有選録楊詩原因很明顯:"宋人如楊廷秀輩,有意摹仿
此種,徒成油腔滑調耳。"① 金口玉言,等於是將楊詩打入天牢。所以,在乾隆
後期,楊詩被官僚詩人群體集體唾棄,批評語言也越來越刻薄。其中,以《四
庫全書》的總纂官紀昀②,刑部右侍郎王昶,翰林院編修趙翼,内閣大學士、"肌
理説"的倡導者翁方綱等爲代表,他們順承聖意,大力攻擊甚至謾駡楊詩。如
紀昀評楊詩云:"粗鄙之至""多患粗率""粗鄙至極。讀者以宋詩爲戒,正緣
此種惡調耳""直是打諢,以爲老筆,謬極。'學者'二句,故爲大言以欺人,尤
可嗤鄙"③。王昶評云:"楊監詩多終淺俗""宋黄魯直、陳後山諸君,瘦硬通神,
不免失之粗率,楊誠齋加俚俗焉"④。趙翼評云:"誠齋專以俚言俗語闌入詩中,
以爲新奇""爲下劣詩魔矣"⑤。翁方綱評曰:"誠齋之詩,巧處即其俚處""誠齋
屢用轆轤進退格,實是可厭……叫嚣傖俚之聲,令人掩耳不欲聞""誠齋以輕
儇佻巧之音,作劍拔弩張之態,閲至十首以外,輒令人厭不欲觀,此真詩家之魔
障"⑥。頗爲可喜的是,此期的袁枚衝破重重阻礙,大力謳贊誠齋詩。此已見前
述,不贅。袁枚弟子郭麐編選誠齋詩並加以刻印,"郭頻伽丈嘗選輯《誠齋詩
集》,丹叔(郭麐弟郭凰)手録一過……徐山民待詔刻之"⑦。作詩亦效仿楊萬里
詩風,有《仙林寺即事三首用轆轤體》《丹叔手鈔誠齋詩集竟,校讎一過,輒書
其後,即用誠齋體》詩⑧。可惜的是,袁枚早年官位不顯,後退居隨園,雖爲一代
作手,影響甚大,但不掌握主流話語權,很難昭雪乾隆御口欽定的楊詩"冤案"。
袁枚弟子郭麐等雖積極響應其師,但亦難以抗衡於主流詩學。

①《御選唐宋詩醇》卷二十四,《景印文淵閣四庫全書》第 1448 册,頁 484 上。
②《四庫全書總目》卷一百六十《誠齋集》提要云:"雖沿江西詩派之末流,不免有頹唐囂俚
　　之處,而才思健拔,包孕富有,自爲南宋一作手,非後來四靈、江湖諸派可得而竝稱。"(頁
　　1380)此段話有褒有貶,頗爲公允,似非紀昀手筆。
③《瀛奎律髓彙評》卷二十紀昀《臘梅》《普明寺見梅》《立春後一日和張功父園梅未開韻》
　　《至日後十日雪中觀梅》評語,頁 768、803、805、806。
④ 王昶《春融堂集》卷二十二《舟中無事偶作論詩絶句四十六首》其十九、卷三十二《答李
　　憲吉書》,《續修四庫全書》第 1437 册頁 578 下、第 1438 册頁 22 上。
⑤ 趙翼撰,霍松林、胡主佑校點《甌北詩話》卷六,人民文學出版社,1963 年,頁 93、94。
⑥ 翁方綱撰,陳邇冬校點《石洲詩話》卷四,人民文學出版社,1981 年,頁 136、137、138。
⑦ 于源撰,范笑我點校《鐙窗瑣話》卷六,文物出版社,2016 年,頁 103。
⑧ 郭麐《靈芬館詩集》二集卷一、卷二,《清代詩文集彙編》第 485 册,頁 59 上、(轉下頁)

　　不曾想到的是，牆內開花牆外香，江户詩人喜歡袁枚及其性靈説，袁枚昭雪楊詩的願望在本土落空，却在異域的日本得以實現。從六如上人《葛原詩話》及其後編屢屢徵引楊詩開始，楊萬里漸成宗宋詩派的標杆，繼之而起的村瀨栲亭（1744—1818）、菅茶山（1748—1827）、山本北山、市河寬齋、柏木如亭（1763—1819）、菊池五山、兒島大梅等宗宋詩派的中心人物，都大力褒揚和倡導楊詩，其中市河寬齋還創立江湖詩社，更加擴大了楊萬里的影響。所以，在江户第三時期（1760—1836），楊萬里接受達到了一個高潮，特別是 19 世紀初，楊詩的日本接受達到頂峰[①]。楊萬里得以異域重生。

　　在江户的第四時期（1837—1867），日本楊萬里接受的高潮漸漸回落。雖有山田翠雨（1815—1875）《翠雨軒詩話》，試圖重新提升楊萬里的地位，但小畑詩山（1794—1875）、廣瀨旭莊（1807—1863）等否定楊詩[②]。這種否定，有受中國抨擊楊詩風潮的影響成分，更多的却是江户詩壇詩學趣尚自我修正的結果。而此期的中國，褒揚楊萬里者漸始增多。潘定桂、李樹滋等，都在爲楊詩正名。潘定桂《讀楊誠齋詩集九首》其一云："精靈別闢一山川，百尺巑叢直到天。宦境較於坡老穩，詩名合與放翁傳。" 其九云："辛苦山民收拾去，誠齋千古一功臣。"[③] 李樹滋云："用俗語入詩，始於宋人，而要莫善於楊誠齋……用以入詩，殊不覺其俗。"[④] 到了清末，陳衍更是不遺餘力地爲楊詩翻案，屢屢褒評楊萬里："廬陵、宛陵、東坡、臨川、山谷、后山、放翁、誠齋、岑、高、李、杜、韓、孟、劉、白之變化也。""余謂唐詩至杜、韓以下，現諸變相。蘇、王、黃、陳、楊、陸諸家，沿其波而參互錯綜，變本加厲耳。""宋詩人工於七言絶句，而不能襲用唐人舊調者，以放翁、誠齋、後村爲最……誠齋又能俗語説得雅，粗語説得細，

　　（接上頁）63 下。案：郭麐乃袁枚弟子，其學誠齋可參陳玉蘭《清代嘉道時期江南寒士詩群與閨閣詩侶研究》第十一章"'於世無當似玉卮，但能醉酒與顛詩'——郭麐其人其詩"（人民文學出版社，2004 年，頁 133—154）。

① 詳參楊理論《日本江户時代的詩學遞變與楊萬里接受》。

② 詳參楊理論《日本江户時代的詩學遞變與楊萬里接受》。

③ 伍崇曜輯《楚庭耆舊遺詩》後集卷十九，道光二十三年（1843）伍氏刊本，葉 7a，葉 8a。

④ 李樹滋《石樵詩話》卷四，朱洪舉、張宇超點校《清道光詩話六種》，吉林大學出版社，2021 年，頁 207。

蓋從少陵、香山、玉川、皮、陸諸家中一部分脱化而出也。"① "誠齋詩數千首,學香山而參以半山、後山……陸、楊絶句最多,合之劉後村,可謂盡絶句之能事矣。"② "他人詩祇一摺,不過一曲折而已,誠齋則至少兩曲折。他人一折向左,再摺又向左,誠齋則一折向左,再折向左,三折總而向右矣。"③ "語未了便轉,誠齋秘訣。" "作白話詩當學誠齋,看其種種不直致法子。"④ 陳衍的努力使得楊詩開始得到了較爲公允的評價。繼之而起的夏敬觀(1875—1953)即順着這一潮流,爲楊萬里翻案,全面肯定楊詩,從而在清末民初形成了楊詩的接受高潮⑤。而這一高潮,晚了日本一百餘年。

四　結論

由上可見,中國元明楊詩接受尚還褒貶參半,明末到清末,貶斥楊萬里詩漸成詩學主流。尤其是康乾時期,朱彝尊、乾隆等憎惡楊詩,官僚文人群起而攻之,貶楊升級爲謾駡攻擊。雖有袁枚等爲楊詩翻案,但收效甚微。楊詩在中國沉入到低谷。而與之對應的日本江户時代,楊詩却頗受歡迎。特別是康乾之後楊詩沉入低谷之時,於日本却漸受重視,在 19 世紀初形成了楊詩接受高峰。本土與異域的楊詩接受反差如此之大,令人感歎唏噓。袁枚性靈詩學遠播重洋,江户後期宗宋詩派接受性靈詩學,並將楊詩視爲性靈典型予以推廣。江户宗宋詩人接受楊詩,偏重真詩、性靈、清新、俚俗等方面,同時對楊詩尖新、奇巧及戲謔亦有必要的詩學糾偏,從而推動了江户宋詩學的健康發展。江户宗宋詩人在此詩學引導下的漢詩創作趨向,亦自具面貌,限於篇幅,留待另文深論。

(作者單位:西南大學文學院、中國詩學研究中心)

---

① 陳衍撰,鄭朝宗、石文英校點《石遺室詩話》卷一、十四、十六,人民文學出版社,2004 年,頁 7、226、257。
② 陳衍《詩學概要》,錢仲聯編校《陳衍詩論合集》,福建人民出版社,1999 年,頁 1038。
③ 陳衍《陳石遺先生談藝録》,錢仲聯編校《陳衍詩論合集》,頁 1018。
④ 陳衍評點,曹中孚校注《宋詩精華録》卷三評《和仲良春晚即事》其三、《晚風》,巴蜀書社,1992 年,頁 485、499。
⑤ 詳參吳淑鈿《清代誠齋詩學與唐宋詩之争》。

高棅唐詩選本在日本

——以江户後期對《唐詩正聲》的重新評價與定位爲中心

鍾卓螢

　　高棅編選的《唐詩品彙》是一部體系完整、理論獨到的唐詩選本,也是明初詩歌復古理論的重要起點。《唐詩正聲》作爲《品彙》的精選本,正唐音,重格調,與《品彙》一繁一簡,同樣"終明之世,館閣宗之"(《明史·文苑傳》)。《品彙》與《正聲》不僅在明、清兩代,甚至對整個漢字文化圈都産生了廣泛的影響。作爲明代詩學具代表性的選本,《品彙》與《正聲》早在 17 世紀初已傳入日本,並成爲後來盛行的江户復古格調詩派的主要參考書目之一。但是,高棅選本在江户時代的發展軌跡及其定位都與明代有所不同,呈現出同一文本在不同時空和語境下被賦予的地位和功能上的差異,有助於我們從另一角度發現高棅選本的價值與可能性。

一　《唐詩品彙》和《唐詩正聲》在日本的翻刻

　　根據林鵝峰所撰《年譜》,其父林羅山在二十二歲前(1604)的閲讀書目中,就包括《唐詩正聲》《唐詩品彙》和《唐詩拾遺》[①]。因此,可以確定在 1604 年前,這三種文獻已經東傳。

　　在日本,《唐詩正聲》(以下簡稱"正聲")和刻本的出現比《唐詩品彙》(以下簡稱"品彙")更早,版本種類也更多。長澤規矩也《和刻本漢籍分類目

---

① 松下忠著,范建明譯《江户時代的詩風詩論》,學苑出版社,2008 年,頁 189—190。

録增補補正版》（汲古書院，2006）中，録有《唐詩正聲》五種：

　　1. 唐詩正聲二十二卷，附詩人世次爵里，明高棅編，吳中珩校，享保十四年刊，京，瀨尾源兵衛等

　　2. 同，後印，京，山田三亮兵衛等

　　3. 同，後印，京，小川多左衛門等

　　4. 同，文化九印，大，加賀屋善藏

　　5. 唐詩正聲（箋注）二十二卷，東夢亭，天保十四年南勢古人居刊本

根據筆者的調查，現存江户時代的《唐詩正聲》和刻本有五十六部，按出版年代分類增補如下：

　　享保十一，唐詩正聲卷一至八，京都，奎文館

　　享保十四刊，二十二卷，詩人世次爵里一卷，出版人未知

　　享保十四刊，二十二卷，京都，島本權兵衛

　　享保十四刊，二十二卷，京都，帝城書坊，瀨尾源兵衛

　　享保十四，二十二卷附詩人世次爵里，京都，瀨尾源兵衛，重印本

　　享保十四，二十二卷附詩人世次爵里一卷，京都，小川多左衛門，後印本

　　享保十四，二十二卷附詩人世次爵里，大阪，群玉堂河内屋茂兵衛，重印本

　　享保十七，京都，瀨尾源兵衛，重印

　　文化九，二十二卷，無刊記本

　　文政三，大阪，加賀屋

　　文政十一，大阪，加賀屋，後印本

　　天保十四東夢亭注本，二十二卷，出版人未知

　　天保十四東夢亭注本，二十二卷，櫟陰堂

　　天保十四東夢亭注本，二十二卷，南勢津阪氏古人居

　　天保十四東夢亭注本，二十二卷，名古屋皓月堂井筒屋文助

　　天保十四東夢亭注本，津藩，山形屋傳右衛門

　　天保十四東夢亭注本，二十二卷，京都，勝村治右衛門

　　安政七，詩話三種存二種，附徂徠先生書，附唐詩正聲凡例，石川之清編，寫本

　　唐詩正聲二十二卷，明高棅編，堺屋刊，江户刊本

唐詩正聲二十二卷,明高棅輯,京都河内屋藤四郎等刊本,江户刊本

唐詩正聲二十二卷,附詩人世次爵里一卷,明高棅輯,明吳中珩校,花洛書鋪林權兵衛刊本,江户刊本

唐詩正聲二十二卷,闕卷第十至第十二、第十六至第二十二,附詩人世次爵里一卷,明高棅輯,明吳中珩校,文皇堂刻本,江户刊本

除了刊刻年代不明的幾種版本以外,從刊刻年代可以看出,江户中期的享保時期在明代復古詩風影響下,《正聲》被翻刻了三次。其後的七十多年,再也没有相關的和刻本出版。直到19世紀的文化、文政、天保時期,《唐詩正聲》纔迎來第二次的翻刻高峰期,甚至在天保時期出現了首部由日本學者注釋的新注本。

《唐詩品彙》在享保十八年(1733)首次在日本被翻刻出版,已經是享保九年刊的《唐詩選》服部校訂本大爲流行以後的事情[1]。長澤規矩也《和刻本漢籍分類目録增補補正版》中,《唐詩品彙》僅存目六條:

1.唐詩品彙,原存十八卷(卷三八至五五),明高棅編,服部元喬校,享保十八刊(須原屋新兵衛)

2.同,原存十三卷(卷二五至三七),同刊,木活

3.同,原存十五卷(卷五六至七十),明高棅編,張恂訂,寬政九刊,木活,忘憂館

4.唐詩拾遺原存三卷(卷五至七)

5.同,原存十一卷(卷七一至八一),同,中村廣等校,文化十三刊,木活,曬書樓

6.原存九卷(卷八二至九十),明高棅編,張恂訂,元文三刊,須原新兵衛

據筆者調查,日本國内現存江户本《唐詩品彙》共有三十四部,按出版順序分類增補如下:

文錦堂,九十卷,拾遺十卷,附詩人爵里詳節一卷,京都、江户刊,年份未明

享保十八,其他未明

---

① 關於當時對明七子及《唐詩選》的接受情況參詳劉芳亮《日本江户漢詩對明代詩歌的接受研究》,山東大學出版社,2013年。

　　享保十八,服部元喬(南郭)校,十八卷(絕句)本,五言絕句八卷,七言絕句十卷,卷第三十八至第五十五,江户,嵩山房,須原屋新兵衛

　　享保十八,七絕十卷,江户,嵩山房,須原屋新兵衛,後印本

　　享保十八,服部元喬校,五絕八卷,江户,嵩山房,須原屋新兵衛

　　享保,殘本,其他未明

　　元文三,九卷(七律)本,卷八十二至九十,江户,嵩山房,須原屋新兵衛

　　寬政八,松平世軌等校,十五卷,附序目拾遺五卷,忘憂館

　　寬政九,松平世軌等校,拾遺本,忘憂館

　　寬政九,中台惇,五律寫本,三卷

　　文化十三,服部南郭、中村廣等校,五言排律十一卷本,卷第七十一至第八十一,曬書樓

　　唐詩品彙七言古詩十三卷,木活字印,刊年不明

　　唐詩品彙五律十卷,明高棅輯,江户後期鈔本,刊年不明

　　總的來看,江户時期的《唐詩品彙》和刻本大都採取抽選的方式,按詩體分類,先後以絕句十八卷、七律九卷、五律十五卷①、拾遺十卷、五排十一卷、七古十三卷的方式分别出版。唯有京都文錦堂本將整部《唐詩品彙》重刻出版,是體量最大、收詩最全的一種。從刊刻年代來看,《唐詩品彙》的翻刻活動分爲兩個時期。首先是1734—1738年(享保、元文時期)的四年間,與古文辭派關係密切的江户嵩山房陸續把服部南郭校訂《唐詩品彙》按詩體分類出版,先絕句後律詩,"服部南郭校,嵩山房刊"的合作模式完全採用了當時風靡日本的《唐詩選》的方式。其次,是寬政到文化時期(1789—1818),之前未得到翻刻的五律十五卷、拾遺和五言排律十一卷陸續出版,《品彙》漫長的翻刻活動纔告一段落。

二　高棅選本在江户中期的地位與評價

　　"及元禄之際,錦里先生者出,始唱唐詩,風靡一世。然其所奉書,僅止於

---

① 指"寬政八年十五卷本"。目録未標明所收詩體,但據《唐詩品彙》目録,十五卷僅有五律一種,據此判定此本爲五律本。

《滄浪詩話》《品彙》《正聲》、滄溟僞《唐詩選》、胡氏《詩藪》而已"①。早在江户中期的元禄時期(1688—1703),《唐詩品彙》和《唐詩正聲》已經隨着宗唐詩風的確立受到推崇。到了享保時期(1716—1735),古文辭派的服部南郭所推薦的學詩書目中,就包括《唐詩選》《唐詩品彙》《滄浪詩話》和《詩藪》②。可見,江户中期先後主導文壇的木門和古文辭派雖然在詩文觀上有所不同,但推崇的書目基本是一致的。成功把《唐詩選》推廣爲"國民必讀書"的服部南郭,同時也是和刻本《唐詩品彙》的校訂者。他所校版本在享保十八年(1733)出版,成爲《品彙》的首種和刻本。古文辭派的林東溟在《諸體詩則》中,曾引用胡應麟《詩藪·外編卷四》中對高棅選詩的評述:

> 《正聲》不取四傑,余初不能無疑,盡取四家讀之,乃悟廷禮鑒裁之妙……至李杜二集,以前諸公未有措手者,而廷禮去取精核,特愜人心。真藝苑功人,詞壇偉識也。③

他還認爲蘐園學派學詩者,"非經廷禮再生之品選,不可爲初學之法者多矣"④。其後在"書品"條中,他更把高棅的《品彙》《拾遺》《正聲》與《文選》《唐詩選》和《明七才子詩集》一併列爲"古今最上精選者"⑤。由古文辭派門人編撰的《唐詩句解》《唐詩選掌故》《唐詩集注》等與《唐詩選》相關的注本,也都以高棅選本爲據。但是,由於體量太大,不便於大量印刷和廣泛傳播,《品彙》未能像《唐詩選》那樣成爲當時最流行的大衆詩歌讀本。而《唐詩正聲》則因爲與《唐詩選》在體例、選詩標準上有較大共通性,在《唐詩選》的和刻本已先行出版,且具有壓倒性影響力的情況下,人們對《唐詩正聲》的需求一直不高,以至於在日本直到 19 世紀仍存在"注《唐詩選》者有矣,注《唐詩正聲》者未之見也"的情況⑥。

在古文辭派逐漸衰落後,江户詩風逐漸走向"折衷化"的時期,《唐詩品

---

① 久保善教《木石園詩話》,池田四郎次郎編《日本詩話叢書》第七卷,文會堂書店, 1921年,頁 519。
② 服部南郭《南郭先生燈下書》,池田四郎次郎編《日本詩話叢書》第一卷, 1920 年,頁 58。
③ 林東溟《諸體詩則》卷上,池田四郎次郎編《日本詩話叢書》第九卷, 1921 年,頁 172。
④ 林東溟《諸體詩則》卷上,池田四郎次郎編《日本詩話叢書》第九卷,頁 174。
⑤ 林東溟《諸體詩則》卷上,池田四郎次郎編《日本詩話叢書》第九卷,頁 317。
⑥ 小濱大海《序》,東夢亭《唐詩正聲箋注》,早稻田大學圖書館土岐文庫本,二十二卷十册,江户勝村治右衛門天保十四年(1843)刊本。

彙》和《唐詩正聲》的主要推崇者轉而以反古文辭的"新格調派"爲主①。芥川
丹丘、中井竹山、畑中菏澤以及熊阪台洲等"新格調派"詩人都曾對高棅選本
有所論説。芥川丹丘評論中國詩話曰：

> 古今詩話，惟嚴儀卿《滄浪詩話》斷千古公案。儀卿自稱，誠不誣也。
> 其他歐陽公《六一詩話》、司馬温公《詩話》之類，率皆資一時談柄耳，於詩
> 學實没干涉，初學略之而可也。《滄浪詩話》之外，略可取者，陳師道《後
> 山詩話》，雖其識非上乘，其論時入妙悟，故高廷禮《品彙》多收之，詩家最
> 不可不讀也。②

他在評定詩論"可讀"與"不可讀"時，以《品彙》爲判斷標準，並認爲《品
彙》多收的内容是"詩家最不可不讀"的。再到後來的畑中菏澤，更是直接主
張學唐詩必讀《品彙》：

> 《品彙》將詩歌分高下，明確要點，然而對此也有争論。明代楊升庵雖
> 是位優秀的詩人，但有文人相輕之習，故而厭惡高氏《品彙》，稱其爲無見
> 無識之書……出於這種見解，（楊）就貶斥《品彙》，甚至詬病《品彙》中選
> 入大量許渾、温庭筠詩，此舉更是無理……總之，必讀的唐詩書目非《品
> 彙》莫屬。③

以上所論頗有替高棅抱不平之意，畑中菏澤又在同一著作中主張讀近體詩"應
讀《品彙》及《唐詩選》所收之詩"，足見他對《品彙》的推重④。上述兩人的詩
論多承襲自古文辭派，因而所推崇的書目都與蘐門無異，只是對於《品彙》的

----

① 日本近代漢學家青木正兒（1887—1963）認爲清代沈德潛、李重華等人的詩論繼承明代
　前後七子的格調説而來，但又有不同於格調派的地方，應該把他們看作"新格調派"。之
　後，松下忠在《江户時代的詩風詩論》提出的"新格調派"，是指活躍於江户時代詩風折衷
　化前期，詩論主張以"格調説"爲中心的詩人群體，包括芥川丹丘、清田儋叟、江村北海、
　龍草廬、畑中菏澤、熊阪台洲、中井竹山、皆川淇園、松村九山以及川合春川等十人。其
　中，又以熊阪台洲、中井竹山及皆川淇園三人爲新格調派的代表，他們的詩論被命名爲
　"新格調説"。松下忠認爲，他們很少有排他性的對抗意識，對其他詩説往往表示理解的
　態度，代表從江户時代第二期詩壇後期享保時代的古文辭格調説向第三期詩壇的折衷化
　過渡的交替期的詩論，以區别於古文辭派所代表的格調派。
② 芥川丹丘《丹丘詩話》卷下，池田四郎次郎編《日本詩話叢書》第二卷，1920 年，頁 606。
③ 筆者譯。畑中菏澤《太沖詩規》，池田四郎次郎編《日本詩話叢書》第九卷，頁 64—65。
④ 畑中菏澤《太沖詩規》，池田四郎次郎編《日本詩話叢書》第九卷，頁 84。

評價比以前有顯著提升,開始呈現《品彙》《唐詩選》二書並重的現象。

另一方面,新格調派中批判古文辭學說及李、王詩論的詩論家,則以《品彙》《正聲》來抨擊古文辭派推崇的《唐詩選》。被松下忠稱爲"新格調派代表"之一的中井竹山曾作以下論説:

> 然律法之於老杜,無復異辭,獨有李于鱗氏,力持驚辯,病老杜以慣焉自放,以推王維、李頎,其心豈爲非是而不貴也,無他焉。《品彙》《正聲》,終明世館閣宗之者,史册可徵,渠歆豔之衷,與妒忌會,乃驚殊見,欲以凌駕廷禮氏也已,文士傾軋之態,可憎矣。世之醉其毒者,奉以爲金科玉條,其謬不足道也。予於是編以老杜爲主,從唐宋已還之公論,以復廷禮氏之舊云。①

可見中井明顯推崇高棅,排斥李攀龍的詩論。同被視爲"新格調派代表"的熊阪台洲,在詩論作品中提及家塾學詩所用教科書:"故家塾立法,令學詩者先誦《文選》詩,《選》詩成誦,而後《正聲》,而後《品彙》,而後李杜諸集。"② 他還對高棅和李攀龍的選詩活動進行比較:

> 余因檢《正聲》其詩前後,有與《品彙》不同者。乃知廷禮之選《正聲》,朝諷夕頌,五日採一章,十日録一篇也。而于鱗之選,則異於是。其詩次序,一唯與《品彙》同,乃知于鱗之選唐詩,以其英豪之氣,唯點檢《品彙》一過。批點於其合乎己者,遂命侍史録之即輒序而傳之也。況其取捨有不滿人意者乎。是余所以不得不宗高廷禮也。③

與此呼應,熊阪在《白雲館近體詩眼》中再次作出類似論述:"《正聲》所不取,而于鱗選收之者,不遑枚舉。則知于鱗之選,有所不公也。"④ 並在後文中詳細列出"《正聲》所不取而于鱗選收之者"共二十五條。此外,《白雲館詩式》分體論詩部分中,熊阪每論一種詩體之前都先引高棅之論或提及高棅選本,足見他對高棅選詩推崇之極。

綜上所述,在早期的復古、擬古風潮中《品彙》《正聲》與《唐詩選》一同受到推崇,其流行程度及重要性卻一直不如《唐詩選》。在古文辭學派没落、江户

---

① 中井竹山《詩律兆》,池田四郎次郎編《日本詩話叢書》第十卷,1922年,頁313—314。
② 熊阪台洲《白雲館詩式》,寬政九年(1797)刊本,日本國立公文書館藏本。
③ 熊阪台洲《白雲館詩式》,寬政九年(1797)刊本,日本國立公文書館藏本。
④ 熊阪台洲《白雲館近體詩眼》,寬政九年(1797)刊本,日本國立公文書館藏本。

漢詩走向更成熟的折衷化階段後,高棅選本的地位與評價得到顯著提升,甚至在《唐詩選》之上,爲格調派所宗。直到 18 世紀末,提倡格調詩風的江户詩人一直按照明人對《品彙》和《正聲》的定位,將高棅選本視作復古格調詩的代表性選本加以推崇。

三　19 世紀的《唐詩正聲》翻刻與《唐詩正聲箋注》的出版

1604 年以前就傳入日本的《唐詩正聲》,歷經兩百餘年,終於在天保十四年(1844)迎來首部日人注本《唐詩正聲箋注》,其中原因值得關注。在此之前,《唐詩正聲》的和刻本一直都按照中國刊本原來的面目翻印,没有出現由日本人加以注釋或解説的版本。即便是在享保時期(第一次出版高峰期),當時主導詩壇的古文辭派選擇對《唐詩品彙》進行校訂,而不是體量較小、更便於校訂的《唐詩正聲》。究其原因,可能是因爲《唐詩正聲》與古文辭派所推崇的《唐詩選》同樣被視作從《唐詩品彙》中選出,古文辭派爲了鞏固《唐詩選》作爲唐詩選本的主導地位,儘管在詩論中肯定《唐詩正聲》的價值,卻有意識地將《唐詩正聲》排除在出版活動之外。

在《唐詩正聲箋注》出版之前,《唐詩正聲》在文化、文政時期(1804—1830)被翻刻了三次。化、政時期的日本表面上文化繁榮,但因幕府統治腐敗而處處面臨危機,加上外國船隻頻繁叩關,社會矛盾逐漸深化,内憂外患不斷。進入天保時期以後,社會矛盾終於達到頂峰,幕府和各藩都開始實行政治改革,企圖緩和矛盾。然而,各藩財政窘迫、家臣貧困,農商矛盾激烈等問題長期積累,已開始動搖封建制度的基礎[①]。1840 年的鴉片戰爭中,清朝向英國屈服,日本當政者受到强烈的衝擊,維持和加强幕藩體制之心更加迫切。《唐詩正聲》正是在這樣的時代背景下,迎來它的第二次出版高峰和首部日人注本。

(一)《唐詩正聲箋注》的成書背景——清代詩論影響下的折衷化詩風與唐詩復興

東夢亭(1796—1849),名裳,字伯頎,通稱文良,別號寄春草堂、悔庵,伊

---

① 幕府希望通過改革鞏固幕藩經濟、富國强兵、抑制物價上漲,卻引起了更多人的批判和不滿。天保四至十年(1833—1839)爆發全國性的 "天保饑饉",天保七年八月幕府領地甲州郡内爆發騷動,次年發生大鹽平八郎起義等一系列事件。

勢人。他精通醫術、書法和經史詩文。據其《唐詩正聲箋注自序》所言：

> 先生常教書生讀《唐詩正聲》,余亦厭近世詩風之陋,僅奉師訓,從事於此。

可知,《唐詩正聲》是東夢亭學習漢詩時用的教科書之一。他的老師即山口凹巷（1772—1830），又姓韓,名珏,字聯玉、顛庵,伊勢人,學於皆川淇園和菅茶山。據夢亭自述,他由於愛讀《正聲》所以親自作注十餘年,但中途擱置了許久,直到天保十一年（1841）春纔與塾生合力完成校訂。因此,實際上夢亭對《正聲》作注的時間應在文政時期（1818—1830）。他曾提及編撰《唐詩正聲箋注》的目的：

> 近時作家,率好宋詩,而高、李所選唐詩諸本,至以覆醬瓿。余謂：物極而變,二三十年後,必有興起者。竊撰《唐詩正聲箋注》,以俟來者。①

之後又引清代宋犖《漫堂說詩》之論,視之爲"詩學指南"：

> 詩者,性情之所發。"三百篇"、《離騷》尚已,漢魏高古不可驟學,元嘉、永明以後,綺麗是尚,大雅寖衰,獨唐人諸體咸備,鏗鍧軒昂,爲風雅極致,顧篇什浩繁,別裁不易。高廷禮《品彙》,庶幾大觀,廷禮又拔其尤者,爲《正聲》一編,近代《庶常館課》,與《文章正宗》,並誦習之,蓋詩家之正軌也。學者從此入門,趨向已定,更盡覽《品彙》之全編,考證三唐之正變,然後上則溯源於曹陸陶謝阮鮑六七名家,又探索於李杜大家,以植其根柢,下則氾濫於宋元明諸家,所謂取材富,而用意新者,不妨流覽,以廣其波瀾,發其才氣。久之源流洞然,自有得於性之所近。不必撫唐,不必撫古,亦不必撫宋元明,而吾之真詩,觸境流出。②

東夢亭認同學詩者以《正聲》入門,後學《品彙》的看法。此外,夢亭所引宋犖之論,在主張唐詩是"風雅極致"、《唐詩品彙》是"詩家之正軌"的同時,又強調"不必撫唐,不必撫宋元明",提倡廣泛學習各個時代的詩歌,以發自性情的"吾之真詩"爲詩歌的理想境界。同一時期,長野豐山在《松陰快談》中也表達了類似的觀點：

> 唐詩有唐詩之妙,宋詩有宋詩之妙,而唐宋諸家各有悟入自得處,都不一般……學之者亦各學其所好可,其所好者,便其性情之所近也。

---

① 東夢亭《鋤雨亭隨筆》,池田四郎次郎編《日本詩話叢書》第五卷,1920年,頁289。
② 東夢亭《鋤雨亭隨筆》,池田四郎次郎編《日本詩話叢書》第五卷,頁290。

　　　　作詩者,第一性情,第二學問。

　　　　余於詩無所偏好,唐宋元明諸家之詩,或雄渾,或飄逸,或巧致,或清
麗,凡足以悦吾心者,無所不愛。

　　　　客問余曰:子學詩,唐耶? 宋耶? 曰:我不必唐,不必宋,又不必不唐
宋。①

在東夢亭注《正聲》以前,清人遊藝編的《李杜詩法精選》(原題《二刻增訂李
杜諸體詩法》)在日本被翻刻出版,卷首載有日本松本修(生平不詳)在 1805
年所撰的序。序中稱李、杜爲“凌跨百代的絶特偉傑之才”,認爲二家“其究精
入神以感人者,彼此一揆”。在取法李杜的問題上,松本修主張:

　　　　取法度於彼,求新奇於我,各就才性之所長馳騁,此所以得其真也。
　　蓋法度不法前軌,則不能精整莊嚴也。亦繩約乎其法,一意效其臟,則不
　　能氣韻清高也。有法由焉,而可致其才也,不可以繩約其才矣。②

　　要之,就是既講究格調法度,又重視真我性情和精神氣韻的詩學觀點。這
種唐宋調和的折衷化詩論與東夢亭的詩學主張比較接近,是化、政時期的江户
漢詩在清代詩論影響下形成的主流詩論之一。

　　據松下忠介紹,東夢亭是江户後期詩壇宣導折衷化詩論的衆多詩人之一,
而且持折衷詩論的詩人們都是唐詩的理解者甚至是鼓吹者③。所謂折衷化詩
論,是指在自己的詩論中吸收其他詩論的長處,以完善自己詩論的一種態度。
松下忠曾指出東夢亭的詩論是折衷的,而且很重視神韻的境界④。夢亭在《鋤
雨亭隨筆》中引用王士禎《漁洋詩話》《香祖筆記》以及袁枚《隨園詩話》《隨
園隨筆》的内容,證明他對清代的神韻説和性靈説都有一定的了解。東夢亭
的老師山口凹巷曾編《王阮亭詩選》,在其《自序》中稱“清朝詩人當以阮亭爲
第一”的同時,又主張學詩者應該博覽歷代詩歌,纔能“知正始之歸”⑤。夢亭在

---

① 長野豐山《松陰快談》卷三,池田四郎次郎編《日本詩話叢書》第四卷, 1920 年,頁 392—
　　403。

② 松本修《李杜詩法精選序》,參見拙文《日本江户時代李杜合集考述》,《杜甫研究學刊》
　　2020 年第 2 期。

③ 參照松下忠著,范建明譯《江户時代的詩風詩論》,頁 113。

④ 松下忠著,范建明譯《江户時代的詩風詩論》,頁 156。

⑤ 韓珏《王阮亭詩選》序,文化十年(1813)刊本,日本國文學資料研究館藏本。

《鋤雨亭隨筆》中有"詩之妙在韻致"之論①，在比較和歌與漢詩時，又指出詩與歌在"妙悟"上的一致性②。至於他本人所作漢詩，則被評爲"其詩原於陶公，而兼學王孟韋柳"③。可見，即便同是推廣代表明代復古格調說的唐詩選本，江户後期的東夢亭和山口凹巷都不拘於固定的時代或詩風，與江户中期的古文辭派的詩論基礎和取向都大有不同。

　　此外，就如同新格調派詩人以高棅選本來抨擊《唐詩選》那樣，天保時期的漢詩主流始終對古文辭詩論和《唐詩選》持反對態度，批評的聲音也從未停歇。古文辭派沒落以後，江户詩風一度由"唐"轉"宋"，性靈派推舉的《唐詩歸》和《三體詩》等唐詩選本沒有受到格調派和神韻派的認可。因此，折衷派詩人們想要重新提倡唐詩，首要任務是推選出一部能取代《唐詩選》的具代表性的唐詩選本。和刻本《唐詩選箋注》的出版，無疑是推動《正聲》在日本的進一步流行與普及化的重要手段。

　　東夢亭在《鋤雨亭隨筆》中有批評《唐詩選》之語，又評價服部南郭《唐詩選附言》爲"兩可難裁，從其多且正者，是亦妄耳"④。此外，夢亭還列舉李攀龍高誇自詡之事與荻生徂徠稱自己爲"日本夷人物茂卿"之事，貶斥徂徠與李攀龍爲人相類，言行多有"駭人耳目"之處⑤。由此足見他對古文辭派的不滿。

　　菅茶山在文政五年（1822）爲《唐詩正聲箋注》寫的序中，也對古文辭派與《唐詩選》的衰敗有所論說：

> 李選在當時既爲其友弇州所譏彈，今時亦頗疑其非真本。要之，不可謂佳選也。是以今之言詩者，排擊不遺餘力，其書竟廢至於畧……《唐詩選》之廢雖非其詩之罪，而子遷（服部南郭）附言、旁訓既已爲時論所排斥，亦不復能服初學之心矣。廷禮之選，固弗讓於鱗，則今取此捨彼，亦無不可也。況乃其注之簡而確有所謂不說而深說之者乎。夫詩規於唐，而此則其正統宗派，足以救時體之蕪雜。⑥

---

① 東夢亭《鋤雨亭隨筆》，池田四郎次郎編《日本詩話叢書》第五卷，頁 339。
② 東夢亭《鋤雨亭隨筆》，池田四郎次郎編《日本詩話叢書》第五卷，頁 392。
③ 草場韡《夢亭詩鈔序》，東夢亭《夢亭詩鈔》，萬延二年（1861）刊本，日本國立公文書館藏本。
④ 東夢亭《鋤雨亭隨筆》，池田四郎次郎編《日本詩話叢書》第五卷，頁 369。
⑤ 東夢亭《鋤雨亭隨筆》，池田四郎次郎編《日本詩話叢書》第五卷，頁 284。
⑥ 菅茶山《唐詩正聲箋注序》，東夢亭《唐詩正聲箋注》，早稻田大學圖書館藏本。

　　菅茶山與許多同時期的詩人一樣，最初學古文辭學，後來認識到其弊端以後脱離古文辭學，轉而學習朱子學，並在詩論上主張“反古文辭”詩風。神田喜一郎把菅茶山視作受明代公安派袁宏道“性靈説”影響，主張“清新性靈”詩風的代表之一[①]。松下忠則認爲，菅茶山不必宋、不必明，對格調派和性靈派都有批判，並想攝取神韻的境地[②]。但是，菅茶山不僅爲帶有格調派標籤的《唐詩正聲》撰序，更是肯定“詩規於唐”和《唐詩正聲》作爲唐詩正統的模範作用，可見他的詩學主張是具有折衷特色的[③]。

　　受到清代袁枚的影響，江户後期的性靈派詩人大都主張這種具折衷化特色的詩論。有關這一問題，前人已有充分的討論，在此不再贅論[④]。袁枚作爲清代性靈派的代表，其詩論重視經世精神和“才性論”，又反對詩壇的門户之争，主張折衷。這些特徵既與江户後期的日本漢詩相符，也順應了當時的思想潮流。事實上，天保時期除了詩學上受清詩論影響而出現了詩學潮流的轉變以外，在思想上也受到明清“經世致用之學”影響，湧現了一批融合了各家各派學術思想，重視實用，主張政治經濟改革的經世學者[⑤]。總的來説，19世紀以後的江户漢詩走向折衷化，既是攝取清代詩論的表現，也是當時思想和文學上的需求和大趨勢。

（二）京阪地區的學術思潮的影響

　　東夢亭《唐詩正聲箋注》出版背後的另一個不可忽視的重要因素，是京阪學問圈的人物交遊與學術思潮的影響。《唐詩正聲箋注》序的作者分別是篠崎

① 神田喜一郎《岩波講座日本文學史》第十六卷《日本の漢文學》第六章《江户時代の漢文學》，岩波書店，1959年。
② 松下忠著，范建明譯《江户時代的詩風詩論》，頁155。
③ 在此之前，性靈派和折衷派都存在將高棅選本視作古文辭學和《唐詩選》同類加以排斥的例子。如山本北山在《孝經樓詩話》中貶斥《唐詩選》爲“僞書”，而《唐詩正聲》《唐詩品彙》則是“妄書”。村瀬栲亭（1744—1819），認爲王士禎《唐人萬首絶句選》勝於《品彙》《正聲》和《唐詩選》，又稱“今者不論四唐”，明確否定了高棅選本及其唐詩觀。
④ 詳見松下忠著，范建明譯《江户時代的詩風詩論》上編第四、五節，劉芳亮《日本江户漢詩對明代詩歌的接受研究》第三章，合山林太郎《性靈論以降の漢詩世界——近世漢詩をどう把握するか》（《日本文學》第61卷第10號，2012年）等。
⑤ 參見大谷敏夫《清末經世學と經世思想——幕末から明治にかけての日本の學術・思想の變遷と比較して》，《アジア文化學科年報》第7號，2004年。

小竹、菅茶山及小濱大海。其中,篠崎小竹和菅茶山都與大阪混沌社有較深的聯繫。篠崎小竹(1781—1851)學於尾藤二洲和古賀精里兩位混沌社成員,是大阪學問圈的名士,菅茶山則在京都遊學期間通過賴春水結識混沌社友[①]。菅茶山爲篠崎小竹的養父篠崎三島《遺稿》撰序時回憶道:

> 余屢東遊,勝會頗多。其最不能忘者,爲浪華混沌社。同盟三島子琴諸子,凡二十名。別有竹山兄弟及合麗王輩。其人則疊璧連珠、其文酒過從之盛,於花於月率無虛日。庚子之遊,頗與其筵。自謂,生與諸子同時,何幸如焉。[②]

上文提到的"竹山兄弟"即大阪懷德堂的中井竹山和中井履軒,關於中井竹山作爲"新格調派"代表力斥《唐詩選》、強調高楝選本爲"終明世館閣宗之者",在本文的第二章已有論述。中井竹山與尾藤二洲、古賀精里、賴春水和篠崎三島等人都是活躍在化、政時期的大阪學者兼混沌社成員,相當於篠崎小竹、菅茶山等人的父輩。據古賀精里長子穀堂所述:"(先君子)其論詩則宗盛唐而雜以宋明,痛斥近時纖尖之習,曰:此非詩也,俳也。"[③]不難看出,無論是東夢亭、菅茶山還是古賀精里,都從"回頹風""救時體""斥時習"的角度推崇唐詩。

前文提到東夢亭引宋犖稱《品彙》爲"詩家之正軌"説,以及菅茶山稱《正聲》爲"唐詩正統宗派"説,明顯都著重強調高楝選本的正統性。高楝選詩以聲調之"正"闡釋唐詩的"正變",提倡盛唐詩的"盛世之音",這不僅是在文學範疇中提出的詩學主張,同時也蘊含着經學意義上的正統觀念。如果説《唐詩品彙》爲以後的明代唐詩選本提供了一個唐詩學的理論體系與審美框架,那麼《唐詩正聲》便是高楝對詩歌之"純正"的審美要求的集中體現。結合19世紀初以後江户日本的社會、文化和思想來看,在幕府統治面臨重大危機和外憂不斷的雙重挑戰下,儒者們力求重新樹立"正統"思想的同時,本來源自儒學的

① 關於菅茶山與混沌社交遊詳見福島理子《茶山風の形成——混沌社社友と菅茶山》(《近世文藝》第51卷,1990年),黎小雨《京都遊學期における菅茶山の文人交流について——詩風の轉換を中心に》(《東アジア文化交涉研究》第13輯,2020年)。
② 菅茶山《黃葉夕陽村舍文》卷三《篠安道遺稿序》,載《黃葉夕陽村舍詩遺稿》附錄《黃葉夕陽村舍文》四卷,東京金刺芳流堂刊明治二十九年(1896)刊本,日本國立國會圖書館藏本。
③ 古賀穀堂《精里集抄文稿跋》,古賀精里《精里集抄》,文化十四年(1817)序刊本,日本公文書館藏本。

“經世致用”成爲各個思想學派的共同追求,從不同角度尋求改革社會體制的方法。這種思想反映在文學上,就導致這一時期以京阪地區爲首的漢詩作品與前代相比表現出强烈的社會現實性①。

篠崎小竹爲《唐詩正聲箋注》所撰的《序》作於天保十二年(1842),是撰寫時間最晚的一篇。當時的日本已經歷了天保饑饉、外國“叩關”、暴動起義和天保改革,也剛目睹完清朝在鴉片戰争後的境況,正是想方設法使社會秩序回歸“正軌”的時候。因此,他的序文不只討論文學,更將文學與經學聯繫起來論述。序文先從經學的角度論述江户經學的“正變”,認爲藤原惺窩、林羅山等人代表的程朱宋學爲“正學”,反之,伊藤仁齋、荻生徂徠等“反宋學”之徒就是“異端”。又稱經歷“寬政異學之禁”以後,由古賀精里、尾藤二洲等學者們重振朱子學,使江户經學“歸於正”。接着,又將這種經學的“正變”引申到江户詩壇的詩風發展中,主張江户詩風之“正”始於“宗唐”詩風的元禄、享保時期,而廢於以“清新性靈”的宋詩風爲主流的天明、寬政時期:

> 詩風唐爲正矣。唐風之行於元禄、享保,猶宋學之明與元和之後,其廢於天明、寬政亦猶宋學之廢於元禄、享保。以至於今,今人稍厭時風之淫靡,而有響唐音之心。是伯頎(東夢亭)之所以有此著,而余之知其必行也。②

篠崎小竹認爲,需要通過重振唐音之“正”纔能糾正“時風之淫靡”,言下之意就是要像經學回歸朱子“正學”那般,將詩風也歸於“正”。這種帶有濃厚的朱子學色彩的觀點,與篠崎小竹在昌平坂官學的學習經歷及其作爲大阪文教代表的社會責任感有關。被視爲幕末經世學者代表的齋藤拙堂曾對他作如此評價③:

> 我浪華之都有書院,有懷德文社,有混沌、蘭洲、小海、竹山、履軒諸賢,相繼而出,於是官府之疑獄難事有所諮詢焉,鎮台之講筵雅集有所招請焉。侯伯之東上西下者,過禮於其廬。士子之負笈鼓篋者,來候於其門。蓋守尹掌政刑於上,處士持風教於下,爲任亦重。閭閻之間,不可無其人,今其人爲誰,篠崎氏居其任。篠崎氏自之島翁,創梅花社,招集諸

---

① 日野龍夫《幕末の京坂詩壇》,《文學》第 1 卷第 5 號,岩波書店, 2000 年。

② 篠崎小竹《唐詩正聲箋注序》,東夢亭《唐詩正聲箋注》,早稻田大學圖書館藏本。

③ 齋藤學於古賀精里,與篠崎小竹、賴山陽、梁川星嚴夫妻交遊。

生，與懷德、混沌諸子，前後並馳，小竹先生實爲其嗣，博學優才，有出藍之譽。①

松下忠曾指出，篠崎小竹生平著述與經學幾乎完全無關，是一位以詩文立身的文人②。即便如此，身爲大阪學問圈的名士，小竹在社會動蕩不安之時從經學"正統"的角度來談論詩學"正統"，試圖通過將經學與詩文都"歸於正"來達到"經世"的目的，顯然是他憂國意識的一種體現。事實上，篠崎小竹早年曾指出《品彙》和《正聲》"咸失汎容"的問題③。由此可見，篠崎小竹對《唐詩正聲》的推崇從本質上來説並非"文學性"的，而是借助文學表現其經學思想。

提出類似觀點的還有草場佩川（1787—1867）：

> 余嘗讀夢亭東君所著《唐詩正聲箋注》，而夢想其爲人久矣……就其詩考之，公好遊愛客，良辰美景，往來必醉……主人好讀書，醫業之暇，用力著述，《唐詩箋注》之外，又注《五代史》。其嗜詩又異於世之空腸而蟬吟者……不拘之於時代，率以王孟事柳白朝待。與其嘗注唐詩以扶翅正風者，志操如一。不肯趁時調以投世好，其高自標以示人，乃是圓掌高眠之意。可見夢亭之夢，交神文在，直凌七公弄之巔矣。歐陽公之作《五代史》，其志在以斯文挽回世道。而君屍祝之，以注其書，其志又可知也。由是則輔世長民之君子，欲一振風俗者，亦將有感於斯編。君之深慨，實唯詩而已哉？或曰，古稱調彌高，和彌寡。斯舉豈得不能乎？余曰：否。舊門諸賢之爲其師，意已厚矣，亦足以矯世之自衛，以救舊之弊習，何曾憾寡和。唯余之陋劣，不能如高廷禮之撰《唐詩正聲》，是可憾焉乎。④

草場佩川師從古賀精里、榖堂父子，與菅茶山、賴山陽和篠崎小竹交遊。他在序中稱東夢亭《唐詩正聲箋注》爲"扶翅正風者"，"足以矯世之自衛，以救舊之弊習"，又舉夢亭曾注《五代史》事，認爲《唐詩正聲箋注》的意義並非"唯詩而已"，而是"志在以斯文挽回世道"，盛贊夢亭是"輔世長民之君子，欲一振風俗者"。

縱觀江户後期的文學，不難看出當時不少學者都十分重視文學、經學與

---

① 齋藤拙堂《敘》，篠崎小竹《小竹齋詩鈔》，安政七年刊，日本公文書館本。
② 松下忠著，范建明譯《江户時代的詩風詩論》，頁 545。
③ 篠崎小竹《唐詩遺》，大阪梅花書屋文化二年（1805）序刊本，早稻田大學圖書館藏本。
④ 東夢亭《夢亭詩鈔》，王焱主編《日本漢文學百家集》第 263 册，北京燕山出版社，2019年，頁 101—107。

"世道"之間的内在聯繫。如日本儒學傳記《先哲叢談》,先有井上四明《序》
批評時人"不識聖人之大道",提出"文不盛則辭鄙吝,則説經不優"的觀點,又
有朝川善痷《序》感歎"予也近來氣撓志折,浮湛俗間,無復有以自振。今及讀
此編,而面熱汗下,所愧實多。自今而後,志古自鏡,尊所聞而行所知"。在大
阪遊學期間曾學於中井竹山的伊藤一齋,則在《序》中進一步提出"文運之盛,
關乎世道之汙隆"之論,直接將文運與世道的興衰聯繫了起來[①]。此外,賴春水
之子、菅茶山的學生賴山陽曾撰《近世叢語序》曰:

> 余嘗謂:士氣與世運相隨。自慶長,施於正德,於天明,其運可謂盛
> 矣……爾來人物,皆能自修飾,無非君子人,爲文詞綿密,罕見疵瑕。而終
> 不免於輕薄猥瑣,譬若方剛之夫,雖有病癖,不害爲强壯。病袪體和,而衰
> 候見焉? 憂世者不當留心邪?[②]

賴山陽以史學成就著名,所撰《日本外史》被視爲對幕府末期的尊皇攘夷活動
有重大影響的一部史學著作[③]。繼混沌社的父輩們創作日本首部詠史詩集《野
史詠》之後,賴山陽又創作了《日本樂府》詩集,被篠崎小竹評爲"自詩進於
史,自史進於經"之作,認爲"其間君臣之邪正,世道之汙隆,逐次羅列,巨細略
備,學史者不可不讀"[④]。通過以上諸例,不難看出江户後期的社會風氣對當時
的人們有較大的負面影響。以大阪學問圈爲中心的有志之士們紛紛從經、史、
文學多個方面力主改革,他們最終的目的都是爲了重振士氣,扭轉世運。在這
一脈絡中,《唐詩正聲》被視作詩學正統的代表性選本,成爲當時文人學者以
文運改變世道的一種媒介。

四　結語

　　高棅編選的《唐詩正聲》在日本漢詩史上的發展軌跡和定位都與在中國

---

① 原念齋《近世叢談》,文化十三年(1816)刊本。
② 賴山陽《山陽遺稿》卷九《近世叢語序》,富士川英郎編《詩集日本漢詩》第十卷,汲古書
　　院,1986年,頁452。
③ 《日本外史》仿照《史記》體裁,按家族、人物之别記述從平安時代到德川第十代將軍家治
　　掌權期間的武家興衰史,全二十二卷,並於1875年在中國出版翻印。
④ 賴山陽《日本樂府》,富士川英郎編《詩集日本漢詩》第十卷,頁539—540。

的情況有所不同。高棅作爲明代復古格調詩的奠基人物,其詩論和選本爲後來的"前後七子"等格調派的詩歌批評提供了基本理論框架,被視爲明初詩歌復古的里程碑,産生了深遠的影響①。《唐詩正聲》更是高棅在編《唐詩品彙》後進一步將詩論細化的成果。然而,高棅選本雖在17世紀以前就東傳日本,被翻刻和傳閲,卻並未掀起新的詩學潮流,反而是《唐詩選》成爲了在日本漢詩史上復古格調詩的奠基石和里程碑。直到《唐詩選》在江户詩壇的地位一落千丈以後,高棅選本纔受到更多關注和推崇。19世紀以後,《唐詩正聲》突破了格調、性靈和神韻等特定時風的界限,受到折衷派詩人的推崇。在日本社會混亂、急需"撥亂反正"的背景下,以大阪混沌社爲中心的學問圈更將唐詩視作"正統宗派"和"學詩正軌"大力提倡,賦予《唐詩正聲》"救時體"、使詩風"歸於正"的重大作用,期盼以《唐詩正聲》取代《唐詩選》成爲唐詩選本的典範,達到"以斯文挽世道"的目的。雖然幕府統治在1868年終究還是走向失敗,但《唐詩正聲》在此背景下重新受到重視,實現了它在日本文學史上全新的意義和價值。加上江户後期唐詩日益受到重視,這一動向直接影響到後來明治漢詩的發展②。關於這一時期的唐詩接受尚有較大研究空間,有待日後進一步深入考察。

（作者單位:南京大學文學院）

---

① 張宏生、于景祥《中國歷代唐詩書目提要》第四編《唐詩品彙》,遼海出版社,2015年,頁215。
② 參照合山林太郎《性靈論以降の漢詩世界——近世漢詩をどう把握するか》。

中國名醫傳記在日本的流傳與接受

伊 丹

一 中國名醫傳記的譜系

傳記是記録人物生平事跡的文體形式,是中國文學最早的文體之一。名醫傳記即介紹名醫生平的文本,是傳記文學中一個重要的組成部分。目前,對於中日之間中醫藥文化的研究主要集中在醫學典籍、醫學交流、證治方論等方面,對實行醫療行爲的主體——醫師,目前學界的關注較少,但作爲中國醫藥文化的一個重要組成部分,也值得我們進行討論。有學者已經做出了一定的整理[①],日本也有學者進行了簡單的介紹[②]。由於收録名醫傳記的文獻過於繁雜,涉及領域衆多,因此本文在先行研究的基礎上先對中國的名醫傳記進行一個整體的梳理,再對中國名醫傳記在日本的流傳與接受情況進行考察。

(一)非醫學類著作中所見名醫傳記

唐代之前没有形成專門的名醫傳記類專著,雖然可見部分名醫傳記及相

[①] 如王旭光《明代以前醫家傳記專著文獻考論》,《中醫文獻雜誌》1997 年第 3 期;林功錚《中國醫學史發展源流》,《醫學與哲學》1993 年第 3 期。在本文校對階段,筆者關注到劉靚主編的《醫學人物傳記叢刊》(25 册)於 2021 年 4 月由北京燕山出版社出版。據悉,該叢書收集了醫學人物傳記資料八百餘種,彙爲一編,影印出版。據目録可知,其中包括了不少本文所涉及的名醫傳記,可一並參看。

[②] 坂出祥伸《古代中國における名醫傳の系譜》,《日本齒科醫史學會會誌》第 30 卷第 2號,2013 年。

關記載,但總體來説是零散地分佈於各種史書及其他文獻中。例如在提到醫學的起源時,《説文解字·酉部》載:"古者巫彭初作醫。"《帝王世記》載:"(黄帝)又使岐伯嘗味百草,典醫療疾。"分別將巫彭、黄帝、岐伯等人視爲與"醫"的始創所息息相關之人,這些人物在後世的書籍中也被視爲名醫的典範。

關於名醫及其進行醫療行爲的記述,最早可以追溯到《春秋左氏傳》,其中分別提到了醫緩爲晋景公、醫和爲晋平公治病的事例,雖然不能稱作名醫傳記,但是可以看作是與此相關的早期記録。目前認爲最早的名醫傳記是司馬遷《史記》中的《扁鵲倉公列傳》,在此之後的正史中均載有名醫傳記,如《後漢書·華佗傳》等。據學者研究,二十六史共計收録有秦至清朝的99位著名醫家傳記①。此外,《國語》《戰國策》《文獻通考》中也載有與名醫傳記相關的内容,可以説史書是名醫傳的一大來源。

史書以外,魏晋以後有《華佗別傳》一書,爲醫家個人傳記之濫觴,可惜早已散佚,後代文獻多引有佚文。《列子》等道家文獻、《列仙傳》《神仙傳》等"仙傳"文學,乃至筆記小説等也有部分與醫事有關的記載,其中一些故事對醫師的姓名和醫療行爲都進行了介紹,這些也成爲了後世名醫傳記素材的來源。

以上這些與醫事相關的記載後頻繁被類書、啓蒙書等所收録,傳播的範圍十分廣泛。其中,唐代類書《初學記·醫第七》中已經可以看到有關於名醫的記述,分別引用了《史記》《後漢書》《華佗別傳》等書籍中所收録的郭玉、扁鵲、華佗等名醫事例。《太平廣記》《太平御覽》的方術部、疾病部、藥部也分別列有數位醫家事跡。另外,流行於唐代的啓蒙書《蒙求》里收録了"華佗五禽""扁鵲起虢"等名醫的事跡,進一步促進了名醫傳記的傳播,之後的宋代王令《十七史蒙求》、明代蕭良有《龍文鞭影》等啓蒙書中也均可見名醫相關的記載。

除此之外,根據清代《古今圖書集成全録》可知,明代編寫的地方志中收有豐富的醫史資料。一些名人文集中也可見爲名醫立傳的内容,例如明代元戴良的《九靈山房集》中詳細全面地記述了元代著名醫學家朱丹溪的生平事跡和醫學理論;明代著名儒者宋濂的《宋文憲公全集》中收有明代醫師周漢卿的事跡,明末黄宗羲《南雷文定》中有《張景岳傳》等,這些文章文辭優美,人物形象鮮活,也爲名醫傳記的編纂提供了參考。

---

① 參見楊士孝《二十六史醫家傳記新注》,遼寧大學出版社,1986年。

（二）醫學類著作中所見名醫傳記

唐代出現了第一部專門的醫家傳記專著《名醫録》，從此前個別醫家的事跡記録發展爲醫家合傳。《名醫録》爲唐代甘伯宗所撰，成書時間不詳，林功錚推測其約成書於晚唐[①]。《新唐書・藝文志》醫術類、《宋史・藝文志》傳記類均載"甘伯宗《名醫傳》七卷"，而後者醫書類又載"甘伯宗《歷代名醫録》七卷"，書名有異。宋代《崇文總目》醫書類著録"《名醫傳》一卷，甘伯宗撰"，據清代錢侗輯釋，"侗按，玉海云，歷代名醫録書目七卷，唐志作名醫傳，崇文目同，今考唐志亦七卷"，與《新唐書》《宋史》所著録的卷數有異，不知緣由。據王旭光考證，宋代以後的公私書目中只有民國三十六年（1947）的《江西通志稿・藝文略》著録有此書，推測《名醫録》在宋代以後就逐漸亡佚[②]。宋代王應麟《玉海》也著録有"《唐歷代名醫録》書目七卷，唐甘伯宗撰"，收録了"自伏義至唐，凡一百二十人"；明代熊宗立《醫學源流》跋文中也提到"唐甘伯宗撰《歷代名醫》，自三皇始而迄於唐，繪列成圖"。由此可見，《名醫録》按時代順序收録了上始三皇下至甘伯宗所生活的唐代的120位名醫，並且是一本圖文兼備的醫家傳記。

宋代出現了不少收録醫家事跡的作品，例如南宋周守忠的《歷代名醫蒙求》，兩卷，成書於1220年，抄録了各種書籍中記載的名醫事跡202則，並詳細注明了引文出處，仿照《蒙求》的形式分別擬爲四言標題。其中有不少內容引自"名醫録"，無法確認是否爲已散佚的唐甘伯宗撰《名醫録》。作者在自撰的跋文中交代了本書的編纂情況，仙道、高僧均有收録相關人物事跡的作品，"唯醫藥之流未聞所編"，因此作者搜羅"諸史雜説之書"，編成了這本《歷代名醫蒙求》。據其序文可知，本書的目標受眾基本爲醫家以及相關人士，學習名醫事跡，使醫家能夠竭力施展醫術、無愧於古人；而對於初學之人，則可以體會、敬仰名醫言行，對於學醫大有裨益。另外，《歷代名醫蒙求》的跋文介紹宋代醫師楊君還有一本《名醫大傳》，但各種書目均没有著録，具體內容不詳。

南宋張杲（1149—1227）《醫説》十卷，成書於淳熙十六年（1189），刊行於嘉定十七年（1224），廣泛收集了南宋以前的各種醫學史料。其中，卷一的"三皇歷代名醫"部分爲醫家合傳，共收録了從太昊伏義氏到唐代王冰爲止的117

---

① 林功錚《中國醫學史發展源流》，《醫學與哲學》1993年第3期。
② 王旭光《〈名醫傳〉考論》，《南京中醫藥大學學報》1998年第3期。

位醫家傳記,部分文後標有引文出處。因其並非名醫傳記專著,故序文和跋文對卷一醫家合傳的編纂均無提及,但將"三皇歷代名醫"置於卷首,對醫學發展追根溯源,賦予了名醫傳獨特的地位和重要性。

此外,南宋魏了翁有《歷代醫師》(1237)一卷,按年代收録三皇至宋代醫家 188 位,後被明陶宗儀輯於《輟耕録》中,但其影響力不及《醫説》。黨永年有《神秘名醫録》二卷,薛福成的《天一閣見存書目》著録有此書;醫家趙自化著有《名醫顯秩傳》三卷,部分内容爲清代《醫林集傳》等醫學書所引;許慎齋爲名醫配上圖像,著有《歷代名醫探源報本之圖》;徐夢莘有《集醫録》等,名醫相關的作品在宋代大量出現,惜皆已亡佚。

明代印刷技術發達,醫學書、醫家傳記相關資料非常繁多。例如殷仲春《醫藏目録》中就著録了程伊《程氏醫書六種》中的《醫林史傳》四卷、《醫林外傳》一卷,但均已散佚。據王旭光考證,明代共産生了近十種醫家傳記專著,但目前傳世的僅有三種,分別是熊宗立的《醫學源流》《原醫圖》和李濂的《醫史》。

明代熊宗立《醫學源流》,一卷,約成書於明景泰元年(1450),該書上起伏羲神農黄帝,下至元代的朱彦修,按年代順序一共爲 150 多位醫家立傳,是現存最早的醫家傳記專著。《醫學源流》於成化三年(1476)附於熊氏種德堂《名方類證醫書大全》末中刊刻,後也有單行本傳世。

熊宗立《原醫圖》成書於明成化十二年(1476),收録了伏羲、扁鵲、孫思邈等 14 位名醫並相應地配有圖像,傳文内容與《醫學源流》大致相同,是我國現存最早的圖文並茂的醫家傳記專著文獻。其成書後的流傳情況不詳,目前可見的是附於《本草蒙筌》卷首的版本①。據學者考證,其版本有兩種,一種是明季附刊於《本草蒙筌》卷首的書林劉氏刊本,將《原醫圖》題作《歷代名醫考》;另一種是明季附刊於《本草蒙筌》卷首的劉孔敦刊本,將《原醫圖》題作《歷代名醫圖姓氏》②。

---

① 《本草蒙筌》是明代陳嘉謨所著本草書,《本草蒙筌》嘉靖四十四年(1565)的原刊本中並無《原醫圖》,後經明末劉孔敦增補,刊行於崇禎元年(1628)的《(圖像)本草蒙筌》中附上了《原醫圖》并流傳至今。詳見小曽户洋《中國醫學古典と日本》,塙書房,1996 年,頁 259。

② 王旭光《〈醫學源流〉與〈原醫圖〉考論》,《福建中醫藥》1998 年第 3 期。

　　《醫學源流》的跋文對本書進行了介紹,唐甘伯宗編撰了自三皇至唐代的"歷代名醫"並"繪列成圖",宋代許慎齋續甘伯宗所作,收録了唐及五代、宋金時期的名醫,名之曰《歷代名醫探源報本之圖》。其圖"雖顯名醫之名",但"無傳文可考",並且出現了不少年代、姓名的錯誤。因此熊宗立對此圖收録的醫家進行了校訂、增補,於後還附上了元代的名醫,編纂態度十分嚴謹。《原醫圖》的序文與《醫學源流》跋文内容基本相同,但在文後又進行了補充介紹:《醫學源流》並無圖像,而《原醫圖》不僅爲收録的 14 位醫家配上了圖像,同時還收録了傳文。根據《醫學源流》跋文和《原醫圖》序文我們可以了解到,兩書的成立應是受到了宋代許慎齋《歷代名醫探源報本之圖》等前代名醫圖像類文獻的影響。

　　作爲專門的醫史類論著,明代李濂的《醫史》十卷成立於明正德八年(1513),録自春秋時代的醫和至元代李杲等 72 位名醫之傳記,分別來自歷代書籍、名家文集及李濂自撰傳文。此書無序跋,在凡例中,作者李濂對自己的編纂標準做了詳細介紹,對於張仲景等"醫之宗"進行補充收録;而對於巫咸等"絶無事實"的名醫"則闕之";對《晋書》所載佛圖澄之類,因"頗涉幻誕",均"黜之不録,恐滋後人之惑"。至於劉守真、張子和等當時的"近代名醫",雖然治療奇驗不勝枚舉,但由於金元史載之甚少,作者都"依史録之,不敢增也"。可以看出,作者根據文獻出處對名醫傳記進行了系統的整理,依史增補删減,可以説編纂態度是非常嚴肅的。

　　專著以外,明代一些其他醫學著作中也可見醫家事跡,例如徐春甫《古今醫統大全》(1556)卷一"歷世聖賢名醫姓氏"部分按年代順序收録了自伏羲、神農至明代的 270 餘位名醫。李梴《醫學入門》(1624)"歷代醫學姓氏"採用了"上古聖賢、儒醫、明醫、世醫、德醫、仙禪道術"的標準對歷代醫家進行了分類,收録了自上古至明代的 215 名醫家。此外,孫一奎的《赤水玄珠》(1584)中也有介紹張仲景等醫家的傳記《張、劉、李、朱、滑六名師小傳》等。

　　到了清代,名醫傳記類書籍的編纂更趨龐大豐富,著作繁多難以逐一列舉,例如陳夢雷《古今圖書集成醫部全録·醫術名流列傳》收録有自上古至明代的 1300 多位名醫傳記,包括歷代名醫和民間醫家,資料均注明了引用出處,非常詳實豐富。王宏翰編成了《古今醫史》這部我國古代最大規模的醫家傳記專著,收録有 454 人。此外,還有程雲鵬《醫人傳》、董洵《古今名醫傳》和李炳芬《醫林集傳》等等,在採録了歷代文獻的基礎上,編集了醫史傳略,載録人物衆多。

以上我們可以看到，隨着醫學的興起，早在春秋戰國時代就有關於醫學創始的記載，自《史記·扁鵲倉公列傳》始，此後的史書均有收録名醫傳記，筆記小説、名人文集等書籍裏的醫學相關記述也是一大來源。《漢書·藝文志》將當時所存書籍分爲六大類，"方技略"著録了與醫藥衛生相關的書籍，分爲醫經、經方、房中、神仙四種，可以看出古代對於醫學的觀念比較廣泛，而醫家也相應涉及各個領域。唐以前的醫學書中並無名醫傳記記載，唐代出現了名醫傳記專著《名醫録》，此後均有不少名醫傳記、名醫圖像出現，其受衆應主要是醫師及學醫之人，隨着年代推移可以觀察到其編纂也發生了一定的變化，一方面追求嚴謹，另一方面追求收録的廣度。

二　中國名醫傳記在日本的流傳

作爲一衣帶水的鄰邦，歷史上中日兩國在文化上有着密切的聯繫。日本主要經由朝鮮半島接受中國文化，包含史書、醫學書在内的大量中國典籍很早就已經傳入日本，給日本帶來了深遠的影響。日本最早的詩歌總集《萬葉集》收録了 7 至 8 世紀天皇至庶民所作的和歌 4500 餘首，其中卷五收録有漢學家、詩人山上憶良（660—733）的《沉痾自哀文》，文中提到：

吾聞，前代多有良醫，救療蒼生病患。至若榆柎，扁鵲，華他（佗），秦和、緩，葛稚川，陶隱居，張仲景等，皆是在世良醫，無不除愈也。〔扁鵲姓秦，字越人，勃海郡人也。割胸採心，易而置之，投以神藥，即寤如平也。華他字元化，沛國譙人也。若有病結積沉重在内者，刳腸取病，縫復摩膏，四五日差定。〕[①]

榆柎，指俞附，黃帝時名醫。扁鵲，戰國時代的名醫。華他，即華佗，後漢時期的名醫。秦和、秦緩均爲春秋時代秦國的名醫。葛稚川，指的是《抱朴子》的作者葛洪。陶隱居即陶弘景。張仲景爲後漢時期著名的醫家。這些名醫的事跡均收録在《史記》《後漢書》《春秋左氏傳》等書中，並爲後世書籍廣泛引用。從中我們可以了解到，在奈良時代，日本的知識分子就已經接觸到不少中

① 小島憲之等校注《萬葉集》第二卷，《新編日本古典文學全集》第 7 卷，小學館，1995 年，頁 76。

國名醫的事跡,并認爲他們是"在世良醫",可以説這一概念已經深入人心。

7世紀以後,隨着遣隋使、遣唐使的派遣,日本和中國大陸開始了頻繁的國際交流,此時中國文化和大量典籍均傳入日本,其範圍囊括史書、文集、醫學書等各個領域。日本現存最早的醫學書《醫心方》(984)中所使用的資料幾乎都是中國的醫學書,充分説明當時大量的醫學書也傳入日本,爲當時的日本人所學習、使用。不過唐代《名醫録》因散佚較早,目前除了其他書籍的引文,没有發現傳入日本的證據[①]。

鎌倉時代,宋代的醫學書大量傳入日本,僧人開始從事醫療活動並撰寫醫書,梶原性全的《頓醫抄》(1304)、《萬安方》(1315)等都是其中的代表,均引用參考了大量中國醫學書。在此背景下,雖然上文中提到的收録了大量名醫事跡的宋代醫書《歷代名醫蒙求》目前尚無傳入日本的證據,但《醫説》成書不久後,其宋刊本即傳入日本,此後還可見嘉靖癸卯鄧正初校刊本、嘉靖甲辰顧定芳刊本,以及朝鮮活字本等等[②]。丹波嗣長所著養生書《遐年要抄》(1260)、鎌倉時代著名的本草書,惟宗具俊《本草色葉抄》(1284)以及醫學隨筆《醫談抄》(約1284)等作品中均可見對《醫説》內容的引用,可見此書傳入日本很早并獲得了大量傳播,收録在其卷一的"三皇歷代名醫"應該也得到了廣泛的流傳與學習。

進入室町時代,日本和明朝的貿易交流十分興盛,不少日本人渡明研習醫學,當時的名醫,如竹田昌慶、田代三喜等人也積極引進、普及明代的先進醫學知識。在此情況下,1528年日本醫師阿佐井野宗瑞推出了日本第一部印刷出版的醫學書——明熊宗立的《醫書大全》,收録歷代名醫的《醫學源流》也附於其中。隨着日本出版業的發展,此書後來又反復再版,江户初期作爲單行本也數次重印[③],獲得了大範圍的傳佈。

至江户時代,包括醫學書在內的中國典籍通過長崎大量傳入日本,加之當

① 日本大學醫學部圖書館藏有一卷《唐甘伯宗歷代名醫圖贊》(年代不詳),卷子本,收録了自三皇至韋慈藏等14位名醫畫像和贊文。據筆者對比,其收録的名醫與明熊宗立《原醫圖》畫像稍有不同,但收録人物與贊文均完全一致,推測兩者之間應該存在一定的關係。載日本大學醫學部同窗會編《醫の肖像》,櫻楓社,2017年,頁16—17。

② 小曽户洋《醫藥文獻にみる神農賞贊の歷史》,載《中國醫學古典と日本》,頁207—209。福田安典《〈醫説〉解題》,載傳承文學資料集成《醫説》,三弥井書店,2002年,頁379。

③ 小曽户洋《中國醫學古典と日本》,頁215。

時出版文化興盛、庶民教育普及,以書籍作爲媒介,中國的知識、文化得以廣泛傳播。因傳入書籍非常繁雜,具體傳入時間難以考證,其中一些目録、文集中可以看到相關記録,如收録有熊宗立《原醫圖》的《本草蒙筌》,在林羅山1604年所撰的《既見書目録》中已有著録。此外,舶來記録的資料也值得參考。在鎖國政策下,幕府對舶來書籍進行嚴格管理並記録詳細信息,記録"御文庫"(今紅葉山文庫)收藏書目的《御文庫目録》中可以看到大量明代醫學書的身影,如《古今醫統》一六三八、《醫學源流》一六三九等[①],書名後爲其入庫年份,實際傳來時期應在此以前。之後的舶來目録中也著録有不少醫書[②],傳入的數量亦十分可觀,其中不少書籍在日本又得以刊刻、校訂、印刷出版,廣爲流傳。可以推測,隨着這些書籍的流通,收録於其中的名醫傳記在日本也得到了廣泛的普及,作爲知識被人們所學習和接受。

三　日本對中國名醫傳記的接受

中國名醫傳記大量傳入日本,給日本帶來了一定的影響,日本也進行着自己獨特的改造,從吸收轉變爲借鑒、模仿、發展,出現了"日本化"的特徵。尤其在江户時代,乘着出版業發展的東風,各種名醫傳記相關作品層出不窮,百花齊放,僅據目前現存的資料統計就逾百種。下面以其中的重要作品爲例,介紹日本對中國名醫傳記的接受情況。

(一)對中國名醫傳記的注釋、增訂

對中國名醫傳記進行注釋的文獻在室町時期就開始出現,如桃源瑞仙(1430—1489)講授《史記》時對其進行注釋的資料記録《桃源抄》;室町時代的學僧月舟寿桂(1460—1533)也爲宋版《史記》添加有大量注釋(幻雲抄),這兩部書的《扁鵲倉公列傳》部分均可見内容詳密而豐富的注釋信息。其後也出現了不少名醫傳記相關的注釋研究資料,但數量最多的還數《扁鵲倉公列傳》。這一趨勢延續至江户時代,如尾張的藩醫淺井圖南著有《扁鵲倉公列傳

---

① 真柳誠、友部和弘《中國醫籍渡来年代總目録(江户期)》,《日本研究》第7號,1992年。
② 參看大庭脩《江户時代における唐船持渡書の研究》,關西大學東西學術研究所,1967年。其中收録的唐船持渡書資料以江户中後期爲主,從元禄七年(1694)至文久二年(1862)。

割解》(1770)、多紀元簡有《扁鵲倉公傳彙考》(1849)等,僅目前可考資料就逾十部,還有吉益爲則(1702—1773)《扁鵲傳評》等對扁鵲個人傳記進行注釋的書籍近十部。此外,國學家、醫師平田篤胤也著有《醫宗仲景考》(1827)一書。以上均爲醫師的個人傳記,另外還可以看到對收録醫家合傳的《醫説》進行增訂的例子。

在上一節中我們了解到,《醫説》在日本流傳廣泛,宋刊本、嘉靖本等不同版本均傳入日本,此後,在萬治二年(1659),日本的書肆推出了將《醫説》和明俞辨《續醫説》合刻的和刻本,在江户時代盛行一時。此書的影響範圍不只局限在醫學方面,浅井了意《伽婢子》(1666)等文學作品也被認爲與其有一定關聯①。到了江户時代後期,幕府醫官小島尚質(1797—1848)等人在萬治二年和刻本《醫説》的基礎上,依據嘉靖本和朝鮮本進行了仔細的校訂,其中經過考訂的卷一"三皇歷代名醫"部分,不論是收録的名醫還是排列順序均與宋刊本有所差異。小島尚質(1797—1848)等進行校訂、增補的版本如下所示,其中1—114爲宋刊本順序,114之後的人物按照小島尚質增訂本出現順序進行編號,下劃綫爲宋版中未收録内容:

　　1〔三皇〕太昊宓犧氏　2炎帝神農氏　3黄帝　115傀貸季　6岐伯116鬼臾區　117少師　10伯高、少俞　7俞跗　8桐君　9雷公　11馬師皇　5〔陶唐〕巫咸　118〔商〕伊尹　4〔周〕巫彭　18矯氏、俞氏、盧氏　13〔春秋〕醫緩　14醫和　15文摯　16醫竘　17鳳綱　12〔戰國〕秦長桑君　19扁鵲　20子豹　21〔秦〕李醯　22崔文子　23安期先生　24〔西漢〕樓護　25公孫光　26陽慶　27太倉公　28秦信　29王遂　30宋邑　31馮信　32高期　33王禹　34唐安　35杜信　36玄俗　37〔東漢〕張機　38郭玉　40涪翁　39程高　41沈建　42張伯祖　43杜度　44衛汜　119淮南子　53〔蜀漢〕李譔　45〔魏〕華佗　46李當之　47吴普　48樊阿　49封君達　50韓康　120〔吴〕吕摶　51董奉　52負局先生　54〔晋〕李子豫　55張苗　56王叔和　57趙泉　59皇甫謐　121裴頠　60裴顗　61劉德　62史脱　63宫泰　64靳邵　65阮侃　66張華　67蔡謨　69支法存　70仰道士　58葛洪　72殷仲堪　68程據　71范汪　76王纂　82胡洽　77徐熙　78道度　79叔嚮　80

① 福田安典《〈醫説〉解題》,載傳承文學資料集成《醫説》,頁384—385。

薛伯宗　81 徐仲融　83 徐文伯　84 徐嗣伯　85 僧深　86 劉涓子　87
羊昕　88 秦承祖　89〔南齊〕張子信　122 馬嗣明　98 張遠遊　90〔北
齊〕顧歡　91 李元忠　92 李密　93 崔季舒　94 祖挺　95 褚澄　96 鄧
宣文　123 顏光禄　74 徐謇　75 徐雄　124 龍樹王菩薩　97 徐之才、
徐林卿、徐同卿　73〔後魏〕王顯　99〔梁〕陶弘景　100〔周〕徐之範
125 杜善方　101〔隋〕徐敏齊　111 許智藏　112 巢元方　126 楊上善
127 全元起　128〔唐〕蘇恭　102 甄權　103 甄立言　104 宋俠　105 許
胤宗　106 孫思邈　129 藥王韋慈藏　130 處士蕭炳　131 李虔縱　132
楊玄操　107 張文仲　108 孟詵　114 王冰自號啟玄子　113 元珠先生
133 楊損之　109 王方慶　110 秦鳴鶴　134 許孝宗　135 張鼎　136 陳
藏器　137 李含光　138〔五代〕孟昶　139 韓保昇　140 陳士良　141
唐慎微[①]

通過上面的記録我們可以發現,宋版卷一的名醫列傳并没有嚴格按照時
間順序排列,而小島尚質等人在校訂時標明了時代名稱,按照年代順序對宋版
中人物的排列順序進行了調整,並且增補了 27 位名醫。

(二)日本人撰寫的中國名醫傳記

1. 影響力最大的《歷代名醫傳略》

江户時代日本人所撰名醫傳記數量衆多,其中最具影響力的被認爲是吉
田意安的《歷代名醫傳略》[②]。

作者吉田意安(1558—1610),也作吉田宗恂,京都人。名光政、孫次郎,
通稱意庵、意安,號又玄子,日本安土桃山時代至江户時代前期的著名醫師。
他生於醫學世家,其父吉田宗桂爲將軍侍醫,曾兩度渡明學醫,在當時享有盛
名。吉田意安後仕於德川家康,精於運氣、本草,還曾師從藤原惺窩(1561—
1619)學習漢學。其著作頗豐,除《歷代名醫傳略》以外,還著有《本草序例
抄》《万病回春鈔》等至少十四部作品。

《歷代名醫傳略》二卷二册,收録從上古的伏羲、神農至元、明爲止的 396

①　宋刊本爲《中華再造善本·唐宋編》子部《醫説》(底本爲南京圖書館藏宋刻本),小島尚
　　質增訂本參考福田安典《醫説目録》,載傳承文學資料集成《醫説》,頁 11—13(目録中誤
　　字據正文修改)。
②　小曽户洋《中國醫學古典と日本》,頁 230。

名醫家,可以説是清代《古今圖書集成醫部全録‧醫術名流列傳》之前收録醫家最多的一部醫家合傳。其不但有寫本保存至今,慶長二年(1597)、元和三年(1617)、寬永三年(1626)、寬永九年(1632)、寬永十年(1633)均多次再版,在當時應該是一部好評如潮、很有影響力的書籍。目前國立國會圖書館、東京大學附屬圖書館鷗軒文庫等二十多處均有收藏,僅從目前傳世的數量來看,可以推測《歷代名醫傳略》在當時確實廣受歡迎、流傳廣泛。

　　就其內容來看,作者對每位名醫都進行了詳密的考證并標注出了引文出處,便於使用查找,具有很高的文獻價值。如收録的第一位醫家伏羲,作者在上欄標出了"帝王、世説、醫説、易繫辭、素問注"五部書目,內容與之前的醫家傳記相比非常詳細充實,文末還引用了《名醫圖》收録醫家的贊。黃帝部分,標注的引用參考文獻爲"史記及注、列仙傳、神仙傳、素問序、醫説、通鑑、十八史",達到了七處之多。

　　作者在自撰的序文中認爲"醫"的地位非常高,"夫明性理者,儒學。而保壽命者,道教也。兼有之者,醫而已也。豈謂非大道也耶",認爲"醫"是兼顧儒學"明性理"和道教"保壽命"的"大道"。對於本書的編纂,他認爲歷來的傳記之類繁簡不當,多有時代或姓名的錯誤,因此他校對諸書,收集精華編成本書,希望能裨益後學,弘揚傳統。有趣的是,另一篇序文是意安的弟子理安拜托姜沆所作。姜沆(1567—1618),朝鮮王朝李朝中期文臣,1597年豐臣秀吉向朝鮮發動慶長之役時成爲俘虜而被幽禁在京都,其間與日本文人學者多有來往,後於1600年歸國。本序應是其在日期間所作。序文中,他盛贊意安是"繼後而光前,集諸師之大成者",因"患醫道之未見全經群聖群師之姓氏事跡",所以編纂了本書,上起伏羲,下至皇明,欲傳於來世,彰顯醫道。序文中姜沆還表示,雖然他沒有見過意安,但是與意安弟子理安交遊,"及見意安編述,及其序文,則如見九肋鱉,一角麟,不覺再拜起敬",從第三方視角給予了作者和本書非常高的評價。

　　於其後成書的《歷代名醫略記》是一部簡要介紹各位名醫的合傳,收録了自上古至清代的上百位名醫。作者小野常健(約1713—93)是江戶時代的醫師,著有《古方選》《古今類方》等多部醫學書。卷首,作者對本書的編纂作了如下説明:

　　　　野常建案歷代名醫姓氏,詳於馬氏《文獻通考》、李氏《醫史》、張氏《醫説》、熊氏《醫學源流》、徐氏《古今醫統》、李氏《醫學入門》,本邦宗恂氏《名醫傳略》等宜參考。茲所舉者,摘其大家者,<u>間某人不見傳記而有某書存者</u>,取之以備於坐右之便覽矣。①

可以了解到,對於 "歷代名醫姓氏",作爲醫生的小野常建指出了一些有益的參考文獻,即宋元時代馬端臨的《文獻通考》、明代李濂的《醫史》、宋張杲《醫説》、明熊宗立《醫學源流》、徐春甫《古今醫統》、李梴《醫學入門》和日本 "宗恂",即吉田意安的《名醫傳略》。在這些廣爲人知的中國醫書之後,作者列舉了日本的一部也是唯一一部書籍《歷代名醫傳略》,可見此書在當時風行一時,且被認爲具有極高的價值②。此外,《歷代名醫略記》的作者表示,本書收録了那些雖無傳記傳世,但留下了著作的醫家,對前述作品的不完備之處進行了補充。

可以説,當時的日本人並非被動的學習接受各種 "醫學姓氏"、名醫傳記,同時還積極地進行創作輸出,《歷代名醫傳略》可以説是其中的集大成之作。在這之後的醫家傳記均没有超過它的作品,而是多對此前典籍中没有關注到的部分進行整理,搜殘補闕,網羅遺佚。

2. 日本人所撰明代醫家專著 :《明醫小史》

中國明代醫藥文化發達,出現了大量的醫學類書籍。正如本文第一節所整理的那樣,雖然收録歷代醫家的作品層出不窮,但均爲追溯醫學源流、羅列自上古至明朝名醫事跡的作品。日本江户時代望月三英(1696—1769)編著的《明醫小史》,作爲一本日本人編撰的明代醫家專著,值得引起我們的關注。

作者望月三英是江户時代著名的醫師,名乘,號鹿門。他是江户幕府的奥醫師,除了《明醫小史》還著有《醫官玄稿》等書。《明醫小史》一卷,享保九年(1724)刊行,收録了明代的醫家 309 人,附録中另收 "順治以來醫家" 即清代順治以後醫家 45 人。該書中簡要介紹了醫家的姓名、籍貫、著作信息以及師承關係、醫學評價等。目前京都大學附屬圖書館富士川文庫等十餘處機構均有收藏,并已數字化公開。

作者在序文中介紹了家族三世爲醫,爲了不辱先人家業,自己發奮志學的抱負後,交代了本書的起因:

---

① 小野常健《歷代名醫略記》(年代不詳),東北大學圖書館藏寫本。
②《歷代名醫傳略》傳播廣泛,對後世的文學亦產生了一定的影響,參見福田安典《醫學書のなかの "文學"》,笠間書院,2016 年,頁 23。

　　　近匕剟之暇,展閱所藏,集録斯書,質之家大人。大人從而褒貶之,乃受而誦之。亦足以發輿俗之聾,於是梓焉。以俱之二三同志,則平日所志,聊亦自叙以述之,蓋謹家大人之命也。至夫庶幾乎爲一家之言,英之不肖,竊待之他日,所未敢出言也。①

　　作者閑暇閲覽藏書時多方集録,請教家裏長輩,聽從長輩的褒貶進行背誦。考慮到對其他人也有益處,便刊行於世。由此可知,當時以醫作爲家業的醫生們能接觸到豐富的明代相關資料,並且對於醫學、醫家知識爛熟於心,擁有自己獨到的見解。

　　3. 多樣的形式:蒙求類醫學書

　　在江户時代出版的衆多醫學書中,有不少和啓蒙書《蒙求》相關的書籍。將調查的書籍根據時間順序排列,分別有:①享保十七年(1732)刊行,市川尚賢《醫家蒙求》三册;②寬保二年(1742)自序、延享元年(1744)刊行,伊東見龍《醫學蒙求》三卷三册;③寬政三年(1791)序,津田玄仙《醫爐蒙求療治茶談四編》;④寬政七年(1795),太田澄元《本草蒙求》六卷;⑤文化元年(1804)跋、同二年(1805)刊行,樋口器《醫林蒙求》三册;⑥天保六年(1835)自序,汲田參友《醫療蒙求》二卷一册;⑦元治元年(1864)長崎健《百醫蒙求》一卷。其中,①④和⑦只在書籍目録中可見著録;③和⑥爲標題取《蒙求》"啓蒙"之意的入門書;②《醫學蒙求》及⑤《醫林蒙求》則爲沿襲了《蒙求》的體例形式編纂而成的名醫傳記。下面便對這兩部書籍做一個簡單的介紹。

　　《醫學蒙求》,三卷三册,由題辭一卷和注解二卷構成,上下卷加附翼共計372句,收録上古至明代的名醫372人,現京都大學附屬圖書館富士川文庫等機構均有藏本。編者伊東見龍以醫爲業,對漢學也十分熱心。作者自序中提到,前代有《醫説》《醫學源流》,已經非常完備,但聽門人説儒家有《蒙求》,稱古人之德,而醫家並無,因此作者撰寫了《醫學蒙求》,以稱衆醫家之德,"更童幼之諷誦"。

　　《醫林蒙求》,三卷三册,共計368句,收録上古至明代名醫368人,現京都大學附屬圖書館富士川文庫等均有收藏。編者樋口器,字季成,通稱元良或丹臺,爲江户時代後期肥後熊本藩的侍醫,《大東詩集》中收録有其兩首漢詩。序文、跋文中介紹了本書的成書情況,"自有蒙求書已來,後世續作者不爲少

————————————

① 望月三英《明醫小史》,享保九年(1724)刊本,京都大學附屬圖書館藏本。

也,特怪吾醫之先輩曾無倣焉”,於是作者自撰《醫林蒙求》“將以授兒曹也”。著名文人大田南畝也爲本書寫了序文,可以判斷樋口器與當時活躍的文人們亦有不少交遊。

《蒙求》從平安時代便傳入日本,作爲集録人物事跡典故的書籍受到了極大歡迎,當時便出現了日本人所編纂的“蒙求體”蒙書。從平安時代一直到江户、明治時期的幾百年間,《蒙求》被廣爲傳頌,在此基礎上又被創造出了新的内容。雖然南宋有《歷代名醫蒙求》,但據筆者考察,其並没有傳入日本的證據,《醫學蒙求》《醫林蒙求》的編纂直接參考《歷代名醫蒙求》的可能性較小。從這些日本人編纂的蒙求類醫學書中,我們可以了解到當時日本人的知識學問水平以及他們對漢籍、名醫事跡的理解和認識,值得進行關注。當時的日本編纂者們學習《蒙求》的同時,仿照其形式廣泛搜羅包括醫學書在内的各種漢籍並創造出了新的“蒙求體”蒙書,可以説是一種新形式的探索。

(三)名醫圖的結合

1. 三十六醫仙:《豎僊圖贊》

江户時代的人們將神農當作醫藥祖神,有崇拜神農像的風俗,因此出現了大量的神農畫像;名醫的代表扁鵲也被反復畫像,甚至成爲了畫題。對此學者們已經有所介紹[①],而作爲收録多位名醫圖像的作品,《豎僊圖贊》具有重要價值,目前并没有受到關注。

《豎僊圖贊》又名《醫仙圖繪》《醫仙圖贊》,一册,疋田慮安(菊隱)著,島崎習庵贊校,有元禄元年(1688)、貞享四年(1687)序文和貞享三年(1686)跋文,目前宮内廳書陵部等多處均有收藏。作者生平不詳,推測應爲當時的醫生。其自序中介紹:

> 夫振古各妙其道者,皆推尊稱仙。故選神於和歌者,三十六人,名曰歌仙。又詩家有詩仙,武門有武仙。況醫之與仙,初非有二也。其稱醫仙,不亦宜哉。於是二十年前,采凡古今醫家精粹者,分其時世,正其源流,乃准六六之數,類列左右,以問於柳谷先生,先生以爲可矣。因退食之暇圖寫贊焉。<u>其圖者追甘伯宗許慎齋之例,其贊者取舊者凡九。其闕者</u>

---

① 關於神農相關傳説及崇拜,參見《神農五千年》,斯文會,1995 年;小曽户洋《中國醫學古典と日本》。關於扁鵲畫像及其解説,詳見町泉壽郎《日本の扁鵲像》,《漢方の臨床》第48 卷第 1 號,2001 年。

竊不自揣，倣古補之。以藏於巾笥久之。①

從序文中可以看出，日本自古以來有三十六歌仙，詩家有詩仙，武門有武仙，選取的都是精通其道之人，所以命名爲"仙"。只是醫家沒有"醫仙"，所以作者二十年前選取了自古以來的三十六位名醫，號爲醫仙。柳谷野先生又爲三十六醫仙配上了圖和贊，弥补缺漏。

《毉僊圖贊》沒有收録三皇，從岐伯開始，至明代的李時珍，共集録了三十六名醫家，配有圖像和贊文。序文中表示，柳谷先生所繪名醫圖"追甘伯宗許慎齋之例"，不過甘伯宗《名醫録》和許慎齋《歷代名醫探源報本之圖》散佚較早，已經無從確認。明代熊宗立有《原醫圖》，但是從收録的名醫來看，兩者並不完全相同；從圖像來看，《毉僊圖贊》也沒有沿襲《原醫圖》的配圖，兩者完全不一致，推測是柳谷先生的個人創作。而至於贊文，序文中説本書採用了舊贊九首，缺少的贊文也"倣古補之"。通過對比發現，除了葛洪的贊兩者不一致，《毉僊圖贊》與《原醫圖》共同收録的其他醫家均附有相同的贊文，可以看出兩者之間應該存在某種聯繫。至於《原醫圖》中不收録的人物，《毉僊圖贊》也相應地爲其配上了圖和贊。

從收録的醫家來看，《原醫圖》的 14 名醫家到唐代爲止；而《毉僊圖贊》收録了金代 3 名、元代 7 名、明代 6 名合計 16 位名醫，幾乎佔到了總數的一半。可以發現，除了前代的名醫，《毉僊圖贊》更加關注金元明時期的名醫，具有自身鮮明的特徵。

對於本書的編纂目的，作者在序文中説"雖然非敢爲博恰之人述之，私示子孫，使有所衿式云"，謙虛的表示此書是寫給自己的子孫，讓他們能夠將名醫當作楷模，尊敬效仿。不過目前十餘處機構均藏有此書，僅從現存文獻來看，可以推測《毉僊圖贊》并沒有局限在疋田慮安家庭内部，在當時的社會範圍内也有一定的傳播。

2. 卷子本《歷代名醫圖》和《增補歷代名醫圖》

現存有幾卷被稱爲《歷代名醫圖》的卷軸，均爲江户時代作品，主要有元禄七年（1694）木下貞幹《歷代名醫圖》和寬保四年（1744）《增補歷代名醫圖》兩種，目前也少有關注。

《歷代名醫圖》一卷，橫軸，寬 29.3 釐米，目前藏於國立國會圖書館。作

---

① 疋田慮安《毉僊圖贊》，貞享五年（1688）刊本，京都大學附屬圖書館藏本。

者木下貞幹即木下順庵(1621—1699),江户時代前期儒學家,曾任幕府儒官、將軍侍講,同時還是一位出色的教育家,弟子被稱作"木門十哲"。此《歷代名醫圖》出於何種目的製作而成已不得而知,考慮到木下順庵著名教育家的身份,有一定可能性是用於教育場景。至少我們可以確認,名醫相關知識的傳播不只是局限在醫生群體,當時的儒學家對此也有一定的了解,力圖追本溯源,弘揚醫道,其後産生的《增補歷代名醫圖》應該就是受到了《歷代名醫圖》的影響。

《增補歷代名醫圖》一卷,竪軸,目前神户大學圖書館砂治文庫收藏有兩卷,一卷長 53.3 釐米,寬 59 釐米,圖左下録有"寬保四甲子歲立春之日功成,洛陽書肆竹苞樓";另一卷長 48.5 釐米,寬 52 釐米,圖左下有"寬保四甲子歲立春之日功成,洛陽書肆演古堂"字樣,兩卷内容、版面均相同。此外長崎縣立長崎圖書館頴原文庫等幾處均有收藏,大小略有差異。

兩圖卷首均從三皇時代開始,以年代發展爲綫索集録名醫姓名。與《歷代名醫圖》相比,《增補歷代名醫圖》沿襲了《歷代名醫圖》的格式,醫家姓名下標示有其著作,在此基礎上採用竪軸將年代大字置於中間,收録名醫的數量大爲增加。雖説名爲《歷代名醫圖》,但卻没有像《毉僊圖贊》那樣配上名醫圖像,大約是因爲此處的"圖"指的並非是圖像,而是"系圖",即譜系、源流。據筆者考察,中國目前没有發現羅列名醫姓名的"名醫圖",可以説,從上古到清代將數百個名醫姓名進行羅列,繪製成卷軸型的《歷代名醫圖》是日本對中國名醫接受的一個特徵。

(四)中國名醫傳記對日本的影響

中國名醫傳記的傳播給日本帶來的影響巨大,筆者通過調查發現,目前可見日本人撰寫的名醫傳記就超過了 50 種,其中不僅包括中國名醫傳記,在受到中國名醫概念的影響下,日本人吸收借鑒,也撰寫了不少日本名醫傳記。江户時代的日本人非常關注當代的名醫,收録江户時代名醫傳記的作品在其中佔到了不小的比例,如元輪内記《江户儒醫評判記》(1772)、畑惟竜《皇國醫林傳》(1822)、山木善太編《海内醫林傳》(1828)、蒲生精庵《本朝杏林傳》(江户時代後期寫本)、松尾耕三《近世名醫傳》(1886)等等,多以漢文撰寫,收録了江户時代著名的醫家事跡。

説到日本從古代到江户時代的名醫合傳,要數宇津木昆臺(1779—1848)的《日本醫譜》。其具體成書時間不詳,匯集了各種文獻資料中所載的日本醫家傳記,收録人數之多、記述之詳細,可以説是日本醫家傳記中的傑出作品。除此之外,還可見黑川道祐《本朝醫考》(1663)、山科元幹《本朝醫蹟》(1847)、淺田宗伯《皇國名醫傳》(1851)以及其後編纂的《本朝醫考補》等等,均爲追本溯源,參考大量文獻編纂而成的日本歷代醫家合傳。

此外,還出現了《本朝馬醫神傳》等記録日本馬醫的傳記、《大醫一渓先生行狀》《大醫令今大路玄寅事蹟》等江户時代名醫的個人傳記、中村東平《洛醫人名録》(1861)等地方性的醫學人名録,以及將中國和日本的名醫傳記合輯在一起的書籍,例如柳川道延《和漢鍼醫譜》(1680)等。

另外值得關注的是隨着當時西洋醫學的傳來,日本人爲從事西洋醫學的醫家也編寫了傳記,如《洋醫列傳》、今村亮《洋方醫傳》等。這一趨勢一直延續到明治、近代,留下了大量的珍貴資料。

四　小結

名醫傳記是中國醫藥文化的一個側面,據此我們可以了解到中醫文化在日本的傳播與影響、醫學傳記文學之流傳,以及中國名醫形象的接受情況。本文對中國歷代名醫傳記進行了整體的梳理,並且力圖對這些文獻流傳到日本的情況,以及在日本的接受情況做出介紹,努力探索其與中國文化之間的關係,以及自身的特色與發展狀況。

中國醫藥文化起源很早,同時出現了進行醫療行爲的"醫師",這在《春秋左氏傳》中已初見端倪,《史記》《漢書》及之後的史書中均收録了名醫傳記。另外,"仙傳"、筆記小説、名人文集等多種書籍中也含有與醫事相關的内容,這些都是後世名醫傳記編纂的重要源泉。最初的醫學傳記專著被認爲是唐甘伯宗的《名醫録》,但已散佚。之後,宋代的《醫説》、明代的《醫學源流》《原醫圖》《醫史》等等收録了名醫傳記的書籍不勝枚舉,這些典籍都傳到了日本,爲日本人所接受、學習,産生了很大的影響。

從奈良時代開始,日本就接受了中國名醫、名醫傳記等相關知識,室町時代已經可以看到《扁鵲倉公列傳》的相關注釋;到了江户時代,隨着出版文化的發展,包括醫學書在内的各種典籍廣泛傳播,中國名醫傳記文化更加發達,有學者對《醫説》所載名醫進行增補調整;出現了對中國名醫事蹟進行詳細考察的集大成《歷代名醫傳略》;有仿照當時的流行啓蒙書《蒙求》的形式集録醫家事跡的醫學類蒙求書；還有名醫圖贊、譜系圖表等等，受衆進一步擴大，接受方法也呈現多樣化。自此，日本的名醫傳記也大量出現，可以説這都是受到了中國名醫傳記的深遠影響。

（作者單位：早稻田大學大學院文學研究科）

中日文士的女性建構與閨閣迴響

——以袁枚、賴山陽爲中心

喬玉鈺

　　日本江户時代（1603—1867）是漢籍東傳高峰期，清代文士袁枚的作品在江户後期達到"爆發性的流行"[①]，據松村昂考證，僅 1791 至 1859 年間，輸入日本的著作已有 62 部[②]，和刻詩文集也陸續刊行[③]。這一時段正是著名史學家、儒學家、漢詩人賴山陽的活躍期，因同爲交遊廣泛的在野文士，都曾才名烜赫一時，都熱衷於指導女性創作等相似之處，賴山陽常被與袁枚相提並論，其摯友篠崎小竹亦稱其爲"近世之隨園"。二者文學創作上的關聯已有學者論及，但他們文學活動中所體現出的女性觀尚未見深入闡述。二者身爲名重一時的"話題"文人，在思想及行爲上皆有其獨特個性，但這種"個性"又不可能脱離各自的文化土壤，而是社會思潮中各種新舊觀念相互交融、角力的反映，將他們置於東亞漢文化圈的視域中，對其女性觀進行比較研究，有助於從宏觀

[①] 竹村則行《袁枚論詩絶句與賴山陽論詩絶句》，《中國典籍與文化》1992 年第 2 期。

[②] 具體爲：《隨園詩話》二十九部，《小倉山房集》十六部，《小倉山房尺牘》一部，《小倉山房文鈔》一部，《隨園三十種全集》十五部。見松村昂《明清詩文論考》，汲古書院，2008 年，頁 473—474。

[③] 例如：神穀謙《隨園詩話》十卷，《補遺》兩卷，文化元年（1804）刊，文化五年（1808）再刊；市河寬齋《隨園詩鈔》六卷，文化十三年（1816）刊；大窪詩佛《隨園女弟子詩選選》二卷，文政十三年（1830）刊，天保十五年（1844）再刊；上田元沖《隨園絶句抄》十卷，弘化四年（1847）刊；田中恭《隨園文鈔》三卷，安政四年（1857）刊。據長澤規矩也《和刻本漢籍分類目録（增補補正版）》，汲古書院，2006 年。

上把握兩國知識階層心理上的同一性,亦可在對比中凸顯差異。

　　近二三十年來,隨着性別研究的發展,有關隨園女弟子群體的考察爲袁枚研究拓展出新視角,身爲“女弟子師”的袁枚被視爲女性文學的支持者與推動者,也被塑造成禮教的反抗者乃至婦女解放運動的先驅[①]。這難免造成對袁枚其人尤其是其女性觀的認識簡單化、片面化,也不利於客觀全面地反映當時的時代風氣與文士心理。賴山陽對作爲詩人的袁枚頗不以爲然,反感當時的日本詩壇“唯把一袁概全清”[②]、“復爲滿口説袁枚”[③],更對風行一時的《隨園詩話》極盡貶損之能事[④]。形成鮮明對比的是,論及作爲“女弟子師”的袁枚,賴山陽卻表現出“不望隨園肩頂”的謙遜[⑤],在描摹理想的婚姻生活時,他以“清人題夫妻同作畫詩”中“閨中清課剪冰紈,夫寫筼簹妻寫蘭”作爲範本,該軼事正收載於他大肆抨擊的《隨園詩話》。

　　由此可知,賴山陽的女性觀與袁枚有相通之處,在某些方面亦體現了儒家文化輻射下文士思想觀念上的相似性,但探究二者之婚姻,又隱約可見中日文士對女性文才認知上的微妙差異。這種差異根源於不同的文化背景,不但造成兩國文士在追求和塑造理想的婚姻伴侶時側重點不同,也在某種程度上影

---

① 如:“袁枚敢於在封建專制的社會歷史背景下喊出解放婦女的第一聲,其勇氣和膽略是值得我們贊頌與發揚的。”(石瀟《清代詩人袁枚的婦女觀及其教育觀考證》,《蘭台世界》2015 年第 21 期)“在他重視各階層女性的才知與境遇、更對女性文學寄以深切關注的背後,有着重視真情、反抗禮教的意圖。”(薰燕婉《清代的女性詩人們——袁枚的女弟子點描》,中國書店,2007 年,頁 10—11。案:本文所引日文典籍及論著皆由筆者翻譯)

② 《賴山陽全書·詩集》卷十九《夜讀清諸人詩戲賦》,賴山陽先生遺跡顯彰會,1931 年,頁574。

③ 《賴山陽全書·詩集》卷十九《論詩絕句》二十七首其十五,頁 602。

④ 如《書隨園詩話後》稱:“蓋渠抵死與沈歸愚爭名,沈有《別裁》,主持風雅,故作此話敵之,罔羅四方吟詠耳,非話也……隨園評漁洋如一良家女,五官端正,襲以錦綺,薰以名香,傾動一時,非天仙化人一見魂消者比,蓋暗以天仙自居也。余則評隨園如一點妓,雖無甚姿色,善爲媚態百出,眩惑少年,及諦視之,不耐其醜也。”《賴山陽全書·文集·書後》卷下,頁 117—118。

⑤ 著名漢詩人大窪詩佛從《隨園女弟子詩選》中選出十九人刊刻《隨園女弟子詩選選》,賴山陽將該書贈予女弟子江馬細香並附書曰:“余亦有女弟子,弟子未必謾集中數女。其師雖不望隨園肩頂,然以此差可頡頏。”見江馬細香《湘夢遺稿》下册《奉挽山陽先生》詩後自注,汲古書院,1994 年,頁 352。

響到周圍的女性,尤其是閨閣作家的創作心理與創作内容,使兩國的女性文學呈現不同風貌^①。

一 袁枚、賴山陽對理想伴侶的不同訴求

文化十年(1813)九月,三十四歲的賴山陽在給篠崎小竹的信中,這樣描述理想的妻子:"毫無文墨趣味、不耐學者生活,且不安於室、貪財貨、好華服、流連戲園之女,與鄙人絕難琴瑟相和。清人有題夫妻同作畫詩曰:'閨中清課剪冰紈,夫寫篔簹妻寫蘭。想得畫中成雙絶,水晶簾下倚肩看。'着實令人豔羨。如此則雖布衣蔬食,亦足以怡顔快意、惺惺相惜也。"^②日本的知識份子對儒學進行大規模地研究,並加以吸收、批判與改造,同時賦予道德教化的意義,正是在江户時代^③,因而賴山陽信中提及的安貧樂道、貞静守禮符合儒家道德對女性的普遍要求,與清代文士心目中的賢婦並無二致,但依據其盛贊的"夫妻同作畫詩"卻可以窺見,賴山陽對妻子的"文墨趣味"十分重視,甚至以之爲琴瑟相和的重要前提。這種擇妻標準在他邂逅女詩人江馬細香^④後寫給小石元瑞的信中又一次體現:

> 此度所得之物,非熊非羆,所謂有佐王霸之物也,非玉非鳳,所得文人之偶也。此非他物,乃君所識之江馬春齡之女……此女若終生不遇佳偶,甘願爲尼。如今廿六七歲,淡妝素服,風韻清秀,絶非尋常歌笛譜者可比,才情可掬。其既有清操若此,誠堪爲子成佳偶,難再得也。^⑤

細香爲大垣蘭醫江馬蘭齋長女,能詩善畫,有深厚的文學素養,無疑爲有"文墨趣味"之妻的理想人選,賴山陽在遊歷美濃途中對其一見鍾情,致信同爲蘭醫的小石元瑞,希望其幫助斡旋求婚之事。賴山陽後來雖未能與細香結爲伉儷,而是迎娶了身份低微的侍女梨影,但對"文墨之妻"的渴求卻並未衰減,

① 案:本文重在探討漢文化輻射下中日兩國的異同,故涉及的日本女作家主要是受儒家文化影響較深、具有深厚漢文素養的女性漢詩人。
②《賴山陽書翰集續編》,民友社,1929 年,頁 96。
③ 參見王玉强《朱子學的日本化與蘭學的興起》,《東北亞論壇》2007 年第 2 期。
④ 江馬細香(1787—1861),幼名多保,又名婳,字細香、綠玉,號湘夢、箕山,江户後期漢詩人、畫家,尤善畫墨竹,有《湘夢詩草》《湘夢遺稿》。
⑤《賴山陽書翰集續編》,頁 111。

在他的薰陶下,梨影的文化素養不斷提高,並當衆揮毫畫蘭,賴山陽頗爲自得地賦詩曰:"荆釵藜杖接清歡,夫作崢嶸妻作蘭。渠瘦儂頑誰肯愛,一家風味與君看。"① 這是對《隨園詩話》中的"夫妻同作畫詩"的效仿,亦是賴山陽對婚姻中文墨風流的刻意展示。

相比之下,袁枚雖以廣收女弟子、提攜女性文學著稱,現有文獻中卻未見如賴山陽般以通曉文墨作爲理想妻子必備條件的表述,關於袁枚的妻妾,有這樣一則軼事:

> 如臯冒君鈍宧,藏有《隨園詩話》一部,眉批甚夥。嘉慶中覺羅某君所批也,不著名字。據其自叙身世,知爲故閩督伍拉納之子⋯⋯言其父赴閩督任時,迎眷屬偕往,道出秣陵,其母聞隨園之勝,與袁氏姬妾之豔也,輒往一遊,己亦隨往。至則簡齋方客浙中,其夫人偕諸姬出見,且留宴。夫人固龍鍾一嫗,即諸姬亦僅中人姿,且語言亦粗俗,未見有林下風格,且能書畫韻語,如《詩話》所言者。②

據該軼事所言,袁枚妻妾俱不通文墨,與《隨園詩話》中標榜的才女有雲泥之别,這固然可能是心懷叵測者的惡意誹謗,那麼在袁枚自己的作品中,妻妾以何種面貌出現? 下舉數例:

> 老妻怕我開書卷,一卷書開百事忘。手把陳編如中酒,今人枉替古人忙。③

> 一卷書開引睡遲,洞房屢問夜何其。高堂憐惜小妻惱,垂老還如上學時。④

> 宛轉牛衣卧未成,老來調攝費經營。千金盡買群花笑,一病纔徵結髮情。碧樹無風銀燭穩,秋江有雨竹樓清。憐卿每問平安信,不等雞鳴第二聲。⑤

> 不聽釵聲半載餘,妝臺眠食近何如? 愁生夫子登程後,喜見嬌兒上學

---

① 賴山陽《賴山陽全書・詩集》卷十九《席上內子梨影作蘭,戲題贈士謙》,頁 544。

② 王英志編《袁枚全集新編》第 20 册所附《袁枚評論資料》,浙江古籍出版社,2015 年,頁 29—30。

③ 袁枚《小倉山房詩集》卷二十七《遣興雜詩》七首其一,王英志編《袁枚全集新編》第 3 册,頁 630。

④ 袁枚《小倉山房詩集》卷十六《一卷》,王英志編《袁枚全集新編》第 2 册,頁 339。

⑤ 袁枚《小倉山房詩集》卷十八《病中贈內》,王英志編《袁枚全集新編》第 2 册,頁 397。

初。海外朝雲空有夢,《盤中》伯玉竟無書。遥知七夕銀河好,懶畫眉痕月一梳。①

在前二詩中,當其手不釋卷時,"老妻怕""小妻惱",雖重在表現自己對讀書的熱忱,但妻妾皆以調侃者、抱怨者的形象而非以"紅袖添香夜讀書"的支持者、陪伴者的形象出現,在他筆下皆非能與之切磋文字的精神伴侶。後二詩一贈妻、一贈妾,前者寫濡沫之情,後者寫相思之意,都未見詩文酬贈等文字相知的表述。這類作品即便不足以證明其妻妾無林下風格,至少説明袁枚本人並未將舞文弄墨視爲美滿婚姻的重要前提,故而不曾刻意將妻妾塑造成文學女性。而在《嫁女詞》中,他對愛女諄諄告誡:"即小可悟大,柔情須自持。毋違夫子訓,毋貽父母羞。"②這種對侍夫之道而非文才的強調,是由於"女子以德爲本,而文詞原非所尚也"③等觀念根深蒂固的影響,即便以"女弟子師"著稱,相比夫婦吟詩作畫的風雅,袁枚仍然更注重婚姻中謙恭柔順的德行。

依據上舉贈妻與贈妾詩可見,相比對正妻德行的強調,袁枚對姬妾的塑造則偏重於色藝,將真正的佳麗納入房中是其畢生之願,他多次表現至老不衰的獵豔熱情:

> 有官不仕偏尋樂,無子爲名又買春。④

> 僕自庚辰(1760)後,往來吳會,思以蘭蕙之新姿,娱桑榆之晚景,横搜苦索,千力萬氣,可謂既竭吾才矣!乃或者將牢太過,而驚鳩已翔;或者急就成章,而悔之折骨。今雖充位之員,群雌粥粥,而寸心許可者,卒無一人。⑤

> 假我數年,古稀將屆,精神毛髮,逐漸頹侵。惟"臨水登山,尋花問柳"八字,一息尚存,雙眸如故。⑥

---

① 袁枚《小倉山房詩集》卷三十《寄鍾姬》,王英志編《袁枚全集新編》第 3 册,頁 746。
② 袁枚《小倉山房詩集》卷十七《嫁女詞》四首其三,王英志編《袁枚全集新編》第 2 册,頁 371。
③ 藍鼎元《女學》卷首車鼎晉《女學序》,《四庫全書存目叢書》子部第 28 册,齊魯書社,1997 年,頁 484。
④ 袁枚《小倉山房詩集》卷十六《自嘲》,王英志編《袁枚全集新編》第 2 册,頁 350。
⑤ 袁枚《小倉山房尺牘》卷三《與書巢》,王英志編《袁枚全集新編》第 15 册,頁 65。
⑥ 袁枚《小倉山房尺牘》卷四《寄慶雨林都統》,王英志編《袁枚全集新編》第 15 册,頁 85。

僕老矣！三生杜牧，萬念俱空。只花月因緣，猶有狂奴故態。①

　　由於江戶文士置妾的比例遠不及清代文士，賴山陽亦無妾室，故難以將擇妾標準加以比較，但不同於袁枚終身對“好色”津津樂道，賴山陽未及不惑之年即表現出對女色的敬而遠之，袁枚以“三生杜牧”自命，賴山陽卻屢次強調自己絕非風流“小杜”，如他在《長碕謠》詩後自注曰：“余鬢已二毛，情況非復昔日，强爲綺語，徒造口業，亦聊紀風俗，供它日觀玩耳。讀者幸莫認爲揚州小杜也。”② 由於“碕人以狹斜爲命，見余詩時爲綺語，認以爲真，往往勾誘”，他又作詩申明：“誰疑山谷解泥犁，懶學樊川張水嬉。唯使心腸如鐵石，不妨筆墨賦冰肌。”③

　　賴山陽早年曾有風流放蕩之事，中年走上授徒著述的學者之路，標榜不近女色，當然有表現洗心革面、今非昔比的意味，如在探訪亦師亦父的文壇前輩菅茶山時，他自稱“狂態愧曾追杜牧”④，但賴山陽對美色這一肉體層面的回避又不僅僅爲此，也與對婚姻中忠貞、善解人意等精神層面的追求有關。在謝絕長崎友人“勾誘”時，他自剖心跡曰：“未能茗碗換鯱船，何復纖腰伴醉眠。家有縞衣待吾返，孤衾如水已三年。”⑤ 不願酣醉在歡場女子枕畔，是有感於“家有縞衣待吾返”，也就是顧念妻子望眼欲穿的深情。又如賴山陽與細香雖未成眷屬，但終身書簡往來，除了切磋詩藝，更互訴衷腸，在某種意義上成爲精神伴侶。文化十二年（1815），賴山陽致信細香曰：“近況可供一笑……獨不得一解事姬妾，唯有長嘆耳。然多病羸弱，伐性之事早已謝絕，唯嘆無閑談之伴侶。”⑥ 賴山陽之妻梨影本不通文墨，雖逐漸提高了文化素養，但相比蕙質蘭心的才女無疑仍有較大差距，賴山陽雖不熱衷女色，卻不時爲婚姻中缺乏“閑談伴侶”

① 袁枚《小倉山房尺牘》卷四《與蘇州孔南溪太守》，王英志編《袁枚全集新編》第 15 册，頁 88。
② 賴山陽《賴山陽全書·詩集》卷十一《長碕謠十二解》詩後自注，頁 228—229。
③ 賴山陽《賴山陽全書·詩集》卷十一《碕人以狹斜爲命，見余詩時爲綺語，認以爲真，往往勾誘，余輒示此詩爲言》其一，頁 234。
④ 賴山陽《賴山陽全書·詩集》卷十七《神邊同菅翁賦，分韻得尤，翁老，飲酒有限，近又減之》其二，頁 481。
⑤ 賴山陽《賴山陽全書·詩集》卷十一《碕人以狹斜爲命，見余詩時爲綺語，認以爲真，往往勾誘，余輒示此詩爲言》其二，頁 234。
⑥《賴山陽書翰集》，民友社，1927 年，頁 200。

亦即精神上的契合者而遺憾嘆息。

誠然，袁枚與賴山陽分別表現出對美色的追逐與回避有其各自的客觀原因。尋花問柳、獵豔充房於中國古代文士本屬尋常之事，非但未必會受到道德上的指責，反而常被當作令人豔羨的風流韻事，而袁枚更將"無子爲名又買春"與"有官不仕偏尋樂"並提，爲"好色"賦予了在野文士個性解放、不同流俗的意味，故而不憚於詩文中表達對美色的迷戀和追逐。而賴山陽本爲廣島藩儒賴春水長子，早年因行事放誕被幽閉家中三年，並遭"廢嫡"處分，當其年歲漸長、生計漸安，爲人處世反而持格外審慎的態度，以求與年少輕狂時的自己劃清界限。但袁枚因對容貌的挑剔而造成"充位之員，群雌粥粥，而寸心許可者，卒無一人"，賴山陽則在謝絶"伐性之事"後，因缺少"解事姬妾""閑談伴侶"而心意難平，由此可見二人的婚姻中（至少在關於婚姻的公開叙述中），對肉體與精神、外表與內在的不同側重。這與袁枚未將舞文弄墨作爲美滿婚姻的重要前提，而賴山陽執着於妻子的文墨趣味，本質上是相通的，都體現了他們如何塑造婚姻中的理想伴侶形象，也正反映了他們女性觀中對文才的不同認知。

二　中日文士對女性文才的認知差異

作爲清代中期最富影響力的文士之一，袁枚對於女性文才的態度具有較强的代表性。明清女性作家及作品盛況空前，在此背景下，關於女子之"才"是否損"德"的論爭也隨之湧現，而"才"往往特指女性在詩詞歌賦方面的文才。反對女子張揚文才者上溯至《詩經》中的"哲夫成城，哲婦傾城"；或從强調男女大防的角度抨擊女性拜師結社、與男子詩詞唱和，這以章學誠所論最爲典型[①]；有些文士甚至將女子舞文弄墨歸入淫邪："高之者弄柔翰、逞騷才，以誇浮士；卑之者撥俗弦、歌豔語，近於倡家。則邪教之流也。"[②]同情與支持女性創作者則以彼之矛、攻彼之盾，同樣上溯經典及聖人之教，如戴鑒在《香咳

---

① 如《文史通義・婦學》中稱："李易安之金石編摩，管道升之書畫精妙，後世亦鮮有其儷矣。然琳琅款識，惟資對勘於湖州；筆墨精能，亦藉觀摩於承旨。未聞宰相子婦，得偕三舍論文；翰林夫人，可共九卿揮麈。蓋文章雖曰公器，而男女實千古大防，凜然名義綱常，何可誣耶！"《章學誠遺書》，文物出版社，1985 年，頁 47。
② 呂坤《閨範》卷首《閨範序》，《四庫全書存目叢書》子部第 129 册，頁 479—480。

集》序中稱："昔夫子訂詩,《周南》十有一篇,婦女所作居其七。《召南》十有四篇,婦女所作居其九。温柔敦厚之教,必自宮闈始矣。使拘拘於内言不出於閫之説,則早删而去之,何爲載之篇章、被之管弦,以昭示來兹哉?"①袁枚亦有類似言論:"聖人以《關雎》《葛覃》《卷耳》冠《三百篇》之首,皆女子之詩。"②然而,即便贊成女性創作者,對女性文才到底持何種認知? 先以袁枚爲例:

> 《摽梅》休注鄭康成,春晚花遲最有情。貧士家原須健婦,高人妻亦唤先生。承歡聽唱《姑恩》曲,擇木看飛谷口鶯。從此蘆簾燈似雪,吟詩一定是雙聲。③

> 任婦無兒空課女,左芬有貌更多才。自憐劉尹清談久,坐見庭蕉帶雪開。④

> 禮訓從來出戴家,戴嬀生小貌妍華。娟娟國色天仙妒,字字金鑾紫石誇。⑤

> 余閲世久,每見女子有才者不祥,兼貌者更不祥,有才貌而所適與相當者尤大不祥……余三妹皆有才,皆早死。女弟子中,徐文穆公之女孫裕馨最有才,最早死,其他非寡即貧。⑥

第一詩賀友人新婚,吟詩既是"雙聲",可知新婦通曉文墨,但這段美滿婚姻中强調的卻並非新婦文才,而是"貧士家原須健婦"的持家之能,同詩的"匏瓜無匹今休感,已覓玄霜見少君"⑦之句,更以安貧樂道的賢婦楷模桓少君爲喻,彰顯了新婦之德。第二、三詩分贈女弟子駱綺蘭及侄婦戴蘭英,二人

---

① 戴鑒《香咳集》卷首《香咳集序》,光緒上海申報館鉛印本。
② 袁枚《隨園詩話》補遺卷一,王英志編《袁枚全集新編》第 10 册,頁 641。
③ 袁枚《小倉山房詩集》卷十四《陳古漁新婚》二首其二,王英志編《袁枚全集新編》第 2 册,頁 292。
④ 袁枚《小倉山房詩集》卷三十四《京口宿駱佩香女弟子家七日賦詩道謝》,王英志編《袁枚全集新編》第 4 册,頁 900。
⑤ 袁枚《小倉山房詩集》卷三十六《題侄婦戴蘭英秋燈課子圖》,王英志編《袁枚全集新編》第 4 册,頁 944。
⑥ 袁枚《小倉山房續文集》卷三十二《金纖纖女士墓誌銘》,王英志編《袁枚全集新編》第 7 册,頁 663。
⑦ 袁枚《小倉山房詩集》卷十四《陳古漁新婚》二首其一,王英志編《袁枚全集新編》第 2 册,頁 292。

皆爲才女,但詩中首先表彰的是其課女、課子的賢母之德,其次是"有貌更多才""國色天仙妒"的容色之美。至於"閨中三大知己"之一的女弟子金逸的墓誌銘中,更將"才"視爲女子早逝、守寡、貧困等不幸遭遇的誘因。由此可知,袁枚在稱道女性的文才時,往往與"美德""美色""薄命"相聯繫。

這種建構才女形象的傾向在當時的知識階層中具有普遍性。如孫原湘,其妻席佩蘭爲隨園"閨中三大知己"之一,但在贈內詩中,他提及妻子文才總不忘表彰其甘於貧賤的德行:"閨中一笑兩忘貧,歌嘯能全凍餒身。赤手爲炊才見巧,白頭同夢總如新。"① 在《贈婦》詩中,更著意將妻子塑造成矜持守禮的賢婦:"平時最矜嚴,豈敢涉私褻。自信正大情,不在兒女列。"② 妻子的文采風流爲賢德所蔽。這種凸顯才女之"德"的傾向,在他爲屈秉筠所作的傳記中亦有體現:

> 既嬪於趙,子梁固風雅士,閨房之內,琴鳴瑟應,人比之明誠之於清照。孺人聞之,雅不喜。余嘗過子梁所謂"易安閣"者,蓋取淵明"容膝易安"之意,余偶舉李字相戲,孺人遽命女奴持素箋乞易其額,余瞿然謝過,奴復傳命曰:"名本不佳,固思所以易之。"其詞婉而嚴,可以識孺人之志行矣。③

屈秉筠與其夫趙子梁皆風雅中人,時人比之易安夫婦本爲褒譽之辭,秉筠卻以易安爲失節婦人而恥與同列,孫原湘認爲這正是節操的體現。在爲另一位才女林孺人所作的傳記中,則有"夫以緣情綺靡之作如李清照、朱淑真輩,貽後人口實,誠有所不必也"④ 之語,體現了孫原湘將女性之"德"視爲"才"之根本、以"才"爲"德"之附庸的主張。

至於强調"才女"兼爲"美女",比袁枚年代略晚而同樣以"女弟子師"著稱的陳文述亦不例外,他爲愛妾管筠的詩集題辭"澹妝濃抹都宜稱,麗色清才似爾無"⑤,又盛贊女弟子辛絲"遺世獨立,渺焉寡疇,肌膚若冰雪,比之藐姑射

① 孫原湘《天真閣集》卷三《疊韻示內》,《續修四庫全書》第 1487 册,上海古籍出版社,2002 年,頁 553。
② 孫原湘《天真閣集》卷二十六《贈婦》,《續修四庫全書》第 1488 册,頁 181。
③ 孫原湘《天真閣集》卷五十《屈孺人傳》,《續修四庫全書》第 1488 册,頁 394。
④ 孫原湘《天真閣集》卷五十《林孺人傳》,《續修四庫全書》第 1488 册,頁 394。
⑤ 陳文述《頤道堂集》《詩選》卷十八《題管姬湘玉小鷗波館詩集》四首其三,《續修四庫全書》第 1505 册,頁 135。

仙人,殆梅花之神也"① 的美貌。有時,女子創作水準的高下反而變得無足輕重,關鍵在於佳人讀書吟詩帶給觀者的審美愉悦,李漁就曾公開承認這一點:"婦人讀書習字,無論學成之後受益無窮,即其初學之時,先有裨於觀者:只須案攤書本,手捏柔毫,坐於緑窗翠箔之下,便是一幅畫圖。班姬續史之容,謝庭詠雪之態,不過如是,何必睹其題詠,較其工拙,而後有閨秀同房之樂哉?"② 又如嘉道時期詩人徐廷華,有題美人執卷小幀詞:"有才未必能兼貌,念左芬詞筆,只益傷神。但可傾國,何須解制回文。"③ 以左芬有才無貌爲令人傷神的憾事,而倘有傾國之色,縱無解制回文之才亦無妨。這不免令女子之"才"在某種程度上淪爲"色"的點綴,與明清文士熱衷於設立"花榜""花案"品鑒青樓女子色藝在本質上並無二致。正因如此,章學誠纔憤然抨擊:"其叙述閨流,强半皆稱容貌,非誇國色,即詡天人,非贊連珠,即標合璧。遂使觀其書者,忘爲評詩之話,更成品豔之編。"④ 雖有偏頗之處,卻正反映了諸多文士論及女子文才時强調容色的傾向。

　　就賴山陽而言,既置身受儒家道德輻射的東亞漢文化圈,對女性文才的認知自然有與袁枚相近之處,如他稱贊才女百合曰:"余初知百合爲才藻女子而已,焉知其有識有節,又具知人之鑒也。"⑤ 正是强調才女而兼有德行。但日本的女性文學源遠流長,尤其是平安時代(794—1192),身爲宮廷女官的紫式部、清少納言等人譜寫了文學史上輝煌的一頁,在江户時代,紫式部的《源氏物語》更確立了國粹的地位。再以流傳最廣的和歌選本《小倉百人一首》爲例,收録女性歌人二十一人,占五分之一强,比重遠超中國歷代詩文選本。正因這種積澱深厚的女性文學傳統,江户文士論及女作家較能"就才論才",而非如明清文士般常與德、色相結合,由於在對女性文才的認知上存在差異,故而看待同一事件的角度亦相左,甚至出現對原作的刻意曲解,例如被賴山陽奉爲理想夫婦典範的"清人題夫妻同作畫詩",在《隨園詩話》中實際是這般記載:

---

① 陳文述《西泠閨詠》卷十六《漪園懷辛瑟嬋》,道光七年(1827)漢皋青鸞閣刻本,葉 1a。
② 李漁《李漁全集》卷三《閑情偶寄》卷三,浙江古籍出版社,1991 年,頁 145。
③ 徐廷華《一規八棱硯齋詞鈔》《高陽臺·丁岑孫茂才美人執卷小幀》,《清代詩文集彙編》
　　第 719 册,頁 545。
④ 章學誠《章學誠遺書》卷五《文史通義·詩話》,頁 44。
⑤ 賴山陽《賴山陽全書·文集·外集》《百合傳》,頁 700。

　　鄧英堂秀才偕妻陳淑蘭，各畫蘭竹數枝，贈毛俟園廣文。毛謝以詩，曰："閨中清課剪冰紈，夫寫篔簹婦寫蘭。料得圖中愛雙絕，水精簾下並肩看。"未幾，英堂無故自沉於水。越三月，淑蘭殉夫自縊。毛追憶詩中"雙絕"二字、"水精簾"三字，早成詩讖，嘆悔莫及。余作《陳烈婦傳》，兼梓其詩。①

很明顯，袁枚將此事作爲夫婦"雙絕"的不祥讖語而非風雅行爲加以記述，又作《陳烈婦傳》表彰這種殉夫的義舉。賴山陽既熟讀《隨園詩話》②，對該詩的本意當了然於心，卻刻意回避了其中的悲劇意味及對女子節烈的頌揚，而將之改頭換面塑造爲夫唱婦隨的風雅婚姻，這正是出於他對夫婦間文墨相知的執着。這種對妻子文墨之才的重視並非賴山陽獨有，與他同時的漢詩人佐藤一齋有悼亡詩曰：

　　　　西風直置不堪悲，況復鰥鰥枕易敧。淡月黃蘆秋似畫，憶君水墨寫成時。（亡妻好作畫，故云。）③

　　詩中追憶妻子揮筆作畫的場景，這是對才情的展現，也流露出對妻子風雅情致的迷戀。又如江户中期儒學家、漢詩人梁田蛻巖，聽聞友人之妻能詩，在信中豔羨曰："又聞閨淑亦有詩才，鳳凰和鳴，日夕不絕。想女中李杜，與古名媛齊肩，侍兒小鬟，態度不凡。鞦韆之花，琵琶之月，唱竹枝，吹楊柳，莫非佳趣。江山外別有一内助，而賢筆力蓋高矣。此清福也，盛事也。"繼而又頗爲遺憾地寫道："如予山妻朴陋，目不識丁，除饋食裁縫外，無復縏巾之可娛。"④雖不免溢美與自嘲的成分，但與賴山陽"獨不得一解事姬妾""唯嘆無閑談之伴侶"的遺憾亦是相通的，都出於對婚姻中精神共鳴的執着。更典型者是與

<hr>

① 袁枚《隨園詩話》卷六，王英志編《袁枚全集新編》第 8 册，頁 223。

② 賴山陽《書隨園詩話後》："余弱冠，得《隨園詩話》讀之，不見其可喜，及壯，來上國，則家家爭誦之。余不肯讀，時舉其中數條，聞者驚，顧曰：'子何時看閲？' 余微笑而已。"《賴山陽全書·文集·書後》卷下，頁 117。

③ 佐藤一齋《愛日樓文詩》第 4 卷《悼亡》三首其二，載王焱主編《日本漢文學百家集》第 240 册，北京燕山出版社，2019 年，頁 348。

④ 梁田蛻巖《蛻巖集》卷六《與唐金興隆》，載王焱主編《日本漢文學百家集》第 125 册，頁 298。

賴山陽齊名的漢詩人梁川星巖，婚後不久即出門遠遊，臨行前囑咐新婦紅蘭[①]勉力進學，先背誦周弼所編《三體唐詩》的絕句部分，三年後夫婦久別重逢，星巖立刻追問："絕句的背誦如何？"紅蘭對答如流一字不爽，獲得丈夫的讚許後，益發勤奮修習詩畫技能，終於與星巖成爲一對志趣投合的夫婦[②]。江户末期著名思想家佐久間象山爲星巖詩集作序時評價曰："其室氏張亦善吟詠，而命意窈眇，措辭渾厚，頗類君所爲。予嘗謂之曰：今爲天下倡而自内始。《詩》云：'刑於寡妻，至於兄弟，以禦於家邦。'其君之謂歟！"[③]"刑於寡妻"出自《大雅·思齊》，本指德行方面的感召，此處卻用以稱頌紅蘭吟詠有其夫之風，體現出江户文士對婚姻中女子文才的關注。

　　關於江户文士格外看重伴侶的"文墨趣味"、追求夫妻間精神契合的原因，有學者這樣分析："這些知識階層很多是農民、商人出身，他們超越原有的等級制度，不靠世襲而是依靠自身能力獲得了社會地位。他們與世襲的武士階層只看重家族的存續而將女性視爲道具不同，試圖尋找與自己性情投合的女子爲妻，因爲需要精神層面的理解與溝通，所以他們的妻子必須具備一定的文化素養。"[④]正因如此，文字相知的夫妻間除了男女之情，還帶有知己之感。漢詩人兒島正長（字子方，號爽鳩子）去世後，其妻花費三年時間整理遺稿，並在刊行前懇請丈夫生前敬重的文壇前輩服部南郭爲之作序，南郭感慨曰："子方温雅好學，詩畫音樂，常以爲樂。文哉其人也。孺氏亦習彤管氏之學，昔嘗瑟琴於子方，秦晉之匹，稱難得焉。而今也則闕焉。孺氏之極哀，不亦宜乎。"[⑤]明清士人階層的婚姻則多爲門當户對下的父母之命、媒妁之言，娶妻講求温良恭儉之德，而納妾除了綿延子嗣，更多是肉體的需求。雖然明清時期能夠與夫婿詩詞唱和的妻妾並不罕見，但這主要是由於士人家庭中的女性普遍具有較高的文化素養，而非源於文士擇偶時對通曉文墨女性的刻意追尋。明清文士雖有

① 梁川紅蘭（1804—1879），名景、景婉，又名芝香，字玉書，又字月華、紅鸞，號紅蘭，又號道華，因先祖爲尾張藩（今愛知縣西部）世臣，故效仿中國姓氏以"張"爲姓，又稱張紅蘭。
② 見《梁川星巖全集》（梁川星巖全集刊行會，1958 年）卷五所附《紅蘭女史小傳》。
③ 佐久間象山《星巖乙集序》，《星巖乙集》卷首，天保十年（1839）江户寶漢閣刊本。
④ 關民子《江户後期の女性たち》，亞紀書房，1980 年，頁 174。
⑤ 服部南郭《南郭先生文集》三編卷九《題爽鳩遺詩》，載王焱主編《日本漢文學百家集》第 138 册，頁 371。

將"德""才""色"並稱爲婦人"三不朽"的言論[①],但無論從正面申明"才不妨德",還是從反面告誡"無德而徒有才,其才不足稱也。蔡文姬之詩、李易安之文,失節再醮,讀者尤爲齒冷"[②],都不曾真正將文才獨立視爲女子的寶貴特質或美滿婚姻的必然因素,在表彰才女時不忘強調其德或其色,致使才爲"德"所掩或淪爲"色"之點綴,而諸如"女子不可有才,才過人則不壽必夭折,否則或遘危險困厄,有非可以常理論者"[③]之類才女薄命的言論,某種意義上正是潛意識裏以女子才高爲罪的觀念作祟。

三　男性觀念對女性創作的内在影響

由於父權社會下女子依附於男子,難免在思想觀念及行爲模式上爲之左右,文士的女性觀也潛移默化影響了女作家的創作。上文提及,明清文士對女性文才的認知,大體可歸納爲才爲德之附麗、才爲色之點綴及才女薄命這三點,這是由女子不宜吟詠的觀念造成的,在各類女訓書中有明顯體現,如明代高士許相卿在《家則》中稱:"婦來三月内,女生八歲外,授讀女教、列女傳,使知婦道。然勿令工筆札,學詞章。"[④]清代學者藍鼎元更撰寫《女學》一書,闡述了"女子讀書,但欲其明道理、養德性,詩詞浮華,多爲吟詠無益也"[⑤]的觀點。在這樣的環境下,即便支持女子吟詠的文士,仍不免在刊行女性作品時予以辯解,如方陪翁刊刻"嫁甫數月,夫亡殉節"的孫女方寧遺稿,是因其"學詩亦未久,而能抒寫其志之所在",故"錄而存之,使世之君子憐其志"[⑥];吳訒甫爲族孫媳程令媛的詩集作序並助其傳播,是看中其作"取法正而足以自傳其貞淑"[⑦];吳蔚光刊刻張玉珍的《晚香居詩鈔》,則是因爲"詩與詞,即其言也。

---

① 葉紹袁《午夢堂集序》:"丈夫有三不朽,立德立功立言,而婦人亦有三焉,德也,才與色也,幾昭昭乎鼎千古矣。"《午夢堂集》,中華書局,1998年,頁1。
② 藍鼎元《女學》卷三,《四庫全書存目叢書》子部第28册,頁538。
③ 洪亮吉《更生齋集》文甲集卷三《敕封承德郎翰林院待詔加三級徐君妻吳安人墓誌銘》,《清代詩文集彙編》第414册,頁31。
④ 許相卿《許氏貽謀四則》,《續修四庫全書》子部第938册,頁542。
⑤ 藍鼎元《女學》卷六,《四庫全書存目叢書》子部第28册,頁585。
⑥ 方陪翁《又清閣遺稿序略》,汪啟淑編《擷芳集》卷十"方寧"條,乾隆刻本,葉6b。
⑦ 徐璈《桐舊集》卷四十一"程令媛"條,民國十六年(1927)影印本,葉44a。

觀其言而可以知其德,而可以知其功,則一舉而三善備焉"①。除了傳其詩以傳其德這個理由,文士們還不忘聲明相比德行,文才僅爲餘事,如陳燮爲江珠的《小維摩詩稿》作序曰:"知夫人固以德勝,又耽於經史之學,而詩其餘事。"②沈兆霖在袁鏡蓉《月蕖軒詩草》的序言中,也稱"夫人之才固夫人之德之餘,而詩又其才之餘也"③。

　　這導致閨閣作家始終承受心理壓力,對創作表現出矛盾搖擺的態度。才女葛宜曾"日事吟詠無輟",遭其父訓斥"女子無非無儀,奈何留心風雅"後,"焚其稿,不復作",後讀《彤管遺編》,又慨然曰:"班姑、謝女,後先掩映,豈邊不如男子耶?"從此"更從事焉。每至夜分,不少間"④。陳蘊蓮對"數十年來所存詩"敝帚自珍,不惜"以畫易資,付諸梨棗",卻又辯解道:"非敢妄冀永傳,其或以此存吾之志,而留吾情性於天壤間,是亦此心之不容已者歟。或謂詞章非閨閣所宜,則古作充棟汗牛,未嘗棄巾幗而悉取冠裳也,則無待余之置辯矣。"⑤查昌鶘以吟詠爲非女子事,"偶有小詠,即焚棄之,不復存稿",晚年卻又因閨秀詩選"專集本朝者迄無善本",故而"不揣譾陋,匯訂諸集,參取見聞,得數百家"⑥,彙編爲《學繡樓名媛詩選》,體現出對同性之作的珍視。

　　背負着心理壓力,才女也易於將人生的不幸歸咎爲對文字的癡迷,意欲棄置筆墨以換取内心的清净,關鍈在《夢影樓詞》自叙中感慨:"余學道十年,綺語之戒,誓不墮入。于歸後爲靁卿犖率,卒蹈故轍。然閨房倡酬,得亦旋棄。自交沈湘佩、湘濤諸君,箋筒往來,人始有知余詞者……一念之妄,墮身文海,《夢影樓詞》豈久住五濁惡世間者?"⑦吳藻亦在《香南雪北詞》自記中發

---

① 張玉珍《晚香居詩鈔》卷首吳蔚光《晚香居詩鈔序》,《清代閨秀集叢刊》第 16 册,國家圖書館出版社,2014 年,頁 506。

② 江珠《小維摩詩稿》卷首陳燮《小維摩詩稿序》,《清代詩文集珍本叢刊》第 358 册,國家圖書館出版社,2017 年,頁 7。

③ 袁鏡蓉《月蕖軒詩草》卷首沈兆霖《月蕖軒詩草序》,《清代閨秀集叢刊》第 23 册,頁 6。

④ 葛宜《玉窗遺稿》卷首朱爾邁《行略》,《江南女性别集》初編上册,黄山書社,2008 年,頁 130。

⑤ 陳蘊蓮《信芳閣詩草》卷首《信芳閣詩草自序》,《清代閨秀集叢刊》第 33 册,頁 513。

⑥ 查昌鶘《學繡樓名媛詩選自序》,胡文楷編,張宏生增訂《歷代婦女著作考》(增訂本),上海古籍出版社,2008 年,頁 427。

⑦ 關鍈《夢影樓詞》卷首《夢影樓詞叙》,清小檀欒室刻本。

願："自今以往,掃除文字,潛心奉道,香山南,雪山北,皈依净土。幾生修得到梅花乎？"① 如果説這種"綺語"之戒在某種程度上還可以歸爲佛教的影響,那麽爲成全婦德無玷而不惜將畢生心血付之一炬者,則以更極端的方式體現出女子舞文弄墨時的負罪感。岳湘娥"能文,並善填詞。身没前一日,以爲非婦人事,盡投諸火"②；黄珮"能詩,工小楷。著有詩稿一册,卒之前數日,以爲非婦人事,盡付丙丁"③。黄宗羲妻葉寶林"少通經史,有詩二帙,清新雅麗",當她聽説"越中閨秀有以詩酒結社者",蹙然曰："此傷風敗俗之尤也。""取己稿焚之,不留隻字"④。針對批判閨秀拜師結社、刊行作品的聲音,女作家只能上溯經典予以反駁,如駱綺蘭曾曰：

> 又謂婦人不宜作詩,佩香與三先生相往還,尤非禮。蘭思《三百篇》中,大半出乎婦人之什……使大聖人拘拘焉以内言不出之義繩之,則早删而逸之矣……隨園、蘭泉、夢樓三先生蒼顔白髮,品望之隆,與洛社諸公相伯仲,海内能詩之士,翕然以泰山、北斗奉之……謂不宜與三先生追隨贈答,是謂婦人不宜瞻泰山仰北斗也。⑤

先搬出"大聖人",使婦人作詩合理化,繼而强調袁枚諸公"蒼顔白髮",與之追隨贈答如"瞻泰山""仰北斗",則是試圖消解男女間的"大防"。憤然回擊之餘,駱綺蘭亦反躬自省,承認"深悔向者好名太過,適以自招口實"⑥,正反映了女性在創作活動中承受的壓力和内心的惶恐猶疑。

除創作心理外,女作家的創作内容同樣受到影響,礙於婦德謙卑恭順的要求,閨閣作家往往憚於表現對婚姻的不滿和顯才揚名的渴望,即便行諸筆端,通常也格外婉曲、晦澀,甚至言不由衷。吳藻身負才女盛名,夫婿卻爲一介商賈,在雜劇《喬影》中,她借着男裝飲酒讀騷的"謝絮才"之口,一抒胸中磊落不平之氣,其師陳文述即指出："托名謝絮才,殆不無天壤王郎之感耶！"⑦ 然而這種"天壤王郎之感"在她的詩詞中卻並未明言,僅有"回首繁華原若夢,再休

① 吳藻《香南雪北詞》卷首《自記》,道光刻本。
② 胡文楷編,張宏生增訂《歷代婦女著作考》(增訂本),頁394。
③ 胡文楷編,張宏生增訂《歷代婦女著作考》(增訂本),頁661。
④ 施淑儀《清代閨閣詩人征略》卷一,上海書店,1987年,頁54。
⑤ 駱綺蘭《聽秋館閨中同人集序》,《歷代婦女著作考》(增訂本),頁940。
⑥ 胡文楷編,張宏生增訂《歷代婦女著作考》(增訂本),頁940。
⑦ 陳文述《西泠閨詠》卷十六《花簾書屋懷吳蘋香》,葉2b。

提、命合如花薄。茵與溷,偶然錯”①之語,借“落茵飄溷”之典,隱晦表現自己所托非偶,如花瓣飄落糞溷之中。張令儀爲宰相張英之女,其夫姚士封一生屢試不第,而兄弟廷玉、廷璐諸人則位列公卿,這種際遇的强烈反差,也在她感懷身世“風裏落紅分溷席”②的惆悵中委婉體現。因夫婿無力供養妻兒,令儀半生靠娘家接濟爲生,然而她的不滿情緒在作品中卻表現得極爲隱晦:

> 療饑少脱粟,掩脛無完布。既傷王霸子,有愧梁家嫗。感詠北門詩,去去勿復顧。八口苦嗷嗷,待君生涸鮒。③

困窘之中,令儀依然以王霸妻、梁家嫗等賢婦爲榜樣,僅在結尾處借《莊子》之典,委婉吐露了“待君生涸鮒”的怨懟和無奈。如果説在涉及對婚姻的不滿時表現得温柔敦厚,與男子詩歌中的“怨而不怒”一樣,是爲了符合詩教之旨,未必足以證實女德壓力造成的影響,那麼在表現顯才揚名的渴望時,閨閣作家筆下的吞吐難言則更多反映出“無非無儀,唯酒食是議”和“内言不出於閫”等女德規範留下的烙印。席佩蘭在贈予同爲隨園女弟子的摯友屈秉筠的詩中,稱她“詩教從來通内則,美人兼愛擅才名”④,將才名附著於“詩教”“内則”。夏伊蘭雖直言“勿謂好名心,名媛亦不免”⑤,卻終究不免依據正統道德爲女子弄文開脱:“不見三百篇,婦作傳匪鮮……婦言與婦功,德亦借此闡。”⑥與詩詞等作品不同,由於戲曲、彈詞等文體的虛擬性和遊戲筆墨的色彩,閨閣作家通常在其中大膽表露女子建功立業的豪情和受限於性别身份的苦悶,吴藻的《喬影》、張令儀的《乾坤圈》《夢覺關》都屬此類⑦,借劇中才女之口言己所不能言、行己所不能行,是以“白日夢”的方式對現實作出心理補償,也正從反面體現出才女在進行傳統詩文創作時的顧慮重重。

此外,男性對女作家容色的迷戀在女性之作中亦有體現,葉紹袁將“色”

---

① 吴藻《花簾詞·賀新涼》(六曲屏山角),道光刻本,葉3b。
② 張令儀《蠹窗詩集》卷六《惆悵吟》其二,雍正二年(1724)刻本,葉10b。
③ 張令儀《蠹窗詩集》卷一《送湘門越遊》其二,葉16b。
④ 席佩蘭《長真閣集》卷三《聞宛仙亦以弟子禮見隨園,喜極奉簡》,嘉慶刻本,葉1a。
⑤ 夏伊蘭《吟紅閣詩鈔·偶成》,蔡殿齊編《國朝閨閣詩鈔》,《續修四庫全書》集部第1626冊,頁649。
⑥ 夏伊蘭《吟紅閣詩鈔·偶成》,《國朝閨閣詩鈔》,《續修四庫全書》集部第1626冊,頁649。
⑦ 參見華瑋《明清婦女之戲曲創作與批評》,“中研院”中國文哲研究所,2003年;胡曉真《才女徹夜未眠:近代中國女性叙事文學的興起》,北京大學出版社,2008年。

與"德""才"並稱爲婦人"三不朽",其妻沈宜修及其女葉小鸞曾模擬劉孝綽《豔體連珠》,從髮、眉、目、唇、手、腰、足等多角度描述女子的容色之美。如果説作爲正妻的女作家礙於身份,尚羞於在筆端營造香豔場景,作爲姬妾則更少顧慮,雍乾時期女詞人沈彩身爲側室,曾充滿挑逗性地描寫纖足:"無謂甚,竟屈玉弓長。牢縛生臍渾似蟹,朗排纖指不如薑。何味問檀郎。"① 又寫沐浴:"纖手試蘭湯。粉汗融融卸薄妝。料得更無人到處,深防: 鸚鵡偷窺説短長。絲雨濕流光。花霧濛濛暈海棠。只有紅蓮斜出水,雙雙。雪藕梢頭兩瓣香。"②這是女作家的自憐和自賞,亦有被憐愛、被欣賞的期待,文士汪輝祖在爲沈彩的詩集作序時稱讚她"硯匣琉璃,墨瀋與粉痕俱韻;鏡奩翡翠,筆華並簾影同清"③,正説明聰慧的女子通過自身的文才,爲容色增添了更深的内涵和更大的吸引力。

相比之下,江户時代的日本在儒家道德的影響下,雖然同樣在女訓書中對女子提出恭順、貞潔等要求,卻並未將工筆札、學詞章視爲浮華無益之事而加以排斥。例如江户前期著名儒學家、教育家貝原益軒在《教育女子之法》中提出:"七歲使習和字及漢字,多詠無淫思之古歌,使知風雅之道。"④ 將"知風雅之道"作爲女子教育的重要内容之一。而在當時通行的《新撰女倭大學》中,更將《小倉百人一首》《古今和歌集》《伊勢物語》《源氏物語》等列爲必讀書目,前二書收録的和歌中表現男女情挑之"戀歌"占很大比例,後二書中更觸目皆是幽期密約之事,可知閲讀此類書籍並非爲了道德上的教化,而是爲了文學上的陶冶。而即便江户女作家閲讀與明清女性相同的女訓書,在理解和接受上也有所偏差。江馬細香在《閑閨即事》中寫道:"幽庭綠濕柳絲斜,昨雨微微不損花。梳罷春朝無一事,閑翻女誡坐窗紗。"⑤ 詩題後自注"近來讀《女四書》",卻將之視爲百無聊賴中打發時間的工具,女訓書的嚴肅教育意義被春朝微雨後的柳綠花紅、女子曉妝初罷倚窗而坐的嬌慵閑散消解殆盡。再如前文

---

① 沈彩《春雨樓集》卷九《望江南·戲詠纏足》二闋其一,《清代閨秀集叢刊》第 15 册,頁210。

② 沈彩《春雨樓集》卷九《南鄉子·戲詠浴》,《清代閨秀集叢刊》第 15 册,頁 211。

③ 汪輝祖《春雨樓集序》,《春雨樓集》卷首,《清代閨秀集叢刊》第 15 册,頁 63。

④ 貝原益軒《女子を教ゆる法》,見日本女性史總合研究會編《日本女性生活史·近世》,東京大學出版社,1994 年,頁 173—174。

⑤ 江馬細香《湘夢詩草》卷二《閑閨即事》,汲古書院,1997 年,頁 94。

提及的星巖妻紅蘭,在丈夫的鼓勵下詩藝大進,詩中的"多才敢望蔡雍女,知道愧非王霸妻"①、"不敏亦蒙坤道光,關雎萬古挹遺芳"②諸語反映出對儒家所提倡的婦德的認可,但其行事作風卻與中國古代的賢婦大相徑庭,非但有諸多她與星巖吵鬧不休的軼事流傳,星巖去世後,她更揚言"我家文派遍湖海,幾個人才衣鉢傳"③,且好爲人師:"書畫會上必就正席,向諸文士曰:'後生,倘有詩作,且由老婦爲爾批正。'星巖門下諸生皆唯唯諾諾,賴山陽門下諸生則憤憤不平,私下稱之爲'糞婆'(可惡的老太婆)。"④

　　紅蘭敢於公然以文壇前輩自居,是因爲日本女性文學的悠久歷史和當時的社會環境,爲傲視鬚眉的才女提供了生存的土壤。上文提及的漢詩人梁田蛻巖服膺紫式部,自稱"左袒紫媛者"⑤。江户時代儒學的代表人物太宰春台在爲瀧孺人所寫的墓誌銘中,則記載了孺人以清少納言爲榜樣訓導其子讀書:"當時婦女尚爾文雅,況丈夫乎?今苟爲士而椎魯不文,豈不可恥哉!"⑥這都體現了日本古已有之的女性文學產生的深遠影響。非但優秀的女作家,日本歷史上還產生過數位深受愛戴的女王,卑彌呼即是一例。著名漢詩人廣瀬淡窗對《後漢書》稱卑彌呼"以鬼道惑衆"甚爲不平,抨擊曰:"西人何識神靈德,鬼道謬傳卑彌呼。"⑦不同於中國古代所謂"牝雞司晨""狐媚惑主"的言論,他熱情謳歌了卑彌呼"女主英雄真丈夫,三韓蒲伏仰皇圖"⑧的豐功偉業。出於這種對才識卓越女性的認可,在接待隨父來訪的女詩人原采蘋時,淡窗不但

① 梁川紅蘭《紅蘭小集》卷一《客中述懷》,《梁川星巖全集》卷四,頁9。
② 梁川紅蘭《紅蘭小集》卷二《偶成三首》其一,《梁川星巖全集》卷四,頁85。
③ 梁川紅蘭《紅蘭遺稿》卷下《雲如山人第四編刻成,喜題其後》,《梁川星巖全集》卷四,頁433。
④ 見《梁川星巖全集》卷四末所附《紅蘭女史小傳》。
⑤ 梁田蛻巖有詩《超公有源語癖,予亦左袒紫媛者,因清譚及此,乃依前韻賦贈》,《蛻巖集》後編卷三,載王焱主編《日本漢文學百家集》第126册,頁137。
⑥ 太宰春台《春台先生紫芝園稿》後稿卷十一《湯淺母瀧孺人墓誌銘》,載王焱主編《日本漢文學百家集》第134册,頁192—193。
⑦ 廣瀬淡窗《遠思樓詩鈔》卷下《詠史》四首其二,載王焱主編《日本漢文學百家集》第252册,頁114—115。
⑧ 廣瀬淡窗《遠思樓詩鈔》卷下《詠史》四首其二,載王焱主編《日本漢文學百家集》第252册,頁114。

將其比作有林下風氣的才女謝道韞,更聲稱"紅顏寧假青綾障,詩軍酒敵幾解圍"[1],認爲道韞當年爲小郎解圍尚需青綾步障遮蔽,而采蘋在自由度及膽識上都更勝一籌。正因如此,江户女性漢詩人更勇於表現建功立業的豪情與對文才的自信。原采蘋因兄弟病弱,被父親寄以振興家業的厚望,筆下多有"一飲騎鯨觴,此行氣色揚。唯我二十八,愧亮出南陽"[2]之類的豪言壯語,文壇前輩賴杏坪[3]曾憂慮其婚嫁失時,她卻答以"如教志業青年遂,世上寧無逐臭夫"[4],在與友人加藤玄章的酬贈中,更明言自己"父兄俱逝家祚薄,不願執帚為人妻"[5],顛覆了女性依靠順從及取悦男子而贏得婚姻的觀念。曾被賴山陽視爲理想伴侶的江馬細香早年即有"若終生不遇佳偶,甘願爲尼"之志,後來終身未婚,晚年被大垣漢詩人奉爲詩壇前輩,並被推舉爲漢詩社"咬菜社"的社長,她絲毫不憚展示自己吟風詠月、背離三從四德的一生:

一年流景擲梭中,隨意閑身養懶慵。甲子徒過二十九,曾將風月欠三從。[6]

三從總欠一生涯,漸逐衰顏益放懷。擬試畫毫裂羅帶,爲妝瓢口卸銀釵。吟題洗雨蕉箋破,塗抹書空雁字排。惟恐人間疏懶婦,强將風月效吾儕。[7]

不似他家惜冶容,鬢鬟楚楚任幽慵。偶思新句聞難坐,久廢裁衣倩婢縫。性僻何曾修四德,身閑應爲欠三從。半生贏得多行樂,月底花邊情正濃。[8]

一誤無家奉舅姑,徒耽文墨混江湖。卻愧千里來章上,見説文場女

① 廣瀬淡窗《遠思樓詩鈔》卷上《原士萠攜女采蘋見訪》,載王焱主編《日本漢文學百家集》第 252 册,頁 95。
② 原采蘋《采蘋詩集·乙酉正月廿三日,發郷》,載關儀一郎編《續續日本儒林叢書》第 3 册,東洋圖書刊行會,1937 年,頁 16。
③ 賴杏坪(1756—1834),名惟柔,字千祺,號杏坪,賴山陽叔父,儒學者,漢詩人。
④ 原采蘋《采蘋詩集·次韻杏坪先生》,載《續續日本儒林叢書》第 3 册,頁 2。
⑤ 原采蘋《采蘋詩集·次韻加藤玄章》,載《續續日本儒林叢書》第 3 册,頁 21。
⑥ 江馬細香《湘夢詩草》卷一《書懷》,頁 32—33。
⑦ 江馬細香《湘夢詩草》卷三《自述》,頁 281。
⑧ 江馬細香《湘夢詩草》卷二《自贈》,頁 130—131。

丈夫。[①]

在當時的文士眼中，細香是一位才華橫溢、堅持自我，且滿腔熱忱、關心國事的女子，如小原鐵心[②]在爲《湘夢遺稿》作序時稱："馬細香者女丈夫也。終身不嫁，貞正有識，喜談古今，言及國家興廢之事揮淚論之。"[③]然而到了俞樾編選的《東瀛詩選》中，細香卻被塑造爲侍親不嫁的孝女："湘夢孝事父母，終身不嫁，殆彼國之北宫嬰兒子乎？"[④]細香之所以在江户文士與清代文士筆下展現出不同形象，正根源於中日女性觀的差異。又有著名漢詩人菊池五山，曾論及山本北山一門閨秀風雅之盛：

> 比來閨秀鍾於北山先生一家，先生之室緗桃女史善畫卉翎。女弟子文姬號小窗，聰慧能詩，摘句云……皆嫺雅可愛……又有雲章，年才過笄，極愛誦書，不願適人，亦奇女子也。先生絳帷講書，此二人每捧册侍側，殆有南郡家風。[⑤]

與小原鐵心稱"終身不嫁"的細香爲"女丈夫"相類，菊池五山在評價"極愛誦書，不願適人"的才女雲章時，亦贊其爲"奇女子"，皆未指責耽於文墨終身不嫁的女子"三從"有缺。"南郡家風"用南郡太守馬融之典，但馬融授經時雖"前授生徒，後列女樂"，女子僅是歌舞娛樂的提供者，並非文化活動的參與者，菊池五山卻將"南郡家風"詮釋爲女弟子在先生講書時捧册侍側，這種曲解亦體現了中日文士對文學、文化活動中女性角色和地位的不同認知。

結　論

在婚姻中，江户文士賴山陽十分看重伴侣是否具有"文墨趣味"，能否與之進行"閑談"等精神層面的溝通，而大約同時的袁枚雖以提攜女性文學的"女弟子師"著稱，卻或强調正妻德行，或追逐姬妾美色，對文墨之才並未提出特

① 江馬細香《湘夢遺稿》下册《次韻平户藩鎧軒先生見寄作》，頁 515。
② 小原鐵心（1817—1872），名忠寬，字栗卿，號鐵心，政治家，漢詩人。
③ 江馬細香《湘夢遺稿》上册小原鐵心《湘夢遺稿序》，頁 2。
④ 俞樾《東瀛詩選》卷四十"江馬嫻"條，中華書局，2016 年，頁 1305。
⑤ 菊池五山《五山堂詩話》卷五，載趙季等輯校《日本漢詩話集成》，中華書局，2019 年，第 4 册，頁 1803。

別要求,他筆下的妻妾對書卷、吟詠都表現出疏離。這表面看來是二者對婚姻中伴侶的訴求不同,實則反映了兩國文士的女性觀中對文才的不同認知。明清時期,即便支持女性創作的文士,亦傾向於強調"才"與"德"相輔相成,孫原湘在贈内詩中將身爲才女的妻子席佩蘭塑造成堪爲道德楷模的賢婦,正説明了這一點。至於風行一時的才子佳人小説極力渲染才女兼具天人之姿,亦可謂現實中文士癡迷於才女容色的投射。這導致閨秀的文才或爲德行所掩蓋,或淪爲美色的附庸,没能真正被獨立視爲可貴的特質而加以珍視。故而明清女作家與日本江户時代的女性漢詩人不同,在舞文弄墨時通常有所忌憚而百般韜晦,既不曾如紅蘭般公然以文壇前輩自居,也不敢如細香般直白表現自己背離三從,一生"徒耽文墨混江湖"。

　　毋庸置疑,中國古代女性文學的發展極爲依賴男性,對自己從事創作的支持者與引領者,女作家往往主動予以迎合,駱綺蘭以自己得袁枚、王文治、王昶諸人訓誨爲"此生之幸";王韻梅臨終將作品托之於母,殷殷囑曰:"必丐孫太史(孫原湘)一言。"母應之乃絶[①]。更有張仲明妻魯氏,"非仲明詩不讀。《詠薔薇》云:'猩紅顔色豔於脂,滿架濃香暗送時。留得曉來清露好,待儂盥手誦郎詩。'阿其所好,一至於此"[②]。這不免使中國古代的女性文學乍讀之下缺乏某種在與男性的對抗、競爭中産生的張力,是以胡適將之判定爲"決不敢説老實話,寫真實的感情,訴真實的苦痛,大都只是連篇累幅的不痛不癢的詩詞而已"[③]。至於明清時期的閨秀作家如何在女德規範的籠罩下尋找縫隙,寫真實的感情,訴真實的苦痛,如何嘗試在由男性確立與主導的作品評判標準中爭取自己的話語權,限於篇幅,另以專文論述[④]。

(作者單位:東南大學人文學院)

---

① 孫原湘《天真閣集》卷四十二《問月樓詩詞稿序》,《續修四庫全書》第 1488 册,頁 329。

② 棣華園主人《閨秀詩評》,《清代閨秀詩話叢刊》,鳳凰出版社,2010 年,頁 2306。

③ 胡適《三百年中的女作家——清閨秀藝文略序》,《胡適文存》第 3 册,華文出版社,2013 年,頁 486—487。

④ 參見喬玉鈺《敢將天壤怨王郎——明清才女的婚姻書寫及文化動因》,台灣《清華中文學報》第 25 期,2021 年。

稿　約

　　本集刊爲半年刊,上半年出版時間爲 5 月中旬,截稿日期爲上年 9 月底。下半年出版時間爲 11 月中旬,截稿日期爲當年 3 月底。

　　本集刊實行匿名評審制度。

　　本集刊以學術研究爲主,凡域外漢藉中有關語言、文學、歷史、宗教、思想研究之學術論文及書評,均所歡迎。有關域外漢藉研究之信息與動態,亦酌量刊登。

　　本集刊以刊登中文原稿爲主,並適當刊登譯文。

　　本集刊采擇論文唯質量是取,不拘長短,且同一輯可刊發同一作者的多篇論文。

　　來稿請使用規範繁體字,横排書寫。

　　來稿請遵從本刊的規範格式:

　　來稿由標題名、作者名、正文、作者工作單位組成。

　　章節層次清楚、序號一致,其規格舉例如下:

　　第一檔:一、二、三

　　第二檔:(一)、(二)、(三)

　　第三檔:1、2、3

　　第四檔:(1)、(2)、(3)

　　注釋碼用阿拉伯數字①②③④⑤表示,采取當頁腳註。注釋碼在文中的位置(字或標點的右上角):××××①, ××××①。×× 説,"××××"①, ×× 説:"××××。"①

　　關於引用文獻,引用古籍,一般標明著者、版本、卷數、頁碼;引用專書,應標明著者、書名、章卷、出版者、出版年月、頁碼;引用期刊論文,應標明刊名、年份、卷次；引用西方論著，依西文慣例。茲舉例如下：

①王琦注《李太白全集》卷二《古風五十九首》，中華書局，×× 年，頁 ××。

①周勛初《論黄侃〈文心雕龍〉的學術淵源》，載《文學遺産》1987 年第 1 期。

① Hans.H.Frankel, *The Floering Plum and the Palace Lady*, New Haven and London, Yale University Press, 1976.p.××.（請注意外文書名斜體的運用）

第一次提及帝王年號，須加公元紀年，如：開元三年（715）；第一次提及外國人名，若用漢譯，須附原名；年號、古籍的卷數及頁碼用中文數字，如開元三年、《舊唐書》卷三五等；其他公曆、雜誌的卷、期、號、頁等均用阿拉伯數字。

插圖：文中如需插圖，請提供清晰的照片，或繪製精確的圖、表等，並在稿中相應位置留出空白（或用文字註明）。圖、表編號以全文爲序。

來稿請註明真實姓名、工作單位、職稱、詳細通訊地址和郵政編碼（若變更請及時通知）、電子信箱、電話或傳真號碼，以便聯絡。

作者賜稿之時，即被視爲自動確認未曾一稿兩投或多投。凡投寄本刊的稿件，即被視爲作者同意由本刊主編與出版社簽署合同集結出版。本刊擁有録用稿件的紙質、網絡等各種方式的獨家發表權。作者若有特殊要求，請在投稿時説明。來稿一經刊出，即付樣書和抽印本。

十、來稿請電郵至 ndywhj@163.com。